秦 晖

# 南非的启示

曼德拉传 · 从南非看中国 · 新南非19年

江苏文艺出版社
JIANGSU LITERATURE AND ART PUBLISHING HOUSE

纳尔逊·曼德拉　　尤素福·卡什摄 1990 年

1958 年，曼德拉和第二任妻子温妮

1990 年 2 月 11 日，南非开普敦，曼德拉和温妮庆祝他从监狱中获释

1993 年 12 月 10 日，挪威首都奥斯陆，曼德拉和南非总统德克勒克拿着诺贝尔和平奖的金牌和证书拍照

1994 年 5 月 10 日，南非比勒陀利亚，曼德拉作为该国历史上第一位黑人总统宣誓就职

2005 年 6 月 17 日，曼德拉微笑面对开普敦罗本岛博物馆（曾经关押他的监狱）的工作人员

2013 年 4 月 29 日，南非总统祖马（左）与面无表情的曼德拉坐在一起

# 序

## 后事之师，他山之石

德高望重的新南非国父、首任总统、执政的非洲人国民大会（非国大）元老、诺贝尔和平奖获得者纳尔逊·曼德拉病危入院已经一个月了。全世界又一次把目光注意到南非——这个以往多灾多难、如今多姿多彩、而未来前程无限的“彩虹之国”、“金砖”新秀。自从曼德拉领导南非人民废除种族隔离、建立民主南非、实现种族和解以来，新南非已经走过了 19 年的难忘历程。通常人们的纪念、总结高潮都会在“逢五逢十”出现，但是随着曼德拉病重，这个高潮似乎提前到来了。

新南非至今虽然只有 19 年，但此前四年曼德拉出狱后南非就已经开始新旧“过渡期”，1993 年各种族各党派终于达成最后协议即民主南非协商会议公约（CODESA），并通过了新宪法决定建立新南非，至今刚好 20 年了。而再往前回溯，30 年前的 1983 年发生了非国大武装斗争期间最大的一次暴力行动“教堂街事件”；55 年前的 1958 年非国大在加纳第一次呼吁国际社会制裁南非。另一方面，今年也是 1948 年南非白人国民党上台开始全面实行系统性的种族隔离制度的 65 周年；1913 年第一个种族隔离法《土著土地法》颁布的 100 周年；南非布尔人殖民者击败反抗的祖鲁人的“血河之战”175 周年……

前事不忘后事之师，他山之石可以攻玉。在世界因曼德拉病情而再次关注南非、以及南非历史上多个大事件“逢五逢十”纪念日之际，一些朋友希望我把过去关于南非的著述整理成集，于是有了这本书。

我本不是专业研究南非的。之所以对南非有兴趣完全是因为我对国内问题和一般社会转型问题的求索，如书中一组文章所说的：是“从南非看中国”的兴趣。我关于南非写的最早文字是1994年《东方》杂志第4、6期的《“好望”降临好望角》、《圣雄人格与和解进程》二文，当时是作为“南非种族和解进程评述”系列文章的之一、之二连发的（本书中已合为一篇）。缘于当时我国社会刚刚经历一场风暴，积累的仇恨如何化解令人担忧。而此时东欧、南非又相继发生变革，一些国家在冤冤相报中陷于仇杀，一些国家则成功地在民主化进程中化解了血仇。记得当时路透社的一篇文章说：波黑、卢旺达发生的事（指种族仇杀）本来更可能出现在南非，之所以没有，就是因为南非有曼德拉！

当然，我觉得其实还因为有德克勒克，就像当年甘地的成功离不开他那同样主张宽容与妥协的对手蒙巴顿一样。一个成功的政治转型，总是一方面有像曼德拉、甘地那样不屈不挠勇于抗争、同时又心胸广阔不计前嫌的“圣雄”，另一方面他们的对手又是思想开明能识大体，懂得顺应民心和时代潮流，而拒绝不择手段地株守既得利益的贤人如德克勒克和蒙巴顿。但是英雄造时势，时势更造英雄，为什么这样的人南非有，而波黑就没有，这就涉及到事情的社会历史背景。根据我了解的一些情况就写了那两篇文章。本来还打算继续写“之三”等等，但是遇到他事就放下了。

那时南非还是一个国人非常陌生的所在，虽然北大和社科院等地都有专门研究南非的前贤，但他们基本都活动于比较小的专业圈子，在关于“公共话题”的思想探讨中没什么人提到南非，因此我这两篇文章影响似乎不小，甚至1997年中国和南非建交前南非第一个新闻界访华团听说这两篇文章后还跑到我家，十几个记者在万寿寺我当时那间斗室里拥挤着进行了汗流浃背的采访，并向南非做了报道。

也是在同时，鉴于中国南非建交在即，北京当时一些年轻学人觉得有必要向国人系统地介绍曼德拉，于是由人民大学的宣方博士提议，著名编辑冯哲先生联络，集合一批硕士博士生从网上下载、翻译了大量关于南非和曼德拉的资料，想编一本对国人有启发的曼德拉传记。冯哲请我主持其事，他在该书初版后记中称我是“一位为中国与南非早日建交而做出不懈努力的、激情而沉静的学者，清华大学历史系研究南非问题的专家”，真是惭愧得要死，我其实除了接受南非新闻界访华团那次采访，向南非媒体讲了一通南非民主化对自己的启示和对曼德拉的崇敬之意、并祝中国南非关系不断发展外，并没有做过任何与外交沾边的事，而且也不是专业“研究南非问题的专家”。我让他不要这样写，但他说是为了销路，也就罢了。

但是我对他委托的这件事确实有兴趣，还是那句话，因为它对中国有意义。说起来，1997 年时国内关于曼德拉的传记已经有好几本了，南非本森上世纪八十年代写的曼德拉传，1990 年曼德拉出狱后不久就由杨立华教授组织翻译出版了；杨教授自己也在 1988、1995 年先后出版了一薄一厚两本曼德拉传；北大李安山教授 1996 年出版了《南非斗士曼德拉》；驻非记者温宪 1995 年出版了《黑人骄子曼德拉》；台湾在 1992 年也翻译出版了 J. 维尔的《曼德拉夫妇》。这些作者大多是南非与曼德拉的研究专家或知情人，尤其杨立华教授作为中国学者，早在曼德拉还在罗本岛狱中时就已出版了介绍他的书，以后也不断跟进研究，我的所知没法跟他们比肩。但为什么还愿做这事？第一是因为有一批青年朋友合作，第二也确实是有感而发，或者如李保平先生后来所说，我看南非算是“有一个独特视角”。读者应该不难发现这一点，见仁见智，就请多加教正了。

这本署名秦晖编译的曼德拉传记是一部集体的成果，而且也是急就章。因为想要赶在中国南非建交前出版，来不及看大量的外文书，而关于曼德拉的中文、中译传记，我那时也只看了本森、杨立华和李安山的三本。该书主要还是根据那些研究生朋友从英文网页上搜集并翻译的资料，加上我自己当初为写“之三”及后续研究而搜集的资料（基本也来自网上，说起来，我还就是从这件事起学会用电脑、上网的）编写。由于在 1997 年对网上资料如何引证还没有形成规范，所以全书都没有注出处。今天如果有人批评此书不符合“学术规范”，我不会争辩，事实上在清华大学的科研报表中我也从来没有把这本书申报为学院意义上的“学术成果”。但是我相信，这本书对于国人是“有用”的。从我后来对南非情况的继续了解看，这本书叙事的可靠性是没有问题的，而更重要的是这些叙事为本书中第二部分的那些分析性的论著提供了背景知识，没有它，会妨碍读者对这些论文的理解。

这本一共九章的传记，前八章是在人民大学当时在读的研究生王鹏、吴全昊、赵钰、赵靖等同学以及冯哲、吴慧等人编出草稿的基础上由我修改、统稿而成，最后一章“前路迢迢”基本是我写的，而且严格地说也不是编译，而是我原来打算写的“之三”的扩充。与前八章基本是叙事的风格不同，这一章主要是分析、论说性的文字，是我对新南非头几年政治、经济、社会和国际关系形势的一个总体观察和对新政府治理的评价。可以说，当时以介绍曼德拉为主题的著述还没有写到这个时段的（几乎就是完稿的当下），而且出于对伟人的崇敬，这些著述最后多以光明的预期结局，而我则主要分析了新南非当时面临的严峻现实。事实上，这本传记初版问世后的十年内这些严峻问题仍在发展，这也就是本书第二部分中“‘彩虹’的启示”以 2008 年的“排外骚乱”开始继续分析的由来。

1998 年初这本曼德拉传初版后，我仍然保持了对南非的兴趣。缘起于我在关注 1990—1994 年民主化过渡期南非黑人间严重流血冲突时，注意到一些学者对这些“部族冲突”的社会学分析，这些发生冲突的黑人多是祖籍不同的“黑人家园”而在城打工的、南非当局所谓的“流动工人”，他们的“部族矛盾”表象下有着社会地位的微妙差异：科萨族劳工多是都市贫民区的安家户，而祖鲁族劳工则多是住集体宿舍、家属留守“黑人家园”的单身劳工。由此我联想到我们国家的类似现象，以及两国类似现象的制度背景，后来又看到这些现象、这些背景与两国经济发展及高速增长时期之间的联系。这时我对南非的兴趣就不仅是对曼德拉这一伟人的崇敬和民主化中的政治和解问题，而是深入到了民主化前南非经济社会发展模式的演变以及与我们的对照。

2007—2008 年间，我就此写了一些小文章，做过几次学术演讲，引起了相当激烈的讨论。其中尤以 2008 年 11 月我在北京天则经济研究所的演讲后与杨立华教授、姚洋教授等多位专家的讨论最为激烈。根据这次讨论所涉及的问题，我继续做了思考和研究，后来形成了约七万字的一组论文，即《从南非看中国》第一、第二、第三三篇文章，当时连载于《领导者》杂志上，后来也引起了更多的讨论，据说还传到了南非华人社会中。讨论涉及到了经济奇迹的可持续性、经济模式、城市化进程、农民工问题、土地制度和城市贫民的居住权等方面。

这些文章引起的第一个争议，就是南非和中国是否“可比”的问题。不过我发现，以“不可比”论来对我进行最激烈批评的一些先生，其实非常欣赏比我更早、而且也更有影响的一种“中国南非比较说”。仅此一点已说明真正的分歧其实根本不在可比不可比，而在于比较的事实与逻辑是否成立。几年前美国新左派学者乔万尼·阿里吉的《亚当·斯密在北京：21 世纪的谱系》引起了我们这里的轰动，许多名人专写书评“强烈推荐”，有些人还点名说此书可以用于反驳秦晖。该书高度评价“中国模式”，说它不仅实现了高速增长，而且还是“无剥夺的”增长。从书中可知，阿里吉这个说法引自另一位左派学者吉莉安·哈特的观察，[1] 她在“后种族隔离”时代的民主南非德班附近的台商投资企业做调查，听到台商老板抱怨说这里的工会厉害，既要高工资，还要高福利，而我们台湾地区的工人工资、福利的要求都没有那么高。而哈特由此想到中国大陆农民工的工资、福利比台湾地区还低得多，无怪乎新南非的经济疲软和中国大陆强劲的竞争力对比鲜明了。

到此为止，哈特的观察不会引起争议，因为不仅在德班地区，民主化后在整个南非各地都不难听到这类说法，这几乎已经是常识了。但非常独特的是哈特对此的解释：她认为上述现象体现了南非“新自由主义”的模式严重“剥夺”了劳动者，而中国则体现了效率公平双完美的“无

[1] G. Hart，Disabling Globalization：Places of Power in Post-Apartheid South Africa. University of California Press，2002.

剥夺”高增长！信不信由你！哈特的分析是：新南非非国大政府被左派批评为搞了“新自由主义”，在这个主义下劳动者受到“剥夺”失去了土地，于是不能不提出很高的工资和福利保障要求。而中国的农民工由于没被“剥夺”土地，所以他们不但工资要求很低，而且更不在乎福利保障，以至于工资低于“劳动力再生产成本的很大一部分”他们也能忍受，因为他们可以靠留守家属务农来维持“劳动力再生产”，这是多么公平又有效率的模式啊！

说实话，听到一些中国学者津津有味地欣赏这种“中国南非比较”（他们是否歪曲了哈特是另一个问题，我在书中有所分析）我简直要傻掉了！按这种逻辑，低工资（低到大大少于“劳动力再生产成本”）而且无任何福利的工业对劳动者是“无剥夺”的，而高工资有福利的工业却是“剥夺”性的，这么惊人的逻辑仅仅是因为前者的工人“有地”而后者“无地”？！如果是这样，那么欧洲瑞典式的福利国家岂不比南非更残酷更具“剥夺”性，因为瑞典工人虽然有高工资高福利，但他们当然是无地的；而种族隔离时代南非的“流动工人”按白人政府的规定，他们在“黑人家园”是“有地”（集体所有的部落土地）的。甚至按这种逻辑，那时南非白人工人也要比黑人更惨，因为他们虽然工资福利都远高于黑人，却也是“无地”的呀。当然，南非黑人家园人均土地很少（不比中国农民更少），这确实是过去被白人剥夺的结果。可这与所谓新自由主义有何关系？今天批评非国大政府的左派有说她搞“新自由主义”的，但是过去的白人国家，黑人骂他们搞奴役，乃至搞“法西斯”，却连南非共产党也没用新自由主义这个词骂他们。新自由主义也许很坏，但过去的这种剥夺能归咎于现在的“新自由主义”吗？哈特观察的是民主南非与台商所说的台湾地区情况，可是她用一句“新自由主义”就把旧南非的账算到新南非头上，又用一句“东亚类型”把台湾地区的“无剥夺”套到大陆的农民工头上，结果就得出了南非“新自由主义的剥夺”和中国大陆农民工享受的“无剥夺”的对比！

因此我认为，“从南非看中国”还真是太有必要了，就让读者看看我的比较和（一些中国学者转述的）哈特的比较哪个更合理吧。

这时南非其实脱离种族隔离制度已经十多年，但是我的这组文章仍是以种族隔离时期的南非为主要观察对象。在天则所的那次讨论中，我国著名的南非研究专家杨立华教授就对此很不以为然。我在此前十多年关注曼德拉时就读过她的著作，受到不少教益。我知道她对曼德拉及南非黑人的解放斗争很崇敬，对种族隔离制度很痛恨，对新南非的发展，特别是经济发展前景有着高度的评价。她觉得新南非的十几年经济发展成就很大，有很多我们可以学习借鉴之处，认为我应该多介绍新南非。

其实我又何尝不想如此？作为一个并非专业研究南非出身的学人，我当初关注曼德拉和南非民主化本来就是带着一种榜样情结的，曼德拉是我心中的圣雄，新南非是圣雄奋斗的成果。而介绍旧南非“低人权下的经济增长奇迹”本来就是作为一面不人道且不可持续的镜子来促使人们反思的。反思后看到一个高度繁荣的新南非可以大增我们推进转型的信心，当然也是我的希望。我在曼德拉传的末章对新南非初期的严峻形势作了分析，此后十多年没有再写新南非，也是期待一个符合这一愿景的繁荣景气。

十多年来新南非确实在很多方面成就斐然，然而应该承认，我期待的繁荣愿景至今尚未出现。相反，新南非的繁荣之路比人们预想的要坎坷，1997年我为曼德拉传写的末章“前路迢迢”，倒成了这19年的写照。《从南非看中国》这一组文章发表后这几年我一直听到两种反映：一是习惯歌功颂德的朋友对我搬来旧南非这面镜子不高兴，认为“不可比”；二是觉得可比的朋友就会接着问：那么改了又会怎么样呢？你为什么不讲讲后来这十几年？

当然，对这十多年我也可以只讲成绩斐然的一面而对作为“代价”的坎坷一笔带过。不过我们必须面对民间，十多年前南非与东欧其实属于当时全球同一波民主化，但这些年来我们的消息却形成有趣的对比：正如我书中提到的，由于不难理解的原因，上世纪九十年代我国官方“主旋律”对转型期东欧的报道基本都是负面的，但民间对“新欧洲”的观察却正面得多。而同一时期我国官方对南非不多的报道应当说还是很正面的，但中国南非建交后这些年急剧增加的旅南非同胞却经常传回来一些负面的民间观察，诸如治安恶劣、城市衰败等。

经过思考我还是觉得应该遵循那句老话：成绩要讲够，问题要讲透。而且作为严肃的学者，我越是倾向于民主化，越应该侧重于“问题要讲透”。所以就有了讲新南非的《“彩虹”的启示》这一组文章。它是从2008年“排外骚乱”这一负面事件开始分析的。

我从负面开始分析，并不是由于我对民主化的方向有什么怀疑，相反，我对曼德拉在民主、自由、人权事业上“圣雄”式的贡献深怀敬意，对南非民主化实践所蕴含的启示意义也是高度评价的，我认为这些意义不亚于东欧、韩国、中国台湾、西班牙等人们谈论很多的民主化案例。而且我对新南非长远的预期实际上也相当乐观。

但是我一直认为，为民主辩护不能建立在“民主浪漫主义”的基础上，真正有说服力的辩护是要在比那些指责民主制度的人对民主化过程案例中的负面现象看得更透的基础上，而不是在回避这些负面的基础上，才能做出的。有个宋鲁郑先生仅以新南非供电不能保证为由，就得出了“这样的民主不要也罢”的结论，如果他看了我这本书对约翰内斯堡旧中央商务区变成“鬼城”的叙述又该说什么？

其实在新南非的种种“负面”中，供电不足应该是最容易理解的了：旧南非的确人均用电水平相当高，而且电费低廉，供电充裕，有段时间还有余电出口。但是那时主要是白人用电和工业用电多，黑人地区却有很多是不通电的。新南非发电量增加了，但黑人用电的增加却快得多，于是出现了过去少见的供电紧张，这当然也不好，但是这就可以狂言“这样的民主不要也罢”？如果他看了本书下面这段话又该如何？“新南非1994年实现民主化，至今也已19年了，成就固然巨大，问题也比大多数中东欧民主化国家多，不仅表现在经济发展相对缓慢，更表现为社会治理的困难，如惊人的犯罪率，城市治理困境、人均寿命、包括黑人人均寿命的明显下降等等。”供电不足就可以不要民主，这样严重的问题是不是就连奴隶制都可以容忍了？希特勒德国在其点燃的战火返烧自己之前上述问题倒是一概没有，是不是也很令人羡慕呢？

我直面上述问题当然不是为了给宋先生这样的人提供反民主的炮弹。其实这样的炮弹也不难找，辛亥革命后的共和中国兵荒马乱，很长时期比清末“新政”时的秩序更糟，但是忧患中的国人只能向前求索，有几个人希望清廷复辟、重返帝制？世界上很多前殖民地独立后发展都上不去，今不如昔之处甚多，但又有几个人希望重返殖民时代？人类有些追求是不可抗拒的，有之并非万能，无之万万不能，问题需要解决，倒退绝非出路。民主化就是这样。而且平心而论，世纪之交的这轮民主化的“负面”（所谓转型危机或过渡期阵痛）比起过去法国大革命，比起清帝国、沙俄帝国、奥斯曼帝国专制瓦解后的混乱要小得多了。人们常提的东欧（前南斯拉夫的某些地区和前苏联的高加索地区除外）、韩国、中国台湾、西班牙等都比较顺利地迈过了这个坎，而相比之下南非这个坎算是迈得比较艰难的。但是由于南非的民主化是冲着白人统治者来的，相比冲着别的一些人，在我们这里似乎就更无争议些。分析南非的转型危机在我看来因而就更有意义。这意义主要有三：

第一，转型本身的正面意义（不是什么抽象的“价值”，而是社会生活中的种种事实）远大于转型危机的负面。即便南非那样比较严重的转型危机也是如此，就以在南非也算严重的“约翰内斯堡变成索韦托加桑顿”而言，我们旅南非同胞时常提到的“约堡沉沦”也不应当遮蔽索韦托的前进和桑顿的繁荣。南非人民从来没有因这些“负面”而降低他们对摆脱种族隔离制度和实现民主化的自豪，世界人民也从来没有因这些“负面”而像宋先生那样嘲笑南非人“不值”。相反，这些“负面”更凸显了人们为追求光明而义无反顾克难前行的志向。

第二，对这些“负面”形成机制的分析也表明它们，至少是它们中的许多与其说是民主化的“不良后果”，毋宁说是旧制度的后遗症。南非的过渡期危机其实在种族隔离末期已经出现，甚至约堡主城区的失序也是上世纪八十年代就已滥觞。它们证明旧制度的“增长奇迹”已明日黄花，旧制度本身也已不可持续。尽管新南非没能很快结束这些后遗症，甚至很多过去种下的前因到新南非才暴露出后果，从而以转型危机的形式变成了新南非的“负面”，但是也正需要人们去直面，而不是回避这些现象，才能把这些形成机制剖析清楚。

第三，也更重要的是，用这些“负面”图景吓唬人，以否定民主化的努力固然不足取，但是相反的逻辑：即既然民主化是正确的，那就什么代价都不在话下，这种逻辑肯定也是不对的。这种“政治正确”的逻辑恰恰是导致很多转型失败的原因。一方面后人不应被“负面”吓唬住，另一方面这些负面也应该尽可能避免。前事不忘后事之师，后人的民主化应该学习经验吸取教训，比前人做得更好。这也要求我们对负面不回避，而是要正视。南非转型期的“负面”有的如前所述，本是旧体制的后遗症，但在民主化中如何克服这些后遗症仍值得研究，还有一些负面属于南非特有因素的产物，不具普遍意义，厘清这些也可以避免用它们吓唬人。另外有的是个案性的决策失误，可以单独引以为戒而不必把它与转型绑在一起。最后，有的问题可能确实是民主化过程逻辑上会伴生的，那么后人也要尽可能改善应对，减轻其影响。

我就是抱着这样的想法写下这组介绍新南非转型的文章。我相信，“问题讲透”之后人们看到的仍然是个生机勃勃充满希望的新南非。当然这是我的主观愿望，限于我的浅陋学识，“问题”找的准不准，讲的透不透，实际上很难说，还期待方家的教正。我的这些文字，尤其是“从南非看中国”那些分析性的论文在单行发表时就引起了不少商榷和批评，我希望结集后也能继续引起讨论。

最后还是要感谢有关的朋友，江苏文艺出版社的编辑黄孝阳先生，还有我的妻子金雁和女儿秦蓓蓓，她们不但在家务上呵护我，也是我讨论问题的伙伴。更应该感谢那些直接对本书有贡献的朋友，特别是“编译”的那部分本是集体劳动的成果，前面提到姓名的那些当时的青年朋友（现在都已是中年）应该与我一起分享，但是事过15年他们都已与我失去联系，如果他们看到本书后能与我恢复联系，那就太好了。

秦　晖

2013年夏于蓝旗营

# 总目录



# 分目录

第一部分

## 南非之魂：曼德拉传

【第一部分】

# 南非之魂：曼德拉传

# 第一章　好望之源

我是一只鹰，在云端翱翔，

我极目张望，也看不见我家乡。

——南非茨瓦纳民歌《恩瓦托》

## 一、乡村童年

在青山环绕的一片狭长的谷地之中，坐落着一个黑人村庄——库努村，清澈的河水绕村而过。村里只有几百人，住在被称为“让德威尔”的小房子里。房子是用泥和茅草建的，地板是用拍扁后的蚂蚁窝拼成的；唯一的出口是一扇矮矮的门，高个子必须躬着腰才能进去。姆巴谢河流过玉米田和种满金合欢树的农场，一望无际的草地一直向东流入印度洋。村里没有公路，有的只是赤足的男孩和女人们在草地上踩出的小路。女人和孩子们都披着染成褐色的毯子，只有几个信奉基督教的人才穿着西方化的衣服。土地本身归白人政府所有，非洲人没有土地，而是像佃户那样每年向政府交纳地租，只有很少几个部落例外。在这个地区有两所规模很小的小学，一间普通的商店，和一个可以让牲畜免生跳蚤和疾病的消毒池。玉米、高粱、豆角和南瓜是人们最主要的食物，这并不是因为他们天生喜欢如此，而是因为他们吃不起更好食物。村里一些富有的人家可以偶尔吃些茶、咖啡和糖以做调剂，但是对于大多数库努人来说，这些东西是可望而不可即的奢侈品。种田、做饭和洗衣服的用水必须用桶从河里运回来。头顶水桶行色匆匆的女人是这里的一道风景。实际上，库努是女人和孩子的村庄，一年中的大部分时间，男人在遥远的农场和瑞福山上的矿山工作，瑞福山在约翰内斯堡南郊，山中有含金的石头和页岩。他们每年大约回来两次，主要是为了耕地、锄草。播种和收割是女人和孩子们的事。村里的人绝大部分是文盲，许多人甚至不知道教育是怎么一回事。

就是在这样一个美丽得近乎原始的地方，一个日后成为南非叱咤风云的黑人领袖的小婴儿安静地诞生了。纳尔逊·罗利赫拉赫拉·曼德拉生于1918年7月18日。也许这本来是一个平常的日子，但几个月后——11月11日，德国签订了和平停战协定，结束了第一次世界大战，这次战争夺走了1000万人的生命。这是否预示着，这个黑人的孩子生来就注定要成为和平的使者呢？

曼德拉出身的家庭属于滕布人中高贵的克拉尔家族，他父亲亨利·加德拉·曼德拉是族长，曾在第一次世界大战中加入了南非军队与德国人在西南非洲（今纳米比亚）作战。亨利·曼德拉还是特兰斯凯地方行政委员会的成员，这个委员会被称为“班加”，是由黑人和白人共同组成，协助比勒陀利亚政府处理地方事务。亨利·曼德拉共有四个妻子。纳尔逊的母亲楠卡普希（一般称作诺赛卡妮）是一位很有性格、高贵的女人。

在曼德拉的记忆中，母亲负责三个“让德威尔”，那里总是挤满了亲戚们的孩子。依非洲的传统，叔叔或阿姨的子女被视为自己的兄妹，而不是堂兄妹。母亲的姐妹也是母亲；叔叔的儿子也是兄弟；兄弟的孩子也是子女。在曼德拉回忆中，库努的童年生活充满了艰辛但也不乏乐趣。吃的一切都是自己生产的。女人们种植和收割玉米，收割以后，女人们用石头将玉米粒碾碎。一部分用来做面包，剩下的晒干后存在罐子里，玉米有时不够吃的，但牛奶和羊奶是充足的。

“母亲负责的三间小屋分别用于烧饭、睡觉和储存物品，纳尔逊兄妹们睡觉的小屋中没有西方人所说的家具。他们睡在草垫上或坐在地上，直到上学后纳尔逊才知道了枕头是什么。”曼德拉说，“从很小开始，我就与村里的男孩们一起在草原上玩耍、打闹，这用去了我大部分的空闲时间。待在家里、围在妈妈身边的男孩子会被视为女孩子气。晚上，我与这些男孩共享食物，同盖一条毯子。我开始放羊的时候不到五岁，我发现科萨人对畜群着迷似的喜爱，不仅把它们视为食物和财富，还把它们看成是上帝的赏赐，是幸福的源泉。我能用弹弓射下天上的小鸟，能采集野蜂蜜、水果以及可以食用的草根，能直接从牛乳头上喝到热乎乎的甜奶，能在清澈冰冷的溪水中游泳，还能用几股拧在一起的尖头铁丝捕鱼，所有这一切，都是从野地中学到的。我学会了非洲农村的每个男孩都掌握的棍战知识，并精通它的各种技巧：避开击打，声东击西，快速逃离对手。从那时起，我就爱上草原，爱上了这广阔的天地、质朴的自然之美以及清晰的地平线。"

除了用幼稚的眼睛开始领略大自然神奇的美之外，小曼德拉还和小伙伴们想出各种各样的游戏让自己开心。——无论多么穷困贫瘠的生活，也不能抹煞孩子们快乐的天性。

作为男孩子，曼德拉和他的伙伴们必须自己制造玩具。他们用粘土制成各种动物和小鸟，用树枝做成一个牛拉的雪橇。大自然是他们的游乐场。库努周围的山上有许多光滑的大石头，他们把这变成了自己的滚轴滑板，一个个坐在扁平的石块上，顺着大石头的表面向下滑，直到腰酸背痛无法再坐下去为止。曼德拉坐在刚断奶的小牛背上学会了"骑马"——摔下来许多次，一次还摔在了牛背上。

男孩子中最流行的游戏是"辛提"，像大多数男孩的游戏一样，这也是一种科萨小伙子用来模拟战争的游戏。两根作为靶子的棍子被牢牢地垂直插在地上，相距一百步左右。游戏的目标是每个队向对方的靶子投掷木棍，并把他击倒。每个人都要保护自己一方的靶子并阻止对方取回已经扔过来的木棍。当孩子们长大一些以后就与邻村的男孩进行比赛，而在这些友谊赛中表现出色的人将会受到很高的尊敬，就像在战斗中取得伟大胜利的将军一样得到赞扬。在曼德拉的记忆中，童年有这样一件事令他终生难忘。“有一天，一头倔驴给了我一个教训。”他常常用这样的话来开始他的故事。“那时，我们喜欢这样的游戏，我们轮流骑上驴背再跳下来，而当我骑上去后，它却发疯地向附近的一个荆棘丛跑去，低着头，试图把我甩下背去，它成功了，而我的脸却被荆棘刺破了，这使我在朋友面前很尴尬。”像东方人一样，非洲人也有很重的自尊感，中国人把这称为“面子”。小曼德拉在朋友中丢了面子。“尽管把我甩下来的只是头驴，我还是明白了：羞辱别人就是让他承受不必要的残酷命运。即使在少年时代，我击败对手时，也不让他们感到难堪。”70年后他“击败”了德克勒克与布特莱齐时，人们果然看到了这种“孩子王”时代养成的风度。

通常游戏是在男孩子之间进行的，但他们有时也会让自己的姐妹们参加。男孩和女孩玩的游戏有“捉迷藏”和“抓人”。但他最喜欢玩的游戏是“克亥萨”——找朋友。这个游戏没有太多的规则，是他们在与一群同龄的女孩子打招呼时突然发明的，要求她们每人选择一个自己喜爱的男孩。“我们的规则是尊重女孩子的选择，一旦她选择了自己的最爱，就可以让这个幸运的男孩陪她回家。但是女孩们很机敏——比我们这些傻家伙聪明得多——她们经常相互协商，都选择同一个男孩，通常是最难看的一个，然后在回家的路上取笑他。”

像所有的科萨族孩子一样，曼德拉的知识主要是通过观察得来的。“我们学习的方法是模仿和竞赛，而不是提问。”当他初次拜访白人家庭时，惊讶地发现孩子向父母发问是很正常的事，而且父母也很愿意回答。而在科萨人那里，提问是件讨厌的事；大人们会把他们认为有用的知识主动传授给孩子们。但是，父母亲讲述的故事和传说同样滋养着曼德拉纯真的心灵。“父亲有时会给我们讲历史上的战斗和英勇的科萨族战士的故事，而母亲却让我们迷上了无数代人传下来的科萨人的传奇神话和寓言。”这些故事激发了孩子的想象力，并且通常都包含着很深的寓意。成人后曼德拉一直记得母亲讲的一个故事：一位旅行者遇见了一个老妇人，她的眼睛上布满了可怕的脏东西。她请旅行者帮助她，而他却不予理睬。后来，又一个男人走了过来，也遇见了这个老妇人。她请他帮忙攘眼睛，虽然这个男人觉得这个工作并不愉快，却还是照做了。当眼垢从这个老妇人的眼中除去后，她却奇迹般地变成了一位年轻的美人。这个男人娶了她，变得很富有而且子孙满堂。这只是一个简单的故事，可它的寓意却是永恒的：善良和慷慨会在不知不觉中得到回报。

在库努这个小天地里，部族或部落之间存在的唯一对抗发生在科萨人与少数姆凡古人之间。在1820年到1840年间，沙卡领导下的祖鲁人兴起了，祖鲁战士们力图用武力征服和统一所有部落，因此发动了许多的战争，造成大量的迁移活动。姆凡古人就是在这一持续13年的姆菲卡尼战乱时期为躲避沙卡—祖鲁军队而逃到东开普来的。不会讲科萨语的姆凡古人是这一时期的难民，不得不从事别的非洲人不愿意做的工作。他们在白人的农场或商店里工作，而这是源远流长的科萨人所瞧不起的。但是姆凡古人更接近现代工业文明，而且，由于他们与欧洲人打交道，因此比其他非洲民族接受了更多的教育，也更西洋化。在曼德拉少年时代，姆凡古人是部落中最先进的，他们当上了牧师、警察、教师、官员和翻译。他们也是最先信奉基督的人，房子建得更好，用科学的农业技术种田。他们比自己的科萨族同胞更富裕，他们坚信传教士的真理，认为信奉基督是在接受文明，而接受文明就应该信奉基督。科萨人对姆凡古人怀有一些敌意。“但现在回想起来，我认为这更多的是出于妒忌，而不是部落仇恨。”曼德拉说，“我在儿时看到的这种地方的部落主义危害比较小，在那时，我没发现也没怀疑过会存在后来被南非白人政府大加利用的那种部落之间的暴力冲突。”

曼德拉的父亲没有这种对姆凡古人的部族偏见，而且还与两个姆凡古兄弟交上了朋友，他们是乔治·姆贝凯拉和本·姆贝凯拉。这兄弟俩在库努很特殊，因为他们受过教育，信奉基督。哥哥乔治是一名退休教师，而本是一名警官。“尽管姆贝凯拉兄弟极力劝说，我父亲对基督教仍然敬而远之，他只保持对伟大的科萨精神—夸玛塔的信仰，这是他祖先的上帝。我父亲是个非正式的牧师，他主持杀牛宰羊的仪式，还主持为种植、收割、出生、结婚割礼以及葬礼有关的地方传统仪式，他不需得到任命，因为科萨人的传统宗教认为宇宙一体，以至于在神圣与世俗、自然与超自然之间不做区分。”

虽然姆贝凯拉兄弟的信仰没能打动曼德拉的父亲，却促使他母亲成了一名基督教徒，实际上，“法尼”就是她在教堂得到的教名。也是由于姆贝凯拉兄弟的影响，曼德拉接受了洗礼，成为一名卫理会教徒，兄弟俩经常看着他玩，看他放羊，还走过来与他说话。命运有时就是这么奇妙，小曼德拉怎么知道交的这两个忘年之友会提出改变他一生的建议呢？——上学，接受教育，也许正是曼德拉迈上漫漫伟人之路的第一步。

有一天，乔治·姆贝凯拉来拜访曼德拉的母亲。他说：“你的儿子是个聪明的小家伙，他应该去上学。”母亲没说什么，因为在他们家从没有人上过学，而且母亲对姆贝凯拉的建议毫无准备。但是她却把这件事告诉了父亲，后者尽管（也许正因为）没有受过教育，却立即决定他的小儿子应该上学。学校只有一间房，屋顶是西方式的，位于山的另一侧。当时曼德拉七岁。

就是在今天，曼德拉还能清楚地记得那时发生的每一个细节，因为能上学实在是太令一个小黑孩子激动了！“上学前一天，父亲把我叫到一边，对我说，上学必须穿着得体。直到那时，我还像库努的其他男孩一样，只披着一条毯子，从肩上缠下来，系在腰间。父亲拿来一条他的裤子，在膝盖处剪断，然后让我穿上它。我穿上了，长度正好，只是腰太大。父亲又拿来一条绳子，在腰部把裤子系了起来，我当时的样子一定很可笑，但我从没有一件衣服比父亲这条剪短的裤子更能让我骄傲了。”

开学第一天，老师姆丁根小姐为每个人都起了英文名字，并告诉他们，今后在学校只能用这个名字，这种做法在当时的非洲人中间已成为一种风气，而这毫无疑问是由于英国人的偏见造成的。曼德拉接受的教育是英国式的，英国的思想、文化和制度被自动地认为是高级的，根本没有非洲文化这个概念。

曼德拉这一代非洲人，甚至今天这一代人，一般都有一个英文名字和一个非洲名字。白人既不能也不愿意取一个非洲名字，他们认为这样做是不文明的表现。那一天，姆丁根小姐告诉曼德拉，他的新名字是纳尔逊。不知道她为什么给他起了这个名字，或许她与英国海军英雄伟大的纳尔逊勋爵有些关系，但这也只是一种猜测。

## 二、篝火旁的少年

库努村所在的特兰斯凯是南非最大的一块黑人保留地。当时南非有许多这类保留地。地狭人稠，以农牧为生，没有城市、矿山与海岸，是这些保留地的共同特点。要说有什么重要的“非农产业”，那就是男人们在外打工谋生。白人统治者当初把黑人赶到这种保留地上，是为了掠夺黑人的土地，而后来随着时代潮流的发展便具有了一箭双雕的用意：一方面统治者用鼓励保留地“自治”以至“独立”的幌子显示其已经迎合潮流给了黑人诸多“权利”，另一方面又可以在这种“独立”名义下巩固种族隔离制度，把南非分割成广袤肥沃、拥有一切资源的白人国家与一系列分散闭塞贫瘠穷困的黑人小“国”。于是上世纪七八十年代南非的10个“自治”的保留地（号称“黑人家园”）中就有4个宣布“独立”。南非本身为了抗拒在种族问题上较为开明的英语世界和国内英语白人的影响，也在阿非利卡种族主义者主持下于1961年退出英联邦而“独立”。于是“独立”、“自治”这些一般人听起来与民族解放相联系的词汇，在南非的特定条件下反而是民族压迫与种族隔离的象征。而反对这种“独立”、“自治”则成了黑人解放运动的目标。

特兰斯凯就是这些“黑人家园”中面积最大、“独立”最早的一个，她一方面深受这种“独立”之苦，另一方面由于毗邻英语文化占优势的东开普地区，风气比阿非利卡人影响下的其他“家园”（如纳塔尔省境内的祖鲁人地区）相对开放，因此后期非国大的许多领导人都出自该地，如曼德拉夫妇、西苏鲁夫妇、姆贝基父子、坦博与拉马弗萨等。而特兰斯凯地方政权中也不乏非国大的同情者，如“黑人家园”的军事负责人霍洛米萨等。几乎可以说特兰斯凯是这一代非国大精英的摇蓝，而长在特兰斯凯农村，进入政坛在约翰内斯堡等中心城市，则成了这些新南非缔造者中许多人都走过的路。

这当然都是后来的事了。对于童蒙初启的少年曼德拉来说，特兰斯凯的特殊文化氛围对他的成长很有意义。他的家乡库努村离特兰斯凯的首府乌姆塔塔很近，他们克拉尔家族在库努的生活是安定的。纳尔逊除上学外，也帮着大人干活，诸如喂牛、放羊或帮助犁地——然而，他渴望过冒险的生活。夜晚，他着迷地听部落的老人们讲故事，留着长胡子的老人们围聚在巨大的篝火旁讲述着“在白人到来之前的那些美好的旧时光”。他喜欢回忆这些经历，并将这些视为自己在政治上有所成就的基础：

“那时，我们的人民在自己的国王和长老的统治下过着和平的生活，他们不需征求谁的允许，可以在自己的国家自由地、满怀信心地迁移而毫无障碍。那时，国家是我们自己的……我们拥有土地、森林与河流；我们从土壤中提取矿物，我们拥有这个美丽国度的所有财富，我们建立并管理着自己的政府，我们控制着自己的军队，我们组织起自己的贸易和商业。”

老人们会告诉你祖先为保卫自己的家园而进行的战斗以及将士们在那些史诗般壮丽的岁月里表现出来的英勇行为。祖鲁族的丁干和本巴塔、科萨族的欣查、马卡纳和恩德拉姆比以及北方的塞库库尼等人，这些人的名字被人们记在心中，他们是整个非洲国家的骄傲和光荣。

进入教会学校后，纳尔逊认识了另一个世界。他感到震惊，因为他发现历史书中只承认有白人的英雄，而把黑人描述成野蛮人和盗牛贼，当提及科萨人与英国人之间的战争时，把他们说成是“卡菲尔”战争。[1]

［1］“卡菲尔”为阿非利卡语“野蛮人”之意。

许多年以后，他的姐姐梅布尔还记得，那时他只能穿父亲穿过的衣服，袖子和裤腿都不够长；他并不在乎自己招人笑话，因为他把精力全用到学习上了。

在家里，他更多地知道了历史课上学不到的那些发生在近代的历史事件：他知道了在1921年总理史末资将军派军队在东开普的布尔赫克附近屠杀了163名男女老少；这些人是一个犹太教派的成员，他们拒绝从自己居住的“公共”土地上离开。他还知道，不久之后史末资的飞机轰炸了居住在西南非托管地邦德尔斯瓦特的人民，因为他们拒绝交纳自己无力承担的养狗税。100多条人命在这次轰炸中丧生，和广大非洲人民的感觉一样，“布尔赫克”和“邦德尔斯瓦特”的名字成了他心中痛苦的记忆。

1930年，亨利·曼德拉病得非常严重。他知道自己将不久于人世了，就派人把酋长请来并把儿子托付给他。亨利对酋长说：“罗利赫拉赫拉是我唯一的儿子，我把他送给你作仆人。我可以用他对姐姐和朋友们说的话对你说，他的目标是拯救我们的国家。我希望你能按自己的意思把他造就成人，让他接受教育。他会以你为榜样的。”梅布尔当时也在场，她听见酋长对这些请求作了保证。12岁的纳尔逊开始在大卫·达林戴波酋长的监护下生活，父亲死后，他就搬进了酋长的住地姆克凯兹韦尼。梅布尔回忆说：“酋长给他买来衣服，我弟弟也终于穿得有个人样了。”

四年后，纳尔逊16岁的时候，可以参加割礼节了。他和一群同龄的年轻人脸上涂成白色，穿着草编的衣服在山里度过了几个星期。部落的长者为他们举行了仪式，并训练他们为长大成人和参加各种部落会议作准备。

第一天午夜，值班员爬进小屋，悄悄地把他们叫醒，然后指挥他们离开小屋，摸黑走了很远去掩埋他们的包皮。这样做有一个传统的理由：在巫师用它干坏事之前埋掉它，同时，他们也象征性地埋葬了自己的童年。曼德拉并不想离开温暖的小屋而在黑夜中穿过树丛，但他仍然走进了树林，几分钟内，割下包皮把它埋在地下：“我觉得自己抛弃了童年的最后一点遗迹。”

曼德拉他们住在两间屋里，每间13人，在那里等待伤口愈合。走出小屋必须用毯子蒙住自己，因为他们不准被女人见到。“这是一段宁静的日子，我们在为以后的男人生活作精神上的准备。在准备回到村庄的那天，我们早早起床在姆贝谢河中洗去白色的油彩，洗净擦干之后，我们又涂上了红褐色的油彩。这是因为男人以后会和自己的妻子一起睡觉，她的身子会逐渐磨去这些颜料。然而，我身上的油彩却是用猪油擦去的。深山隐居的日子结束后，我们烧掉了住处和其中的全部物品——摧毁了我们与少年时代的最后一丝联系——并且举行了一个盛大仪式欢迎我们以成年男子的身份回到社会。家人、朋友和地方首领们聚在一起，向我们讲话、唱歌、赠送礼物。我得到了两头小牛和四只山羊，因此觉得自己比以往任何时候都富有得多。从来都是一无所有的我突然间有了自己的财产，这是一种让人兴奋的感觉。尽管我的礼物与佳斯蒂斯的整群牛相比微不足道，我并不妒忌他，他是国王的儿子，而我注定只能当国王的大臣。那天，我觉得很骄傲，走起路来也与以往不同：步子更大了，个子更高了，而且信心十倍，我对生活充满了希望，幻想着有一天我也能拥有金钱、财富和地位。”

这一段饶有兴味的叙述，是曼德拉回忆起自己接受入会仪式——割礼节的情景。“割礼”之后，曼德拉就要告别少年，走向成熟了。这时的曼德拉，正在克拉克伯里附近的一所师范学校学习。他迷上了酋长的部落会议，放假期间，他就去听酋长开庭审案，一些小部落首领把案子送到这里以求解决。虽然当时南非政府已经取消了许多部落首领的职权，而把他们降为白人机构中领工资的公务人员，但在当地他仍是受到人民尊敬的摄政者。对纳尔逊来说，这是一种扣人心弦的经历：先起诉，然后辩护，反复查问证人，最后首领在征求了长老们的意见后作出裁决。

曼德拉后来的领导观念深受摄政者及其法庭的影响。他能旁听经常在摄政者住地举行的部落会议，并从中学到了许多知识。这些会议没有时间的规定，而是在必要时召开，讨论诸如旱灾、宰杀牲畜、上级或地方长官发布的政策、政府公布的法律等重要的事情，所有的滕布人都可以参加会议——许多人也真的参加了，骑马或步行来到这里。

在这些时候，摄政者身边有一群“阿莫帕卡提”，意思是“核心人物”，这些人是高级长老，充当摄政者的议会和陪审团。他们是一群智者，熟悉部落的历史和风俗。他们的意见举足轻重。

摄政者发出信函通知酋长和首领们开会，很快来自滕布各地的重要人物就聚集一堂，摄政者的住地热闹非凡。他首先感谢大家出席会议，解释开会的原因，然后就不再发言，直到会议的尾声。

每个人都可以畅所欲言，没有人会打断他。这是一种古朴的民主形式。发言者的身份和地位也许有高低之别，但每个人都会倾听他的话，这种自治的基础是每个人都可以自由地发表意见，都具有平等的公民地位。当然，恐怕女人是例外的。

在会议进行中间有一个盛大的宴会，在听一个接一个的发言时，曼德拉经常会吃得太多而导致肚子疼。他发现有些人的发言漫无边际，永远也抓不到问题的关键；而有些人直截了当，说话简洁、紧凑。有些人想用充满感情的、戏剧的语言打动听众，而有些人则冷静、沉着，避免感情用事。

起初，人们对摄政者毫不留情的批评让曼德拉感到震惊。他也逃不过批评，事实上，他经常成为大家攻击的对象。但是，无论这些指责多么严厉，摄政者都不为自己辩解，他只是静静地听，根本不表露任何感情。

会议要一直持续到达成某种一致为止。然而，这种一致也许只是对达不成一致的普遍认同。或者同意等到更合适的时候再解决。民主意味着任何人的意见都要尊重，一项决定必须全体通过。多数人决策是一个陌生的观念，少数人不能被多数人压制。

摄政者在会议快要结束时才讲话，他的目的是总结会议发言，在各种不同意见中寻求一致。但是没有人必须服从会议的决定。如果达不成一致意见，还应召开另一次会议。在会议的最后，一个赞美歌手或诗人将歌颂古老的国王，用赞美和挖苦兼而有之的语言评价目前的首领们，而听众在摄政者的带领下发出一阵阵笑声。

作为一名领导者，曼德拉向来坚持自己在摄政者那里学到的原则，在形成自己的意见之前，他总是尽力倾听每位发言者的意见，通常情况下，他自己的意见只不过是简单综合了人们的不同观点。曼德拉永远牢记摄政者的真理：他说，领导者就如同牧羊人，跟在羊群后面，让最敏捷的羊走在前头，而其他的羊跟随它前进，却不知道真正指挥它们前进的人在后面。

## 三、走向茫茫世界

上世纪三十年代中期，当纳尔逊在希尔德顿的一所卫理公会中学为考大学做准备时，学生们心中最重要的是政治而不是考试：一场危机正在影响着全体南非人民，对开普省人民的打击尤为严重。

从 1854 年开始，在开普地区（包括特兰斯凯和西斯凯在内）的黑人有产者一直都有选举权。传教士们的自由主义影响使非常多的黑人接受了西方式教育，很多人还是在多种族学校中受教育的。曼德拉的曾祖父恩古本格库塔就曾为一所教会学校捐献了土地。这一切使非洲人相信，他们可以通过教育获得一切公民权利。但是，1867 年英国人统治的金伯利地区发现了宝石，接着，1886 年德兰士瓦的布尔共和国发现了黄金。这一切使南非突然发生了一场工业革命。随着资本和欧洲人的大量涌入，对廉价劳动力的需求变得没有止境。而已经被外来侵略者夺去了土地的非洲人却发现自己不得不在各种税收的逼迫下到矿山劳动。一个黑人无产阶级正在形成。像特兰斯凯和西斯凯这样的黑人保留地成了流动劳动力的蓄水池。布尔人（荷兰人、胡格诺教派和德国人在南非的后裔）因为反对废除奴隶制于 19 世纪 30 年代集体从开普的英国统治区迁了出来。现在他们又感到英国人的入侵是一种新的威胁，于是在1899年爆发了所谓的布尔战争。

当曼德拉开始研究这场战争的历史的时候，他认识到这场国内战争留给人民多大的苦难。他也认识到，无论彼此多么仇视对方，一旦这两个白人集团遇到“地方问题”（黑人威胁），他们仍然会联合起来，就像在1910年发生的那样。当时英国人镇压了非洲人领袖、教会以及自由人士的普遍抗议，将南非黑人置于占人口少数的白人统治之下。或许最令人感动的要算是作家和女权主义者奥利佛·施赖纳说的话了。她预见到南非面临的灾难并指出：在这个国家中白人“被眼前的利益蒙住了眼睛”。在剥夺了黑人的土地和公民权利之后，“为获得廉价劳动力，又迫使他们成千上万地永久居住在城郊和矿工居住区以及城市的贫民窟里。”[1]

1913年的“国家土地法”已经大量剥夺了土地这种非洲人唯一的安全保障，现在800万非洲人得到的土地只占12.7%，而87%的土地被200万白人占据了。

1936年，赫尔佐格总理（一个阿非利卡人国民党政治家）批准了“种族隔离”法案，并得到了旧敌史末资将军的支持。前任大法官詹姆斯·罗斯—英尼斯爵士称这个法案带有“地道的法西斯主义的味道”。

这时的纳尔逊·曼德拉正在黑尔堡大学攻读文学学士学位。在种族关系复杂的南非，大学也有各种类型：有白人大学，其中又分：（1）以阿非利卡语教学为主的布尔人大学，如著名的波切夫斯特鲁姆大学与斯泰伦博什大学，他们多是种族主义的文化中心与白人精英荟萃之地。（2）以英语教学为主的，如开普敦大学与南非大学等。有黑人大学，其中又分：（3）以英语教育为主的西式大学，如黑尔堡大学与北方大学等，黑人自由主义文化往往以这类学校为基地。（4）“黑人家园”大学，主要是70年代后开办的特兰斯凯、祖鲁兰等5所大学，具有浓厚的部落传统色彩，风气保守。（5）亚裔为主的大学如纳塔尔大学等。（6）较开放的多种族大学，

[1] 奥利佛·施赖纳：《进一步联合》，法菲尔德，1909年。

以英语教学的威特沃特斯兰德大学即为其中最著名者。各类大学风气各异，在南非社会演进中各有其角色形象。其中与黑人解放运动关系密切的主要是上述第（3）与（6）两类学校。非国大精英辈出的黑尔堡大学就是其中之一。这所学校坐落在东开普的艾利斯村，是1916年建成的。当时，它不仅为南非，也为东非和中非培养了许多未来的领导者，并因此享有崇高声誉。

奥利弗·坦博是纳尔逊在黑尔堡的同学，后来成了他的好朋友。奥利弗年长1岁，也来自特兰斯凯，却是庞多人聚居的比扎纳，位于滕布人地区的东北方。身为农民的儿子，奥利弗在一所地方教会学校毕业后成了约翰内斯堡圣彼得学校的高材生。这是由耶酥复活会兴办的中学，有“非洲的伊顿”之称。1938年他以优秀成绩通过了大学考试并获得了特兰斯凯“班加”授予的奖学金而进入黑尔堡大学读书。此时，他正在攻读理学学位。

当时，尽管在“全非洲人大会”的领导下来自各种政治的、社会的、宗教的以及其他团体的联合抗议非常强烈，通往普通公民权的最后一道大门还是砰的一声在他们面前关上了。完全由白人组成的议会在开普敦以169票对11票通过决议，将黑人选民从选举名单上拿掉了。这样居住在开普的黑人（曾是这个国家唯一有选举权的黑人）现在也被剥夺了这种权利。他们的权利仅限于参加选举3名“地方代表”（全是白人）和4名参议员（全是白人）。他们也可以拥有一个土著人代表委员会和市政委员会，不过这些都是纯粹的顾问机构。

《通行证法》在开普也和在德兰士瓦、纳塔尔和奥兰治自由邦一样适用了。从1910年开始，南非已经实行了36个种族歧视的法律，全都遭到所谓非欧洲人口的反对，其中最令人痛恨的就是《通行证法》，它控制着南非黑人的行动和日常生活。黑人必须有通行证才能找到工作、旅行以及在宵禁之后外出活动。这个通行证可以由任何白人签发，甚至连孩子也可以。检查时拿不出通行证就意味着要被罚款或（更经常的是）坐牢。牧师、律师、医生以及其他一些黑人中产阶级也只能得到部分豁免，因为他们必须携带能证明自己豁免权的证书。警察在执行规定时蛮横无礼，这使人们对这个制度的愤怒憎恨更是强烈了。全国范围的骚乱也唤醒了学生。纳尔逊心中的民族主义萌芽在黑尔堡大学被进一步激发了。奥利弗发现，虽然纳尔逊对侮辱和奖励都很敏感并会迅速作出反应，但他脾气很好也很受欢迎。他们的友谊因纳尔逊的突然离校而中断了：作为学生代表委员会的一员，他参加了一次联合抵制行动，抗议有关当局削减了学代会的权利。因此他也在被学校开除之列。

回到姆克凯兹韦尼的家中，酋长命令纳尔逊接受学校的最后通牒，放弃抵制行动以完成学业。如果不是一个意外事件使他免于妥协，也许他会服从酋长的命令，这将改变他一生的事业。正如他后来说的："我的监护人认为我该结婚了。他非常爱我并像父亲那样努力地照顾我。但是他没有民主观念，并不认为给我娶妻时应征求我的意见。他选了一个姑娘，胖胖的也很高贵，聘礼已经给了女方，连婚礼的安排都已准备好了。"

纳尔逊决定逃走。在堂兄帮助下，他偷了头牛并用卖牛的钱买了火车票。在回顾这段经历时他曾说过：他反对这桩包办的婚姻有更深的意义。因为他那时已经知道人们想把自己培养为酋长，而他已经暗下决心永远也不统治受压迫的人民。

在 22 岁那年，纳尔逊赶往约翰内斯堡。年轻的曼德拉开始走向世界。

# 第二章　指点江山

我们耐心地、温和地、客气地但徒劳地
敲打着一扇紧闭着上了闩的大门。

——艾伯特·卢图利

## 一、初露锋芒

在一篇演讲稿中曼德拉写道：

“从 1912 年开始，年复一年，在家里和乡里、在地方和全国性的集会上，在火车和汽车上，在工厂和农村，在城市、村庄、贫民区、学校和监狱，非洲人民一直在谈论着国家统治者们的无耻罪行。

“年复一年，他们不断提高声音诅咒这难熬的贫困，可怜的工资，稀缺的土地，非人的剥削和白人统治者的全部政策。但是他们没得到更多的自由，却承受了更多、更深的压迫。”

在非洲的其他地区，殖民地、受保护国和托管地的人民为争取独立而奋斗着。而南非却已经是一个独立国家了，拥有自治权，凭借欧洲的资本、武器和技术，少数白人统治者经过几代入侵者的努力，积累了很大的权力，他们组织并控制着这个国家。一种被曼德拉称作是“可怕的暴力和压制的工具”已经牢固地建成了：这就是为征服占人口多数的黑人而精心构造的行政和经济统治的体系。

1948 年，白人统治和分离法案被编典成册，构成了一种法制体系：种族隔离政策。阿非利卡人主持的国民党以微弱优势获得执政地位后就开始实行这一政策。他们声称自己是反对“红色威胁”的“西方基督文化的堡垒”，却故意轻描淡写自己亲纳粹、反犹太的倾向。他们相信自己是上帝派来统治人民的，这种幻觉使他们反对自己身外的世界，反对自由、平等、正义这些思想。很快地，一个神秘社团——兄弟会，不仅渗入了政府，还控制了荷兰新教和大学、警察、军队以及公共部门。几年之内，他们不顾白人尤其是英语白人选民的强烈反对，粗暴践踏宪法，废除法定条款，以为这样做就没人能运用宪法的手段击败他们了。

种族隔离政策——曼德拉称其是“一个疯狂的政策”——完全违背了任何人权的概念。除了希特勒对犹太人的政策，没有哪个国家存在这种“哲学”。第二次世界大战正是为反对这种理论而进行的。在此之后的第二年，虽然增加了在南非的投资，英国、美国和其他西方国家也不断表示了他们对这一政策的厌恶之情。

“非洲人国民大会”（最初称南非土著人国民大会）成立于 1912 年 1 月 8 日，比欧洲后裔成立的国民党还早 2 年。四个年轻的律师在波克斯利·卡·伊扎卡·塞梅领导下在布隆方丹召开了一次会议。塞梅当时刚从哥伦比亚大学、牛津大学和英国法学协会学成归国。他们的目标是将人民联合起来。塞梅说，部落的分散是不正常的，它造成了灾难、落后和无知。他说：“我们必须从更广的政治角度来思考问题，因为我们是一个民族。”

一个不同寻常的历史事件就这样发生了：出席会议的有部落首领及其随从，有政治联盟的领导人，还有牧师、律师、记者和教师。虽然他们不仅来自英属贝专纳兰、巴苏托兰和斯威士兰，还来自南非各地，但是他们克服了部落和语言的不同、城市和农村的差别。教育家约翰·杜比牧师当选为大会主席，塞梅当上了司库，自学成材的报纸编辑和小说家索尔·T·索拉吉当选为总书记。这个组织模仿了美国议会的组织形式，也包含一些英国议会结构和程序的因素，如：它有一个议长和由部落首领组成的参议院，他们的目标是争取在议会、教育、工业和政府中取消种族歧视。“我们梦想着这个变化”，半个世纪后一位代表回忆说，“我们梦想着有朝一日黑人也能坐在议会之中，也能买到土地”。

他们是地道的非洲民族主义者，但并不仇视白人。他们接受的教育促使他们在白人的政治结构中追求自己的权利，但也并不这么简单：反对白人的种族主义本身就包含着反对黑人的种族主义。在这之后的几十年中，非国大从未偏离反对种族主义这个方向。

在这个首次举行的庄严的集会召开的时候，人们做了祈祷，唱着由科萨族作曲家伊诺克·索通加写的赞歌《上帝保佑非洲》。这首歌成了非国大和南非黑人的国歌（60 年代，许多独立的非洲国家都把它定为国歌）。1925 年，非国大有了自己的旗帜：黑色代表人民，绿色代表土地，金黄色代表资源。

在此之后的漫长岁月里，人们不断地为反对接踵而来的不公正的待遇而斗争。人们游行、集会、派代表团与政府谈判，递交请愿书，而他们这些非暴力反抗得到的唯一回答是更深的压迫和警察的暴行。到了 30 年代，正如一位批评家指出的，循规蹈矩的非国大已经堕落成一个清谈的场所了。就在这时，詹姆斯·卡拉塔，这个来自东开普地区克拉多克的圣公会神父，不顾自己的重病和贫困，开始对这个组织进行大胆的改革。他当时任总书记，而新任大会主席 A·B·克苏马博士的加盟为这次改革提供了有力保证。克苏马交游广泛，处事老练，在约翰内斯堡开了一家生意不错的诊所，其他一些出色的知识分子加入了克苏马的行列，Z·K·马修斯就是其中一员。他是黑尔堡大学的讲师，教授“社会人类学”，“土著法与行政管理”，并在国外的教育学界小有名气。1936 年赫尔佐格的分离法案使马修斯在政治上觉醒了。他决定在非国大中发挥重要作用，就像曼德拉和坦博这些参与了黑尔堡学生政治运动的能干的年轻人一样，他们此时已崭露头角。

工业的巨大扩展引起外国投资的迅速增加，这些投资依靠廉价劳动力而获得了高额利润，但这一时期的社会却是动荡不安的。黑人工人的工资经常处于生存线以下，而且非洲人的工会也越来越好战了。然而当工人们反对这种制度时，雇主和国家联合起来向工人施加了更大的压力：1942 年，一股罢工的狂潮受到了史末资的“第 145 号战时法案”的反击，这一法案规定所有黑人举行的罢工都是非法的。但是，“非法”的罢工仍在继续。在亚历山大，人们反对公共汽车涨价，因为他们太穷了买不起车票。在草地高原寒冷的冬天，成千上万的男女步行 10 公里上下班。九天之后，汽车公司屈服了。然而，一年之后的 1944 年，车票又一次涨价，于是抵制又重新开始了。这一次人们步行了七周，终于取得了胜利。

反对纳粹和法西斯的战争激发了人们要求自由和自治的思想。阿非利卡人的极端分子也许会赞同纳粹主义，但是南非的非洲领导人却感到自己是更广阔世界中的一部分，在这个世界中，受殖民统治的亚非人民为了自己的独立而斗争着。在克苏马和马修斯的领导下，非国大发表了一篇《非洲人的要求》，渴望看到“在所有国家一切形式的种族统治都被彻底摧毁”，而“殖民地人民自己的政府”能得以实现。除了要求取消证件法和工业歧视政策，实行免费义务教育之外，他们还要求得到完整的公民权利，包括选举权。

克苏马博士联合共产党和南非印度人大会的领导人组成了一条统一战线，共同发起了一场反对证件法的运动（共产党成立于 1921 年；印度人大会是圣雄甘地于 1894 年创建的）。当时政府反对议会中取消证件法的运动，并下令大规模逮捕违犯证件法的群众，于是这次反抗运动就迅速发生了。一股反抗的狂潮席卷全国：一位圣公会主教发表声明说，证件法是“在一个所谓民主的国家中实行的希特勒式的手段”。但是，游行、请愿、派代表谈判这些宪法允许的各种抗议方式都没能取得任何效果。

然而这一时期人们的感觉是乐观的，因为纳粹投降了，而南非人和其他有色民族在这场战争中发挥了重要作用，难道变化不是必然的吗？非国大与其他组织合作，在 1945 年 5 月举行了庆祝胜利的大游行。这是约翰内斯堡有史以来最盛大的一次游行，2 万名非洲人和其他民族的人们跟在鼓号队后面，举着非国大的黑、绿、黄三色旗帜，浩浩荡荡地前进。他们的口号是“让我们结束这种工作！”但是这场战争使南非的工业化和国外投资水平进一步提高，扩大了白人的财富和权力。

1946 年，又一个信号提醒人们，并不只有南非黑人受到压迫：印度人走到了这场斗争的最前沿。当德兰士瓦和纳塔尔的印度人大会发起了一场消极抵抗运动反对史末资的“少数民族”法案时，曼德拉在威特斯法律学院的两个同学——伊斯·梅尔·米尔和 J·N·辛格——发挥了作用。史末资的法案是想把印度人永久地限制在某些地区。虽然抵抗运动实际发生在德班，许多组织工作却是在约翰内斯堡完成的。

但是当这些理论付诸实践的时候，曼德拉和青年联盟中的其他年轻的知识分子们还没做好准备。1946 年非洲矿工举行罢工的时候，他们惊奇地发现，“流动工人”即户口在农村的黑人劳工们也在反抗南非的制度，而罢工领导人马克斯和拉代尔早就警告矿工协会要注意日益增长的不安情绪了。30.8 万名黑人矿工的生活条件是众所周知的：他们是南非最重要的工人，也是受剥削最严重的工人。假定他们还能得到一个农民大约每月 2 英镑 10 先令的收入，那么他们的平均月名义收入是 3 英镑 11 先令 8 便士。然而他们在特兰斯凯和西斯凯的家庭生活极端贫困；营养不足和疾病横行乡里。他们罢工的要求是：“根据我国政府在联合国组织中同意的新世界关于生活标准的道德界限”，日最低工资不能少于 10 先令。

7 万名工人参加了罢工，警察拿着步枪、刺刀和警棍开始驱逐他们回去工作。

就在这时，土著人代表委员会在距约翰内斯堡北部 40 公里的比勒陀利亚召开会议，这是在黑人被剥夺了公民权利以后成立的顾问机构。Z·K·马修斯是主席，纳塔尔的艾伯特·卢图利酋长新当选为委员。鉴于矿区的灾难不断增加，委员会向政府提出了强烈抗议，却收效甚微。一位很有名望的医生詹姆斯·莫罗卡博士说：“他们把我们当小孩子看待。”另一位委员对政府说："你们可以随心所欲，可以向我们开枪，可以逮捕我们，可以审判我们，但你们无法摧毁我们的精神。"他们要求亲自去看看矿区的情况，希望能代表800万南非人民按人民的意愿指导政府处理这些事件。但是政府拒绝了这些要求，不理会他们的抗议。一位委员说，委员会就像一部"玩具话筒"一样没用。

矿区的罢工不到一周就被击败了。这次失败不仅因为政府及其警察的残酷镇压，还因为矿区协会破坏了非洲矿工同盟，而且在增加了每个矿井的警察力量之后，又把矿工按部落分成不同的居住区。至少有9名矿工被杀，1248人受伤。

与此同时，在国外很有名望的资深政治家史末资总理一直留在联合国。一年前他参与起草了联合国宪章的序言：郑重宣布要"忠于基本人权，忠于个人尊严，忠于男女平等"。正在联合国游说的克苏马博士评论说："我们要求得到面包，却受到枪击。"

这时拥挤在约翰内斯堡周围城区和贫民区中的南非黑人超过了10万。被迫迁移，警察搜查，失业等苦难不断引起骚乱，最大的一次发生在1949年1月的德班。当时一个祖鲁青年与一个印度人发生了口角，因此激怒了一群南非黑人。多年积压在心中的对压迫和贫困的愤怒使祖鲁人民失去了理智。他们将矛头对准了第一个目标——商人和"外国佬"，这是他们痛恨的"剥削者"。他们放火、杀人、抢劫，造成147人死亡，其中印度人53人，南非黑人87人（这主要是警察的功劳），而白人只有1个。奥利弗·坦博等非国大领导人与奈克尔博士、伊斯梅尔·米尔和J·N·辛格一起急忙赶往事发地区平息民愤，了解他们遭受的苦难。

在22岁的时候，曼德拉奔赴约翰内斯堡并在那里走进了黑人民族主义政治。库努之行几天之后，曼德拉在乌姆塔塔的部落酋长集会上说，尽管他反叛了部落的传统，如果不是他在约翰内斯堡与沃尔特·西苏鲁结为朋友，他也许还是会成为一名滕布族酋长的。沃尔特·西苏鲁不仅帮助曼德拉学完了威特沃特斯兰德大学的法律课程，还介绍他加入了非洲人国民大会。这个组织以极为温和的手段强调南非黑人的首要要求：谋求更好的待遇。在40年代初期，一些年轻的会员反对非国大那种不思进取，没有成效的领导。这使非国大的政治力量得到了削弱。这些年轻人对传统的部落酋长也极端敌视，认为他们是白人政府的走狗。曼德拉被卷入了这次青年反叛活动，这次反叛使非国大青年联盟于1944年成立，并产生了更好战的民族主义政治。以曼德拉、西苏鲁和坦博为首发起的青年联盟，以复活非国大的思想和战术为己任，积极推进民族解放斗争。作为新一代领导人中的一员，曼德拉积极煽动社会反叛活动，反对一切统治——家族的、部落的和政府的统治。

曼德拉从来就不是一个伟大的革命理论家。他是个政治活动家、实干家，而不是思想家。他是个叛逆者，有非常明确的事业。曼德拉与西苏鲁和坦博一起着手改变非国大的整体性质和战术。要达到这一目的，这个叛逆的三人集团必须以青年联盟为跳板，发动一次政变，反对以阿尔弗雷德·克苏马为首的不思进取的非国大领导层。1949年，这些年轻的叛逆者在他们提出的复活非国大的"行动计划"问题上与克苏马发生了冲突。这个计划要求以罢工、抵制、平民反抗和其他形式的积极行动反抗白人政府，这遭到了克苏马和守旧派的强烈反对。在那时候，这个计划所体现的革命思想甚至让非国大自己的领袖们都感到害怕。

1941年，曼德拉这个引人注目的健壮的年轻人带着一种领导者的气质，与成千上万的人一起涌入了约翰内斯堡。两年前，史末资将军领导的南非加入了英国及其盟国一方，抗击希特勒德国和墨索里尼的意大利。因此战时工业对劳动力的需求量非常大。

曼德拉先坐乡村汽车，然后乘上一节标有"非欧洲人乘坐"字样的火车向北行去，经过纳塔尔和德兰士瓦的草原高地，最后到达了一座盛产黄金的城市埃戈利，它的郊区到处堆满了红黄色的矿物垃圾。曼德拉突然走进了一个全新的世界：到处高楼林立，交通快捷而令人眼花缭乱、各种肤色组成了喧闹的人群。整个市区及白人居住的广大郊区都非常繁荣，而非洲人——“土著人”——却被限制在数量众多的城郊黑人居住区和贫民区中生活。这里人口拥挤又不卫生，没有电和柏油路也没有电话，还要不断受到警察的袭击，他们是在搜查触犯了《通行证法》和《酒类法》的人。骚乱时有发生，家庭生活很不稳定而且犯罪活动成倍增加。对于被剥夺了财产的非洲人来说，这就是在种族歧视政策下生活的现实。曼德拉的政治教育已经开始了。

从孩提时代开始，曼德拉就学着做一个品行端正的人，为了地位和安定的生活而努力。可现在他却陷入了在城市中求生存的熔炉之中。第一件事就是找份工作，而最有希望的地方就是矿区。多年以后，他回忆起这段往事时还觉得有趣：在皇冠矿区，他被雇佣为警察，有望不久以后会被升为办事员。他拿着圆头棍（一种很重、带把手的棍子）和哨子守卫着通往黑人矿工居住区的大门。然而几天之后，酋长派人找到了他，于是他又一次开始逃跑。

他在亚历山大找到了一间屋子，这是约翰内斯堡向东北部延伸出来的一片城区。在那里有个熟人建议他找“一个叫沃尔特·西苏鲁的人”，说他值得信赖能给人有用的指导。西苏鲁比他大几岁，也来自特兰斯凯，受过严格的宗教教育。他很清楚被视为“土著人”意味着什么：他曾拿着锹和镐在距地面一公里深的金矿里劳动过；曾在一个白人家里做过厨房杂工；还曾在许多工厂工作过并与不公正的老板们发生冲突。同时，他还通过函授取得了初级证书。他与母亲生活在一起，他母亲为白人家庭洗衣服挣钱。当曼德拉见到西苏鲁时，他正经营着一家小房地产公司，买卖那些仍由黑人拥有的自由土地。他立即给了这个年轻的新人一份工作，每月两英镑还有回扣。

当曼德拉诉说自己以前的抱负是学习法律的时候，西苏鲁给了他经济上的帮助，使他能通过函授取得文学学士学位。他还借给纳尔逊一笔钱买了一件漂亮的新衣服参加毕业典礼。然后又介绍他到一家白人律师事务所上班。他给这些律师当学徒，同时又利用业余时间在威特沃特斯兰德大学学习法律。

在这里，曼德拉第一次直接与“欧洲人”打交道——当时就这样称呼白人。在特兰斯凯，白人是郡长、商人和教师，而现在他为白人工作并与他们一起上班。他刚到办公室，一位资深的打字员就对他说：“纳尔逊，我们这儿没有种族歧视政策。要是佣人送茶来，你就直接到盘里拿好了。我们已经为你和高尔买了两个新茶杯，你一定要用新的。去告诉高尔，但要小心点，他可是个影响很坏的家伙。”

公司的办事员高尔·拉代尔是个很傲慢、个子矮矮的男人，政治上很激进。当曼德拉告诉他新茶杯的事以后他回答说：“你就照我的样子去做吧。”茶来了，拉代尔不拿新茶杯却故意挑了一只旧的。曼德拉不想与他争吵，也不想得罪打字员，于是就装作不想喝茶的样子。

另一位打字员经常让他干活而自己却无所事事。有一天，当曼德拉对他口述文件时，一位白人顾客走了进来。这个姑娘显然觉得很难堪，她为了向别人表明曼德拉不是她的上级，于是她从钱包中抽出6便士对他说：“纳尔逊，到商店给我买些香波回来。”

曼德拉总是很幽默地对别人讲述这种事情。当白人的歧视和冷落直接对准他时，他通常的反应就是幽默；而当这种对待指向那些无力抵抗的黑人时，他总是感到很气愤。

1944年，当时还是个学生的曼德拉与西苏鲁的表妹埃韦琳·恩托科·梅思结婚了。她很漂亮，说话温柔，在城市深矿医院当护士。他们在奥兰多成了家，这是约翰内斯堡向西南方向延伸的部分，距市区约10公里，到处布满了统一式样的火柴盒似的房子，没什么景致，很荒凉（这个地区后来被称为索韦托，是“西南地区”的英文缩写[1]）。西苏鲁夫妇也住在附近，

[1] 索韦托是个在中国传媒中出现频率很高的地名，南非的许多事件都发生在那里，然而令中国读者奇怪的是地图上却找不到它，而且这个有200万人口（官方统计为90万，其余是“盲流”式的临时居民）的居民点被称为“镇”，实际上它只是约翰内斯堡城郊的一片黑人贫民区。南非的行政设置也带有明显的种族歧视：白人居住的几百人的“市”与黑人的几万、几十万人的“村”、“镇”是并不罕见的。

他的妻子阿伯蒂娜也是名护士。这时奥利弗·坦博也已到了约翰内斯堡，他在圣彼得学校教自然科学和数学。

曼德拉业余时间在威特沃特斯兰德大学学的功课很难；而且他没有适当的学习用品，上学需要坐很长时间的火车，在晚上 11 点钟实行宵禁，这些都给他学习带来了困难。公司里指导他学习法律的同事是位波兰犹太人，纳尔逊非常感激他的好意。他总是鼓励曼德拉，让他集中精力成为一名优秀的律师，从而“赢得社会各界人们的尊敬”，还说他应该远离政治。

但是曼德拉并不同意这么做，他已经开始把自己看成是一名非洲民族主义者而不再仅仅是一个滕布人了；而且非国大也深深地吸引着他。沃尔特·西苏鲁已是非国大的成员，他鼓励坦博和曼德拉加入这个历史悠久、连续性最强的黑人政治组织。然而在 1942 年，经过一段时间的衰落，一些会员脱离非国大而成立了非洲民主党。这三个朋友（坦博后来这么说）认为这种做法是错误的，而他们的责任是留在非国大，推行自己认为正确的想法。他们决定与其他年轻人一起激发非国大的活力，历史证明了他们的作用。

这期间出了一系列事件，再加上政府没能实现改革的诺言，又在曼德拉这些年轻的民族主义者心中激起了反抗情绪。“我们从未真正年轻过”，奥利弗·坦博在谈到这段日子时说，“没有舞会，也几乎没有电影，有的只是会议和讨论，每个晚上，每个周末都是如此。”他们在彼此家里或办公室开会，就这样形成了自己的政治哲学。

安东·穆奇瓦克海·伦尔迪博学多才，很有号召力，他很清楚地表述了这种哲学观点。他生于祖鲁族农场工人家庭，家里很穷，只能穿麻袋片蔽体，他的父母下决心让自己的孩子接受教育并设法挤出些钱来交了小学的学费。经过自己的奋斗，他当时已经是一名教师，后来又成为律师。伦尔迪和 A·P·姆达（也是教师，后成为律师）与曼德拉、西苏鲁、坦博这些人一起成立了一个“青年联盟”。他们开始着手“激发”非国大的活力。

他们认为非国大是“非洲人民意志的象征和体现，是反对各种压迫的统一战线”。但是他组织无力，“把自己看成一群绅士，两手干干净净”，不能发挥正确的领导作用。青年联盟要对这些批评作出保证，“他们父辈的奋斗和牺牲”没有白费。非国大一定要成为“非洲民族主义精神的智囊团和发电站”；“要唤醒公众的政治意识。要坚决反对‘国外的领导’和‘国外意识形态的大规模输入’”；尽管这些意识形态如果有用是可以借鉴的。

伦尔迪、西苏鲁、曼德拉和坦博向克苏马博士提出了这些观点，后者谨慎地同意将“青年联盟”作为非国大的一部分。他做对了：这些年轻人从根本上改变了非国大。

1944 年 4 月，伦尔迪当选为青年联盟主席，坦博当选为书记，曼德拉参与了由姆达起草的一个基本政策文件的定稿工作。他说，他们认为非国大的领导人没有注意到要把大会组织成一个群众运动的问题。通过青年联盟，他们要促进一个强有力的国民解放运动的发展；非洲民族主义应该成为青年联盟的信条。他们的目标是“真正的民主”，为实现这一目标，联盟将为取消歧视性法律而奋斗，使非洲黑人得到“完整的公民权利”，能够“在议会中有自己的代表”。土地应该在一切国籍的农民中按其人口比例重新分配。工会权利不能受到限制；免费的儿童义务教育应成为众多成人教育的补充；非洲文化应吸收欧洲和其他文化中最好的内容。他们想创造一种环境，使非洲能“为人类的进步和幸福作出自己的贡献”。

曼德拉时常与米尔在一起。米尔在市场大街的胡尔瓦德大厦有间没什么家具的房间，这里是开会的地方，经常进行热烈的讨论和辩论，直到深夜。参与这些活动的有他的朋友、同学和积极分子，比如：迈克尔·斯科特和鲁斯·费斯特。前者是圣公会牧师，后来参加了消极抵抗运动，后者是一名优秀的青年，只有 18 岁，他的父母像许多来自立陶宛和拉脱维亚的犹太人一样，也是共产党中最勇敢的斗士。

曼德拉从米尔那儿了解了印度人民和他们在南非进行的斗争，他对此很感兴趣。米尔一家是穆斯林。1860 年英国人把印度人运到纳塔尔，让他们在甘蔗田里劳动。甘地是一个年轻的律师，在德班定居。他看到印度人不断受到不公正的待遇，就在 1907 年发起了消极抵抗运动（不合作主义或叫精神力量），现在这项运动的高级领导人是两个年近 40 的医生：纳塔尔的甘地式人物蒙蒂·奈克和德兰士瓦的共产党员约瑟夫·达杜。印度政府在领导亚洲艰难地争取独立的同时，给他们以道义上和外交上的强有力的支持。

曼德拉看到年轻的印度人自愿从约翰内斯堡出发驱车 500 公里到达德班，却在那里受到了审判，他被深深地感动了。但在政治上他还是与他们划清了界线。米尔和辛格这些印度人认为共产党给他们提供了一个中肯的政治、经济哲学。他们社区的代表们是一些保守的商人，这些人指望能与白人统治者达成谅解。这种做法让他们感到很沮丧，但是一位杰出的英国老妇人又激起了他们的希望。梅布尔·帕尔默博士是费边主义者和乔治–肖伯纳的朋友。她向各民族的人讲授各种知识，包括社会主义和马克思主义。共产党虽然党员很少，却在组织斗争中发挥了重要作用，对于劳工问题的作用尤为突出。而且作为一个政党，她独自提出对所有的民族一视同仁。

曼德拉非常反对共产党，这不仅因为他根深蒂固的传统背景，还因为他的宗教培养告诉他，共产党员是不信基督的。大多数联盟的成员都有他的这种敌意，所以当“进步青年委员会”的书记鲁斯·弗斯特想介绍他们入党时，他们一口回绝了。

布拉姆·费雪是个祖籍欧洲的共产党员，作为律师他曾帮助克苏马起草了一个更民主的非国大纲领。他发现曼德拉和西苏鲁（他称他们是“年轻的土耳其人”）不仅反对共产党还反对与白人合作。但他后来仍在两次历史性的审判中为他们进行了辩护。

青年联盟认为这种联合将削弱他们的努力，而且白人共产党员认为他们的民族主义是“沙文主义的”。更有甚者，共产党强调工人阶级和资本家的差别而掩盖了团结所有非洲人这一主题。伦尔迪、曼德拉、西苏鲁和坦博试图迫使那些想留在非国大的非洲共产党员退党，于是在非国大年会上发起了一场运动以达到这一效果。然而共产党员J·B·马克斯、摩西·科塔尼和高尔·拉代尔都是大会中最有声望、最活跃的人物，而击败青年联盟这次运动的却是那些中间分子。

至于青年联盟对白人的基本态度，曼德拉说，非常多的攻击都针对于这一点，那就是他们的目标之一，“把白人赶到海里去”。他与各位同仁起草了自己的基本政策并多次开会讨论，终于达成了一致：他们必须考虑到南非的具体情况，要知道不同种族的人民在一起生活已无法改变。“但我们坚持认为”，他们补充道，“各民族之间的和平与进步的条件是废除白人统治，改变南非社会的基本结构。消灭那些造成剥削和人类悲剧的社会关系。因此，我们的目标是为非洲人民争取国家的自由、建立一个人民的、自由的社会，在这个社会中，种族压迫和迫害将是法律所不容的。”

青年联盟也承认有些欧洲人热爱正义、谴责种族压迫，“但是他们的声音是微不足道的，归根结底是无用的。”至于那些同样遭受压迫和剥削的印度人，他们与非洲人有着不同的历史和文化背景，但只要他们不妨碍非洲人民的解放斗争，就不能被视为入侵者和敌人。其他有色民族所受的压迫各不相同，应该为自己的自由而奋斗。

## 二、重振非国大

曼德拉认为这次南非黑人与印度人的领袖的联合行动是一次难忘的经历，但他们这些青年联盟的成员仍反对与印度人大会联合。当克苏马、达杜和奈克尔达成一个“君子协定”，使非国大与南非印大为争取合法权利联合行动时，这些年轻的民族主义者们决定“单独行动”：为了使南非人恢复自信，还有许多事要做。

姆达是青年联盟的新主席，坦博是副主席，安东·伦尔迪长期生病，于1947年去世了，这是一个无法估量的损失。在他死后的日子里，他的思想仍激励着他的同志们和追随者们前进。曼德拉当选为书记。由于不断深入地被卷入政治之中，他已放弃了法律学业。

联盟准备了一个行动计划并决定以此向克苏马博士挑战。他们对其谨慎的领导感到不满，虽然他们不得不承认：由于他的组织才能和正直人格，非国大现在已经有了几千名会员，在银行也有了3000英镑的存款。虽然曼德拉也参与了这次攻击，但他个人对克苏马的评价还是很高的。1949年12月，就在非国大年会召开前不久，他和坦博、西苏鲁作为代表拜访了克苏马。这是一次艰难的会晤：克苏马决心继续掌权，而他们却更加坚信人们已经足够成熟、可以行动了。另外，矿工罢工的教训使他们坚信：没有工人“大众”的参与，就不会有成功的政治行动。他们向克苏马转达了一份最后通牒：如果克苏马不支持他们的行动计划，在即将到来的选举中他们就不支持克苏马当主席。可克苏马根本不理这一套。

最后他们选择了支持这一计划的莫罗卡博士。几乎每个顽固派的人都选克苏马，而这些年轻人却选莫罗卡当主席。这次“青年联盟”获得了多数人的支持——他们的“政变”成功了。

沃尔特·西苏鲁仅以一票优势当选为总书记。这是很有意义的：非国大第一次有了自己专职的书记，他能得到每月5英镑的工资，还有一间办公室，虽然很寒酸却处于约翰内斯堡的商业区之中。西苏鲁的妻子阿伯蒂娜也把自己当护士挣的工资拿出来支持他们工作。

曼德拉是新当选的全国执委委员之一。执委中还有温和派分子、共产党员和青年联盟的其他代表，他们宣誓要努力执行已被大会热情采用的这个行动计划。

这个计划是非国大奋斗史上的分水岭。他把目标指向“国家自由”和民族自决，反对白人统治思想所造成的种族隔离和白人领导。非国大必须利用新的“武器”：联合抵制、罢工、非暴力反抗、不合作以及能够达到这些目的的其他手段。但是非国大首先要做的是必须组织一次全国性的停工，在这一天反对政府的反动政策。

因此非国大在群众运动的基础上制订了一个全新战略。曼德拉指出，非国大以前的领导人“希望通过为自己的事业辩护能使统治者回心转意并给予他们所要求的一切权利”，而现在他们应该使用压力，“迫使统治者接受他们的要求”。但是，正如他在青年联盟杂志《北极星》中写的那样，他也注意到“与群众保持高效联系”这个问题。他补充说：“我们有一个强大的意识形态，它能抓住群众的思想。”“我们的任务是把这种意识形态完整地教给他们。”

在“青年联盟”还没有组织好1950年劳动节的“全国性停工”之前，由共产党、印大和德兰士瓦非国大组成的特别机构也号召同一天在约翰内斯堡地区举行停工，以抗议政府关押了科塔尼、马克斯和达杜，曼德拉这些年轻的民族主义者们被激怒了，他们与这次活动的组织者发生了冲突，解散了会场，并在自己的杂志上尖刻地抨击共产党。他们的文章说，既然工人是南非黑人，而身为黑人是他们受压迫的主要原因，作为工人只是第二位的原因，那么共产主义这个“外来的植物”很显然是不会在南非的土地上茁壮成长的。曼德拉的坏脾气就是在这次冲突中出的名。

尽管“青年联盟”反对在约翰内斯堡举行抗议活动，政府也禁止游行，而且“五一”节那天当地还部署了2000名警察，这次罢工还是相当成功——有一半以上的工人“待在家里”。但是由于警察袭击了集会群众，结局几乎成了一场悲剧。组织者们和“工贼”吵吵闹闹，警察向群众开枪射击更引起了骚乱。曼德拉和西苏鲁在奥兰多匆忙地跑前跑后，设法使人们冷静下来。他们要求人们赶紧分散开来，找地方躲起来。最后有18名非洲人被杀，受伤的多达30余人，其中还有3名儿童。

对“青年联盟”内部的青年知识分子来说，在罢工中所受到的来自基层群众的支持，令他们大开眼界。曼德拉说："那天是我一生中的转折点，我既亲身领教了警察的冷酷无情，又被非洲人工人对'五一'节号召的支持而深深感动。"

组织者的工作极为艰苦，这也给他留下了深刻的印象。他和西苏鲁结识两位年轻的印度人，一位是工厂工人保罗·约瑟夫，另一个是学生艾哈迈德·卡特拉答。他们每天一大早就开始工作，晚上还出去散发传单。当他们握手的时候，曼德拉和西苏鲁这两位"青年联盟"的领导人向保罗和卡西表示祝贺——这是最初的亲密表示，后来他们四个成为终身挚友。

首先把人们隔离开来的种族隔离法正在把人民赶到一起来——《人口登记法》按种族对每个人进行分类，使个人饱受痛苦；《团体住区法》按种族和部族把城乡各地的居住区分开，特别是没收了印度商人的土地，并宣布对一切"非欧洲人"都将实行大规模的强制搬迁。非洲人现在被政府叫做"班图人"，政府还要根据《班图人权利法》对班图人部落进行重新划分。

《镇压共产主义条例》的政治影响极为恶劣。其针对的目标不仅仅是2000名共产党员：其中非洲人1600人，印度人250人，白人150人。40年代时，共产党人曾被选为"土著代表"进入议会，并在约翰内斯堡和开普敦两个市的议会中占有席位。现在，冷战硝烟正在四处蔓延。在美国，麦卡锡搞得人心惶惶；在南非，司法部长C·R·沃斯特宣布，他同英国秘密警察头子珀西·西托利爵士一起调查了共产主义运动在非洲的发展情况。非洲人认为，这标志着英国政府同阿非利卡人的国民党进一步勾结起来，英国在此间联合国就西南非洲托管地问题进行辩论时一贯投票支持南非。

这个新"条例"具有南非特色，正如非洲人国民大会高级官员指出的那样，他"主要针对非洲人和其他被压迫的人民"。

所谓"共产主义"包括任何旨在"通过加剧骚乱和混乱，非法行动或违纪行为，或威胁采取非法的或懈怠的行为，从而在联邦内部引发任何政治的、工业的、社会的或经济的变动”。司法部长有权“指定”任何人为共产党员并把他们逐出其所在组织。被取缔的组织的成员，如果继续“推行其宗旨”，将处以长达10年的监禁。

1950年6月26日，按计划举行全国性抗议示威游行，“非洲人国民大会”、“青年联盟”、“印度人大会”以及共产党都参加了“协调委员会”。开始时大家各怀戒心，但后来摩西·科塔尼从开普敦来到约翰内斯堡担任共产党书记，他带来的气氛让大家的不愉快很快烟消云散。曼德拉开始把他看做“一个真正的民族主义者”，不久他们成了朋友。

这是非洲人国民大会第一次在全国范围内号召人们“罢工”，它是城市人民同政府对抗的开始。“青年联盟”在呼吁人们支持他们行动时宣称：“对我们来说，这次抗议集中体现了自1652年4月6日以来非洲人民为表达不满而进行的神圣运动。”历史上的那一天，杨·范里贝克到达好望角，为荷属东印度公司建立了一个基地。在这份声明中明显可见曼德拉对小时候听部落长老讲述的故事记忆很清晰，因为声明中接着说：“在整个‘卡菲尔战争’时期，在整个丁干时代，在整个莫舒舒时代，在整个塞库库尼时代……在整个白人联邦统治时期，这种运动一直在进行。”他们警告政府：“世界上任何一种物质力量都粉碎不了一个民族不屈不挠的斗争精神”；非洲人发誓要解放整个南非，包括“黑人、白人和黄种人”在内。

莫罗拉博士、西苏鲁、坦博和印度人领袖们动员各省中心地区的群众，争取他们的支援，曼德拉则负责协调整个活动。司法部长在议会“以恐惧的感觉”宣布，“在共产党人领导下……土著人中有一个秘密组织”，它将往人们的水里下毒，并“教人们如何去杀人”。

6月26日，伊丽莎白港、德班、亚历山大市以及其他几个地区爆发了全面罢工；在约翰内斯堡、开普敦和一些较小的中心地区部分人参加了罢工。但是德兰士瓦的一些地方反应冷淡，非洲人国民大会承认那里的工作人员没有达到预期效果。印度人大力支持这次罢工，尤其是在德班，工人们受损失最大——有1000人被解雇，但组织者们及时向他们提供了生活补助。

印度人的组织工作经验及他们的筹款能力启发了非洲人国民大会，而印度人则通过加强与非洲大多数人的合作得到了明显的好处：印度人还在联合国争取到外交支持，那时联合国54名成员国中亚非国家只有14个。

# 第三章　蔑视恶法

我认为我不仅在道义上，而且在法律上也没有义务去遵守一种我没有代表权的议会所制定的法律。

——纳尔逊·曼德拉

## 一、和平的“蔑视”

1950年年底，曼德拉当选“青年联盟”全国主席，他同沃尔特·西苏鲁讨论了下一步如何贯彻他们的非暴力抵抗——“行动纲领”。采取什么样的方式呢？曼德拉想起1946年印度人志愿者前往德班时，热情而富于纪律性，于是他提出“消极抵抗”。西苏鲁认为这种抵抗应是“典型的南非式的形式，应富有战斗精神”。他们俩回忆了非洲人国民大会历史上举行抗议活动时自发运用“消极抵抗”的例子。1913年，在奥兰治自由邦，黑人妇女曾抗议《通行证法》。她们把成袋的通行证堆在市政府办公楼前，当政府干预时，成千上万的人宁可选择坐牢也不交罚款。整村整村的黑人妇女被投入监狱，结果当地政府把通行证强加给妇女的企图失败了。在这次活动涌现出非洲人国民大会的妇女工作队。后来在1919年，非洲人国民大会曾在约翰内斯堡和威特沃特斯兰德组织大规模的非暴力游行，反对《通行证法》。尽管警察和白人对示威人群采用暴力手法，抗议活动仍持续了好几个星期，最终促成了一个部级委员会建议废除《通行证法》（实际并没有被废除）。

西苏鲁认为此时应欢迎各种族的人参加这个运动，不论曼德拉当时多么害怕非洲人可能会被其他种族控制。曼德拉回想起“五·一”节的游行示威，当时“人民”支持他反对的某些东西，渐渐地他让步了，在检讨了自己的立场之后，表示愿与其他种族合作。对于共产党人也是如此。他开始懂得，非洲人“自己干”反映了他在政治上的幼稚、不成熟。

西苏鲁、曼德拉和“青年联盟”其他成员继续激烈地讨论：他们知道“消极抵抗”对人民没有什么号召力，而非暴力抵抗是反抗一个武装到牙齿的专制政府的唯一可行的办法。那么，怎样才能约束天天遭受暴力的人民，使他们不会走向暴力反抗之路呢？他们认为，关键是用非暴力的方法对人民进行训练，向他们灌输这样的思想——非暴力通常比公开的暴力反抗需要更大的勇气和决心。

1951 年 12 月，他们在布隆方丹举行的非洲人国民大会年会上提出以下建议：在 1952 年 4 月 6 日南非白人庆祝其建国 300 周年时举行群众抗议活动；告诉政府，除非将极为不公正的六项法律取消，否则全国将举行非暴力的蔑视那些法律的运动。大会极为赞成这些建议。莫罗卡博士向大会致谢并高喊“我的祖国！”群众回应“非洲！”代表们站起来高唱“上帝保佑非洲”。

国外报纸注意到：“非洲人国民大会”强调：他们的斗争不是针对哪一个种族，而是针对不公正的法律，“这些法律使各界人士总是处于被统治、遭受苦难的地位”；非洲人在为改变环境，为把“人类尊严、平等和自由还给所有南非人”而战斗。而且，他们很谨慎地表明不会使用暴力。

在南非，政府取缔了南非共产党和工会，撤消了批评政府者的护照；并打算取消“有色人种”在选举方面的“特权”地位。白人自由主义战士、圣雄甘地的养子马尼拉尔住在纳塔尔，他对非洲人能否坚持非暴力表示怀疑。在威特沃特斯兰德一带，遵纪守法的黑人同歹徒之间，以及黑人各部族间发生了骚乱，有 41 人死亡，数以百计的人受伤。这似乎为马尼拉尔的担心找到了证据。

政府不遗余力镇压这场运动。非洲人国民大会能吸引足够多的志愿者吗？他能领导这些志愿者进行一场旷日持久的非暴力斗争吗？

纳尔逊·曼德拉当选为“蔑视运动”全国志愿者总指挥，毛尔维·卡切利亚1952年作了他的副手。毛尔维的父亲在1907年曾是与圣雄甘地齐名的最勇敢的抵抗者之一。曼德拉走访了开普、纳塔尔和德兰士瓦，在城镇里拜访居民，向人们解释自己的计划，有时一讲就是一整夜。他的任务是激起人们的勇气，用非暴力手段向政府挑战，推翻压迫。有时奥利弗·坦博和他一起出访。和平常一样，在小镇子里或专为白人建的村子里，黑人总是遇到麻烦。唯一可坐的火车也许深夜才能到达，没有供黑人住的旅馆或供他们使用的出租车，黑人居住的镇上也没人有电话。这就意味着要走好几英里才能到目的地，去敲看起来比较可靠的人家的门。有时他们受到热情的陌生人的欢迎，有时被一些谨慎胆小的人断然拒之门外。

莫罗卡博士实际上放弃了在塔巴·恩丘繁忙的业务，此时西苏鲁在约翰内斯堡非国大总部担任重要工作。1952年1月21日，他们写信给马兰总理，指出长期以来非国大一直致力于通过立法手段争取非洲人的合法权利。政府毫不理解非国大的合理要求，反而多年来不断加大镇压力度，致使如今已到了“生死攸关”的地步。对于非洲人国民大会来说，保持沉默就等于背叛使命。《通行证法》、《团体住区法》和《镇压共产主义法》都加剧了紧张局势。如果政府不取消这些法律，非国大将于4月6日组织示威，作为蔑视这些法律的第一次行动。

从总理秘书那里传来的答复干巴巴的毫无诚意。总理指责西苏鲁不与土著事务部部长交涉，并对他能否代表非国大表示怀疑。他说，班图人应被视为与欧洲人相同的说法是自相矛盾的，“特别是考虑到这些差别是永久性的，而且是天生的”，政府不打算取消那些法律，不管怎么说这些法律都不具有压迫性，都不能算作卑鄙，他们属于“防范性”的。如果非国大按其声明的那样一意孤行的话，政府将充分利用手中掌握的国家机器，

“恰当地处置那些策动颠覆活动的人”。

莫罗卡和西苏鲁回答说，非国大从未把土著事务部看为“正规渠道”。他们还说，目前问题所在，不是一个“生物”问题，而是“公民权利”问题。“在种族尊严方面，非洲人民不会向任何人屈服”。正是由于这一原因，他们为争取在自己土地上的基本人权而进行斗争。他们最后说，人们已别无选择，只有采用群众运动的斗争形式。我们想强调声明：我们打算和平地开展这场运动；如果发生什么骚乱的话，决不会是我们制造的。

4月6日，白人们庆祝荷兰人在开普敦登陆300周年；与此同时，非洲人也在各中心地区集会：在东开普，数万群众集会祈祷自由；在约翰内斯堡，莫罗卡博士对自由广场上的群众发表演说，号召人们“庄严宣誓：我们要把全身心的力量拧成一股绳，早日结束目前这种令人难以忍受的环境”。他呼吁万名志愿者站出来蔑视法律。

曼德拉和卡切利亚以非常严肃的态度招募志愿者。在服装工人礼堂，曼德拉面对约200名非洲人、印度人以及一些“有色人”发表讲话，对他们进行指导并提出建议。他指出：当局一定会试图吓唬群众，而且对第一批志愿者会特别毒辣。不论政府怎样进行挑衅，志愿者都绝不能报复。最最重要的原则就是遵守纪律，志愿者不可以吵架或是酗酒；每个志愿者都要昂首挺胸，态度威严，高度警惕并保持干净整洁。一位印度人回忆说，曼德拉很快同志愿者们亲密起来，他自己也学会了如何控制愤怒。

曼德拉抵达开普敦后，一个早已习惯于种族歧视制度的南非白人，这样描绘他的感受：“我发现人们都转过身，望着马路对面，我看到了一位仪态庄严的人，他的穿着无可挑剔。不仅黑人，就连白人，包括白人妇女都转过身去仰慕地看着他。”

在德班的“志愿者日”那天，曼德拉面对数以万计的人发表演说。非洲人和印度人都在誓约上签了名。他的声明对自己亦意味深长：“我们可以说，南非非欧洲人的大团结已经成为现实。”

非国大纳塔尔省主席是卢图利大酋长，他不久前才担任非国大领导职务。他和奈克博士全身心地投入到这场运动中，一切都让人深切地感到，历史的篇章将在这里谱写。每当一位志愿者勇敢地站出来时，大家都要唱自由之歌；能与非洲人一起唱那些歌，印度人特别感动。

政府的第一次报复行动是根据《镇压共产主义条例》列了一张500人的名单，如果名单上的人组织集会或发表演说即算犯法。马克斯、科塔尼和达杜向集会群众演讲以示对政府的蔑视，但他们马上被捕并被关押了几个星期。

6月26日是非国大1950年号召全国大罢工周年纪念日，“蔑视运动”开始了。严冬的早晨，一群群情绪高涨的志愿者，有男人也有妇女，他们从新布赖顿镇出发步行走到伊丽莎白港。他们戴着非国大的臂章，高呼“我的祖国——非洲！”他们欢呼着穿过标有“只准欧洲人使用”字样的火车站入口，在那里，警察正等着他们。他们被逮捕并被带到车站另一侧，这样他们就要穿过一座“只准欧洲人使用”的桥梁，这很令他们开心。全车厢的非洲人高声喝彩。组织这次行动的人被判30天监禁，其余的人15天。

在750英里之外的德兰士瓦，老资格的甘地主义者纳纳·西塔与西苏鲁带领52名“蔑视运动”成员进入一块未经允许不得进入的地段，所有人都被捕了。

当天晚上，曼德拉在约翰内斯堡集会上讲话，集会结束时已晚上11点了。这时正是宵禁时间，非洲人必须有“特别通行证”才行。曼德拉本打算逃避逮捕，以便继续组织活动，但发现自己已被警察包围，这些警察逮捕了所有参加集会的志愿者。他们高唱着自己的国歌，登上囚车。

那是曼德拉的第一次监狱经历，他后来描绘说：

“他们把我们塞进操场，一个年轻的白人警察用力推了一下我们中的一个人，结果那个人摔下好几级台阶，跌断踝骨了。我提出抗议，一个年轻的警卫便像牛仔似的踢了我一脚，我们都异常愤怒，我开始组织示威，要他们关心那个受伤的人，给他进行治疗。他们敷衍了事地回答，让我们明天再提这种要求。于是，那个塞缪尔·马卡伊在监狱里度过了可怕的一夜，翻滚着痛苦地呻吟。第二天，他才被送往医院。”

出狱后，曼德拉发现这场“运动”已像“野火般”蔓延开来。工厂工人、办公室职员、医生、律师、教师、学生和牧师都起来蔑视种族主义法律。老一代“蔑视运动”参加者回忆起非洲人国民大会的早期时光，那时他们只是想证明自己是有责任感的公民。现在，他们面对白人当局时抱的是进行根本性变革的期望，精神上更加振奋。自由之歌成了这场运动的一大特征，其中一首这样写道：“我们非洲人！我们非洲人！我们为自己的土地哭泣。他们抢走了他，他们抢走了他，他们就是欧洲人。他们必须让我们的国家自由……”另外一首唱道：“嘿，马兰！打开牢门，我们要进去，我们是志愿者……”

沃尔特·西苏鲁为在7月间参与“蔑视运动”的1500人进行了辩护，当他被带到法庭上时，他说：“只要我的人民还信任我，只要我身上还有哪怕一丁点生命力和能量，我就将为取消种族歧视法律和争取全南非人的自由而勇敢、坚决地战斗。”和许多人一样，他宁愿在牢房里待上一周也不愿交罚金。

7月30日，警察在全国范围内突击搜查居民房屋和办公室，并逮捕了莫罗卡、曼德拉、西苏鲁、达杜和卡切利亚以及另外30人，指控他们犯了煽动共产主义罪。案件虽被延期审理，但这次逮捕反而激起了人们更高的激情。10月初，又有几千名志愿者被投入大牢。

与此同时，卢图利大酋长收到了政府的最后通牒：要么退出非国大，要么放弃祖鲁族格劳特维尔地区酋长职位。他的答复是在非国大集会上发表演说。在那里，人们对他热烈欢呼。

4个月之后，运动的最后阶段即将来临——号召全国人民共同参加“蔑视运动”。曼德拉相信，只要能做到这一点，政府将无法实施某些法律。当然，政府不会轻易放弃，只有继续加大压力才能迫使政府让步。非洲人已经占据主动，只有一种办法能够使他们放弃这种主动，那就是——暴力。

10月18日，在新布赖顿火车站。一名白人警察向两个非洲人开枪，据称是因为他们偷了一罐油漆并且拒捕。接下来的混战中，这名警察开了不止20枪，然后逃之夭夭。留下来的是愤怒的人群，他们开始攻击火车站，暴乱发生了。7个非洲人和4个白人（没有警察）死于非命，27人受伤。

西苏鲁火速赶赴现场进行调查。非国大谴责了这种暴力事件，并要求进行司法调查。政府的反应是更大规模地动用警察，手段更加强硬。在开普全省禁止集会，并更为严厉地实施《通行证法》。在一次非国大组织的抗议罢工之后，白人雇主们解雇了上千名工人。金伯利和东伦敦发生骚乱，至少有25名非洲人被警察打死，受伤的人更多。在东伦敦，人们一见白人的面就动手打。一位跑来救护伤员的修女和一名保险业务员都被打死。

非国大一再要求任命一个调查委员会，遭到政府拒绝。政府还指责“蔑视运动”引发了动乱。这一举动更使人们相信，新布赖顿和金伯利的暴乱是政府奸细蓄意所为，用以制造借口来镇压“蔑视运动”。一位学者观察家利奥·库珀教授得出结论：“没有证据把抵抗运动同动乱联系在一起，也没有证据能证明哪一次暴力事件是抵抗者挑起的。”

尽管环境如此险恶，“蔑视运动”仍在进行。10月间被捕总人数达2354人。志愿者良好的纪律性和他们的幽默感得到国外各界好评。联合国成立了一个委员会专门调查种族隔离状况，这也是国际社会第一次正式表示反对种族隔离制度。这对于非洲人国民大会及其盟友来说，是极大的鼓舞。在南非，白人自由派人士，包括刚来的约翰内斯堡主教安布罗斯·里弗斯，呼吁给“所有文明人平等的权利”，与此同时，一些白人也参加“蔑视运动”，在约翰内斯堡和开普敦他们也难逃牢狱之灾。

由于政府对52名运动领导人和组织者实施了终身禁令，“蔑视运动”中止了。10000名志愿者中有8577人对此做出反应，采取了行动。但是一条法律也没被废除，相反，政府事实上无情地扩大了种族隔离的范围。非国大承认在组织过程中存在严重缺陷：管理和筹款工作中有不足之处，而且没有一份非国大办的报纸。然而，成千上万的非洲人开始谈论政治，非国大估计其会员数从 7000 人猛增至 10 万人。

11 月底，莫罗卡、曼德拉和西苏鲁等领导人接受审判。政府试图附带指控“蔑视运动”的歌曲和妇女们的鸣叫声是暴力的征兆。著名的音乐研究专家休・特雷塞教授驳斥了这种说法。他指出，鸣叫是非洲人表达欢乐及忧伤的典型方式。随后的判决有力地推翻了政府的舆论宣传：鲁姆普夫法官宣布，这些领导人只犯有“法定共产主义”罪名，他与“人们所熟悉的共产主义毫不相关”。政府官员们曾构思了一系列罪名，从“公开违法”到类似“叛国罪”；然而法官承认：曼德拉等领导人不停地劝说其追随者保持“和平的行动方式，避免采取任何形式的暴力”。法官判他们 9 个月监禁，缓期 2 年执行，条件是他们不再重犯。

曼德拉当选非洲人国民大会德兰士瓦省主席，接替刚刚被政府宣布了禁令的 J・B・马克斯。这个职位非常重要，人们对他的领导能力期望极高。他的朋友坦博发现，他并不是野心勃勃地只想做官，而是忠实地为他人服务，满足于做队伍中的一分子。但他天生具有群众领袖的气度，很自然地把人们吸引到自己身边。他称赞了那些为“蔑视运动”而做出牺牲的人们——丢掉饭碗的工人、被逐出校园的教师、不能再从事所擅长专业的人们。“蔑视运动”已经教会人民群众怎样才能发挥自己的政治才能，他还为人们提供了向政府表达自己的愤怒的手段。他激励了人民，人民觉醒了，已经从“被压迫、被奴役的‘良民’走向勇于战斗、永不妥协、团结一心的集体”。

后来曼德拉指出，这次“蔑视运动”直接导致了“民主人士大会”的产生（一个激进的白人组织），还促成自由人士组建起一个有各种族人员参加的自由党。至于这次运动对政府的影响，可以看到政府已经开始讨论对班图斯坦非洲人实行“自治”，而不是鼓吹“主子统治”了。他说，这当然是个骗局，但也侧面说明了政府已经承认了这场运动及非洲人国民大会的力量。

1952 年 12 月，艾伯特 · 卢图利当选非洲人国民大会主席，曼德拉做了他的副手。卢图利原来做教师，后来当了 17 年酋长，常与人民接近。他还是一位虔诚的基督徒。他当选后第一件事就是访问伊丽莎白港，那里，35000 千人列队欢迎他的到来。当他抵达奥兰治自由邦，一个迫切需要在政治上进行教化的地区时，警察对他宣布了禁令。

曼德拉也受到相似的禁令管制。非洲人国民大会、印度人大会及工会的 100 多名领导人和组织者都享受相似“待遇”。

根据《镇压共产主义条例》对单个人宣布禁令，这是南非政府独一无二的镇压手段。开始时只颁布了一两页限制条款，后来的禁令增加到 8 至 10 页。不需要任何指控，也不需要什么证据，更不许上诉；只要司法部长认为你犯有“煽动共产主义”罪，就可以把禁令加在你头上。违反这些禁令将被判处 10 年以下有期徒刑。

政府禁止曼德拉在 6 个月之内参加任何集会，也不许他离开约翰内斯堡。他说：“之所以要对我宣布禁令，这并不是法庭审判后的结果，也不是因为我犯了罪，而是出于一种偏见，或者很可能是根据政府幕后进行的‘星议院’[1] 程序。”

政府另外还颁布了几项严厉的法律：对于任何人“通过抗议或支持某种运动而违法”的行为，将判处其 3 年监禁或 300 英镑罚金或 10 鞭子，或者同时判处其中两项。对于那些通过其言行煽动他人违法或进行抗议的人，再加上 200 英镑罚金或 2 年监禁。

“非洲人国民大会意识到”，曼德拉在一份声明中说，“这些措施创造了一种新环境……我们必须分析面对的危验，制订计划消除这些危险并设计政治斗争的新方案……我们目前的任务是保存我们的组织，集聚力

[1] 星议院是英国中世纪不受法律约束的法院。

量，以再次进行出击。”

政府可以使曼德拉在公众面前寂然无声，但是就像大多同样遭受禁令限制的人们那样，他仍然在幕后继续发挥着作用。

曼德拉 1953 年 9 月 21 日为德兰士瓦的非国大会议准备了主席发言。在这一年早些时候，曼德拉当选为德兰士瓦非国大主席，之后不久，他被限制了人身自由，因此这篇文章是由其他代表宣读的。这份题为《自由之路无坦途》的文献成了南非黑人解放斗争中的一篇历史性宣言：

“自 1912 年以来，年复一年，非洲人在他们的家里和社区，在省内和全国的集会上，在火车上，在公共汽车里，在工厂，在农庄，在城市，在乡村，在贫民区，在学校，在监狱里，一直在谈论统治这个国家的那些人的可耻行径。年复一年，他们不断加强对人民一贫如洗的境况，低廉的工资，土地的严重短缺，不人道的剥削以及整个白人主宰的政策的谴责。但随之而来的却并不是更多的自由，压迫无论从广度还是从深度而言都大大加强了。而且，看起来似乎人民的牺牲完全是付诸东流了，毫无结果。今天，整个国家都知道他们的付出不会是徒劳的，因为一种新的精神和思想在我们的人民脑海中生根了。如今，人们谈论的是行动：我们国家的人民中已经有力量在觉醒了，而 1952 年则作为全国自我意识的涌动而分外突出。

“1952 年 6 月，非国大和南非印度人大会，在心中牢记着南非被践踏的、被压迫的人民的代表所应承担的责任，决意冒险。发动了旨在蔑视不公平法律的运动。在 6 月 26 日早些时候，蔑视运动在伊丽莎白港开始时，还仅仅只有 33 名蔑视者参与。而在同一天，在约翰内斯堡到了下午则达到 106 人，这场蔑视运动像野火一样在全国蔓延。工厂、工人和机关工作人员，医生、教师、律师、学生以及办事员，无论是非洲人还是有色人种，无论是印度人还是欧洲人，无论是年轻的还是年老的，都集合起来，响应号召，蔑视通行证法、宵禁法等种族隔离措施。到这一年末，有超过 8500 人的各种族的人参与了蔑视运动。该运动立即招致重大的损失。工人们丢掉了工作，教师们被撵下了讲台，医生、律师和商人放弃了自己的职业，被关进了监狱。蔑视运动是具有重大政治意义的一步。它释放出了强大的社会力量，从而影响了数以千计的国民；它是一种组织群众进行政治行动的有效方式；是向反动的政府政策表达我们的愤慨之情的强有力的方式。它是向政府施加压力的最好方式同时也是对国家的稳定和安全最具有威胁的运动。它唤醒和激励人们从被压迫的、应声虫似的奴颜婢膝的结合体中解放出来，形成一个只有战斗精神的、毫不妥协的、情同手足的战斗集体。整个国家将变成局部战斗区域的并存，在这些地区，解放力量将与那些反抗力量、邪恶势力进行殊死搏斗。我们的旗帜在每一个战场上飘扬，数以千计的同胞汇集在它周围。我们占据了主动地位，自由的力量在所有前线大踏步向前。在这种背景下，当这场运动达到高潮时，我们于去年 10 月 10 日至 12 日在比勒陀利亚召开了我们的最后一次年度省级会议。从某种意义上讲，那次会议是对从战场上返回的那些人的欢迎与接纳；同时亦是跟那些依然要行动的人的话别。蔑视和行动的精神笼罩着整个会议。

“今天，我们在完全不同的环境下聚在一起。到去年 7 月末，蔑视运动发展到了这样一个程度：要么它将不得不被政府镇压下去，要么它必须提出自己的政策以管理国家。

“政府发动了反动的攻击，向我们展开进攻。在去年 6 月至今年 8 月 1 日，共有 47 位来自约翰内斯堡、伊丽莎白港、金伯利大会的领导人被逮捕、审讯和判决有罪，因为他们发起了蔑视运动。在他们发誓不再参与蔑视不公平的法律的运动后，被处以从 3 个月到 2 年不等时间的缓刑。去年 8 月，禁止 10 个非洲人以上的集会以及任何号召非洲人进行蔑视运动的人将触犯法律的声明发布了。违反这项法规的，将被处以 3 年徒刑或者 300 英镑罚款。今年 3 月，政府通过了所谓的公共安全法案，该法案赋予政府宣布紧急状态的权力，并创造条件，使之能使用最野蛮的最粗暴的方法镇压我们的运动。几乎在同时，刑法修正案通过，该修正案规定对犯有蔑视罪的人将处以重刑。同时该修正案条款还确定可以对蔑视者，甚至包括女人在内实施鞭笞。正是在该法案下，阿瑟·曼特拉拉（在抵抗运动中，他是中央支队的当地领导人）被判有罪，处以12个月的劳动苦役并被维拉·诺拉的地方保安官鞭笞8下。政府也扩大了镇压共产主义法案的适用范围。你们将记住在去年5月，政府命令摩西·科塔尼、约瑟夫·达杜、J·B·马克斯、大卫·波培普和约翰逊从非国大和其他组织中辞职，他们也被禁止参加政治集会。由于这些法令的结果，摩西·科塔尼、J·B·马克斯和大卫·波培普没能参加我们的最后一次省级会议。去年12月，总书记——沃尔特·西苏鲁和我也被禁止参加集会并被限制在约翰内斯堡达6个月。今年早些时候，主席卢图利酋长在长达12个月内被禁止参加公众集会，也禁止参观德班、约翰内斯堡、开普敦、伊丽莎白港以及其他中心，其间他正在进行全国周游，那是他以巨大的精力和奉献来实施的。在主席被限制人身自由的前几天，南非印度大会主席，G·M·莱科尔博士也遭到了相同的禁令。许多其他的来自非洲人大会、印度人大会和工会等机构的工人积极分子也遭限制人身自由。

“大会意识到这些措施，成了一种新的局势。而这在1952年6月，这场运动发起时，尚未出现，蔑视运动的波澜必须退缩，我们被迫停止运动，斟酌新的情势。我们不得不分析我们面临的危险，制订计划以便克服它们，发展新的政治斗争计划，政治运动必须与现实和当时的主要条件相吻合。脱离了客观条件的长篇大论，摇晃拳头，拍桌子，措词严厉的决议都不会产生大规模行动，不仅于事无补，而且给我们的组织、我们所进行的斗争造成巨大的危害。我们认识到群众必须做好准备，时刻准备适应新的政治斗争方式，我们必须为下一次更有力的打击敌人而养精蓄锐。不能从过去的经历中总结经验教训，盲目前进，那无异于自杀，是愚蠢的。由于我们今天所处的条件已经截然不同了，蔑视运动与它的激情、冒险精神也早已逝去了。通过公开的群众集会、新闻声明和传单号召人们行动的方法来组织大规模的行动，这种古老的方法将变得十分危险和困难而不能有效使用。权力机关不会轻易地允许召开非国大赞助的集会，很少有报纸愿意公开发表公开批评政府政策的声明。同时，这里也几乎没有一个印刷厂，将同意印刷号召工人们采取行动的传单，因为他们害怕遭受镇压共产主义法案及类似手段的迫害。这些变化要求新的政治斗争方法随之改变，他将使我们合理地在高于蔑视运动的水平上采取行动。政府由于不可逆转的民族自我意识的涌现所敲响的警钟，正倾其全力将真正代表人民的代表从机构中清除出来，以粉碎我们的运动。根据斯沃特 1953 年 9 月 8 日在立法会的陈述，共有 33 位工会官员和 89 位其他人被依据镇压共产主义法而遭受禁令。这还不包括在镇压共产主义法案的名义下点名和上了黑名单的永不屈服的自由斗士的队伍，以及那些以动乱集会法案的名义而被限制人身自由的人。

"其间，人民的生活条件本来就是很差了，现在正日趋恶化，已让人无法忍受。人民的购买力水平急速下降而生活费用直线上升。面包现在比两个月前昂贵得多，牛奶、肉、蔬菜的价格超过了一般家庭的支付能力。人们是如此贫困以致没有足够的食物养活他们的家人。他们没有钱购买足够的衣着，住不起房，付不起医疗费。当他们失业、生病残废时，便失去了享有安全保障的权利，发给他们的救济金是如此之少，远远不能满足生存的最低需要。由于缺乏适当的医疗条件，我们的人民受到肺结核、性病、麻风病、糙皮病和婴儿高死亡率这类病魔的侵袭。最近的政府预算提出增加欧洲人的物价上涨补贴；然而对人口中最贫困的、受打击最大的非洲人却只字不提。已经造成了国家目前异常紧张局势的政府的疯狂政策无疑已经吓跑了南非的外资；国家正在经历的金融危机迫使大量的工业和商业企业歇业，削减职员，失业率每一天都在上升。农庄劳动者像在火坑里一样。你也许会回想起 1948 年迈克尔·斯科特牧师和一名《保护人》的记者对农庄的半奴隶似的条件所做的调查与披露，以及去年的《鼓》杂志，今年 4 月的《前进》杂志所刊载的相同内容。你可以想象一下人们穿着只给头和手留出洞的麻袋，从来没有足够的食物可吃，在寒冷的夜晚躺在水泥地上，只能用他们的麻袋裹着瑟瑟发抖的身体来御寒，在这种情况下，如何能够生存？你可以回想起，他们在早上 4 点就被赶起来，带到土地上工作，并有工头监督，鞭打那些直起腰来的人和由于饥饿和精疲力尽而感到虚弱想停工的人。你也可以回想起人们从清早就开始沉重的劳作直到日落，其间，吃的只是摆在铺于地面的麻袋上的玉米面，用他们自己的脏手抓着吃。人如果病了，那也绝对得不到治疗。你也可以回想起一个农民反抗的故事，他由于从树上用他的脚勾一个劳工而被判有罪，被鞭打致死，在他要水的时候，向他的嘴里倾倒的却是滚烫的开水。这些事在世界上的很多地区都销声匿迹了，但今天在南非却依然盛行。没有人会否认这些对非国大构成了严峻的挑战，我们有责任去寻找有效的药方来根治这些可憎的病魔。

"政府已向立法会提交了'土著劳工（争端调解）法'和'班图教育法'。谈到劳工法，劳工部长本·斯科曼公开宣称这项邪恶的手段之目的就是要将非洲人的工会置于死地。通过禁止罢工和封闭工厂，他剥夺了非洲人可资利用的提高他们地位的一件武器。这项措施之目的就是摧毁目前由工人们自己控制着的并为他们的工作条件之改善而斗争的非洲人工会，而酬谢在政府控制下的中央劳工会，该会将被用于压抑非洲工人的合法渴求。土著事务部长维沃尔德[1]在解释'班图教育法'的目标时，他也十分明白其真实意图。根据他的说法，该法的目的是教育我们的孩子：非洲人劣于欧洲人。非洲人教育将从那些宣扬黑人和白人平等的人的手中被夺走。当这项法案成为法律时，那时将不再是父母而是土著事务部来决定一个非洲孩子是否要接受更高的或其他教育。很可能那些批评政府、反抗其政策的孩子们将被教的只是如何从矿里搬石头，如何在巴谷尔的农庄里挖马铃薯。高等教育很可能只是那些具有与统治者合作的家庭的孩子们的特权。非国大对这些法案的态度一贯是清楚的，绝非模棱两可。非国大毫无保留

[1] 后来于 1958—1966 年任南非总理。

地完全反对这些法案，最后一次省级大会强烈地谴责被提交的劳工法案是一项旨在剥夺非洲工人的自由、工会主义者所享有的全面权利并且破坏和摧毁既存的非洲工会的措施。大会进一步号召非洲工人抵制和蔑视这项旨在进一步剥削非洲工人的邪恶计划的实施。即便是有限度地接受这种性质的措施也将是对劳动大众的背叛。当每一个正直的大会成员为维护非洲人工会的资格而毫无保留地战斗时，当认识到每个人为了保护自己的利益都有权组织和加入工会的原则时，我们宣布在'全球人权宣言'中所阐述的人人都有受教育权是我们始终不渝所坚持的原则；这种教育应是致力于促进人格的全面发展，加强对人权和基本自由的尊重；它应该促进民族、种族与宗教团体之间的理解、宽容和友谊，应该加强联合国为维持和平而采取的运动，父母有权选择他们的孩子应接受的教育种类。

"所有这些法律的累积效果就是要加强人为衰落的白人至上政策，并使之永存。政府对我们的态度一贯明确，他们说：'让我们用枪和警棍打倒他们，践踏在我们的脚下。我们必须准备着将整个国家拖入血海，只要这儿有一线希望来维持白人至上政策。'

"但是，白人至上的思想内容没有一点是与生俱来，高人一等的。在中国、印度、印度尼西亚、韩国、建立在欧洲人比亚洲人高贵的观念基础之上的美国、英国、荷兰和法国帝国主义已经土崩瓦解了，在马来西亚和印度支那地区，英国和法国帝国主义的统治基础已被狂风骤雨的革命的民族解放运动动摇了。在非洲，大约有1.9亿非洲人而只有400万欧洲人。整个大陆正躁动着不满，并且在加纳、尼日利亚、突尼斯、肯尼亚、津巴布韦、赞比亚以及南非强大的革命力量已经爆发了，在自由力量和反自由力量之间进行权衡选择的日子已经不远了。而我则毫不怀疑当那一天来到时，正义将占上风。

"加强压迫、扩大禁令的使用范围旨在限制每一个工人积极分子的自由并阻止民族解放运动。但是依靠严厉而邪恶的法律使压迫者过上太平生活的日子已经一去不复返了。政府的种族政策刺痛了所有有恻隐之心的人的自尊，并将激起他们内心深处的愤慨。被压迫人民的感觉从没如此痛苦过。假如统治阶层企图依靠这种不人道的措施来维持其地位，那么自由力量与反自由力量的冲突将不可避免。人民的悲惨处境迫使他们誓死反抗统治我们国家的暴徒所制定的臭名昭著的政策。

“尽管有上面所提到的种种困难，我们依然取得了重大的胜利。人民的政治觉悟水平有了显著提高，他们现在对自己的力量有了更清楚的认识。行动起来已成了今天的时髦语言。工人和非国大之间的联系大大加强了。这种发展是极其重要的，因为在我们这样的一个国家里，如果一个政治组织不能赢得工人的支持，那么它事实上就处于瘫痪状态，因为它没有进行战斗的基础。工会领导人同时也是非国大各省和地方分支机构的重要领导人。在过去，我们谈论的是非洲人、印度人、混血人种的斗争。虽然有少数人确实提出过所有被压迫组织的联合问题，但各种非欧洲人的组织总是自行其事，不相往来；进行协调和联合的努力仿佛是无奈的哭嚎；看起来，被压迫人民肩并肩地战斗在一起抗击共同敌人的日子似乎永远也不会来临。今天，我们谈论的是被压迫人民的斗争，虽然这场斗争是通过他们各自独立的机构来实施的，但他听从一个中央指挥部的命令。我们眼前的任务就是要巩固这些胜利，保存我们的组织，集聚我们的力量以开始新的斗争。为了完成这一重要的任务，非国大全国执行委员会在征询了非国大全国行动委员会后，制订了一个被誉为‘M–计划’的行动方案，全国执行委员会对它高度重视。指示已经下达给所有的省，要毫不迟疑地实施‘M’计划。该计划的核心原则在于认识到依靠过去的公众大会和印发文告的方式进行我们的斗争已不再适应形势。计划的目的是：

（1）强化大会运行机制。

（2）要使有关全国事务的重要决议能传达到机构的每一个成员而无须召开公众大会、在报纸上发表新闻声明，或印发传单。

（3）拓展和加强大会和人民之间的联系，巩固大会的领导权。

“该计划不仅在德兰士瓦，而且在其他省及许多分支机构广泛实施并取得了极佳的效果。分别于1953年6月28日，8月23、30日，9月6日召开的索菲亚顿、吉尔米斯顿、克里普顿、百罗尼等地的地区性大会是该计划有效的强有力的证明，而全国执行委员会一定会因此而受嘉奖。我请求大会所有成员加倍努力，真诚而又有效地在实施过程中发挥自己的作用。通过在每一地区进行挨家挨户的宣传动员，以招募新成员和加强我们的组织是一项艰巨的任务，尚需仰仗各位努力完成。从现在开始，大会成员的行动不再局限于演讲和决议。他们的行动一定能在与广大群众进行广泛接触时得以显现，这将使他们能够与劳动人民进行最大限度的接触。你们必须保护你们的工会成员。假如你们被禁止公开集会，那么你们必须在工厂的机器旁，在火车、汽车上（当你们回家时），在我们人民居住的每一个地方、工会运动的每一分支机构召开这样的会议，并且永不屈服。

“你们必须保护非洲父母选择他们的孩子应该接受哪种教育的权利。教育孩子们，非洲成员没有哪一点劣于欧洲人。建立起你们自己的社区学校，以便向孩子们传授正确的教育，如果建立这样可供选择的学校不可能或者很危险，那么你们再一次将每个家庭、每一座房舍或每一栋建筑都变成孩子们学习的中心。绝不要向维沃尔德的毫无人性的野蛮的理论屈服。

“作出蔑视不公平法律的决定使非国大发展了自身与广大群众之间的更为广泛的联系；要求加入非国大的请求一天比一天多。但是由于地方机构没加以很好的控制和监督，招收新成员的工作不尽如人意。对申请者过去的历史和政治态度没加以认真的审查。由于这个问题，许多的可疑分子、政治小丑、投机分子、分裂主义者、颠覆分子、代理煽动分子、告密者，甚至警察都渗透入非国大的行列。人们只需回想一下，在对莫罗卡博士及其他19人的约翰内斯堡审判中，一名事实上在全国总部工作的非国大成员结果被证明是执行特殊任务的侦探。记住伯兰克潘案件中的勒伯罗，他接受了指示对我们进行秘密监视，通过伪造清算人，德·威利斯·罗武签名的信件，混进了该地分支机构。在约翰内斯堡、伊丽莎白港和金伯利审判期间，有许多其他类似的事件发生。虽然有些异己分子已经被发现，但还有很多没有被发现。在非国大这儿依然有很多可疑分子、政治小丑、投机分子、破坏分子、煽动分子、告密者和警察，他们表面上伪装得很进步，其实他们是我们组织的最危险的敌人。外表具有很大的欺骗性，我们不能仅凭看他们的外表或者聆听他们的演讲来区分他们。人民的真正朋友是可以通过他们自愿而有组织纪律性的态度加以识别的，他们团结在组织周围，当保存组织是关系到生与死的重大选择时，他们会勇于牺牲。同理，敌人和可疑分子可以通过他们一贯试图拆散组织的努力加以确认。因为他们通常要靠制造派系摩擦，混淆视听，侵蚀组织，甚至反对使组织充满活力的行动计划以置组织于死地。这些可疑分子通过拍马屁、贿赂、腐蚀等手段，赢得意志薄弱者和政治上的后进分子的支持，将他们从非国大分离出去，为自己的利益服务。现在非国大中出现的这些因素对斗争构成了严重威胁，因为组织的政治行动能力由于受到这些破坏性，分裂性因素的侵蚀已经大大削弱了。在南非，像世界上许多地方一样，革命正在酝酿；这是全国占压倒性多数的人的内心最深的渴望、决定和追求，他们要永远摧毁压迫他们，使他们成为奴隶和仆人的枷锁。推翻压迫是人性所认可的，是每一个自由人的最高渴望。假如在我们组织中的某些分子试图阻止这一崇高目的的实现，那么他们置其自身于组织之外，在其造成更大的危害前，必须制止他们的行为。与此相反，姑息纵容犯罪，是对责任的严重忽视。我们必须清除这些分子，使我们的组织成为真正的有惊人力量的战斗性群众组织。

“科塔尼、马克斯、波培普、特鲁米和我已被禁止参加集会，我们不可能同你们一道商讨我们国家所面临的严重问题。我们之所以被限制人身自由，是因为我们为我们国家被压迫人民的自由而奋斗；是因为我们一贯致力于反抗种族歧视政策而推崇不分种族、肤色、性别和语言，给予所有人以基本权利的政策。

“你能明白，在任何地方，自由之路无坦途，我们中的许多人在登上我们所渴望的最高峰之前，将不得不一次次穿越过在死亡阴影笼罩下的山谷。

“过去，危险和困难未能阻止我们；现在，它也不能吓倒我们，但是我们必须像干事业的人那样，不要将精力白白浪费在空谈和无谓的行动上，而要为应付危险和困难做好准备。为行动做好准备的方法在于彻底从我们的组织中铲除不纯之分子和无纪律之行为，并使组织成为明亮而锋利的工具，将为非洲的自由披荆斩棘。”

蔑视不公正法律的运动及其发展导致了白人中反种族主义组织和集团的形成。其中之一是民主大会，它后来在支持非国大的大会联盟占有一席之地。另一个则是自由党，1952 年作为一个非种族的政党而成立，它亦是曼德拉下面文章中的主角。自由党开始主张对合乎要求的人给予选举权（资格选举权）的政策，后来转变为要求普选权。1967 年，由于非种族政党被法律所禁止而解散。

## 二、我的祖国——非洲

与此同时，非洲人国民大会的工作仍在继续进行，曼德拉“非法地”为城镇里的学习小组讲课。1953 年 6 月禁令刚一到期，曼德拉和西苏鲁就同特里弗·赫德尔斯顿神父一起，在一家大电影院向集会群众发表演讲，抗议强行驱逐索菲亚镇居民。根据《团体住区法》，有 58000 人要从这一黑人郊区迁出。那里最不同一般的是黑人可以自由拥有土地，还可以购买土地。而且，这一地区生机勃勃，尽管过度拥挤使部分地区成为贫民窟，但它不像其他社区那么没有生气，单调枯燥。附近的白人从他们的郊区正在蚕食索菲亚镇，想夺走这片土地。

身背轻机枪和来复枪的警察打断了这次合法的和平集会。西苏鲁和曼德拉努力让愤怒的人们平静下来，而赫德尔斯顿则与警察争论起来，警察警告他别管闲事。在赫德尔斯顿的《不让你舒服》一书中，他写道，那天他领略了“极权主义和暴政的残暴气息”，这促使他下决心要向世人公布真相。听众们如此遵守纪律，以致于歌声很快盖过了叫骂声和嘘声。

索菲亚镇的灭亡是那些大规模强制迁移中的第一次。那些迁移在其后的日子里引发了极度严重的后果。随后在这片废墟上修建的白人郊区叫做“特莱欧弗”，[1]令人感到意味深长。

1953 年 9 月，政府又一次宣布了对曼德拉的禁令：他不仅在两年内不能参加任何集会或离开约翰内斯堡，而且还强迫他退出非国大及所有与之有联系的组织。“还是没有任何听证会”，他指出，“也没有什么证据”。他不得不退出正在进行的抗议西部地区强制迁移的活动，尽管作为律师他仍然可以为对付警察而出主意。

由于非洲人国民大会必须得到许可才能在城镇和市区召开集会，在街道和其他公共场所举行集会变得越来越困难。曼德拉设计了建立基层组织的方法——在城镇挨街挨户地动员人们加入非国大组织；要求人们在工厂、在火车上、在公共汽车上、在家里进行集会。他警告人们提防告密者和特务奸细，甚至混入非国大的警察。他宣称：“南非，如同世界上许多其他地方一样，革命正在走向成熟。这个国家绝大多数人愿意、决心并迫切要求彻底粉碎压迫的枷锁。”他引用尼赫鲁的话作为结束语：“你们可以看到，‘自由之路无坦途！’……”

在曼德拉遭受禁令限制的日子里，他为刊物《解放》撰写了一系列文章。他还是《战斗言论》杂志的编委，该杂志是鲁思·弗斯特[2]主编的政治及文学月刊。曼德拉在文章中表明他所了解的人民为生存而奋斗的日常细枝末节。他在 1953 年写道：

“人民的生活条件正在日益恶化而且变得无法承受。他们的购买力在逐渐下降，而生活费用扶摇直上。面包比两个月前更贵了，牛奶、肉

[1] 阿非利卡语“胜利”之意。

[2] 南非共产党妇女活动家，其夫乔·斯洛沃后任南非共产党总书记。

和蔬菜的花费超过了普通家庭的支付能力……他们没有足够的衣服穿，没有足够的房子住，也没有足够的钱享受医疗。他们在失业、生病、伤残、年老时得不到救济；即使有津贴，那点钱也不够生活所需。由于缺乏足够的医疗条件，我们的人民易患肺结核、性病、麻风病、糙皮病，婴儿死亡率也很高。

“《土著劳动法》禁止工人罢工和停工，使非洲人失去了他们用以改善环境的一件武器。这一法律的目的是毁灭目前由工人们自由控制的非洲人工会组织……”

1955 年他写文章论述了有关“流入控制”法律及流动劳工制度。后者对家庭和乡村地区有影响：

“非洲人全家不能住在一起，家庭破裂，孩子与母亲被迫分开；非洲人犯人受到残暴对待，在殖民地似的农场里非洲人因莫须有的罪名而遭到强制拘禁，这一切只是骇人听闻的、恶毒的种族不平等的几个例子……”

对于操纵矿业和农业的那一小撮人来说，为了达到目的可以不择手段。其“目的”就是为矿业巨头和农场主们创造一个庞大的廉价劳动力市场。这就是政府为什么拆除贫民窟、把非欧洲人民从城市赶回到农村去的原因，目的就是保障农场主有充足的劳动力。这就是为什么反抗政府的非欧洲人受到如此残暴对待的原因。

在这样的环境中，已经取得事业成功的非洲青年不再是国家的荣誉，而是对统治阶级的威胁。因为他们可能不愿下到地壳深处，呛得喘不过气来，为的只是把矿业巨头们养肥。他们也不会愿意为了得到可怜的配给食物而到农场去挖土豆。

政府将宣布特兰斯凯为另一个班图斯坦，或是叫做“黑人家园”，尽管政府的汤姆林森委员会调查报告说，这里落后的粮食生产方式和农业经济只能养活总人口的 1/5。根据个人的亲身经验，曼德拉把这一地区描写成全国最大的“廉价劳动力贮备库”。他说：

“根据官方估计，在威特沃特斯兰德金矿工作的非洲人中，1/3 来自特兰斯凯……。实施所谓的改善计划，加强税收以及假称是部落统治，这些手段只是为了确保流动工人源源不断供给……。该计划的真实用意是让保留地的农民们更加缺少土地，并让他们贫困。其主要目的是创造一支流动工人大军……，上班时把他们关在圈起来的棚子里，回家后把他们安排在乡村居住点，目的是防止出现一个紧密团结、强有力的、富有战斗性的而且能清楚表达自己想法的非洲工业无产阶级。它有可能掌握政治斗争的基本原理。而统治阶级想要的只是一支驯顺的、软弱无力的、无组织、思想混乱的工人大军。”

为了对付日渐高涨的国际社会的批评，土著事务部部长H·F·维沃尔德博士想出了班图斯坦的办法。班图人将在他们自己的地区内“沿其自己的道路发展”。在占国家87%面积的“白人地区”，300万白人将统治600万非洲人、150万有色人和50万印度人。约500万非洲人被限制在另外13%面积的土地上，他们将住在260个面积狭小而且相互分离的农村贫民窟中，在那里他们的权利极为有限。

维沃尔德还设计了“班图教育”。他宣称：“非洲人应双脚站在保留地中”，而且他们的教育应“扎根于班图社会的精神和物质生活之中”。因此，他们的初等教育主要使用本地语言。

曼德拉评论说：“这位部长已经很残忍地把目标解释得清清楚楚……，教育我们的儿童说非洲人比欧洲人劣等。”这一政策意味着非洲人“在‘主子统治’社会中永远地受奴役”。不再由教会人员进行非洲人教育，因为他们教授的是黑人与白人平等。维沃尔德宣布他将驱逐教会和教会人员，因为“他们在土著人中制造了一种错误的期望”。

50年代早期，每个白人学生的教育经费是44英镑，亚洲和有色人种学生每人19英镑，而非洲学生每人只有不到8英镑。尽管国内外愤怒的抗议此起彼伏，“班图教育”还是被强制实行，著名学者们在抗议活动中作用显著。然而，非国大号召家长们让孩子们退学这一行动受到家长们质疑：“如果我们抵制班图教育，你们有什么替代办法吗？我们知道班图教育会使孩子们在精神上成为侏儒，但能让他们在街上疯跑吗？”在教会人士中，约翰内斯堡主教安布罗斯·里弗斯和赫德尔斯顿神父及他们的“复活社”单独行动，关闭了学校而不愿让政府接管。

曼德拉曾建议成立“社区学校”。如果那样有危险或难以实现时，每一个家庭、每一间简陋的小屋都可以成为孩子们学习的中心。但非国大和一些志愿者们建立的文化俱乐部很快就关门大吉了：根据新法律民间提供“不达标的”教育是一种犯罪，可以被判罚款或监禁；而且他们总是经费不足。在那些仍坚持抵制班图教育的地区，警察开了进去并大肆搜捕。可以预料那会惹得人们放火报复，同样可以预料这会招来更频繁的警察袭击。

班图教育很快扩展到高校。“非欧洲人在种族混合的大学里接受教育”，曼德拉说，“被认为是政府种族政策的灾难。学生们之间的友谊和种族和谐……对种族隔离政策构成了直接威胁……”。政府将把部族学院用于强化其政治意识形态，他们所要提供的教育目的不是“开发人民的创造潜力，而是要把非洲人在精神上培育成白人永远的奴隶”。

政府不断抛出新的花样繁多的禁令。曼德拉描绘了这对个人意味着什么：

“政府以法律的名义限制我的种种活动，使我同亲朋好友相分离，与那些像我一样思考，同我信仰相似的人相分离；现在不论我去哪儿都有警方秘探跟踪。总之，我发现自己被当成罪犯对待——一名无罪的罪犯。我不能选择自己的伙伴，不能陪别人，不能参加政治活动，不能参加政治组织……法律把我变成罪犯，并非因为我犯了罪，而是因为我的立场，我的思想和我的良知。”

非洲人国民大会的最高层、次高层领导人接着是第三级领导人都受到禁令限制，但非国大仍继续战斗。他坦率地承认了一些失败，如未能阻止西部地区强制迁移；华丽的词藻太多而缺少仔细计划和组织的行动。由于人民普遍贫困，会员费做了调整，非国大从来没得到足够的经费来维持它的自身组织，更不必说组织抗议和罢工了。

那些受禁令限制的人继续工作，但被迫采取秘密的地下形式。坦博发觉他们有些焦虑，因为如果被判刑，刑期会很长。但曼德拉镇定自若，他的机智和自信有助于驱散恐惧。“人民”，他说，“越来越清醒地注意到，不分种族、党派、宗教信仰和思想意识形态的所有民主力量之间的联合很有必要”。

在一年的禁令期满后，卢图利酋长遭受更严厉的限制，在两年内只能待在他那文化落后的农村家里。他生了几个月的重病，但刚一痊愈他就参加了一个秘密委员会，计划进行新形式的抗议。

Z·K·马修斯在纽约联邦神学院做了一年客座教授，刚刚回到南非。他建议成立“人民大会”，在1953年开普省非洲人国民大会年会上，他说：“我不知道时机是否已经成熟，非洲人国民大会应考虑举行一次不分种族、不分肤色的由全国人民代表参加的全国大会，为未来的民主南非起草一份《自由宪章》。”卢图利认为，1909的全国大会就应该做这件事。这是一种创造性地思考国家问题的方法，可以明确规定解决运动的目标所在。

1955年，“人民大会”运动已经步入正轨：好几个组织已经与非洲人国民大会联合起来组成“大会联盟”。除了“印度人大会”和“南非工会大会”之外，还有新成立的“有色人组织”和“民主人士大会”。后者由几百名白人组成，如曼德拉所说，他们代表一群白人的信仰：“他们准备把非洲人当做人而且是平等的人对待。为给非洲人争取政治权利和社会地位，他们准备和我们一同进餐、与我们交谈，和我们住在一起、一起工作。”“南非工会大会”包括8个非洲人工会，3个有色人工会和1个白人工会（洗衣业工人），它的成立标志着，在遭政府严禁之后非洲人工会又恢复了活力。

西苏鲁途经以色列和伦敦，访问了中国和苏联。他当时在特兰斯凯和西斯凯地区为“人民大会”争取支持。

城镇、农村、非洲人居住区，人们处处能见到这样的传单：“如果让你来制定法律……你会做什么？你怎样把南非变成居住在这块土地上的各种族人民的乐园？”鲁斯腾伯格各部落农民联合会的回答最具代表性，他们谴责了班图教育、《通行证法》和《班图权力法》，他们要求有更多的耕种和放牧设备，在议会中拥有更直接的代言人，享有平等教育权利。

人们的普遍要求还包括“足够的”薪水，好一点的住房和食物。在对人们提出的要求进行筛选之后，委员会起草了一份《自由宪章》。在“人民大会”成立前的日子里，曼德拉、西苏鲁和其他受禁制的领导人对草稿进行了仔细研究。

许多组织和白人政党受到邀请。联合党懒得答复，自由党和工党同意派观察员，一些独立基督教徒，包括赫德尔斯顿神父，欣然接受邀请。令人惊异的是，尽管当局制造了不少麻烦，如不允许远道的代表们乘公共汽车，但并没有禁止大会召开。

“大会联盟”的传单中有一份邀请函像诗一般：

我们呼吁保留地和托管地的农民们
让我们说说
那广袤的土地和
我们耕种的窄小的条田
让我们说说
没有土地的兄弟们和
没有学上的孩子们
让我们说说
赋税、牛和饥荒
让我们说说自由
我们向煤矿、金矿、钻石矿的矿工们
发出号召
让我们说说

漆黑的矿井

远离家庭的隔离住棚

1955年6月25日，星期六，克里普敦的一块草坪上，约3000名代表响应这一“号召”来到这里。此地距约翰内斯堡西南仅几英里，在村子里住着非洲人、印度人和有色人。旗帜上写着这样的口号：“在我们有生之年获得自由！斗争万岁！”这里成了南非的缩影：有非洲人、印度人、有色人和白人，许多人穿着他们的民族服装；有医生、农民、劳工、牧师、家庭主妇、佣人、工会会员和律师。他们兴奋无比，性情温和，充满了希望。会场周围是铁丝网，入口处站着一些身穿便服的彪形大汉。那些人是“特别支队”成员，同往常一样他们无孔不入，到处照相，特别是给那些白人代表拍照。会场上，象征非洲人国民大会的黑、绿和金黄色成为全场的主旋律。

卢图利酋长、达杜博士和赫德尔斯顿神父被授予象征非洲人社会最高荣誉的“伊斯特兰杜”勋章，由于政府的禁令，许多令人振奋的领导人没能出席，上面三人当中只有赫德尔斯顿神父能亲自出席，倾听人民的欢呼。

代表们听取了先后用英语、西索托语和科萨语宣读的《自由宪章》。它开章讲道：“我们，南非人民，向全南非和全世界宣告：南非属于生活在这片土地的全体人民，不论黑人还是白人。除非是在全体合格人民意愿基础上，否则任何政府都无权宣称其拥有权力。”

宪章宗旨是：“人民统治国家；各民族享有平等权利，国家财富由全体人民分享；在耕种土地的人之间分配土地；法律面前人人平等；所有人享有平等人权；人们将得到工作和安全保障；求知和文化之门向所有人敞开；人们有住房，有安全感，生活舒适；和平和友谊永存。”

有些宗旨来源于日常生活，比如：“法律保护私人住宅不受警察无故搜查”以及“所有人都可以不受限制地自由旅行”。有的宗旨典型地表达了建立社会福利国家的意愿，如“国家将照顾老年人、孤儿、残疾人和生病的人”。有的宗旨具有社会主义特点，如“矿业资源……银行和垄断工业将转为全体人民所有”。人群对每一章节都报以高声欢呼“阿非利加！”“我的祖国！”

星期天下午，人们听到了沉重的列队行走的脚步声。警察们手持冲锋枪，直奔代表们而去。一声枪响过后，人们站了起来，按非国大敬礼方法把手举起来。大会主席要求人群保持镇静，他们听着欢快的“克莱门坦”曲子，唱起了“非洲，我的祖国！”

“特别支队”的侦探和武装警察搜查了发言人和听众，没收了所有文件，甚至包括海报和标语。其中还有两张食品摊的条幅，上面写着“荤汤”和“素汤”。据警察称，这条幅有“叛国”嫌疑。

大会在近乎凯旋般的气氛中继续进行。结束时，所有人起来，高唱“上帝保佑非洲”。夜幕降临时，代表们开始散去，非国大乐队奏起自由之歌。

不止曼德拉一人认为“人民大会”是一次“壮观而又感人的表演”。他说，人民已显示出他们“有能力、有力量战胜任何障碍，实现他们的未来之梦”。

他认为《自由宪章》的通过是具有重大政治意义的事件；30年之后他也的确成了“联合民主阵线”的政策基础。他说：“南非的民主运动中还从未有过一个文件或会议得到如此广泛的赞许，受到如此热烈的讨论。《自由宪章》并不仅仅是一系列民主改革要求的罗列，他还是一个革命性的文件。因为他所预见的变革不打碎南非现行的经济和政治制度是难以实现的。”

三个月之后的一个黎明，警察在南非进行了历史上规模最大的突击搜查。1000多名警察搜查了成百上千人的住处和办公室，带走了任何可能成为叛国、煽动暴动或是违反《镇压共产主义条例》或《暴乱集会法》证据的东西。

1955 年年底，曼德拉的禁令到期。特别支队侦探们迅速来到他的办公室，宣布新的禁令，这次为期五年。

与此同时，朋友们观察到政治活动的压力正在削弱他的婚姻基础。而且，曼德拉对埃韦琳的宗教献身精神越来越不耐烦，她是一个虔诚的基督徒。危机终于爆发了，在纳塔尔省学习了一年助产术之后，埃韦琳回到家时，发现丈夫与一个女人正打得火热。她指责曼德拉，反而惹怒了他。埃韦琳逃到了她哥哥那里，离开了丈夫和家庭。最后他们正式离婚。婚姻的破裂不仅使埃韦琳饱受痛苦，而且他们的长子滕比也不可挽回地疏远了他父亲。然而，当时的曼德拉尽可能地照顾着孩子们。

新总理 J·G·斯揣敦打算扩大警察干预国家事务的范围，他准备利用《刑事诉讼和证据修正案》、《土著管理修正案》、《土著城区修正案》及《团体住区深化修正案》来实现其目的。这些法案象征着一个庞大而低效率的官僚机构，年复一年地修正法律，纠错补漏。把抵抗者放逐到边远地区就是新添的惩罚措施。

政府宣布，从 1956 年起非洲人妇女必须携带通行证——非洲人称之为“佛得当帕斯（可诅咒的证件）”。这一法令比任何法令都更折磨非洲人。从 1952 年起 16 至 18 岁的男孩就必须携带通行证。就像 1913 年在奥兰治自由邦那样，妇女们起来抗议了。许多非国大领导人的妻子都是“妇女联盟”成员，其他种族的妇女也加入到他们当中。其中有出生于英国的社会和工会工作者海伦·约瑟夫。充满活力的“妇女联盟”主席利莲·恩戈伊这样解释她们的动力来源：“男人们生来就要接受这项制度，似乎他们携带通行证是天经地义的一样。作为妇女我们已经看到我们的男人被人如何对待。当他们早晨离开家时，你没有把握他能不能回来。对这件事（指妇女也要携带通行证）我们非常非常严肃。如果丈夫被捕，母亲也被抓走，孩子们怎么办？”

1955 年 10 月，来自全国的 2000 名妇女聚集在比勒陀利亚，向政府表示抗议。一年之后 20000 名妇女又在此聚会。由于禁止游行穿过街道，她们便三三俩俩地分批到达总理办公室，有些人穿着非国大宽大的罩衫，有人穿着莎丽服，有的妇女带着小孩或是提着装食品的篮子。她们大声喊出一大串抗议口号之后，便静静地站在联邦大厦的阶梯剧场里。利莲·恩戈伊打了一个手势，大家唱起为这次游行重新填词的勇士之歌："斯瑞敦，你碰上女人之时也就是你撞上石头之际。"在解散前，她们还高唱"上帝保佑非洲"。

从对"人民大会"的搜查开始，警察已经搞了1000多次突击搜查，查获了不计其数的文件，其中当然也有曼德拉的著作。1956年12月5日黎明时分，住在奥兰多的曼德拉在住处被敲门声惊醒。在全国各地几十名男人和19位妇女也同样惊醒，他们被捕并被指控犯有叛国罪。

警察把曼德拉、西苏鲁、坦博等人押送到约翰内斯堡古老的福特监狱；与此同时，南非的军用飞机从全国各地把不同种族的男男女女也送到这座监狱并囚禁起来。这些人中有来自纳塔尔省的卢图利酋长、余克博士和伊斯梅尔·米尔，还有来自东开普的马修斯教授。除了这些领导人之外，156名被指控的人中大部分是司机、职员、工厂工人、劳工、教师和家庭主妇。

被捕的人中还包括一直支持非洲人国民大会的非黑种人士，如创作了多首自由之歌的作曲家加农·詹姆斯·卡拉塔，支持非国大的报纸《新时代》的编辑、来自德兰士瓦的鲁斯·弗思特及她的丈夫乔·斯洛沃律师，还有利莲·恩戈伊和海伦·约瑟夫。这些囚犯构成了南非社会的横断面：有105名非洲人，23名白人，21名印度人和7名有色人。在监狱里他们立即被分为"欧洲人"和"非欧洲人"。

长期以来，曼德拉和其他人被禁令限制在本地的小圈子里，相互隔绝。现在，他们被集中在两间大牢房里；如卢图利所说，可以"无限期地"交谈。保尔·约瑟夫第一次遇见曼德拉时还是个中学生，现在可以好好地了解他。保尔对曼德拉听他人讲话时的专注神志留下了深刻印象。他从不居高临下地同别人讲话，跟他在一起不仅感到很愉快，而且还有一种安全感。他似乎从人民身上汲取力量，然后又源源不断地返还给人民。

一场“支持我们的领袖”的运动在全国开展起来。里弗斯主教、议员阿历克斯·赫普利和阿兰·佩顿（工党和自由党领导）发起了“叛国罪审判辩护基金”。“基督教行动”领导人加农、约翰、克林斯在伦敦设立了一笔基金，提供国际援助。

尽管阿非利卡顽固分子赞成政府在“面临阴谋”时保持警惕性，美国学者格温多伦·卡特教授和汤姆斯·卡里斯却认为，非洲人与白人之间冲突的严重程度绝不低于那冠冕堂皇的“叛国罪”指控。两周后，1956年12月19日，预审开幕时气氛非常热闹，而不是庄严肃穆。大批群众唱着非国大会歌聚集在训练大厅周围，审判将在这里举行。囚车里的犯人也起劲地唱着歌曲。“训练大厅”通风很好，顶子是铁板做的，他是昔日殖民统治时期的遗留物。里面被告人、公众、记者和惊惶失措的警察挤在一起，很是混乱。法庭宣布开庭，156名被告一排排地坐下，仿佛他们是参加什么大会的代表团。法官刚一讲话就发现麦克风出了问题，什么也听不见。在一片哄笑声中法官宣布休庭。

第二天法庭上又演了新节目：把被告们关在铁丝笼子里。著名的被告辩护律师们拒绝为遭受“野生动物一般对待”的人们辩护。铁笼子被撤走的同时，人们听到了枪响，“训练大厅”外面，吓破了胆的警察向情绪平和的群众开枪射击，22人被打伤。在这种一触即发的气氛中，约翰内斯堡主教和亚历克斯·赫普利两个小个子走进气愤的人群之中，劝人们保持冷静。同时警察上校也愤怒地批评他的手下。

被告们陆陆续续地被保释出来，每天曼德拉都要开车把他的几个伙伴从城镇带到“训练大厅”。他们从政府的起诉书和证人们荒谬可笑前后自相矛盾的证词中找到不少笑料。检察官讲，他将证明被告是民族解放运动成员，该组织发言人曾宣传过马克思列宁主义关于社会和国家的论述；公诉人提出的主要证据是“青年联盟”的行动纲领以及曼德拉的演讲材料和他的著作。政府还想证实，《自由宪章》设计了通向共产主义的一系列步骤，它将成为一场革命的序幕。辩方律师驳斥了这一指控，肯定地指出了“大会联盟”制定的《自由宪章》其宗旨所在。他争辩说，不仅仅是这156个人在接受审判，“而是他们和成千上万生活在这片土地上的其他人公开信仰和表达的理想在受审判”。

枯燥的审判千篇一律，没完没了。大多数被告都背井离乡，备受折磨，他们的家庭得到了辩护基金的支持。曼德拉和坦博是少数几个能住在家里并能有部分时间进行工作的人之一。大批大批的被查封的文件都记入档案，其中还包括两张标记——“荤汤”和“素汤”。

午休时间，东开普省合唱团在大厅后面唱起了《自由之歌》。与此同时，德兰士瓦领导者们正在与亚历山大镇抵制公共汽车运动的组织者进行紧张磋商。40年代公共汽车票价猛涨，激怒了群众，大约5万名男女在长达4个月的时间里长途步行上下班，取得了非洲人少有的胜利：不仅迫使政府通过了一项法律，要求雇主们为雇工提供交通费津贴，而且票价也回落到抵制前的水平。

在审判期间卢图利和其他非洲人国民大会领导人想检验一下遭受打击的组织的力量，他们于1957年6月26日发出“待在家里”的号召。南非工会大会为罢工工人保证每天一英镑最低工资，在这种支持下，罢工取得了相当大的成功，尤其是在约翰内斯堡和伊丽莎白港地区。曼德拉解释了“待在家里”这一术语的重要性。因为罢工就需要有纠察队先阻止工人上班，而纠察队肯定会遭到警察的暴力。非国大决定采用这一办法，要求人们待在家里，这样就避免了暴力。

9月份的审讯中断了很长时间。被告们正在为即将回家而兴奋，约翰内斯堡发生的骚乱又让他们转喜为忧。40多名非洲人被杀，几十人受伤。同往常一样，政府拒绝指定一个调查委员会。市政会进行的调查发现，暴乱的根本原因在于种族隔离制度、流动劳工制度、贫困、缺少教育、缺乏职业训练、缺乏娱乐设施；非洲人上下班乘坐的火车拥挤不堪，“极不舒服”。司法部长斥责这些调查结果毫无意义。

## 三、为自由辩护

纳尔逊·曼德拉和埃韦琳·曼德拉有三个孩子：两个男孩滕比凯利（滕比）和马克加图，女儿马卡基韦。曼德拉热爱家庭，喜欢孩子们陪在自己身边；当他们渐渐长大时，他送他们去奥兰多学校上学。有一天，曼德拉开车捎着奥利弗·坦博的未婚妻阿德莱娜·图库杜出门，马克加图也跟着。走着走着，他们追上了前面的一辆马车。曼德拉放慢车速，让马克加图看那几匹马，跟他讲起自己童年时代农村的生活。阿德莱娜认为这一事件表明曼德拉对另外一个田园世界神往已久，他还想把这种向往之情传递给他的孩子们。生活在奥兰多现实中的他们，眼前看到的是凄凉的旷野，一排排屋子上空是那永远袅袅的炊烟。

曼德拉具有律师资格，1952年起他和坦博合作开了一家律师事务所。坦博原来是教书的，后来改行做了律师。事务所在约翰内斯堡靠近地方法院的一幢叫做“大法官住宅”的房子里，他们的办公室设在二楼，门上的铜牌写着“曼德拉和坦博”字样。这座不起眼的房子属于一个印度人，它是为数不多的非洲人可以租用的房子之一。

尽管非洲人做律师并非没有先例，非洲人国民大会的创立者中就有好几个律师。但他们俩的合作不仅在约翰内斯堡，而且在特兰斯凯也引起了轰动。一个滕布人欢呼着说：“这是我们土地上走出来的律师啊，我们太兴奋了。”

他们两个人在法律方面同在政治上一样，个性互补：曼德拉为人热情，对生活有着热切的渴望；坦博则总是深思熟虑，从容不迫。俩人都嫉恶如仇，但曼德拉在表达那种愤怒时更为有力。

“多年来我们肩并肩合作”，坦博在一本曼德拉著作及演讲集的前言中写道，“每天早晨纳尔逊和我在走到自己的办公桌前，都要先穿过耐心等候的人群，他们从接待室的椅子上一直排到楼道里”。

南非可以炫耀自己是世界上在押犯人最多的国家之一，监狱里关押的非洲人人满为患。他们中有人犯了重罪——暴力行为在种族隔离社会中不是减少了，而是增多了。但有的犯人只是稍稍触犯法律条文，在任何真正文明的社会里他们都不至于被监禁起来。失业相当于违法，因为非洲人如果没有经政府批准并经雇主许可的就业证明，在城里就成为“盲流”，很难逃脱被捕的命运。

没有土地也是违法。“每周我们都要与农村来的代表团谈话”，曼德拉说，“代表们头发花白，一副饱经风霜的感觉。他们向我诉说白人们怎样把他们从其世代耕种过的小块土地上赶走。酿制非洲啤酒也是非法的，喝这种酒或者卖这种酒用挣来的钱补贴家庭微薄收入也是违法的。那些这样干的妇女们面对的是高额罚款和长时间的监禁。”对白人失礼也可能违法。住在“错误”地区——已宣布为白人或印度人或有色人居住区的地方——对非洲人来说也是非法的。南非的种族隔离制度将不计其数的无辜群众变成“罪犯”。

种族隔离在人民中间播下了仇恨和绝望的种子。本该去学校读书或去学专门手艺的年轻人在街上游来荡去，结帮拉伙，把他们的怒气发泄到社会上。正是社会制度把他们逼到犯罪和贫穷的绝路上。曼德拉与坦博的办公室里有些浅黄色卷宗，里面记录了成千上万个这样的故事。“如果说刚开始合作时我们还不准备造种族隔离制度的反的话，那么我们在办公室所见所闻也足以改变我们的态度。在我们所属的社会团体中，我们自己爬上了专业技术人员的地位，但是法庭上的每件案子，每次去狱中探望我们的委托人，都使我们想起：我们的人民还在屈辱和痛苦中煎熬。”

“我想说”，1960 年曼德拉在法庭上讲道，“在这个国家里，任何有思维的非洲人的全部经历都会不断驱使他感到痛苦，一方面是良知，另一方是法律，而两者是对抗的……这种法律在我们看来是不道德的、非正义的而且是无法容忍的”。

有好多次，曼德拉和坦博一天要办 7 件案子。种族隔离的实质使许多案子成了政治案件。他俩也办理民事和离婚案。曼德拉补充道：

“在法庭上，许多官员对我以礼相待。但我们也常受到一些人的歧视，还有人对我恨之入骨，抱有敌意。我们总能感觉到，无论我们做律师做得多么棒，办案多么准确无误，无论我们对事业的追求多么执着，我们永远成为不了检察官、执法官或是审判官。我们意识到，作为辩护律师，与我们打交道的官员们虽然能力和成就并不比我们强，但他们的白皮肤却保证他们处于优越地位，并保护其这种地位。”

曼德拉和坦博事务所聘请过的律师中有乔·斯洛沃和哈罗德·沃尔佩，他们都是曼德拉在威特沃特斯兰德法学院就读期间的同学。他们俩作为马克思主义者，在政治上也很活跃（斯洛沃发现曼德拉极为反对共产主义）。在办公室里，曼德拉是个严厉的监工，在法庭上，在与执法官和警察打交道时曼德拉锋芒毕露，富于攻击性，非洲人挤满了旁听席，争相目睹其风采。但他的幽默感也很强。有一次他给一个女佣进行辩护，她被指控偷了“太太”的衣服。曼德拉扫了一眼作为证据的衣服，拣起一双长筒袜来当众展示，然后问那位“太太”：“这是你的吗？”“不是。”她回答说，很尴尬，不敢承认。这件案子也就这样解决了。

1954 年，德兰士瓦法律协会向最高法院请求把曼德拉逐出律师行业，因为他犯有领导“蔑视行动”罪，其行为“与一个受人尊重的行业的成员应有的行为标准不符”。著名律师、英国王室法律顾问、约翰内斯堡律师协会主席威尔特·沃波克出庭为曼德拉辩护。最高法庭认为他在行使自己的权利，还认为一个与自己的人民一起为争取政治权利而斗争的律师，丝毫无损于律师的荣誉，即使其行为触犯了国家法律。法庭支持曼德拉，要求法律协会支付全部费用。

1959 年 1 月 19 日，辩方律师又一次取得胜利——又有 61 人的指控被撤消了。150 名被控人中只有 30 人还在受命，他们中有利莲·恩戈伊、海伦·约瑟夫、沃尔特·西苏鲁和纳尔逊·曼德拉。

1959 年 1 月。根据《团体住区法》，曼德拉和坦博被迫关闭他们在约翰内斯堡的律师事务所。他们只能在黑人城镇开业，用曼德拉的话说就是在一个“谁也找不到的角落里开业”，“其实就是要我们放弃，不再为我们的人民服务。而我们这么多年接受的训练正是为人民服务，凡是有资格被称作律师的人都不会答应那种无理要求。”他们不顾可能会被起诉、被驱逐的危险，公然违抗禁令。只要有可能，曼德拉和坦博就在周末及晚上继续开业。

1960 年是“非洲年”。南非以北许多国家在这一年赢得独立，给南非人民的斗争以巨大鼓舞。一种危机感在全国弥漫：在纳塔尔省，已有 2000 多人被捕，黑人警察被杀，非国大召开了一系列会议要求“采取行动”；在特兰斯凯，庞多人起义开展得如火如荼，政府已宣布在该地区实行紧急状态；在南非托管下的西南非洲（今纳米比亚），人们抗议强制黑人从温得和克居住点迁移，警察向抗议群众开枪，杀死 11 人，伤了 44 个；在开普敦，2 月 3 日英国首相哈罗德·麦克米伦宣称，一场“变革之风”正席卷非洲，这一举动震惊了南非朝野上下。

示威运动定于 3 月 31 日举行。3 月 21 日，罗伯特·索布克韦领导的泛非洲主义者大会举行了大规模抗议活动，反对《通行证法》。在位于德兰士瓦南部韦瑞尼京郊外的沙佩维尔黑人“样板”城镇，泛非大志愿者故意不带通行证，在警察局门前集会示威。好奇的人们上来围观，人群越来越多。记者们认为这些示威者很“和善”，而在警察看来他们“极有威胁”。75 名警察向人群开了 700 多枪，杀死 69 名非洲人，伤了至少 180 人；其中大多数人是背后中枪，伤亡人员中有不少人是妇女和儿童。

在叛国罪审判中检察官对曼德拉 1952 年发出的一个警告大做文章。曼德拉在警告中说：“自由力量与反动派之间算总账的日子已经不远了。”

沙佩维尔屠杀案发生几个小时之后，在南方很远的开普敦郊区兰加约有一万名示威者聚集在所谓的“单身汉”地区外围，那里的集体宿舍里住着成千上万名与妻子和家庭相隔离的男工。绝大多数人并没有听到警察要求他们在三分钟之内离开的命令，随后，就像往常一样，警察挥舞着警棍殴打集会人群，人们用石块进行还击，然后警察下令开枪。又有 2 名非洲人被打死，49 人受伤，愤怒的人群几乎失去了理智。

沙佩维尔、兰加等地迅速闻名于世界。人们对种族隔离积怨已深，再加上南非政府长期镇压坚持非暴力运动的非国大，现在他们又镇压泛非大的示威活动，这在全球各地引起巨大反响。随着骚乱席卷全国，政府面临着前所未有的危机。

在约翰内斯堡，西苏鲁、曼德拉、非国大秘书长杜马·诺克韦以及乔·斯洛沃整夜整夜地开会讨论，考虑非国大应作出怎样的反应。3 月 26 日，诺克韦向卢图利酋长提交了他们的紧急建议，此时的卢图利正在比勒陀利亚，为叛国罪审判做证。卢图利酋长同意这一建议并于当晚当众烧了他的通行证，号召其他人仿效他。刚好政府这时宣布暂停实行《通行证法》。卢图利接着又呼吁全国为死难者默哀一天。这一次罢工在约翰内斯堡、伊丽莎白港和德班取得圆满成功。

由于罢工连续不断，大规模的葬礼、示威游行和骚乱此起彼伏，政府宣布实施《紧急状态法》。警察在兰加的暴行，激起 3 万非洲人的不满，他们游行示威，决心向开普敦警察局提出抗议。但是，在不知不觉中，进入泛非洲人大会领导层的年轻组织者菲利普·科萨纳被一名白人高级警官所欺骗，他悄悄地遣散了人群；后来他本人也未免牢狱之灾。

与此同时，南非白人感到其繁荣受到严重威胁。冲击约翰内斯堡股票交易所；受到大规模抛售的浪潮，司法部长呼吁人们冷静；财政部长呼吁向南非移民；土著事务部部长则宣称种族隔离制度是全世界的典范；一个白人甚至试图暗杀维沃尔德总理。

在这种情况下，联合国安理会首次干预南非事务：她以九票对零票通过一项决议，谴责南非政府向群众开枪射击，英国和法国弃权。这时已有 83 名非洲人平民和 3 名非洲人警察被杀，白人只有 60 人受伤。

4 月 7 日，政府重新实行《通行证法》。已经飞往伦敦和纽约的南非资本家巨头们又开始在南非大规模投资。

根据《紧急状态法》，曼德拉和其他29名以叛国罪审判的被告，以及卢图利和其他辩方证人都在比勒陀利亚遭到囚禁。他们与人民分开了，不能在这千钧一发的时刻进一步采取行动。总共有大约2000名积极分子遭到拘禁，成千上万名所谓游民被捕。

4月8日，政府取缔了非洲人国民大会和泛非洲主义者大会两个组织；议会以128票对16票（4名土著代表和新成立的进步党）宣布根据《镇压共产主义条例》，非国大和泛非大为非法组织；继续推行这两个组织宗旨的人将面临10年以下徒刑（从此以后，报纸称那些被指控为非国大或泛非大成员的人为“赤色分子”）。非国大最后一次“合法”行动是呼吁建立一个“全国大会”，为新的全南非人民联盟打下基础。奥利弗·坦博已离开南非前往英国和坦桑尼亚，建立流亡中的非国大的办事处。

“叛国罪审判”的重要性又一次得到体现。被告方辩护律师组已退出审判，他们抗议说，在紧急状态期间他们对政治审判无法发挥作用。他们同意曼德拉和杜马·诺克韦律师兼任被告方辩护律师。

比勒陀利亚监狱的条件糟糕透顶：非洲人被告们五个人挤在一间小牢房里，牢房只有6英尺宽，12英尺长；一个有盖的便桶权当厕所，旁边便是饮水桶；毛毯上和草席上虱子猖獗；被告们吃的是玉米和玉米粥，偶尔能见到几片肉。他们每10天可以洗一次澡，每天可以到院子里“放风”10分钟。监狱犯人选举曼德拉作为他们的代言人。有一次，他向一个特别挑剔的看守抱怨监狱条件太差，看守马上威胁要按《紧急状态法》对他进行惩罚。曼德拉引用监狱条文规定反驳他，看守顿时恼羞成怒，“撒谎！”他大喊着，“政府法律规定你们犯人不能读书！”这一次曼德拉再也抑制不住怒火，他怒目圆睁，紧盯着那个看守，强烈要求见监狱高级官员。在法庭审判中，他也向审判官提出意见：“阁下，出于尊敬，可以用最最婉转和毫不夸张的话来说，监狱提供给我们的饭菜根本不适合于人类食用。”不久，监狱总监走访了犯人们，随后的条件有所改善。

几周后，曼德拉又受到新的刁难，他愤怒地向法庭提出正式抗议。按照有关规定，他和诺克韦有权会见其他被告和将为被告们作证的Z·K·马修斯教授。他们会面时，监狱方面提供的是一间小牢房，除了一只装满脏物的便桶，里面一无所有。

由于学习时间较多，曼德拉认为他应该学习阿非利卡语，西苏鲁学习速记，诺克韦学习法语；然后他们开始一起玩拼字游戏。

这时曼德拉有了第二次婚姻。他很惦念温妮和刚出世的女儿泽妮。她们到底怎么样了？但他并没有因此而受到影响，他还经常地鼓励同志们打起精神战斗到底。颇具讽刺意义的是，政府“邀请”非国大成员“每天在法庭上介绍其组织的政策和活动”。毫不夸张地说，这等于是在“继续从事”“非法组织”的活动。

审讯到最后仍一无所获，政府只好转而寻找能证明非国大推行暴力政策的证据，但这一企图也失败了。于是当局退而求其次，想证明被告们事先已经预见到，他们的行动会与政府发生暴力冲突，并导致进一步的颠覆活动。

烧毁通行证后，卢图利遭到逮捕；长期囚禁生活的折磨使他积劳成疾。在审判中，政府问了他另一个基本问题，那就是解放运动是国际共产主义策划的阴谋的一部分，旨在颠覆那些剥夺人民平等的政治、经济权利的政府。卢图利回答说，在谈到“东方”或“西方”这个问题时，非国大倾向于根据各国在联合国对待种族隔离政策的态度来进行判断。

1960年8月初，曼德拉出庭辩护。厚厚的411页长的官方档案中，记录了他作为主要辩护律师所作的发言以及后来的质问和答辩。温妮也到法庭旁听了审判。

四年前审判刚刚开始时，曼德拉给观察家们留下的印象是：一位能干的令人赏心悦目的律师。现在，显而易见他已经在政治上成熟了——正像辩方律师组的一名成员讲的那样，他为被告进行的辩护行文有条不紊，一针见血。但还有一些更深层的东西：他在挑战中成长起来了。他的能力反映了非国大最高层的领导水平。

被告辩护律师们在非洲人国民大会中发现了另一种力量，那就是非国大的连续性和它容纳了持各种政治观点的非洲人，其中包括农民领导人，他们非常理解人民的苦衷。这些农民领导人和知识分子型领导人，如马修斯教授和曼德拉，都在政治上步入成熟。有一点像谜一样令人困惑！有些情况下非国大看起来已经死气沉沉奄奄一息了，然而不知怎么的它又恢复了活力与生机，成百上千的人又投身到火热的运动中去。非国大的不足之处在于日常组织与分支机构间的交流、收集会员费、保证政令畅通等方面做得不够好。正像非国大自己说的那样，它没有实行“枯燥的挨家挨户的工作”，因为人们更愿意走“捷径”比如“街区集会、群众集会和召开会议”。

当局对曼德拉的审讯大多是根据他的演讲和所写的文章。三位审判官不时打断他的辩护。曼德拉阐述了“青年联盟”成立的过程和所奉行的政策：“我们觉得非国大考虑采取更具有战斗性的政治斗争的形势、时机已经成熟。”他还表述了自己对“蔑视运动”所取得成就的看法。

“你们的自由对欧洲人来说难道不是一种直接威胁吗？”一位法官质问他。

曼德拉答辩道：“我们并不反对白人，我们反对的是白人至上，而且，在反对白人至上的斗争中我们得到欧洲人某些阶层的支持……很清楚，非国大一直主张实行种族和睦政策，不论谁宣扬种族主义，我们都会进行谴责。”

当问及他在文章中写的“人民民主”能否在“统治阶级”做出一系列让步之后实现时，曼德拉说，非国大还没坐下来讨论这个问题。但是，“我们要求实现成年人普选权，为了达到这一目的，我们准备施加经济压力；我们会单独或同时发动‘蔑视运动’和‘待在家里’运动，直到政府说：‘先生们，蔑视法律和‘待在家里’所造成的严重事态，我们已经不能听之任之了，我们谈谈吧。’如果是我本人，我会说：‘好的，就让我们谈谈吧。’”

当时，曼德拉准备让政府做出让步：在议会中给非洲人60个席位；他认为如果这一点能够实现将是非国大的胜利，就意味着向全民普选权迈出了重要的一步。然后非国大将在双方商定时间内暂停抗议活动，同时政府教育白人选民使他们“认识到变革可以实现……国家各种族之间相互理解和种族和睦也是可以实现的”。他补充说，他们当然不会放弃普选权要求，最终将实现“人民民主”的目标。

从种种迹象看来，政府的态度并没有松动；如果真的是这样的话，他又有什么打算呢？

他回答说：“非国大并不指望在推动政府改变政策方面一蹴而就。”他说，经过一段时间，在一次一次的推动和国际社会的压力下，政府是会松动的。即使政府仍用铁血手腕统治非洲人，政府目前使用的正是这种手段，非洲人也会想尽办法去实现其奋斗目标。

在暴力问题方面，检查官对曼德拉说，非国大一直在宣传这样一种观点——为了打击报复非国大，政府会毫不犹豫地动用武装部队。曼德拉同意这种说法。“但是，就我们而言，我们已经采取了预防措施，保证暴力不会出自我们之手。”如果非国大力量更加强大怎么办？政府使用暴力的可能性是不是也随之增大呢？“噢，是的。我们觉得为了恐吓非洲人不再反对其反动政策，政府会毫不迟疑地屠杀成百上千的非洲人。”

在法庭上，曼德拉的出色表现使检察官黯然失色，他确实觉得自己是一名“法庭官员”。

他的演讲“自由之路无坦途”受到详细的盘问。例如，他提到非洲其他地区“爆发革命”，这是什么意思？他回答说，“为民主变革进行的严肃的政治斗争，战斗性的斗争。”

原告不时提出的一个问题是，非国大的文件中提及非洲其他国家的斗争时，并没有对他们的暴力行为进行谴责。曼德拉解释说：“让我们看看肯尼亚的例子吧！我们很关心那里发生的殖民主义战争。我们谴责英国人，把他们视为侵略者。我们从没听说吉库尤人入侵英国，轰炸他们的城市，掠夺良田，摧毁政治组织，而使成千上万的人家破人亡。而英国人在肯尼亚做的正是这种事情，我们关心的是英国人必须撤出肯尼亚，我们不在乎吉库尤人采取什么办法。”

“这些办法与非国大毫无关系吗？”检察官问道。

“对我们来说毫不相干。”曼德拉回答说，“我们在南非采用非暴力的方法；他们采用什么办法他们自己最有发言权，这不是我们的兴趣所在。”

“一党制政府怎么样？”一位法官问道。

“这不是形式问题，而是民主问题”，曼德拉回答说，“如果一党制能最好地体现民主，那我就会仔细研究这一制度：但如果多党制更好地体现了民主，我就会仔细研究多党制。比如说，在南非现在实行的是多党制，但是就非欧洲人而言，这种多党制是人们所见过的最恶毒的专制统治”。

“无阶级社会的想法对你很有吸引力吗？”

“是的，阁下，非常吸引”，他回答说，“我认为阶级的存在有很多弊端，一个阶级剥削另一个阶级（但是）……在这个问题上非国大还没有制定任何形式的政策措施”。

在审判中，只有一次他勃然大怒。审判长怀疑全民具有普选权是否是明智之举。难道这样不是很危险吗？曼德拉说，每个人都有权投下他的一票。但是，法官反问道，“无知的人”参加政府有什么意义吗？难道他们不会“像小孩那样”受竞选领袖们的影响吗？

“不”，曼德拉答道，他提高了声音，“让我们看看会发生什么吧。如果某地有个人站出来，想竞选议员席位；他起草了一份竞选提纲，说‘这是我所赞成的观点’。如果是在农村，那他会说‘我反对对牲畜数量的限制’。你听了他对自己政策的介绍，然后决定如果你选择这个人进入议会，他能不能促进你的利益。在此基础上，你投票决定你的选择。这与教育毫不相关”。

“他会不会只顾自己利益？”法官问。

“不”，曼德拉说，“实际点说，一个人寻找能够代表他的观点的人，然后才会投他的票”。

被告方辩护律师西德尼·肯特里基在质询时问曼德拉，他的父亲没有受过正式教育怎么能行使自己的选举权。曼德拉说，如果他有这种权利，他会有能力、尽职尽责地作出理性的选择。

被告辩护律师继续提问，问曼德拉为什么早期敌视共产主义，准备把共产主义分子从非国大开除出去，1950年他又首次与他们合作呢？是不是他们那时看起来忠于非国大的政策？“对，是这样。”曼德拉回答说。

“你变成共产主义分子了吗？”

“嗯”，他说，“我不知道自己是否的确成了共产主义分子。如果你们所说的共产主义者是指共产党党员及信仰马克思恩格斯主义、列宁和斯大林主义的人，是指那些严格遵守共产党纪律的人，那我并不是共产主义者。”他读过马克思的著作。苏联没有种族隔离给他留下了深刻的印象，苏联在非洲没有殖民地，其工业和科技大踏步发展前进。他说社会主义非常吸引他，但他还没有深入研究过。

被告律师问及帝国主义问题，曼德拉是这样说的：“根据我们的经验，当代帝国主义最突出的特征是在全球各地拓展地盘、镇压人民、剥削人民，使成百上千万的人家破人亡。这是问题的核心，我们想知道是否应该支持这个带来深重灾难的制度并使之不朽。”

8月9日曼德拉结束了他的辩护。海伦·约瑟夫很想为曼德拉鼓掌。她很想知道听完这位伟大领袖的讲话后，那些法官们是怎么想的。国民党政府已经禁止曼德拉再次加入非洲人国民大会。

在监狱里，曼德拉和其他领导人构思了新的斗争方式。“同事们和我”，他后来透露说，“在经过慎重考虑后，决定不服从政府取缔非国大的禁令”。非国大将根据“M”计划制订新的行动计划，重组非洲人国民大会，转入地下活动。他们已经组成一个“看守委员会”。“我们坚信我们有责任保存这一组织，毕竟他是经过近50年的不懈努力才建立起来的。”

8月底政府取消了紧急状态，释放了被囚禁的人。全国各地马上出现了非国大的口号和传单。曼德拉本来可以回家探望亲人，但由于被告辩护律师还要为审判案的最后几个阶段做准备，他常常在比勒陀利亚和被告们商谈到很晚。他的妻子描绘了在这种不正常的生活中他是如何废寝忘食：他刚要吃饭，电话铃响了，有人要他去警察局保释某某人，或者请他马上去参加一个紧急会议。当时，温妮已经身怀有孕。许多年后曼德拉在罗本岛监狱回忆说，温妮极有忍耐力，她“每天都对他说温存爱恋的话语”，对“许多令人恼怒的事”她总是“视而不见”，“要是换了另一个女人恐怕早已忍受不了”。他很内疚，自己不能帮助温妮做些什么。他说：“那时唯一能令我感到慰藉的是，我的生活中几乎没有时间去思考那些内疚。”

圣诞节期间，曼德拉回到家里和亲人们团聚。在特兰斯凯的马克加图病倒了，曼德拉不顾警方的禁令，火速起身去看望孩子。这时他和温妮的第二个女儿津姬出世了，他又马上赶回约翰内斯堡，在一家医院的“非欧洲人”住院部找到了她们母女二人，很显然，医院并没有对她们进行应有的照顾。曼德拉很生气，把温妮和女儿从医院接回家，以使她们母女能得到妥善护理和照料。他们一家人在一起正常生活的时间真是太短暂了。

在“叛国罪审判”中，Z·K·马修斯教授作为被告方证人最后一个出庭。辩护律师对他说，政府指控大部分“非欧洲人”“在非法煽动下”很可能会作出“更迅速、更不负责任、更激烈的”反应，“而不像少数文明程度较高的那部分人”。

“对使用‘文明程度较高’这个词我有点怀疑”，马修斯教授说，“我不知道‘较高’一词是什么意思，……但根据我个人的印象，那些所谓文明程度较高的集团在这种环境下——非洲人在这个国家是受统治的——倒会作出更为激烈的反应”。

当局指控被告们有时“故意制造爆炸性气氛”，对此，马修斯教授反驳说，爆炸性局势是政府一手造成的，而且，“我可以说，这一爆炸性局势自1910年南非成立时就一直存在”。

在回答一位法官的询问时，马修斯教授同意说非国大争取全民普选权的目标意味着白人至上的结束。他还说，人们已经认识到白人至上主义者不会轻易承认失败，但他们也不会对政治和经济压力无动于衷。迄今为止，非国大开展的运动规模不够大，运动持续的时间也不够长。但如果非国大的力量进一步增强，白人至上主义者就会和黑人们谈判。

马修斯教授补充说，非国大对未来持乐观态度。“我们持乐观态度的基础是，在政治斗争历史上当前的南非政府并不是唯一残酷无情的政府。”其他国家被压迫被统治的人民进行反抗时，其政府也是决意不让步的，后来也的确是如此。他提到英国人在印度，并指出“政府通常会迫于压力而有所行动”。

经过四年马拉松式的审判，“叛国罪审判案”终于接近尾声。当局的审讯过程于1961年3月结束，被告一方开始他们的辩护。被告们否认曾策划过一场“带有敌意的阴谋”，并驳斥了政府所说的在选举和叛国之间没有中间道路的观点。离辩护结束还有好几周的时候，高级法官突然宣布审判中止一周，英国王室法律顾问布拉姆·费雪被迫中断了辩护。这是否意味着被告已被认定有罪了呢？

温妮·曼德拉描述了当天晚些时候，她丈夫和西苏鲁、诺克韦及另一名被告乔·莫迪塞在家中突然出现的情况：

“他们都站在车库外面的车道上，曼德拉让一个小孩子来叫我。我到了之后他只是简单地对我说：‘亲爱的，帮我把衣服和洗漱用品放在箱子里。我要离开很长一段时间。你不必担心，我的朋友们会照顾你。他们会不时地告诉你关于我的消息。好好照看孩子们，我知道没有我你也有力量、有勇气这样做，你现在就有这能力。’我很快给他打点好衣服，我泪流满面，但我们在一起的几个月里我已经学会不问任何问题。分离时我祝他平安，祈求非洲之神不论他到哪儿都保佑他平安无事。希望他有机会抽空来看看孩子们和我。因为我提醒了他自己的责任，他批评了我。”

她对即将来临的危险生活和巨大痛苦一无所知，她只是注意到前几个星期里他似乎考虑了很多很多。有时她和他说话，他都没听见。她问他出了什么事，他说没什么事。但他预付了 6 个月的房租，这不同寻常。直到她从报纸上看到他已经去了几百英里外纳塔尔省的彼得马里茨堡，她才知道对他的禁令已经解除，而且政府没有对他实施新的限制。

3 月 29 日，曼德拉回到比勒陀利亚，与其他被告一起听候最后结果。公众旁听席和记者席上人满为患。法庭内气氛紧张异常，高级法官贾斯蒂斯・朗夫宣布了某些“调查结果”：

——非国大及其盟友一直致力于“用一种激进的、根本不同的政府形式”来取代现政府；

——《行动纲领》中“预示了非法手段”，“蔑视运动”中也采用了非法手段；

——某些非国大领导人在某些地方发表过煽动暴力的演讲。但政府并没能证明非国大实行的是暴力政策；

——非国大经常表露出“反对帝国主义、反西方和亲苏联”的态度，具有强烈的左翼倾向，但政府没能证明非国大是共产主义组织或者证明《自由宪章》构画了共产主义国家的蓝图。检察官也没能证明在共产党被取缔后，其成员渗入了非国大各领导层并成为决策者。无论是共产主义者还是反共产主义者，只要他遵守非国大纪律，他就可以成为非国大会员。当共产党自行解散时，“一小部分非国大的高级领导人”也是共产党党员。

九年前曼德拉和西苏鲁作为“蔑视运动”领导人站在被告席上，面对的是朗夫大法官。现在又是他命令他们和其他被告起立。“你们被宣告无罪释放”，他说，“你们可以走了”。

他们凯旋般地离开法庭。把梅塞尔和费雪高举过肩，人群欢呼着、舞蹈着喜极而泣。法庭外面他们高唱着“上帝保佑非洲”。

## 四、最后的非暴力抗争

持续四年之久的“叛国罪审判”期间的法庭斗争，是曼德拉作为非暴力主义者与当局的最后一次较量。其结果无论对他个人还是对南非都是戏剧性的：一方面由于种种因素、特别是由于以费雪为代表的国际社会与国际司法界的压力，曼德拉和他的同志们有理、有利、有节的斗争获得了胜利，法庭最终不得不承认他们作为反对派的活动具有非暴力性质。另一方面，这四年间南非社会上的黑白冲突却急剧升级，当局不断加码的种族歧视与黑人日益强烈的反抗终于发展为“社会爆炸”，当曼德拉他们还在狱中为“非暴力”申辩之时，狱外已经发生了震惊世界的沙佩维尔大屠杀。1960 年 3 月 21 日，军警向沙佩维尔城一万多名示威的黑人开枪，打死 69 人，打伤 180 人。随即宣布实行紧急状态法，抓捕了多达两万名政治犯，并于 4 月 8 日宣布取缔非国大与泛非大。次年又以退出英联邦来向国际压力示威，摆出了一副死猪不怕开水烫的强硬姿态，从此开始了长达 30 年外抗国际社会、内行铁血统治的黑暗时期。这样，当 1961 年 3 月曼德拉等人出狱时，立刻面临着和平反抗手段被封杀的严峻现实。于是便出现了奇特的结局：“非暴力”者自由了，“非暴力运动”却死亡了。以“非暴力”的姿态出狱的曼德拉一走出牢门，便别无选择地走上了“暴力”反抗之路。

尽管如此，在反“叛国罪审判”期间曼德拉表述的思想和形成的思维方式后来并没有被放弃，只是不能不束之高阁。直到 30 年后这些想法才又大放异彩。曼德拉对“暴力”的认识，在他这段貌似与政治无关的关于体育方面的“闲谈”中似乎得到了隐喻：

“虽然我在黑尔堡大学也练过一些拳击，但直到居住在约翰内斯堡以后才开始热衷于这项运动。我从不是个优秀的拳手，缺少速度，因此力量也不够。我不喜欢拳击中的暴力，也不研究这种技巧。我感兴趣的是如何移动身体保护自己；如何运用战略发动进攻、进行防守，在比赛中如何使用步法。拳击是一项平等的运动。在拳击台上，地位、年龄、肤色和财富都无关紧要。当你抱住对手，观察他的体力时，你不会想到他的肤色和社会地位。步入政界后，我没参加过正式的比赛。我主要的兴趣是训练，我发现这种充满刺激的锻炼是发泄压力和紧张的一种非常好的方式。经过努力的训练之后，在身体上和精神上我都感到很轻松，它使我能让自己沉浸在某种不需斗争的事情之中。午后的训练能让我第二天醒来后充满活力，精神焕发，重新投入战斗。”

政治斗争中的曼德拉，也就像这个“不喜欢拳击”同时因“缺少速度”、“力量不够”也不善于拳击的人那样，为了“感兴趣的是如何移动身体保护自己”而不能不击拳相抗，于是“才开始热衷于这项运动”。——这是个不善于打人、但在别人打来时也不会讨饶或被打趴下的硬汉子。因此，在我们的主人公放弃非暴力策略之际，听听他在这最后的非暴力抗争中的想法，对理解他30年之后的事迹是大有裨益的。以下便是曼德拉在1960年“审判案”期间代表全体被告回答法官与控方质询时所做的部分证词：

控方：你认为你的人民民主能通过逐步的改革进程实现吗？例如，由于压力，统治阶级答应在下一个月给非洲人以有条件的选举权，也许是经过一个并不严格的教育测试，就有资格享有选举权，下一年，由于进一步的压力，又做出了更重要的让步，也许是在1962年做出进一步的让步，如此这样，经过10到20年的时间，你认为在这种模式下，人民民主能实现吗？

曼德拉：嗯，这也就是我着手考虑民主问题的方式。我首先必须申明，就我所知道的，大会从没有坐下来讨论这个问题……我们要求普遍的成人选举权。我们为了达到我们的目的，准备施加经济压力。我们将发起蔑视运动、罢工（闭门不出），无论是单独行动还是统一行动，直到政府说："先生们，我们不能使国家大事、法律受到如此蔑视，也不能处于罢工（闭门不出）的状态之下。让我们谈判吧！"就我个人的观点而言，我会说：好，让我们谈判吧。政府会说："我们认为目前欧洲人还无法接受一个可能由非欧洲人统治的政府。我们认为，可以给你们60个席位。非洲人选出60位非洲人在议会中代表自己。我们将以这种方式运转5年，5年后再对此做出评论。"法官大人，就我个人观点而言，这就是胜利。这样，我们在朝着让所有非洲成年人享有普选权的道路上迈进了一大步。然后，在以后的5年中，我们将暂停一切平民的抵抗运动；我们不会罢工（闭门不出）；我们会将这一段时间用于教育整个国家、欧洲人，以保证在这个国家里种族之间能更好地理解、和睦相处。我会说，我们应该接受政府的这个建议；但是，我当然不会放弃将普选权赋予全体非洲人的要求。法官，这就是我的看法。在5年之后，我们会进行讨论；假如政府说："我们将再给你们增加40个席位"，我会说这已经足够了。让我们接受它，并继续要求扩大普选权；但是在约定的时间内，我们会暂停平民抵抗运动，不罢工。最后，我们将能得到我们所要求的一切。法官，我们将有人民民主。再次重申，这只是我的个人观点；至于这是不是大会的观点，我无从得知。

……

法官：曼德拉，假定你的观点是错误的，你能想象一下代表政府利益的、由政府采取的任何有关未来的行动吗？因为我认为，证据显示你似乎不相信政府会软化自己的强硬立场。在这种情况下，你将来有什么打算吗？

曼德拉：不，法官。我不认为大会曾认为它的施压政策会最终失败。当然，大会也不曾期望靠强迫政府改变政策的单一推动方案会最后成功。大会期望，经过一段时间，由于不断施加这些压力和世界舆论的结果，我们所采取的方法将最终实现我们的理想。尽管政府持有以铁拳统治非洲人的观点。

控方：曼德拉先生，无论最终是否会成功，是否可以认为有一件事是明白无误的？这件事就是非国大持有并鼓吹如下观点：在抵制大会运动的压力过程中，统治阶级即政府会毫不犹豫地反击，将毫不犹豫地运用暴力与武力对付大会运动？

曼德拉：是的，法官大人，大会持有这种观点。我们的确预见到就政府而言会使用暴力。但就我们而言，我们采取了预防措施以保证暴力不是来自于我们这一方。

法官：有什么预防措施？

曼德拉：嗯，法官大人，第一，在1952年我们发起的是蔑视运动。第二，法官大人，你会注意到我们经常使用的是“闭门不出”，而不是普通意义的“罢工”。法官大人，在罢工中，需派纠察员阻止人们进入被封锁的工厂中工作。但是，大会的理论是派纠察员也许会引起警察的暴力行为。我们审慎地决定采取“闭门不出”的方式，这样人们只被要求待在自己的家中。

控方：就你所知，不断前进的谨慎的运动方式证实了这种策略的正确性吗？

曼德拉：是的，的确如此。大会今天已经变得更加强大而有战斗力了。

控方：就你的观点而言，你所提到的暴力发生的可能性因此会更增加、更加大了吗？

曼德拉：嗯，是的。我们感觉到政府会毫不迟疑地屠杀数以百计的非洲人，以威胁他们不要反抗他的反动政策。

法官：现在。我想与你讨论一下有关的分歧。你认为，当白人至上主义者认识到大会联盟的要求将是最终导致白人至上体制一劳永逸地被铲除时，他们将作何反应呢？

曼德拉：嗯，法官大人，自始自终都存在着这个问题。

法官：也许是吧。但是你认为白人至上主义者将会对那个声明作何反应呢？

曼德拉：嗯，就我全部所知，他们也许对那种形式很反感。但是，在这个国家政治组织已经崛起，他们将为把选举权扩展到所有非洲人民而努力斗争。

法官：嗯，现在的问题是你们能否用你们所采取的方式，来实现这些目标呢？

曼德拉：不会的，法官大人。但是，我要说的是，自从我们采取这些新的政治行动方式，采取了施压的政策后，我们取得了，赢得了进步。现在已经出现了这样一些政党，他们自己提出将选举权赋予非欧洲人。

法官：无条件的？一人一票？

曼德拉：不，不，法官大人，是有条件的。

法官：我愿意就这个问题与你探讨。

曼德拉：法官大人，你能给我时间解释，我会乐意的。现在，很明显，这些政党，包括自由党和进步党正在考虑某些有条件的选举权。但是，假如法官大人记得如下这个事实的话：当我们开始提出这个政策的时候，还没有一个政党支持这些政策，工会也不支持，那么法官大人就会意识到今天，在这个国家的欧洲人政党中发生了革命性的变化。现在，有了一个其观念与民主党议会不大相同的有组织的团体，他们本身构成了一种不同于民主党的力量；有了一个其观点与白人相左，提出了将有限形式的选举权赋予非洲人的有组织的团体。

法官：我不认为我们的观点一致，让我解释一下。在起诉期间，我认为你说过大会联盟一致认为白人至上主义将反对“一人一票”这一主张，这是否属实？

曼德拉：是的，他们是持反对态度的。当然，除了“有条件的选举权”之外。在控诉之前，提出这一观点的政党，早已出现了。因此，这使我们有理由认为尽管我们仍然面临着绝大部分白人的反对，但我们的政策已经成功。

……

法官：我想知道，大会联盟有没有考虑过或讨论过，当这种屈服意味着白人至上主义的结束时，南非的白人至上主义者是否会不显示武力而屈服？

曼德拉：不会，法官大人。大会仅从自己的最初经验和观点出发，考虑了这个问题。白人渴望独享政治权力。

法官：这个问题被考虑过吗？

曼德拉：确实考虑过。我们也考虑过，通过利用我们的人数，我们的优势，施加压力，迫使白人给予我们所要求的，甚至违背他们的意志，被迫同意满足我们的要求。我们考虑过，我们感觉这是可能的。

法官：你如何利用你们众多的人数强迫白人至上主义者给予你们所需要的东西？

曼德拉：例如，通过待在家中，不去工作，动用我们的经济力量来达到满足我们要求的目的。现在，法官大人，我们看不到，我们也不指望这些要求在指控期间会实现。我们心里认为，在可以预见的将来，我们将会实现我们的主张。我们在以下基础上工作：尽管我们遇到了白人的偏见和反感之墙，他们（欧洲人）绝不可能完全无视我们的要求，因为我们用经济压力政策在其心脏部位打击他们。这是一个被很好地组织了的方法。欧洲人不敢小觑他，他们必须对此作出回应；而事实上，法官大人，他们的确在回应。

……

辩方：（就非国大青年联盟的基本政策文件提问）当非国大一方面考虑到民族主义，一方面考虑到众多的部落时，它的目标是什么？

曼德拉：在国家中超越不同的非洲部落集团，形成统一的非洲共同体，这一直是非国大的政策。

辩方：就南非联邦而言，你认为这个国家是在外国统治势力控制下吗？

曼德拉：我们认为它是在白人至上主义统治下。

辩方：除去组织问题以外，青年联盟认为非国大采取的方法和行为应该改变吗？

曼德拉：到青年联盟1949年成立的时候，非国大所采取的唯一的政治行动方式都是为宪法所允许的；代表们只不过参与权力机构，颁布章程，通过决议，如此而已。我们认为被采用的政策，从事实上看是贫乏的；我们认为非国大，其组织实践者，应该走上快车道，组织非洲人民进行群众运动。我们认为，大会考虑采用更具战斗力的政治行动：待在家里，平民反抗抗议、示威，也包括非国大此前使用过的政策的时机来到了。

辩方：青年联盟的一些成员真正热衷于将共产主义者从非国大驱逐出去吗？

曼德拉：是的，法官大人。事实上，青年联盟在非国大会议上提出了号召非国大将共产主义者驱逐出去的动议；但该动议被绝大多数所否决。

辩方：这些动议被以什么原因拒绝的？

曼德拉：非国大的观点是每一个年满17岁的人，不论其政治观点如何，都有权成为非国大成员。

辩方：那时，你自己的观点是什么？

曼德拉：那时，我坚决支持将共产义者驱逐出非国大的动议……

（曼德拉然后接着讲述了他后来与非国大中的共产党员共事的经历。）

辩方：无论这些共产党员他们自己的观念和目的如何，就你而言，你认为他们是非国大政策的追随者吗？

曼德拉：是的。

辩方：他们忠于其政策吗？

曼德拉：忠于。

辩方：那么，你是共产主义者吗？

曼德拉：嗯，我不知道自己是否成为了一名共产主义者。假如你所说的共产主义者是指共产党的成员或是一个信奉马克思、恩格斯、列宁和斯大林的人，一个严格遵守党的纪律的人，那么我还不是共产主义者。

辩方：（引用 1949 年非国大所采用的行动纲领）你如何理解新的行动纲领？

曼德拉：1949 年，非国大领导人一直基于如下幻想而行动：仅仅通过陈述自己的理由，这些统治者就能改变想法，给予他们所想要的一切权利。但是行动纲领中列出的政治行动形式意味着非国大将不再依赖统治者的心肠改变了。它要通过向统治者施加压力，而强迫他们满足它的要求。

辩方：（就镇压共产主义法案提问）

曼德拉：嗯，关于这个法案，非国大的观点是该法案是对我们政治组织权利的侵犯，它的目标不仅仅是反对南非共产党，而且是要攻击摧毁一切谴责南非政府种族主义政策的政治组织。我们认为即使它要反对的仅仅是南非共产党，我们仍然要反对这个法案，因为我们相信任何一个政治组织都有权利生存下去并宣扬自己的观点。

辩方：（就 1952 年的蔑视运动提问）除了你们的成员数目增加以外，你认为蔑视运动还取得了其他的成果吗？

曼德拉：是的，肯定有。首先，它刺痛了欧洲人公众的良心，使他们更加清楚了非洲人民所遭受的苦难与无助。它直接导致了民主议会的形成。它还对自由党成立产生了影响，也导致了联合国对种族歧视政策的讨论。我认为，在这些意义上而言，它是很大的成功。

辩方：你认为蔑视运动对政府产生过任何影响吗？

曼德拉：我认为是的。在蔑视运动过后，政府开始讨论非洲人的自治政府——班图斯坦。当然，我并不相信政府说的：给予非洲人以自治权是政府政策的一部分。我看不出政府有任何诚心。我想他们的意图在于欺骗……但尽管存在这种欺骗，有一点却很清楚：政府不得不承认蔑视运动的力量，政府感到非国大的震撼力极大地增强了……

法官：嗯，事实上，你们的自由难道不是对欧洲人的直接威胁吗？

曼德拉：不，并不对欧洲人构成直接威胁。我们不是反白人主义者，我们反对的是白人至上主义。在反对白人至上主义的斗争中，我们已经赢得了某些欧洲人的支持，并且随着时间的推移，这一点越来越明显。事实上，在我们发起蔑视运动前，致首相——马兰博士的信中，我们就讲过我们将要发起的运动其目标并不针对任何种族集团。这场运动反对的是我们认为不公的法律，非国大早已将这一点解释清楚了……很明显，大会一直致力于种族和睦相处政策，我们谴责的是种族主义，而不论是谁在宣扬他。

……

法官：（询问政府的一党制）

曼德拉：法官大人，这并不是形式问题，而是民主问题。假如一党制能充分地显示民主，那么我会认真考虑这项提议。但是，假如多党制最能充分地显示民主，那么我要考虑的就是多党制。例如，在我国，我们现在实行的是多党制，但只要考虑到非欧洲人，你就会发现这是你所能想像的最邪恶的暴君体制。

法官：你是否被一种无阶级的社会所吸引了。

曼德拉：是的，的确如此，法官大人。我认为许多罪恶滋生于阶级的存在中，产生于一个阶级对其他阶级的压榨、剥削……（但）非国大没有关于这个问题的任何形式的政策。

……

辩方：（就“幻想的流沙”提问）你今天仍坚持你过去在文中所表达的对自由党的看法吗？

曼德拉：是的。我初衷不改，但有一点除外：如今的自由党已经从其先前的立场上转变了很多。它现在与大会运动过从甚密，并在很大程度上接受了大会运动的很大一部分政策。我同时相信，就有条件的选举权而言，它毕竟包含有一些有益的进步的观点，正是这种进步使它与我们的政策更加接近。在一定程度上，我在那篇文章中所表达的观点至少仍是适用的。

辩方：（提问帝国主义问题）

曼德拉：就我们的经验而言，今天关于帝国主义最重要的问题在于：帝国主义在全世界范围内征服、掠夺人民，给数百万计的人带来死亡和破坏。这是中心问题，我们想知道我们是否应该支持这种曾带来如此深重灾难的环境，并使之永存。

# 第四章 “民族之矛”

我们不以肤色取人。

我们讲的是一场民主运动，

黑人可以做总统，

白人也可以做总统。

——沃尔特·西苏鲁

## 一、“非暴力”已经死亡?

南非政府深信不疑：通过取缔非国大和泛非大会以及在紧急状态下的大面积的逮捕，非洲人的反对及抵抗运动已经被粉碎了。但即使在曼德拉和西苏鲁从叛国罪审判的束缚之下解脱出来以前，他们已经加入了在狱中的其他领导者的行列，计划一项新的身先士卒的行动。带着卢图利的祝福，并设想法庭的审判结果将是“无罪”，曼德拉在这一危险的时刻被推选出来进行领导工作。

他完全意识到了问题的复杂性：其他的组织者为了免受警察的迫害，将保持隐密状态；而他却带着为特定的公众行动铺平道路的任务，将转入地下斗争。他的家庭生活实际上虽然已经大大减少了，还将被牺牲掉，他的合法律师职业将被抛弃。正如在 1962 年，他向法庭陈述的那样，他必须“过一个被警察时刻追捕的人的生活”，一直冒着被监禁和逮捕的危险，生活在与那些同他关系亲密的人相隔离的世界里。他说这种生活比起服刑来，是极端地更加困难的。任何一个正常的人将不会选择这样的生活。“但是，正如我生命中的这段时光一样，这里确确实实存在着这样一段时光：一个人不得不拒绝过正常生活的权利，而只能做一个罪犯，这仅仅是因为政府如此坚决地去实施那些不公平的法律……”

曼德拉在离开温妮时说了这样一段令人心碎的话，“我将离开相当长的一段时间”，之后，他便驱车前往彼得马里茨堡。在那里，1400 名代表（很多人来自祖鲁兰和庞多兰，是政界、宗教界、体育和文化界的杰出代表）为了 1961 年 3 月 25 日的“全非洲人大会”，而聚集在一起。

曼德拉出人意料地出现并发表了主题演讲。代表们再一次听到曼德拉声音的感觉就像充电一样令人振奋。人们被他的力量和勇气所震撼，选举他来领导他们的抗议斗争和实现他们的主张，他们要求一个具有真正代表性的国民大会，成立一个不是白人，而是全体南非人的新的共同体。假如政府不对这些要求作出反应，全国范围内的大罢工将由曼德拉任书记的全国行动委员会来宣布进行。全国行动委员会立即致信南非各种族——白人、混血人与印度人，致信执政的维沃尔德总理及议会中反对党。在信中曼德拉对政府实施的对非洲人民权利和基本生活条件的野蛮践踏行径深感痛惜，“政府已经由于它所实施的可耻的政策而在世界上臭名昭著……”。他说：“这种危急的情况只有通过召开代表全体南非人民的国民大会，制定一部非种族歧视的民主的宪法才能加以避免。”否则，在 1961 年 5 月 31 日南非白人共和国成立之前，从 29 日开始，将有全国范围内“闭门不出”运动。“我们不会被你及你的政府所实施的武力、暴力威胁吓倒，而止步不前。”

政府的反应是将领导人和各种族的激进分子和数以千计的非洲人当做“无业游民”加以逮捕。警察和军队被动员起来。当 29 日来临的时候，《召集白人组成自卫队》、《货币追逐武器》、《秘密警察严阵以待》等头条新闻被大肆渲染。曼德拉则秘密地与一位记者会面，这记者报道说：“曼德拉并不是反白人主义者！”海外的新闻记者由于预期另一个沙佩维尔惨案将发生而大量涌入。

伦敦《观察家》报道："经过几周的突击搜查和逮捕，非白种人处于被骚扰的状态，直升机夜晚在他们房屋顶上低空盘旋，探照灯发出刺眼光亮。据透露，警察将在星期一进入黑人居住区驱赶居民出去工作，这一消息使全国出现了恐怖气氛。"

5月29日，星期一，整个约翰内斯堡的大街上几乎不见非洲人的影子。之后，连警察都承认在约翰内斯堡和比勒陀利亚，有60%的非洲劳动力足不出户。在伊丽莎白港，75%的人在冒着被逮捕的危险，冒着被雇主解雇的危险，冒着被从家里驱逐出去的危险，进行了罢工（闭门不出）。

第二天，两名来自伦敦的记者被带到白人居住的郊区一座陈设简陋的公寓里，在一个由窗帘挡住了外界光线的屋子里，曼德拉在等候他们。其中的一个记者在谈到对罢工（闭门不出）的部分反应时问道：你是否承认这场运动是一次失败？曼德拉回答说："就政府所采取的镇压这场运动的措施来看，它是一次巨大的成功。"然后，他指出数以万计的人们违抗警察、军队，蔑视各种形式的威胁，"这需要多么大的勇气啊。我们是工业和农业力量的生力军，但如果政府的反应是要以赤裸裸的武力来粉碎我们的非暴力斗争，我们将不得不严肃地重新审视我们的策略"。随后，在曼德拉所做的关于罢工（闭门不出）的报告中，他进一步拓展了这种思想，号召"我们数以百万计的南非之外的朋友们应加强对这个政府的禁运和隔离"。曼德拉在结束会面时说："政府由于大屠杀而声誉扫地。非洲人，嗯，绝望的人民最终将忍无可忍而奋起反击。"他语气沉重地重复道："我认为，我们将结束非暴力政策的篇章。"曼德拉转入了地下活动。

让一个妇孺皆知的公众形象，尤其是声望如此高的人，乔装打扮是困难的。当曼德拉秘密地穿梭于国内时，逮捕他的通缉令签发了。他不时地在这里或那里露面，去干领导工作，去提建议，然后当搜捕紧锣密鼓时又消失掉。当然，在一个若干世代以来警察们惯于恫吓和行贿的国度里，被告密者告发的危险是一直存在着的。曼德拉发现了在农村地区的人们中和开普敦穆斯林中展开行动的新的潜力，而非国大的领导者因早已被禁令封锁，却与这些人隔绝了。这真是一种美妙的感觉，他那时说“你除非实实在在地与这些人待在一起，否则你就不会理解”。曼德拉喜欢乡村生活，而在那受到严格限制的岁月里，他几乎已经忘记了农村生活究竟是什么样子。他在城市之间穿梭，在索韦托，他与下班归来的人们在夜间小型会议上见面。然后他又穿梭于城市之间，与工厂工人和印度人集团会面。在伊丽莎白港，曼德拉与诗人本尼斯·布鲁特斯及其妻子待在他们在歇尔大街的居所里。在新布赖顿城，组织会议之后，他又教他们的孩子们练习拳击。回到约翰内斯堡后，他只有在深夜里探访自己的家。他很小心谨慎，并不想置他人于危险之中。曼德拉有几次九死一生，其中一次，他被迫从一座两层楼的公寓上通过绳索滑下，快步溜走。

当他继续逃避警察的追捕时，新闻界引用了一个勇敢的小说主人公的名字“平珀诺”，将他誉为“黑人平珀诺”，该主人公在法国大革命中逃脱了追捕。当曼德拉乔装成司机时，他那唯一可资利用的汽车却不断地抛锚，但这并不是他所遇到的最棘手的困难。

曼德拉在工作中与沃尔特·西苏鲁合作密切。沃尔特·西苏鲁是一个聪颖精明的人，很随和。对计划和组织而言，他无疑是至关重要的。在那许多年里，曼德拉从他身上，也从自己的经验中学得了很多东西。当曼德拉拜访那些曾对罢工运动（闭门不出）表示过反感的白人报纸的编辑们和自由党的领导们时，团结民众，强调共同点的能力对曼德拉是有益的。他秘密地拜访这些人，为的是解释自己的观点、倾听他们的意见，并加以反驳。假如遭到批评，他也毫无怨言，而他的幽默感往往占上风。

南非荷兰语报纸警告说：南非的“敌人”正在加深该国历史上最为严重的危机。

曼德拉向黑人学生们写传单，宣传彼得马里茨堡会议上提出的激动人心的“行动起来”的号召，并且指出班图（Bantu）教育的奴役本性。他说：最近的入学考试成绩不可否认地证实了这种政策的灾难性影响，并显示出：“如果种族主义者不被剥夺权力的话，那么将会有更加悲惨的后果产生”的迹象。他已经看到，寻求支持的学生们将在即将到来的示威中扮演重要的角色。

曼德拉知道他的人民对诸如是否要继续与英国君主政体保持联系的争论或者有关布尔人的共和政府的争论，不会产生兴趣，但是，为了行动，为了吸引国际上对黑人主张的注意，这是一个很方便的借口。曼德拉说：“我们被建立一个民主共和国的信念所激励，在这个国家里，所有的南非人都享有充分的人权而没有一丝歧视”，以此作为对一个至高无上的白人权力系统的反对，该权力系统已经使南非在世界陷入了遭蔑视和声名狼藉的处境。

关于召开国民大会的呼吁由一个多种族的团体来继续提倡，该团体广泛代表了自由主义的、宗教的、学院派的观点。

要不惜一切代价，避免另一个沙佩维尔惨案，4 月 24 日，曼德拉代表全国行动委员会向首相致信，表达了其焦虑之情。他认为在共和政体下，“政府由于其可憎的政策已经在世界上臭名昭著了，并且政府将继续以更加野蛮的行为践踏非洲人民权利并破坏其生存条件”。这种危险境地的避免只有通过召开一个“独立的国民大会”来实现。

曼德拉注意到深入的示威活动。他进一步指出，“我们并没有对你的政府将采取的反击行动产生什么错觉。在过去的 12 个月中，我们经历了一段相当严峻的独裁统治时期”。但是，他补充道，“我们不会被强权与暴力的威胁所吓倒而止步不前……”

正如以前多次与政府的对抗一样，曼德拉几乎就没有指望这些要求能被满足。确实，首相并没有回复，只不过在议会上承认他收到了被他斥之为饱含威胁与狂妄之气的曼德拉的信。

5 月初，曼德拉向统一党——议会中的主要反对党的领导人致信，指出：对召开国民大会的全面支持正在被唤起。同时，他直言不讳地陈述着：选择只能是“要么提出它要么消灭它”。曼德拉恳求道：“现在还为时不晚，如果你们提出召开一个国民大会，那么这将是我们国家历史的一个转折点。它将团结起占压倒多数的人们……它将使种族主义者的政府孤立起来并使之暴露无遗，那一直都是一个少数人的政府”。

然而这个根植于白人社会中产阶段，所有财富集中于采矿、商业和工业的联合党是垂死的，它的领导人没有答复曼德拉的信。

示威采取的方式将是从 5 月 29 日开始，持续三天的“闭门不出”。5 月底，警察进行了大规模的搜捕，对曼德拉的诱捕再一次以失败而告终。正如曼德拉指出的：警察以不公平的法律名义逮捕的不仅仅是罢工的领导者与组织者，而且还包括数以万计的无辜的非洲人。在全国范围内，集会已被禁止；印刷机构被突击搜查；宣传罢工的传单被没收。

总理维沃尔德发布了严厉的警告，给所谓的“动乱分子”和“普通公众的成员”，包括那些拥护召开全国代表大会的“知识分子”、“假知识分子”以及“某些报纸”发出警告。所有支持这个提议的人将共同为共产党人的企图担负责任。

甚至连持自由主义观点的英文报纸也从客观的报道倒向了警告响应曼德拉的号召这一边。他们忽略了曼德拉的声明所反对的是数以万计的逮捕，却反而赞扬起警察对于逮捕的“正直”态度，而这些逮捕，正如曼德拉所说，是基于预先阻止示威而采取的行动。曼德拉自己成功地通过了警察的道路封锁，但是他的人民却被围困起来。在这么重要的一件事上，要让全国人民知道曼德拉自身的想法，难道不重要吗？

《兰德每日邮报》（*The Rand Daily Mail*）曾刊登了一个“秘密”计划，其中提到“非白色人种，侵入了城市”。毫无疑问，这是由“御用捉刀者”们编造的，却完全无视曼德拉对诸如此类的任何计划的绝对排斥。

曼德拉视察了工业地区，散发了最后时刻的传单，反复重申“闭门不出”的号召：

南非人民！

继续进行抗议

逮捕不能阻止我们……

人人享有选举权

人人享有合适的薪金

结束《通行证法》

结束少数白人的统治

我们将不会被维沃尔德所吓倒

我们将坚持我们的决定，闭门不出……

不要被吓倒……

在我们的生命中向着自由前进……

当外国新闻记者涌入约翰内斯堡期待着又一个沙佩维尔惨案时，《新闻记者为了报道最新动乱光临此地》作为头版头条被发布了。

伦敦《观察家》报记者描述了这一景象：

自战后以来，该国最大的军事征集开始了。在大城市许多民兵和突击队员被动员起来。在具有战略意义的地点上，军营被建起来；满载军事装备和物资供给的重型军车沿着矿带平稳开进；直升飞机在非洲人居住区上空盘旋，探照灯对准房屋、花园、旷野以及阴暗的地方。数以百计的白色人种的平民聚集起来作为特殊的警察。数以百计的白人妇女将周末用于瞄准打靶上。枪支店中的左轮手枪及火药已脱销。全国范围内所有警察的假期已被取消。武装士兵驻扎在电厂及其他重要的服务设施旁，以便保护他们。萨拉森装甲卡车和运兵车在城市中游弋，警车在街区游弋并播送声明：继续罢工的非洲人将被解雇，并被驱逐出城市。

1961 年 5 月 29 日，星期一，成千上万的非洲人以工作和家庭为赌注来响应曼德拉的号召。在德班，又有许多印度工人加入了他们的行列。在开普敦，有色人种工人首次加入。这些人完全无视警察的宣传，而这种宣传使得南非广播公司在全国范围内从清早就开始广播，但工人们完全无视这种动员而仍然“闭门不出”。这一天晚些时候，南非广播公司广播宣称“一切正常”；第二天，它广播“一切恢复正常”。在伊丽莎白港，第二天，罢工达到75%，并且在若干地区，大学生和中学生们进行了示威。警察最后承认在约翰内斯堡地区，有60%学生缺课。

曼德拉赞扬了这种“波澜壮阔”的回应，并对组织者和积极分子冒着个人危险所进行的艰苦工作和奉献的结果表示赞赏。他们“完全蔑视政府的史无前例的威胁、警察特别分队的跟踪与不断骚扰，以及政府拒绝给予的集会的权利，在警察重兵巡逻、混杂着间谍与告密者的地区活动着”。“吸引国际新闻界注意力的并不是白人共和国的庆典而是标志着反抗白人共和国的令人激动的风起云涌的运动”。曼德拉评论道。

然而，毫无疑问，总的结果是令人失望的。第二天，曼德拉宣布取消罢工。在那天早上，来自伦敦的记者们在约翰内斯堡白人区一个布置简单的寓所里与曼德拉会面。曼德拉身着条形纹的运动衫，他看上去一点也不像阴谋背叛者，他那表示欢迎的笑声显得稳重低沉。一个记者问他，是否很不情愿地承认这次罢工失败了。

“就政府采取的镇压罢工的措施来看”，曼德拉回答说，“这次罢工是一个巨大的成功”。他描述了工人们藐视警察、军队以及雇主所必须唤起的勇气。政府由于这场大屠杀已变得声誉扫地。人民处于绝望境地，而被置之于死地的人们最终将奋起进行反击。

曼德拉接着审慎地指出：“假如政府的反应是要通过赤裸裸的暴力来粉碎我们的非暴力斗争，那么我们将不得不考虑关于非暴力政策的问题。”在如今仅存的关于采访曼德拉的新闻电影片中，他也做了相同的严肃的声明，该片在采访的第二天即被送往伦敦电视组。

曼德拉已经与他的战友们在研究分析这次罢工运动的得失。他们认识到失败部分归咎于领导者搞地下工作的经验不足。而此时距非国大被宣布为非法还不足 14 个月，该组织依然重新组织和培训那些适应了公开工作的骨干分子。在秘密地发挥作用与显示出你实际上如此发挥作用，以致招致了逮捕这一事实之间存在着微妙的平衡，必须审慎地处理。

曼德拉仔细思考人们经常对非国大提出的一种批评意见：这次罢工没有考虑到人的基本生活问题（面包和黄油）。但他并不认为如此。毕竟，关于召开国民大会的要求意味着“一人一票（选举权）事关我们的未来，是至关重要的”。然后，他又回到了关于非暴力的问题上：“在全国上下应该提出如下问题：从政治上讲继续宣扬和平和非暴力，在同这样一个以其野蛮行径而给非洲人民带来如此深重痛苦与不幸的政府打交道时，是否是正确的？”

在曼德拉的内心里，他已经给出了答案。1961 年 6 月 26 日，一年一度的“自由之日”，他秘密地发表了一项声明，预见了新的斗争方式。在那时，他所能具体指出的就是“非合作”。非洲人民数以百万计的海外朋友们将被要求加强禁运，并从外交、经济和各个方面孤立南非政府。他将继续坚持地下斗争。

曼德拉向他的人民许诺：“我将与你们肩并肩一起反抗政府直到取得胜利。你们将如何行动？你们将与我们并肩战斗吗，抑或你们将与政府合作致力于抑制你们自己的要求与渴望？……在涉及我的人民与我们的人民生死的重大问题时保持沉默和中立吗？就我自己而言，我已经作出了选择。我将永远不会离开南非，也永远不会屈服与投降。”

南非历史的新纪元就要开始了。

曼德拉于 1961 年 6 月 26 日在南非国内发表“斗争是我的生命”的声明，阐述了依据全国行动委员会的建议，他做出的在地下从事政治活动的决定。由非国大在伦敦公开：

“对全国行动委员会提出的进行三天罢工的波澜壮阔的回应，以及我们的组织者、实践家在全国所做的优异的工作，再一次证明了世界上没有任何力量能阻止被压迫人民争取自由的伟大事业。面对政府与雇主空前的威胁、新闻界无耻的谎言与歪曲，热爱自由的南非人民在罢工之前、罢工过程中对彼得马里茨堡会议作出的有历史意义的极富挑战性的决议给予了巨大的、有力的支持。工厂工人、机关办事员、城市或乡村的商人，大学、中学、小学的学生，被真诚的爱国主义所激励，冒着失业、被吊销执照、学业受损的危险，在那时站起来，以洪亮的声音喊出了他们对少数派强加于他们头上的白人共和国的反对。考虑到对抗我们的是强大的反对力量、难以克服的困难以及我们工作的危险环境，那么结果无疑是激动人心的。我确信只要我们工作得更努力，更加有系统，种族主义者的政府就不会存在太长时间了。世界上没有哪一个组织机构能够承受住在过去一个月中，政府对我们实施的全面的、大规模的狂轰滥炸，并幸存下来。

“在我们国家的历史上，还没有哪一次政治运动像我们一样赢得了政府的严重关切与考虑。当政府动员全部资源、军队和其他力量来镇压手无寸铁的人们的和平示威时，那无疑是承认示威运动获得了极大的强有力的支持。难道这还不足以证明我们已成为了不容忽视的力量而且是政府的最有力的反对者吗？有谁能够否认这样一个明显的事实：自从月末以来，南非政治的头等大事不是共和国的庆典，而是我们的关于进行普遍罢工的计划。

“今天是 6 月 26 日，这是我国家喻户晓的‘自由节’。在这一值得纪念的日子里，9 年前，8500 名勇于牺牲的自由斗士们给予了政府的肤色压迫政策以狠狠的一击。他们无畏的勇气，使他们赢得了国内和国外数以百万计的人民的赞誉和爱戴。自那以后，在这一天，我们曾发起过许多重大的运动；这一天被成千上万的人视为奉献之日。在这样一个有历史意义的日子里，我将向你们宣布有关反抗维沃尔德共和政府的第二阶段行动计划以及全国会议上所作的新的计划。这样做是合适的。

“你会记得在彼得马里茨堡决议中提出了如下警告：假如政府在 1967 年 5 月底之前不召开全国会议，那么非洲人、混血人、印度人和欧洲民主人士将被要求不与共和政府或任何建立在武力之上的政府进行合作。自那以后，在几个场合，全国行动委员会解释，那次罢工标志着打败种族主义政府、争取独立的多种族会议的无情的大规模斗争的开始。我们强调指出罢工过后，将有其他形式的强大压力，以强迫那些统治我们所热爱的国家的种族主义狂热分子，为民有、民治、民享的民主政府让路。全面的、全国范围内的与政府不合作的运动将很快发起。关于这场被策划的行动的具体形式，其范围、广度和持续时间将在适当的时机向你们宣布。

“现在，说我们计划使政府无法生存已经足够了。没有选举权的人不可能被期望向并不对自己负责的政府继续纳税。生活在贫穷和饥饿中的人民不可能被指望向政府和地方权力机构缴纳昂贵的房租。我们在金矿、煤矿上艰苦地工作，在农庄和工厂辛勤劳作，得到的却是可怜的薪水。为什么我们要继续使那些偷盗我们靠血汗取得的成果的人富足呢？为什么我们要让掠夺我们，拒绝给予我们组织工会权利的人活得逍遥呢？非洲人如何能在作为班图教育体制一部分的教育机构与委员会任职呢？这是种族主义政府企图以部落教育剥夺非洲人的真正教育权的邪恶计划。在整个非洲大陆的呼声都是要求民族独立和自决政府的时候，非洲人如何能满足于仅仅在顾问委员会和班图权力机构任职呢？当农村地区的人民曾拒绝接受班图政权，并誓死反抗他时，政府企图将班图政权从农村延伸入城市。这难道不是对非洲人民的公然侮辱吗？当每个月都有数以千计的人们在残酷通行证法下被投入监狱的时候，难道非洲人民不应该表示出极大的愤慨吗？非合作是一种具有强大生命力的武器。我们必须拿起这种武器。我们必须用它来将这个政府送进坟墓。我们必须英姿勃发、毫不迟疑地使用这种武器。黑人的全部力量都将动员起来不再与种族主义政府合作。我们将采取各种形式的工业和经济活动以进一步削弱已经摇摇欲坠的国家经济。我们将号召国际组织排斥南非，号召世界各国同南非断绝一切经济、外交关系。

“我被告知关于逮捕我的授权书已经签发了，警察正在搜寻我。全国行动委员会对这个问题进行了全面的、仔细的考虑，并听取了许多值得信赖的朋友和组织的意见，他们建议我不屈服。我接受此建议，我不会向我并不承认的政府屈服。任何谨慎的政治家都会意识到在我国目前的条件下，为了寻求廉价的殉道将自己拱手送进警察的陷阱是幼稚，是一种罪过。还有重要的事业等待我们，谨慎而毫不迟疑地推进这些计划是很重要的。

“我选择了后一种斗争方式，这种斗争方式与蹲监狱相比是更加困难的并蕴含了极大的风险和艰难。我不得不与自己心爱的妻子和孩子们分离，与母亲和姐妹们分离，在生我养我的土地上作为一名逃犯而生活。我不得不关闭了法律事务所，放弃了自己的职业，像我们人民一样生活在贫穷与困苦中。我将在以后的艰苦斗争中，即将到来的工作阶段里，继续作为全国行动委员会发言人。我将与你们，肩并肩地抗击政府，一寸一寸地、一英里一英里地夺取胜利直至最终全胜。你们将怎么办？我将与你们同行吗？抑或你将与政府合作，致力于压制你自己的人民的主张和渴望？或者你将在关系到我的人民，我们的人民生死存亡的大事上保持沉默和中立？就我个人而言，我已经作了选择。我不会离开南非，我也不会屈服。只有经过艰难困苦、牺牲和采取具有战斗力的行动，自由才会取得。斗争是我的生命。我将继续为自由而战，直至我生命最后一刻。”

## 二、“靠枪活着的人将死于枪下！”

被禁止的非国大，经过内部讨论，一个由纳尔逊·曼德拉领导的小组承担起“民族之矛”（Umkonto we sizwe）的组织任务。

转向暴力的决定并不是轻而易举就取得了一致意见的：有些人对暴力行动的有效性及时间安排持保留态度；就曼德拉自己而言，虽然自己坚决地提倡这种政策转变的必要性，但由于他自己长达20年的训练有素的非暴力斗争经验将不再有用，因而也显得有些沮丧；另外，显而易见，如果非暴力抵抗过去是被大屠杀粉碎的，那么暴力战术就将会遭受到无以复加的暴力镇压。

非国大是由一群主张非暴力政策的人组成的政治机构，它是不会卷入暴力冲突的。但是如果此类暴力行动能得到很好的控制，那么他也并不反对。西苏鲁将继续待在非国大内，而由曼德拉来领导“民族之矛”（MK）。这样，从非国大成员和共产党成员中挑选出的少量成员开始编组。

从冬天到春天，该计划一直进行着。曼德拉十分想念妻子温妮和女儿们，他经常从各种藏身之处溜出去与妻子见面，这常常令他的战友们惊恐不安。温妮为约翰内斯堡的儿童福利院工作，经常探望居住在城里和郊区的孩子们并出席少年法庭。曼德拉乔装打扮看起来不可能而实际上却很有效，诸如擦玻璃者、小公差、司机等。有一次，温妮的车出了毛病，她在其办公室里接到了一个纸条，上面要她开车到一个特定的拐角处，那里，一个穿蓝色衣裤的高个男人钻入汽车，并要温妮从驾驶座上挪开，然后这个男人将车开进了一个车库，在那里他给温妮买了辆新车，然后又将温妮送回市中心，在一个停车牌下停车，道声“再见”后便消失在来来往往的人群中。说实话，开始连温妮都没认出他就是曼德拉。

当曼德拉在中产阶级白人居住区的一套公寓中居住时，他的房东——沃尔菲·科迪什发现他对有关战争的书爱不释手，并认真钻研，例如毛泽东、格瓦拉、科德尔哈特的有关著作，以及里茨突击队。尤其是克劳塞维茨的一流著作，他阅读时，精神高度集中并力图挖掘其内在含义。这样，便产生一个问题：如何向房东雇佣的祖鲁族的清洁工解释一个作为客人而居住在这套公寓中的黑人——曼德拉的出现以及这个黑人却整天闭门并不外出的事实。他们一致认为科迪什应该告诉这个清洁工“大卫”（曼德拉的化名）是一个准备出国的学生，他将在公寓里学习直到一切安排妥当之后。科迪什出去工作了，等他吃午饭时回来，却发现曼德拉和那个祖鲁族清洁工一边闲谈、一边欢笑。而这已不是第一次了，他总是注意到曼德拉与下人们融洽相处的方式；在另一家中，那个厨师只有在为这个“大卫”办事时才会显得快乐。科迪什每次早上 5 点醒来时，总是发现他的隐密的客人身着运动服，在房间里原地跑步，这使他略有不安之感——但是这是曼德拉的室内锻炼习惯，如果每天早上他不能外出散步两个小时的话。

10 月份后，曼德拉拥有了家庭生活的外在形式。“民族之矛”租了一个小的农场，称之为利里斯利，位于约翰内斯堡郊外的利沃尼亚，一套公寓隐没在一群附属建筑物中，这所公寓对一个至今仍靠乔装从事冒险活动的不被法律保护的人而言，是极其理想的。温妮带着泽妮和津姬先后换乘几次车到那儿。这是许多日来的第一次，使温妮有机会为纳尔逊做饭，也使曼德拉可以带着孩子散步。

马克加图和马卡基韦也来探望了自己的父亲。泽妮是带着自己的梦想——父亲居住的杂乱的屋子将成为自己的家——来到利里斯利的。

“民族之矛”的密谋者与他们的非国大顾问可以在利里斯利更加高效率地工作。政策上的一个显著变化就是：“民族之矛”开始接纳所有种族的人，虽然其核心骨干成员（积极分子）依然是非洲人。在不得已的与世隔绝状态下，一种深邃的同志式友谊在共同分担风险时滋生，当他们制订计划时常感到兴奋不已。

从理论上讲，有四种形式的暴力可供选择。它们是破坏活动、游击战争、恐怖活动以及公开的革命。从它们的政治背景的角度来看，其必然的逻辑选择只能是：破坏活动。曼德拉后来强调“因为破坏活动不会造成生命的牺牲，并且它也为未来的种族关系带来了最光明的希望”。痛苦将被限制在最低限度内，并且，如果这种政策一旦成功，民主政府就会成为现实。

限制暴力程度的决定同时也是基于如下考虑：避免将白人与黑人拖入内战。曼德拉考虑到如果布尔人与英国人之间的战争创伤要经过 50 年时间才能愈合，那么要消除国内种族之间的战争又将需要多么漫长的岁月呢？

由于南非在很大程度上依赖外国资本与对外贸易，“民族之矛”的成员们希望通过“有组织有计划地破坏能源工厂，干扰铁路运输和电信业”来“吓跑外资”并且“会给商品从工业地区按时运到海港造成很大的困难”。最后，这种对国家经济生活的极大消耗确定无疑地会迫使选举人考虑自己的处境。

曼德拉总结道：“民族之矛”将从事破坏活动；从一开始，其成员就将接受严格的指导，在任何情况下，他们都不允许伤害他人，更不要说杀人啦。以曼德拉为首的全国最高指挥部将负责破坏活动的策略安排及确定目标，曼德拉则主持训练与资金筹措方面的工作。地区指挥部则被建立起来直接指导当地的组织。

曼德拉他们面临着大量的问题。在强大而庞大的警察部队的虎视眈眈下，他们不得不将整个机构分散开来，建立若干小分队，这多少都在“M”计划中预见到了。每个人应该知道多少？如何保证不泄密？从历史上看，非洲人民一贯是公开斗争的，因此有些人视秘密活动为胆小行为。由于长途跋涉对非洲人民来说一直是较困难的，那么在电话被监听、录音的情况下，如何保持相距数百英里不同中心之间的联系呢？即使在乔装打扮的情况下，他们也会因为不公的法律而冒着遭受武断质询的危险。

经过半个世纪的公开对抗、抄查与逮捕，警察已经对绝大多数政治活动家，建立起了令人可畏的记录。这里的黑人警察与白人警察几乎一样多，但是整个国家却由于告密者的阴损而千疮百孔。如果你了解到一个告密者可以因告发而获得 130 英镑奖赏的话，就不会对此感到惊诧了。

就实际行动目标而言，由于主要的设施都有重兵把守，行动会有相当大的困难。最后，破坏活动涉及巨大的个人危险，甚至有被判处死刑的可能性。

伊丽莎白港是长期以来最为重要的军事基地，“民族之矛”很快就在新布赖顿建立起了 21 个小分队，而在夸扎克里镇则有 33 个之多。那儿的保安警察对黑人通过蔑视运动所造成的伤害至今仍隐隐作痛，在随后的几年里，他们将要打击的不仅仅是从事破坏活动的人，而且还有一切政治活动。

当时，因为警察布下的天罗地网依然没能抓获曼德拉，他的地下生存斗争给予了他的人民以极大的鼓舞。但是，曼德拉在不断地冒着风险，这其中也不乏鲁莽的例子。在11月份，周游了纳塔尔和开普省之后，曼德拉再一次侥幸逃生。当时，他是司机模样的打扮，正在约翰内斯堡的一条拐角处等候接他的车，但车并没有来。突然，他看见一名黑人治安警察靠上前来，而且那警察盯着曼德拉的眼睛。曼德拉认为那警察认出了他，幸好那个警察经过他面前时，只向他眨眨眼睛，并翘起大拇指对非国大表示崇高的敬意。

1961年的12月份标志着一个时代的结束和另一个时代的开始：当非国大领袖艾伯特·卢图利被授予诺贝尔和平奖时，非国大长期以来所坚持的非暴力政策受到赞赏与欢呼喝采。艾伯特·卢图利强调“荣誉不属于我个人，而属于非国大，我只不过继承与坚持了可追溯到50年前的非暴力政策，我很乐意执行这个政策。”然而一周之后，12月16日——英雄节，非国大传统上召开年会的日子，“民族之矛”开始了行动。战斗者们引爆了设置在约翰内斯堡、伊丽莎白港和德班的具有象征意义的目标上的炸弹。在此次爆炸行动中，有一名战斗者牺牲。

传单上这样声称：

“民族之矛”将继续采用新的方式去坚持斗争。

声明说：我们“民族之矛”一直在追寻着，正如解放运动所追寻的一样，要通过不流血、没有国内冲突的方式寻求解放。甚至在这一最后关头，我们也真诚地希望我们的首次行动将使每一个人清醒地认识到种族主义的政策所造成的灾难性局势。我们希望能让政府及其支持者清醒过来，而不至于太晚，这样政府及其政策能被改变，以免濒临内战的绝望境地……任何一个民族都会遇上这样一个时刻：要么屈服要么奋起反抗，只有这两种选择。现在，在南非，这一时刻来到了。我们不能屈服，我们别无选择，只能用我们的力量，通过各种手段，狠狠地还击，以保护我们的人民、我们的未来以及我们的自由。

政府曾经错误地将和平运动视为软弱；将人民的非暴力政策视为对政府暴力的大开绿灯……我们正在致力于探索一条解放全国人民的新的道路。[1]

1962 年 1 月初，曼德拉偷渡出境。他出境前的最后一个晚上是在北部郊区的一个多年的老朋友家里与温妮一起度过的，那是一个安全的地方。曼德拉飞向埃塞俄比亚，海尔－塞拉西皇帝正在主持一个全非洲自由大会。这次飞行是曼德拉生命的头等大事，完全是一次令人狂喜的经历，他有生以来终于第一次成为了一个自由人。在亚的斯亚贝巴，曼德拉会见了奥利弗·坦博，正是他安排曼德拉在这次大会上发表演说。曼德拉受到来自东非、中非以及南部非洲代表们的热情接待。在向那些对南非实施制裁以及给予难民和自由战斗者以政治庇护权的国家表示感谢过后，曼德拉谈到未来的斗争，他说斗争将是长期的、复杂的、艰苦的，需要民族运动的最大限度的团结。他说："赤裸裸的武力与暴力是南非政府在镇压非洲人的斗争以及压制他们的渴望时公开使用的武器。"曼德拉描述了压迫政策、对政治领导人的迫害、叛国罪审判以及在沙佩维尔和特兰斯凯紧急状态法中的大批的拘留、扣押。他谈及在 50 年代广大农村的广泛的不满与抗议以及 1961 年的"闭门不出"运动，这些都被警察和军队的更加野蛮的暴力所镇压。然而，人民没有被吓倒。当非国大被宣布为非法之后，非国大立即发表声明，宣称它无视政府的禁令将继续地下斗争。

"南非现在的自由斗争力量有多强大？"这是一个经常被提出的问题，曼德拉说：

"在南非以外的某些地方有这样一种观点认为，在我们国家这种特殊的环境下，我们的人民靠自己的努力是不可能赢得自由的。持这种观点的

[1] 两个月以前，一个白人自由主义者和社会主义者团体已经实施了颠覆活动，他们自称为非洲抵抗运动（虽然成员中非洲人极少）。

人强调南非政府手中有可以利用的难以应付的暴力工具，及其高压统治，军队的庞大规模，对公民自由的粗暴压制，以及对持不同政见者的迫害。结果，在这些地区，我们被怂恿要超越国境线，以拯救我们自己。除此之外，我们别无选择。”

确实，国际上对南非政府政策的谴责极大地加强了，同时确保对南非政府实施有效制裁的行动也获得了支持。南非也由于加纳、尼日利亚、坦桑尼亚三国采取的有效主动行为以及通力合作，而被排除在英联邦之外。“这些不断增强的世界压力，极大地削弱了南非的国际地位并给国内的自由斗争以极大的鼓舞。”

曼德拉对莫桑比克、安哥拉抗击葡萄牙的压力所采取的勇敢行为致以崇高的敬意。然后，他接着说：

“但我们相信：如果认为外部压力已经使我们没有必要从内部打击敌人，那么这样一种幻想将是致命的错误。南非寻求自由和民主斗争的关键和核心之处在于南非自己内部的行动……在过去十年里，非洲人进行了许多自己的战斗，包括平民反抗、罢工、抗议游行、禁运以及各种各样的示威。在所有这些运动中，我们反复强调了纪律、和平、非暴力斗争的重要性。我们之所以这样做，首先因为我们觉得这里还有和平斗争的机会，所以我们真诚地为和平变化而努力奋斗。其次，我们并不想将我们的人民置于这样一种环境中：他们很容易成为那些嗜杀成性的南非警察的目标。但是，现在，形势已经发生了剧烈的变化。

“南非现在是一个在枪支统治下的国度。政府不断地扩充陆军、海军、空军以及警察……大量军事（弹药）工厂已被建立起来……

“和平鼓动及斗争之门对我们已经关闭了。非洲人甚至不再有和平地待在家里以抗议政府的压迫政策的自由。在去年 5 月的罢工运动中，警察挨家挨户地搜寻，打伤非洲人，强行赶他们去工作……危机正在酝酿。”

最高指挥部事先并没有宣布它的战略、战术，但曼德拉补充道：“一个领导机构如果在需要磨砺已经变得不很有效的政治武器时，显得犹豫不决，那将是对人民犯下了不可饶恕的罪过。”在运动的十个月里，曼德拉在南非全境巡游，同农村的农民兄弟、城市里的工人、学生以及专业人士交谈，在他的脑海里，清楚地意识到形势已经一触即发，充满火药味了。

曼德拉对他在搞地下斗争时，对外宣布的“他将永远不会离开南非”，加以解释。我言出必行并以该承诺为荣。但是，当我的组织接到参加此次大会的邀请时，我们决定我应该试着出境，向领导我们非洲大陆孩子们的各位领导汇报国内局势的最新情况。

作为总结，曼德拉强调指出：团结犹如空气对我们呼吸的重要性一样，是至关重要的，要不惜一切代价加以巩固。他坚信：南非人民前进道路上决定性的斗争将赢得非洲领导人以及世界上一切热爱自由的人民的全力支持。

很多时候，在奥利弗·坦博的陪同下，曼德拉在北非、西非的许多国家访问，安排对新成员的军事训练，同时为非种族歧视的国家运行和控制军队警察所需的未来的行政官员和技术人才寻求资金支持。

曼德拉后来说，这是他有生以来第一次感觉到自由的滋味，这种自由是从白人压迫，从种族歧视种族偏见的愚蠢政策、警察的骚扰、屈辱和侮辱之下彻底解放出来的自由。他说：“我所到之处，我被当做一个人来对待。”由坦博陪同，曼德拉飞往伦敦。在那里，他又会见了休·盖茨克尔以及乔·格雷蒙德，这两人是工党、自由党的领导人。曼德拉强调南非的斗争是多目标的。他虽然被迫选择了武装斗争，但他对卢图利致力于非暴力是高度敬佩的。所有反对种族歧视的人必须在其所在的地区竭尽全力地进行战斗。1962 年 6 月 17 日，星期天，曼德拉有了一天空闲时间，他参观了威斯特敏斯特教堂。

随后，曼德拉返回非洲，来到阿尔及利亚。

布迈丁上校——前阿尔及利亚民族解放军的司令（后来成为总统），邀请他来视察该国的一些成就。正如曼德拉所说，这些成就就是那些曾经英勇抗击法帝国主义，以其勇敢精神为自己的国家带来自由和幸福的阿尔及利亚年轻人的成就。在那儿，曼德拉学习了拆除作业、武器及火炮射击。在阿尔及利亚最高指挥部，他发表了演讲。曼德拉认为，他应该作好准备，以便在必要的时候与他的人民并肩战斗。

返回东非，曼德拉会见了朱利叶斯·尼雷尔（后来的坦桑尼亚总统）、肯尼思·卡翁达（后来的赞比亚总统），以及奥金加·奥廷加（肯尼亚的反对党领导人）。每到一地，他总受到热情友好的接待并获得他们支持他的保证，虽然，他也遇到了一些对非国大与白人和印度人保持同盟的不满。这种不满，曼德拉认为产生于对南非特殊情况的忽视，并且没有认识到这种同盟的领导权依然掌握在非洲人手里。

曼德拉亲眼目睹了白人与黑人和平幸福地共处于旅馆、电影院、居住区；亲眼目睹了他们使用相同的公共交通工具——这一切在南非仍是不可想象的。

回国的时候到了。但在飞回南非之前，曼德拉接见了第一批逃出来在埃塞俄比亚接受军事训练的新队员。他安全地穿过了危险的国境线，回到了祖国。一名印度人朋友开的车在一个黑暗的乡村公路上等候他。他们开了一整夜车，一路上，几乎没有交谈，直到通过一个曲折的路线到达了约翰内斯堡。在那里，曼德拉将与一个并不知道他身份的家庭待在一起，这家人居住在警察局对面：这是最安全的地方，由曼德拉的战友安排的。曼德拉急于回去汇报工作，也很想与温妮待在一起，他总是在不停地转移。在国外时，他曾设法给温妮写信，现在他们又可以在朋友家见面了，只不过时间相当短促。

在约翰内斯堡，曼德拉向“民族之矛”全国最高司令部汇报了他的国外之行。有些同事觉得训练新成员的计划目前尚不成熟，但是经过长时间的讨论后，考虑到要有足够的训练过的士兵的核心成员进行游击运动，需要几年时间，大家最后一致同意继续进行该计划。曼德拉对自己所经历过的事依然感到兴奋不已，他到了纳塔尔，向德班的地区首长们作了报告。西瑞尔·威廉姆斯，一个戏剧导演在曼德拉下榻处接他，然后曼德拉乔装为司机和“老板”，与威廉姆斯两人驱车而去。

在与“民族之矛”其他领导人会面之后，曼德拉便同他的一个老朋友因格瓦（同时也是纳塔尔地区的非国大领导者之一）取得了联系。当他的这位朋友听到高个的司机自称为“大卫”，并要求被带去见“头儿”——这是对卢图利的昵称时，显得惊喜不已。曼德拉在约翰内斯堡的战友们对他坚持要见卢图利的想法颇为忧虑，但在他的固执坚持下，作出了让步。曼德拉说：“我在离开以前答应过‘头儿’，我一定要见他。”驱车向北，穿过甘蔗种植园，到达地斯坦格，因格瓦一路上充分享受着曼德拉的旅途佚事。第二天是周六，中午卢图利在一个朋友家中与他们会合。

因格瓦认为这是一个领导者与指挥官之间的会晤。卢图利和曼德拉相互拥抱，对再一次见到对方感到十分高兴。曼德拉对他的出国之旅作了无拘无束的、详细的汇报。他提到了一些非洲领导人对非国大与白人、印度人，甚至一些共产主义者结盟所表现出的不安之感。正如因格瓦回顾那次谈话时描述的那样，卢图利对非国大在这一问题上的立场比曼德拉更加强硬，人们必须理解这是经过广泛的长时间讨论，然后达成一致意见，在会议上作出了决定的非国大的政策。

然后卢图利提出了长期以来困扰他的问题，即1961年12月，“民族之矛”发表的关于非暴力政策已经结束的声明。卢图利明白曼德拉的角色，因此他只是批评他们没有向他征询意见，也没有向非国大基层群众咨询请教。他认为非国大的名誉已受到了损害。虽然曼德拉表示了歉意，但他说，这样做从策略上讲是正确的。同时，他们也想避免将卢图利与非国大扯进政策上的急剧变化这件事里去，以保护他们。曼德拉与卢图利带着对未来的美好祝福分手了。下午晚些时候，因格瓦驱车将曼德拉送回德班，一点也没担心他的乘客在缓缓的城市车流中会被他人认出来。安全到达之后，曼德拉请求因格瓦帮个忙。送他去看望温妮的妹妹，一个在社会福利院工作的护士。短暂的会面之后，曼德拉被因格瓦载到德班大街，然后下车离去。

星期天，曼德拉同西瑞尔·威廉姆斯一起启程前往约翰内斯堡。在接近哈威克瀑布的某地，他们被三辆警车拦住。据传闻，一个情报局的成员向政府告密，透露了曼德拉的行踪。而曼德拉却否认此说，他解释说这是由于在德班时，安全工作做得太差而造成的。

第二天，温妮·曼德拉正离开儿童福利院前往索韦托做实地调查，此时，她丈夫的一位战友突然出现，看起来显得凌乱不堪，十分紧张。她立即意识到，一定出了什么问题，问道："纳尔逊受伤了吗？"

"不，没有受伤，不过，他也许将在一两天内出现在法庭上。"

曼德拉被囚禁在约翰内斯堡的城堡里。这是1962年8月5日，在他从事地下斗争17个月之后。

1962年8月18日，非国大的外事办公室发表了要求释放他的声明。非国大称曼德拉是一位"与人民群众广泛接触不知疲倦"的领导者，"他的名字家喻户晓。不少男女老少都写歌赞扬他。如果这与他勇敢的领导者素质无关，那么这也与他在法庭上的成功有关。"

曼德拉自此开始了他那28年漫长的铁窗生涯。他以自由之身实际领导武装斗争的时间仅仅一年零5个月，但"民族之矛"后来的30年斗争史都与他的名字相联系。意味深长的是：在"叛国罪审判"期间作为白人暴力的受害者，曼德拉一直坚持非暴力主张。而1962年以后，曼德拉不仅失去了一切暴力手段而且失去了人身自由，但他却一直坚持暴力抗争的立场。他作为"民族之矛"发言人的声音从罗本岛那与世隔绝的囚室中仍然不断传出并回荡在从好望角到林波波河的辽阔土地上。1977年当索韦托6·16学生暴动发生后，狱中的曼德拉又向已与他们的首任司令分开了15年的"民族之矛"发出了号召：

"种族主义者用枪来进行统治！枪在我们的历史中扮演了重要的角色。黑人对白人殖民入侵的抵抗被枪击败，我们从白人统治下解放自身的斗争被武力阻挠。从南非被白人占领直到现在，情况都是如此。持续的白人统治的政权不断屠杀手无寸铁的黑人。无论何时何地，只要他们拔出枪来，枪口就一定是对着非洲人民。

“种族隔离政策是历届白人政权的种族主义、压迫和不人道的具体体现。要想看清它的真面目，我们必须不被一切结构形式、欺骗性语句和玩弄词语的面纱所迷惑。

“1976年6月以来，枪声和‘河巴’装甲车的轰鸣又一次撕碎了这一面纱。在全国范围内，种族主义的军队和警察在黑人聚居地大肆开枪，造成数以百计的黑人、妇女和儿童伤亡，其死伤已经超过了这个政权过去进行的每次屠杀。

“种族隔离实际是枪和刽子手的统治。‘河巴’装甲车、FN式步枪[1]和绞刑架是它真正的象征。这仍然是南非疯狂的种族主义统治者认为的解决问题的最容易和最便利的方式。‘含混的保证，更深重的压迫……’在目前这场危机中，当我们的人民清点死者和照料伤者的时候，他们在问自己：我们的前途如何？

“什么也别指望我们的统治者，他们只向荷枪的士兵下命令，他们的想法就是动动手指扳动扳机。

“含混的保证、对种族隔离的机器修修补补、在宪法中耍把戏、大批逮捕、阻挠威吓和提新建议以削弱并防止我们黑人的联合，分散变革的力量——这就是他们必然要走的路。他们不能也不愿去关注我们人民群众的论断。”

### 6月16日的论断

这个论断是清晰有力的：种族隔离政策已经失败。人民对它的厌弃是众口一致的，无论是老是少，是父母还是孩子，全都厌弃它。在1976—1977年的运动中，我们的学生和青年走在最前面。他们来自各大学、高中甚至小学。他们是在种族主义者恶意设计的制度下受教育的一

[1] 一种标准的北约武器。

代人，这种制度的目的是毒害孩子们的思想，把他们灌输成为种族隔离制度下的顺从工具。但在 20 多年的班图教育之后，把戏结束了，青年的起义比其他东西更清楚地说明了种族隔离制度的完全破产。

种族隔离制度的邪恶、残忍和不人道比它刚刚建立时更甚。所有的黑人——包括非洲人、混血人种和土著人——已经站在同一条战线上来反对它。毫无疑问，现在的抗议风潮尖锐地说明：无论如何夸张地修饰和圆滑地解释，种族主义已经变得无法容忍了。

这种觉醒的意义已经达到并超越了我们受奴役的具体情节，对这一真理的认识使我们的人民意识到，在种族隔离制度下，我们的生命，无论从个人还是集体的角度看，都一文不值。

**团结！**

我们所面对的敌人是根深蒂固并且是决不会投降的。我们通向自由之路漫长而艰险。但在我们的国界内外，胜利的前景夺目生光。

胜利的第一个条件是黑人的团结。所有分裂黑人的企图，所有呼吁引诱一派黑人反对另一派的行为，都应坚决地抵制。我们的人民——包括非洲人、混血人种、土著人和民主派白人——必须联合成一个整体，成为联合行动和抵抗的坚固壁垒。

我们的斗争变得更加尖锐。这不是分裂和动摇团结的时候。在各阶层和各年龄层我们都必须消除等级。在各阶层的群众当中，分歧必须被为了一个共同目标的努力所掩盖，这个目标就是完全推翻种族隔离制度和种族主义者的统治。

**胜利必将来到！**

全世界对种族隔离制度的反感在增加，白人至上论的领地不断缩小。莫桑比克和安哥拉已获得了自由，解放战争在纳米比亚和津巴布韦不断积蓄力量。我国的土地必将经历一幕最残酷的斗争和最激烈的战斗，清除我们大陆上最后的白人少数统治的遗迹。

世界站在我们一边。非统组织、联合国和反种族隔离运动不断向我国的种族主义统治者施加压力。所有孤立南非的努力都增加了我们斗争的力量。

在我们斗争的各个层次上，在国内和国外，我们取得了很多成就，也还有许多事需要做。但是胜利必将来到！向你们全体致敬！我们这些被关押在比勒陀利亚政权的监狱的灰墙内的人感受到了我们的群众。我们和你们一起计数着牺牲在枪口下和绞架上的人们。我们向你们全体致敬——包括生者、伤者和死者，因为你们敢于起来反抗独裁者的强权。

当我们在死者的墓前鞠躬时我们也应记住这一点：死者作为烈士永远活在我们的心中，他们是对我们这些被压迫者的不团结和伴随着分裂的许多缺陷的责备，是对我们弥合各阶层的努力的激励，是对我们的人民尚未赢得自由的提示。

我们满怀信心地面对未来。因为那些服务于种族隔离制度的枪支并不能使其坚不可摧。那些靠枪活着的人将最终死于枪下。

**团结！动员起来！继续战斗！**

我们将把种族隔离制度在群众运动之砧和武装斗争之锤中间砸得粉碎。

AMANIDLA NGAWETHU！

MATLA KE A RONA[1]！

---

［1］ 祖鲁语和索韦托语：“权力属于人民！”

# 第五章　谁是“被告”？

我反抗一切（专制）统治——家族的、
部落的和政府的统治。

——纳尔逊·曼德拉

## 一、对自由的审判

地方法庭的走廊里簇拥着熙熙攘攘的警察。1962 年 8 月 8 日，当曼德拉从城堡出来到达法院的时候，代理人哈罗德·沃尔佩和乔·斯洛沃辩护律师在审判席下的席位上，一眼就看见了他。只见曼德拉脸带微笑，充满自信，像过去一样，显得十分镇静。正如后来的一名记者描绘的：“维沃尔德最想通缉的人，露面时步履缓慢，十分引人注目，像一个安静的复仇的巨人踏上进入法庭的台阶。”

整个诉讼程序只花了几分钟时间。曼德拉回答了自己的名字，然后无动于衷地听了对他的指控：鼓动非洲工人罢工，非法出境。尽管有各种猜测、怀疑，但政府明显还没有证据证明曼德拉与“民族之矛”有关。曼德拉被戴上手铐，然后带进了牢房。在公众席上，他的妻子眼睁睁地看着他离去。

但是，民众和国内外的舆论是支持他的。

城市的墙壁上涂着要求释放曼德拉的标语，在国外要求释放曼德拉的号召也很广泛。伦敦《观察家》将这个“抵抗战士”列为焦点人物加以介绍。当曼德拉被转移到比勒陀利亚监狱时，他收到了罗伯特·索布克韦的热情洋溢的信。这位黑尔堡大学的老同学1959年因不满非国大太“保守”而愤然退出，另创了更为激进的泛非大（阿扎尼亚泛非主义者大会）。如今殊途同归，分手的战友又走到一起了。

早在亚的斯亚贝巴，曼德拉就预见到南非新的司法部长将采取更加罪恶的行为，打击反政府者。果不其然，司法部长J·B·M·沃斯特（他在第二次世界大战期间，曾因亲纳粹行为而被监禁）颁布了“颠覆法案”。颠覆活动涵盖了很广的范围：例如，侵入私人领地和非法持有枪支。对从事颠覆活动的人至少判5年徒刑，最高将处以极刑。在南非，该法案遭到了来自白人与黑人方面的强烈抗议；而国际法官大会对此评论说，该法案大大剥夺了公民的自由权利，其程度之深“从没有任何一个左或右的独裁统治能超过他”。同时，部长延伸了自己颁布禁令的权力。一个被限制人身自由的人，如果有下列行为之一，将被认为是触犯法律，构成犯罪行为：

与他人通信联络（丈夫和妻子间必须申请特批）；接待来访者；未能随时向警察汇报；公开发表任何东西、任何其他人印刷被限制人身自由的人的言论及文稿将是违法行为。不久，又进一步规定，一个被限制人身自由的人将禁止与一个以上的人同时会晤。公布的第一批被限制人身自由的名单中包括52名白人、35名非洲人、9名有色人种和6名印度人。

但是，最为严厉的限制是有关软禁在家的规定。海伦·约瑟夫因最近公开报导被驱逐的人之悲惨处境，而成为第一个被置于软禁环境下的人：每天晚上、周末、公共假日，被限制在她的家中不得外出。沃尔特·西苏鲁也属于那些被置于24小时监禁下的人选。

警察的盯梢、骚扰、逮捕是家常便饭。曼德拉和所有为黑人的平等、自由而奔走疾呼的人们早已处之泰然。

原来预期对曼德拉的公开审判将在约翰内斯堡开庭，一个帮助曼德拉离开这个国家的出逃计划曾被制订出来。但是，审判将转到比勒陀利亚进行的消息挫败了该计划。曼德拉必须为该审判制定应付策略。在决定他将与法庭针锋相对后，曼德拉告诉律师沃尔佩和斯洛沃他将自己为自己辩护。

由于反对对曼德拉的监禁的抗议浪潮日益强大，司法部长禁止了在对其进行审判期间一切在任何地方召开的支持曼德拉的集会。然而人群聚集在比勒陀利亚的古老犹太人教堂外，等候曼德拉在10月22日出庭。仅仅在19个月之前，曼德拉与其他几个在“叛国罪审判”中被指控的人站在那儿听法官宣判将他们无罪释放。

现在，曼德拉进入法庭，穿着人们送给他的貂皮长袍。法庭内到处都是警察与旁观者，其中包括温妮·曼德拉，她身着科萨人的衣服。当旁听者与新闻记者看到曼德拉民族服装下高大的身姿和凛然的目光时，全都情不自禁地站了起来。只见曼德拉紧握拳头，振臂高呼：“权力！”人们则回应道：“归于人民！”回应之声排山倒海，气势恢宏。

曼德拉的到来，使法庭内外的所有黑人沸腾了。乐观的人更加乐观；沮丧的人也激动起来，抬起兴奋的泪眼微笑。

——是的，“权力，归于人民！”

——权力终将归于人民！

“我希望我能够指出一点”，曼德拉告诉法官，“这个案件是一次对非洲人民自由心声的审判，所以我认为我进行自我辩护是正当的”。

他继续向法官申请：主张自己是不必服从法律规定的。他解释说，这并不是对法官大人的正直有何疑问，而是因为他对法庭是否有权力听取、审理该案表示怀疑。曼德拉说：“我认为自己不仅在道义上，而且从法律上，也没有义务去遵守一个我没有代表权的议会所制定的法律。像这样的政治性审判，由于牵涉到非洲人与白种人自由心声的冲突，像现在这种构成的国家法庭是不可能做到不偏不倚，公正、公平的。”

曼德拉威严的气质吸引了那些通常对此类审判感到乏味或蔑视的警察，他们都聚精会神地听着。曼德拉说：“法律面前人人平等，（在南非）

是一句空话。”然后他列举了一些由白人独享的权利及特权：

“现在尖锐地提出如下问题是适宜而恰当的：在司法运作实践中，像现在这样严格的肤色障碍究竟意味着什么？为什么在法庭里，我面对的是白人法官，遭遇的是白人起诉人，而被一个白人勤务员带到被告席上？在这样的氛围下，有谁能够诚实地、严肃地提议说公正的天平将是均衡的？我感觉自己被弥漫在法庭内的白人主宰的氛围所压抑。在某种程度上，这种氛围使我想起了在法庭外，也正是由于这种‘白人主宰’，我的人民遭受了非人性的不公正对待。

“这使我想起我至今仍没有选举权，因为这个国家的议会是白人控制的；我没有土地，因为少数白人瓜分了我的祖国的绝大部分土地。迫使我居住在贫瘠的保留地上，人口稠密而拥挤不堪。我们在饥饿和疾病的蹂躏下，艰难求生。”

这时，法官打断曼德拉的答辩说：饥饿与本案有什么联系？请囚犯必须将自己的答辩限定在要求豁免遵守法律的真正原因之内。

曼德拉问道：“怎么才能让我相信种族歧视能在这里给我一个公正、公开的审讯呢？不要忘记，正是同样的种族歧视是过去若干年内众多的不公正、痛苦的根源。”

曼德拉也清楚在众多的案件中，南非法庭也确曾维护了非洲人民为民主变革而努力追求的权利，甚至有一些法庭官员公开批评种族歧视政策。

但是，这样的例外尽管存在，并不是因为这个国家建立起来的怪诞的法律体系。这些例外只能提供另外一个证明：即便在这个国家的白人中，也有一些诚实的人们，他们的公平、正义感驱使他们反抗他们自己的白人兄弟对非洲人民所施加的残忍……但是一个指挥官如果将自己的胜利依赖于敌人阵营里少数几个同情他的事业的战士身上的话，那将是毫无希望的。一个称职的将军总是将自己的忠诚与他所指挥的强大的反抗力量和他所追求的正义事业拴在一起，这个事业是他永不妥协、毕生追求的，直到生命最后一刻。

“我强烈地憎恨种族歧视及其一切表现形式”，曼德拉继续说，他感到某种激情贯穿于自己所做的合法质询中，“我过去一直在反抗他，我现在仍在反抗，我将来还要反抗，直到生命最后一刻”。

“即便现在，我恰好是被一个我致以崇高敬意的法官所审判，我还是要强烈地抗议这里包围着我的一些陈设。因为他使我感觉到我是一个在白人法庭遭审判的黑人。这种感觉不应该存在。我应该是十分惬意、轻松的，因为我确信我将被一个同类的南非人所审判而赋予了真正的公平、公正之权利，他不会将我视为外来人。”

曼德拉在进一步阐述中指出，南非白人认为执行一种践踏人类尊严、文明世界中诚实而高尚人的良心的政策是完全公平而公正的：

他们压制我们的自由心声，阻碍我们的自由之路，拒绝给予我们促使我们身心和物质全面发展的机会，使我们不能免除恐惧和贫穷。生活中一切美好的东西尽归白人所有，而我们黑人则被指望对他们白人吃剩的残羹冷炙感到心满意足。这就是白人的公正与公平的标准。他们的伦理道德观念就深藏在这里面……

与此相反，我们自己则将反抗种族歧视的斗争、对自由和幸福生活的追求视为所有人的最高愿望。经过痛苦的经历，我们认识到白人是粗暴冷酷毫无怜悯之心的一种人，他们轻视我们的权利，完全对促进我们的幸福漠不关心，他们对我们所做的一切保证都是毫无意义而且虚伪的。

在结束请求时，曼德拉热切希望法官大人不要将他的抗辩视为愚蠢无用的。他之所以毫无顾忌、诚心地讲这些话，是因为他所提到的不公正已经种下了十分危险的种子。

起诉人提出曼德拉的请求没有建立在法律基础上，而法官大人表示同意起诉人意见，驳回了曼德拉的请求。他问曼德拉：“你现在对指控有什么要辩护的吗？”

“我请求对我的两个指控，以及所有指控宣判为无罪。”曼德拉继续据理力争。大多数的证人，包括警察、城镇警察局长、记者、印刷商对曼德拉为 1961 年 5 月的全国大罢工做准备工作提供技术上的证据。

其中有一个是总理维沃尔德博士的私人秘书，曼德拉的盘问焦点集中在 1961 年 4 月 24 日呈给总理的那封信上。秘书记起了那封信，同意总理没有答复的说法。他极不情愿地承认：那封信确实提到了对非洲人很重要的一些问题，诸如公民权和公民自由等。

“这简直是岂有此理”，曼德拉提出，“总理居然会对一封提出如此重要问题的信件置之不理”。而秘书则强调：总理并没有置之不理。在曼德拉的追问之下，才明白原来这封信转给了司法部。于是，曼德拉质问道：那为什么我没有享受到关于呈上的信的回函这一起码的礼貌行为之待遇或已被转送的解释呢？

秘书答道：“那完全是你那封信的语气里充满了威胁和狂妄所致。”

“那封信的语气是要求召开国民大会的”，曼德拉坚持道，“难道召开全南非的代表大会，这种语气不是总理先生能够接受的吗？难道这不是总理先生能够作出回应的事吗？”曼德拉没有得到明确的答复，他继续说：“总理先生不能答复这样一封信，那么他已经不符合人们期望的处于他这种位置上的人应该具有的标准啦。”曼德拉在 1961 年 6 月 26 日呈送给维沃尔德的另一封信中，进一步阐述道：国民大会将把国家从经济紊乱和崩溃中拯救出来，没有国内摩擦和痛苦。总理秘书再一次承认这封信也没有得到答复。

警察，在罢工（闭门不出）发生时拼命宣传罢工的全面失败，而现在却居然提供罢工成功的证明，以指控曼德拉。由起诉人主办的报纸则证明，2 月份曼德拉曾待在亚的斯亚贝巴而随后他又非法出境。

这起公诉案以起诉人向法庭请求宣判曼德拉在两件指控上均有罪而结束。在第一项指控中，被煽动起来抗议的人群分成三类：“重要服务业中的工人，他们不允许罢工；非洲矿工，对他们而言如果没有法律上的原因而擅自离开工作岗位，怠工将是违法的；一般的奴仆，除了农业工人以外，对他们而言离开主人的家也是违法的。”

法官问道：“你还有什么要说的吗？”

曼德拉申明：“尊敬的法官大人，我主张我是无罪的。”

“这就是你全部要说的话吗？”

“是的，尊敬的法官大人”，他回答，“如果我还有什么要说的，我早已说了。”

法官确信曼德拉是号召进行1961年全国性大罢工的组织机构的幕后领导者、鼓动家、精神领袖、主要的代言人和首脑人物。他的行为不仅为法律所不容，而且也是非民主的。他不仅没有丝毫的忏悔，而且似乎对自己的成就引以为荣。他明确地表示无论判他什么罪，处以什么刑罚，他将继续其活动。法官补充说：“我们现在处于非常时期，局势不容乐观；假如法律和命令不能得到维持，无政府主义将会盛行。法院不涉及政治，只维持法律和命令。”

10月25日，对曼德拉的两项指控罪名成立。

## 二、“曼德拉，继续战斗！”

在被告席上，曼德拉发布了政治声明。由于已经控诉了“白人至上”，这一次，他准备谈一谈他在号召罢工中所扮演的角色。

“作为行动委员会书记，建立一种必要的机制来宣传彼得马里茨堡会议上的决定，以指导由此而产生的宣传、鼓动、组织工作。法庭十分清楚我是一个职业律师，因此一定会提出疑问；作为一个律师，作为我行为处事规则的一部分，应该是遵守这个国家的法律，并遵从其风俗习惯，怎么会心甘情愿地发动一场旨在鼓动罢工以抗议这个国家政府所钟情的政策的运动呢？”

当曼德拉准备向法院作出陈述以请求缓刑的时候，法庭内人声鼎沸，激情涌动。曼德拉的叔父及其他来自特兰斯凯的亲戚，全部身着科萨人的衣服，陪伴着温妮。法庭外，大街上布满了警察，以此阻止群众接近法庭，其中一个警察向一个离开法庭去洗手间的黑人旁听者吼道："你不能在这儿闲逛，这不是电影院！"正如每一次曼德拉进入法庭时一样，旁观者都起立并交替高呼"权力！""归于人民！"向他致敬。

为了让法庭更好地理解，曼德拉从孩童时代开始，解释他的政治理念发展过程。他常听部落里的老人讲他们的祖先保卫自己家园的英勇壮举。那时，土地还属于整个部落，没有阶级之分，部落里的所有成员均可参加部落事务的讨论。这些过去是，至今仍是支撑曼德拉及其战友进行斗争的精神支柱。

50年来，非国大一直致力于和平的途径来医治国家的沉疴固疾，然而得到的回报却是轻视，以及对他们抗议的置之不理。

自1944年加入非国大以来，曼德拉一直遵循他的政策，相信其目标与见解达18年之久。非国大的政策吸引了他内心深处的信念。他说："非国大超越部落间的差异，追求全非洲人的团结。他为非洲人民在其出生的土地上争取政治权利；相信所有的人，不论他们属于什么样的民族组织，不论他们的肤色是什么，只要他们的家园在南非，只要他们相信民主的原则和人与人的平等，那么就应该被当做非洲人来对待。"

作为一个律师，曼德拉描绘了由于是一个黑人而强行施加于他身上的困难以及在司法体系内肤色障碍带给他的影响。

曼德拉说：他作为一个律师所经历的冲突并不是南非独有的。这种冲突产生于人的良心，每一个国家任何一个有思想有感觉的人都会有这种心灵上的冲撞。然而，在南非，"法律，正如所适用的那样，正如经历漫长历史岁月发展的那样，特别是由种族主义者政府所制定的那样，从我们的观点来看，是非人道的、不公正的、令人无法忍受的。我们的良心驱使我们抗议它，反对它，并试图改变它"。

曼德拉引述《自由宪章》中的一句话，"有史以来所发表的政治纲领中最民主的准则是一人一票。在南非，这条准则不仅为非洲人民，而且为印度人、有色人种、白人立法机构所采纳，所有的人都支持‘一人一票’的主张。

“我认为大声疾呼反对这种种族歧视是我应尽的责任。这种责任不仅仅是对我的人民而言，而且也是对我的职业，对司法实践，对所有人类的公平而言，这是我应该承担的。因为种族歧视是极端的不公，而且完全与这个国家对待公正、公平态度的整个基础背道而驰，而公正、公平又是该国法律教育惯例的一部分。我相信站在反对这种不公的立场上，我过去一直从事着一个令人尊敬的职业，保持着自己的尊严。”

曼德拉的演讲，令法庭内外都为之震撼。他继续对政府在粉碎非暴力罢工中的罪恶行为加以详细的说明和抨击：

“政府开始不是同我们谈判，不是关心我们，不是同我们交谈，而宁愿将我们视为野蛮、危险的革命者，只关心骚乱、暴动，召集压倒性的武装力量，来对付我们以及用各种可能的强权手段，无论是合法的，还是非法的来镇压我们，除此之外，别无他法来解决问题。政府以一种任何一个文明政府（当该政府面临的只是和平的、有纪律的、有思想的、民主的表达方式，来表达自己国民的意志时）都不敢用的方式来行事……

“如果说罢工没有实现事先所期望达到的目标，这并不是由于人民不愿意，而是由于政府动用的攻击我们运动的力量、暴力、武力过于强大，而占压倒性优势。这使得政府暂时达到了它强迫我们屈服、违背我们的意愿、我们的良心的目的。”

曼德拉提到了连续几届政府的长长的施暴记录：1921 年的布尔赫克大屠杀，1924 年的西南非洲的邦德尔斯瓦特大屠杀。他说：“政府暴力只能产生一个后果，那就是撒下反暴力的种子。我们不断地警告：到最后，政府与我的人民之间的争论将不得不以暴力冲突和武力方式加以解决。现在，已经有了这种征兆。”

没有一个法庭会说他的人民应该什么也不说，什么也不做。“人，不可能什么也不说，什么也不做，不可能对不公无动于衷，不可能对压迫不加以反抗，不可能不追求他们看到的美好的社会以及美好的生活。在这个国家，他们也不可能这么做。”

对第二条指控的答辩，曼德拉简要回顾了他的非洲之旅。他曾于回国后向他的同事作过汇报。

“我准备接受惩罚，即使我知道在这个国家的监狱里非洲人的处境是多么艰难而无助。我曾在这些监狱里待过，知道即使在监狱和大墙之后，对非洲人的歧视仍有多么的深，给予非洲人囚犯的待遇较之于白人囚犯的享受是多么的糟糕。

“然而，所有这些因素都没有使我动摇，偏离我所走的道路，他们也没有使像我一样的其他人偏离航向。对人而言，在他们自己的土地上享有自由是其壮志之巅，又有什么东西能使具有信念的人偏离这个方向呢？对我而言，我对我的人民在监狱之外、整个国家内所遭受的可怕待遇的憎恨远比我对自己可能要遭受的可怕待遇的恐惧要强有力得多。”

曼德拉激动地宣泄着他对种族歧视的憎恨：系统地向孩子们灌输肤色偏见、种族傲慢，如此规定生活中好的东西应该作为少数人的特权而享有，大多数人只能处于屈从和低人一等的地位，仅仅把他们作为无选举权的奴隶，在少数统治者指定的地点干着规定的事。

“在这种憎恨中，我被如下事实支撑着：不论是在国内，还是在国外绝大多数人都支持我。法庭不能够为我做任何事情，以求在某种程度上改变我心中的憎恨。这种憎恨只能随着不公和非人道的逝去而消失。而这些不公和非人道也正是我要从我们国家的政治、社会、经济生活中铲除的。

“不论尊敬的法官大人认为什么样的刑罚适合于那些待定的罪名施加在我身上（正由于那些罪名我才被控告），有一点很清楚：当我服刑完毕时，我依然被良心驱使着，正像人一直是被良心驱使的一样，我依然被自己对反对我的人民的种族歧视的憎恨所驱使。当我刑满出狱之后，我会再次尽自己所能从事我的斗争，以铲除那些不公，直到不公被永远废除。”

但是，南非的白人法庭根本无视非洲人民的自由心声，做出了冷酷的判决。

11 月 7 日，曼德拉被判 5 年监禁及服苦役：因为煽动罢工而被判 3 年；因为非法出境而被判 2 年。

然而，纳尔逊·曼德拉以他的语言和行动回答了这一切。

“对我来说，在过去的日子里，将自己与妻子、孩子们分开并不是件容易的事；要告别过去美好的时光也不容易，那时在办公室经过劳累的一天，我可以期望与家人共进晚餐。抛弃这一切，却过着被警察不断追捕、与自己相亲近的人隔绝在我自己的国家里，时刻过着被发现、被逮捕的生活。服刑与这种生活相比，那简直是小巫见大巫。没有一个正常人会自愿选择这种生活，而不偏爱在每一个文明国家里存在的正常的家庭、社会生活。

“但是，正如我生命中的这段时光一样，这里确确实实存在着这样一段时光：一个人不得不放弃过正常生活的权利，而只能做一个罪犯，这仅仅是因为政府如此坚决地去实施不公的法律，强行将罪犯的名声加于他的身上。我被迫走到了这一步，但我并不后悔我过去所做的这个决定……”

“我确信，子孙后代会宣布我是无辜的”，曼德拉说，“事实上，那些应该被带到这里受审判的罪犯应该是维沃尔德政府的成员们”。

11 月 6 日，在曼德拉将被宣判的前一天，联合国大会首次表决支持对南非的制裁，以 67 票赞同，16 票反对，23 票缺席而结束；虽然没有达到要求安理会采取行动的必要多数，但已经是一个良好开端。那天晚上，在伊丽莎白港的市区，进行了颠覆活动。

当曼德拉离开法庭的时候，他三次高呼“权力！”，而回应的是三次怒吼：“归于人民！”曼德拉被警车载走。围观群众无视禁止示威的禁令，一半沿着大街行进，一半沿着大街跳舞，唱着“曼德拉，继续战斗！”

温妮·曼德拉微笑着，与法庭的其他旁听者唱着“上帝保佑非洲”。然后，她在《新时代》上发表了声明，这家左翼报纸很快被查封了。“我会像我过去做的一样，继续战斗下去。”温妮说，“泽妮和津姬还太年轻不能理解，较大的孩子只知道他的爸爸被警察带走了……我将在未来的日子里生活在巨大的压力下，但是这种生活早已成为我生命中不可分割的重要组成部分。我于 1958 年与纳尔逊结婚……随后在‘叛国罪审判’中被控告，我明白他也许将被处以极刑。人们能给予一个待在牢房里的人的最大尊敬就是将自由之火常明，继续战斗。我丈夫正确地指出在监狱里服刑远远比不上在监狱外所遭受的痛苦深。我们的人民正在监狱内外遭受痛苦。但是仅仅忍受痛苦还不够，我们必须战斗。”

## 三、被告席上的“法官”

1962 年 10 月 15 日到 11 月 7 日，在比勒陀利亚的“老犹太人教堂”法院进行了一次对纳尔逊·曼德拉的审判。当时曼德拉被控犯有两种罪行：煽动人们非法罢工（指 1961 年的“待在家里”行动）和非法离境。他为自己进行了辩护。在这里，曼德拉虽然站在被告席上，但他更像一名正义的法官。下面是摘自审判曼德拉的法庭记录。

曼德拉：阁下，在为本案辩护之前，我想提出以下两点：首先，阁下应该还记得，根据我的请求，为了让我的法律顾问能够出席今天的庭审，此事从上周一推迟到今天。虽然法律顾问今天在场，但在与他和我的律师商量之后，我还是决定自己进行辩护。在本案审理过程中，我希望自己能向世人昭示：这是对非洲人民意志的审判。因此我认为自己进行辩护是恰当的。然而，我决定继续聘用法律顾问，他将出席本案的全过程；我也希望律师参加这些过程。在这种条件下，我将为自己辩护。

我要提出的第二点是对阁下的一个请求。首先我想声明一点，我要说的这些话并不是针对阁下个人而言的，也无意损坏法庭的公正。我很尊敬阁下，也从未怀疑过您对公正和正义的判断力。我也必须说明，我想提出的这个请求绝无羞辱原告之意。

我在辩论中所要提出的论点不是出于个人的考虑，而是根据超出本案范围的重要问题而得来的。我或许还应说明，在请求过程中我会经常提到白人和白种人。我想立即申明：我不是种族主义者。我痛恨种族主义，因为无论它来自于黑人或是白人我都认为这是一种野蛮的行为。但我这个请求的性质迫使我不得不使用这些术语。

我想请求阁下回避此案。我对本庭审理我这个案子的权力表示怀疑，理由有二条：

第一，我怀疑它是因为我担心自己得不到公正而恰当的审判；第二，我认为自己无论在法律上还是在道义上都没有义务去服从一个不能代表我意志的议会所制定的法律。

像这样的政治审判包含着非洲人民意志与白人意志的冲突，这个国家的法庭又是现在这样构成的，因此审判不可能没有偏见，不可能是公正的。

在这类案件中，白人是当事人。由白人法官主持审理，无论他名望多高也无论他的正义感多强，都会以白人的立场审案。

把一个涉及被剥夺了基本人权的非洲人民的案件交给白人审理，这是不合适的，也是违反正义基本原则的。

让受害者面对迫害他们的人的审判，这是什么正义？

一个完全由白人控制的司法机构执行并不代表非洲人民意愿的白人议会制定的法律，而这些法律基本上是在非洲人民一致反对下通过的……

法官：曼德拉先生，我不知现在是否应该打断你。你的话已经超出了本案的范围。无论如何，毕竟我们今天只有一个法庭——白人的法庭，而没有别的选择。既然你很清楚这一点，那么你提出这个请求又能达到什么目的呢？你希望什么法庭来审理此案呢？

曼德拉：是的，阁下。首先我希望阁下记住，在一系列案件中，我们的法庭规定，诉讼当事人要求法官回避是他非常重要的一项权利，只要这一权利的运用是诚实的，法庭必须给予充分保护。现在，我真的感觉到，就像我马上要证明的那样，我生命中遇到的这种不公正的歧视给我带来了非常大的痛苦，而且我所有的麻烦都是本庭之外的种族歧视所造成的。我很担心自己在本庭也会受到同样的不公正待遇。或许阁下不同意这点，但阁下处于法官的地位事实上必须听我陈述。因此，我认为阁下……

法官：我愿意听，但我想知道你让我回避的理由。

曼德拉：这些就是理由，我正在展开论述，先生。如果阁下肯给我时间……

法官：我不希望超出本案的范围。

曼德拉：我还在请求的范围之内。我提出这个请求是因为我认为自己不可能得到公正而恰当的审判。

法官：那么，你继续讲吧。

曼德拉：只要阁下愿意听，我会讲的。我正在阐述的观点是，一个白人的法庭执行的是完全不能代表我们意愿的白人议会制定的法律。这些法律基本上是在非洲人民一致反对下被通过的。因此，在这样的法庭进行的对非洲人民的政治审判不可能被视为是公正的。

《世界人权宣言》规定在法律面前人人平等。每个人都有权受到法律公正的保护。1951 年 5 月，当时的总理 D.F. 马兰博士告诉联邦议会，这项规定在本国也一样有效。过去的许多场合中，这个国家有见识的白人，包括法官和地方法官，都做过类似的声明。然而，事实的真相是，我们的人民在法律面前实际上根本没有平等权利，与这一事实相背的声明是完全错误的，都是骗人的假话。

的确，从表面上看，受到指控的非洲人在法庭上享有与白人被告一样的权利和特权，正如大家在本案审理中看到的一样。在审理程序和作证过程中，他与白人被告遵循同样的规定。但是由此得出非洲人这样就享受了法律上的平等权利这一结论是完全错误的。

按其正确的含义，法律面前的平等意味着参与制定约束人们行为的法律；意味着宪法要保护所有人的民主权利；如果这种权利受到侵犯，人们有权寻求法庭的保护，请法庭为之伸张正义。而且，平等还包括参与执法的权力，人们应该有权担任法官、地方法官、检查厅长、法律顾问以及类似的职务。

没有这些保障，“法律面前人人平等”这句话对我们而言毫无意义，只能给人造成错觉。我提到的这些权利和特权完全被白人垄断着，我们什么也没有。

白人制定了所有法律，却把我们拉上法庭让我们面对他们的审判！

在执法过程中，这种残酷的种族歧视又意味着什么呢？提出这个尖锐的问题是合理的，也很恰当。为什么我在这里面对的是白人法官，接受白人的起诉，并且在白人卫兵的押送下站在被告席上呢？谁还能诚实而严肃地说，在这种气氛下，正义的天平仍然不偏不倚？

为什么在这个国家的历史中，从来没有哪个非洲人能有幸接受自己的亲人和同胞的审判呢？

让我来告诉阁下为什么：这个残酷的种族歧视政策的真正用心是想使法庭的公正服从国家的政策，而不管这一政策与文明世界普遍接受的司法规范是多么的不相符。

我感到压抑，因为白人统治的气氛充斥了法庭的每个角落。这种气氛不禁令我想到法庭之外我的人民在同样的白人统治下受到的非人虐待。

这一切也提醒我：我没有选举权，因为白人控制着这个国家的议会；我没有土地，因为占人口少数的白人霸占了我们国家大部分土地、强迫我们住进极为贫困的“保留地”。那里人口拥挤，牲畜无处放养，我们被饥饿和疾病折磨……

法官：这与本案有什么关系，曼德拉先生？

曼德拉：这与最后一点有关，先生，他们是联系在一起的，如果阁下允许我展开论述。

法官：你已经对此谈了很长时间了，我觉得你已经超出了请求的范围。

曼德拉：阁下，这一点对我非常重要，法庭必须考虑到这些。

法官：我完全清楚你的处境，曼德拉先生。但你必须不超出请求的范围。我不想了解饥饿问题，依我看这与本案无关，至少目前是这样。

曼德拉：但是阁下已经提出，在这个国家只有白人的法庭。这又说明了什么呢？如果我能向阁下证明法庭之外的种族歧视剥夺了我的权利，无法给我公正的待遇，那么这些当然就是有关的事实了。从这个事实出发，我们可以推断出，无论种族歧视发生在哪里，结果都是一样的。这就是我为什么要陈述这一点的唯一理由。

法官：恐怕我不得不打断你，你必须仅限于陈述理由，要求我回避的真正理由。

曼德拉：阁下，我要讲的下一点是：我想提这样一个问题，你如何能让我相信这么多年来造成如此众多的不公正和痛苦的种族歧视制度会在这里给我一个公正而公开的审判呢？一个非洲人被告也许不会把法庭看成是公正的、不带偏见的审判者，而把它看做是白人的工具，用来惩罚我们中那些为从白人折磨中解脱而呐喊的人，这是很有可能的事。我很担心这种法律体系会让有罪者把清白之身拉上法庭。它让邪恶控诉和报复正义。它会降低白人执法者面对黑人当事人时在法庭上应持有的正义标准。这是我提出请求的第一个理由：我得不到公正而恰当的审判。

我的第二个理由是，我认为自己在道义上和法律上都没义务去服从一个不能体现我意志的议会所制定的法律。

人民的意志是政府权威的基础，这是整个文明世界公认的神圣准则，它构成了自由和正义的根本基础。因此，不难理解，为什么有选举权并在国家管理机构中有直接代表权的公民应当在道义上和法律上受国家法律的制约。

同样可以理解，为什么我们非洲人认为自己既没有道义上的，也没有法律上的义务去服从那些不是我们制定的法律，我们也不会信任执行这些法律的法庭。

我知道，在过去许多这种案件中，南非法庭曾经支持过非洲人民争取民主变革的权利。有些法官甚至公开批评这种拒绝承认人们生来自由、平等的政策，并且无畏地诅咒这种剥夺人民权利的行为。

但是，这只是我们国家建立的荒唐的司法体系的例外现象，而不是它的必然结果。这些例外现象为我们提供了另一个证据：即使是在这个国家的白人中也有正义之士，他们的正义感使他们反对白人兄弟对人民犯下的残忍罪行。

这个国家的司法系统中有些白人具有真正的民主价值观念，无论为数多么少，我都很欢迎。但我对这一事实的意义不抱幻想，虽然它可能是一个健康的迹象。这样诚实正直的白人很少。他们完全不能让大多数白人相信白人的霸权会导致危险和灾难。

无论怎样，如果一个指挥官把胜利寄托于敌人中同情他的事业的几个士兵身上，他将是毫无胜算的。一位称职的将军会把取胜的信念建立在自己指挥下的优势兵力和事业的正义之上，他必须为此毫不妥协地斗争到底。

我非常痛恨种族歧视，无论其表现形式如何。我与他斗争了一生，现在仍在与之斗争，我会一直与他斗争，直到生命的最后一息。即使我恰好遇到一个能让我尊敬的法官，我也仍然强烈地憎恨我周围的这种机构。它让我觉得自己是白人法庭上的黑人。这是不合理的。我应该得到保证，我正在被一个南非人审判，他不把我视为只适用特殊类型的正义原则的下等人。只有这样，我才会觉得轻松自如。

现在这样的气氛不能让人产生安全感和对法庭正义性的信任。

法庭也许会说，他保证公正地不偏不倚地审理此案，在决定我是否犯有政府控告的罪行时，法庭不会受我的肤色及其他不恰当动机的干扰。

法庭的回答很可能就是这样的。但是这种回答完全没抓住我论述的关键之处。

正如我早已指出的那样，我的反对不是针对阁下本人，也无意怀疑法庭的正直。我的反对是基于这样的事实，即如这般构成的法庭会使非洲人被告产生极大的疑问，怀疑自己是否能得到公正合理的审判。

在这个国家法庭的构成中黑人受到不公正的歧视，这一客观事实让人产生这种怀疑。无论主审官的保证是多么的真诚，仅凭这种口头的保证是无法消除这种怀疑的。仅有一种办法，唯一的办法，能消除这种怀疑，这就是取消法官任命中不公正的歧视。这是我第一个异议。

我还有个异议，是关于阁下可能作出的类似保证。一般而言，在这个国家中非洲人与白人对公正、道德和伦理的标准是不同的，而我很难确定阁下所持的是哪一种正义标准。

在彼此交往中，南非白人认为自己的政策是公正合理的，而这一政策却已经在文明世界激起了诚实正直之士的义愤。他们压制我们的意志，阻碍我们取得自由，剥夺我们获得精神和物质进步的机会，不允许我们有恐惧和欲望。生活中所有美好的事物都留给了白人，却让我们黑人满足于用白人吃剩的残羹剩饭充饥。这就是白人的正义标准。他们的伦理观念包含其中。无论他如何为自己辩护，评判白人的道德标准必须看他是如何使居人口多数的人民处于农奴和下等人地位的。

另一方面，我们把反对种族歧视和追求自由幸福视为人类最高理想。以往痛苦的经历让我们学会了把白人视作一种野蛮残忍的人种，他们轻视我们的权利，不关心提高我们的福利，这些使他们的保证变得毫无意义而且虚伪之极。

我希望并且相信阁下不会轻视我的异议，认为它无足轻重。我决定坦率、诚实地讲话，因为我提到的不公正包含着使我们国家和人民处于极端危险之中的可能。除非立即驱除邪恶，否则我们将会发现，为了引起国家对我们政治要求的注意，即使在法庭上坦诚直言也不过是一种懦弱的方法。我这么说绝不是危言耸听。

最后，我只想说，法庭认为能证明我这种请求正确的理由是存在偏见的可能性而不是实际存在的偏见。我在请求中只谈到了一些客观事实，并由此得出这种可能——我得不到公正合理的审判。

法官：原告先生，你有什么要陈述的吗？

原告：很简单，阁下，我只想说明，根据法律被告人有权要求取消某个法官审理其案件的资格。我认为被告人的请求不符合这些法律原则中的任何一项，因此我请求法庭驳回这个请求。

法官：（对曼德拉）你的请求被驳回。现在你想对自己的指控进行辩护吗？

曼德拉：对于这两项指控，乃至所有对我的指控，我都要说：我无罪。我是清白的。

当时的总理维尔沃德博士的私人秘书巴纳德先生也是证人之一。关于曼德拉写信给总理要求在 1961 年 5 月召开国民大会一事，曼德拉反复盘问了这个证人。首先，曼德拉宣读了信的内容：

我受全非国民行动委员会委托，就以下问题向你的政府发表声明：

全非国民行动委员会的成立是为了执行 1961 年 3 月 25—26 日在彼特马里茨堡举行的会议之精神。出席这次会议的有来自城乡各地的 1500 名代表，他们代表 145 个宗教、社会、文化、体育和政治团体。

会议注意到，你的政府在一部分欧洲人的指使下决定于 5 月 31 日宣布成立一个共和国。

与会代表坚决认为，你的政府只代表我国的少数人口，在没有征求非洲人民意见和解决人民的反对之前，你们无权这么做。大会担心你这个因其可恶政策而在全世界声名狼藉的政府，会在这一共和国中继续执行更残忍的政策，破坏非洲人民的权利和生活状况。

会议认真考虑了非洲人民今天面临的严峻的政治局势。许多代表注意到这种无耻行径：你的政府强迫齐鲁斯特、西库库尼兰、庞多兰、南哥马和滕布兰等地的人民接受不受欢迎的班图统治体系。代表们指出，无数事实和事件证明，这个国家的种族关系正在迅速地变得越来越糟。

会议坚决认为，只有召开一个能代表所有南非人民的自治国民大会，起草一份无种族歧视的民主的宪法，才能解决种种危险的局势。这个大会将以健康、严肃的态度讨论我们国家的问题，并提出解决办法，使各个层次的人民的利益都能得到体现和保护。

会议一致决定要求你的政府在 5 月 31 日之前召开这样的大会。

会议进一步决定，如果你的政府在上述时间之前不召开这样的大会，我们将在成立共和国的前夜举行全国范围的游行以示抗议。大会还决定，在游行之外，还将号召非洲人民拒绝与将要成立的共和国合作。

我们附上会议决议，以求得到你的注意并采取必要的行动。

我们现在要求你的政府在 5 月 31 日前召开国民大会，如果不这么做，我们将采取本信第 8 和第 9 段中提到的行动。

这些游行将在有组织的和平的形式下进行。

我们非常清楚这一决定以及我们将采取的行动意味着什么。对于你的政府在此事上可能采取的反击我们不存幻想。毕竟，南非和全世界都知道，过去的 13 年中，你的政府强迫我们服从残忍的、没有节制的统治。成百上千的人民受到你们的监禁、坐牢，受到无尽的折磨。举行会议变得非常困难，言论自由也早就被取消了。过去的 12 个月中，我们经受了独裁的危险，在反对独裁的和平游行中，75 人被杀，几百人受伤。

政治组织被视为非法，几千人不经审判就被捕入狱。你的政府用这种手段只能镇压即将到来的游行，却无法阻止对你们政策的反抗。你和你的政府的武力和暴力威胁不会让我们止步，我们将毫不畏缩地执行自己的责任。

曼德拉：你还记得此信的内容吗？

证人：我记得。

曼德拉：你把这封信交给总理了吗？

证人：是的。

曼德拉：那是几号？你还记得吗？

证人：很难想起来。但我是在盖邮戳那天收到的，是总理办公室的邮戳。

曼德拉：那是 4 月 24 日。总理对这封信有什么答复吗？他答复了这封信吗？

证人：他没有给作者答复。

曼德拉：他对此信没有答复。那么，你同意这封信提出了这个国家的大多数公民极为关心的问题吗？

证人：我不同意。

曼德拉：你不同意？你难道不认为人权问题、公民自由问题是对非洲人民至关重要的事情吗？

证人：是的，就是这样，的确如此。

曼德拉：是刚才提到的这些事情吗？

证人：是的，我想是的。

曼德拉：他们被提到了。你同意这封信涉及的事情对这个国家的非洲人民是至关重要的吗？你也同意这封信提出了类似自由权利、公民自由这样的问题吗？

证人：是的，这封信提出了这些问题。

曼德拉：是对任何公民都很重要的问题吗？

证人：是的。

曼德拉：那么，你当然知道非洲人没有享受到这封信中要求的权利。他们被剥夺了管理政府的权利。

证人：一些权利而已。

曼德拉：议会中没有非洲人吗？非洲人不能成为省议会、市议会的成员吗？

证人：是的。

曼德拉：在这个国家非洲人没有选举权吗？

证人：就议会而言，他们没选举权。

曼德拉：是的，我说的正是这个，我说的就是议会和其他国家机构、省议会、市议会。他们没有选举权吗？

证人：是这样的。

曼德拉：你是否同意，在一个文明国家，总理不答复一封关系到大多数公民切身利益的信件，这至少也是一件极大的丑闻？你同意这种说法吗？

证人：我不同意。

曼德拉：一个总理竟然无视一封关系到这个国家大多数公民切身利益的信件，你不认为这是不正常的吗？

证人：总理并没有不理会这封信。

曼德拉：请你只回答问题。总理不答复涉及这个国家大多数公民切身利益的请求，你认为这合适吗？你说这没有错吗？

证人：总理答复了这封信。

曼德拉：巴纳德先生，我不想对你无礼。请你只限于回答我的问题。我的问题是：从总理的身份而言，他不回答一封关于这个国家大多数人切身利益的信件，你是否认为这是很不合适的？

证人：在这个特殊的案件上，我不同意，因为……

曼德拉：那么一般而言呢？你是否认为，一般而言，总理不回答这种性质的信件，一封涉及大多数公民重要问题的信件，这是不妥当的？

证人：（法官打断了这种连续的盘问。）

曼德拉：你说总理没有无视这封信吗？

证人：他没有给作者回信说明信已收到。

曼德拉：这封信没被总理忽视吗？

证人：没有。他没有被忽视。

曼德拉：他得到处理了吗？

证人：确实如此。

曼德拉：以何种方式？

证人：按照一般程序，也就是说，总理将批示意见转交给不同的部长，对这个特殊信件最应负责的部长。

曼德拉：就是说这封信转到另一个部去了？

证人：是这样。

曼德拉：转给哪个部？

证人：司法部。

曼德拉：你能否解释，为什么我没能有幸被告知此信已经收到，也没人告诉我此信已被转到有关部门处理呢？

证人：何时答复以及是否应该答复要视信的内容而定。

曼德拉：我的问题是，不管总理将如何处理，为什么我没能有幸收到那封信的回执？为什么？

证人：因为这封信的内容。

曼德拉：因为它提出了至关重要的问题？

证人：因为这封信的内容。

曼德拉：我明白了。总理从来就不考虑要回答这类事情吧？

证人：总理确实回答了。

曼德拉：你是说这封信提出的问题不是总理想回答的吗？

证人：这封信的全部语气都得到了考虑。

曼德拉：是要求召开国民大会的语气吗？所有南非人吗？这是信的语气吗？这不是你的总理愿意考虑的事情吗？

证人：这封信的语气表明了总理是否回答和在什么程度上对此作出答复。

曼德拉：我想对你说，不对这封信作出答复使你的总理大失水准。人们期望的权高位重的人不应这样。

还有一封于1961年6月26日写给总理的信，它是第18号证物。它这样写道：

“我向你提及1961年4月20日的信件，对此你没有答复，也没给我回执。在那封信中，我向你通知了1961年3月26日在彼特马里茨堡举行的全非国民大会所通过的决议，要求你的政府在1961年5月31日之前召开一个多种族的自治的国民大会，为南非起草一份没有种族歧视的、民主的新宪法。在我信中附上的会议决议指出，如果你的政府在这一天之前不召开这个大会，我们将上演一场全国性的游行以反对少数人强加给我们的白人共和国。决议还进一步提出，除此之外，我们将号召非洲人民拒绝同共和国政府或任何武力的政府进行合作。因为你的政府没能对我们的要求作出答复，会议指定全非国民委员会执行这一决议，号召组织了上月29、30和31日的总罢工。正如我在1961年4月20日的信中预计的那样，你的政府采用武力镇压了这次罢工。你们急忙通过了一项法律，不经过审判就拘留了许多与罢工组织有关的人员。你们动员军队、武装欧洲平民。在证件法的执行过程中，超过一万名无辜的南非人民被逮捕，而且在全国范围内禁止举行集会。工厂是在1961年5月29日，星期一开工的，在此之前的很长时间，高级警察官员和南非国民党员就故意散布谎言，宣称罢工已经失败了。所有这些手段无法击败我们的罢工。我们的人民无比勇敢，他们给予我们坚决的支持。工厂和公司的工人，城乡的经商者，大学、小学和中学的学生们都在这次事件中挺身而出，用清楚的语言表达了自己对共和国的反对。如果政府认为非欧洲人口对这一号召没有反应，那么他是在自欺欺人。反思一下这些诚实的要求吧，你们要明白，这个国家4/5的人口正在反对你们的共和国。如上所述，彼特马里茨堡决议指出，在全国性游行之外，非洲人民将拒绝与这个共和国和任何形式的武力政府进行合作。你的政府没有召开国民大会，这使我们必须发动一场全方位的、全国性的运动，号召人民不与你的政府合作。你面前有两种选择。你可以接受我们的要求召开一次代表所有南非人民的国民大会，起草一个民主的宪法。这将结束你们政府所采用的可怕的种族压迫政策。采取这一措施，取消你们政府的镇压性危险政策，将会使我们的国家免遭经济混乱和崩溃，免遭内乱之苦。或者，你可以选择坚持现有的这个残忍的、虚伪的政策，但这个政策正受到国内外几百万人民的反对。对我方而言，我们希望你们能非常清楚，我们决不放弃反对镇压，反对不公正的斗争，我们会继续积极地反抗你们的制度。在作出这个决定之时我们必须再次强调，我们对自己这一决定的严重后果不存幻想。你们政府肯定会再次勃然大怒，野蛮地折磨南非人民。但是上次罢工的结果清楚地证明，没有任何一种力量能够阻止受压迫人民争取自由的决心。以武力和欺骗镇压占人口多数的公民合法意志的人，将会受到历史的惩罚。”

曼德拉：这是你在 1961 年 6 月 28 日收到的那封信吗？对这封信总理仍然没有回执也没有答复吗？

证人：我不认为它是——首先我认为这不能称为信，而是用一些威胁的语言堆积而成的。

曼德拉：无论它是什么，是否得到了答复？

证人：没有。

另一位出庭的证人是陆军准尉巴尔德曼，他是布隆方丹特务处的成员。他也受到了曼德拉的盘问：

曼德拉：现行的南非宪法是在只代表白人的国民大会上通过的，这么说对吗？

证人：我不知道，当时我不在场。

曼德拉：但是据你所知呢？

证人：我不知道，当时我不在场。

曼德拉：你什么也不知道吗？

证人：是的，我不知道。

曼德拉：你指望法庭相信，相信你不知道吗？

证人：是的，但他们也代表非白色人种。

曼德拉：那好。我只想问一两个个人问题。你通过了什么水平的教育？

证人：大学入学考试。

曼德拉：那是什么时候？

证人：在 1932 年。

曼德拉：你使用什么语言参加的考试？

证人：我的母语（这里证人指的是阿非利卡语）。

曼德拉：我注意到你对此感到无比自豪？

证人：是的，我很自豪。

曼德拉：你当然知道，作为非洲人，我们在这个国家没有语言的权利！

证人：我不同意你的说法。

曼德拉：例如，没有任何一种我们的语言被作为官方语言，这一点你同意吗？

证人：它们或许不在法令全书上作为官方语言使用，但没人禁止你使用自己的语言。

曼德拉：请你回答问题！这个国家只有两种官方语言，英语和阿非利卡语，对吗？

证人：完全同意。他们被指定为官方语言，但没人曾经禁止你使用自己的语言。

曼德拉：这个国家只有英语和阿非利卡语两种官方语言，对吗？

证人：就让你高兴一下吧。是的，那是真的。

曼德拉：这个国家的阿非利卡人也曾经为争取阿非利卡语和英语的平等地位而奋斗过，对吗？在各种殖民时代，例如开普殖民地，阿非利卡语也曾经不是官方语言，对吗？

证人：是的，我完全同意你的说法。阿非利卡人确实为自己的语言斗争过，但这是通过法律手段而不是由鼓动家完成的。

在审案的第三天，曼德拉再次请求法官回避。

曼德拉：我想请求阁下回避此案。正如我上周一指出的，我非常尊敬阁下，从未怀疑过阁下的正义感。我现在仍然如此，就像上周一向您保证的那样。我提出这个请求是经过深思熟虑的。有消息告诉我，昨日休庭后，有人见到阁下在特务处德克准尉和另一位警官的陪同下离开法庭。阁下应该记得，德克准尉在审判的第一天出庭作证。原告当时指出，在审理本案的另一方面问题时，他还会出庭。当时法庭准许我到那时再盘问证人。陪同阁下离开法庭的另一位特务处警官出席了全部审判过程，他帮助原告出示不利于我的证据。有人看到阁下坐进了一辆蓝色大众牌小汽车，德克准尉开车，阁下坐在前排而另一位警官坐在后排。在1点50左右，有人看到阁下在德克准尉和那名特务处警官的陪同下返回法庭。

现在，没人知道阁下与德克准尉及那位警官之间交流了什么。我作为被告当时并不在场。也没人代表我出席。现在，这些事实给我的印象是，法庭与国家勾结在一起审理此案。这让我非常担心，我担心正义在以秘密的方式得到执行。法官不应以任何方式与案件当事人的任何一方进行接触和交流，这是一条基本的司法原则。我认为阁下不应有这种行为，因此我必须请求阁下回避此案。

法官：我只能说，我无法给你任何解释。我可以向你保证，正如我现在的行为一样，我并没有与这两位先生接触过。你的请求予以驳回。

另一位证人是特务处警官，印度人A. 姆拉先生。曼德拉也盘问了他。

曼德拉：你知道《集团住区法》吗？

证人：我知道。

曼德拉：你知道它欲图把这一国家的各种人群设定在特定地区居住吗？

证人：是的，我知道。

曼德拉：你知道这已经引起了这个国家印度人社会的极大关注和反对吗？

证人：据我所知，并不是这样。我认为大部分印度人对此是满意的。

曼德拉：这是你真正的观点吗？

证人：这是我真心的想法，我遇见的人也这么认为。

曼德拉：那么你清楚南非印度人大会对这一《集团住区法》的态度吗？

证人：我知道。

曼德拉：南非印度人大会的态度是什么？

证人：它对此表示反对。

曼德拉：那么德兰士瓦印度人大会的态度呢？

证人：它也一样反对。

曼德拉：德兰士瓦印度人青年大会的态度呢？

证人：也是一样的。

曼德拉：开普印度人大会呢？它也反对吗？

证人：是的。噢，我不知道开普印度人大会的事。

曼德拉：那好，我可以告诉你，它反对。那么，如果《集团住区法》以现在这种形式得到执行，就意味着很多印度商人将失去在被宣布为白人住区的地方进行贸易的机会。结果必然如此，对吗？

证人：是这样的。

曼德拉：目前住在可能或已经被宣布为白人住区的印度人数量很多，他们也将不得不离开家园而搬到指定的地方去吗？

证人：我认为他们会活得更好，比……

曼德拉：请回答问题。你知道这些吗？

证人：是的，我知道。

曼德拉：你是说这个国家中将失去经营权利的印度商人会对此感到高兴吗？

证人：不，完全不是。

曼德拉：完全不是。那么你是说那些被迫从现住地迁移的印度人会对此感到高兴吗？

证人：是的。他们也许会高兴的。

曼德拉：好了，姆拉先生，我不想再问下去了。但是我想说，你已经丧失了自己的灵魂。

## 四、一个黑人在白人法庭上

11 月 7 日，法庭宣布曼德拉因煽动罪被判 3 年，因非法离境被判 2 年。判决一出，民怨沸腾。纳尔逊·曼德拉作为一个黑人，在这个无法伸张正义的白人法庭上做出了一番义正辞严、鼓舞人心的演讲。他作为律师的出色口才和坚定的信仰，令人折服不已。他说：

我被指控煽动人民反对法律，但是在这个法律制定过程中，我和我的人民没有任何发言权。我们所反对的，是要在南非联邦内建立共和国的法律。我还被指控无护照离境。本庭判定我煽动人民反对这个法律和离境是有罪的。但是，在法庭决定刑期之时，应考虑责任问题。究竟是应由我负责，还是实际上应由政府来承担大部分责任呢？政府知道我的人民——占人口绝大多数的人民反对这项法律；它更知道，表达这种反对的所有合法手段都被以前的立法和政府管理行为取消了，但它仍然颁布了这项法律。

本案控告我的出发点是去年5月25—26日在彼特马里茨堡举行的会议——全非洲人大会。这次会议是由全体非洲领导人和发言人组成的委员会召集的，目的在于考虑这个国家在宣布成立共和国之后将会出现的局势。政府在宣布之前既没与我们商谈，也没征得我们的同意。那次会议一致反对政府的决定，因为他只是以少数白人的名义，在征得他们同意后决定建立一个共和国。

众所周知，那次会议决定以非洲人民的名义要求召开一个代表全体南非人民的真正的国民大会，以此来取代少数白人单方面宣布的建立共和国的决定。这个国民大会不管肤色是黑是白，大家都应友好地坐下来，为南非讨论一部新宪法。实际上，政府宣布成立共和国正是在这种方式下取得的决定。另外，这个国民大会应代表南非人民强调，这个新宪法应该与提议中的南非共和国宪法有所区别，在完全平等的基础上保持所有南非成年人的民主权利。这次会议很清楚，在相当长的时间内，南非联邦的国民党政府一直拒绝与占人口绝对多数的南非人民对这一问题进行接触和讨论，拒绝考虑他们的意见。因此。会议仅仅宣布它的目标是不够的，它还必须找到一种强有力的方法表达这一目的，尽管政府不愿听。

因此，会议决定，如果政府在1961年5月31日之前没有召开这样的国民大会，它将号召各界群众举行为期三天的总罢工。这不仅表明我们对完全建立在白人对非白人多数人口统治基础之上的共和国的抗议，而且也是我们最后的努力，以说服政府关心我们的合法要求，从而避免在南非出现一个痛苦、敌视和不和的时期。

那次会议选举产生了一个行动委员会，由我担任书记。作为这个委员会的书记，我有责任建立必要的机构宣传会议决定，并指导由此产生的宣传和组织运动。

法庭知道我的职业是律师，无疑会提出这样的问题：作为律师，我的律师行为规范要求我遵守国家法律、尊重它的习俗和传统，为什么我还愿意参与一个终极目标是通过罢工反对政府公布的政策的群众运动呢？

为了使法庭理解导致我采取这一行动的思想，我有必要解释自己政治发展的背景，并试图让法庭明白使我作出这一决定的原因。

许多年以前，我在特兰斯凯的农庄度过了自己的童年，那时我经常听部落的长者讲述白人到来之前的美好的旧时光。那时我们的人民和平地生活，他们可以自由地、满怀信心地在这个国家迁移，不需谁的许可，也没人阻止他们，国王和长老们的统治是民主的。那时国家是我们自己的，归我们所有，受我们支配。我们占有土地、森林与河流；我们从土壤中提取矿物，我们拥有这个美丽国度的一切财富。我们建立并管理自己的政府，我们控制着自己的军队，我们组织自己的贸易和商业。老人们会告诉你我们的先人为了保护祖国而进行的战争以及将士们在那段史诗般壮丽的岁月中表现的英勇气概。祖鲁族的丁干和班巴塔，科萨族的欣查、马卡纳和恩德拉贝以及北方的塞库库尼等人，这些人的名字被视为整个非洲民族的骄傲和光荣。

那时我就希望并发誓，命运会给我许多财富，如果我有机会，我一定为人民服务，为他们争取自由做出自己微薄的贡献。

这个国家早期的非洲社会的结构和组织形式强烈地吸引着我，并对我政治观点的演变产生了极大影响。土地这一主要的生产手段属于整个部落，没有任何私人所有制存在。没有阶级，没有贫富差别也没有人剥削人。人人自由平等，这是政府的基础。这一原则体现在部落会议章程之中。[1]会议是民主的，每个部落成员都能参加。酋长和臣民、武士和巫医，都参加会议并试图影响他的决议，这是一个非常重要而有影响的机构，部落采取的每一项重大步骤都要经过它的同意。

在这样的社会中，许多东西是原始的，没有保障。它当然无法满足当代的要求。但它是包含着革命的民主制度的种子，没有人会成为奴隶或农奴，也没有贫穷、困苦和不安全感。即使在今天，这也在激励我和我的同事们进行政治斗争。

成年以后，我加入了非洲人国民大会，那是在1944年。随后的18年，我一直追随她的政策，支持她，相信她的目标和观点。她的政策与我内心深处的信念遥相呼应。她寻求全体非洲人民的团结，消除他们内部的部落分歧。她为非洲人在他们出生的土地上寻求政治权力。非国大还认为，所有的人，无论他是何民族，也无论他肤色如何，只要家在南非并相信民主和人类平等的原则，都可以被视为非洲人。所有的南非人都有权过自由的生活，在每个领域都享有完全平等的权利和机会以及完全平等的民主权利，并在政府事务中有直接发言权。

这些原则在《自由宪章》中得到了体现。没有人胆敢向这个最民主的政治原则纲领挑战，这是这个国家所有政党或政治组织所能阐明的最高境界。作为一个宣布了如此民主的政策并以无畏的精神进行战斗的组织的成员，我感到高兴和自豪。宪章中所列举的这些原则并不只属于非洲人民，虽然非国大一直是他的发言人。这些原理也被印度人和南非印度人大会所采纳了。这么做的还有南非混血人大会和一部分有远见卓识的欧洲人——他们的组织在过去称为南非民主人士大会。这些组织与非国大一样，都支持一人一票的要求。

在我刚刚从事律师这个职业的时候，就因为自己的肤色而受到强加给

[1] 这个章程叫法不一，有的叫依姆比佐（Imbizo），有的叫彼特索（Pitso），还有的叫克古特拉（Kgotla）。

我的困难，后来我加入并支持非国大，因此遭受了更多的困难。比如，如果我没得到管理部门的同意，根据《城市住区法》，我就不能像白人律师那样在城里营业。我申请过，却从未得到准许。虽然后来我得到一个暂时的许可证，但是根据《集团住区法》它很快就过期了，可是当局却拒绝延期使用。他们坚持要我和我的合伙人奥利弗·坦博离开这个城市而到边远的黑人住区营业。远离白人主顾在营业时能找到我们的地方，这等于让我们放弃法律工作，放弃为我们的人民提供法律服务，而我们为此训练了多年。没有哪个称职的律师会轻易同意这种做法。因此，我们继续在城里非法营业，干了几年。这段时间，迫害和驱逐的威胁悬在我们头上，时刻需要小心。这是无视法律的行为。我们也知道这一点，但是，尽管我们也知道这种做法违背了我们的意志，却对此毫无办法。我们只能在服从法律和服从良心之间作出选择。

在我们工作的法庭上，许多法官对我们礼貌有加，但我们更经常遭到一些人的歧视，遭受到别人的怨恨和敌视。我们一直都很清楚，无论我们干法律这一行是多么出色、多么公正、多么准确，我们都不可能成为检察官、地方法官或法官。我们也渐渐明白了，作为律师我们经常与法庭官员们打交道，他们的能力和成就并不比我们高，可是他们的地位却因白色皮肤而得到维持和保护。

我把为反对种族歧视而大声疾呼视作自己的责任。这不仅是对我的人民，也是我的职业、对法律工作，对全人类正义事业的责任。我发誓为之奋斗。种族歧视本质上是非正义的。他违背了对正义的基本态度，而这个态度却是这个国家法律训练传统中的组成部分。我相信自己在反对这种非正义的同时，是在坚持一个崇高职业的尊严。

9年前，因为我在非国大发起的“反对不公正法律”的运动中所起的作用，德兰士瓦律师协会请求最高法院将我的名字从律师名册上删除。在那次运动中，8000多名最先进、最有远见的人们故意违反某些法律，要求被逮捕和关押。这些法律是不公正的，具有压迫性，我们当时这么认为，现在仍然没有改变。在律师协会看来，我与这个运动有关的行为是不符合从事法律这一崇高职业的人应具有的行为标准的，但最高法院在处理此事时认为，我并未超出律师权利的范围，律师参加自己人民争取政治权利的斗争并没有什么不光彩的，即使他的行为可能会违反国家的法律。最高法院驳回了律师协会的请求。

我不会因为这样一个对我有利的裁决而停止自己的政治活动。这些活动不仅给我带来了上面提及的困难，也让我被指控犯有叛国罪而在法庭上度过了 4 年的时间，虽然最后我被判无罪。此外，因为政府不喜欢我的观点和我在 1960 年紧急状态期间的活动，不经起诉就把我关押了很多个月。阁下也许不明白，经过了这么多苦难，为什么我仍然认为有必要坚持这样的行动呢？

阁下，我想说，这个国家任何一位有思想的非洲人，他的一生都会经常处于良心与法律的矛盾之中。这不只在这个国家存在，在每个国家，每个有良心、有思想、有感觉的人都会产生这种矛盾。最近在英国，一个相当于上院议员的贵族，大概是西方世界最有名望的哲学家厄尔·拉塞尔被判有罪，而罪名与我今天的完全一样。他按照自己的良心而蔑视法律，反对他的政府采用的核武器政策。对他来说，自己对公众的责任，对自己事业在道德上的基本正义性的信念，高于法律的尊严。除了反对法律并为此承担责任之外，他别无选择。我也没有选择，这个国家的许多非洲人也是如此。法律的使用，法律在历史上的长期发展，特别是国民党政府构想和制定的法律，在我们看来是不道德、不公正、无法容忍的。我们的良心驱使我们必须拒绝它、反对它，必须努力地改变它。

我们向来都清楚自己作为公民的责任，在可能的情况下，避免触犯法律，防止当局与人民之间的冲突。但是，我们必须为正义说话，并为之奋斗，必须实现符合自己良心的改变。

例如，非洲人国民大会在其成立的 50 年间尽一切可能使历届南非政府关心自己的要求。它一直在寻找和平的方法解决这个国家所有的病痛和问题。非国大的历史上这种事例比比皆是，在特殊问题或人民的一般性政治要求问题上派代表团与南非政府谈判。我不想麻烦阁下听我列举每次谈判的细节，我想在此指出的是，除了以往各届非国大主席的努力之外，当斯揣敦成为国家总理之后，当时的非国大主席卢图利酋长又进行了一次努力，试图说服政府考虑和关心我们的观点。在写给总理的信中，卢图利酋长详尽回顾了国家中的各种关系及危险，认为政府与非洲领导人之间的会谈变得很必要，而且也很紧迫。

这种南非多数人口的领袖所表现出来的政治家风度和正确行为却没有得到南非政府领导人的适当回答。南非政府对人民及其意志所采取的行为标准一直是不正常的，也不符合严肃的文明人在交往中应用的标准。卢图利酋长的信甚至没能得到总理办公室礼节性的收函回执。

这种事在彼特马里茨堡会议后又重复发生了。我在那次会议上被选为行动委员会书记，给总理维沃尔德博士写了封信，把会议通过的决议告诉他，并呼吁他在决议确定的日期之前采取步骤召集我们建议的国民大会。在一个文明国家，人们甚至会因为政府首领没有收函回执，或没有考虑由一个具有代表性的重要人物和这个国家最重要社团的领导人提出的合理要求而感到愤怒。政府对待我们人民的标准又一次降低到文明世界应有水平之下。对我们的信没有答复，没有任何反应，也没有迹象能证明这封信得到了任何考虑。这时，我们非洲人民、特别是肩负着保护非洲人民利益这一重大使命的国民行动委员会的成员们，面临着良心与法律的矛盾。我们对即将出现的共和国的明确反对和我们的解决办法完全得不到政府的注意考虑，甚至回答，面对这种情况，我们应该怎么做？难道我们应该允许这个不准我们提出反抗的法律依然我行我素，而违背自己的良心和信仰吗？或者，我们是否应该坚持自己的良心和信仰，为自己，为全国人民，为子孙后代，为我们认为正确事业而奋斗，哪怕会因此而触犯法律呢？这使我们进退两难，可是面对这种困境，每一位正直的人，有抱负的人，有公共道德和有良心的人都只会有一种回答。

他们必定按良心办事而不顾可能毁灭自己的后果。我们行动委员会，特别是作为书记的我，坚持了自己的良心。

如果让我再活一次，我还会选择这条路，每一个真正的男子汉都会这么做的。在会议的指导下，我们遵照会议精神，把我们的运动推向前进。

我们对于共和国公民投票中所引起的南非白人的严重分裂问题毫无兴趣。这对我们的运动毫无作用。继续与英国君主保持联系，还是建立一个布尔共和国，这是迄今为止白人居民所面临的最重要问题，这个问题在这次投票中又出现了。我们既不拥护君主制，也不赞同这种大规模移民的共和国。我们认为自己的理想比参加这种竞选的两派白人的愿望更能激发着我们的热情。在这样的国家没有任何歧视，所有南非人民都能享有人权；非洲人和外来者能和平共处，拥有同样的国籍。对国家一样忠诚——这才是我们的祖国。因此我们反对国民党政府提出的那种共和国，就像我们以前反对作为大英帝国一部分的南非联邦的宪法基础一样。在进行宪法改革的时候，我们拒绝接受不触动南非宪法的真正基础，即白人至上和白人统治的改革。这些基础使南非及其宪法受到全世界的蔑视，使自己声名狼藉。

现在，我想谈谈运动本身，谈谈他的特点，以及事情的经过。运动之初，我们就计划，如果其他办法都失败了，所有的讨论都没能实现，如果政府没有丝毫表示，既不与我们谈判也不以和平方式满足我们的要求，那么，作为最后的一种极端方法，就是号召人民举行罢工，待在家里不去上班，向政府施加经济压力。在这一阶段，我们无意让这种游行超出这个目的。在法庭内外的所有声明中，我们都清楚地表明这次罢工将是一次和平的抗议，要求人们待在家里。我们是打算让示威活动和平地进行，不引起冲突和对抗，就像所有文明国家的游行一样。

然而，这次运动和我们为此所作的准备却引来了一种内战和革命的气氛。我想说这种气氛是有人故意制造的，阁下，这些人不是我们，而是政府。它从一开始就不与我们交涉，不关心我们的行动，不与我们谈判，而宁愿将我们视为野蛮而危险的革命者，企图制造混乱和暴动。它认为无法与我们接触，只能以优势兵力，以各种合法的、非法的强制手段镇压我们。没有哪个国家的政府在面对和平地、有纪律地、理智地并民主地表达自己意志的本国人民时胆敢采取这种行为。它动员武装力量，试图威胁和恐吓我们的和平抗议。它逮捕了南非政坛上知名的活动家和支持非洲人民民主要求的人士；并通过了一项特别法令，以便能不经审判将这些人关押12天之久，而以前的习惯作法是48小时。大部分被关押者没有得到审讯，而在罢工结束后又被释放了。如果这一时期中国家的形势可能造成暴力的危险，那么这种可能性是政府造成的。它完全用暴力来回答我们的人民及其要求，这是它安排的暴力的一幕。它采取的反击手段清楚地暴露了它日益增长的不安，这是因为它认识到了自己的政策得不到大多数人民的支持而我们却得到了。显然，政府企图以恐怖统治来反击我们强大的运动。现在，报纸上又说我们的罢工是失败的，我们得不到人民的支持。我否认这种说法，只要政府不以民主的方式征求南非人民的意见、考虑他们的看法，我就不会停止这种否认。无论如何，本案中的证据已经表明罢工取得了实质性的胜利。我们的运动是严密计划的，它得到绝大多数人民的强烈反应。最后，如果罢工没有达到预期的规模，这不是因为人民不愿意，而是因为政府占优势的力量和暴力对我们运动的打击暂时达到了它的目的，使我们被迫违背自己的意志和良心，不能不屈服。

我想重新回到这个问题上来，即为什么像我这样一个了解这一切的人，事先知道政府不可能有进步的、民主的举动，至少对我们人民是这样的，知道这个政府只会使用残忍的优势力量对付我们，为什么我和像我一样的人仍然继续我们必须从事的事业？历史造就了我们的态度。而这历史却不是我们创造的。这个国家白人政府的历史让我们接受了这样的事实：每当非洲人的愿望强大到可以成功之时，政府就会使用暴力和恐怖手段镇压他们。这种态度不是我们教给非洲人民的，这是他们从自己的痛苦经历中学会的知识。历届政府都让我们知道了这些。我们不会忘记史末资将军两次屠杀我们的人民：1921 年在布尔赫克，100 多名男女老少被杀害；1924 年在西南非洲的邦德尔斯瓦特，200 多名非洲人民无辜被杀。我们不断地从历届政府中学会了这一切。

政府暴力只有一个作用，那就是引起反抗的暴力。我已经多次警告过政府，不断地诉诸暴力，只会激起国民的暴力反抗，最后，如果政府方面没有合理的表示，那么政府与人民之间的争端只能在暴力和武力冲突中得到解决。在这个国家中，种种迹象已经表明，我们的人民，非洲人，正在故意采取暴力和武力行为反对政府，用这个政府的行为所表明的，唯一能让它理解的语言来说服它。

在世界上别的国家，法庭会对我说："你应该与政府交涉。"但我确信本庭不会这么说。在我之前，人们已经一次又一次地与政府交涉。提出抗议了。在本案中我也提出了抗议，但我不想重复这些抗议。法庭不能指望非洲人民会对抗议和谈判的程序产生尊重之心，因为政府每天的行为都表明它藐视这些程序，对此很不满意。我相信法庭不会说，在这种情况下我们的人民应该永远对此不闻不问，不做反应。如果本庭这样说或是这样认为，我认为这是错误的，这是在自欺欺人。人不会不做事，不说话，不对不正义作出反应，不反抗压迫，也不会不为自己认为是美好的社会和生活而奋斗。这个国家的人民也不会。

也许法庭会说，尽管我们有权抗议，反对和申诉，我们也应该在法律许可的范围内行使权力。我要说，先生，是政府，是它对法律的实施，使法律受到如此的轻视而且声名狼藉，以至于在这个国家已经没有人在乎自己的行为是否符合法律了。我将以自己的亲身经历说明这一点。政府一直运用法律程序在我的个人生活、工作以及政治活动中为我设置障碍，我认为，这种做法导致我不再尊重法律了。1952 年 12 月，政府向我下达了一个命令，它不是法庭审判的结果，而是因为偏见、或许是政府幕后策划的结果，根据这个命令我被限制在约翰内斯堡达 6 个月之久，同时还不能参加集会。

1953年6月，这个命令到期了，但3个月后，这两项禁令又重新开始，同样这一次也未经审判，没听取我的申诉，不让我面对指控寻求解释。在此之外又加了一条禁条：司法部长命令我彻底脱离非国大，永远也不能再成为非国大会员或参加它的活动。在1955年即将过去的时候，我发现自己自由了，又能四处走动了。但是好景不长，1956年2月禁令又一次重新开始，仍然没有审判，这一次为期5年。政府以法律的名义下达命令，又一次使我远离了同志们，远离了与我有共同想法和信仰的人们。无论我走到哪里，都会有保安警察跟梢。我发现自己被当成罪犯来对待——一个没有犯罪的罪犯。我没有权利选择同行者，不能经常与人们交往，不能出席他们的政治活动，参加他们的组织。我无法逃脱警察的监视，法律宣布我有罪，不是因为我的行为，而是因为我代表的事业、我的思想和我的良心。有谁会怀疑这些条件会使一个人成为社会的罪人吗？又有谁能怀疑这样一个被政府视为犯人的人会准备过一种被放逐的生活，就像法庭证词中说到的我曾经度过的那几个月一样？

过去的岁月对我来说是一种煎熬，我必须离开妻儿，告别旧日美妙的时光。那时，经过一天繁杂的工作之后，我能够期盼与家人在餐桌上团聚，而现在，我的生活是时刻有警察追捕，远离自己最亲近的人，在我自己的国家经常面临被捕的危险。这种生活比坐牢的滋味更让我难受。没有哪个正常人会愿意选择这种生活，而不去过文明社会中正常的家庭生活。

但是，正如我的遭遇一样，有时人们被剥夺了过正常生活的权利，他只能过非法的生活，因为政府决定使用法律把这种非法身份强加在他身上。我被逼到了这种境地，但我不后悔自己做出的决定。我坚信，其他的人追随我的道路也将在这个国家受到同样的逼迫，受到警察的迫害和政府行政手段的逼迫。彼特马里茨堡决议应该得到贯彻执行，尽管警察时刻迫害着我。因为这么做不仅是我个人的意志，也是我与那些负责和领导这个运动的人商议之后做出的决定。运动初期，我们很明白，当政府忙于煽起歇斯底里的气氛的时候，暴力镇压就要到来了，这时人民意见没人理会，无法表达，除非我们这些负责执行罢工的人有意识地号召人民反对警察特工的非法袭击，反对不经审判对人民实行12天的拘留，反对警察和政府非法干预人民的合法的政治活动。彼得马里茨堡会议期间，我暂时没收到禁令，但我没理由期望这会持续很长时间。如果我回到正常环境之中过正常的生活，政府会很快将我逼到非法的境地。在彼特马里茨堡会议交给我的任务还没有完成之前，我还不准备如此。新情况需要新策略来应付。彼特马里茨堡会议以后出现的情况并不是我们造成的，但它要求我采取自己认为正确的策略。

彼特马里茨堡会议以来，特别是在我被捕以后，出现了大量的文章，许多文章让我感到骄傲和亲切。但也有不少是错误的，不正确的。这些文章认为非洲的进步、人民意志的表达及他们取得的胜利、他们在国内外得到的承认在某种程度上都是因为我的工作的结果。我必须声明：我认为自己只是人民大众的一员，一切的胜利和成绩都应归功于人民。已有的进步和发展不是我个人工作的结果，而是国内外同志与我共同努力的结果。在我的政治生涯中有幸与同志们共事，这些人的能力和他们对自由事业的贡献都比我优秀，他们为这个国家争取自由和平与正义的斗争做出了贡献，并因此受到南非人民普遍的爱戴和尊敬。我感到很痛苦，因为有些报纸说我的被捕是由于我的某些同事出于阴险的目的而造成的。没有比这更离谱的了。我不相信这种说法而把它视为不讲道德的记者们耸人听闻的编造。使用这种不道德的伎俩背叛自己同志的人在正义的事业中没有他的位置。这是我为争取南非人民的自由而斗争的事业，这是在我被捕之时，我的同志们仍然从事的正义事业。不只是我一个人，我们所有人都愿意为此承受必要的刑罚，因为我们遵照自己的良心追求我们信仰的真理。在这个国家许多前人为此付出了代价，在我之后，还会有人这样做。

阁下，我不相信本庭根据起诉而宣判我有罪会使自己相信，刑罚可以阻止人们从事自己认为正义的事业。历史证明，当人们的良知被唤醒之后，刑罚是无法阻止他们的。同样，这刑罚也无法阻止我的人民和与我共事过的同志们。

我已作好准备，接受刑罚，尽管我也知道非洲人民在这个国家的监狱中的处境有多么痛苦和无望。我曾坐过牢，知道在监狱的高墙背后对非洲人民歧视多么严重，也知道与白人罪犯相比，非洲人囚犯的待遇是多么糟糕。然而，我不会因为考虑到这些而背叛自己选择的道路，其他人也不会。因为人类的最高追求是在自己的土地上得到自由，任何事情都无法改变人类的这种信念。我在监狱中会受到可怕的折磨，而在监狱之外，我的人民也正遭受着这种可怕的折磨。我对后者的仇恨更超过了对前者的担心。

我痛恨种族歧视的做法。绝大多数人都痛恨他，这一事实支持我更坚定了这种信念。我痛恨向儿童系统地灌输种族偏见，而世界上绝大多数人也与我持同样的观点。我痛恨种族傲慢，他认为生活中美好的事物应该是少数人的权利而大多数人沦为附属和卑微的地位，成为没有选举权的奴隶，按照少数统治者的吩咐做事。我的这种痛恨得到国内外绝大数人民的支持，他们与我有着相同的感觉。

法庭对我所做的一切都不能丝毫改变我的这些恨意。要想改变它，只有取消非正义和非人道的行为，我一直想在这个国家的政治生活和社会生活中实现这一目标。

无论阁下根据起诉判定我怎样的刑罚，当服刑期满后，我仍然会像人们一直做到的那样，依照良心行事；当我走出牢房后，仍会保持对加在人民身上的种族歧视的痛恨，而且，我会重新开始工作，尽自己最大努力为消灭不公正而斗争，直到它们永远消失。现在我想谈谈第二个指控。当我和我的同事们被邀请参加东中非“泛非自由运动”大会时，同事们认为我应该出国，参加我们派往埃塞俄比亚首都亚的斯亚贝巴的代表团，会议将在那里举行。我的使命之一是游历非洲，并与非洲大陆的各国领导人直接接触。

我没有申请护照，因为我非常清楚这不可能实现。毕竟，在国民党政府高压统治的14年之中，很多非洲学者、教育家、艺术家、运动员和教练员都没得出国许可，因此我不想为此浪费时间。

这次大陆之行留给我深刻的印象。我第一次成为一个自由的人，远离白人压迫，远离愚蠢的种族分离政策和种族傲慢，没有警察的骚扰，没有羞辱和卑微。走到哪里，我都被当做人来对待。我会见了坦噶尼喀总理拉西迪、卡瓦瓦以及朱利叶斯·尼雷尔。接见我的还有海尔·塞拉西皇帝、苏丹总统阿卜杜拉将军、突尼斯总统哈比勃·布尔吉巴和马里共和国的莫迪布·凯塔。我还拜见了塞内加尔总统利奥波德·桑戈尔、几内亚总统塞古·杜尔和利比里亚总统图伯曼。

我会见了阿尔及利亚总统本·贝拉和阿尔及利亚民族解放军总司令布迈丁上校。我见到了阿尔及利亚青年中的精英分子，他们抗击法帝国主义者，用自己的英勇为这个国家带来了自由和幸福。

在伦敦，工党领袖休·盖茨凯尔和自由党领袖乔·格雷蒙德以及其他英国知名人士接待了我。

我会见了乌干达总理奥勃特，以及像肯尼思·卡翁达、奥金加·奥丁加、乔舒亚·恩科莫这些优秀的民族主义者们。在所有的国家，我们都受到了热情招待，他们保证坚决支持我们的事业。

南非企图把非洲人民永远地定在附属地位之上。它这样做也必将导致失败。联合国大会昨晚决定，要对南非实施外交和经济制裁，这表明南非与文明世界格格不入。在非洲大陆，我见到在旅店里、电影院内，黑人与白人和平共处，彼此都很愉快，他们在同一地区经商，使用同样的交通工具而且在同一住区居住。

我必须回国向同事们汇报，与他们一起分享我的印象和经历。

对于人民和南非我已尽到了责任。我毫不怀疑，后人会宣布我无罪，而真正应该接受法庭审判的是维尔沃德政府的官员们。

## 五、风云再起

曼德拉坦然地开始了他的监狱生活。

在狱友中，约瑟夫·奥玛是“统一运动”的成员，他回忆起与曼德拉的第一次相遇，那时，曼德拉与其他青年团成员中断了“统一运动”的一次会议，曼德拉给他的眼睛一击。这段回忆使他们大笑不已。同在踱着方步锻炼的，还有索布克韦和另一个南非共产党领导人A·B·恩科伯。

当他们一起散步时，他们讨论斗争和他们的各种哲学观点。奥玛记得曼德拉的广阔胸襟，穆斯林的手足情谊的观念给他留下了深刻印象；恩科伯谈起他对莎士比亚的崇拜以及他如何需要图书馆中有更好的书。经常使他们发笑的一本小说是《滑稽的干草》。

监狱里，所有的人都按人种隔离开来。但每天晚上，都有一段交流心声的时间：当一天中，狱卒的吼叫声停止后，非洲人唱起传统的自由之歌时，歌声便回荡在牢房里。在刚要熄灯时，歌声消失殆尽，在一片寂静声中，一个声音高呼着“权力！”——一些白人拘留犯想知道：这是曼德拉的声音吗？随之而来的是共同的回答“归于人民！”也许是害怕那庄严的怒吼“权力——归于人民！”，也许是深怕曼德拉在狱中同志间的影响力，很快，曼德拉被转移到实施最高警戒措施的监狱。该监狱位于开普敦外的罗本岛上。在那里，曼德拉被单独关押着。

1963年5月1日，《90天拘禁》法案被通过。沃斯特的治安警察可以不经过审讯而扣押、单独拘禁、监禁嫌疑人90天，在他们审讯时，这一期限还可以被延长，直到他们得到满意的答复。当然“不必永久拘禁”，正如沃斯特所说。随后，数以百计的男人和女人被抓进监狱和牢房去体验被一个反对党称之为“精神折磨”的生活。很快，肉体折磨的证据出现，诸如电击、勒脖子、不断地拷打。7月，来自开普敦的非国大成员——路克斯马特·索旺德·恩古德尔成为第一个在审讯中死去的政治拘留犯。

对付被怀疑属于某些非法组织的人的极端措施从5年监禁变为死刑。那些倡导“暴力或武力”方式而寻求变化的人，那些接受训练或获取信息以便在推进共产主义或其他非法组织的事业中应用的人均属此列。当沃斯特在几个月前公开所谓的共产党员名单时，总数已达308个“非白人”和129个白人。

那些已经服完刑的政治犯可以立即被监禁。这是直接针对罗伯特·索布克韦的法律，他在服完3年徒刑后，被转送到罗本岛，在那里他被单独囚禁在一个小牢房中。

全国各地反对班图政权机构和其他设施的破坏活动连续不断。在白人中间，恐惧和惊弓之鸟的气氛越来越浓。到1963年年中，“民族之矛”的成员在东开普省，已经采取了大约200次行动。在西开普省和特兰斯凯，随着少量白人的被谋杀，以及与警察冲突的出现，标志着南非共产党的一个分支——“独立行动”小组的出现。那些与从事破坏活动的一个或两个有色人种同盟有联系的年轻白人的集团很快被一网打尽，处以90天监禁。幸运的则出国逃走。沃尔特·西苏鲁经常遭到骚扰，在1962年，他已经被逮捕了六次。随后由于他推进非国大的事业和参与鼓动1961年的罢工（闭门不出）运动而被处以6年监禁。不过，他获得保释权直到上诉。1963年4月20日，他被迫转入地下斗争。两个月后，依据《90天拘禁》法案，他的妻子阿伯蒂娜被扣押。

7月12日，治安警察取得了他们最大的一次胜利，西苏鲁和另外8个人在约翰内斯堡郊外的一所房子中被抓获。而这所房子正是曼德拉当年搞地下斗争时待过的。据说，警察对一个依据《90天拘禁》法案而被扣留的人进行恫吓和贿赂，而得到消息。但是，毫无疑问，在利沃尼亚地区政治组织中的某些人对其安全措施过于自信，因为他们在远离真实世界的地下作伪装斗争。虽然经常指责政府为法西斯主义者，他们却从来没有把政府真正当成法西斯看待过，而放松警惕；这样的失误将继续削弱解放运动的力量。大量的相关文件被警察查获，随后又有3人因受牵连而被逮捕。

在被拘禁的6个白人中，有两人从警察局逃走，一个人迫于压力，答应作为政府证人后，也设法逃离了这个国家。第四个很快因无据可查而被释放。剩下的两人，一个名叫莱昂内尔·伯恩斯坦，是建筑师，曾经是“叛国罪审判”中的被告；另一个是丹尼斯·戈德伯格，工程师，来自东伦敦。

在非洲人中，戈万·姆贝基和雷蒙德·姆·赫拉巴来自东开普省，而埃利亚斯–莫索莱蒂、安德鲁·姆兰格尼同西苏鲁一样来自特兰斯凯。阿迈德·卡塔拉答是其中唯一的印度人，自学生时代起就很活跃。依据《90天拘禁》法案，这所有的人都被关进牢房，与家人律师隔绝；当警察审讯和调查时，被单独监禁。很明显，警察不敢虐待领导人，而莫索莱蒂和姆兰格尼则受到严刑拷打。

当1963年10月9日“利沃尼亚审判”在比勒陀利亚开庭时，纳尔逊·曼德拉作为第一号被告从监狱里提出来与他们待在一起。监狱的会客室里，当曼德拉被一群狱卒押解着出现在费雪等人面前时，由于惊喜，被囚禁者与律师们拥在一起。曼德拉与西苏鲁拥抱着。费雪握住曼德拉的手，并将他介绍给卡斯卡尔森和乔夫。但他们被曼德拉的形象吓呆了：曼德拉体重下降了近20公斤，为小孩准备的囚衣（短裤、衬衫）挂在他的身上，他面黄饥瘦。然而曼德拉傲骨铮铮，其爽朗的笑声四处回荡，律师们看到了他们熟知的那个充满自信而随和的人。

辩护律师乔尔·乔夫描绘开庭前一天他们第一次在监狱里商讨问题时，所见到的曼德拉的形象：“经过一年的监禁后，从身体上看曼德拉已远不同于以前我看到他的形象啦。那时他的年轻活力使他看起来比真实年龄45岁年轻得多，身材高大，体格健壮，他曾经是一个有一定能力的业余拳击手。而现在，在靠专为监狱犯人开的伙食而生存的他，看起来消瘦得让人十分可怜——他变瘦了，面部凹陷，肤色蜡黄，但是从精神上看，他并没有被击败，他的神情依然如故，友好、随和、自信，他的笑声依然爽朗。”在接下来的一个月，乔夫逐渐对曼德拉加深了了解：“他天生就是领导者。

他拥有领导应具有的全部素质：强大的人格力量，高超的能力，非凡的成就，冷静而机智，坚定的信念。这是纳尔逊的力量的一部分，虽然他从没如此说过；他会参与讨论、争论，然后与同事们的意见融合在一起。”

其间，联合国大会以前所未有的106票对1票，通过了要求立即释放利沃尼亚审判中的被告和南非所有的在押政治犯。这反映了世界范围内对南非政府的愤怒。

在这个案件的准备过程中，被控告的十个人明确表示他们并不对法律的审判感兴趣，而只关注于在政治上的对抗。乔夫说：“他们都决定要公开地颂扬自己的理想，对他们的敌人进行藐视。辩护团警告：他们有可能被控告阴谋颠覆国家，如果被认定有罪的话，将可能被判死刑。他们准备承认他们中的大多数人曾参与了旨在推翻政府的运动并对破坏活动有过了解甚至曾参与过。他们乐意将法庭当做讲台，在那里向全国人民和全世界澄清在他们认为的南非政治核心问题上的观点。”

10月9日，被告人在武装士兵的押解下乘车驶来，围观群众高呼着：“曼德拉、西苏鲁，权力归于人民！”法庭四面墙壁镶嵌着黑色方格，再加上高高的圆顶天花板，使人回想起美国南部洛可可式的风格。在紧挨着起诉人的桌子上面，从天花板上吊下一台古老的电扇，摇动、震颤着，慢慢地旋转着。佩着催泪器的警察警戒在门口。人们也不顾治安警察的警告，簇拥在走廊里。这些围观者的姓名和住址都被登记下来，在他们离开法院的时候也被拍了照。

夸特斯，德兰士瓦省的大法官，穿着红袍，安坐在弧形木罩篷下。而在他前面，曼德拉和其他被告站在弧形的被告席里，被告席曾被笨拙地延长了一截，成为一个长长的木头箱子。

被告们行为举止刚强有力，但经过几个月的单独拘禁后，显得形容枯槁。布拉姆·费雪向法庭抱怨被告们所受到的虐待，并成功地要求延期开庭并改善监狱条件。

几周后，被告们的物质生活条件的改善是显著的。对曼德拉而言，变化尤甚：与老朋友的交情改变了他，他看起来不再消瘦，穿着三件一套的套装，再现昔日风采。

“请保持肃静！全体起立！”严肃的法官大人驾临，警察、人群，甚至陈规陋习，法官隆重的出场式依然如旧。布拉姆·费雪向政府的指控发起了猛烈的抨击，他断言：那些涉及曼德拉从事破坏活动的夹杂在其他明显是荒谬的无事实根据的指控中的粗制滥造的法律意义上的文件是在曼德拉被囚禁之后炮制的。法官同意了他的看法，驳回了控诉。这样，被控诉的人重新自由了。

但是还没等他们反应过来，斯旺波尔中尉，最臭名昭著的安全警察，重重地击在每一个人的背上，宣布：“我以从事破坏活动的罪名逮捕你们！”随后，他们被粗暴地押回了牢房。

12 月 3 日清晨，审判重新开始：曼德拉领着同志们走入被告席，全体起立，法官入场。修改过的指控宣读如下：为破坏活动及以暴力革命为目的的游击战争招募新成员接受训练，阴谋援助侵略共和国的外国军事组织，以推进社会主义的目标，筹集、接受为这些目的而来自阿尔及利亚、埃塞俄比亚、利比亚、尼日利亚、突尼斯以及其他地方的资金援助。记录员随后问道：“1 号被告，纳尔逊·曼德拉，你是认罪还是不认罪？”

“站在被告席上的应该是政府而不是我！我没罪！”曼德拉态度强硬地陈述道。

从一开始，曼德拉和他的同志们就向自己的顾问团阐明了：他们所关心的不是法律上的审判，而是政治上的对抗。他们决定藐视敌人，高歌自己的理想。他们决定承认他们中的大多数人参加了旨在推翻政府的政治运动；他们在不同程度上知道或参与了准备采取诸如破坏活动的军事或半军事行动。他们欣然接受将法庭作为讲台的机会，在那里向整个国家和世界澄清他们在南非政治斗争最前沿所思考的重要问题上的观点。但是他们在任何环境下，都不会泄露任何有关他们组织或相关人物的信息，如果这些信息将危及他人安全时。

每一个被告人依次重复了对政府的控诉。

当他们刚陈述完毕，起诉人波西·尤塔，开始散发他的公开演讲稿：一份给法官，一份给辩护方，另外8份散发给新闻界。他清了清嗓子，刚准备发言，却被费雪打断了。只见费雪站起来向法官示意，指着放在尤塔面前桌子上的麦克风，说："法官大人是否清楚：南非广播公司有意要向全国广播起诉人的演说——这是一个不正常的程序。"

在法官命令拆除桌上的麦克风后，尤塔开始陈述自己的观点。其陈述的焦点在于他的声明："民族之矛"的运作计划以制造混乱、暴力反抗、骚乱，然后在适当时机，伴随着外国军事组织的武装入侵为目标。他随后补充道；"在制造混乱、骚乱、暴乱的过程中，他们计划建立一个临时的革命政府以接管对这个国家的控制和行政管理。"

尤塔宣称被告们应该为222起颠覆活动承担责任，不过，随后他又将这一数目降低到193起。他断言被指控者详细地制订了行动计划，以实现他们在1963年从所谓的"白人统治的枷锁中解放出来"的目标。很明显，尤塔将非国大与"泛非主义者大会"混为一谈，这个目标其实是"泛非主义者大会"提出的。尤塔最后将1963年5月26日称为与发动游击战争相关联的大规模起义的日子。他选的这个日子使被告和律师迷惑不解，因为事实上，在那时，"民族之矛"除了有一些炸药之外，只拥有一把曼德拉用于打靶练习的高压气枪。

尽管，政府的证人证实"民族之矛"的领导人曾教导其成员不要伤及生命，但尤塔还是对"谋杀"大谈特谈，企图无中生有，捏造"谋杀"的事实。辩护律师义愤填膺；法庭没有作出特别的指控。法官同意像"民族之矛"一样的其他组织也在从事颠覆活动，而193起活动中，只有很少一部分可以证明是由"民族之矛"实施的，但没有一件造成了人员牺牲。

尤塔的漫无边际、随心所欲的陈述与法院建筑的巴罗克风格是如此相配，以至在20年后，P·W·博塔总统还引述过，好像他是法庭审判中的真正判决一样。当一个加拿大代表团表达了他们对纳尔逊·曼德拉被继续关押的焦虑时，驻多伦多的南非外交官又一次把尤塔的陈述当做福音书，再加上自己的粉饰，直到把曼德拉所做的在南非进行广泛的起义的计划说成是照着古巴的菲德尔·卡斯特罗所发动的社会主义革命的模式炮制的。

政府还不满足于此，又召集了一些无耻之徒，撒下弥天大谎。在这173个政府证人中，最重要的一位由尤塔颇为戏剧性地加以介绍：此人的出庭作证只能秘密地进行，因为他有“生命危险”。然而，尤塔又补充道，只要新闻界不透露此人身份，而称之为“× 先生”，那么他也不反对新闻界的旁听。

“× 先生”名叫布鲁诺·姆托罗，前非国大成员，来自纳塔尔省的工会分子。他在一群将其视之为英雄的白人警察陪同下，出庭作证。布鲁诺·姆托罗的背叛使曼德拉和非国大成员均感震惊。他们已经认识到在严刑拷问下以及无休止的单独囚禁条件下，人可能会崩溃；但他们怎么也不能理解，一个没有遭受如此折磨的，像姆托罗这样的人怎么会心甘情愿地离经叛道而主动伪造证据栽赃他人。辩护律师们发现：姆托罗确实曾是“民族之矛”的破坏活动成员，他曾三次因偷窃、诈骗而被判有罪，而这一点他的战友们并不清楚。他提出的指控曼德拉的证据，据声称是描述曼德拉在非洲之行后向纳塔尔省地区司令部所做的报告，其实是事实和杜撰的混合物。

他的杜撰包括影射曼德拉是一个社会主义者。乔夫曾描写了曼德拉当时的反应：

“曼德拉指示我们联系这个问题，质问姆托罗。他告诉我们，我们应该承认他在地区司令部的会议上做了报告，但我们必须否认他曾提到过与共产主义有关的事，也没有说过他一曼德拉和‘民族之矛’的成员是共产党员。我们向曼德拉指出：像这样进行质问等于承认了有罪；如果承认他曾出席那次会议，他将会在几乎所有对他的指控中，被判罪名成立；事实上，我们这样做等于签发了他的死亡通知书。但曼德拉没有左右为难，他不是共产党员，他从来也不是，他决不能容忍‘×先生’随意作伪证。”

经过1963年炎热的夏季，政府的指控进一步加强了：尤塔提供了在利沃尼亚查获的数以百计的文件，其中包括标有警察局、班图行政机构、电站、铁路以及非洲警察驻地等地点的地图。正如尤塔经常所说的，整个案件的关键之处在于一份被称作“马伊布耶行动”文件，该文件勾划了游击战争和外国干预的轮廓。“完全是某些年轻人的不切实际的计谋和冒险的臆想”，布拉姆·费雪评论说。这是在曼德拉被捕之后制订的，对此他一无所知。然后，他在非洲之行中所写的日记，原以为已经被销毁了，却由于长期以来对安全的忽视，也在利沃尼亚被查获。

当辩护律师们推翻了一个政府证人的证词后，警察对被告们的家人采取了报复行动：西苏鲁的儿子，还不满16岁，已被依据通行证法案，被捕了；埃利亚斯·奠索莱蒂的夫人，卡罗琳，在《90天拘禁》法案下，被拘禁，与他们的7个孩子相隔离，连辩护律师也无力帮她。当法官认为她与事件无关，她已被拘禁了113天。

当真凭实据的指控材料不断聚集的时候，被控告者的士气发生了波动，但曼德拉的士气没有波动，他将其他人团结在一起。他们嘲笑警察们付出的代价，尤其是斯旺波尔，他一头茂密的红头发，身穿运动外套和法兰绒长裤，当曼德拉他们向其律师小组请教时，他便在会客室的门口徘徊，一副冥思苦想的样子。曼德拉他们知道会客室里安了窃听器，于是形成了一整套方法用于相互写纸条，以交换在重要问题上的看法。有一次伯恩斯坦传给乔夫一个纸条说：他，姆拉巴和卡特拉答准备对强加于他们身上的有罪的指控进行反驳，因为他们并没有卷入“民族之矛”中，虽然在政治上他们很活跃。当乔夫把纸条烧成灰的时候，恰好被斯旺波尔从门口瞥见。曼德拉很快划了一个纸条，上面写着：“难道斯旺波尔不是一个英俊的小伙吗？”然后向乔夫眨眨眼睛，格外小心地递给他。乔夫认真地看了看，然后将纸条揉成一团，当他慢慢地拿出火柴时，斯旺波尔一个箭步冲过来，夺走了纸团，“啊哈，先生，我们在监狱里必须小心火种”。当他走向门口时说道。然而，在读完纸条后，他怒气冲冲地跺着脚出去了。曼德拉说：现在，我们又会有一段安宁的日子啦。

审讯开始5个月后，1964年2月29日，政府结束了其指控陈述。辩护律师们只有一个多月进行准备。他们面临艰巨的任务而少有休息：要分析数以百计的文件和声明，与全国各地的证人面谈，更为不便的是要从每一个被告那里取得证词，这里的困难不光由于咨询请教被监听，而且还由于新的会客室所带来的不便，不像以前，大家自由地坐在一起，现在被告和律师们被一个高柜台模样的挡板隔开：在这挡板之上是钢筋栅栏；在两边各有5个高高的固定在水泥地面上的凳子。

律师们被监狱长官——奥坎普上校领进他们所在的一边，另一边，曼德拉和另外4人安坐在高凳上，而剩下的4人不得不在后面站成一排。曼德拉很礼貌地笑了笑，然后问道："先生，今天吃的是巧克力还是香草咖喱？"他的嘲笑激怒了上校；顾问团对在这种不友好的气氛中难以进行卓有成效的询问而进行的抗议也没起任何作用。他们要求在监狱的两个小时午饭间歇进行询问的要求也被拒绝：作为被指控为罪犯的曼德拉和西苏鲁无论如何是不可能享受到这种特殊待遇的。

辩护律师组在是否让曼德拉和其他人作证的问题上产生分歧。乔夫尤其反对他的委托人遭受质询，这些人是在他成长过程中，受他如此尊敬和崇拜的人，如果他们遭到像尤塔这种人的嘲笑，他是无法容忍的。但是乔治·比泽斯强调：除非被告提出证据使得法官确信他们没有决定进行游击战争，否则就将意味着死刑，并且，他相信如果法官在听了他们在证人席上的证词后，将很难把他们送上绞刑架。而费雪则拒绝支持任何一方，而主张征求被告们自己的意见。

西苏鲁说他们当然不怕尤塔的质询，而姆贝基认为他们的答辩是强有力的。曼德拉向乔夫提出："我想，乔夫，作为一个律师，我完全能理解你的意图，你十分渴望能挽救我们的生命，我们也很渴望能活下来，但这仅仅是第二位的考虑。我们首先考虑的应该是我们政治理念的实现。正如我们以前说过的，我们曾为了自由和尊严而战斗，这里重要的是：什么东西对政治而言是正确的，毕竟，我们只是将陈述事实。”当曼德拉向其他人征询意见时，他们都同意了。

费雪给曼德拉递了一个纸条，上面写着：“这个问题已经解决了。”比泽斯也递了一个内容相近的条子给其他被告，上面写着：“曼德拉要以他期望的方式——嗓音宏亮而吐字清晰，发表政治声明，唯一的一种选择就是在证人席上发表。”曼德拉很快草写了答复：他想接受质询，尤塔对非洲人民的“牢骚”的嘲弄以及他致力于将非国大诋毁为在共产主义控制下的努力，令曼德拉感到很痛苦。

其他人都同意了顾问团的建议：曼德拉应该在证人席上强有力地阐述他们的观点，然后由他们来接受质询。经过多次的书面争论后，曼德拉勉强同意了。

随后，乔夫递给曼德拉一张纸条。曼德拉读的时候，抿嘴笑了。纸条上写着：对这个决定必须严守秘密，所以他们将假装成他还在准备证据而向他提供大量的文件，这些文件将有利于使监狱当局疲于应付，而不会通知尤塔。曼德拉会意地对乔夫大声说：“顺便提一下，我需要‘叛国罪审判’的记录以准备我的证词。”当曼德拉烧毁乔夫的纸条时，因为想到尤塔通过一百多卷厚厚的卷宗来给监狱当局制造麻烦时，脸上洋溢着灿烂的笑容。

乔夫开始不断地往监狱里送文件和书刊，上面标明是给曼德拉的。这些书包括经济方面的论文集和托尔斯泰的《战争与和平》，曼德拉急切地想读一读这本书。监狱当局把《战争与和平》退给了乔夫，告诉他监狱领导绝不允许把共产主义书籍，尤其是关于战争的共产主义书籍送给一名犯人。

在开庭 5 个月后，1964 年 4 月 20 日，星期一，法院的法庭由于要进行辩方陈述而被挤得的水泄不通。主要顾问布拉姆·费舍尔，总结了辩方律师将要证明的：政府的哪些陈述辩方承认，政府的哪些陈述辩方将否认，随后他说：“法官，辩方的陈述将由纳尔逊·曼德拉在被告席上的陈述开始。因为他参与了‘民族之矛’的组建，他将向法庭讲述这个组织的开始一直到 1962 年 8 月的历史。他本人在那时被捕了。”

“阁下！”尤塔失望地叫了起来，请求法官警告被告，他从被告席上发言远不如接受法庭质问重要。

“我认为，尤塔博士”，法官回答道，“被告的辩护律师有足够丰富的经验来向他的委托人建议，不需要你帮忙。”

一向彬彬有礼的费雪对法官的建议表示赞赏。他告诉尤塔：“我们和我们的委托人没有谁不知道刑法条款。”然后他接着说：“我请纳尔逊·曼德拉出庭。”

曼德拉慢慢地站起来，调整了一下他用于阅读的眼镜，然后不慌不忙地开始读他的声明：

“阁下，我是第一号被告。我有文学学士学位，在约翰内斯堡曾与奥立佛·坦博一起做过几年律师。首先，我想说，政府起诉中说南非的斗争受外国人或共产主义分子的影响，这是完全不对的。我所做的一切，无论是作为我的人民中的一分子还是作为他们的领导者，都是源于我在南非的遭遇，和我感到自豪的非洲历史，而不是因为任何外人可能说过什么……

“我希望生活能给我机会，为人民服务，为他们的自由斗争尽自己的微薄之力。这就是推动我做那些事情的动力。

“说到这里，我必须马上而且详尽一点地说一说暴力问题。到目前为止，法庭得到的情况，有些是真的，有些是假的。然而，我并不否认策划了破坏活动。我那样做既不是因为自己的鲁莽，也不是因为我喜欢暴力。我在冷静而理智地考虑政治形势之后制订了计划，这种政治形势源于白人对我的人民多年的暴政统治、剥削和压迫。

“我承认我是‘民族之矛’的发起人之一；而且，在 1962 年 8 月被捕之前，我在其中起了突出的作用。”

他接着谈到非国大与“民族之矛”间的关系，纠正了官方的证词并描述了政府暴力。政府暴力在1961年最终导致非国大决定以暴力对付暴力。“但我们选择的那种暴力并非恐怖主义。我们这些组成‘民族之矛’的人都是非洲人国民大会的成员，在我们身后都有非洲人国民大会的非暴力传统，我们把谈判作为解决政治争端的手段。”

他简要地回顾了1912年非国大的成立及其在长期斗争中的政策。

“但白人政府并不为之所动，非洲人民的权利不是增加了，而是减少了。我们的领袖卢图利大酋长1952年成为非国大主席，后来获得诺贝尔和平奖。用他的话说就是：‘谁能否认30年来我一直在徒劳地、耐心地、温和地而又谦逊地敲一扇关闭的、上了闩的门？这种温和又有什么结果？过去30年我们看到的只是数不清的法律，限制我们的权利和发展；到了今天我们已经没什么权利可言了。”

曼德拉接着描述了1952年的“蔑视运动”，法律更加严厉却没能阻止抗议活动；在“判国罪审判”中他们所受的全部指控统统被推翻，包括指控非国大图谋建立一个共产主义国家。

就像当前的审判一样，政府总是试图给其对手贴上共产主义分子的标签，但是非国大从来就不是一个共产主义组织。沙佩维尔枪击案后，非国大被宣布为非法组织，曼德拉和他的战友们决定蔑视这项法令。他毫不怀疑，任何一个白人政治组织如果在政府中没有发言权，那么当政府宣布他为非法时，他决不会自行解散。

他提及人民的情绪，他们很长一段时间以来一直在谈论暴力，探讨“有一天他们将与白人战斗，夺回他们的国家”。

“尽管如此，我们非国大的领导们总是劝说他们避免采用暴力，而利用和平手段。当我们这些领导中的一些人1961年6月份讨论这个问题时，不能否认，我们通过非暴力手段实现没有种族主义的国家的政策一无所获。我们的追随者已开始对非暴力政策失去信心，他们正在形成令人不安的恐怖主义念头。”

他提醒法庭注意，暴力已成为政治舞台的特征：“城区已出现了一些小组，他们自发地制订计划，准备进行暴力形式的政治斗争。如果不给予正当的引导，将会出现这样的危险——这些小组将用恐怖主义手段对付非洲人以及白人。”最令人不安的是在农村地区产生的那种暴力：“虽然这种暴力起源于反抗政府的斗争，但它越来越成为农村内部的冲突，而不是反抗政府的斗争。按这种方式进行的斗争，除了可能的死亡和怨恨外，什么也别指望。”

因此，1961 年 6 月初，他和他的战友们开始筹划建立“民族之矛”。

他说，非国大仍然是一个独立的、具有群众性的政治组织。至于“民族之矛”，他的发起人感到国家正在走向黑人与白人间的内战，在制订计划时必须考虑到这一点：“我们需要一个计划，它灵活、能让我们根据时代的需要而随机应变；最重要的是，这个计划必须把内战作为最后一招棋，让未来决定这个问题。我们不想进行内战，但如果内战不可避免，我们需要有所准备。”

“在四种可能的暴力斗争形式中，我们选择了破坏活动这种形式，而且在做出任何未来决定前将充分利用这一形式。”

在进行了第一批破坏活动之后，曼德拉承认白人没能作出反应，提出变革。按照他们的特点，他们又退回到“牛车阵”中。

“与此相反，非洲人的反应是受到鼓舞。突然间希望又出现了，他们盼望的事情在发生着。城镇里的人们对政治新闻变得很关切。最初的胜利激起了人们极高的热情，人们开始猜测距离自由还有多远。

“我们‘民族之矛’对白人的反应感到忧虑。黑人与白人界线已分明，他们分别进入两个不同的阵营，避免内战的前景变得黯淡起来。白人的报纸报道说，进行破坏活动将被处以死刑。如果真是这样的话，我们怎么能继续使非洲人避免恐怖主义呢？”

他说：“种族冲突已使几十名非洲人丧生。南非还能经受多少次沙佩维尔惨案？我们要怎样做才能不使暴力和恐怖成为日常生活的秩序呢？

“经验告诉我们，造反会使政府有无限机会任意杀戮我们的人民。但正是因为南非的土地已浸透了无辜南非非洲人的鲜血，我们觉得有责任进行长期准备，以便用武力保护自己免受武力侵害。如果战争不能避免，我们希望战争能在对我们的人民最有利的条件下进行。对我们最有利而且使双方伤亡危险都最小的战争形式是游击战争。

“所有白人都必须接受军事训练，但没有一个非洲人有这种条件。在我们看来，建立一支经过良好训练的核心力量很重要，它可以为将来的游击战争提供必要的领导力量。同时我们需要建立一支受过训练的文职行政人员和其他专业人员的核心队伍，一旦时机成熟，非洲人就能够参与这个国家的政府。”

他描述了他的非洲之行、他对战争艺术的研究以及他接受的训练。法官面前摆着他记录这些事情的笔记本，那些东西是在利沃尼亚得到的。

在对姆托罗的部分证词进行驳斥之后，曼德拉谈到了政府指控中的一点，即非国大和南非共产党有相同的目标。

“非国大的宗旨是，而且一直是非洲民族主义。他并不是‘把白人赶进大海’那种叫喊所表达的非洲民族主义的概念。非国大所主张的非洲民族主义其含义是非洲人在自己的土地上享有自由、能够自我发展。

“非国大所通过的最重要的政治文件是《自由宪章》。它绝不是社会主义国家的蓝图：它号召重新分配财富，但并不是国有化；它规定矿藏、银行和垄断工业国有化，因为大垄断企业都由一个种族控制，如果不进行国有化，即使政治权力扩散，种族统治也会渗透进来。根据《自由宪章》，国有化是在私营经济的基础上进行的。实现《自由宪章》的目标，就会为包括中产阶级在内的各阶级的非洲人开辟繁荣的新天地。就我所知，非国大从未鼓吹过要对国家的经济结构进行革命性变革，也从没有谴责过资本主义制度。

“就共产党而言，如果我对其政策理解得正确的话，它主张在马克思主义原理基础上建立国家。尽管为了短期内解决白人统治造成的问题，共产党准备为《自由宪章》而奋斗，它只是把《自由宪章》看做其运动的起点，而非终极目标。

“非国大不像共产党，非国大只吸收非洲人为成员。它的主要目标过去是、现在也是为非洲人赢得统一和全部政治权利。与此相反，共产党的主要目标是消灭资本主义，用一个工人阶级政府取而代之。共产党想要强调阶级差别，而非国大想要调和这种差别，这是两者本质差别所在。

“的确，非国大和共产党之间一直在密切合作。但是合作仅仅证明两者目标一致——推翻白人统治，而不能证明双方共同利益完全相同。

“世界史上这样的类似的例子比比皆是。也许英国、美国与苏联联合对付希特勒的例子最有说服力。除了希特勒，没有人敢说这种合作意味着丘吉尔或罗斯福变成了共产主义的工具，或者说英国和美国正努力实现共产主义。

“类似的合作的例子可以在‘民族之矛’内部找到——‘民族之矛’成立后不久就有人通知我，说共产党将支持它，后来确实是这样。”

曼德拉举了一些例子，说共产党人参加了殖民地国家争取自由的斗争，如在马来西亚、阿尔及利亚和印度尼西亚，这些国家并未变成共产主义国家。他还描述了过去共产主义分子如何能够而且的确变成非国大成员，这些人中有摩西·科塔尼和J·B·马克斯。曼德拉回忆起他年轻时，说自己曾是“青年联盟”中一个小组中的一员。这个小组想把共产党人开除出非国大。该提议遭到惨败，连保守主义者也在反对者之列。他们认为非国大从一开始就要成为一个非洲人民的议会，能包容各种政治信仰，而不是只有一种派别的政党。他最终接受了这种观点。

“由于对共产主义抱有根深蒂固的偏见，可能南非白人难以理解为什么经验丰富的非洲人政治家愿意把共产主义分子作为朋友呢？但对我们来说原因很明显。在当前阶段，在反对压迫的斗争中理论上的差别是一种我们付不起的代价。而且，几十年来，共产主义分子是南非唯一准备平等对待非洲人的政治组织，他们愿意与我们共同进餐，同我们谈话，与我们住在一起并和我们一起工作。他们是唯一的准备与非洲人共同努力争取政治权利和社会地位的政治组织。因此，现在有许多非洲人倾向于把自由与共产主义等同起来。由于立法机构把所有支持建立民主政府和争取非洲人自由的人都称作共产主义分子，并根据《镇压共产主义法》宣布他们中的许多人非法；上面的行为更让人相信自由等同于共产主义。尽管我本人不是共产主义分子，也从未加入共产党，但由于我在‘蔑视运动’中所起的作用，我也被那项可恶的法令宣布为共产主义分子。我还被关押起来。

“不仅仅是在国内政治中我们把共产主义分子看做支持我们事业的人，在国际范围内，共产主义国家也给予我们以援助。在联合国和其他世界组织中，共产主义国家联盟一直在支持亚非国家人民反抗殖民主义的斗争，他们看起来比一些西方大国更同情我们的痛苦处境。虽然全世界都谴责种族隔离制度，但共产主义国家联盟的声音比绝大多数白人世界的更响亮。在这种情况下，只有像我在1949年时那样傲慢的年轻政客才会宣称共产主义分子是我们的敌人。”

他转而谈论个人立场。“我总是认为自己首先是一个非洲人爱国者。”然后他讲述了他在特兰斯凯、在滕布兰德地区代理酋长的监护下成长的经历。现在他被无阶级社会的念头所吸引，这部分是由于阅读马克思著作，部分是由于他对南部非洲早期社会结构的赞赏。那时，土地属于部落，没有任何剥削。

“的确，我曾受马克思主义思想影响，但许多新独立的国家的领袖们也是这样。一些迥然不同的人物，如甘地、尼赫鲁、恩克鲁玛和纳赛尔都承认这一点。我们都觉得需要某种形式的社会主义，使我们的人民能赶上世界发达国家，来克服遗留下来的赤贫问题。但这并不意味着我们是马克思主义者。

“实际上，我本人相信，共产党能否在我们政治斗争的这一特定阶段上发挥其特殊作用可以辩论。目前的根本任务是消除种族歧视，在《自由宪章》的基础上获得民主权利。只要共产党能促进实现这一任务，我欢迎它帮忙。我意识到这是吸引各种族人民参与我们的斗争的方法之一。

“从我阅读马克思主义者论著和与马克思主义者谈话中，我的印象是：他们认为西方的议会制度是不民主的、反动的。而我恰恰相反，对那种制度很欣赏。”

《大宪章》及《民权法典》为全世界民主人士所推崇。曼德拉补充道：他很敬重英国的政治、司法制度；美国的国会和独立的司法制度。他的思想受到东西方两方面影响，在探索政治方案时，他想绝对地客观。

曼德拉又转向共产主义问题。法庭展示了他的3份手稿，这都是他作的笔记，他解释当时的情况：他的一位既是非国大成员又是共产党员的老朋友，一直试图说服他加入共产党。曼德拉屡次拒绝，并批评共产主义分子的著作含糊而且净是晦涩的术语。他的朋友请他把自己脑子里的想法，用简化的形式重新起草一份材料。“我同意了”，曼德拉告诉法庭，“但我没有做完这件事……在法庭展示这份未完成的手稿之前，我从未再看到过它”。

（20年之后，博塔总统大肆引用当年的一份证据。在1985年8月的“声明”中，他试图把曼德拉描绘成一个残暴的共产主义分子。他引用如下一段话：“我们共产党员是现代历史上最先进的革命者……在实现共产主义世界之前，我们必须彻底粉碎敌人并把他们扫出地球。”博塔先生没有提及曼德拉并没有写这段话，这是他从刘少奇的《论共产党员的修养》上面抄下来的，这本小册子也作为证据在审判中被人展示。）

曼德拉接着谈了来自国外的资金援助，这些援助用于补充国内基金来源。在叛国罪审判期间，那种援助来自西方国家中同情他们的个人和组织；当时他们觉得没有必要再寻找另外的资金来源。但是，“民族之矛”成立后，他意识到缺乏基金将会阻碍他们扩大活动规模，因此非国大提出从非洲国家筹集资金。在与非洲政治运动领导人的谈话中，曼德拉发现他们几乎全都从社会主义国家和西方国家得到过援助。一些著名的国家，他们是非共产主义的，甚至反共产主义，也接受过类似援助。回到南非后，他强烈建议非国大不应局限于从非洲和西方国家寻求支援，也应试着从社会主义国家争取援助基金。

政府曾表明，“民族之矛”是在共产党的启发下成立的，共产党企图利用“假想的苦难促使非洲人民参军，表面上是为非洲自由而战，但实际上是为共产主义国家而战”。

“没有什么比这离真相更远的了。事实上，这种暗示非常荒唐。‘民族之矛’是非洲人自己组建的，目的是深化在他们自己土地上争取自由的斗争。共产党人和其他人支持这一运动，我们只是希望社会上更多的人加入到我们中来。

“我们的斗争反对的是真实的，而不是假想的苦难，……我们的斗争主要是反对南非非洲人的两种特征——贫困和没有尊严。立法加强了这两种特征，我们力图取消这种立法机构。我们不需要共产主义分子或所谓的‘煽动者’来教我们这些。

“南非是世界上最富有的国家，也可能成为全球最富有的国家。但这里对比极为鲜明。白人享有的生活水平可能是世界上最高的，而非洲人则生活在水深火热之中。40%的非洲人住在‘保留地’，那里毫无希望、人口稠密，而且有时极为干旱。30%的人做劳工、佃农或在白人的农场里干活，生活条件很像中世纪的奴隶。剩下的30%住在城镇里，在那里他们形成的经济和社会生活习惯使他们在许多方面与白人标准很接近。然而，即使是这一群人中也有许多人由于低收入高物价而陷于贫困。”

曼德拉引用了南非最繁荣的地区——约翰内斯堡的一组普通非洲人家庭的贫困数据：46%的家庭入不敷出，随着贫困而来的是营养不良与疾病，南非的婴儿死亡率是世界上最高的。但贫穷并不是非洲人唯一抱怨的东西，白人制定的法律是为了维护这种现状。有两条路可以摆脱贫困：第一是通过正规的教育，第二是工人在劳动中得到更高的技术，从而提高薪水。但是这两条发展之路都被立法有意地取消了。

他引用了1960—1961年间黑人和白人教育经费的有关数据：每个白人儿童得到的教育经费是黑人儿童的约12倍；同时班图教育法规限制非洲

人，使他们只能受到比白人低级得多的教育。根据就业的肤色限制，所有的比较好的工作都为白人而保留；黑人工会不被承认，罢工是非法的。

曼德拉继续说："非洲人遭受没有尊严之苦，其直接原因是白人统治的政策。白人统治意味着黑人低下，……白人倾向于把非洲人看做单独的一个种。他们不把非洲人看做是有自己家庭的人，没有认识到非洲人也有感情——他们也像白人一样相爱；他们也想和白人那样同自己的妻子、孩子们在一起；他们也想挣足够的钱养活家庭，使他们有吃、有穿、有学上。但哪个'家仆男童'或'花园男仆'或流动劳工敢有这样的奢望呢？"

从其个人经历和他作为律师及政治领袖所看到的一切，曼德拉准确地指出白人政府统治下非洲人所忍受的苦难和他们的愿望，这个政府宣称代表欧洲基督教文明。

"《通行证法》是南非最令非洲人痛恨的法律。它使任何一个非洲人在任何时候都可能受到警察的盘问。我怀疑，在南非是否有一个非洲人男子，他不曾因其通行证而与警察打过交道。每年都有成千上万的非洲人因通行证问题而坐牢；更糟的是这样一种现实——通行证法使丈夫不能与妻子住在一起，从而导致家庭生活破裂。"

这种家庭生活的破裂和贫困导致了可怕的社会崩溃，以及城镇里已很普遍的那种暴力。监狱和死刑治不了这种恶疾。

"非洲人希望他们的工资能够养家糊口；非洲人想从事他们能够从事的职业，而不是政府说他们能做的工作；非洲人希望住在他们工作的地方，而不会因为那不是他的出生地就被赶出来；非洲人希望能在他们工作的地方拥有土地，而不是被迫住在租来的房子里，那些房子永远不会属于他们；非洲人男性希望同他的妻子、孩子住在他工作的地区，而不是被迫到单身宿舍去过违背人之常情的生活；妇女们则希望与她们的丈夫住在一起，而不愿留守在保留地寡居；非洲人想要在自己的国家内旅游，在他们愿意去的地方工作，而不是到劳工局指派的地方去；非洲人要求在全南非享有他们应得的份额；他们想拥有安全保障和社会地位。

“最重要的是，我们要求平等的政治权利，因为没有它，我们将会永远地无能为力。我知道，这些话在这个国家的白人听来很革命，因为大多数选民是非洲人，白人因此害怕民主。但是，我们不能允许白人的这种恐惧阻碍民主进程，因为民主将保证种族间和睦相处，所有人都拥有自由。不能认为全民拥有选举权会导致种族统治；建立在肤色基础上的政治区分完全是人为的，它消失后，肤色统治也将不复存在。非国大已与种族主义斗争了半个世纪，即使它取得胜利，也不会改变反种族主义的政策。

“这就是非国大正在奋斗的东西，他们的斗争是真正的民族斗争。它是非洲人民的斗争，这是由他们的苦难和遭遇激发的。这是为生存而进行的斗争。”

曼德拉停了下来。法庭非常安静。他抬头看了看法官又继续讲，他的声音很低：

“在我的一生中，我把自己奉献给了非洲人民争取生存权利的斗争。我反对白人统治，也反对黑人专制。我想着会有民主自由的社会，在那种社会里，所有的人和睦共处，机会均等。我愿意为这个理想而牺牲，如果需要的话。”

他坐下了。旁听席上传来深深的叹息声，接着又是沉寂。直到法官对布拉姆·费雪说：“你可以叫你的下一个证人。”

曼德拉已经讲了 4 个小时。现在 2 号被告沃尔特·西苏鲁作为主要辩护方证人，要面对原告长时间的攻击。但是当他一旦测出尤塔的水平后，西苏鲁仿佛忘记了他是站在被告席上。他已经有 11 年没在公共场合露过面了。现在他要控制这一讲坛，因为法庭的确是个好讲坛。他和戈文·姆贝基的任务是讲清非国大与“民族之矛”的区别；姆贝基、卡斯拉达和伯恩斯坦谈到他们长期对共产党的忠诚；所有被告都矢口否认曾制订过游击战争的计划。

尤塔博士准备代表政府作最后发言。他把几个大而厚的本子交给法官，然后从第一本开始读起。他再次宣称，游击战争不仅已得到批准，而且确定了开始的日子。这时，法官打断他，要他承认，他没有证据能推翻辩护人坚持的从未有过这类战争决定。尤塔放弃了，他说："如果阁下愿意这样认为的话。"尤塔的发言持续了4天，他既不试图进行分析，也不对证据进行评价。

他最后说："证据清楚地表明，如果不是警察采取行动的话，今天的南非就会发现自己陷入了一场血腥的、野蛮的内战。公众应对警察感激涕零。"

辩方提供了有力的法律证据，布拉姆·费雪使德·韦特确定没有对游击战争作过决议或确定过具体时间。

曼德拉和另外6个人承认了某些指控，卡斯拉达、伯恩斯坦和姆拉巴则否认了所有指控。只有两个问题了：对否认全部指控的怎么处理？对承认部分指控的曼德拉和他的同志们会不会判死刑？

布拉姆·费雪告诉被告们他们必须成功地证实事实上从来都没有真正地作出进行游击战争的决定，并且在破坏活动中不应该伤及人的性命的政策是确实制定了的。他接着说道："我必须坦率地指出，即便我们成功了法官仍然可能作出死刑判决。"

乔夫知道对费雪而言，讨论这种可能性是多么艰难。莫莉·费雪曾告诉乔夫，每一夜，她都听到自己的丈夫在睡梦中高声呐喊："我们必须拯救他们！"乔夫也曾梦见他们走向绞刑架，经常被吓出一身冷汗而惊醒。

1964年6月中旬，判决将在星期四宣布。星期一，星期二，曼德拉在比勒陀利亚监狱给伦敦大学写他的毕业论文（当时他正在学法律专业，将准备通过考试）。星期四，他和几乎每一个人（除一个外）都被认定有罪。当他们被押回监狱时，他们和大街上的群众相互致以传统的致敬，"权力！""归于人民"交相辉映，同时唱起了非洲的赞美歌。他的律师也到监狱讨论当第二天刑罚宣布时应进行的工作。

乔夫回忆说："辩护律师们和我在回约翰内斯堡的路上，在监狱停下来。在死神的阴影下，被告们很镇定。他们唯一想讨论的问题是，如果宣判他们死刑，他们在法庭上应该有怎样的表现。我们说，法官会首先问曼德拉：‘你想提出什么理由证明不该判死刑吗？’纳尔逊决定，如果那样的话，他将有很多话要说：如果他们以为通过判处他死刑就会摧毁解放运动，他们就错了。他准备去死，并且知道他的死会鼓舞他的人民进行斗争。我们指出，这样讲话很难达到促成上诉的目的。纳尔逊的回答很明确：如果判死刑，他将不上诉。西苏鲁和姆贝基也持同样态度。他们 3 人都坚定地表示，这不要影响其他人的决定。”

6 月 11 日，星期四，重新开庭。温妮·曼德拉和她婆母及泽妮、津姬一起来到法庭，曼德拉的这两个女儿，大的 5 岁，小的 4 岁。法庭不准她们进去，她们只得与朋友们待在外面。

比勒陀利亚教会广场上人群拥挤，重兵把守；正义宫内有武装警察，旁听席上嗡嗡作响。当曼德拉和他的同志们从下面的牢房走上台阶，进入被告席时，法庭安静下来。

庭长用 3 分钟的时间宣读判决：曼德拉是“民族之矛”的主要发起人，其目的是进行破坏。接受辩护人的观点，即这些领导人曾指示“在行动中应注意避免伤人或杀人”，但是他们应该考虑到破坏活动“可能会失去控制”。这些领导人没有同意游击战争的计划。他补充说：“我不认为被告的动机像他们希望法庭相信的那样是利他主义的。人们组织革命通常都是为了接管政府。”

法官最后说：“判决如下：纳尔逊·曼德拉犯有所指控的全部 4 条罪行；沃尔特·西苏鲁犯有所指控的全部 4 条罪行……”

只有莱昂内尔·伯恩斯坦被判无罪，但是当即又被斯旺波尔逮捕，罪名是他过去某个时候曾违反禁令。

法官将于第二天宣布对他们的判刑，法庭休庭。曼德拉向他的妻子和母亲招手。当曼德拉等人乘囚车在重兵押送下离去时，他们从铁窗里伸出手来，向欢呼的人群致以传统的敬礼。阿伯蒂娜·西苏鲁带头唱起“愿上帝保佑非洲”。

在黑人城镇，人们冒着极大风险散发传单、书写标语，支持利沃尼亚案中的被告们。同时，国外也出现了抗议示威浪潮和祈祷仪式。宣判前的气氛极其紧张。联合国已发出呼吁，要求无条件释放利沃尼亚案的被告以及南非所有政治犯。这项决议有106票赞成，只有南非1票反对。报纸社论反映了当时那种情绪，保守的《星期日电讯》评论到："南非的悲剧，其实质是像曼德拉这样的人发现自己处在法律的对立面。"《纽约时报》评论到："对世界上大多数人来说，这些人是英雄和自由战士。他们是南非的乔治·华盛顿和本·富兰克林。"

《泰晤士报》预言："历史将作出判决，最终的罪人是当权政府——而这已经是世界舆论的判决。"

为了把这些人从死神手里救出来，布拉姆·费雪请了两位有名的南非人争取减刑。其中之一是哈罗德·汉森，英国王室法律顾问。他把非洲人争取权利的斗争与阿非利卡人争取自由的斗争相比较，引用了减刑的先例，甚至包括对造反和叛国罪的减刑。另一位是阿兰·佩顿，他是自由党全国主席和虔诚的基督教徒。他称赞曼德拉、姆贝基和西苏鲁真诚而富于勇气，说他们并没有复仇的欲望。他呼吁"为了国家的前途"而对他们网开一面。

6月12日，从威特沃特斯兰德到比勒陀利亚之间几英里长的路上布满了警察和武装部队。正义宫外，庞大的人群静静地等了几个小时。妇女们举着标语："我们为自己的领袖而自豪！""不要哭泣——我们的前途是光明的！"

法庭内，曼德拉和其他被告平静地听法官宣读判决："被告所犯的罪行……实质上是重大的叛国罪，政府决定不以此罪名指控你们。鉴于此，并经过对本案的认真考虑，我决定不判处死刑。"人们舒了一口气。但法官接着说道："在我的权力范围，这已是我所能做的最大宽怀，对本案所有被告的判决是终身监禁。"被告们向公众席上的群众报以微笑。曼德拉竖起大拇指，在走进监狱前最后一次向人们致以非国大式的敬礼。

所有被认定有罪的人都被判终生监禁。他们的士气很高，他们确信他们不会被遗忘，虽然在南非，政治案件中的终身监禁一般都是不可能被释放、保释和赦免的。非国大主席、艾伯特·卢图利酋长于1964年6月12日发表声明，在那里他回忆了曼德拉和他的战友们为自由而英勇斗争所做出的巨大贡献："在那些漫长的岁月里，这些领导人倡导种族合作政策，倡导良好意愿的、和平斗争的政策。正是这种政策使南非解放运动成为我们时代最合乎道义、最有责任感的事业。在面对残酷的种族迫害时，他们坚决地反对种族主义，在面对不断的考验时，他们坚持选择理性的道路……"

"然而，在面对白人不肯妥协、拒绝废除剥夺非洲人民和其他受压迫的南非人民的正当的遗产——自由时，任何人都不能谴责勇敢和公正的人民为了追求公平而采用暴力方式；同理，任何人也不能被谴责，假如他们试图建立有组织的力量，力图最后建立和平而种族和睦的社会。

"因为这一点，他们被判在南非不人道的日益恶化的监狱里长期与外界隔绝——他们是南非政治斗争中道德上、伦理上的最高代表——当他们被关押起来之后，正义和理智也将远离南非社会……"

年轻的辩护团成员们和布拉姆·费雪默默地握手。挽救这些人的性命是他的首要责任，他们不被判死刑是他在法律上的胜利。

法庭外面的街上，温妮带着女儿泽妮和津姬，等待着最后看丈夫一眼。但是人群太拥挤了。当曼德拉等人被囚车拉走时，口号声响彻云霄。"权力！""属于人民！"英国广播公司"全景"电视节目记者鲁宾·戴设法挤到她身边进行采访，温妮的声明强有力而又勇气十足。然后，她钻进自己的汽车，一边向人们致以非国大式的敬礼，一边驾车离去。回到奥兰多家中，安顿孩子们睡下之后，她再也忍耐不住，放声痛哭起来。

艾伯特·卢图利在一篇向世人发表的感人的声明中说，利沃尼亚案中的被告们代表了南非政治斗争中"最崇高的道德和伦理"。他呼吁"南非最强大的盟友——英国和美国……采取坚决的制裁行动"，以"尽快结束令人憎恨的种族隔离制度”。

从两篇报纸的社论中，可以看出南非白人舆论中两种极端的观点。一份阿非利卡人国民党的报纸评论道：“利沃尼亚阴谋是个邪恶的计划，企图通过黑人革命而使白人放弃自由生活方式。”《兰德每日邮报》则宣称，此次审判之所以引人注目，在于它向人们讲述了“一个为自由和尊严而奋斗的经典故事，其失败具有希腊悲剧色彩”。

丹尼斯·戈德伯格作为唯一的白人被告，被送回比勒陀利亚中央监狱。曼德拉、西苏鲁、姆贝基、姆拉巴、莫索莱迪、姆兰盖尼和卡斯拉达被飞机送往罗本岛，他们都拒绝对判决提出上诉。

按照南非官员的说法，对于政治犯，终身监禁就意味着将在监狱了却一生。

# 第六章　漫漫长夜

虽然被捆绑着
你却教会了我什么是
自由
虽然沉默着
你却教会了我如何
说话

——（南非）詹尼弗·戴维斯

## 一、把牢底坐穿

1964 年，在曼德拉 46 岁生日前不久，他二上罗本岛。该岛位于开普敦西北约 7 英里处，面积很小，土地被风侵蚀得露出岩层。岩石峥嵘，风疾浪涌，四面为滔滔大海包围。和曼德拉一起到岛上的，有西苏鲁和其他利沃尼亚审判案中的被告。在岛上，他的朋友们叫他的部族名字“玛迪巴”。

仲冬，岛上阴湿寒冷；在浓雪迷漫的日子里，从灯塔里传出的雾号声凄惨地回荡着。看守们骂骂咧咧地指挥新来犯人的每个动作，其中一个看守手背上刺有卐字花纹。起初他们与其他“政治犯”关押在旧监狱，冲澡时必须脱光衣服跑到大约有 200 码远的津克监狱的洗手间。监狱管理人员牵着阿尔萨斯狗，监视着他们劳动，建筑一个新的“隔离”区，该区有 88 间牢房，有最大程度的安全措施。曼德拉他们将首批住进这些牢房，这一点可以由刻在水泥板上的他们的姓名证明。一堵 30 英尺高的墙将他们与其他牢房隔开。这些单独囚禁的政治犯占据了一个中央天井的一边，另一边是被判无期徒刑的刑事犯。

囚禁曼德拉的牢房很典型，大约 7 平方英尺，有一个 40 瓦的灯泡用来照明，地板上有一个垫子和两条毯子。狱服是短裤和黄卡叽布衬衣，难以抵挡夜晚的寒冷。太阳出来之前，这些政治犯们便被叫醒，用凉水洗脸，然后修面、清理便桶。曼德拉和大约 30 名难友们轮流分发早餐：每人都有粥，但是印度人和有色人种可以得到一匙糖和一份面包，非洲人则只有半匙糖，没有面包。午餐和晚餐主要是玉米、无味的汤和清咖啡，有时添给小块的肉或一些蔬菜。

每天，从早到晚听到的尽是看守们高声吆喝的声音、命令他们待在自己的牢房里，叫他们不要出声，因为他们处于“隔离状态”。

于是他们开展斗争，先是争取基本权利：到牢房外面锻炼身体，做有用的工作，允许相互交谈，增加毯子，发给长裤，改善并增加伙食。每周六早晨他们都提出抱怨，狱方官员视之为玩笑，但曼德拉要求他们认真听取意见。他坚定、冷漠地表示礼貌，不是把监狱官员当敌人，而是把他们看做应该做好本职工作——执行监狱规定的人。

几个星期后他们迎来第一次胜利，尽管微不足道：让他们出去坐在后天井里，用锤子把岩石砸成小碎块。如果发现谁谈话，就罚 3 顿不准吃饭。第二次被抓住将被罚 5 顿不能吃饭。但他们设法通过叮当的锤声传递信息，相互交流，甚至玩起文字游戏。

丹尼斯·布鲁特斯是个学校校长、诗人和体育抵制运动组织者，他由于违反禁令被判短期徒刑。他还记得一种游戏：每天由一个人提出一个问题，在小组间互相传递，这个问题通常是一个人单独在牢房里冥思苦想的结果。曼德拉曾问过费边社的来源是哪里，费边社是一个社会主义团体的名字，G·B·萧伯纳和 H·G·韦尔斯都是其成员。布鲁特斯回答说：费边社来自罗马大将 Fabian Maximas（费边·马克西姆斯），他高明的战术逐渐地使汉尼拔（Hannibal）的军队筋疲力尽。因此，这一名字被象征性地用来指逐渐引进和传播社会主义。

在院里劳动的头几个月里，一位报社的摄影记者被准许为正在砸石头的人拍照。他还在犯人们休息期间拍了一张曼德拉和西苏鲁在一起的照片——这是漫长的监狱时光中他们拍摄的唯一照片。

由于利沃尼亚一案被告们受到监禁，后来的“民族之矛”和非国大领导人及组织者又遭到逮捕，流亡国外的非国大承认“敌人沉重打击了运动的核心力量”，这是“一次严重的挫折”。政府对在押人员进行了 90 天的肉体和心灵折磨，并花钱收买告密者，这使得非洲人国民大会、泛非主义者大会、“民族之矛”以及其他激进组织的成员不断遭到逮捕，从大陆来到罗本岛。白人政治犯被关押在比勒陀利亚；黑人妇女通常被关在克龙斯塔德。罗本岛只关押男性黑人，他们中有教师、农民、医生、劳工、会计、工人和工会成员，年龄从 15 岁到 70 岁。在这个小岛上人们空前地团结一心，尽管关押在特别区的领导人与其他牢房相隔绝。普通区里有 1000 多名政治犯和大约 300 名刑事犯，每个牢房 60 人。不久，由于“西南非洲人民组织”的领导人被投入津克监狱，纳米比亚人也来到了岛上。罗伯特·索布克韦被拘禁在白人看守住处附近的一座房子里，由卫兵看管。

仲夏，曼德拉和隔离区的同志们被派去罗本岛中部的石灰矿劳动。曼德拉走在前面。“快点！快点！”队伍后面的狱吏命令道。曼德拉故意走得很慢。“快！快！”狱吏重复个不停。曼德拉不理他。这时，作业小组的成员们随着他缓慢的步子，唱起“自由之歌”来。当普通区的作业小队走近时，曼德拉他们被命令停下来，转过身去，等待这些人走过去。不许交谈，不许交换眼神相互鼓励。可是，当局不能阻止他们欣赏岛上开满黄花的灌木和桉树；偶而还能看见一只小鹿或一只鸵鸟。而在东南方遥远的地方，隔着波光闪闪的大海，是一片朦胧的桌山的景色，隐隐约约出现于开普敦上空。

在采石场，犯人们用尖镐和铁锹挖掘石灰，然后将石灰石板装上汽车。

他们被赶进一个大坑，炎炎烈日之下，大坑变成一个火炉，石灰反射着刺眼的阳光。他们被热浪炙烤着，而看守们却逼着他们继续干，“干活，嘿，干活！”他们一小时一小时地挖着石灰，装车，四肢和腰背酸痛，脚踝和手上都磨起了泡，眼里全是沙子，痛得很。下午，他们一瘸一拐地回到监狱，浑身都是石灰粉末。他们找一个最近的地方洗澡，然后筋疲力尽地倒在牢房的垫子上。每天晚上，看守们一下班，牢房里就传出犯人们一起祈祷，一起唱自由歌曲的声音。

这种生活日复一日，直到在抱怨时间里曼德拉提出了他们的抗议。脚镣去掉了，但是他们希望做有用工作的要求从未得到同意，他们继续在那个历代犯人挖的大坑里劳动。罗本岛最早的“居民”是海豹（荷兰语叫罗贝）、企鹅和蛇，直到荷兰东印度公司的最早一批在好望角建立基地的欧洲人，认识到这里适合作监狱：大海不仅使犯人难以逃跑，而且可以阻挡不受欢迎的采访者。罗本岛成为黑人反抗帝国主义的历史的一部分。1658 年，一个叫奥特舒马约的科伊族反叛者——荷兰人称他赫里——第一个被流放到这里，他也是少数几个逃出去的人之一。荷兰人还把爪哇和摩鹿加群岛造反的酋长、国王和君主流放到这里。以后，英国人在 19 世纪占领好望角，将曼德拉从孩童时代起就一直崇拜的那些英雄中的某些人放逐到该岛上。马卡纳和马科玛是被殖民者优势兵力所击败的阿马科萨人的伟大、勇敢的酋长们。他们俩分别在 1819 年和 19 世纪 50 年代被关至该岛。马卡纳逃出去时淹死了，一些犯人称此岛为马卡纳岛。英国人把各种族的慢性病患者、精神病人和穷人们送到岛上，其中还有麻风病人。很多人死在岛上，他们的尸骨与那些死于无期徒刑的黑人囚犯的骨头以及被放逐者的骨头混在一起。1959 年，司法部长沃斯特宣布，罗本岛将是关押“非白人犯人”的最安全可靠的监狱。据称该岛固若金汤，因为不允许任何船只驶近 1 英里以内，而且海面上水流湍急。

政治犯属于 D 类：每 6 个月允许写一封 500 字的信，可以进行一次探监，只允许谈家庭琐事。温妮曾形容说在失去“形象如此高大的人”的最初几个月里，她“痛不欲生”。当她“摸索着前进，努力适应”时，就反复读他的第一封信。

当第一次探监日期到来时，温妮同阿伯蒂娜·西苏鲁和卢图利的女儿阿伯蒂娜·恩加卡娜（她的丈夫在服短期徒刑）一起出发。她们千里迢迢来到开普敦。在码头上，她们要在犯人探视记录簿上签名，同意遵守以下规定：不许带相机，不准带猫、狗，不许带 16 岁以下儿童。坐渡船过海需 45 分钟，最后她们终于到了罗本岛。狱吏把她们从码头押送到探视室，一路上什么也见不到，因为一面是高墙把监狱遮起来，另一面是大海。温妮头一次听到以后她每次探视丈夫都要重复的警告：一位高级官员告诉她，不许讲科萨语，或者谈论除了孩子和“直系亲属”外的任何人的任何事。如果她违反规定，就会被停止探监。

与此同时，曼德拉和其他允许被探视的人也受到同样警告，不许谈论监狱情况。当听见叫到自己的名字时，就去探视室。

丈夫和妻子终于相见了，每人有二三名看守陪着，彼此只能透过小窗户模糊地注视着对方，通过看守控制的电话听对方说话。通过这种别扭的方式，他们尽情分享着彼此的喜怒哀乐。那时泽妮 6 岁，津姬 4 岁半，他们谈论女儿的发展和需要。津姬刚上幼儿园，但她不愿待在那里，要像姐姐一样去上“正式的”学校。曼德拉同意了温妮的意见，说她可以这么做。看守喊了一声“时间到了！”，半个小时的会面便戛然而止。

温妮她们几个在监狱出口处游荡，以便在她们的丈夫被押送回牢房时能看上他们一眼。阿伯蒂娜·西苏鲁不禁惊叫；“哎呀，我们的亲人变得越来越小了！”她又说：“但他们的精神多么坚强。”随后她们被押送走，回到渡口，回到大陆，然后长途旅行回家。在那些稀罕的探视中，温妮还能见到曼德拉的长子滕比，他住在开普敦，偶尔获准探望他的父亲。

在奥兰多家中，温妮告诉孩子们关于她们父亲的情况。泽妮所能记起最后见到父亲的情形，是人群和司法大厦外面的小汽车。禁令越来越严格，限制得温妮也不能陪她们去上学。温妮描述了禁令对她的影响，那些命令禁止她进入学校或访问除奥兰多之外的任何非洲人居住区。

政府的禁令中止了温妮在儿童福利部的工作，警察对雇主们的威胁增加了她谋生的难度：她从城里一家家具店转到一家干洗店，然后又到修鞋店。

温妮从一个腼腆的女孩长成了一位漂亮的少妇，有一种曼德拉式的活力。有时，孤独和各种担子常常令人难以忍受，而孤独又加重了她轻信人的弱点。经过几年的时间；她发现两个她认为值得信赖的朋友原来是警察的线人。当安全警察设法散布谣言，说她是个告密者时，一些政治上的朋友排斥她，这使她很痛苦。当局总是让罗本岛上的曼德拉听到这些花边消息，可是他成功地传出口信，要求人们在这样困难的时刻支持他的妻子。

卑鄙的南非政府不仅迫害曼德拉，而且千万百计加强对温妮的限制。温妮·曼德拉和他们的孩子们在纳尔逊被囚罗本岛的岁月中，饱尝了生活的艰辛和深切的离愁。

1961 年，温妮被政府禁止书写或发表任何东西；1967 年她两次被捕，被指控触犯了这样那样的禁令。在警察局牢房里待了 4 天之后，她被判处 14 个月的缓期徒刑。

“在奥兰多，我从未能像一个母亲那样，拉住幼小的女儿们的手，把她们送到学校，将她们介绍给她们的教师，这本是每一个母亲在孩子开始上学时的应有的权利。每个母亲都非常盼望有那么一天。我从未讲过我孩子上的任何一所学校，也从未见过我的孩子们的任何一位老师。我不能那样做，因为那将意味着违犯对我的禁令。

“孩子们很小的时候，我就把她们放在寄宿学校。开始是在斯威士兰的一个罗马天主教会学校。具有讽刺意味的是，学校的名字叫‘忧伤圣母’。实际上她们只得自己照顾自己。”

多年后她这样述说那种折磨人的日子对家庭的影响：“就南非黑人妇女而言，每个黑人家庭都是一个政坛。黑人妇女发现自己不得不向孩子们解释社会上正在发生的事情。津姬大约6岁的时候，她问我一些问题，这些问题每一位母亲都要面临。她在外面玩着，然后进到家里说：“妈妈，你说爸爸在监狱里是因为他为黑人而战斗吗？”我说：“是的。”她接着说：“但是隔壁小朋友的爸爸在家里呢。为什么我的爸爸在牢里，而隔壁的爸爸不呢？”

童真的疑问，听来怎不令人辛酸？在罗本岛上，被《泰晤士报》称为“南非民主主义巨人”的曼德拉，编号466/64。他在海滩上采集海藻，制作肥料。那种工作非常累人，而且在南大西洋冰冷海水冲刷过的沙地上行走更令人不舒服。远处的开普敦港，船舶进进出出，很是繁忙。

有一次，曼德拉说：“南非的监狱想让我们失去战斗力，使我们再也没有力量和勇气去追求自己的理想。”但实际上，这些人不仅仅被当做犯人，而且被作为黑人来对待。这样做结果适得其反，因为这加剧了他们的反抗。

与此同时，乔治·比泽斯讲了他第一次参观罗本岛的见闻：“八名卫兵列队向我走来，中间夹着的是纳尔逊，他穿着凉鞋、短裤和制服上衣，很放松地站在他们中间。他说：‘乔治，我想向你介绍我尊敬的卫兵。’接着他把八个人统统介绍给我！”

年复一年，曼德拉和他的同志们一直服苦役，不挖石灰或敲石头的时候，他们就修路。有一次，他不舒服，不能把一块沉重的石头搬到卡车上去。当时总监狱长正同狱长们一起视察，发现曼德拉拒绝执行命令。他被控偷懒和不服从法令，受到罗本岛司法官的审判，被判处6天单独监禁，并吃节食餐。单人牢房冰冷冰冷的，而节食餐就是煮过米的汤水。

破坏犯人士气的努力取代了60年代初期很普遍的体罚。埃迪·丹尼尔斯（自由党党员，“非洲抵抗运动”破坏活动部成员）说：“我们被送入监狱，政府有两个目的：摧垮我们的士气并让世界忘记我们。他们灰溜溜地失败了。有曼德拉和西苏鲁同我们在一起，我们没有被削弱，他们帮助你坚强起来。”他还说：“曼德拉教我如何生活。我生病时，他会叫所有别的人来照料我。他亲自来看我，甚至给我倒大小便。”

通过绝食、怠工和其他形式的抗议，以及国际上越来越多的关注，政治犯的待遇有所改善：他们相互间可以交谈，伙食得到改善，增加了毯子，还发了长裤。丹尼斯·布鲁特斯描述过这种情景：夜晚，看守们走了以后，某个犯人会开始用哨吹一支曲子，虽然吹口哨是不允许的——就会听到另一牢房的和声，直到口哨声四起，汇成小型的口哨乐队。

犯人们不断抱怨医疗工作疏忽大意，麻木不仁。典狱长的定期更换也令人不快——每个新狱长都有自己的馊主意，犯人们必须想办法对付。有一个典狱长绰号“铁汉”，幸亏他只待了6个月就调走了。后来有一任典狱长稍好一些，他确实听取了犯人们的牢骚，但他又被换走了。

尽管条件很艰苦，曼德拉仍坚持天天锻炼身体。监狱生活虽然十分单调。他却发现，既使在狱中日子也每天不同，所有犯人都这样认为。新的一天对他们来说，是友谊不断发展、共享经历的一天，是重温往事，再次坚定对未来信心的一天。

曼德拉喜欢讲他在滕布兰度过的青年时代和谈论自己的非洲之行。有时幽默感来了便对旧事大加发挥。他谈起自己经历过的一件事，说他在加纳乘坐一架由非洲人驾驶的飞机时感到惊慌失措，他们怎么会驾驶大型喷气式飞机呢？他的怀疑完全是情不自禁的，这是在南非从小接受教育的结果。飞行中，当驾驶员出来与乘客聊天时，他想，这些非洲人多么不负责任啊！他不知道这架飞机是自动驾驶的。

他的一个难友帕斯卡尔·恩加卡尼博士说：“不论环境多么不利，你总会找到一些东西乐一乐。”“这是人类本性中的保护机制。有一次，监狱看守要求我们凡是有驾驶执照的站到一边来！我们中间会开车的就站到一边。我们想，可能让我们去开卡车，可是交给我们的却是一些独轮车！”

1965年人们相当兴奋。因为他们听说，布拉姆·费雪由于领导非法的共产党的罪名将受审，他已转入地下，力图恢复斗争。在大约一年的时间里，他躲过了当局的搜捕。政府通过一条新的法律：对保安警察想要提审的任何人，都可以拘留180天，单独囚禁。没几周，他们得到情报，费雪也遭逮捕并受到审判，被控他与在“利沃尼亚审判”中为之辩护的那些人同谋。他被判处终身监禁，同其他白人政治犯一起关在比勒陀利亚中央监狱。

从看守们的举动中常可以觉察外边可能发生了什么重大事件。这种时候，曼德拉和岛上的犯人们就受到更加粗暴的对待。如1966年纳米比亚爆发武装斗争时就是如此。政治犯们只知事情的梗概，详细情况是“西南非洲人民组织”领导人安丁巴·贾·托伊沃来到这个监狱后才搞清楚的。托伊沃关在一“隔离区”，要服20年徒刑。非洲人民解放斗争不断出现新情况：安哥拉、莫桑比克以及现在的纳米比亚的斗争都在不断发展壮大。

J·B·斯沃特接替维沃尔德博士担任总理，后者于1966年9月在白人议院中被一名精神错乱的白人信差刺杀。

第二年，有些“民族之矛”成员被送到罗本岛上服长期徒刑。他们是被罗得西亚[1]军队俘获，交给南非警察的。他们同乔舒亚·恩科莫的津巴布韦非洲人民联盟一起，组织了一支游击队，打算在赞比亚与南非中间地带建立根据地。这个设想不周的方案要穿过大片野生动物保护区和茫茫的灌木丛生带，而且他们缺乏装备和经验。结果是一种灾难。

在南非，政府通过了《反恐怖主义法》。1969年5月12日凌晨两点，第一批人遭到逮捕。在曼德拉家里，泽妮和津姬都放假在家，她们正和母亲在睡觉，这时警察砰砰地敲门，手电筒透过窗户往屋里乱照。他们命令温妮穿好衣服。因为孩子们紧紧地抓住她的裙子，恳求警察放开她，温妮请求把她们送到她姐姐尼基韦·克斯巴那里，她就住在附近。警察粗暴地拒绝了温妮的要求，她只得把孩子们留在家里。就在两天前，她曾去看过一位专家，那位专家诊断说温妮有心脏病，这一情况安全警

[1] 津巴布韦在白人统治时的旧称。

察也知道。第二天早晨，泽妮与津姬去找她们的姨妈时，她们得不到一点关于温妮的去向以及她的健康状况的消息。在罗本岛上，曼德拉很快就知道她已被捕。

政府指控温妮·曼德拉从她在罗本岛上的丈夫那里得到“指示”。简而言之，罪名归结起来就是他们在约翰内斯堡、东开普和纳塔尔恢复了非洲人国民大会。将有 80 人作证，他们中大多数人还处在监禁之中。令温妮尤为痛心的是，她最小的妹妹诺尼阿尼索“公主”也遭到监禁。在她们母亲去世后，温妮像妈妈一样照顾诺尼阿尼索，背着她走很长很长的路。

1970 年 2 月 16 日，法官宣布：“我判定你们无罪，你们被释放了。”温妮和伙伴们还没来得及与亲人、朋友们团聚庆贺，观众们就被命令退庭，这 22 人被重新拘留。还是根据《反恐怖主义法》，他们又回到单人牢房，准备接受进一步的“审讯”。

1970 年 2 月 25 日，《纽约时报》评论说：“起诉的战略看起来很清楚，政府干脆把被告们关押起来，直到政府能够获到或捏造更多的‘证据’”。当然，要采用暴力手段，而这种方法已成为南非“公正”的特点。

在温妮被捕后两个月，狱长把曼德拉叫到办公室，告诉他说，他的儿子滕比在一起汽车相撞的车祸中丧生了。小时候，滕比最受曼德拉宠爱。后来，他拒绝去罗本岛探望曼德拉，显然还没有原谅曼德拉离他母亲而去。看守们描绘了曼德拉处于极度痛苦中时的情景：好几天晚上他都睡不着觉，只是站在他那单人牢房的小窗户旁，出神地往外看。

在南非国内以及海外，越来越多的人对南非政府虐待温妮·曼德拉和她的同事们表示抗议。6 月，政府撤消了对其中一人的指控。温妮和其他 19 人再次受审，这次是根据《反恐怖主义法》。1970 年 9 月 14 日，法庭宣布他们全体无罪开释。他们在单独监禁中总共度过了 491 天。

温妮在一封给伦敦一位朋友的信中说：“在整个的这次考验中，最让人感到安慰的是，在争取人类尊严的斗争中，我们知道自己不是孤立的。

这的确是对一个人理想坚定与否的严酷的考验……如果我们想使自己的孩子免受我们所受的不公正待遇，我们就要下定决心不惜代价斗争到底。”

10月，政府颁布了针对她的新禁令，期限五年。这个禁令不但不允许她离开奥兰多，而且每个晚上和整个周末以及公共假日她都要受到软禁，任何时候都不得会客。有一次她生病，她的一个姨妹来看她，温妮立即被捕，理由是她触犯了后一项禁令。折磨似乎没有任何限度。

但是一个月后，在得到可以离开奥兰多的特许后，她终于可以去看望她丈夫了，虽然只有半小时。他们已经有两年没见面了。

在罗本岛上，曼德拉起草了一份请愿书，他和另外21人签了名，要求政府释放一切政治犯。请愿书指出，亲德国的阿非利卡民族主义分子在第一次世界大战时曾背叛祖国，造成数以千计的伤亡。在反对希特勒的战争时他们再度叛国，可是只坐了几年牢就获释了。曼德拉和其他签名的人要求享有同样待遇，并且指出他们之所以得不到同等待遇，只是因为他们是黑人造反者。海伦·苏兹曼到罗本岛上同他们讨论这一请愿书，她指出："你们与他们之间的区别在于你们的斗争仍在继续。的确，1915年的叛乱分子获释了，但他们的斗争被挫败了。你打算说你们要放弃武装斗争吗？"

“不”，曼德拉答道，“在我们的人民获得自由之前，我们决不放弃武装斗争。”

1978年11月7日，纳尔逊·曼德拉将开始他在狱中度过的第17个年头。他和其他几百名来自南非和纳米比亚的自由战士被关在戒备森严的罗本岛监狱里。这座小岛扼守着开普敦港的入口。

罗本岛，更多的南非人把它简单地称作“埃塞奇蒂尼”，已经深深地与黑人抵抗殖民主义和为国民的自由而斗争的历史联系在一起了。在科洛科洛人和荷兰人在1658年的战争结束后，奥特舒巴约被放逐到那里，这在种族主义历史学家像哈端等人的书中都有记载，他是我们所知道的唯一一个成功逃出该岛的人。之后被关押在那里的有许多爱国者和自由战士——包括一些英雄，诸如第四次科萨抵抗战争中科萨军队的指挥官马卡纳，

1834 年第五次科萨抵抗战争中的指挥官马科玛，被 1873 年纳塔尔的法庭宣判为“严重叛国罪”的胡鲁比首领兰格里巴里里，在那些生活并死于该岛的人当中，包括来自爪哇的政治流放者拉图·曼图拉。

罗本岛——这个臭名昭著的关押政治犯的监狱，曾作为麻疯病隔离所、二战时期的海军堡垒是一个小小的石灰石岬角，荒凉、多风，受到来自南极的本格拉寒流的冲刷。这个岛有着纵横交错的地下通道，据称是防御工事的一部分。该岛还遮掩着朝向大西洋的重炮。该岛的历史联系着南非黑人受奴役的岁月。纳尔逊·曼德拉已经在这里住了 16 年了。60 年代初，当维沃尔德是白人总理而且沃斯特是司法部长之时，该岛被重建成为一个政治犯监狱。他们把纳尔逊·曼德拉和其他自由战士囚禁在那里，希望这样就能抹去这些南非人民常常提到的名字，使他们不为人知。

但是，纳尔逊已经变成了一个活着的传奇人物，人民通过他们的行动揭穿了南非疯狂的种族主义统治者所设计的谎言。

群众对纳尔逊·曼德拉的认同超越了曼德拉个人的范围，将他看做“民族之矛”的第一个总司令，正是这种认同将群众带到了“民族之矛”和非国大的同一条战线上。

纳尔逊·曼德拉个人不能和“民族之矛”及非国大分离。他首先是非国大的产物，他在非国大的阵营内发展了自己的政治事业。这种发展不是仅仅对其政治觉悟的锐度和深度进行了规定，同样重要的是，他找到了自己作为一个组织、一个队伍、一个集体的一部分的工作方法。无论在狱内或狱外，他都在继续斗争。

## 二、铁窗之谊——访马哈拉吉

S·R·“MAC”·马哈拉吉于 1964 年 12 月被判处 12 年监禁，罪名是从事破坏活动。除了三个月外，他的刑期都在罗本岛与曼德拉及其他非国大领导人在一个牢区度过。

1978 年，“MAC”·马哈拉吉在伦敦接受了一名 IDAF 研究、信息和出版部成员的采访。从这些问答中，我们可以了解到罗本岛的监狱条件。

问：曼德拉的牢房如何？

答：他住在一间混凝土牢房内，牢房 7 英尺见方，大约 9 英尺高。靠一个 40 瓦的灯泡照明。开始室中只配备了一套被褥，没有凳子、没有桌子，什么也没有。后来在我们的要求下，有些牢房配备了 2 英尺宽 2.6 英尺长的桌子，后来我们这一牢区的囚犯都有了。他们靠墙修了像邮局那样的柜台，但没有凳子。我们只好站着工作。后来他们提供了凳子和一个木书架，那只是一块能放书的板子。但我们自己弄到了硬纸板和塑料，做了一些碗橱，大约在 1973—1974 年，当纳尔逊生病时他被首次给予了一张床，所以他的牢房中有张床。让我想想，啊，对了，因为他背部有病，他得到了一把椅子，换下了那个凳子。

问：他在狱中有热水用吗？

答：从我们被监禁直到 1973 年，我们只能得到凉水。有时候他们把我们洗澡用的盐水换成海水，后来又换回到盐水，从大陆上用油箱运来新鲜水供我们饮用。1973 年他们把热水引入了单人牢房区，比引入监狱的主体部分稍早一点儿。有了共用的淋浴设备。这时，你会发现一种典型的管理方式，你刚开始享用的设备被用作一种惩罚工具。谈到淋浴，让人立刻想起一件事：在严冬，当我们进行反对当局的斗争时，我们发现热水突然没了，其后几个星期也没有。这种事在他们给我们放音乐磁带时也发生了。一旦你习惯了什么，这件东西就会被用作惩罚形式——它会被夺走。当然他们不叫它惩罚，但你会发现一年中有 6 个月不能正常使用它们。

问：你们有什么卫生设备？

答：在单人牢房区我们有公共厕所，但只能在牢房开门时去，在牢房中，当你被关着时——每天你有 15 小时被关着，周末则达 17 个小时以上——他们给你一个马桶，还有一个大约能装 2/3 品脱水的塑料瓶，当你被关着时用来喝水或干别的什么。

问：曼德拉吃得如何？和其他囚犯相比怎么样？

答：在他被关押的开始阶段，当纳尔逊作为利沃尼亚集团中的一员来到罗本岛，监狱看守的头目向他提供了特殊膳食。纳尔逊拒绝了，因为他意识到这仅仅是拐弯抹角地使他的饮食与其同事不同，健康状况只是一个遁词。所以他吃的是普通犯人的伙食。当然根据你是非洲人、有色人种或土著人伙食而有所区别。举个例子说明一下：早饭大家都有粥（玉米面的），但非洲人同志们被允许放半匙糖，土著人和有色人种能放一匙，午饭时非洲人可能得到的是简单的煮玉米，第二天说不定是煮“塞普”，二者都是玉米制品，而同一区内的土著人和混血人种人同志可能也会得到“塞普”，但不会和黑人在同一天，然后第二天可能就是玉米饭，是用更碎的玉米做的。因此尽管你不得不吃按种族分发的食物，但其实他们大多数是一种东西——玉米的不同制品。现在纳尔逊也被这样对待，略有不同的是近年来他的饭是不放盐的。

当 1973—1974 年他生病的时候——这是高血压引起的——他得到了治疗，还得到了一张床，并被给予外加的病号饭。他还不得不吃不放盐的饭，因此他的食物是单独做的，那是和别人同样的饭只是没有盐，此外他还有些牛奶喝。

问：囚犯们是怎样被彼此分开的？一共分多少组？

答：当我到岛上时那里的囚犯被分为三组——其一是那些住在“单人牢房”中的人，包括参与利沃尼亚审判和其他一些人，加上斯沃普的托伊沃；其二是一些人住在监狱主牢区中，那里是公共牢房，被一面墙分为两部分，那是一座主要关押南非政治犯的建筑物，但也关了一些刑期短的纳米比亚囚犯；其三是住在另外的公共牢房中的人，那是一个较小的牢区，主要关押纳米比亚的同志，但也包括一些因《反恐怖主义法》而遭判决的南非人，有好几个非国大成员。

从 1977 年 3 月起，又一处公共牢房建成，那里关着近两年宣判的人，尤其是年轻人，目的是使他们和囚犯的主体分开。

问：你们中有30人左右住在监狱的特别牢区——这些人全都关在单人牢房里吗？

答：全是。那一牢区有个特点，即那里全是单人牢房，每间牢房只住一人，全部人都是如此。

问：曼德拉现在是A组囚犯，这和书信及访问的条件有什么关系？

答：噢，他被允许每月收发各三封信，每月可以会见两次，每次两人，每次半小时。

根据条例，A组囚犯应当可以进行“接触”探访，但政治犯不行。另外，A组囚犯应当可以看到报纸，听到收音机，但他们也不行。

问：曼德拉在岛上都干些什么活儿？他现在在做什么？

答：当纳尔逊1962年被宣判时他正被单独关押在比勒陀利亚中心监狱里，1963年他被转送到罗本岛——在岛上的两周他被关在牢房里，什么也没有做，突然他又被送回到比勒陀利亚的单人囚室，然后在利沃尼亚案件中受审。他于1964年6月被宣判，和他的同志们一起被带回到罗本岛，并被关在一个“锌牢房”（即临时牢房），在那里他被完全隔离，单独囚禁。接着他被带到现在住着的这个特别为利沃尼亚审判中的人员盖成的单人牢房，在那里这些人首次被全部隔离。

然后他们被安排用四磅的铁锤砸石头，把它们砸成小碎块，在这里我第一次加入了他们，我们干到1965年2月，被带到石灰采石场，用镐和锹挖石灰石，再把它们打碎装上卡车，直到1973—1974年，这就是我们的主要活动形式。这种劳动还穿插着一些为期很短的其他工作——一次是修一条通向罗本岛机场的路，还有几次是修整坚硬的路面。在1973—1974年我们被第一次带到海边。在那里赤手空拳收集水草，这是轮换性的工作，我们有时收集水草，有时在石灰场干活。当局早已答应红十字会停止石灰场的工作，但尽管答应了，他们直到1975年左右才停止这么做。

我能报告的最新情况是，当我在1976年11月初离开该岛时，关在单人牢房里的同志们已经完全不出去工作了，这样他们已经有一年半时间什么活也没有。这个时候他们的学习机会已经被削减，这意味着单个牢房中的大多数人没有在搞学习。因此他们又一次被单独囚禁。就像我们敲石头时那样，他们只能在只比网球场稍大一点的四方院里活动，连看一眼草叶的机会也没有，除非是出去接受探访。

问：请谈谈那个四方院。

答：那里原来想当做运动用的院子，1975 年他们同意我们在那里建一个排球场，我们自己建成了它并将其改为一种网球场——但有 30 名囚犯，你知道他们不能都玩网球，而且有些人的身体状况也不合适。我有一位同志，他说现在他们不工作了，生活十分单调，他说周末也失去了意义，每天都是一个样子。当然，我们不停地要求允许我们进行创造性的工作：写诗、做木匠活儿、编篮子，你可以按自己的节奏干这些工作，你做的事情富有创造性，而且还可以看到你正在做的产品，但当局顽固地拒绝这类工作要求。

问：曼德拉在岛上日常生活如何？你能说说一个关在单人牢房中的囚犯一天生活的主要内容吗？

答：我将谈谈在我最后两年监禁生活中典型的一天，这两年在 1974 到 1976 年之间。

我们一年中在不同的时间起床，夏天早些，冬天晚些。夏天是 5 点，冬天是 6 点。当我们醒来后出去顺着走廊来到一个有公共浴室和厕所的地方，我们有半个小时供每个人洗漱并清洗马桶。那里有 4 个水池供全部 30 人洗漱和修面，修面和刷马桶都是必须的，如果你想洗澡你就必须在半小时内完成。

然后就分发食物，食物被用罐子送到监狱的这一牢区，放在门口，由我们拿回来用盘子分给每个人，这项工作是由我们自己组织的自愿小组来做的。我们吃饭，在开门后一小时就得集合，除非看守们来晚了。然后我们出去干活儿。早些年有的时候我们可以走到工作地点去，这是一种乐趣，使我们能看到岛上的事物，但后来他们开始用卡车运送我们，以防我们从其他囚犯中走过。我们开始工作并一直干诸如清除杂草之类的活儿，直到午饭时间才可以停止 1 小时。食物被用罐子运来，我们用盘子分装，然后坐在地上——露天，没有桌子——用我们配备的一把勺子和一个钢盘吃饭，我们在 3 点半到 4 点间的某一时间停止工作，这一时间之所以这样安排是因为我们必须在此时回到狱中，所有囚犯都要花半个小时洗澡，分盛食物并清洗用具，然后我们在 4 点半或 4 点 3 刻被锁在囚室中，以便看守们可以在 5 点下班，由另一批看守接班。如果你没被允许学习，你就只能从 5 点到 8 点在室内活动，8 点上床。那些被许可学习入学考试（大致相当于毕业考试的一般水平）水平的知识的人可以学到晚上 10 点，学习大学知识的人可以学到 11 点。当你按规定睡觉时，灯依然亮着，但你应当在床上，连看书也不行。如果一个看守发现你在规定时间后看书，他就会责骂并惩罚你。在 70 年代早期，他们开展了播放音乐的项目，音乐从锁门时或大约 6 点播起，到晚 8 点结束。除了圣诞节、新年或其他被允许的时候，我们不能唱歌和吹口哨，个人和集体都不行。这就是典型的一天。

问：在晚上或其他什么时候，当你们在单房中时，彼此间可以交谈吗？

答：当我们到达那里时，我们被告知将被单独囚禁，这意味着我们完全不允许彼此交谈，甚至在牢房里时也不行。牢房中有朝向走廊的窗子，牢房就在走廊的两侧，小声和邻居交谈是有可能的，但这是不合法的，而且要受到惩罚。当然他们是根据我们是被单独囚禁这一点才这么做的。我们反抗的目标之一是他们没有权力将我们单独囚禁。当局作出让步的第一个标志是说我们已不再被单独囚禁了，只是被“隔离”。接着我们质疑这一点，说按隔离的规定他们不能不让我们谈话，其次这里的条件也和隔离不符，第三我们不应该被隔离。最后，作为我们向这些命令挑战的结果，我们得到了默许，囚犯可以在晚上 8 点前在他的牢房里和难友们交谈。当然当有了音乐后就不可能谈话了。那些学习的人也总是不想听到别人隔着他相互间喊叫或谈话。

就这样我们现在在干活儿时也可以谈话了。当局也不再把我们这一片牢房叫做“隔离区”，现在他们叫他“单人牢房”。

问：什么时候单人牢房中的囚犯可以进入四方院？

答：既然他们已经不再干活儿了，他们的生活就像（当我在监狱时）某些日子，因为看守不够或其他什么原因，尽管不是公共假日也不必去干活时那样：你比平时晚些被放出牢房，比如说早上8点，被留在四方院中直到11点或11点半，然后吃午饭，然后被锁进自己的单人牢房，在2点到2点半之间又被放出去，可以进入那个四方院，3点半时食物送到，4点前吃完饭，最后到4点半又被关起来。

问：有些日子——比如星期天——有什么不同吗？

答：在星期六和星期天我们被关起来的时间更长。给我们开门晚锁门早，周末和公共假日的午饭时间我们不能接近难友们，我们被锁在自己的单人牢房里，其他就和平时一样了。但是我没有把它描绘成单调的日子，因为在某种意义上来讲这些日子的确单调，但在另一种意义上对于囚犯们来说每天都是不同的，因为你可以和其他人谈话，发展友谊，你可以发展同志关系并总能发现你们有新东西可谈，你也可以一遍遍地回忆过去的事情。

问：曼德拉能得到什么图书设备、什么杂志和什么书写工具？

答：书写用具有：你只被允许得到按照准许你写的字数而确定的一些纸张，如果你是学生还可以得到一些其他书写用具。实际上最近一位被判终身监禁的囚犯已被永久性地剥夺了学习的权利，因为当局说他滥用自己的学习权利来记录自己的生活。

图书设备有：监狱中有一些所谓的图书设备，他们是弗亚斯公司1964年关闭其设在开普敦的分支机构时捐赠的，也有一些其他人的赠品，但这些书曼德拉和单人牢房中的同志们都看不到，在我们的要求下他们最终给了我们大约250册书。许多年来我们为争取定期更换这些书而斗争，致使他们现在把单人牢房中的一间腾出来专作图书的贮藏室。这些图书每年从监狱中的主要的图书馆运来，书的数量很有限，监狱管理部在它的印刷品中声称监狱图书馆中有 5000 册图书，但我们从未见过这么多。我在我们那个牢区见过的图书最多有大约 250 册，我想我读过那里所有的书。

这些书的质量是一个主要问题。它们都得受检查，结果尽管他们声称检查的是有关性和犯罪的图书，虽然很多方面的图书都能得到，但严肃的书籍——那是我们最感兴趣的书，例如历史、经济、世界地理、社会问题、社会发展——却非常稀少。好小说也非常少。我记得在我即将离开的那一年，红十字会捐赠了一笔钱买书。当局却没有告诉我们这件事，他们声称书是他们给我们买的。他们给了我们这个牢区 30 本新书，其中 25 本是达芙妮·杜穆里埃[1]写的。

问：杂志怎么样？

答：大约在 1974—1975 年他们允许我们自费订阅某些杂志。现在他们允许我们订阅阿非利卡语的周刊《家庭周刊》，但需经过检查，结果杂志被检查官裁剪了很多。我们也可以订《农民周刊》，也被裁剪过，还有《读者文摘》，依然要经过检查。我们也被允许订了一份南非的足球杂志，但因为所谓的“混合”运动的发展，该杂志被删剪得面目全非。我们还订了一份英国足球杂志，我想是叫作《足球》，也经过检查。甚至南非政府的出版物，比如说《全景》和《班图》也得经过检查。

问：你们能进行什么娱乐活动？

答：正如我刚才所说，我们有一个排球场改成的网球场。我们最终也得到了进行室内运动的机会，主要是乒乓球，还有些较安静的游戏，像扑克、24 子的国际象棋和 32 子的国际象棋。我们要求玩足球，但他们不让我们和别的囚犯玩，因为这就意味着把我们带出院子。然而他们开始给我们放电影，电影也先经检查，在我们这部分囚室是一个月放一次。

问：一份最近由监狱管理部的出版的小册子说南非现在有幸地处于

[1] 即勃朗宁夫人（1907—1989 年），英国小说家和剧作家。

“温和的气候”条件中，当然南非的冬天非常冷，岛上的囚犯们有足够的用具在冬天保暖吗？

答：岛上的气候很可怕，不是太冷就是太热。夏天那里酷热难耐，在石灰石采石场就更糟了。阳光照到石灰石上又反射回来，特别刺眼和灼热。冬天那里又非常冷，总是下雨，还刮阵风。特别糟糕的是我们的牢房，即单人牢房，尤其冷。那儿什么取暖设备也没有。在公共牢房，如果60个人被塞在原定只有25人的房子内，体温，大家的体温，至少能使那个地方的温度有所变化。但在单人牢房里，你独处一室，体温对改变屋内的温度起不到一点作用。相反，室内的温度影响你的体温，你会觉得非常冷。下面谈谈毯子：我们开始只有两条毯子，后来我们要求增加，他们就多给一些，渐渐地毯子够用了，现在我们每人至少有5条，床上用品诸如床单、枕头、床罩、睡衣都不给黑人政治犯用。再说说衣服：衣服过去是用卡其布和帆布做的，每年4月25日发给我们每人一件毛衣，9月25日收回，不管其间日子是冷是暖。我们被配备了短裤，土著人和混血人种冬天有长裤，但后来有了变化，他们给我们发了一种更保暖的布料制成的夹克，还发了一年中任何时候都可以穿的长裤。黑人、亚洲人和混血人种都有。毛衣仍是一件，4月25日发下来，9月25日收走，而在单人牢房区仅一件毛衣是不够用的。说说雨衣：他们直到最近才给了我们雨衣供工作时穿，那只是一种橡胶制成的无袖披风，以使黑种工人能够在雨中继续用锹、镐劳动，雨衣一点也不保暖。

使我们很吃惊的是，大约在1972—1973年间的一天，当局给我们每个人发了两条短裤和两件马甲。接着，红十字会在几周后来看我们了。那些马甲留给了我们，大约一年后换了一次。但从1974年我们就再没有得到替换的马甲了。

还有一点：在我们的牢房里不允许在坐着读书学习时把毯子裹在身上取暖，我们只能斗争，后来终于获得了允许。但即使现在允许了，也要看行政长官的念头，而行政长官至少两年换一次。当一个新长官上任时，我们就得重新斗争一次，因为他说条例规定所有毯子白天都得叠起来。

问：冷天怎么收集水草？

答：当潮落时我们才在海滩上收集水草，但也得往水里走一点儿，当然我们不肯这样做，说他们必须给我们提供合适的服装。最后他们给了我们长统橡胶靴供劳动时使用，另外我们还得赤手空拳地干活。在我离开监狱前，那里出现了一次危机，我们以为这次危机只和劳动条件有关，但其实那正好和索韦托起义的开始时间一致。那天当我们干活儿回来时，看守骂我们活儿干得不好。那天非常冷，我们被水草弄得身子、衣服都很脏，所以我们冲进淋浴室打开水龙头，但水是凉的，没有热水。后来在天气冷得无法干活儿的时候他们还带我们去劳动，天下着小雨，我们不肯出去，我们试图就此找当局谈判，他们不肯来，我们的情况严峻。我们不想自发地行动，我们想在囚犯们中间先进行些试探和商讨——但囚犯们太愤怒了，一部分人主张我们应当自动拒绝工作。但是在这种环境下拒绝工作当然会使我们面对指控，使我们被定罪并受到处罚。

你要知道，我们已经找到了一条做囚犯的公式：我们只拒绝去做那些有损于尊严的事，并以此来判断是否应当采取公开的反抗行动。否则我们就说：我们可以去劳动，但他们必须提供管理条例要求他们提供的条件，我们这可不是在表示拒绝。所以这次我们还得借助于这个公式。这次我们只好组成了一个代表团去见监狱当局，在长时间的争论之后我们又被迫出去干活儿，最后我们拒绝在气候恶劣的日子里劳动，于是这些日子里我们的冷水被切断，音乐也不播了，我们被锁在自己的囚室里。但在一个月内我们就取得了斗争的胜利——因为我们最终迫使行政长官会见了我们。我们指责他说他是故意采取这一切措施的。就此当局回答说：不，这只是一起事故，冷水不是故意切断的。看守不该在那时要你们去干活儿，但你们也应该听从他的命令出去干活，以后再来向我反映。

问：你能说说这些年来曼德拉和单人牢房中其他人的待遇有什么变化吗？这些变化是由什么引起的？

答：我应强调一下，曼德拉的待遇和单人牢房中其他囚犯完全一样，因此我描述的普遍条件对曼德拉也适用。事情的确在变，早些年，我们不仅在心理上感到压力，还受到公开的粗暴对待，而现在从这个角度看来我们这些在单人牢房中的人比那些住在监狱主体地区的囚犯的处境要好。我们中的有些人遭到过袭击和殴打，但这并不是普遍现象，而在监狱主体地区，这种袭击是家常便饭。当监狱工作人员不仅使用警棍而且使用镐柄打人时，他们叫它“行动”。在我们的牢房区，我们相信早些年中公开的暴力也是得到抑制的，因为这里住着来自各国的囚犯，全世界都在看着他们会得到怎样的对待。世界的注意力集中在像曼德拉和利沃尼亚的受审者这样的同志身上。我想就是这一点使当局有所收敛。然而对个人的袭击也有发生，我们被单独殴打，没有其他人可以作证，比如说被带到一间囚室或办公室里遭受殴打。纳尔逊本人没被打过，但他见过暴力场面。我们这个牢房区发生的最后一次集体被打的事件，如果我没记错的话，发生在1971年3月21日，在晚上10点左右有大约30名看守在单人囚室内打了我们中的28个人，纳米比亚的同志们也被打了，从那时起袭击事件渐渐没有了，但我们心理上受到的压力增加了。

我们遭受的对待经常变化——我相信大规模的袭击殴打随时可能重新出现，而在我1976年出狱后它们果然重新出现了——这是因为我们是政治犯。了解外界发生了些什么的最好方法就是分析我们受到的对待如何。当“西南非洲人民组织”开始武装斗争并首次在纳米比亚发动攻击，我们发现我们的待遇变了，意识到这个国家有什么事件发生，几周后我们偷偷运进来了“西南非洲人民组织”开始武装行动的新闻。类似地当非国大——津巴布韦解放组织联军在津巴布韦发动攻击时，我们通过更坏的待遇猜到发生了什么事，尽管一段时间之后我们才确切知道这件事是什么。有趣的是，在1976年，我们并没有像索韦托及其后的起义时那样，随着这些后来平息了的起义受到公开的暴力虐待，当局进行了绝望的努力想切断我们偷偷得到新闻的渠道，想试探并查清我们是怎么得到这些消息的，并阻止我们这样做。在某一时期，有一两个月新闻来源完全被当局切断，我想当局并未确切知道我们是如何得到新闻的，只不过是普遍加紧了防范，影响了我们非法取得消息的途径。

正如我所说，我们是政治犯，我们得到的对待是经常变化的，但是，我们相信自己的处境依然体现了监狱当局的基本目标：贬低我们作为一个人和一个自由战士的人格。这样我们能指望有什么改变呢？在某种程度上条件确有改善，而实际上当局采取的策略是：无论他们被迫进行或允许何种改善，后来都将通过某种方式的紧缩来取消它。

这些改善之所以实现首先是因为政治犯们的斗争。我们单独或集体行动，在行动中像曼德拉这样的人扮演领导角色，把我们带到一起，领导我们进行战斗，充当我们的代言人。我们采取过绝食斗争，采取过拖延战术，我们请过愿，写信和口头表达不满，我们甚至曾组织代表团去见像司法部长吉米·克鲁格这样的人。

还有就是外面的运动的影响——这场运动发生在国外或在国内，但在监狱之外。这场运动主要围绕着释放政治犯的问题进行，但还包括一点：政治犯的待遇问题。我只是在出狱后才完全了解这场运动的深度和广度，但在狱中时我们也知道它并且可以看到证据。红十字会和一些名人来岛上看望过纳尔逊，这也是重要的力量，但我依然觉得我们受到的对待和南非斗争发展的普遍形势有关。

问：国际上为了改善囚犯待遇而向当局施加的压力，怎样帮助改变了岛上的条件？

答：我认为要想回答这个问题，首先要扩大“条件”的概念，告诉你我是怎样理解它的，我说过连我们的食物和衣服也在变化，劳动时间、工作条件也在变化。这是我们能看到的物质方面的变化，但是我想国际舆论和压力还起到了另一个很重要的作用，而这个作用不容易衡量，它就是对我们保持士气和良好的精神状态方面所起到的帮助作用，因为一个人如果感到自己并不孤单，如果他对自己所做的一切感到满意，并且他是为了一个正义的事业坐牢，这个事业必将胜利，他就会适应最坏的条件。我觉得国际压力已经在帮助我们保持士气方面起了作用。国际压力并不是使我们保持士气的唯一因素，但它改变了我们对身边物质条件的态度，使我们精神振奋。现在甚至连物质条件也改善了。我们不再因这些条件而困窘，所以我相信国际压力在两重意义上都起到了重要作用。他没有引起重要和根本性的变化，但他总能使得我们在监禁中生存下来，在监禁中，甚至那些被判终身监禁并被告知他们不会活着出去的人都确信他们不会在狱中待太长时间，他们将活着出狱。

问：从60年代中期开始，一些新闻记者到岛上的访问被广泛传播。曼德拉和其他囚犯对这些访问的态度如何？

答：只有一次公开的访问，那是在1977年4月由22—25名新闻记者进行的，还有些其他记者的访问，我记得有一个纽曼先生在1964年访问了该岛。还有一个叫麦克尼柯尔的澳大利亚记者，我们见到了他，我后来读到了他的报道（我要求要一份，但没得到），很感兴趣，但他对监狱的看法的确和我们不同，现在谈谈1977年4月那次公开访问。那时我已出狱——你知道我向新闻局写信抱怨，对其新闻报导一行一行地提出质疑，因为他们不准确而且歪曲了事实。

我们的态度也随着时间变化，纽曼见过纳尔逊和沃尔特（西苏鲁），麦克尼柯尔见过从我们中挑选的几个人，其中包括纳尔逊。从传回的新闻中我们看到他们是如何歪曲报导的，他们的报导方式也与和我们事先谈好的不一样。这些经历使我们确信，像曼德拉这样起领导作用的同志不能让自己处于这样的情况下：未经通告就被监狱管理部叫去，告诉他们这是怎么怎么回事然后就去接受采访和进行讨论，因为这样一篇声明就形成了，这篇声明会被看做狱中领导状况和运动的反映。我们的态度是：我们不怕采访，但我们必须事前得到通知，采访的记者也必须自己与监狱当局谈判，以便他们作为访问和交谈结果的稿子必须让我们审查，看他们都写了些什么，尽管当局禁止我们看新闻。之所以这样要求是因为我们没有对报导作出反应的权利。一个普通公民能够写信或打电话给新闻机构对关于它的报道发出质疑，但我们不能，而且我们的声明会被拿去当做反映我们在这个国家政治发展中立场的权威说明。所以我们现在（我在1976年11月出狱时）的态度是：我们依然欢迎新闻界，但前提是我们必须得到监狱当局诚实的通知，包括谁要来、来自哪一家报社，还有适当的介绍，我们必须有权决定我们中的哪些人去和他们谈，这样我们才能任命以我们的名义讲话的人。监狱管理部不能先把纳尔逊叫去，一两个小时之后又叫另一个囚犯去见记者，而这个人正是监狱当局试图说服他讲一些对他们有利的话的那个人。

问：你们能和非单人囚室区的囚犯们进行接触吗？

答：噢，我应该这样回答这个问题，在南非现在进行的审判中，据称我们彼此保持接触，但实际上各牢区之间被彼此隔离，你可以据此自己得出结论。

当我在那里的时候，那里有三个牢区，我们和其他两个牢区被一面30英尺高的墙隔开。监狱当局竭尽所能不使我们有彼此看一眼的机会。但是，绝食斗争在所有牢区不断进行，一次斗争早在在一个牢区开始，到午饭时或最迟到晚饭时全部三个牢区就都绝食了。我想当局知道，我们也没有掩饰我们没有甘心被隔离这一事实，我们将尽一切努力与各个牢区的同志进行联系。他们所不知道的只是我们是怎么做到这一点的。实际上，早在1967年我们就在单人牢房里提出过要求，要求结束隔离状态，将我们关在一起。

## 三、“勇气与艰危并长”

尽管罗本岛监狱的条件异常恶劣，但并不能削弱曼德拉的斗志，反而使他更激发出他战斗的勇气，他谴责政府压迫时直率的言语，他从事社会斗争时明确的目的，以及他为更美好社会奋斗时有力的誓言，在狱中这一切他都未尝改变。相反，他每天都经受的来源于国家机器核心的极度的压榨，一直都激励着他那从不倦怠的可贵的战斗与反抗精神。

60 年代初，犯人的待遇极其恶劣，纳尔逊在争取改善待遇的斗争中树立起核心的角色。他是一个狱方当局无法忽视的犯人，这并非因为他的地位，而是因为他从不“让当局忽视他的存在”。曼德拉同志的态度和行为表明，从肉体上看他是在狱中，但在思想上他却是自由的。这就是为什么他能郑重地向监狱行政官奥坎普上校提出他要求保持与奥利弗·坦博的通信，就解放斗争问题交换意见的原因。

下面是 1969 年 4 月 22 日曼德拉从罗本岛监狱写给在开普敦的司法部长的信。

“释放我们，或者按照政治犯标准对待我们。”

亲爱的先生：

我的同事们要求我给你写信，要你释放我们出狱，并在做出决定之前按照政治犯的标准对待我们。首先我们希望指出一点：我们做出此项要求并非为了乞求怜悯，而是为了实现一切为其政治信仰而努力的人们的固有权利。

此信中所附的表 A 中列出的人居住在罗本岛监狱的单人牢房[1]里，完全和岛上的其他囚犯隔绝。也正因为如此，我们无法向你提供一份包括本要求所代表的所有本岛及其他监狱中的囚犯的名单。

在被定罪和投入监狱以前，我们都是著名政治组织的成员。我们的组织与政治迫害及种族迫害进行斗争，要求给予这个国家的黑人、混血人种和土著人充分的政治权利。我们完全唾弃各种形式的白人统治，尤其是分离发展政策，我们要求建立一个没有邪恶的种族压迫的

[1] 政治犯中的主要人物被关在单人牢房区，和其他人隔离。此区中的每个犯人都被关在一个隔间或单人牢房中，而其他大多数犯人被关在公共牢房中。

民主的南非，在那里所有的南非人，无论其种族和信仰，都将在平等的基础上和平并且和睦地生活在一起。直到今天我们未变初衷。

我们这些人无一例外地由于所从事的政治活动而被判刑。我们的政治活动主要是为了使我们的人民能获得自决的权利而斗争，这种权利在整个文明世界都被认为是不可剥夺的天赋人权。人民抵制种族隔离政策和被不公正法律的情绪所鼓舞，而正是种族隔离政策和不公正法律破坏了民主政府赖以存在的人权和基本自由的原则。

过去，南非政府曾经在某些情况下，将远未服完刑期的政治犯释放。因此我们希望你参考克里斯蒂安·德·威特和 J. C. C 肯普将军和其他一些因挑起 1914 年叛乱而被控叛国罪的人员的案例。他们的案情无论从哪一方面讲都比我们更严重：12000 多叛乱者拿起武器，至少导致 322 人伤亡；城市被叛乱者占领，大量政府装备被毁坏，私人财产损失累计达 500000 兰特（南非货币单位——译者注）。这些暴力行动都是由白人干的，这些白人享受充分的政治权利，属于合法的政党，拥有自己的报纸可以公开发表观点、他们可以自由地在全国漫游去促进自己事业的发展，寻求对自已理念的支持。他们什么事都无理地诉诸暴力。奥兰治自由邦的叛乱首领，德·威特仅被判处 6 年监禁外加 4000 兰特的罚金，肯普被判 7 年并被罚 2000 兰特。其余的人得到的裁决就更轻了。

尽管案情严重，德·威特仅在宣判后的 6 个月内就被释放了，余人也未监满 1 年。这个事件发生在半个多世纪之前，但就对待这类犯人的态度而言，现在这个 54 年之后的政府将对那些比当年更有理由采取暴力的黑人政治家们的处罚，显得比当时的政府更加顽固不化。现政府一直拒绝我们的要求，压制我们的政治组织，对著名的政治活动家和产业工人进行严格的限制。

滥捕数以百计的其余无辜者的行为给许多家庭的生活带来了困难。并拆散了一些家庭。最终，它导致了这个国家史无前例的恐怖统治并切断了一切进行建设性抗争的渠道。在这种情况下，使用暴力就成为了那些不畏审判的自由战士们不可避免的选择。没有一个讲求道义而且正直的人有其他的路可走。袖手旁观其实是对少数人统治的政权投降和对我们事业的背叛。普遍性的世界史和特殊性的南非史都告诉我们，有时使用暴力是完全合理的。

博塔政府通过在判决后不久就释放了造反者这一行动对上述事实进行了承认。我们坚信我们的案情也并无不同，因此我们要求使我们得到这种应得的权利。正如上文所述，有322人在那次叛乱中伤亡，我们提醒你注意，与之形成鲜明对比的是，在我们采取的破坏行动中特别采取了措施防止出现伤亡情况，而这一点无论是审判我们的法官还是关于利沃尼亚案件的起诉书都是明确承认的。

详察此信所附的表格你会发现，如果引用德·威特案例作为标准，我们早已应当获释。在表中所列的32人中，有8人被判终身监禁，10人被判10—20年徒刑，5人被判2—10年徒刑。

在被判终身监禁的人，有7人已经在监狱中度过了4年零10个月，另一个也已度过了4年零4个月。在被判10—20年监禁的人当中，刑期最长的是比利·奈尔，他已经服完了刑期的1/4。乔·加比·萨姆森·法达那和安德鲁·马森德是这些人中最早被判有罪的，他们分别被判了12年、8年和13年，而至今都被囚了6年。这些人中最后被宣判的是杰克逊·弗扎尔和约翰内斯·道格拉，2人分别被判了12年和7年。弗扎尔已经服完了刑期的1/4，而道格拉到1969年3月19日正好度完了一半刑期。那些被判2—10年监禁的人每人至少已服满了刑期的1/4。

当审视罗比·里布兰特、赫尔姆、皮尔纳、斯道斯和其他一些人的案例时，我们要求获释的呼吁就更强烈了。里布兰特是一个南非联邦的公民，在德国和南非联邦作战期间从德国来到南非，随即致力于成立一个半军事化的地下组织来推翻政府，把南非建成纳粹德国的翻版。他被以严重叛国罪判处死刑，后改判终身监禁。赫尔姆、皮尔纳、斯道斯也由于严重叛国罪被捕入狱，据称他们在南非联邦及其盟军作战期间和敌人合作。然而，现政府刚刚上台就释放了上述诸人和其他一些被控叛国和从事破坏活动的囚犯，尽管这些人是由于被许多南非人视为背叛国家的案情而被捕的。相比之下我们提醒注意，我们的活动自始至终由最高尚的理想所激励，这个理想就是人们可以在人民进行正义斗争时贡献力量，这种斗争的目的是将自身从一个以非正义和不平等为基础的政府的统治下解放出来。

我们还希望提醒你，在 1966 年，你的前任释放了斯巴克·德凯勒、斯坦芬尼·肯普、阿兰·布鲁克斯和托尼·图。这些人起初被控和爱德华·约瑟夫·丹尼保斯（他的名字也列在附表上）合伙进破坏活动。（肯普、布鲁克斯和图在另一项指控中服罪，审判单独进行）。而丹尼尔斯和德·凯勒被重点指控，并于 1964 年 11 月 17 日被判有罪。分别判处 15 年和 10 年监禁。肯普、布鲁克斯和图在另一项指控中被定罪，分别判处 5 年、4 年和 4 年监禁。我们了解到德·凯勒在仅仅服完他 10 年刑期中的大约两年或更少后即获释放，而肯普、布鲁克斯和图也在刑满之前获释。

我们没有一点抱怨那些有幸获释、脱离了艰苦的铁窗生活的人之意，并很高兴地知道他们已过上了正常的生活。我们提到他们的案子仅仅是为了表明我们的要求是合理的，并强调政府应该使政策保持连续性，给予其公民以同等的对待。

我们的案子和德·威特、里布兰特的案子有一点重要的差别。他们在叛乱平息和德国投降后立即获释，而这时他们已无法对国家安全构成威胁。

因此，可能有人会争辨说，我们的革命计划是针对未来的，出于安全考虑需要给予我们不同于前述情况的对待。此外，对我们的判决没有改变，我们的梦想也依然和被捕前一样。这些似乎都表明我们的案子和以前的情况并不相同。但是，我们相信你不会试图如此考虑问题，因为这种说法中暗含一些险恶的东西。这些东西意味着如果现在出于安全考虑要求我们待在监狱里，那么如果将来情况没有变化或变得更糟的话，我们即使服完刑期也不能出狱。而最明显的事实则为：今天严重威胁着国家的种族斗争及冲突正是由于目光短浅的政策和政府所犯的罪行而引发的。

唯一能够避免灾祸的方法不是将无辜者关入牢狱，而是放弃你们那些引人愤怒的行为，寻求理智和开明的政策。是否会有不幸的抗争和流血事件出现完全取决于政府。对我们愿望的持续压制和对强制性法律的依赖将我们的人民越来越多地推向暴力的一边。无论你我都无法预测国家在这场斗争中将付出的代价，而显而易见的解决办法是释放我们，并召开一个圆桌会议来探讨一个易于接受的出路。

我们主要的要求是：释放我们，在做出此决定之前按照对待政治犯的标准对待我们。这是指我们应得到良好的食物和适宜的衣着、床和床垫、报纸、收音机、电影放映机和与我们国内国外的家庭成员更多的接触。

按政治犯的标准对待我们意味着获得各种未被禁止的读物的自由和写作出版物的自由。我们期望得到工作的选择权，以便参与我们喜爱的工作，学习我们想学的手艺。在此我们希望提醒你，这些权利曾经被给予1914年的叛乱者和里布兰特及其同案犯，这些人都是被作为政治犯对待的。

监狱当局试图这样答复我们要求按照政治犯标准对待的要求：他们说我们被法庭判决违犯了国家法律，就像其他刑事犯一样，因此不能将我们按政治犯对待。

这是错误的论证，和事实完全相反。按这种观点，德·威特、肯普、马里兹、里布兰特和其他人一样是普通犯人，叛国、破坏活动和参加非法组织在那时和现在一样是刑事犯罪。那么为什么对他们区别对待？在我们看来我们和他们的情况之间唯一的差别是肤色不同。

白人之间在某一具体问题上也出现过严重的意见分歧，那些在这种分歧所引起的竞争中失败的人最终身陷囹圄。但在其他问题，尤其是关于种族的首要问题方面，胜利者和失败者意见是完全一致的。冲突一经解决，政府就有可能采取和解的态度，给予囚犯各种便利。但现在情况完全不同，这一次的挑战主要不是由白人，而是由那些几乎不同意政府的任何行为的黑人政治家引起。我们事业的胜利将意味着白人统治的终结。

在这种情况下政府将监狱看做一种惩罚报复而非教育改造的机构，不准备让我们将来获释后能过上体面和勤奋的生活，在社会中实现自身的价值，而是惩罚和折磨我们，使我们没有力量和勇气去追求自己的理想。这就是对我们疾呼反对种族专制的处置。这才是我们在狱中受到虐待的真正答案。我们在过去的五年中不停地挥锹抡镐，吃很差的食物，得不到必要的文化材料，被与监牢外面的世界隔绝开来。这说明了为什么那些通常其他囚犯包括杀人、强奸和有欺骗行为的囚犯都能享有的权利却没有被给予政治犯。

我们不因被判刑而悔恨。普通犯人在进入监狱时被编入 C 组，而政治犯则被编入 D 组，这是享受权益最少的一组。那些终于进入 A 组的政治犯也无法享有同组其他犯人所通常享有的权益。我们被迫用锄、镐干活，不许看报纸、听收音机、放电影、接触访问，甚至日用杂物都很少得到。

正如在本信第二段所指出的那样，我这个要求是代表被关押在本岛和其他监狱中的所有盟友提出的。我相信他们能无一例外地在政府可能做出的让步中分享好处。

1959 年的《监狱法案》给予了你改善我们处境的权力。此法案条文规定你有权在我们宣誓后释放我们或给予我们缓刑。德·威特和其他一些人正是按照第一种方法获释的。作为结论，我证实我们在本岛的岁月是一段艰难的日子，几乎我们中的所有人都以各种方式体会到了有色人种囚犯所面对的艰难困苦。这些艰难困苦有时是政府对我们的问题漠不关心的结果，有时则是赤裸裸地迫害造成的。但是事情已有所改善，我们希望今后还将继续好转。我还想补充一点：我们相信当你考虑我们的要求时，你能记住激励我们的理想，记住构成和指导我们行动的信念。这种理想和信念是解决我国问题的唯一方法，他们和人类大家庭开明的概念是一致的。

你诚挚的

（签名）纳·曼德拉

监狱特派员斯坦恩将军也感受到了来自纳尔逊的压力。起初监狱特派员为给予狱方在罗本岛建立恐怖高压统治的自由，采取了尽可能远离监狱的方法。作为犯人代言人的曼德拉，同其他人一致谴责特派员的这种长期远离罗本岛的策略。

作为回答，特派员总是谎称他忙于事务，时间紧迫，并以此作为他从不到罗本岛的借口。为了在斗争中反守为攻，与残暴统治保持一致，斯坦恩将军屡次警告纳尔逊停止代表其他犯人的活动。应由每个犯人提出自己的不满之处，不应窃居发言人的地位，“纳尔逊，你是个囚犯！”但他的命令并未得到理睬。

在和特派员的联系过程中，曼德拉公然对抗，继续描述大众的状况。监狱中的其他囚犯决心每人都履行这样一个职责，即抓住每个机会发泄私人怨恨，以表明在周末只有一个看守记录囚犯的不满是不合适的。很快，用有限的几个看守人员来记录一千多名犯人中每一位的抱怨明显地不可能了。

官僚们总是很含糊地采取从先前严格的规定中退出来的策略。因而，每个囚犯，甚至在关于公众不满方面，要做自己的发言人的规则在实际中被取消了。囚犯们委托某个人或来自各个牢区的个人小组表达他们的不满。而被委托者并未因履行发言人的角色而受到阻止或惩戒。这种方式成为传统，取代了先前错误的正式法律。

因而，反对监狱当局“囚犯应当各顾各”政策的胜利属于狱中全体囚犯的合作努力。而这个策略的原订目标是使囚犯更易和当局接近，孤立那些捣蛋者，辨认出易说服的人并雇用他们来分化囚犯以破坏他们的士气。

这种企图失败了，归功于监狱全体的努力。而且，曼德拉因为此次运动的胜利取得了特殊的地位。

在当局明显地接受了选派代表作为代言人的方案后，纳尔逊第一个支持推举其他狱友而不是自己参与代表小组。当遇到很重要的和很有分量的问题时，特别是当有高级官员或外来人来访时，纳尔逊总是单独或者和其他同狱犯人一起被推举为代表。通常，外界参观者都要求会见纳尔逊。

曼德拉语言表达能力很强，他自信，讲究实际，有决断力和说服力。他做为囚犯代表的工作并不总是立刻产生效果，但他们最后总是能产生影响。“他是激励我们实现改善条件这一目标的精神动力。”

曼德拉同时也是个处理监狱管理工作的精明决策者。他决心弄清每一个被新任命到罗本岛监狱的主要官员。只要有一个新的官员来到，他便会和此人见面，在这种会见中他会对此人有所了解。更为重要的是，他认为概括出囚犯心中的不满是他的职责，并且会使新任长官了解前任长官未完成的对囚犯有利的项目。

一个“罗本岛人”回忆说：据我所知，巴登赫斯特上校，又名“吵闹小子”是唯一一个拒绝和曼德拉会见的人。后来有人透露说，“吵闹小子”是来执行一个特殊的使命：就是使我们这个“纪律涣散”的牢区“守纪律”。

被委以这个神圣的使命后，“吵闹小子”中止了监狱条例，制定了恐怖的规章，在我们牢区尤甚。每次他视察经过我们面前时他都低着头。他没有时间对囚犯打招呼或让囚犯向自己问候，更不要提停下来听我们抱怨了。

“吵闹小子”唯一一次对囚犯们讲话是为了宣布处罚条例：隔离、很少量的食物、管束、从高向低降级、剥夺学习的权利等等。他粗暴地对待反抗者。有一次为了显示他们对正在进行的绝食的不满，他派他的恶棍看守们夜里在我们的牢区采取了行动。

他们三四个人一队拿着警棍搜查我们的单人牢房。大喊着：“对着墙！”“打！”

这个单人牢房区的许多囚犯遭到殴打，他们被拳打脚踢。安迪姆巴·托伊沃·加·托伊沃是“西南非洲人民组织”的领导人，也是遭打最严重的一位。在此次殴打之后，他还被迫清洗沾着血的房间，就像1971年3月28日的其他受害者一样。这是罪犯典型的习惯，破坏任何在未来的调查中对其不利的证据。折磨人的南非警察和看守将消除证据发展成为一门艺术。此后，在法庭或上级询问时，他们便予以否认，说谎时还显得很无辜。好在他们的良心不至于出卖他们。

“吵闹小子”上校的统治持续了两年。在这两年中，我们中平均有一半人被关在惩戒室里，这使得组织任何有效的内部反抗都很困难。因为有访问者（包括神职人员）的干扰，对合法访问权利的削减和更为严格的信件审查制度，动员外部力量很不容易，但是我们生存的严酷条件渐渐泄露到外界。囚犯们的一些亲属通过法律途径对系统性的骚扰和剥夺学习权利的行为提出诉讼。

一天，在我们劳动时，一个阵容强大的法官代表团会见了我们。一些高级监狱的长官，包括“吵闹小子”也在其中。在他们和曼德拉接触时，“吵闹小子”进行了干涉，他威胁纳尔逊说：“纳尔逊，自从我来到这里，你受到过惩罚吗？”这位长官的声音很激动。“没有”，纳尔逊说，“但不能只看我一个人，你对我的一些同事的所作所为影响了我们所有的人。你是在迫害我们”。“纳尔逊！”“吵闹小子”打断了他，在所有的法官眼前激动地用颤抖的手指指着纳尔逊说，“你为此会付出代价的！”

纳尔逊带着富有表情的缄默神情转向法官。这是请他们对被打断的口头证据进行证实。

一个叫斯坦恩的法官，是城市基金会（处理黑人城市状况，特别是住房事务的组织）的董事长。他看起来对高级长官的粗暴强烈不满。有一阵很小的骚动，因为有一些听到巴登赫斯特威胁的法官曾经和其他囚犯交谈过。这些法官的表情似乎是想让“吵闹小子”在法庭中重复这样的言论。不幸的是，罗本岛不是法庭，而是一个声名狼藉的监狱，是“吵闹小子”和他的同伙蔑视正义和法律的地方。实际上，如果巴登赫斯特更卑鄙的话，他会告诉审判官是他负责管理行为。毕竟，是法官们在种族隔离法下对囚犯判刑，而他仅仅是执行这种种族隔离法律，是用典型的种族主义方式将这种法律运用于法庭的牺牲品上，而这种权威是通过法律和法庭授予的。

但是，关于南非审判制度的国际观点似乎对他们部分人产生某种有利的影响。在玛迪巴与“吵闹小子”冲突之后，我们相信高级长官不会在罗本岛上再耀武扬威很长时间了。无论巧合还是必然，巴登赫斯特制定的规则实际上已不能再次生效。尽管他一再折磨、压迫和残害我们。但他的把戏一再遭到失败。他的目标就是要残害我们，羞辱我们，并暗中破坏我们的信念，强迫我们放弃自己的原则。

像他的前任一样，他失败了，离开了——正是我们这些长期的囚犯过去通常说的：“看守警官来和去，我们留下继续。”

在和狱警的关系中，不管是有意还是无意，纳尔逊同志对高级警官和低级警官的态度明显不同。

在知道他的低级狱警眼中，纳尔逊显得慈祥而富有魅力。许多年青看守对他很友好，偶尔向他请教他们自己的工作或社交问题。有些人从父母那里带来问候，他们的父母很想见他，并羡慕他们的儿子能有机会见到这样一位伟人。就像其他所有的人一样，非洲白人在性格上并不一致。

高级长官成了玛迪巴的目标。他们不仅要回答对腐败的管理规则的攻击，而且还要就尖锐的对抗政府的问题与宣言为政府进行辩护。“你为什么压迫我们？你的肤色并不使你更加高贵。我们都是人，我们需要政治地位。我们要求从监狱中释放出来。连罗比·雷布兰特这个卖国贼和纳粹的同情者都受到了赦免。我们不是叛徒，我们是爱国者，让我们自己写回忆录。”他们也许会拒绝某些主张或拒绝接受纳尔逊的要求，但他坚持攻击他们的痛处，直到他们非常尴尬，辗转不安。

通常，这些高级警官因为无知而憎恨他，吉米·克鲁格，那时的监狱部长，便是一个无知者。

在1978年他参观罗本岛时他与玛迪巴有一次长时间的会谈，会谈中玛迪巴提出囚犯的要求以及讨论主旨问题。会见后，玛迪巴感到极其失望和震惊。对玛迪巴来说，这个部长对非国大的历史和政策一无所知。他无法讨论非国大的自由宪章，因为他从未读过。而这当然不能阻止他指责这个文件是共产主义的文件！人们怎能期望从这样的法官和监狱部长中得到正义？

显然，只有监狱和坐牢！

尽管十分厌恶吉米·克鲁格的无知，曼德拉同志也只能劝他了解一下非国大的历史和自由宪章。他也许曾试着这么做，因为从那以后他便失去了大臣职务。天知道他的那位野心勃勃的安全长官发现他居然在读“禁读文件”，于是便在他的名下准备了个不敢恭维的材料详尽的档案！

曼德拉同志与中级警官的关系并不大好。他们在妄图爬上统治阶级台阶的欲望支配下，表现得比高级军官更加极端。只要他们稍有这样的神情，玛迪巴总是冷冷地讽刺道：“听着，你只不过是个低级警官，无法做出这样的决定，我要见你的上级……”

监狱头目普林斯中尉就是一个典型的中级狱警，他曾经阻碍安迪姆巴·托伊沃·加·托伊沃往外寄信，只因为他们不喜欢纳米比亚[1]这个

[1] 当时黑人对南非托管的“西南非洲”的称呼，当局不承认这个名称，如今该地已结束白人统治而独立，该词已成正式国名。

字眼。这家伙毫无头脑，总是想到什么就说什么，从不考虑这样的失礼意味着什么。

纳尔逊曾拿着妻子申请探监的来信去见普林斯中尉。结果这份申请以极其荒谬的理由被拒绝，那理由是纳尔逊不想见她。纳尔逊不想见他自己的妻子？瞎说！

普林斯中尉还未察觉纳尔逊的不满，竟称温妮只不过是在寻求公众注意。公众注意！胡扯！种族隔离制对他妻子的这种不断的迫害，一个自命不凡的小狱警的荒谬言论，简直使玛迪巴发疯了。他冲普林斯中尉晃着铁拳，暴怒地吼着让他滚开，然后怒气冲冲地甩上门离开了办公室。

他回到牢房时仍气喘不止，有人甚至低声说他需要镇静剂来平抑血压。

不久，狱方就指控纳尔逊威胁监狱长官。

具有讽刺意味的是，纳尔逊一直都盼望着这样。因为他要对普林斯中尉进行反控诉，控诉他的上级，控诉整个监狱体系，控诉所有黑人痛苦的根源——种族隔离制度。

他的辩护律师不高兴见到这样的辩护词，因为这似乎是在对抗法庭和政府。同法庭和政府对抗并不是纳尔逊担心的事。不管怎样，白人政府及白人法庭都仇视所有黑人的利益。这种敌对情绪在任何白人政府的处事态度、政策，以及它的结构和程序中都明显地表现出来。曼德拉精心写就的辩护状无可争辩地表明黑人已度过了只能爬行的阶段，已经到“站起来”的时候了。无论监狱内外，无论任何地方，都已经到了站起来反抗白人种族主义者的时候了。站起来吧，让他们瞧瞧我们的力量！监狱这个社会机构曾经被仅仅用来恫吓和强迫南非黑人，使他们每一天、每一分钟都只能用腹部爬行并只能称白人为“老板”。现在这里正是站起来展示黑人身份的地方。

这就是曼德拉的辩护词。没有道歉，只有反控诉，只有勇敢的挑战。

然而，案件未被受理，当局察觉到纳尔逊辩护词的用意后就撤消了这个案子。

他们本不会知道，但他们通过在纳尔逊请教律师的房间内安装的窃听器偷听到了辩护状的内容。纳尔逊和他的律师也的确发现房间内安装了监听他们谈话的窃听装置。

于是另一场辩论开始了。纳尔逊开始抗议监狱当局干涉他合法言论的非法行为。

监狱总部不得不修改法令以使以往的非法行为合法化。

当局在获悉曼德拉的辩护状之后不久，就打算没收他为辩护起草的全部文件。然而，纳尔逊凭着他的机智和长期与敌人的卑鄙策略做斗争的经验又一次击败了敌人的阴谋诡计。他在应付监狱、法律以及各种窘迫环境的惊人的胆略，使得他又一次赢得了令人欢欣鼓舞的胜利。

监狱当局倚仗压倒性优势和有利条件，试图策划一个秘密行动。窃听器事件发生之后，纳尔逊向律师咨询的行为受到了妨碍。他每一次申请律师来罗本岛都被当局一再拖延。然而这种试图在没有律师为纳尔逊辩护的情况下开庭的作法受到了纳尔逊强烈的抗议。

一天，局面似乎突然开始好转。一封来自律师的信说他将在某日来罗本岛。监狱当局也证实法庭将于信中提到的日期开庭，并且同意律师为纳尔逊辩护。然而在未通知纳尔逊·曼德拉的情况下，开庭几天前，他的律师得知由于对纳尔逊的上诉已被撤消而不必再前往罗本岛。

纳尔逊在开庭前一直都被蒙在鼓里。

法庭继续着宣称指控已被撤消的虚伪把戏。

当官员们围上来要求纳尔逊提交辩护状时，他几乎还无法从震惊中恢复过来。这是政府的狡滑的圈套。自此以后，当局就有权随意剥夺囚犯的任何财产。纳尔逊交出了辩护状并表示了抗议。

如果监狱当局以为这圈套是对纳尔逊的“致命的打击”，那他们还会再打其他主意的。尽管这些文件已被夺走，纳尔逊仍抗议说文件是他的，并为重新得到它而采取了行动。在经过漫长的合法抗议之后，文件终于又被归还给他。

纳尔逊唯一的目标是通过他的律师把这些文件送到狱外。狱方当然清楚这一点。这就是为什么他们被迫撤消了这个案件。

文件归还之后，纳尔逊继续坚持认为律师有权阅读并代他保存这些文件，或者，如果当局拒绝该建议，他妻子应在他出狱前保存这些文件。

当局自然不会让如此危险的文件落入“不负责任的人”手中。让它和纳尔逊一起待在牢房里才最安全。在狭小的牢房中，它才不会给他们带来危险。

纳尔逊同志从未放弃将这颗定时炸弹拿到外面去爆炸的努力。这可能会破坏对丑小鸭变白天鹅般改头换面的种族隔离的美化宣传。纳尔逊从不放弃，每一天、每一小时他都想着斗争。他的梦想和行动反映着他的思想。

## 四、“曼德拉大学”

曼德拉虽然被剥夺了自由，但他仍然有着强烈的求知欲，他认为除了探视，学习的权利比任何其他优待都更为重要。曼德拉继续读法律学位，可以学到夜里 11 点钟，姆贝基及其他大学程度的人也可以这样。但是，那些准备考大学的人必须早一小时结束。如果被人发现在规定时间以后读书的话，那就要被罚禁食三顿。菲基利·班姆在入狱前是一位读法律专业的学生，他很欣赏那样的场景：曼德拉告诉大家题目，接着引导大家开展政治讨论，以此来考查自己对所学知识的理解和记忆。犯人不断进行交流，相互学习，最可怕的处罚是减少学习时间。

由于曼德拉最初是在 1962 年判的刑，他获准修读伦敦大学法学学位。但政治犯大批来到岛上之后，狱规有了更改，不可能及时得到最新书籍来完成课程。接着，当局禁止政治犯修读研究生课程，这残酷地打击了他们的求知欲。曼德拉转而学习经济学。由于不许学法文和德文，他改学高级阿非利卡语。

政治犯不许看外界报纸和听外界的广播。有一次，因为发现他牢房里藏有剪下的报纸，曼德拉受到指控和处罚。可是犯人们还是想方设法搜集消息，利用每一点滴信息，分析它的内在含义。

突然，他又受到一次沉重打击——他被剥夺了一切学习权利，为期四年。监狱的官员声称发现他的牢房里藏有“回忆录”，而政治犯是禁止保存日记或个人笔记的。纸张控制得很严，仅够学习和写 500 字的信用的，现在可以每个月给家里写一封 500 字的信。曼德拉要求狱方“给我看看那本回忆录”，但狱方从没出示过。

曼德拉将罗本岛监狱成功地变成了一所“曼德拉大学”。在这里，他和他的同志们一起成长，他对南非的命运有了更深的思考，对自己的信仰和道路有了更新的认识。

迈克尔·丁卡凯 1966 年因涉嫌搞破坏活动和担任非法组织职务而被判刑，15 年后，他于 1981 年从罗本岛被释放。下面是来自他的叙述：

在罗本岛上每天早晨 5 点 30 分，守卫就敲起大钟——自 70 年代末以来改成了放音乐——叫醒每个犯人。值夜卫兵敲得这么卖力，钟声差不多都能把死人给震活过来。除了偶尔一两个同志之外，睡得再熟的人也无法在钟声的喧闹中继续睡下去。

过了一段时间以后，大部分犯人都养成了这种习惯，早晨不再需要钟声或是音乐声也能毫不费力地从毯子上“跳”起来。

牢门要到 6 点 3 刻才开。所以接下来的一小时零一刻钟就贡献给了日常杂务：卷起草垫或毛毡，[1] 打扫牢房，举起紧握的拳头向对面牢房里的犯人问好（从他们的牢窗能看见自己），做一些身体锻炼，在桶盖里洗脸。

室门打开后，犯人们冲出去清洗马桶，那些不愿在桶盖里洗脸的人可以用浴室里提供的小盆。牢门打开后，每个人都显得匆匆忙忙。有人围着

[1] 那时牢房里没有床，只能睡在地上铺的草垫上。

监狱单元的小院子慢跑。那些轮到“phaka”[1]的人去分饭。

早饭已毕，随着“集合”的口令，我们排成两列，走向第一道大门，然后是一道又一道门，每道门前都站着警卫。在每道门前我们都得停下来，这时总有卫兵喊“队列肃静”以及“脱帽”。

“脱帽”这个口令让犯人很不舒服。不久以后为非洲及黑人犯人准备的布帽，以及为亚洲或其他有色人种犯人准备的便宜的毡帽，就从制服中消失了，这是因为犯人们拒绝在去采石场的路上戴帽子。

在石灰采石场度过的日子里，每个犯人都从事着过度繁重的劳动。犯人的工作每天都在变化。也许上午某个犯人还忙于这一组的任务，而到了下午，他又得参与另一小组的劳动。最忙的是“学习阶级”，一个人学的科目越多，他的时间就越紧。

通常，进行课程讨论时无法作任何记录。然而当必须要作记录时，他们就只能秘密地进行以不致被看守发现，否则会惹麻烦上身。采石、装车、烧石灰这些工作对于他们的讨论并没有什么明显的妨碍。

另一项活动是政治讨论。一次当我来到一个单间的牢房时，非国大成员们正在讨论非国大的发展历史。我们当然没有任何书面资料，但争论的发起者沃尔特·西苏鲁同志就是非国大的活历史。沃尔特同志记忆力非凡，他不仅能记住那一系列事件和回想起参与人的姓名，而且还能说明事件发生的背景。

罗本岛上禁止讨论政治，因此讨论只能在看守不在时才能进行。

由于非国大历史问题极其丰富和复杂，对他的讨论持续了很长一段时期，然后我们又进行了其他问题的研究，如关于国家主义、马克思主义理论，以及国内国际发生的焦点问题。一般来说，政治讨论的目的并不是要达到某种一致，而是为了从别人那里学到些东西。

无论是非国大成员间的正式讨论，还是同其他组织间的双边或我边讨

[1] 给每个人打饭的工作。

论，在同狱犯人中，纳尔逊同志都是从不厌倦的参与者。

我们中间某些人无论何时都热衷于“空谈”。纳尔逊同志却不是这样。除去他组织的讨论项目之外，他每天都发起同其他个人进行的探讨，包括组织内部关系，犯人的抱怨，反对狱方的策略以及其他一般性问题。纳尔逊·曼德拉是一个为人权斗争而不屈不挠的活动家。

《斗争就是我的生命》与《自由之路无坦途》两本书如实反映了他的政治洞察力、政治承诺及为解放南非众多被压迫者的献身精神。他被尊称为“玛迪巴”这一事实也正表明了他无论在狱中还是自由时，都同样把为他的人民奋斗作为自己生命的目标。

纳尔逊是一个强有力的辨论家，可有人却称纳尔逊为好斗的人甚至独断专行者。你愈了解纳尔逊本人，就愈会发觉这种观点带有明显的偏见。或许是他那种直接的、积极坦率的方式使得他给那些持不同意见者留下一个难以相处的印象！在同那些毫无事实依据的人所进行的争论中，纳尔逊会利用巧妙的提问给对方以致命一击。几乎没有人能被反复诘问而不暴露自己的无知和浅薄。

我曾多次在与曼德拉的讨论中被批驳得体无完肤。尽管如此，我还是认为这种经历从长期看来使我受益无穷。

这是因为与他的讨论教会了我从两个方面看待问题，尝试给他一个客观公正的答案。在特定的社会问题上，客观的态度有时会使人得出与流行观点相违的结论，但坦率地说，知道一个不令人兴奋的真理总比用一个流行的谬论来欺骗自己要好得多。而后者可能会使未来的计划因根基不牢而流于破产。

他在讨论时表现出惊人的精力。在我们这个牢区，他从不错过任何一个和狱友们一起讨论政治的机会。

在讨论中他是个很好的聆听者，并且积极提问。他过耳不忘的能力使他能够完整地把与当局会谈的内容复述出来。他不仅能详细讲出与其观点有关的材料，而且还能复述出参加者的表情和含沙射影的语气。

有时，在现实事件的讨论中，纳尔逊同志喜欢从各个角度考察问题的特点使他更像是一个爱辨论的人物。并且，他不愿让任何重要的讨论悬而未决，他更愿意看到一个确定的结论。这并不是要想主导讨论，而是来自想了解讨论者观点背后的思想的本能，是为了能了解不同的观点。

纳尔逊并不认为自己是政治天才或是组织中的特殊领导者。他相信他的组织从过去到现在都是各种天才贡献的结果。他非常清醒地认识到他是处于南非现状下的人，在这种意义上讲他首先是自己组织中的一员。他总是带着钦佩的语调提到他过去和现在的同事：莫塞斯·科特恩、J. B. 马克斯、卢图利大酋长、约瑟夫·达林博士、布拉姆·费雪、利莲、恩戈伊·海、约瑟夫和其他人。

朴实直率是纳尔逊的一大美德。同非国大的其他领导者一样，在他周围并没有狂热的崇拜者。在狱中，他本能够轻易地利用他在国内国际的形象从当权者那里获得特权。包括“吵闹小子”在内的所有官员都为能得到曼德拉的赞赏而高兴。这就是为什么“吵闹小子”怨恨曼德拉揭露他的法西斯倾向的原因。这就是为什么起初监狱特派员斯坦恩将军曾尽一切努力压制曼德拉为自己辩护的原因。在辩护中，纳尔逊会破坏他在同僚中的形象。每个正直的领导人都不会轻易地放弃自己的原则，更不必说有着如此美德的纳尔逊了。

真正的革命领导人是那些同人民结合在一起的人。因此，纳尔逊在狱中从不寻求个人特权，而是完全投入到狱中的普通工作中去。我们每个人都得打扫自己的牢房，清洗自己的衣物。除此之外，监狱单元的院子、走廊、娱乐室及浴室都需要打扫。我们总是把任务按时间分给各人，每周轮流打扫这些地方。纳尔逊也是其中一员，并如其他人一样工作。

曼德拉和他的战友们经历狱中生活的洗礼，变得更加成熟、坚强、沉着了。S·R·“MAC”·马哈拉吉这样说：

首先，就个人性格而言，你初见纳尔逊时会觉得他是个很友好和热情的人，但你仍然觉得你们之间有距离感，要想了解他真得费点时间——我自己是在很长时间后才成了曼德拉的好朋友的，当我真正了解他时，我才意识到一开始我并不了解他，是他起初的友好使别人误以为自己是了解他的。

其次，他明显地养成了一种故意隐藏自己的愤怒的习惯。在他早年的政治生涯中他感到愤怒时就会发作出来，但在狱中他已经能几乎完全地控制自己的愤怒了，这是曼德拉为了政治和个人的原因，有意地锻炼的结果。

他的热情出自对狱中同志的真正的关心。他采取一种不太突兀的方式。当他发现某人有麻烦时他就试着花点时间陪着此人，如果此人愿意的话，尽管他只是非国大的头儿，跟其他反对派组织没有关系，但他对待所有犯人都亲切真诚，温暖如家人。

当有什么事困扰他时，他不是那么容易从中恢复过来。他的长子和母亲都于我在监狱中的时候去世了，这是对他的两次沉重打击。他和他的儿子非常亲近，当他听到消息回来后，他一直待在囚室，显得很不正常。沃尔特·西苏鲁注意到他很安静，就到他的囚室问他发生了什么事，纳尔逊悄悄告诉了他。沃尔特陪他谈了很长时间。到第二天早上，纳尔逊又和平时一样了。

曼德拉从不因他的个人问题向别的囚犯提出抱怨。但是，当因为他个人或其他人的问题向监狱当局表达不满时，他表现出巨大的毅力和韧性。

他的态度是和善、礼貌和热情的，但这是他磨炼自己的结果。当他想要以一种冷静和善于分析的方式行事时，他就坚持不懈地履行自己的决定。

在许多方面，这些年来纳尔逊和我们一样有所变化。我想纳尔逊最基本的变化是：当他在狱中生活时，他对现行体制的愤怒和仇恨在增加，但这种愤怒的表现却变得更不明显。他们这些人变得更沉静、更温和。他们在审视这个罪恶的体制时显得更冷静和善于分析。曼德拉的精神状态就是这样，他是那种能使接触他们的人感到振奋的人中的一个。他不是唯一这样的人，那里有许多人起到这样的作用，实际上我们每个人都用我们的微薄之力帮助他人，但纳尔逊显得很突出。他得到了所有囚犯的信任。无论他们政治信仰如何，他被所有人视为全体囚犯的代言人。他经常探索着带领我们从事各项运动，以至于即使我们是在一个不太可能胜利的领域——即敌人完全控制的领域——进行斗争，我们所开展的运动也会至少带给我们一些改善。

他对未来的信心也在增强。我回忆不起来有哪一次他曾表现出失望情绪或使我们感到在他内心深处可能会想到自己不会活着离开监狱。他在公开或私人场合总是表现得充满信心。我相信我能够这样说，我非常了解他，甚至当温妮被捕入狱、被拘留，当传出她被折磨和敌人采取了一些侮辱性行动的消息时，他都不曾情绪低沉。他的精神状态在提高。我想我们之所以士气高涨和我们的环境密切相关。首先，我相信敌人对待我们的方式是无意义的，他们注定要失败。你在狱中时刻都会记住你不仅仅是作为囚犯。而是作为一名黑人住在那里，即使你未曾意识到，这一点也会告诉你，唯一能够生存下去的办法是进行斗争。

我们能找到斗争的途径，这是保持我们士气的一个非常重要的因素。我们感到有事可做，我们在狱中有计划，我们要提出自己的要求。我们的主要要求是：（1）无条件释放。（2）在此前按政治犯对待我们。（3）取消所有的种族歧视。现在就它本身而言这是个有局限的计划，我们知道自己不能使其全部实现，因为它依赖于更广阔范围内的斗争。但这使我们有某些事可以为之奋斗，我们是作为政治斗士进入监狱的，并且我们待在一起，这给了我们集体行动的机会。

另一个因素是我们明白我们的自由不可能依靠与敌人谈判取得。敌人只能在我们的力量面前释放我们。他们曾经具有的强有力的外表——比如说 1965 年和 1969 年他们可以宣称，并一直在宣称南非是安静与和平的，尽管这种安静和平是依靠恐吓运动和恐怖来取得的——现在已经失去，今天，每一个昼夜都使这个政权更加窘迫，所以现在他们类似的活动都是虚弱的反应，很清楚我们的获释不能指望他们，我们认为自己获释与否直接和监狱外面的斗争有关。我们的士气和精神状态受到了一个事实的鼓舞，这就是在所有压制和恐吓下，我们的活动仍在地下进行，尽管有错误有牺牲，斗争仍在继续。越来越多的人被抓进了监狱，说明组织依然存在，正在继续生存、继续斗争，还有就是我们的人民情绪，70年代群众运动高潮表现了在索韦托及索韦托以后的大爆发中积聚起来的愤怒，这方面的证据使我们看到了我们胜利的条件。

纳尔逊1962年在亚的斯亚贝巴会议上谈到制裁的时候，他呼吁全面制裁，但他强调甚至全面制裁也不能使政权垮台，真正的斗争是在国内。现在看来他对国际制裁的作用看得是很清楚的。当我们从非暴力形式的斗争转向武装斗争的时候，我们已经可以越来越清楚和坚定地宣布自己的立场。纳尔逊明白这一点。他并不把制裁甚至国内的任何一种斗争形式看做可以孤立对待的。

在和我的谈话中，纳尔逊的观点是：武装斗争对我们的解放最为重要，但是制裁将扮演一个重要的辅助角色，它能通过剥夺支持这个政权的国际贸易和投资，帮助改变卷入这场斗争的各种力量的战术均衡。

纳尔逊的观点在条件许可的范围内有了一定的发展和变化，在某种意义上来说这种变化是他理解力的加深。我想在这一过程中，他和其他同志被关在一起，有机会交流思想，这对他思想的发展很有益。

例如斗争的策略问题，在监狱中的人，包括纳尔逊，都感到策略不该由我们来决定，策略应被决定于在一段时期内了解到的现实情况的基础之上，因为信息的缺乏，再加上我们得到的信息都是从敌人那里偷偷取得的，不适于我们谋划策略的需要。纳尔逊完全清楚这一点。纳尔逊和非国大全体同志以及狱中同志的立场都是无条件地支持非国大在国内外的领导权，在这一点上我看不出非国大及其盟友之间有什么区别。我们给予他们完全的支持，但这种支持并不仅仅是一种忠诚的行为，我们还总是努力去理解和发展我们这种支持的基础。所以当我们得到一条新闻时我们关注的是他们所采取的战术是否正确，尤其是那些从火热的战场中来到监狱的人，即像纳尔逊这样处于运动的最核心决策层决定战略战术的人更是如此。监禁生活中最糟糕的一点就是你处于斗争领域之外，你现在只能接受在这个意义上你置身场外这一事实，只能信任你的同志们。但是你信任他们是因为你了解他们，还有——像曼德拉这样的人——你帮助这些正处于斗争前线的人发展前进。

我在出狱后了解到，每当谈及政府的策略时，都会听到很多谣言——新闻报导，像马坦兹那样的黑人家园的傀儡们的声明（马坦兹要求释放纳尔逊·曼德拉和全部科萨人）。其中流行最广，也是最有害最持久的一个谣言说，纳尔逊已经和特兰斯凯政权交涉过，说他们将发表声明释放他，条件是他出狱后进入特兰斯凯内阁中工作。实际上纳尔逊从未和特兰斯凯政权接近过（至少在1976年11月之前），也没有得到过什么交易条件。最接近这种说法的事实是，在1973年12月，在我们入狱以来头一遭，有一个内阁部长访问了该岛并会见了我们——此人是吉米·克鲁格。我们和他进行了讨论，我们派代表去见他并说明我们的情况。他见了纳尔逊，还有作为单人牢房区代表的我。当我们比较我们的记录并向同志们汇报时，有一个问题使我们迷惑，那就是为什么让克鲁格来见我们。当我们分析这些会见时事情变得清楚了。表面上看他用他典型的方式和我们讨论，这种方式使他在白人阵营的选民中颇受欢迎——他像一个英国短毛狗那样来到了我们这里，但当我们猜测他的目的时，我们觉得他可能是为执行一项试探使命而来，想看看在我们这些政治犯和领导人中有没有活动余地，使这个政权有可能找到一个谈判基础，在此基础上分离发展成为一个被接受的原则。他一无所获而去——我们的回答清楚地表明我们不能容忍“分离发展”。[1]

克鲁格还想在武装斗争方面打击我们，但纳尔逊反而打击了他，他承认他不了解我们斗争的历史，不了解我们通过非国大所做的努力，甚至不

[1] “分离发展”一词是维沃尔德管理局在60年代提出的，是“种族隔离”的一个好听的替代语。

了解我们何时转入地下和纳尔逊在1961年领导的罢工。我们依然准备考虑通过罢工和向总理写信从而实现和平转变的可能，所以会见结束时纳尔逊对克鲁格说："我想你最好回去看看总理的档案，看看那些非国大所写的信。"那些信有纳尔逊本人写的，有卢图利酋长写的，有在不同时间和不同运动中非国大历届主席写的。但这次访问的目的看来可能只是克鲁格想来说一句——在这一点上他说得很明白——如果我们准备接受分离发展政策，他就将允许我们在此范围内进行政治活动，哪怕我们不同意他的观点也行。

当他走后，我们中的一些人争论一件事——他是否是诚实和真心的？许多人认为他是真心的；另一些人倾向于认为他很值得怀疑。但是当然，他离岛后的行动立刻暴露了他的立场。他在国会中发言，说纳尔逊·曼德拉是一个登记在册的共产党员（但他没有证明这一点，他们甚至没有使纳尔逊背上共产党员之名），所以我们想当我们见到他时，他所做的只是一个试探行动。我们和纳尔逊的回答是一致的：如果分离发展依然保留，我们就不准备考虑和这个政权进行任何讨论或谈判，我们只能在必须废除分离发展这一基础上对话。

我们的方式是除了与狱外的非国大领导者——尤其是奥利弗·坦博主席和其非国大行政官员——进行磋商外，在其他公开场合，纳尔逊不发表个人意见。即使情况发生变化，我们也总是坚持自己的立场。由于敌人试图利用我们这些人质，因此无论他们怎样设计圈套，我们都有责任在任何当权者提出的富于诱惑力的交易条件面前不给其明确答复。除非他们允许我们同非国大的领导层进行磋商，并表示向我们提出的条件也同样地适用于他们。

1969年，海伦·苏兹曼用另一种方式向纳尔逊提出了这个问题。我们22人代表全体犯人签署了一份请愿书，要求得到释放，纳尔逊是其中的主要签署人与起草者。海伦·苏兹曼以一位进步党人的身份访问了监狱。纳尔逊明确地对她解释了我们向后来上任的部长（佩尔塞兹）提出的要求。

我们曾以南非的历史经验充分说明了那些反抗政府的白人政治犯只被判一个轻得多的刑罚，并且只须服甚至不到1/3的刑期就被释放；我们只是要求相等的待遇。我们曾举例说类似于德国纳粹党的罗比·莱布兰特的党徒就曾被判处死刑，结果他们只服了不过四五年刑期就被释放。这些事例说明仅仅因为反抗者是我们黑人就采取不公平的差别待遇，我们因此要求获释。在与纳尔逊的一次谈话中，海伦·苏兹曼说："这其间的不同之处在于，你是否准备声明你们放弃暴力武装斗争。你们和他们的区别只在于你的斗争仍在进行。不错，1918年的反叛者确实被释放了。罗比·莱布兰特确实被释放了。但他们的反叛已被击溃，而你的对抗仍然存在。这件事实削弱了你的论据，我不能要求释放你。"纳尔逊1969年所作的回答是我们从来不准备放弃斗争，至今他还坚持这一点。由于我们本来就是考虑到一些政治因素才提出获释的要求的，他和我们大家也就已准备继续在牢房里待下去。我们绝不会给武装斗争的发展制造任何障碍。

简言之，我要说的是，无论我们是否看到任何表面上的变化，是否看到政府耍的任何花招，是否看到那些为影响结局而妄图营造一个同当局谈判的气氛的某些西方国家施加的压力，纳尔逊的立场都愈发坚定。他的立场的核心是：（1）这种变化不会仅仅来自于国际上的工作和外部压力，他们只是我们所进行的斗争的辅助和补充力量；（2）试图引起高压统治核心变化的压力绝不会带来统治者最初所设想的那种变化，现在的条件下这绝不可能发生；（3）武装斗争是我们进行反抗的核心。

他坚决反对勾结政府接受黑人家园的计划或者任何其他以隔离黑人为目的的鬼把戏。更甚一步我认为纳尔逊近期所发表的言论表明他已摆脱了50年代早期狭隘的国家主义——这几乎表现出某种比其他团体低调的种族主义——和反共产主义的宗派思想。但引人注目的是他试着以分析的目光从政府和人民两个角度去看问题。他从政府的角度出发是因为我们必须找出统治者的矛盾并扩大它，从而削弱当前统治的社会基础；从人民的角度出发看问题是因为我们必须寻找我们各种力量的结合点，从而也是敌人可能破坏我们团结的危险之处，他一贯关注共产主义，并尝试更进一步去发现他们的社会基础。他一直都在分析种族主义和部落情感问题，在狱中他又一次沉思这些问题，并认真思考它们产生发展的社会及物质基础。这样，他更加清醒地意识到与种族隔离主义进行的理论上和现实的斗争的必要性了。

读过他入狱前的著作，我的印象是纳尔逊深化了他关于这些问题的看法，尽管在狱中信息匮乏，使我们无法熟悉国内国际形势。但我们清楚，他也清楚：在狱中我们分析问题是为了增广见闻，从而确保我们对反抗运动及非国大的忠诚是理性而非盲目的。

## 五、“释放曼德拉！”

由于采取了一系列新的行动，非国大在大众心中的声誉提高了：1980 年早期，“民族之矛”游击队第一次袭击了白人警察局；约翰内斯堡附近重兵守卫的石油设施被破坏；在比勒陀利亚郊外，三个 1976 年 6 月后离开本国的“民族之矛”青年在银行劫持人质、要求释放曼德拉。当警察猛攻银行时，三人连同两名作为人质的妇女都被杀。大约 2 万名群众聚集到索韦托的街道上以及举行葬礼的墓地，调查显示大多数黑人把他们看成“英雄，为变革作拼死斗争的勇士”。

和平改革的压力不仅来自英文报纸，而且来自两个有影响的阿非利卡人的报纸。《祖国报》的编辑警告说政府必须学会和激进分子以及传统的黑人领袖谈判。他承认：“他们越是激进，得到的支持也越多。”《形象》报说这些领袖“不仅仅是煽动者和教唆犯。他们在为自己的权利而战，正如阿非利卡人一样”。曼德拉和他的同志们在 10 年前的请愿中提出了同样的观点。大约 20 年前他提出的召开国民大会的号召被广泛地复兴。1980 年 3 月 9 日黑人报纸《星期六邮报》的头号标题“释放曼德拉！”宣告了一场由其发动的运动的开始。

黑人社团领袖坚持在他们参加国民大会之前，必须释放所有的政治犯，允许流放者回国，取消对“非洲人国民大会”、“泛非主义者大会”和其他黑人组织的禁令、废弃种族隔离。“我们相信在这个国家里现在正在寻求的艾丽斯漫游奇境的解决方法将缓慢又痛苦地将我们引向一场危机。”《邮报》编辑珀西、科布扎说。

随着运动积聚了力量，《邮报》下一个星期的标题变成了《让我爸爸回家》，刊登了有关曼德拉生平的一篇文章以及津姬和她的侄女扎基韦和温妮·曼德拉作“权力”手势的照片。

在沙佩维尔惨案20周年纪念日的前夜，威特沃特斯兰德大学的白人学生在大礼堂举行一次集会。“为什么我们不能成为历史上交出自己权力的第一人？”黑绶带组织的领袖希拉·邓肯说。科布扎则向白人南非表明自己的观点：“我们相信政府诚意最显而易见的行动就是释放曼德拉。”

津姬·曼德拉告诉集会的群众：“我不是作为一个呼吁释放自己父亲的女儿而加入你们中间的，我是作为我们这代人的一分子加入的。这一代人从来不知道什么是正常的生活。”她说出了对所有没有父亲，甚至有时没有母亲的孩子生活是什么样子。这一代人看到的是压迫人民的恶行，童年的话题是上一次的袭击、谁的父亲或母亲被拘留、关在哪所监狱、上次探望是什么时候以及最近警察对家里的袭击是何时发生的。

“一年年过去，我们开始明白自己周围严酷的现实，我们不仅看到对我们的父母、我们的兄弟姐妹一次又一次的审判，而且看到更多人在那些有权随时将他们从自己所爱的人身边夺走的人手中失去生命。我了解所有这些折磨和恐惧。虽然我个人并不比其他黑人孩子承受更多。我了解这些恐惧，看到我的父亲牺牲所有物质的东西为公正、荣誉和人的尊严而战。我看到他们为此付出所有，我看到成千上万的父母也是这样。但我也看到这些牺牲却得到了他们为之奋斗的越来越少的自由……我看到人民的苦难已到达了顶点，我看到了索韦托火山猛烈地喷发，我们将不再忍受。”

她又说，使她恐惧地是在父亲的政治生涯中，他提出了许多解决办法，并说除非人们听从，否则暴力将会发展到不可控制。最后津姬说：“呼吁释放曼德拉就是说改变不可避免的大屠杀。”

三天之后，即 1980 年 3 月 23 日，在索韦托的基督教堂，5000 群众纪念沙佩维尔惨案以响应莫特拉纳博士释放曼德拉和其他政治犯的呼吁，图图主教代表教会理事会执行理事在《邮报》“释放曼德拉”的请愿书上签了名，他的护照刚刚因为他坦诚的言论而被收回。“无谓的牺牲和流血，像津巴布韦人民承受的那样”，理事会宣称，“只有一种可能避免，就是曼德拉和其他在狱中或流放的领袖能够参与统一的南非社会的重建”。

随着成千上万的人在请愿书上签字，包括温妮·曼德拉，运动赢得了国际社会的支持。1980 年 6 月 13 日，联合国安理会要求南非政府释放曼德拉和其他政治犯，只有这样，才能进行“对这个国家的未来有意义的讨论”。

阿非利卡国家主义者的出版社，号召在穆加贝在津巴布韦取得胜利之后全国集会，加速了运动的发展，出版社不得不宣布这只是一个“纯粹的宣传把戏”。但是在保守的商业社团里有一个重要的声音响起：试图改善南非国际形象的 SA 基金会的资深研究员认为曼德拉的被释放将是“政府决心影响种族和解的标志”。

1980 年 4 月 15 日，司法部长在国会严厉批评了所有释放曼德拉的运动。他引用了 3 月 12 日《好望角时报》的一篇评论，评论说随着罗得西亚战争的结束和选举一个黑人政府，“从罗得西亚的错误中得来的教训是显而易见的，释放曼德拉将成为一个极好的起点……”

“如果这不是南非公众难以容忍的影响”，部长说，“那么我不知道是什么。南非其他的英文报纸都接受了这一呼吁。这并不新鲜。要求释放曼德拉的运动并不是新鲜事儿……”，他按着给出他称为“真实的”曼德拉的档案，声称他在非洲旅行时带着由“苏联克格勃”提供的文件，而且他访问了铁幕后的国家以图协作进行破坏和恐怖活动（这是唯一的一次英国被当做“铁幕后的国家”）。由此他得出结论：曼德拉“始终是一个坚定的共产主义者，就像他在一生中是一个坚定的南非‘非洲人国民大会’成员一样”。

简言之，政府拒绝释放曼德拉。当斯泰伦博什的阿非利卡人大学持异议的学生嘲笑总理宣布他不会释放那个“首要的马克思主义者”时，总理勃然大怒。法庭判处曼德拉无期徒刑。

国家安全局前首脑范登·伯格将军提出抗议，不赞成政府的做法。他说曼德拉不是一个“共产主义者”，他只是代表黑人民族主义，就像阿非利卡人代表阿非利卡国家主义一样。

到5月底，很显然政府已放弃了和平谈判的机会。阿非利卡人毫不让步，要按自己的方式去生活，而且因为拥有军事和经济力量，面对黑人革命，他们选择了战争。革命受到了威胁，可能会延长，并带来可怕的后果。

释放曼德拉的运动演变成要求释放所有政治犯。政治犯们现在可以自己从报纸上看到运动的进展情况。16年来的努力终于取得了成功：1980年5月13日，警察局长路易斯·勒·格兰治宣布他们每天都可得到一份英文报纸和一份阿非利卡语报纸。他们还可以用整理花园挣来的钱从一个监狱售货店里买到水果和梳洗用品。至少对曼德拉和其他在特殊牢房的人来说，服苦役的日子结束了。

温妮·曼德拉相信总有一天她丈夫会离开小岛，现在她的愿望实现了，但并不是她所指的恢复自由。1982年4月的一个晚上，曼德拉、西苏鲁和其他三个利沃尼亚案的被告——卡特拉塔、马拉巴、姆兰盖尼突然接到命令要他们收拾东西，并被送往大陆。第二天早上，当岛上的同志们醒来时，发现5个房间都空了：对他们而言，西苏鲁曾是他们的密友，而曼德拉则是他们的父亲。

温妮在报纸上看到这则消息，后来又听到电视转播，最后她收到警察局的一封信，通知她的丈夫已被转往波尔斯摩尔最高安全监狱。当局未做任何解释，她猜测可能是阻止他正在做的工作：他收到了经费以组织年轻的囚犯学习，或者政府希望消除为绝大多数人所知的“曼德拉在罗本岛上”的说法？曼德拉的监狱号码变为D220/82。

在开普敦港口，5个人被带上一辆一直守候于此的封闭的军用卡车，经过一小时的行程到达位于托凯郊外白人社区的波尔斯摩尔。在桌山和监狱外的小山之间有一条狭谷，这是南非最美的景致之一，有大片的葡萄园和松树林，但他们一点儿都看不见。残酷的剥夺才刚刚开始，他们完全与世隔绝，被禁闭在高墙斗室中，曼德拉后来告诉一位来访者，他开始明白了奥斯卡·王尔德称之为“那一片蓝色却被囚犯们当做天空”。

波尔斯摩尔是一所现代化的监狱，有狭长的黄砖砌的建筑，成千上万不同种族的犯人被隔离在不同的地方。曼德拉和他的5个同伴被关在一所“孤立”房子三层上的一间大宿舍里，可以通往一个L形的四周高墙环绕的院子。和他们一起的是一个判了20年刑的年轻人帕特里克·马魁比拉。

曼德拉仍坚持他的日程，早上3∶30起床，运动两小时，“直到大汗淋漓”，白天则看书学习。

他们发现有些条件比岛上改善了：吃得好些，偶尔还有开普敦的朋友送来的饭食；可以看到大量的报纸包括《卫报周刊》和《时代》，还可以收听广播。“可惜只有极高频波段”，曼德拉说，“所以我们只能收到南非台，收不到BBC”。[1]

温妮第一次探望他时发现，等候室很舒适，探视间有一块很大的玻璃挡板，她可以从腰部以上看到她的丈夫，声音不用电话而用麦克风传送。20年来她第一次可以清楚地听到他的声音。他看起来很好，看守也不再大喊：“探视结束！”格雷戈里中士只是提醒她：“曼德拉夫人，你还有5分钟。”温妮说格雷戈里是“一个真正的好人”。他是在岛上慢慢了解

[1] 英国广播电台。

了曼德拉和他的同志们后改变的，并陪他们到了波尔斯摩尔。这些小小的改善对这么多年受到如此粗暴对待的夫妻是多么珍贵，他们可以拥有一点儿小小的隐私。

温妮对她丈夫抗议监狱条件的报导在国外广为曝光，大肆喧染。曼德拉和他的同志们越来越引起国际社会的关注。他们被转移后监狱条件不再有新的消息。1983 年 7 月，海伦·苏兹曼被允许探视他们，她告诉《纽约时报》的记者，她发现曼德拉的身体很好，精神振奋。牢房很宽敞，她被告知是院子有时进水而不是牢房。至于曼德拉的伤脚，她问起时他显得很惊讶。“他总是这样”，温妮说，“跟海伦谈话时，总是尽量轻描淡写。实际上，我探望他时，他脱下鞋，透过玻璃让我看”。每想起这一点她都会大笑，“21 年来我第一次看到他的脚”。

沃尔特·西苏鲁在牢房里庆祝了他 70 岁的生日，人们在威特沃特斯兰德大学礼堂里举行了一次集会，向他表示敬意。

1983 年 8 月“联合民主阵线”第一次全国大会上，他的祝辞得到了热烈欢迎。来自各种族和全国各地包括迄今未受政治冲击的村庄的 600 个组织聚集到一起，有社团组织、工会、教堂、学生团体、文化和政治协会等等，选出的领袖是印度人大会的成员阿伯蒂娜·西苏鲁、海伦·约瑟夫和阿尔奇·古梅迪。后者的父亲在 20 年代晚期担任非国大主席，他本人曾是因被指控叛国罪而遭审判的一名被告。世界新教教堂联盟主席和发言人阿兰·博萨克博士，是一名守护者。成员中有许多“宪章分子”（拥护自由宪章的人），一人一票是联合南非的目标，“释放曼德拉”的运动又重新活跃起来。

1984 年 5 月，当温妮·曼德拉和泽妮及她最小的儿子到达波尔斯摩尔时，温妮被格雷戈里中士叫到办公室，她立即猜测是她丈夫病了，但格雷戈里捎来了监狱当局的口信：从今后曼德拉被允许“接触”探望，泽妮描述了当时的情形：22 年后，她的父母互相亲吻着，紧紧地拥抱了很长时间。

曼德拉和西苏鲁及其他四位同伴，仍然被禁闭在他们三楼的牢房里，与其他犯人和人民隔绝。一天天，他们研读报纸，收听政府控制的电台，冲破波尔斯摩尔的禁锢讨论着世界上每一个新的发展。

1984 年冬天是 P · W · 博塔胜利的日子，至少看起来如此：在西方，恩科马蒂条约[1]作为他改革政策的又一标志受到了欢迎。为新宪法他从白人选民那里赢得压倒多数的赞同，击败了阿非利卡人右翼反对派。在他任总统期间，建立了一个三方议会，460 万白人以外，350 万有色人种和印度人也有了自己的代表。然而，他们的权力要服从白人否决权，2100 万非洲人的“权利”被限制在班图斯坦和市政委员会。

一场抗议运动爆发了：黑人、有色人种和印度人，看到他们中的妥协分子与阿非利卡人合作巩固其统治，而又促使世界相信种族隔离已废除，西方缺少经验的批评家开始缴械了：玛格丽特 · 撒切尔不顾强烈的批评和抗议游行，接见了博塔总统。自史末资将军以来，他是第一个对英国首相进行官方访问的南非领导人，而且还被教皇接见。在法国政府拒绝会见博塔后，曼德拉说当他女儿泽妮代表他接受波尔多律师协会授予的奖金时，他找到了向法国人民表示“敬意”的机会。

博塔回国时受到南非白人英雄般的欢迎。但是三方议会的选举表达的却是更愤怒的抗议，超过 80％的合法投票人联合抵制选举，当新议会在 9 月召开时，整个国家充满种族骚乱。

极度贫困、经济衰退和长时间的干旱使班图社区和黑人经济区的人们陷入绝望，在瓦尔三角区（从约翰内斯堡到韦雷尼京地区），房租上涨，被拒付，人们只是付不起，黑人居住区西博肯被 7000 人包围，警察挨家挨户搜索，逮捕违法的居民。“就要打仗了。”黑人们常这么说。温妮 · 曼德拉在谈到西博肯事件时说：“当调遣军队包围一个居住区只是因为人们抗议房租上涨，只是因为人们像在每一个民主的国度所做的那样，这样的

[1] 即南非与莫桑比克互不侵犯与睦邻条约，该条约使非国大不能再利用莫桑比克境内的基地。

政治环境已恶化到了极点。”

压力变得如此巨大，两个主要的工会（南非工会和南非工会委员会），以前对政治抗议很谨慎，现在则和联合民主阵线和南非学生委员会一起组织了瓦尔三角区的罢工：这是记忆中最大的一次罢工，使工业陷入瘫痪。

那时，图图主教正在美国，从奥斯陆传来消息——他被授予诺贝尔和平奖，23 年前，卢图利酋长曾获得诺贝尔奖，他曾呼吁国际社会对南非政府和种族隔离政策进行制裁，多年来议会支持卢图利倡议的游说只取得很小的进展。“敌人的脚步声震耳欲聋，然而一个意见更响亮：现在是谁的时代？”维克多·雨果写道。这是这样一个时代，不仅仅在美国，而且更在整个世界。

图图的地位和特权，以及他的力量、热情和智慧，和其他意义重大的因素一起改变了美国对南非的政策。里根总统的“建设性协定”被证明是一次惨败，只是给南非政府壮了壮胆，杰西·杰克逊在总统选举期间的活动使南非引起公众的注意。同时在国会，黑人小组和自由成员正做着踏实的工作，并从兰德尔·鲁宾逊的组织得到重要的帮助，每天，电视报道表明阿非利卡人的不让步，南非政策的残忍和黑人的反抗、勇往直前的勇气和决心。

感恩节前夜，“自由南非”抗议者在南非驻华盛顿大使馆前静坐，促进了不断发展的全国范围的运动。这场运动参加者有民主党人也有一些共和党人，有黑人也有白人，有知名人士也有所谓的“无名小卒”，从南非撤回投资的运动也突然加剧了。

在这些运动和对国会采取制裁施加压力的人们当中有一个重要人物：爱德华·肯尼迪参议员。他在 1985 年 2 月的一次南非之旅期间，访问了布兰德福特的温妮·曼德拉，并要求探望曼德拉本人，但遭到断然拒绝。然而几天后，英国保守党员、欧洲议会成员贝塞尔勋爵被允许进入波尔斯摩尔。22 年来曼德拉一直被禁止与家人谈论监狱的条件和政治，现在他被允许和一群陌生人讨论。

司法部长 H·G·科特西坦率地告诉贝塞尔勋爵，这次访问是经当局允许的，所以他可以确信曼德拉得到很好的对待，身体健康，很明显，当局并没有忘记国际上给予温妮·曼德拉1983年报道的关注。

尼古拉斯·贝塞尔描绘了会见的场面：

“我在防卫森严的主管办公室里等待着纳尔逊·曼德拉……高级军官们穿着黄色卡其布制服，肩章上闪烁着金星，一些人把尖顶帽拉下来遮住了眼睛，看起来像守卫们的军士长。他们进进出出，用阿非利卡语兴奋地交谈着。最后，三个人走进屋子，其中一个径直走向我，‘您好！’他说，我也向他致意。‘您一定和温斯顿·丘吉尔有点联系，’他接着说，暗示我需要减几磅体重，‘无论如何，很荣幸接待您。’

“他急于让我放松，就请我坐在桌旁，这样好做笔记，我立刻意识到这就是我要见的人。

“他很高很瘦，满头银发，穿一件无可挑剔的橄榄绿衬衣和一条裤线笔直的海军蓝长裤，看起来就像是南非监狱里的一位将军。事实上，他的举止是他们当中最自信的一个，站在房间里他明显卓尔不群。然而，他是黑人，而且是个囚犯，可能是世界上最有名的囚犯了。在欧洲人们为他写歌，在伦敦以他的名字来命令街道。他是非洲人国民大会的领袖，他献身于摧毁种族隔离制度，如果必要甚至不惜诉诸暴力。”

曼德拉向贝塞尔讲述了罗本岛上的“艰苦岁月”，所有的侮辱和精神迫害，以及1974年前后戏剧性的改善，“现在只有废除整个南非的制度才能使情况有所改善。”他补充说。

他承认他健康状况良好；谣言说他患有癌症，是假的。他也没有截掉脚趾。但是，他说他对牢房的条件仍有怨言：“墙上有一块潮湿的地方，可能是施工造成的。把我们6个人和其他囚犯隔离开也是不对的。我们希望有更多的同伴。”他也要求学习时有更多的私人空间。“实际上，我们1969年提出的基本要求是政治地位比如写日记的权利和被家人探视的权利，我指的是非洲人大家庭，而不仅仅是妻子、兄弟、孩子、像欧洲人语义上的家庭。”

贝塞尔后来评论说，问题并不是野蛮的监狱条件，“而是曼德拉和他的朋友们在监狱里。曼德拉、西苏鲁和卡特拉塔在罗本岛上待了 18 年，在波尔斯摩尔待了 3 年，所有这些只为了一项不比共谋破坏他人财产更重的罪名。即使忽略他们有采取暴力反对种族隔离的权利，惩罚也远远超过了过失。他们被剥夺了选举和被选举权以及在自己国家任何地方居住的权利”。曼德拉说过：“武装斗争是政府迫使的，而且如果要我们现在放弃，决定权也在他们手里。他们必须使我们合法化，把我们当做一个政党对待，并和我们谈判，否则，我们将会坚持武装斗争。只说不做毫无用处，政府把螺栓拧得太紧了。”

“当然”，他补充说，“如果有这方面的对话，我们非洲人国民大会将宣布休战……但同时我们不得不继续斗争，虽然有所限制”。目标是袭击军事设施和种族隔离的象征，而不是暗杀人民，“我不希望我们的人搞暗杀，比如说，暗杀这儿的军士长！”看守曼德拉和其他 5 人的军士长弗里茨范·西德特此时正在一旁监视，确信没有文件或其他东西在贝塞尔和曼德拉之间传递。他继续说：“除非是一个告密者，威胁着我们的生命，我才会觉得他该当死罪。”

贝塞尔被要求让曼德拉在一份文件上签名，以确认他参加爱丁堡大学校长的选举。监狱当局不允许。曼德拉只能表达因为一些学生和老师希望他当校长的喜悦之情。“我是一个政治家”，他说，“当然希望赢得选举。但是这一次如此友好，我已不介意输赢”。

贝塞尔说，对监狱长芒罗准将他说了些好话：“准将竭尽所能解决我们的问题。但是，可怜的人，他几乎没有什么权力。所有与我们 6 人有关的事他都必须提交比勒陀利亚。”曼德拉还提到犯人的通信受到了干涉，他祝贺图图主教获得诺贝尔奖的信被拦下，一位同伴曾收到一封被划成碎片的信。这不是准将的过错，而是那些政客。无论是种族原因还是其他方面，狱方都没问题。

芒罗准将邀请贝塞尔参观了曼德拉的牢房，那是在一栋很长的低矮房子孤立的一侧。他们沿着走廊，走上台阶。一行人有看守，参观者，军士们则用沉重的钥匙打开门。“但是，一路上”，贝塞尔说，“是曼德拉在领路，他在每道门前请我先过，而且不停地问我有关英国和世界的事：我是否认为戈尔巴乔夫（对英国）的访问会缓和东西方的紧张关系？对舒尔茨——葛罗米柯的会谈，我有什么期望？自由党能否最终在英国政坛取得突破？撒切尔夫人成功的秘诀是什么？工党的新领导人是谁？”

最后打开的一扇门即是三层楼上的“曼德拉牢房”，那是一间大房子，有六张床，很多书和洗漱与卫生设施。大门在他们身后关上后，曼德拉领着贝塞尔穿过一扇打开的门到了一个长长的四周环绕着白色高墙的L形院子，那儿，曼德拉开垦了他的“花园”，种着土豆、甘蓝、豆子、黄瓜和草莓。他向客人展示这些蔬菜时充满了骄傲，让贝塞尔觉得像一个农物主在展示他的农场。他说，作为一个乡下人，他渴望绿色。在向同志们介绍了客人之后，他指出了墙上那块潮湿的地方。然后，当一个中士打开沉重的钢制的监狱大门时，他和贝塞尔握了握手说：“这是边界，我必须离开你了。”[1]

这次访问之后，一位美国教授萨缪尔·达什和他的妻子与曼德拉有过一次类似的2小时谈话。达什写道，曼德拉看起来比66岁年轻许多，平静、自信而高贵。他不像是一个游击队员或激进的思想家，而像是一位政府首脑。令达什教授更吃惊的是，曼德拉知道他是参议院水门事件委员会的律师，对教授谈到的南非关于对罪犯判刑的大会情况很了解。

达什询问了曼德拉对政府废除《不道德法案》和《禁止种族通婚》的法律的计划有什么看法，曼德拉说这些改革只是“细枝末节”。他并没有娶一位白种妇女的志向，中心问题是政治上的平等。至于说许多白人害怕这一平等意味着屈服于愤怒的黑人，他说：“南非白人属于这里，这儿是他们的家，我们需要他们和我们一起生活，和我们共享权力。”这是非国

[1] 与《纽约时报》杂志会面，1985年7月7日。

大《自由宪章》政策的重申。他又一次领着参观者去了牢房，当一个又一个钢门打开时，他开玩笑说他逃跑的前景可不妙。[1]

下一批被南非当局准许的美国访问者在报告中采取了截然不同的立场。一个"极右"翼分子、《华盛顿时报》的专栏作家，另一个是所谓道义多数的领导人杰里·法尔韦尔牧师的一位朋友。在"曼德拉极力主张'暴力'革命"的大标题下，他们把他描绘成一个"恐怖主义者和革命者"，认为除暴力革命"别无他途"，而且在南非"没有和平斗争的空间"。随后的一篇报道说出了在他们短暂的会面中曼德拉实际上说的话：既然这个国家的状况没有改变，如果没有比他入狱时更糟的话，除非使用武力，别无选择。

对贝塞尔勋爵而言，曼德拉是一个社会主义者，信仰无阶级社会，他说："现在，我看不到归属任何政党的理由。工人和农民，白人或黑人，都可以加入我们反对种族歧视的运动，狭隘是愚蠢的。"他感激苏联，因为苏联很久以来反对种族主义，支持解放运动，但这并不意味着他赞同苏联人的国内政策，他也很感激 1962 年接见他的埃塞俄比亚皇帝海尔·塞拉西，他是一个封建统治者，但支持非洲人国民大会。

他告诉《华盛顿时报》的专栏作家，他"绝对不是"一个共产主义者，但确实是受无阶级社会思想影响的一个非洲民族主义者。他是一个基督徒，一个卫理会教会的成员，当被问到使用暴力时，他指出基督教国家也曾为各种不公正而战。当谈到马丁·路德·金的非暴力策略时，他指出南非的情况截然不同：在美国，民主根深蒂固，白人社会更开明，而且政府受到法律的限制，在南非，他说，则有两个世界，对白人而言，是民主社会，对黑人，是"殖民地和黑暗的中世纪"。

撤回投资，经济制裁："这一策略得到了热情的支持，它已经使当局感到焦虑。"至于黑人受害最深的说法，他宣称："我们必须勒紧裤带，

[1]《星期日邮报》，1985 年 8 月 22 日。

为自由必须作出牺牲。”

曼德拉给这些访问者留下的印象，和他得到的对世界发表讲演的机会，违背了司法部长的初衷。在欧洲议会，贝塞尔勋爵作为人权委员会的副主席，发起一场运动要求外长们对南非政府施加压力以释放曼德拉，并在保守的《星期日邮报》上发表了一篇文章，报道了他对波尔斯摩尔的访问，同时还配有一篇有力的社论，开头是这样：“《星期日邮报》今天很荣幸地出版南非无可争辩的黑人领袖纳尔逊·曼德拉的讲话……”，他承认曼德拉相信只有通过暴力才能推翻“恶毒的种族隔离政策”，并补充说：“然而，对这个人的暴力行为就是将他投入监狱……当他的人民被暴力压迫时，他们就被剥夺了不容置疑的政治权利。”

最后，社论说：“本报将毫不迟疑地加入全世界反对种族隔离的运动中，振臂高呼：释放曼德拉！”

## 六、自由之路无坦途

1985年1月31日，博塔总统向南非众议院宣布：

“政府愿意考虑在南非共和国境内给予曼德拉先生自由，作为条件，曼德拉先生要承诺不再策划、煽动、参与任何以进一步的政治目的为目标的暴力活动。他将循规蹈矩，遵守法纪……因而，现在并非南非政府妨碍了曼德拉先生的自由，而是他自己。何去何从，取决于他，他要做的只是无条件放弃暴力作为政治手段，毕竟，这是为所有文明的国度尊崇的准则。”

2月8日温妮·曼德拉在家庭律师伊斯梅尔·阿约布的陪同下，探望了她的丈夫，看他对总统的提议如何答复，曼德拉希望告知他的人民，于是开始口述声明，在旁监视的狱官立即提出抗议。曼德拉说他有权以任何方式答复总统，当狱官离开后，他继续口述。接着进来一位高级军官，命令他停下来。曼德拉坚持监狱方面可以打电话给总统，而他则继续口述。

2月10日，星期六，津姬在索韦托的杰布拉尼圆形剧场宣读了她父亲的声明《致人民》，此时“联合民主阵线”正为图图获得诺贝尔奖举行庆祝，通过津姬，曼德拉和他的同伴向“联合民主阵线”表示了感谢，向大主教表示了敬意。温妮·曼德拉违反禁令，出席了会议，看到当女儿朗读声明时，群情振奋：

“我父亲和他的同志们希望你们，我们的人民能第一个听到这一声明。他们清楚他们对你们而且只对你们担负着责任，你们应该直接听到他们的意见，而非借助他人。

“我父亲不仅为他和他在波尔斯摩尔的同志们呼吁，而且为所有因反对种族隔离而被投入监狱的人们呼吁，为所有被流放者呼吁，为所有受种族隔离之苦的人们呼吁，为所有反对种族隔离和所有被压迫和被剥削者呼吁。

“在我们的斗争中，总有一些傀儡自诩为你们的代言人，他们东奔西跑，国内国外到处发表声明，却毫无结果。我父亲和他的同志们将和他们不同。

“我父亲说：‘我是非洲人国民大会的一员，我曾经是而且永远是他的一员。奥利弗·坦博胜似我的兄弟，他是50年来我最了不起的朋友和同志。如果你们中有谁珍视我的自由，奥利弗·坦博，会尤甚之。为我能获得自由、我知道他不惜献出生命，我们观点一致，毫无分歧。

“我父亲说：‘对政府强加于我的条件，我甚感惊奇。我不是一个粗暴的人。1952年我和同志们写信给马兰要求召开圆桌会议寻求解决问题的方法，但被置之不理。

“斯揣敦当政时，我们提出同样的请求，再遭拒绝。

“维沃尔德在台上时，我们要求召开国民大会，让南非人民决定他们的未来，但又一次无功而返。

“当所有其他的方式都不能奏效时，我们选择了武装斗争。

“让博塔表明他和马兰、斯揣敦、维沃尔德的不同吧，让他抛弃暴力吧，让他说他将废除种族隔离。

“让他取消对人民的组织非洲人国民大会的禁令吧，让他释放所有因反对种族隔离而被关押，被流放的人们，让他保证政治活动的自由，让人民来决策谁来统治。

“我无比珍视我的自由，但我更关注你们的自由。自从我被投进监狱以来，太多的人死去了，太多的人因为热爱自由而饱受痛苦。对为他们悲伤和哭泣的人们，他们的妻子、儿女、父亲和母亲，我感到深深的欠疚。在这些漫长、孤独、虚掷的年月里，不仅仅是我在承受苦难。我向你们一样热爱生活，但我不能出卖我与生俱来的权利，更不可能出卖人民的权利来获取自由。我是作为人民的代表，作为被禁止的你们的组织非洲人国民大会的代表呆在监狱里的。当人民的组织仍被禁止时，我能得到什么样的自由呢？当我仍会因违法而被捕时，我又能得到什么样的自由呢？当我亲爱的妻子和家人仍在布兰德福特流放时，我能得到什么样的自由呢？当我必须得到准许才能生活在城市里，我又得到什么样的自由呢？当我必须在证件上盖章才能找工作时，我又能得到什么样的自由呢？当我作为南非公民的权力得不到尊重时，我又能得到什么样的自由呢？

“只有自由者才能够协商，犯人不能缔结契约。当赫尔曼·托伊沃·加·托伊沃[1]被释放时，他从未作出也未被要求作出任何承诺。

“我父亲还说：当我和你们，我们的人民仍然没有自由时，我不能也不会作出任何许诺，你我的自由休戚相关。我会回到你们中间的。

“这次声明是自60年代初以来他第一次有机会向人民发表讲话。‘让南非难以统治吧！’奥利弗·坦博在2月向人民强烈呼吁。与此同时，在黑人居住区，人们实际上已经开始行动起来。在多年口头上不切实际的预言后，非洲人国民大会自信地宣布：‘未来掌握在我们手中……革命的条件

[1] 纳米比亚西南非洲人民组织创始人之一。1983年获释（1964年被捕）。

已经成熟。’”

仅仅几个月以前，博塔放弃了最好的时机。现在，面临严重的干旱和经济衰退，他和他的政策无能为力。1984 年，恩科马蒂协定剥夺了非洲人国民大会在莫桑比克的基地。非洲人国民大会开始在南非内部斗争。博塔改革的许诺没有充分兑现，所有这些都促使种族隔离必将被废除。

警察队伍尤显出他那些承诺的空洞。在东好望角，他们臭名昭著，将他们自己的意志视为法律：在 3 月 21 日沙佩维尔和兰加大屠杀 25 周年纪念日时，又发生一起屠杀，警察向手无寸铁的黑人射击，地点又是一个叫兰加的黑人居住区，只是这不是靠近开普敦，而是靠近尤腾里格，20 名男女被杀，17 人是从背后开的枪。

在愤怒的情绪中，抗议者越来越暴力，目的性更强——摧毁种族隔离的象征，采取了从扔石块到纵火各种方法。7 月 22 日，政府宣布国家进入紧急状态，封锁了许多黑人居住区，允许警察和军队不受惩罚地杀人，在国内外激起了更大的愤怒。

在波尔斯摩尔，曼德拉和他的同伴，没有电视，只能读报和猜测外界情况一天天的发展：警察和军队进驻黑人居住区，从装甲车上向人们射击，儿童亦不能幸免，就好像他们是猎物。黑人警察和白人一起鞭打抗议者，无论他是白人还是黑人。警察将成千的社区领袖、牧师、工会会员、学生禁闭起来，缺乏领导的群众从向警察扔石块转向烧死“勾结者”：黑人警察、市长、地方议员和可疑的告密者，这些人比他们代表的白人统治者更容易攻击。白人表面上仍未受影响，待在他们严密保护的隔离的社区里，不仅在肉体上，而且在精神上，因为他们的电视节目受过审查，没有警察鞭打白人学生的镜头，而都是黑人烧死黑人。[1]

全国上下，在灰蒙蒙的黑人居住区和小村子里，成千上万的哀悼者参加了葬礼：纪念死去的烈士，激起更大的反抗。一位妇女说：“我们不会

---

[1] 1985 年 2 月 4 日的信。

再这样下去了。”在这个死气沉沉，赤贫如洗的乡村，人们正在哀悼被警察枪杀的一个13岁的男孩和一名20岁的青年。“这些杀戮永远地改变了我们的生活。他们使我们被迫采取暴力。”

图图主教参加了一些葬礼，试图平息一些莽撞的青年愤怒的情绪，他吟诵了特里弗·赫德尔斯顿写的祷文：“上帝祝福非洲，保护她的子孙，指引她的领袖，并给予她和平。”

非洲人国民大会的旗帜在葬礼上飘扬着，自由的歌曲被传唱：歌曲的作者是三四十年代非洲人国民大会的领袖，曾在东开普敦的克拉多克做过牧师的坎农·詹姆斯·卡拉塔，现在，在克拉多克的一次葬礼上，人们公然反抗，称赞曼德拉和坦博警告博塔注意历史的潮流，以免为时太晚。葬礼是为卡拉塔的外孙福特和马修·戈尼维、一位文静的年轻的学校校长和刚从伊丽莎白港一次“联合民主阵线”会议回来的另外两个社区领袖举行的。他们被一个“杀手队”杀死，并被残忍地肢解。在哀悼的人群中心是从开普敦、约翰内斯堡和伊丽莎白港赶到克拉多克的南非教会理事会的领袖阿兰·博萨克和勒尔斯·诺迪，后者是一个阿非利卡人，曾是狂热的阿非利卡国家主义者，秘密组织“兄弟会”的成员，他在理智上、政治上和精神上都走了很长的路。莫莉·布莱克伯恩也在场，他是“黑绶带”的成员，进步联邦党和好望角地方委员会的一员，是死去的四个年轻人的朋友和将他们自己视为黑人一员的白人的象征。

一个葬礼接着一个葬礼：8月11日星期六，在西斯凯靠近威廉国王镇的雷伊黑人居住区，维多利亚·姆曾格葬在了她丈夫身旁，她和他一样是被谋杀的。她是在最高叛国罪审判中为阿伯蒂娜·西苏鲁和其他“联合民主阵线”领袖辩护的律师之一，葬礼上的发言人用曼德拉的监狱号码D220或“纳尔逊大叔”来称呼他，他捎来了口信：对维多利亚·姆曾格的谋杀是我们永远不会忘记也不能原谅的暴行。

即使是葬礼上的悼念者也不能幸免于警察和军队的袭击，死亡人数一直在上升：在21个月里近900人被杀。任意杀人在黑人居住区和零星的营地到处蔓延。在开普敦的凯特西，黑人治保员烧毁棚户，杀死了大批的居民。这些治保员被称作“威特德凯”，因为他们总穿着白色的衣服到处招摇。目击者注意到穿着便服的警察在一旁怂恿。在纳塔尔省出现了同样的情景：在那儿穿着红衣服的布特莱齐的因卡塔自由党和民主联合阵线发生了冲突，而且很少被安全力量检查出来，政府宣称这是“黑人对黑人”的暴行，许多媒体也接受这一歪曲。有洞察力的观察家深信有一支邪恶的第三支力量参与其中，1989 年，一位调查治保员谋杀案件的学者大卫·韦伯斯特博士被暗杀后，这一看法得到了加强。

博塔未能制止住暴力，他缺乏灵活地拒绝取消国家的紧急状态导致了广泛的国际制裁。“资本联合抵制”导致兰特（南非货币单位）趋于崩溃，南非企业界越来越要政府开始与“甚至一些还在狱中”的黑人领袖谈判。企业界领袖带领一个代表团与在流放中的奥利弗·坦博、姆贝基以及其他人进行了磋商。坦博使美国和美国有影响力的企业家和里根政府的官员们相信没有非洲人国民大会的参与，找不到任何解决方法。然而，在英国，撒切尔夫人被布特莱齐主席打动了，她在对伦敦和华盛顿的访问中，声称黑人是制裁中受害最深的。

“释放曼德拉并和他对话。”博塔受到国内外评论家的强烈要求，只有这样暴力才能被制止，经济才能复苏，而且，欧洲共同体国家压倒了撒切尔夫人的反对，威胁如果比勒陀利亚政府不取消种族隔离、释放曼德拉和其他政治犯、建立政治自由的话，将施以制裁。

博塔总统对此的反应是要求南非人民：“团结一致抵抗借助外国来毁灭祖国的黑暗势力。”

尽管处在监禁中，曼德拉和他的同伴也能深思熟虑危机中的每一个进展。曼德拉变成了一个更爱沉思的人，经常回顾他的一生，评价自己的工作，从错误中吸取教训，但他并没有背离在 1960 年叛国罪审判中的声明：给予普遍的公民权的要求从未被放弃。而且，如果政府说：“让我们谈谈吧。”他会回答：“好的，让我们谈谈。”现在 1985 年 11 月，他相信再次尝试与政府接触的时机已经到了，但他被迫马上做前列腺肿大的手术，在他迫切需要的时机面前，这真是意想不到的挫折。

1986 年初，知名人士共同组织（主席是尼日利亚的阿巴查将军和澳大利亚的马尔科姆·弗兰斯特）访问南非寻求和平方式结束种族隔离。在与曼德拉在监狱的会客室见了几次面后，把这位“活着的传奇人物”描述成“一个与世隔绝的孤独的人”。他们发现他“没有任何痛苦的痕迹”，而且“渴望被允许为和解进程作出贡献”，他们也指出他那“威严的风度”，和他举止中“散发的权威”，甚至为他的看守们所敬重，他“完美的外表”给他们留下很深的印象，这会让监狱的裁缝很高兴的，为这次会面他专门为曼德拉做了一件细条子西服。

共同组织的建议激起了一阵乐观情绪，他们建议政府采取行动举行包括所有党派的谈判，释放政治犯，取消对非法组织的禁令。但是就在共同组织与内部成员会面的当天，博塔在右翼官员影响下，对博茨瓦纳、津巴布韦和赞比亚境内的目标进行了毁灭性的袭击，这三国是“非洲人国民大会”在国外的主要基地。这些残暴的行为，对“联合民主阵线”重要领导人的逮捕和软禁以及年复一年宣布国家处于紧急状态[1]，只是增强了曼德拉的决心，他和科特西的谈话继续进行，官员们被召进来进行更秘密的讨论。

1988 年 7 月，在他 70 岁生日的时候，全世界都响起了“释放曼德拉！”的声音。在伦敦一次盛大的音乐会上，斯蒂文·翁达用他的歌《I just called to say I love you》表达了这种心情，在南非，警察打断了庆祝活动，曼德拉的同志们也不被准许和他在一起。看起来他正式要求和博塔总统会晤的时机成熟了！

然而，一个更严重的挫折接踵而至。8 月上旬，当西苏鲁和大牢房里的其他人被允许探望他时，他们发现，他虽然很高兴，但咳嗽得很厉害，说

[1] 460 万白人合法持有 1300 万支手枪，《金融时报》，1985 年 9 月 6 日。

话都有困难，他被诊断出患有肺结核，必须动手术抽走肺中的液体。在斯德林伯克附近一家医院接受治疗时，他告诉自己的律师伊斯梅尔·阿约布他不希望小题大作。然而，西方领导人要求释放他的呼声更迫切了，只是遇到了南非极右保守党和新纳粹极端分子的威胁。

曼德拉迅速痊愈归功于他多年自我约束，坚持日常锻炼。圣诞节，他被安置在帕尔外面维克托·韦斯特监狱一所看守的房子里。政府发表了这所带游泳池的“舒适而又安全”的平房的照片，但看不到曼德拉。自从1966年在岛上照了些照片以来，他的任何照片都被禁止。无论怎样，印制政治犯的照片都属非法。因此，毫不奇怪，当他周末被车带到开普敦或乡下为他可能被释放作准备时，他没有被认出来。帕尔的居民或海滩上的漫步者或许注意到了一个高大的与众不同的黑人，在一群白人（穿便服的看守）的陪同下偶尔在他们中间闲逛。

1989年7月5日晚，曼德拉终于动身前往总统在开普敦的官邸图恩胡伊恩斯，后来，他开玩笑地描绘了他被带入时的预防措施：检查了他的血型以防万一他被子弹射伤，而且仔细检查了他的衣服：新西服、新衬衫、袜子、领带和鞋。但是衬衫起皱了，不去关心是否会耽误时间，他必须脱下来，赶快熨好。而且，还有鞋，他忘记系鞋带了！在25年穿着监狱囚服和平底便鞋之后，他都忘记怎样装扮了。在总统门外，国家情报机关总指挥跪下来帮他系好鞋带。

曼德拉坦白他走进会议室时“非常害怕”——博塔的火爆脾气臭名远扬。他发现那条“老鳄鱼”很温和，而且很有魅力，于是放下戒心。但是在谈判的关键问题上，博塔还是不乐于合作。

评论员认为这次茶会象征着非洲人国民大会的合法化。“你可以说这是一个开明的总统，与将接替他的人会晤。”图图讽刺道。

1989年8月13日，奥利弗·坦博经受了一次中风而且被送到伦敦诊所，他总是急匆匆地工作和到处跑。曼德拉每天十分焦急地等待着阿德莱蒂·坦博的报告。他说坦博是“最近30年可以将整个组织团结在一起的那个人，是可以帮助非洲人国民大会保持一个强大的地位以赢得在我们国家获得自由的斗争的人”。

在几个月内博塔激烈地反对要求因为他的健康不断恶化而辞职的请求。内阁部长们在德兰士瓦领袖 F·W·德克勒克的带领下，不为他的抗议所动。1989 年 9 月 20 日，德克勒克宣誓就任总统。德克勒克很保守，也是个实用主义者，而且知道南非失去了在纳米比亚和安哥拉的战争。他许诺一个“新南非，一个彻底改变的南非”，第一个迹象是当 2 万名游行者在已经是大主教的图图的领导下被允许抗议警察在开普敦杀人。游行和平地进行。但是如果传奇般的曼德拉被释放，黑人的情绪会不会失去控制？

作为考验，戈万·姆贝基已被从罗本岛静悄悄地释放，返回了伊丽莎白港。于是阿伯蒂娜·西苏鲁和其他利沃尼亚案被告的妻子在看守的房子里与曼德拉见了面，而且被告知她们的丈夫很快就能和她们在一起。在整个国家，人们的情绪因为有了希望而高涨，成千上万的人在街上挥舞着非法的非洲人国民大会的旗帜，沉浸在欢乐中，直到 10 月 15 日星期六早上，沃尔特·西苏鲁、阿迈德·卡特拉塔、安德鲁·姆朗基尼、埃利亚斯·莫索莱蒂和雷蒙德·姆拉巴回到了家中。在索韦托，在站在装甲车上的武装部队的监视下，77 岁满头银发的西苏鲁，看起来神采飞扬，拥抱着欣喜若狂的阿伯蒂娜。他们不得不挤过围在他们住的小房子周围极度兴奋的人群。数天来，阿伯蒂娜和家人一直都在粉刷和打扫以迎接这一非凡的时刻，国外电视摄像组则一直跟着摄像。

记者问西苏鲁，是否很快会成立一个黑人政府？“我们不以肤色取人，”他回答说，“我们谈论的是一场民主运动，黑人可以做总统，白人也可以做总统。”

约有 8 万从各地黑人居住区赶来的群众聚集在约翰内斯堡的足球体育馆欢迎这些利沃尼亚人回来。虚弱的海伦·约瑟夫正走向生命的终点，也坐在他们身旁，非国大在几乎 30 年处在地下之后，公开亮相，庞大的人群胜利地唱着那首非法的颂歌“上帝保佑非洲”。

曼德拉在协商这些释放活动之后，正等着德克勒克对他交给博塔的10页纸的备忘录的答复，12月间与德克勒克总统的三次会面都是友好的。

曼德拉自己的释放也近在眼前了，媒体每天都在猜测释放他的日期。

1990年2月2日，德克勒克总统在开普敦向议会宣布取消对非国大、泛非大和其他非法组织的禁令。科比·科特西有理由大笑了。外交部长皮克·博塔评论说：“我想我们会很快重新得到国际社会的尊重。”德克勒克取消对共产党的禁令尤其需要勇气，他和他的支持者抵挡住了强烈的反对，认为留下任何组织为非法仍会为抗议提供土壤，政府会失去道义上的优势，而且，南非共肯定会因为他们在欧洲共产党统治的国家中朋友的减少而削弱。

庆祝活动遍及黑人居住区和城市，但是在约翰内斯堡圣玛丽教堂的一次感恩礼拜后，一些教徒在街上唱歌，遭到了持着警棍的警察恶毒的攻击。

曼德拉，这个被上百万人当做带领他的人民到达希望之乡的摩西的人，现在怎么样了？仍然没有什么时候释放他的确切消息。

1989年12月12日纳尔逊·曼德拉提供给F·W·德克勒克“一份试图形成理解气氛的文件”。这时德克勒克已接替博塔成为总统。文件中写道：

总统先生：

我想科比·科特西部长和格瑞特·维里恩部长已经告诉过你，我非常赞赏你在1989年10月15日释放8名狱友的决定，并提前告知了我。这次释放无疑是一个重要进展，会得到国内外的普遍赞扬。

在我看来，现在采取行动结束目前的僵局已经成为一个紧迫的问题，而且如果政府首先创造一个适宜的谈判气氛继而和非国大会谈，就一定能做到这一点。现在这种使南非浸满鲜血的冲突，无论是采用和平示威、暴力行动还是外部压力的形式，都无法解决，除非政府和非国大能达成一项协议。为了结束这个冲突，我已花费了三年多时间推动政府同非国大谈判，我希望我不会空着手离开这里。

政府坚持只有非国大真诚地承诺实现和平后才能与之谈判。这是政府在我们谈判之前要我们满足的先决条件。从一开始就必须说明非国大不能做这样的承诺，无论是应政府或其他任何人之请。我们认为这个国家解放运动的历史，特别是近41年的历史，已经把这一点讲得很清楚了。

政府关于和非国大谈判的整个构想是不可接受的，需要极大地改变。没有一个严肃的政治组织会在别人正在发动一场针对自己的咄咄逼人的战争时谈论和平，也没有自尊的人民会听从那些侮辱和贬低了自己那么久的人的命令。

此外，要我们许诺和平的先决条件也和你上次大选前在奈杰尔所作的声明不相一致。在那个声明中你呼吁黑人领袖前来和政府谈判，不要为这种谈判设置先决条件。这个声明被广泛认为是针对整个黑人种族发出的呼吁，而不是像现在看来的这样，仅仅是对那些在种族隔离框架下工作的人发出的。

根据其后的政府政策声明，人们对奈杰尔声明的理解加深了，认为他只是措辞美妙。尽管政府号召黑人不要设置先决条件，他却认为自己可以这样做。这就是他要求我们在谈判之前必须承诺和平的原因。

政府应当清楚，愿意进行谈判本身就是对和平的真诚承诺，在这一点上，非国大已远远走到了政府的前面。它反复说明只要有适宜的气氛就愿意进行谈判，非国大最近公布了关于这个问题的一个清楚而详尽的方案，这个方案已得到前线国家、非洲统一组织、不结盟运动和几乎所有英联邦成员国的赞同。

还有一个相关的事实，在过去的许多场合，非国大已经明确地承诺和平解决问题，只要有和平解决的渠道存在。比曼德拉年轻18岁的德克勒克头脑相当敏锐、精明，且胆识过人。他的律师生涯和社会活动经验使他的辩才也相当好，他讲话逻辑缜密、说服力强、颇具咄咄逼人的锋芒。在公众场所发表讲话或在人数众多的记者招待会上，当他面对来自各方的诘难时，他常常操着带有阿非利卡语口音的英语抑扬顿挫地加以反击。讲话时，他总是将头偏在一边，眼睛投向远方，一副若有所思的神情。

德克勒克的前任多为顽固反对政治改革、一意孤行的政治家。德克勒克虽然曾作为国民党右翼领导人而被人们认为是“一个具有传统思想的阿非利卡人”，但他独具勇气和胆略，敢于面对现实、敢于说出事实真相并根据变化了的情况果断调整政策，因而又被不少人认为思想开朗、坦诚直率。就任南非总统后，他的大多数朋友和同事们都对他的人品和政治才干表示赞赏，说他肯于听取别人意见，为人谦恭。他的哥哥对这位当上总统的弟弟的评价是“公正、友好、谦卑甚至温柔”。就连多年来在白人议会中唯一力主废除种族主义制度的海伦·苏兹曼女士也说她喜欢德克勒克这位政敌。南非报人肯·欧文将德克勒克与他的前任博塔做了比较后说：“在博塔总统表现粗暴的地方，德克勒克表现得温和；在博塔总统横冲直撞的地方，德克勒克迂回前进；在博塔总统与人冲突并暴跳如雷的地方，德克勒克进行说服且心平气和。他的历史是一篇充满妥协，尽量扭转不利局势和不动声色克服困难的故事。”不少人说德克勒克是一个“不可思议的人”，一位见过德克勒克的美国国会议员说：“如果能有人和他进行比较的话，那么只有罗纳德·里根。德克勒克是个很有吸引力的人。他不露痕迹地让你在不知不觉中受他的影响，但当你事后回想时却发现他未做任何承诺。”

德克勒克上任前后，南非种族主义政权已处于风雨飘摇之中。面对汹涌的历史潮流，德克勒克曾费尽审时度势的思量。熟悉他的家人发现他那段时间里常常心不在焉。他经常一个人坐在海边凝神沉思。他正处于一个必须由他把握的历史关头。这关系到300多年来一直用铁腕维系的白人统治是否就此终结、南非历史中最令世人众说纷纭的一章是否就此画上句号。他面临着与古罗马的凯撒在率领大军越过卢比孔河时同样的困境，是破釜沉舟越河而去，还是任风吹雨打视而不见维持现状。他清楚地知道，不论怎样，他都将被载入史册，只不过是罪人和伟人之分。

德克勒克决意越过他面前的“卢比孔河”。但人们对德克勒克的这番表示半信半疑，很多人批评德克勒克很可能会走“换汤不换药”的老路，更有人私下议论说他很可能比他的前任还要保守。就连最了解他的温皮哥哥也告诉人们，他预计德克勒克不会发生“信仰的突变”，而只会是“聪明地干一些跑腿的事，做一些小的妥协，翻来覆去地研究，计划所应采取的步骤，开展实际外交，通过在领导和控制中的平衡术逐渐取得威望”。

1989年的圣诞节假期对德克勒克来说显得格外沉重。在就任总统以来的三个月时间里，他夜以继日地工作着、思考着、权衡着。到国外的出访使他深切地感到南非在国际社会中是多么孤立，曾在几任南非政府中长期任外交部部长的皮克·博塔对此感触更深，只是前几任总统偏执狂般的“岛国意识”和一意孤行使他们听不进博塔的劝告。新总统德克勒克显然与众不同，博塔将自己的所见所闻和势必要进行国内政治改革的忠告对新总统一吐为快。如何改革？德克勒克又与人称“内阁中的哲人”的立宪发展部长格里特·维尔容、思想开明的财政部长杜普拉斯等一次次地深入探讨。12日收到曼德拉那份文件之后，德克勒克还于1989年12月13日在总统府与仍在狱中的曼德拉进行了晤谈。

上任后的德克勒克已相继采取了一系列令世人瞩目的措施：1989年10月15日宣布无条件释放了沃尔特·西苏鲁等8名政治犯；会见了图图大主教等南非黑人运动领导人；准许举行和平集会和示威行动；取消海滨和一些住宅区等公共场所的种族限制。南非国内外的人们对这些措施表示了欢迎。但人们仍然在问：曼德拉呢？至此为止，曼德拉已成为仍在狱中的唯一黑人领袖。

南非总统每年都利用年初议会开幕之际阐述施政大纲或宣布重大举措。此时离1990年议会开幕只有2个月时间，如要实践自己的执政诺言、在政治改革上有重大动作，那将是公布于世的最好时机和场合。德克勒克一家那一年圣诞节是在纳塔尔省的总统官邸中度过的。无论是与家人朋友一起打高尔夫球，或是聚谈会餐之后，他都会离开人群，来到海边或花园，或掩卷沉思、或出神远望……

他知道，那将是一个石破天惊的举动！

1990 年 2 月 2 日，南非第 9 届议会第二次会议在开普敦开幕。德克勒克一脸庄严地走上讲坛，他环顾了一下在座的议员们，面对着如林的电视摄像机和照相机，他先后用阿非利卡语和英语郑重宣布：解除对非国大和泛非大长达 30 年的禁令；解除对南非共产党长达 40 年的禁令；上述 3 个政党和组织当日起合法化；解除对包括南非联合民主阵线和南非工会大会在内的 33 个反种族隔离政治组织的限制；解除 1986 年 6 月实行紧急状态以来对反种族隔离政治组织进行新闻报道的限制，但仍保留对动乱场面影视图像报道的禁令；暂缓执行绞刑；未经审讯的监期不超过 6 个月；释放 374 名政治犯，并准备立即释放所有因政治原因而被拘捕和关押的犯人；“一俟环境许可便尽快”结束紧急状态；取消为白人保留选择便利的分离居住法令。德克勒克还向世人宣布，他将于近期内释放曼德拉。

2 月 4 日晚，德克勒克在接受一家电视台记者采访时说，他采取上述行动是为了“防止革命，……昔日罗得西亚（现津巴布韦）政权的错误就在于没有抓住时机进行建设性对话，他们拖得太久了。我们决心不重犯这样的错误”。

在他做出上述宣布之前，德克勒克再一次会见了仍在狱中的曼德拉。德克勒克上任以后第三次会晤了曼德拉，通知他将于 2 月 11 日获释。即将获释的曼德拉再次提出全部取消紧急状态和释放所有政治犯的要求。

1990 年 2 月 10 日下午，德克勒克举行记者招待会，他终于宣布了那个久已被世人翘首以待的决定：曼德拉将于第二天获释。记者们闻讯后轰然四散而去，百米赛跑般地向国际电话机前跑去。他们激动得手在发颤、声音在发颤、变成了电波的声音也发着颤向全世界传播开来。他们都极力以最快捷的方式、最简炼的语言、最实质的内容报道着一条必令整个世界沸腾的特大新闻：被关押 28 年的曼德拉即将获释！

这一历史场面太激动人心了，让人激动得连以真实记录重大事实为使命的新闻记者们都众说纷纭。有的说："开普敦时间 11 日下午 4 时 15 分（北京时间 11 日 22 时 15 分），71 岁的曼德拉在夫人温妮的陪伴下，满怀胜利的微笑走出监狱的铁门。在这一激动人心的时刻，大门外翘首盼望已久的近千名群众掀起了一浪高过一浪的、潮水般的欢呼声，他们一面挥舞着 ANC（非国大）的黑、绿、黄三色旗，一面高呼'万岁！''曼德拉！'曼德拉夫妇手挽着手走进载歌载舞的人群，曼德拉握紧拳头不停向欢迎的人们敬礼、致意。人们蹦着、跳着、唱着、喊着，欢庆曼德拉又回到人民身边。尽管曼德拉的出现比原定时间晚了 1 小时 15 分钟，但人民的情绪更加高涨。曼德拉夫妇在人群中穿行，来自各地的电视摄像、摄影和文字记者蜂拥而上，用镜头、眼睛和手中的笔记录下南非历史上最激动人心的一幕。据悉，一些在南非的外国新闻机构出价近 100 万美元换取曼德拉迈出监狱大门第一步的照片。"（《中国青年报》1990 年 2 月 13 日第 2 版）

中国第一大报的报道则说："4 时 12 分，一辆辆汽车在空中数架直升机的伴随下，驶出监狱的大门。曼德拉和夫人坐在第二辆汽车内。除曼德拉的夫人温妮外，前往监狱迎接他的还有非国大前总书记西苏鲁、图图大主教和曼德拉的外孙们等。4 时 19 分，72 岁的曼德拉和夫人手拉着手，健步走下汽车，向欢迎的人们挥手致意。当曼德拉和夫人出现在监狱大门外时，马路两旁欢迎的人群顿时沸腾起来。曼德拉夫妇对群众表示致意后回到汽车里，向离监狱 35 英里以外的开普敦驶去，准备参加在那里举行的群众大会。欢迎的人群挥舞着非国大的旗帜，目送曼德拉远去。"（《人民日报》1990 年 2 月 12 日第 4 版）。

还有的报道说，一些等候在监狱门口的记者看到了曼德拉但没有认出他来。曼德拉事后谈及此事时哈哈大笑说："如果他们认识我，定会拼命拍照以便抢发独家新闻，谁让我是名震全球的头号囚犯呢！"

国际和世界各国领导人深深地懂得曼德拉出狱所含的历史韵味。联合国秘书长德奎利亚尔赞扬了曼德拉在长期斗争中所表现出来的勇气和决心，说这是“和平解决南部非洲政治形势进程中的一个转折点”，曼德拉在推进这一进程中将会发挥重要作用；美国总统布什说这是南非在消除种族歧视道路上跨出的“重要一步”，他打算邀请曼德拉和德克勒克访美；法国总统密特朗表示“对人权方面这一事件的结局表示十分满意”，“以此表示其诚意的南非政府应该与各有关方面一起寻求建立一个充分民主的南非的道路”；西德外交部长根舍在打给曼德拉的电报中很有见地地说，曼德拉在他被监禁的整个岁月中已成为一个和平抵抗种族隔离政策的象征。“全世界都以钦佩的目光看到，你并未对你的国家的白人少数民族抱仇视态度，你多次主张开始谈判，开始全国对话。我们希望你坚定这一立场。只有各种族人民和平地一起生活，南非才能有一个民主的未来。但只有人们结束因各同胞肤色不同而实行的歧视和迫害，南非才能有和平。”非洲统一组织秘书长萨利姆说曼德拉获释是其“顽强抵抗精神”的结果，曼德拉“不仅是非洲抵抗运动的象征，也是反压迫的象征”，他的获释在“反对顽固的种族主义制度斗争中是前所未有的”。中东教会理事会理事长哈比卜说，曼德拉获释不仅给南非人民、也给世界上所有遭受政治和社会歧视的人们带来了希望。中国外交部发言人说，曼德拉是南非人民的优秀儿子，为反对南非种族主义已经奋斗了将近半个世纪，对南非黑人争取种族平等的事业作出了重要的贡献，承受了巨大的个人牺牲。在漫长的监禁生涯中，他坚贞不屈，大义凛然，坚持斗争，表现了大无畏的英雄气概和不屈不挠的顽强精神。他不仅受到南非人民的衷心拥戴，而且赢得了包括中国人民在内的全世界一切主持正义的人民的尊敬。

曼德拉是令所有黑人感到自豪的非洲骄子。曼德拉获释后，非洲一组织部长理事会决定将 2 月 11 日确定为“曼德拉日”，非洲今后每年都要纪念这个日子……

# 第七章　摩西归来

我为反对白人专政而战，

也为反对黑人专政而战。

——纳尔逊·曼德拉

## 一、“全人类将为之骄傲”

1990 年 2 月 14 日，星期天，开普敦市天气炎热。对在维克托·韦斯特监狱门前以及全世界在电视机前等待的人们来说，这一天真是让人激动不已。曼德拉——全世界最著名的政治犯，他已经从公众的视野中消失了四分之一个世纪还多，现在的他会是什么样子呢？政府把他称为“恐怖分子”，而正是政府要释放这个“恐怖分子”。

一个小时过去了，又一个小时过去了。而这种拖延使得等待更令人激动——刺眼的阳光下，人们瞪圆了眼睛，电视镜头也对准了韦斯特监狱的大门。这时，一队汽车驶近，曼德拉从最前面一辆车上走下来。

第一眼看上去令人吃惊：他身材高大而修长，气度与众不同，穿着亦非常得体。在体态健美的妻子温妮的陪伴下，曼德拉微笑着走出层层狱门，走进自由世界。

曼德拉觉得自己步入了“一个完全不同的新南非”。从韦斯特监狱到开普敦 35 英里长的路上，友好的人群夹道欢迎他。人们欢呼着，拥挤着想靠得近一点。他们身穿白色运动装，冲着曼德拉微笑，朝他挥舞着手臂，仿佛要把自己融入正在发生的事情中。

抵达开普敦后，曼德拉在人们的护送下登上市政大厅的阳台。台下的大阅兵场上人头攒动，激动的人群翘首仰望着他们的领袖，曼德拉被深深地打动了。

他举起一只拳头，大声喊道："万岁！南非！"。"权利！让南非重返自由！"的口号发出排山倒海般的回响。

拿着麦克风，曼德拉继续讲道："朋友们，同志们，南非同胞们，我以和平、民主和全体人民自由的名义向你们致意！我并不是作为一个先知站在你们面前，而是你们——人民的忠实公仆。"

曼德拉强调说，除了非国大与政府举行会谈外，他决不参加任何关于国家未来的谈判。然后他赞扬德克勒克总统，称赞他在采取切实措施使国家局势正常化方面，比任何一位民族主义总统都走得更远。他宣称非国大采用武装斗争方式纯粹是针对残暴的种族隔离政策的自卫性行为。而且，由于种族隔离政策仍然存在，非国大别无选择，唯有继续斗争。国际社会对南非的制裁将保留下去，直到创造出一种有助于谈判解决争端的氛围。

他对人们说："你们不屈不挠地、英雄般地牺牲使我有可能站在这里……在我剩下的岁月里我会用生命去为之奋斗。我们已经为自由等待了太久。我们再也不能等了。现在是在所有前沿阵地加紧斗争的时刻。现在放松我们的努力将是一个后代人所不能宽恕的错误。

"地平线上隐隐出现的自由的曙光将鼓舞我们加倍努力。只有通过有纪律性的群众行动，我们的胜利才会有保证。

"我们呼吁白人同胞们加入到我们当中共同建立一个新南非。自由运动同样是你们政治上的家园。我们呼吁国际社会继续斗争，孤立种族歧视的政权。

"现在解除制裁将冒着风险——使完全取消种族隔离的进程受阻。我们向自由前进是不可逆转的。我们决不能让胆怯挡住前进的路。

“在一个团结、民主、没有种族歧视的南非，全体选民参加的投票是通往和平和种族和谐的唯一之路。

“总而言之，我想引用我在1964年审判会上的话。它和当时一样真实可信，我引用：

“我为反对白人专政而战，我也为反对黑人专政而战。我的理想是在一个民主和自由的社会里所有人都和睦共存并且具有平等的机会。这是我生而追求实现的理想。但是，如果需要的话，这也是我准备为之献身的理想。”

尽管曼德拉姗姗来迟，人们一直耐心地等待。但形势急转直下，黑暗中一批暴徒离开退场的人群去抢劫商店，警察用子弹进行还击。

“绞死曼德拉！”比勒陀利亚一个新纳粹组织的旗帜上写道。

第二天的情形恍若梦境：曼德拉夫妇出现在阿克比舍普班图人居住区，温妮身穿束腰长袖长袍，头戴包布头巾，显得非常美丽，她的丈夫微笑着和她手牵手漫步穿过花园。他们走下台阶与等在那儿的西苏鲁夫妇会合，然后会见记者们。

初次与曼德拉相遇，许多国际媒体的代表都深为倾倒。如果曼德拉在狱中曾读过他们的文章，当他听到作者的名字时，他就像老朋友似的向他们问候。《伦敦日报》的一位代表说：“对一个已经30年未举行过记者招待会的人来说，这是一场令人难以置信的表演。”

当人们问及他获释时的感受时，曼德拉回答道：“热诚——有些超乎我想象……我所能有的全部就是激动。能有机会与你们交谈我也很兴奋。”

“对狱中的28年你作何感想？”

“我失去了很多，我的妻子处于种种压力之下；对一个男人而言，看着他的家庭苦苦挣扎而没有安全保障，没有尊严——一家之主不在。这种滋味并不好受。环境的确艰难，但也有好处——我们有机会考虑我们的问题。”温妮面无表情地听他讲着。

曼德拉补充说，虽然政治犯们士气高昂，但有些时候他们也会怀疑是否真有重获自由的那一天。罗本岛上的政治犯才能之高令人难以相信：你坐下来跟一个人谈话，谈话结束后你的知识便得以丰富，而你的眼界也更加开阔。

曼德拉强调非国大很关心南非白人和其他少数民族，让他们放宽心。“我们理解他们的担心。”他不断地强调这个问题。

“曼德拉言语间毫无尖酸刻薄，他内在的镇定和自信是如此出人意料，简直令人难以抗拒其魅力。”一位外国记者这样评论道。

随后，曼德拉乘飞机飞到约翰内斯堡，回到自己的“家”。西奥兰多维拉卡兹街 8115 号，他的小砖房外面，人们载歌载舞，热烈欢迎他和温妮的归来。曼德拉惊讶地发现索韦托城已扩大了许多，远远超出他年轻时的城区范围，现在这里住着数不清的百万富翁。

曼德拉站在西苏鲁旁边，对人们说：“我们已经 70 多岁了。留给我们的日子已经不多了，但有了你们给我们的大力支持和激励，我们即使在九泉之下也可以含笑瞑目了。”

在温妮、津姬和他的儿子及非国大成员的陪伴下，曼德拉沿着索韦托足球体育场的跑道环行。“气派十足地前进。”看台上 85000 名观众和体育场外约 12000 人，唱着自由歌，齐声高呼“祝你健康！”“这是南非历史上前所未有的事件！”一位受到感染的电视节目制作人说。他指出“当曼德拉被投入监狱时，欢迎的人群中 90%的人还没有出生呢。”

曼德拉一家登上主席台，与西苏鲁一家、姆朗吉尼斯一家，民主联合阵线领导人及老友们（如阿瑟·卡斯卡尔森和乔治·比泽斯）相聚，他们都是“利沃尼亚审判”中被告一方支持者。

曼德拉开始讲话，“获释回到你们身边令我非常高兴，同时感到一种深深的悲哀——因为我了解到你们仍然在一种非人道的体制下受苦受难，”他强调说，“我必须通过引导和争论，让爱国的白人同胞相信：没有种族隔离政策的南非将是我们所有人更美好的家园。”他最关心的问题是失业、住房紧张、学校危机、高犯罪率和故乡发生的战斗。只有实现一人一票的目标才可能解决这些问题。

他的演讲辞属于那种学者类型的，经过慎重考虑。他号召青年人返回校园，在此之前他（她）们在“先解放，后教育”口号的诱惑下离开了学校。2月25日在德班约10万人集会，当曼德拉号召他们——绝大多数是祖鲁人——“拿起你们的枪，你们的匕首，你们的大切刀，把他们扔进海里去！”许多人不耐烦地离开了。

3月，在塞伯肯附近，警察屠杀了11名抗议者，打伤了约400人，此时距沙佩维尔惨案约30年。这件事使得非国大与政府的“讨论谈判”希望彻底粉碎。两天后在纳塔尔省因卡塔党人对非国大最强有力的据点发起攻击：一周内杀死80人，成百上千的人受伤。

曼德拉乘机前往卢萨卡，去同流放的非国大领导人会谈。他们中有克里斯·哈尼，年轻的“民族之矛”及共产党领导人，有“判国罪审判”中的同志们。3月12日，在斯德哥尔摩外的一座小宫殿里，曼德拉终于与奥利弗·坦博重逢了，这时坦博已身染小恙。在这最动人的会见中，坦博请曼德拉接管非国大。曼德拉后来解释说：“我说对一个刚出狱的人来说，这样容易被人误解。因此我成了副主席。”

非国大必须立即从解放运动组织转变为政党。非国大在约翰内斯堡租用的现代办公室难以掩饰这个组织在管理上的低效，这些办公室很快会被整片的“贝壳房子”所代替。

在六个星期里，曼德拉访问了14个国家。他对支持非国大的国际组织表示感谢，并期望他们能继续对南非进行制裁，施加压力。另一件大事是筹措基金，帮助成千上万的政治犯和流放犯重返社会。在纽约哈莱姆黑人区，他谈到非国大对美国社会在心理上的认同，谈到彼此拥有共同的历史经历。6月16日曼德拉在美国国会的一次动人的演讲中说道：“我们需要你们的支持来实现种族和解以及经济发展目标。”然而在美国，筹措基金的努力难有明确结果。因为他诚实地，有些不明智地提到他与卡斯特罗、卡扎菲和阿拉法特的友谊。美国的批评家指责他，质问他，曼德拉反驳道：

当西方国家袖手而去的时候，正是他们（指卡斯特罗、卡扎菲和阿拉法特）支持了“民族之矛”的武装斗争。曼德拉还说：“任何正直的自由斗士都不会抛弃那些曾在他困难时帮助他的朋友们。”

无论是在非洲、亚洲还是在西方国家，曼德拉所到之处，都受到款待。温妮陪他去伦敦参加庆祝他获释的摇滚音乐会。在纽约骑马陪在曼德拉旁边，游行队伍抛着彩带。在非洲他穿着短跑衫。在底特律他戴一顶棒球帽。在巴黎胜过了所有城市——以泛光灯照耀下的艾菲尔铁塔作背景，米德兰夫妇与曼德拉夫妇穿过巨大的广场，缓慢而庄严地彼此走近，拥抱在一起，人群欢呼，注视着这一激动人心的场面。

在维克托·韦斯特监狱，曼德拉有时间思考、学习。他特别喜爱文学——1976 年写给温妮的信中显露出他在诗歌方面的创作倾向：他觉得“像沙漠一样干燥”，直到温妮的信“给他带来夏日的雨露，使他又恢复生命活力”。他还提及“戴上面具”，在面具后面他渴望家庭。现在回家以后，他又不得不求助于那个面具。因为不仅为了暴力事件和谈判推迟而心事重重，他还知道了温妮的不忠，每想到此，曼德拉心里都发生激烈斗争。在公众面前，他富有魅力、彬彬有礼，总是带来欢乐的气氛。由于关于他的现状的流言广为传播，民主工人匆忙赶到海伦·约瑟夫的生日宴会，而他同所有工人都打招呼。

回到索韦托后，非国大坚持认为曼德拉的房子太小，也不太安全。曼德拉被搬进了温妮的住处。但他在温妮宽敞的房子里感到很不自在。他想在自己的出生地——特兰斯凯的库努建一幢他向往已久的房子。他决定这所房子应该建得跟维克托·韦斯特监狱里他住的牢房一模一样。库努的茅屋和其他建筑物看不出有什么变化，即使是在与家人和朋友重逢的喜悦时刻，曼德拉仍然为这里的赤贫所震惊。他去拜望父母的墓地，搜索着儿时的记忆。曼德拉又回忆起那些浪漫的日子：那时他放牧着牛羊，乡间像天堂一样美好，那是他生命中最愉悦、最无忧无虑的时光。

曼德拉曾对一位《时尚》杂志记者缅怀那段时光，他描述了科萨人的成人仪式和自己的经历，这种仪式使青年人成为负责任的成年人。那时他17岁，刀锋切除包皮的痛苦差点让他喊出声来，但在部落长老们的注视下，他忍住了，他很高兴自己已变成一个成年人。

记者问他，长老们对他的反应怎么样？

曼德拉很自豪地复述了长老们的评语，几乎是恭维他的评论——“这是个男子汉！”他相信在那种剧痛下保持镇定的心理效应将永远支持自己，给自己以力量。

在监狱里曼德拉耐心而且静静地锻炼身体，打下了良好的基础。出狱后的几个月里耗神费力，但他仍相当健康。有一次他患肺炎而卧病在床。被迫在短时间内离开公众，曼德拉有时就在一个朋友的野味农场休息。敬重他的人从四方八方赶来，曼德拉似乎从人们的感情中汲取了力量——能量和快乐；然而他仍然相当平民化。当人们问及他的宗教信仰时，他解释说他在罗本岛从未错过一次礼拜仪式，在岛上他经常读圣经。“我并不是特别崇尚精神的。”他补充道，“我只是一个普通人，对生活很感兴趣，试图了解它的秘密。”

1990年5月2日至4日，非国大和政府间的正式对话终于得以在格鲁特·斯凯尔举行。格鲁特·斯凯尔是为西瑞尔罗兹而建，在开普敦它曾是一系列总督、将军和总统的住所，那些人曾无情地维持着白人统治的结构。在那种威严的环境里，如姆贝基所说，特别倾向于在一分钟之内，所有人都明白房间里没有人头上长角，事实上，讨论几年前就应该开始了。

德克勒克和曼德拉握手的照片出现在报纸的头版和电视屏幕上。他们身后是代表们，包括乔·斯洛沃。乔曾被认为是最可怖的共产主义强硬派，而现在他对缓和局势颇具影响。这种景象向全国发出和解的信号，形成欢乐的波浪。

随着不祥的暴力事件爆发越来越频繁，这种欢乐感很快烟消云散，非国大也开始考虑与政府会谈是否明智。在纳塔尔省死亡地带，成千上万的人正在死去。从那里招募的祖鲁人被大巴运送到威特沃特斯兰德的各教区，去占领流动工人的招待所。他们组织起来，进攻居民，支持非国大的年轻同志予以反击。戴大绒帽的人洗劫通勤车，屠杀无辜乘客。混合出租车里、酒吧里及家里都有零星的射杀黑人的事件。警察袖手旁观，或者像开普敦市警察那样，催促杀人犯继续。“哭泣时期”，瑞克·麦克亨德——一位记者在他的文章中记录了这段暴行。他指出，非国大与政府 1990 年 8 月 6 日举行会谈，刚同意暂停武装斗争就出现了这些暴行。

“黑人对黑人的暴力”，“科萨人对祖鲁人”——口号冒了出来。评论家们怀疑是否种族隔离政策的暴力文化激起了这种残暴行为。小旅馆和公用地帐篷里的令人恐怖的生活条件、失业、贫困、没有土地、缺乏教育、四面受挫的青年人都是酿成危险局面的因素。但并不只是曼德拉一人声称，国家安全力量中的一种“第三力量”试图使黑人社会从而使非国大陷入动荡。

1991 年 1 月，曼德拉不顾非国大其他领导者的反对，会见了布特莱齐。布特莱齐警告说非国大要求选举议会和组成过渡政府只会导致灾难。曼德拉试图缩短彼此间的鸿沟，他感谢布特莱齐帮助他获释，但非国大和政府双方谁都没有诚意来实施共同签署的和平协议。几周内因卡塔党人占领了一个容纳几千人的招待所，这家招待所在亚历山大区，离约翰内斯堡的豪华近郊沙顿很近。三天内在战斗中有 45 人死亡，警察还是未采取任何行动，但在另一个教区，警察却迅速出动杀死了非国大示威游行人员。

曼德拉对政府不采取措施对付暴力感到愤怒了。在开普敦的一次专题讨论会上，他对“美洲大会”的成员发表演说，猛烈抨击德克勒克总统。而在此之前他称赞德克勒克先生是“一个正直的人”。然而，曼德拉意识到如果由于暴力事件而推迟与政府的对话，对非国大来说等于自己打败了自己，而这恰恰是德克勒克阵营中那股势力想要的结果。他决定冒一次险——宣布非国大放弃与政府会谈的先决条件。1991 年 7 月间，非国大在德班举行了近 30 年来首次在南非国内召开的全国大会，会议地点离祖鲁人控制的中心地带很近。在这次重要的大会上，曼德拉成功地向代表们表明：谈判是运动的另一“斗争舞台”，而推迟谈判只会失算而让敌人得寸进尺。

奥利弗·坦博 1990 年 12 月回国时受到热烈欢迎，他也出席了这次大会。从监狱中释放出来的政治犯，在国外流放多年回国的“犯人”都参加了这次盛会。曼德拉当选为非国大主席。他以顽强而著称，而且他出身贵族，又坐了许多年牢，这些无疑有助于树立他的权威形象。但在选举非国大秘书长问题上曼德拉受挫。他想让阿尔弗雷德·恩佐，一位放逐归来的老资格秘书长保留原职，但是领导国内民主联合阵线的年轻成员们的看法更受欢迎，他们推举西里尔·拉马弗萨担任这一职务。

7 月 19 日，《每日邮报》刊登了一系列文章，表明多年来政府安全部门一直在秘密资助因卡塔自由党和其他反非国大的强硬组织。然而，德克勒克总统断然否认与此事有牵连，这一事件即后来有名的“因卡塔门政治丑闻”。在曼德拉获释前，德克勒克试图与布特莱齐和其他“黑人家园”的傀儡组织组成一个联盟，而现在，在他鼓起勇气释放了曼德拉之后，他似乎仍然想要削弱曼德拉的实力。因卡塔自由党人制造的暴力事件及非国大的反击在持续。

1991 年 12 月 20 日，在曼德拉释放近两周年之际，“为了谈判的对话”终于要结出果实了：民主南非大会在约翰内斯堡的世界贸易中心开幕，多年的制裁把世界贸易中心变成了一座空空荡荡的大楼。泛非大已经退出会议，布特莱齐更是卑鄙，派了观察员而不是谈判代表出席会议。那天的会议在尖酸的气氛中结束：德克勒克讽刺非国大，曼德拉则反唇相讥。

会议中断了，在此期间德克勒克惊愕地发现在补缺选举中国民党输给极右翼势力不少席位。此前，德克勒克并未能强有力地对付新纳粹组织。为了检验他与非国大谈判这种政策在白人中的支持率，他举行了一次全民公决。结果德克勒克获得彻底胜利——68.2％的选民赞同他的政策。在这次公决中，自由党人虽然对支持民族主义分子心有不甘，但还是投了赞成票。

与此同时，非国大的形象也由于温妮·曼德拉丑闻不断受损。1991年早些时候，温妮被指控犯有绑架和同谋殴打罪行，非国大中有些部门以“无根据的指控”为由压制了媒体的报道。原告方的证人们失踪了，其中一位关键证人被非国大成员偷渡出境，到卢萨卡后被赞比亚当局关入监牢。曼德拉仍坚持认为温妮是无辜的，陪她出庭受审。乔治·比泽斯为温妮辩护，过去温妮违反当局禁令时，乔治成功地进行了辩护。在审判过程中法官米盖尔·斯坦格曼先生说曼德拉夫人“在法庭审判过程中表现很好，是一位冷静、沉着、深思熟虑、从不脸红的骗子”。1991年5月14日，米盖尔宣读了判决：绑架罪5年徒刑，同谋殴打他人罪一年。比泽斯可以上诉。

出乎所有人意料，曼德拉支持任命他的妻子为非国大社会福利部部长。温妮选择了她的情人姆波夫作为副部长。10月份他俩乘协和号飞往美国。“为慈善事业筹措基金”。他们一回来，姆波夫就被免职了，温妮愤而辞职。然而，一个月之后，他俩双双官复原职，非国大全国执委会的这项决定更令人惊愕。因为这时他俩已被指控与福利部账户上遗失的资金有关。这一点可以从温妮1992年3月17日写给姆波夫的信中得到证实，那封信的内容被人透露给媒体。很明显，温妮在信里对姆波夫与另一个女人有染嫉妒得怒火中烧，那封信还表明在过去的5个月里曼德拉没有同她讲过话（在曼德拉搬到约翰内斯堡北郊的一幢房子里之前）。

1992年4月13日，曼德拉召开一次记者招待会，两边陪着他的是他的老友们——坦博、西苏鲁和拉马弗萨。他宣布与“温妮·曼德拉同志”分居。他称赞她，说在罗本岛的日子她是“他的不可缺少的精神支柱和慰藉”；称赞她独力承担抚养子女的“繁重的担子”，以及忍受“政府对她的种种迫害，表现出榜样般的坚毅”。然而，他接着说，“最近几个月来，我们之间在一系列问题的分歧在加剧。鉴于此，我们彼此都认为分居是最好的办法”。他将永远怀念他们曾经共同分享的时光。

“我与我的妻子分居，决不反悔”，他最后说，“从我第一次碰见她起，无论在监狱里还是狱外，我都对她怀有深深的爱，我用全部的爱和感情拥抱她”。然后，他从座位上站起来，依然威严无比的脸上露出难以隐藏的痛苦。他向媒体请求说：“女士们，先生们，我相信你们能够体会到此刻我有多么痛苦，招待会结束了。”没有一位记者打破沉寂，他们目送曼德拉费力地走出房间。在接下来的两年中，曼德拉一直怀着这样的希望：他和他爱的女人能够重新快乐地生活在一起。作为一位非常自豪的人，他捱过了政治殉难般的日子，却发现自己面对的是妻子的背叛和难以想象的屈辱。温妮不忠贞的行为本来很可能完全毁了他，但事实相反，像在他的政治生命中一样，曼德拉战斗了！并赢得了个人斗争的胜利。

面对媒体发表讲话时，温妮泪流满面地说起她仍爱着丈夫，她对不起他，对不起非国大，对不起“南非受压迫的、贫困的人民”。

曼德拉在对媒体讲话时，极力主张关于温妮是否有罪的问题应交由司法体系来判决。一年后，即 1993 年 6 月 1 日，在上诉法庭审判中，大法官米盖尔·科比特先生驳回了温妮的上诉，认定她犯了绑架罪；然而判定她没犯同谋殴打他人罪。判决减轻为罚款 15000 兰特。并支付三位受害人每人 5000 兰特。

曼德拉一直在劝说非国大的左翼激进势力，让他们相信谈判会使问题以立宪的形式得以解决。但是就在曼德拉会见德克勒克，讨论重新开始“民主南非大会”时，1992 年 6 月 12 日，因卡塔自由党分子从一家招待所出发，在博伊帕通区内屠杀居民，49 人被杀。为了表示哀悼，德克勒克打算视察博伊帕通区——白人领导人第一次作出这样的姿态。近乎疯狂的人群舞动着标语：“滚开，凶手！”，“去杀种族隔离分子吧，而不是杀我们！”，德克勒克被赶走了。第二天，曼德拉视察了博伊帕通区，人群强烈要求发给他们枪支。

愤怒的非国大退出了和谈，他们开始组织大规模的示威游行和罢工。其中，8 月 6 日的游行最具象征性——8 万名支持者在曼德拉的带领下向比勒陀利亚政府所在地走去。这次游行是比勒陀利亚地区最大规模的一次，时间离曼德拉被捕恰好 30 年。人们见到曼德拉很高兴，曼德拉本人也很放松，这种情形令游行沿线的安全部队大为吃惊。曼德拉赞扬了参加那周抗议罢工的 400 万群众，重申希望政府控制政治暴力，并同意非国大的要求——选举组成一个有宪法制定权的议会。

一个月后，5 万名激进分子组成的游行队伍进入西斯凯独裁的“黑人家园”。他们获准在一个体育馆内集会，但罗纳德·卡斯基尔，一位前“民族之矛”领导，鲁莽地领头冲破铁丝网，向西斯凯首府比绍前进。西斯凯治安军队开了枪，28 人死亡，200 多人受伤——又是一次大屠杀。

政府卷入一系列的丑闻中：“独立的”政府机关和发展救助部内的大范围的腐败被爆光。罗马教会资助出版的杂志《新国家》刊登了一份文件的照片拷贝，在这份 1985 年的文件中，陆军准将克里斯托弗·冯·维苏伊（后来成了将军和情报局局长）命令道：马修·高尼韦和他的同伙们将“永远地从社会中消失”。情报局前特工人员已经四处行动，实施“肮脏的阴谋”——目的在于使南部非洲，包括最近刚获得独立的纳米比亚陷入动荡。据一位将军讲，这样一支“失去控制的没有领导的力量”是 80 年代早期由前总统博塔的国家安全委员会创立的。警察的瘫痪也是议程中的一部分：1990 年 7 月到 1992 年 8 月间只有 80 多次逮捕，而与此同时约翰内斯堡地区死亡 6000 人。而且在纳塔尔省还有成千上万的人继续踏上死亡之路。凭借这一证据，曼德拉宣称有一股“第三力量”长期以来一直在积极活动，用阴险的手段破坏民主运动的基础。尽管如此，德克勒克强硬地拒绝承认“第三力量”的存在。然而，在理查德·古德斯通法官率领调查委员会突击搜查了一处秘密军事情报中心后，德克勒克勒令 23 位高级官员停职，但最为臭名昭著的冯·维苏伊并不在其中。

非国大面对的是一个单独的委员会，该委员会调查“民族之矛”在放逐期间违背人权的问题。被疑为告密者或叛徒的人受到折磨，有的甚至被处死。“民族之矛”运动的某些领导接受集体负责的观点，认为在战争中那些惩罚虽然很令人遗憾，但难以避免。曼德拉批评“民族之矛”的领导层监控力度不够，没有彻底消除滥用权力的现象，但非国大对被指控的人并未采取行动。

几个月来，拉马弗萨和政府的主要谈判代表罗尔夫·梅耶在助手们的陪同下，一直在秘密会谈以促进谈判进程，他们都避开了外面的局势。乔·斯洛沃同时说服激进分子接受所谓的“落日条款”：既然“民族之矛”运动未能赢得战争，那么在一段特定时期内就应该“权力共享”。1993 年 2 月 12 日，谈判终于取得突破——非国大和政府原则上同意，在五年的过渡期内建立多党内阁和议会，并在大选后分享权力，大选定于 1994 年举行。

就在“民主南非大会”重新开幕之时（这次大会有包括白人保守主义分子和泛非大在内的 25 个政党参加），又一件令人震惊的悲剧震动了全国。克里斯·哈尼被暗杀了。凶手是一位波兰移民，属于极右翼新纳粹组织阿非利卡人抵抗运动，他的同谋是来自南非保守党的一名英国出生的国会议员。（他们两人都将被判处死刑。）毫无疑问，人们都知道，哈尼会在未来的政府中扮演重要角色，甚至很可能继承曼德拉的衣钵。

在狂怒、绝望和痛苦中，年轻的斗士们席卷了城市中心地点。70 多人死亡，超过 200 万人参加了 85 次游行来悼念哈尼。在葬礼上，曼德拉动情地描述了哈尼的出生地：“萨巴里里位于克提姆瓦巴区，那个地方我很熟悉，并不是由于她的美丽，而是那里环境恶劣。没有清水、没有电、没有像样的房子，医疗条件不好，几乎没有正式的教育。然而，这个事实上不为人所知的小林子出了一个克里斯·哈尼，他的生命震动了全南非。”

他说哈尼热爱公正。这次谋杀绝非偶然事件，曼德拉还引用了哈尼的观点：一个空军基地丢失的武器不是被偷了，而是用于秘密行动了。其中的一件武器——那支枪——杀死了哈尼。他愤怒地指责德克勒克总统：“是你允许‘阿非利卡人抵抗运动’这帮流氓为非作歹……是你为极右势力打圆场……黑人的性命很廉价，而且只要种族隔离政策存在，黑人的性命还会廉价下去。现在任何人不要再有什么错误念头：许多事情已经发生变化，谈判已经开始，但对普通黑人而言，种族隔离仍然存在并且根深蒂固。”很显然，曼德拉发现了绝大部分暴力的根源：“正是因为谈判将迫使他们（注：指白人政权）交出权力，某些人才求助于懦夫的手段——暗杀。”

曼德拉攻击德克勒克面对极右势力时的无能，很快他的批评得到了证实。对“民主南非大会”重新开幕，愤怒异常的新纳粹组织 Aub 闯进了贸易中心，全副武装的车辆撞碎了玻璃幕墙，暴徒们对参加大会的人开枪射击，警察则袖手旁观。正像在场的姆克昂德所指出的，如果这些入侵者是黑人的话，警察早就开火了，很可能成百上千的人会丧命。

6 月 3 日，“民主南非大会”作出了历史性的决议：全民具有选举权的大选将于 1994 年 4 月 27 日举行。11 月 17 日南非第一部民主宪法得以批准。这是两年耐心工作的结果，中间还常被一些争论打断。在约翰内斯堡世界贸易中心，拉马弗萨领导的谈判团与梅耶和德克勒克总统及 21 个党派的代表，共同庆祝这一胜利。曼德拉宣布，“我们正处在旧纪元之末，我们正处于新纪元之始。成百上千万的人将获得选举权，而我自己，”他高兴地补充道，“也将在我短暂的一生第一次投下选票。”

在欧洲和美洲访问期间，曼德拉呼吁国际社会向南非提供帮助，解决南非当务之急——对 2000 万潜在的黑人选民进行选民教育。在联合国，他支持取消对南非的制裁。在国内，曼德拉和德克勒克在有些情况下仍然发生冲突，但当他们在费城领取克林顿总统颁给他们自由之钟的仿制品时，他们不得不表现得对彼此很客气。

5 个月之后，12 月 10 日，他们在奥斯陆双双荣获诺贝尔和平奖。曼德拉称赞德克勒克富于勇气，具有预见力；德克勒克对曼德拉为和平所做的巨大贡献表示钦佩。如同当年艾伯特 · 卢图利和德斯蒙德 · 图图大主教一样，场内响起“愿上帝拯救非洲”的歌声。

回到非洲后，每根灯杆上都是大选举的海报，上面是德克勒克或者曼德拉，或民主党候选人托尼 · 里昂的肖像。或者，在一些小林子里，有海报要求选出一位黑人家园候选人——康斯坦德 · 德里恩。在与曼德拉和坦博·姆贝基讨论达成妥协后，德里恩退出了极右翼组织。由于新纳粹组织“阿非利卡人抵抗运动”在“黑人家园”根据地制造爆炸事件，极右翼组织变得很难堪。

在主席布特莱齐的领导下的因卡塔自由党，早已退出“民主南非大会”。祖鲁国王古德维尔·祖韦利蒂尼也越来越多地被牵扯进争论中。大约一万名祖鲁人游行到了联邦大厦，然后，祖韦利蒂尼会见了德克勒克总统，后者同意这样的说法：成立一个联合工作小组能找到公认进而确保祖鲁政权的王国地位的途径。

选举前的竞选活动交织着希望和焦虑，气氛达到了高潮。在纳塔尔省设立紧急事件委员会对制止那里的杀戮收效甚微。可怕的谣言在继续传播，说暴力事件将结束选举。3 月 12 月，新纳粹组织“阿非利卡人抵抗运动”闯入“独立的”博普塔茨瓦纳，支持卢卡斯·曼格比“总统”的专制政权。这时，谣言升级了。在接下来的骚乱中，“阿非利卡人抵抗运动”分子向行人开枪，一位当地警察被迫击毙了其中三个人。暴乱分子嗅出曼格比即将倒台的气味，突然间开枪射击，乱砍乱杀起来。“阿非利卡人抵抗运动”乱糟糟地退了回去。接着，在约翰内斯堡市中心由臭名昭著的因卡塔自由党领导的一次示威活动中，不明身份的狙击手向示威人群射击。与此同时，在“贝壳房子”游行的祖鲁人遭到非国大安全部队的枪击。不少无辜者被杀。

超级市场在恐慌性购买浪潮中大获其利。新闻节目也喜欢从英国的保守党通讯社引用令人担心的文章：伦敦《星期日时代》预测选举将会出现混乱，《邮报》宣称英国政府派出一队飞机去营救受到威胁的英国侨民。

在包括古德威尔酋长在内的人们的劝说下，布特莱齐同意参加选举。此后纳塔尔省的暴力事件大大减少。警察包围了“阿非利卡人抵抗运动”恐怖分子——在此之前，他们采用汽车炸弹杀了 21 人。

曼德拉展开了全国范围的竞选运动，向庞大的人群演讲。阿里斯特·斯巴克斯写道，“他仿佛正在弥补失去的时光”。而且，当他向人群挥手时，好像极为受用这种场合和别人的奉承。对曼德拉的支持者而言，曼德拉给了他们“新的骄傲和尊严”，即使他们当中最卑微的人也能接近他，甚至和他谈话。约翰·卡林在文章中指出，“曼德拉现象”对社会有很大影响。

观察员们从联合国、英联邦、欧洲和非洲蜂拥而至，南非大选成为人类历史上最为人关注的选举。人们很快遗忘了选举过程中的混乱。曼德拉选定伊南达作为投票点，这里曾是非国大首任主席约翰·杜比牧师的家，后来成为纳塔尔省死亡地带的中心区域。在利沃尼亚审判整整过去30年又一个星期的时候，曼德拉重复了那些历史性的话语：“我为反对白人统治而战。我为反对黑人统治而战。我怀着这样的信念——建立一个民主、自由的社会，所有人和睦相处，拥有平等的机会。我希望能为这样一种理想社会奋斗，去实现他；但如果必要的话，我准备为之牺牲。”

“和睦相处”，是的。4月27日，黑人与白人热切地排队投票，有时要站一整天，接下去的几天持续如此。投票的队伍蜿蜒蛇行，有一队穿过城镇、教区和白人豪华的郊区，长达四英里。在国外，南非居民也在第一次民主大选中投了票。人们的情绪简直不可思议。无论黑人还是白人都体验到一种不同寻常的、令人深为感动的个性解放感。仿佛一付罪恶的重担突然间无影无踪了。当有人问一位妇女，站了8个小时之后是否筋疲力尽，她说：“我已经等了46年了，不在乎多等一会儿。”许多黑人都有同感。为人谦逊的伊利亚斯·马塔索亚莱迪，在利沃尼亚审判中受尽折磨。在妻子卡罗琳陪伴下也参加了投票，这也是他最后一次活动——几天后他死于癌症。艾伯特·卢图利的妻子诺库卡娅已年届90，当她认出选票上曼德拉的照片时，微笑着在旁边画下了“×”。目睹此情此景，不仅是女人们，男人们也潸然泪下。他们一起排队，与完全陌生的人闲聊共享快乐，简直太有趣了！

1994年5月2日，星期一。弗雷德里克·德克勒克承认纳尔逊·曼德拉和非国大获胜。他说：“在若干世纪之后，我们终于将拥有一个代表全南非的政府。”他赞扬曼德拉在过去的四年中扮演了“主导的、令人钦佩的”角色。

在约翰内斯堡举行的一次庆祝会上，曼德拉对那些勤奋工作和成千上万耐心排队的人表示感谢。“南非的英雄们一代一代成为传说，但是，”他强调，“正是你们，人民才是我们真正的英雄……我谦恭地站在你们面前，心中充满了对你们的挚爱。”

他赞颂了奥利佛·坦博、哈尼以及其他牺牲的同志。奥利佛·坦博在哈尼被暗杀后不久去世。接下去他称赞安全部队“工作有价值”。

乐队演奏起教区音乐，曼德拉微笑着随音乐的节拍舞蹈，他请南非人民“走到一起共庆民主之诞生”。

5月4日晚12：01，在九个新省区首府人们正是这么做的。当新国旗升起的时候，人群发出欢呼。新国旗大胆地把非国大的黑色（代表人民）、绿色（代表土地）、黄色（代表黄金）与白人南非旧国旗的红、白、蓝色混和在一起。“故园”已经不存在了，南非已是一个统一的国家。

过去，议会几乎全部由那些最固执的，上了年纪又习惯于黑暗的白人组成；种族主义分子政府像一群公牛，倔强而机智的海伦·苏兹曼像斗牛士一般向政府挑战，揭露了一些毁灭性的阴谋。多少年来海伦是议会中唯一的女性，现在，在议员宣誓仪式上，议会变了。不仅是因为黑人议员占了压倒性的多数，而且有了106名女议员。女议员们的着装千姿百态——从华丽的莎丽服和珍奇的部落服饰，到早期“王国”时期的衣着打扮应有尽有。根据谈判决议，议会代表“国家统一体”，所有党派一致支持弗恩·津瓦拉作为议会发言人。弗恩是非国大派驻国外的最能干的代表之一。坦博的遗孀阿德莱蒂及西苏鲁的一家三口：阿伯蒂娜和她的儿子马克斯和女儿林基韦也宣誓就职。当阿伯蒂娜起立提议纳尔逊·罗利赫拉赫拉·曼德拉为主席时，庆祝会达到高潮。西里尔·拉马弗萨任副主席。

曼德拉打算实现民族和解。安哥拉、卢旺达、波斯尼亚和北爱尔兰可怖的冲突持续不断，足以为鉴。他决心治愈南非过去遗留下的伤口，因此，他常提到需要宽恕，而他自己在提供大赦方面也很慷慨。但是那些被安全部队谋杀的人，他们的家庭怎么办？真相委员会的保证能最终带来公正吗？

他的内阁中非国大与那些从前的敌对力量联合起来，他打算赋予普通人权利，但需要消除某些人，诸如服务人员、安全部队，当然还有商界的担心。非国大必须实现竞选时的诺言：提供住房、教育和就业机会，而目前最迫切的是提供电力、自来水及为成百上千万住在窝棚的人提供厕所。还有一个很可怕的问题——犯罪率在上升。

总的说，曼德拉的用人之术受到称赞——姆贝基和德克勒克担任副总统，斯蒂夫·齐韦特为体育部长，乔·斯洛沃出任住房部长，保留了前政府中的财政部长，科比·科特西被选为议长。但是，对于“新”南非来说，曼德拉忠于旧时战友令人有些困窘。然而。来自前“民主联合阵线”的年轻一些的人取得省议会的领导权，他们给人印象很深。无疑，没有当上副总统很令拉马弗萨失望，但他会重新扮演重要角色。“和解”意味着布特莱齐作了家庭事务部部长，在议会中，他是未被指控的因塔卡自由党战犯。

温妮·曼德拉担任了科技、艺术和文化部副部长；班特·霍洛米萨，前特兰斯凯军事领导人成为环境部副部长。他们两人没有和同事们一起宣誓，而是共同出现在庆典上和媒体面前。妇女与青年联盟中许多人仍对温妮忠心耿耿；此外，她还赢得了公地上定居者社团的支持，这些社团被非国大忽视了。对于政府来说，她是个可怕的盟友。

为准备曼德拉的总统就职典礼，他的家人被邀请坐在讲坛上。当然，其中不包括他的第一任妻子埃韦琳，她独自一人在考菲姆瓦巴经营一家小店。诺·马克加图在德班忙着他的律师事务；但他的儿子们将会和滕比的女儿们一起出席。马卡基韦是曼德拉的长女，思想独立，是曼德拉最引人注目的女儿。最近，她被任命领导威兹大学的学生行动。她丈夫伊萨克·安穆阿是一位物理学家，他将陪同她出席。曼德拉挑选泽妮陪他出席典礼，泽妮刚刚与滕布姆兹王子一起返回约翰内斯堡。津姬将和她的丈夫泽韦利·特尚根及母亲一同出席。

1992年，在津姬的婚礼上，曼德拉坦率而令人感动地反思了自己作为一家之主的失职。他的失职很像温斯顿·丘吉尔。他说孩子们成长过程中没有得到他的指导，而当他重获得自由时，孩子们却说："我们想着自己有一位父亲，有一天会回家。但是令人沮丧的是，我们的父亲回家了，却把我们留在家里，几乎天天如此。因为他现在成了国父。"除了那身得体的西装外，曼德拉生活很节俭；但他这种节俭的生活方式对津姬的婚礼毫无影响。整个婚礼穷奢极欲，很让一些非国大成员难受。曼德拉极为关心腐败现象蔓延造成的威胁，他不愿单独占据总统大厦数不清的房间。

当全球各地领导人抵达比勒陀利亚时，曼德拉成功地使魏兹曼总统和阿拉法特走到一起，但他却没能让希拉里·克林顿同卡斯特罗谈话，他本希望如此的。

1994年5月10日，星期二，比勒陀利亚。天气炎热。来自182个代表团的外国贵宾、当地议员、联邦大厦圆形剧场中的其他客人，高台大草坪上的人群，都处于庆典的兴奋中。为之着迷的世人守坐在电视前，在此之前什么时候有过这样令人快乐的事件——垄断了全球的媒体？人们在等待中度过了两个小时，合唱团及南非海军乐团在一旁演奏助兴。这时。从防弹车里走出了曼德拉，他那高大、挺拔的身影是多么熟悉啊，他那豁达的微笑又是多么地让人感到温暖！在津姬的陪伴下，曼德拉走向总统讲坛，人群发出欢呼声。老朋友和政府同僚叫他"玛迪巴"，儿女和孙子孙女们叫他"塔塔"，陆军、海军、空军及"民族之矛"的将军们都称他"总统先生"。

首先，按传统出场的是唱赞美诗的歌手。只见他戏剧般地做着手势，突出他那喉音赞美诗，这给科萨族黑人留下深刻印象，同时又让他们觉得有趣，而其他人则颇为困惑。然后升国旗，奏两种国歌：阿非利卡人的"非洲之声"和科萨人的"上帝保佑非洲"。幸好有合唱团，因为在场的南非人几乎没人会说对方的语言。（当天晚些时候在对球迷的讲话中，曼德拉说：“我们应该习惯于用两种语言唱国歌。”）

坦博·姆贝基第一个在米盖尔·科比特大法官面前宣誓就职；然后是第二副总统弗雷德里克·威勒姆·德克勒克；最后曼德拉“严肃而诚挚地”宣誓——将自己的一生奉献给“南非共和国及其人民的幸福”。

犹太教大主教开始宣读《以赛亚书》，本来曼德拉以及多少年来饱受苦难的南非人民早就应该听到上帝的话语了。他念道：“有一小会儿我要放弃了……”但现在有了保证，“我会永远对你们施以仁爱……在这块土地再也不会听到暴力事件……即使在荒野中也能找到公正……城市将处于和平，愿你们快乐。”

曼德拉认真地听着。一位印度教徒做了和平祷告，一位穆斯林宣读了《可兰经》；图图大主教接着说道：“在我们眼前奇迹正在展现……”他用阿非利卡语、索托语、科萨语和英语祷告，向上帝表示感谢。最后，他说：“让这片土地充满欢声笑语。”

空中，一群白鸽在上下翻飞，当曼德拉开始发言时，它们终于飞走。他讲到：“我们经历的这场不同寻常的人类灾难，已经持续得太久太久，从中一定会诞生一个全人类都会为之骄傲的社会。”

他讲到当他看到“国家在一场可怕的冲突中四分五裂……人民失去了法律保护并与世隔绝”时很痛苦，“因为南非已经变成独一无二的有毒的意识形态的基地”。这时，来自陆海空三军的将军们立即站了起来。

曼德拉感激世界给了南非难得的机会——在南非的领土上招待世界各国代表；国际宾客对此报以掌声。“支持我们吧”他呼吁。环顾听众，曼德拉大声宣布：“让所有人得到公正；让所有人享有和平！让所有人拥有工作、面包、水和食盐！”

国歌再一次奏响，二十一响礼炮声中，机群编队变幻队形，呼啸着飞向联邦大厦。它们曾是布尔人与英国人的象征，而现在成为黑人与白人联合的标志。前面是教练机、侦察机和歼击机，后面的银隼编队的“黑羚羊”

喷出红、白、绿、金黄、黑、蓝多色烟带；下面的人群疯狂地欢呼着、叫喊着、挥舞着，为这些飞机“改邪归正”而热泪盈眶，正是它们曾轰炸过安哥拉和纳米比亚。“猎豹”直升机用滑稽的动作喷出国旗的形状，人们破涕为笑。

“在这片美丽的土地上永远永远都不会再有人压迫人的现象。”曼德拉结束了他的演讲。这时，深受感动的沃尔特·西苏鲁走上前来握住了他的手。西苏鲁已光荣退休，他最先影响了曼德拉和坦博，使他们加入非国大。50 年前他们领导着青年联盟：30 年前他们或被投入大牢或被流放。当然最为独一无二的，是三位战友对彼此和对事业坚贞不渝的忠诚。

曼德拉实现了他出狱时许下的诺言：“我的余生将为你们而奋斗。”一个被关押 28 年之久，其言论不允许被南非媒体提及的人，为什么会成为这个国家追求解放的化身和新社会的重要标志呢？

是什么使得他的狱友们，特别是那些并非与他志同道合而是其反对组织成员的人，在经历了罗本岛的生活之后会对曼德拉推崇备至呢？

已被解散的南非自由党的成员埃迪·丹尼尔斯的话向我们表明：“曼德拉先生是个好人。他可以和国王散步，也可与乞丐同行。我想告诉 P·W·博塔先生（当时的南非总统），如果他与纳尔逊·曼德拉交谈，那么他是在和一个讲道理的人而不是暴力分子说话。曼德拉先生是最善良、最诚实，而且热爱和平的人士之一。曼德拉先生从事暴力活动，正如我一样，并不是因为他想这么做，而是因为这个国家的法律把我们逼到了这个份上。”

身为律师和“统一运动”成员的菲基利·班姆解释说：“一旦你把一个人‘终生’监禁了，你对他也就无能为力了——当然，你可以杀死他。他成了完全属于自己的力量。曼德拉被关押的时间越长，他就越会成为我们大家关注的焦点。他和非国大从来就不怕坐下来谈判。如果政府不与他对话，那是他们咎由自取，不幸的是，这样做正在使全体南非人民处于危险之中。”

这是南非人自己的观点。可是，曼德拉为什么会在世界范围内成了他这个时代的传奇人物呢？即使在被关押期间，他仍然获得了许多荣誉。罗马和格拉斯哥、奥林匹亚与阿伯丁都授予他荣誉市民称号。格勒诺布尔有曼德拉宫，英国的肯顿城有曼德拉街。相距遥远的莱索托和纽约的大学都授予他荣誉法学博士的头衔。在委内瑞拉，他与西班牙国王胡安·卡洛斯一起，因为自己对自由和民主所作的贡献而荣获西蒙·玻利瓦尔奖。当波尔多律师协会将其第一个人权奖授予曼德拉时，他的名字与德雷福斯[1]连在一起了，后者被判犯有“叛国罪”也被关押在一个叫魔鬼之岛的小岛上。

与曼德拉分开已久的妻子温妮在一次谈到她丈夫和那些与他关押在一起的人们时说：“他们是彻底解放的，他们是一个流亡的政府。”

## 二、“我的余生将为你们而奋斗”

在曼德拉早期的政治生活中，对他的政治思想的形成有重要影响的另一个经历是非国大内部行动方式的发展，这种行动方式强调保密、狡诈和集中决策。政府对所有黑人政治活动的持续的高压政策迫使非国大为了生存而成为一种秘密的社团组织。国民党在 1948 年掌权之后的两年内，通过了《镇压共产主义法》，他不仅用这个法律残酷地打击共产党，还打击整个反种族隔离运动。因此，曼德拉在整个 50 年代都被迫在禁令下活动，这意味着法律。禁止他向人群演讲或者参加政治活动；他经常被局限在约翰内斯堡地区活动。从 1956 年起，他在政府的首次“叛国罪审判”中被捕，与他一起被捕的有 156 名活动家，他们被指控阴谋推翻政府。这次审判持续了 4 年多时间，但最终他们全被无罪释放了。

[1] 19 世纪末法军中犹太军官，由于成为右翼排犹势力陷害的牺牲品而受到主持正义的公众的关注。

在规模空前的沙佩维尔大屠杀之后，政府实行了紧急状态法，拘捕了2万多人。完全禁止了非国大和泛非洲主义者大会的活动，后者是早些年从非国大分离出来的，他们反对非国大与白人和共产党合作的政策（泛非主义者负责组织了沙佩维尔反抗运动）。在这样一种压抑的气氛下，在非国大内自由、公开地讨论任何事情都是不可能的。这样就出现一种秘密的、集中的，而且专制的领导风格，这种风格在随后的30年中成了这一组织的标志。共产党对非国大的影响无疑又增强了这种不民主倾向，它的“民主集中制”理论似乎成了非国大惯用的方法。在曼德拉1990年获释的时候，非国大被一个秘密的、紧密勾结的35人集团控制着，他们30年来独断专行，从未征求过众多支持者的意见，构成了一个高不可攀的全国执行委员会。

曼德拉与世隔绝了28年，他不能对这种领导风格的形成负什么责任。但是，通过观察他获释以来的做法，人们感觉他对这个组织的秘密的强权的领导风格没有太多反感。他很快接受了非国大这种旧的传统并为之辩护。统一民主阵线的新一代年轻领导人对这种做法进行了直接的攻击，这是一个由700多个组织组成的联盟，可以在国内合法地开展活动，从1983年到曼德拉获释这段时间，他领导了国内反种族分离的运动。国内外对曼德拉的宣传也无疑助长了他这一代非洲领导人中普遍存在的权力主义思想。从某种意义上说，他正在导演着自己的时代，并与他同时代的领导风格步调一致，像赞比亚的肯尼思·卡翁达和象牙海岸的费利克斯·乌弗埃·博瓦尼一样。曼德拉对权力主义思想很满意，他甚至重新评价了自己年轻时对传统部落权力的反叛行为。1991年他在东德兰士瓦省非国大青年大会上说：“那些认为我们的事业与酋长们无关的人，不明白非国大的政策，也不知道如何在农村壮大我们的组织。我们应该与酋长们合作，给他们以应有的尊重。”人们不禁会这样认为，50年过去了，曼德拉成熟了许多，并且重新在部落和酋长那里找到了自己的根。他在这里对年轻人提出的忠告，在他年轻时，也同样会反对的。在最初几个月的接触之后，人们开始感到：曼德拉怀有一种秘密的渴望，渴望人们把他视为一名酋长。然而，他所代表的组织是由他以前的反叛精神组成的，在他的士兵心中没有酋长的位置。

曼德拉与非国大之间这种紧张状况一次又一次地以各种形式表现出来，因为他出狱的时候，非洲各地都已厌倦了一人独裁和一党独裁的统治。在国内，他面对的是统一民主阵线通过领导人与追随者之间不断地亲密接触而形成的民主、分散和协商性的政治。他发觉自己的领导权受到了各方的挑战，因为他几乎无法控制城市中的年轻人或在平民中发生的事件了。他发现，他与布特莱齐酋长是否会面、何时会面，都要由非国大在纳塔尔的地方领导人决定。非国大全国执行委员会的其他一些成员限制了他决策的权力，甚至限制他与德克勒克总统会晤。他个人对某些领导人（无论是黑人还是白人）的明显的偏爱也受到了非国大高级官员和普通会员的强烈反对。

无论是思想上还是行动上，年轻的曼德拉都经历了从温和到激进的转变。国民党在1948年掌权之后继续执行其“伟大的种族分离”计划，它的压迫不断升级，这种压力促成了他的转变。现在看来，非国大青年联盟的1944年创建宣言也还是一个温和的文件：他的指导原则是非洲民族主义，是对黑人解放自己的能力的赤胆忠心，是反对“向南非大规模引进外国的意识形态”。非国大青年联盟于1948年发表的《基本政策文件》继续了同一种观点，甚至更明确地反对牙买加黑人民族主义者马尔库斯·加尔文[1]提出的激进的非洲民族主义。在这些年轻的社会活动家们看来，加尔文的政治哲学是号召“建立一个非洲人的非洲”，“把白人推到海里去”。这种思想太“极端，也是非革命的”，因为青年联盟承认白人是已取得南非“国籍”的四种主要成员之一。这份1948年的文件说，必须“清楚地理解，我们并不是这样来反对欧洲人的”，我们只是“主要地、最终

[1] 美国、牙买加黑人领袖（1887—1940年），“黑人至上”与黑人统治论者，号称“黑色摩西”，是极端黑色种族主义的代表人物。

反对白人统治”。

政府一意孤行地执行种族分离政策，慢慢地，温和派变成了激进派，资本主义者变成了社会主义者，种族联合主义者变成了黑人权力分离主义者。1950 年，政府通过了《镇压共产主义法》，并且开始不加区分地迫害有嫌疑的共产党员和非洲民族主义者，在此之后，曼德拉的思想中明显出现了激进化的迹象。曼德拉曾认为共产党给非国大及其非洲民族主义的政治纲领增加了危险性（他曾解散了他们的集会，中断了他们的召新运动、甚至支持将共产党员驱出南非黑人的政治运动），现在他把共产党视为强大的盟友，共同反对白人政府的巨大迫害。

当然，具有讽刺意味的是，政府故意混淆民族主义者和共产主义者的政策，却促使曼德拉如此忠诚地维护他们之间的联盟关系，但事实就是这样。沃尔特·西苏鲁对记者说，《镇压共产主义法》在改变曼德拉对共产党的态度中具有决定的意义。他说：“我们从一开始就认为，攻击共产党实际上就是攻击解放运动。”这两个集团在公布法律那一天，1950 年 6 月 26 日，组织了一个“全国反抗日”，并由此结成了联盟。在第二年的纪念日中，抵抗不公正法律的运动激怒了政府，它采取了更具压迫性的行动，这又促使非国大和共产党的支持者们紧密地联合起来了。曼德拉以后继续维护非国大和共产党间的联盟，并把这作为一种纯粹的战术手段，就像在阿尔及利亚、印度尼西亚出现的共产党与“自由斗争人士”的联盟一样。在利沃尼亚审判中，他解释道，非国大不能排除那些愿意为反对种族分离体制而斗争的人，而且“在今后的许多年中，在南非只有共产党愿意将非洲人视为人类，给他们平等权利；只有共产党愿意与我们一起吃饭、交谈、生活和工作”。与共产党的合作使曼德拉接近了一些白人，他们与黑人一样献身于反种族分离的斗争，也一样遭受着警察的迫害。这更加促使他相信，非国大应该坚持的指导思想是多种族合作的民族主义思想，而不是使泛非主义者大会分离出去的排他性的黑人民族主义思想。

而且，曼德拉在思想上一年比一年更接近于一名社会主义者，更倾向于共产党的哲学观点。在1956年出版的南非杂志《解放》中，曼德拉写了一篇文章，认为《自由宪章》（非国大的官方纲领）“无论如何都不能算作是一个社会主义国家的蓝图”，并且没“注意到复杂的经济和政治的变化”。他说，宪章所构画的新社会不可能实现，“除非也只有当这些垄断被击碎，国民财富移交给人民的时候”，才是可能的。必须结束“矿业国王和土地贵族”的统治，“工人”必须成为民主运动的主力军。他用马克思主义的阶级学说分析了反对种族分离的斗争，却号召各个阶级联合起来反对这一制度。他在文章中反对的这种“制度”包括现存的国际秩序，尤其是法国和英国的殖民主义，而美国也没能逃脱他的抨击。在《斗争是我的生命》一书中收录了他写于1958年3月的一篇文章，标题是《非洲的新威胁》，这篇文章猛烈抨击了“美国的帝国主义”，并且提醒新独立的非洲国家当心美国，他把美国说成是“在反对共产主义的运动中把自己伪装成所谓自由世界的领导者”。“要注意”，他写道，“美国牌的帝国主义与一切帝国主义完全一样，尽管它穿着摩登的外衣，尽管它的鼓吹者和代理人的话语很甜。”

关于曼德拉本人是否加入过共产党的问题，这位非国大领导人在利沃尼亚审判中阐述了自己对共产主义和共产党的态度。他否认自己曾加入过共产党，但是他说自己曾被无阶级社会的思想所“吸引”，这是由于他对马克思主义的了解，又是由于他对早期非洲社会的“赞赏”，这个社会中，土地由部落集体所有。像许多第三世界领导人一样，他称自己受到马克思主义思想的影响，但他特别不同意共产主义者对西方民主制度的公开指责，他声称自己尤其是英国政治制度的崇拜者。他对法庭说：“我认为英国议会是世界上最民主的制度，”但是，“除了社会主义”，他不会尝试“任何一种社会制度”。

从曼德拉60年代初在白人法庭上的演讲中，人们可以得出这样的印象：曼德拉是一个有情感的社会主义者，而不是一个空谈的社会主义者。他确信，一些关键的经济部门——矿业、银行和大工业——应该由政府控制，而土地应重新分配给它以前的非洲所有者。如果找不到别的词来形容他，他就是一个“本质的社会主义者”，反对南非社会中存在的大量的不平等现象。他的观点与许多同时代的非洲领导人（如塞内加尔的L·桑戈尔、赞比亚的肯尼斯·卡翁达和坦桑尼亚的J·尼雷尔）所持的没有定式的“非洲社会主义思想”很相似。但是他的社会主义思想在南非的环境中注定要显得激进得多，因为他针对的是非洲大陆上最大的白人集团，他们控制了全部土地的87%，并且实际上控制着全部的银行、矿井和工业。他刚出狱的时候，黑人与白人都急于想知道他是否仍然保留着早期对社会主义的偏爱。

在监狱中，曼德拉对于基本经济问题的看法似乎并没有太多改变。他仍然是一个“本质的社会主义者”，而且，1990年的他并没有比1964年的他更像个经济学家。他第一次走出监狱时所说的话与他走进监狱前的话非常相似。在首次新闻发布会上他谈到，要详细了解经济状况，以确保充分就业和更高的劳动生产率，同时解决“社会责任问题”。当被问及在彻底重分国家财富这一要求上，他的观点是否有所改变时，他毫不犹豫地回答道：“没有。我的观点与非国大完全一样。矿井和类似的社会部门的国有化问题是非国大的基本政策，而且我相信，在这一点上非国大是非常正确的。”他这一天的讲话使约翰内斯堡股票市场上的股票价格直线下跌。

在随后的岁月中，曼德拉减弱了他对国有化的调门，像非国大官方声明中表现的一样，但这似乎更像是一种政治上的权宜之计而不是内心基本的改变，目的在于安慰容易惊慌的白人商人、外国投资者、国际货币基金组织和世界银行，即便如此，他仍然经常流露出国有化思想。例如，1991年7月，他在开普敦向葡萄牙人社区发表演讲时，重新宣布了非国大要把大垄断行业收归国有的态度。他说，国家的权力应该用来纠正种族分离政策造成的种种弊端，不仅在政治上，在经济上也应如此。然而，许多共产党人仍然担心，曼德拉和非国大正在逐渐抛弃自己对社会主义的承诺；而且，有人预计非国大和共产党的联盟关系终有一天会由于这一问题而破裂。但是，由于曼德拉不断强调重新分配财富的紧迫性，在他的思想与共产党的“民主社会主义”的政策之间是否存在着真正的区别又让人难以分辨了。1992年2月初，他在瑞士的达沃斯对世界经济论坛的一个小组的谈话中有如下内容：“把一些关键性行业收归公共所有，这本身就是为克服我们国家财富所有制中存在的巨大的不平等的重要的一步。”在我们看来，在使非国大获得对经济的“指挥地位”这一问题上，曼德拉和共产党的兴趣不相上下。

曼德拉出狱后，他对第三世界革命者及其各自事业的关注也同样没有改变。1962年入狱时他是个“反帝国主义者”，而1990年出狱时，他仍然如此。获释两周后，他在赞比亚的卢萨卡会见了巴勒斯坦解放组织领导人亚西尔·阿拉法特，他们拥抱、亲吻，犹如久别重逢的兄弟。他甚至因为把巴解组织和非国大的事业等同起来而激怒了南非的犹太人集团。在访问美国期间，他于1990年6月21日出席了“午夜热线”的电视直播节目，在节目中，他把阿拉法特称为“并肩作战的同志”。曼德拉与整个非国大一样，本能地坚持第三世界左派的观点，认为世界是一个整体，都被“美帝国主义”统治着。他心中的英雄不仅仅是阿拉法特，还有利比亚的穆罕默德·卡扎菲，古巴的菲德尔·卡斯特罗以及伊拉克的萨达姆·侯赛因。当然，他们的共同之处在于，不论形式如何，都愿意反对美国的世界霸权。当伊拉克于1990年8月入侵科威特时，非国大最初的反应是站在萨达姆·侯赛因一边。就在地面战争开始之前，曼德拉在与乔治·布什总统的电话交谈中说，美国的政策是在冒险。犯错误的是美国，而不是伊拉克。这些话令乔治·布什总统十分恼火。

曼德拉在美国与利比亚关于击落泛美103次航班的夙怨中支持卡扎菲，这又一次激怒了布什政府。曼德拉说，美国试图引渡两名利比亚谍报人员，让他们在法庭作证：1988年的炮击事件是“蓄意羞辱国家形象”。布什政府曾打算说服曼德拉取消1992年1月的利比亚之行，因为他有“一些非常有力的证据”证明卡扎菲参与了国际恐怖活动。然而，非国大对卡扎菲的看法也同样有力，后者长期支持非国大的事业，为其提供了几百万美元的经费，而且为曼德拉此次北非之行安排了一架飞机。非国大的官员们对于美国干预曼德拉的事务感到很气愤。非国大发言人吉尔·马修斯对记者说：“如果美国想对曼德拉出访哪个国家指手划脚，那么它会造成许多麻烦。”曼德拉或许与美国和西方的意见不一致，但他代表了非国大内多数人的观点。

菲德尔·卡斯特罗是另一位深受曼德拉赞赏的人物。1991 年 7 月末访问哈瓦那时，他高度赞扬了这位年长的革命者，并表达了对古巴人民为反对“帝国主义交响乐运动”而进行的英勇斗争的同情。他还赞扬了古巴革命所取得的“引人注目的成绩”，并对记者提出的古巴虐待人权的问题予以驳斥。曼德拉说：“从一开始，古巴革命本身就已成为一切热爱自由的人们希望的源泉。”他立场分明地称赞卡斯特罗的革命及其在美国压力下顽强生存的斗争。卡斯特罗是曼德拉心中一位特殊的英雄，他曾派遣 30 多万军队帮助安哥拉左翼政府抗击南非军队和在美国支持下由若纳斯·萨文比领导的叛乱力量。“我们怀着对古巴人民深深的感激之情来到这里”，曼德拉在 7 月 26 日的一次讲话中这样说道，卡斯特罗就站在他身边。“没有别的国家能像古巴这样无私地帮助非洲。”曼德拉在世界各地不断重复这些话语，毫无疑问，如果他能当上南非首位黑人总统，南非的外交政策一定会有根本的改变。

在监狱中度过的几十年没能改变曼德拉的政治观点，却使他的性格发生了一些变化。基本上每一本介绍他的书，无论对他多么推崇，都会提到曼德拉年轻时经常表现出来的那种传奇式的坏脾气。然而，他在监狱中学会了控制自己的情绪，并从那时起一直如此。据一位狱友马哈拉吉讲，曼德拉有步骤地控制了自己内心的愤怒，不让他发作，这“不仅有个人原因，还出于政治上的考虑”。他习惯于隐藏自己的感觉，就连他最亲密的狱友也无法了解：他取得了成功，让马哈拉吉感到很震惊。在他出狱之后，这种行为方式被证明是很正确的，因为它使曼德拉保留了自己的生活。

曼德拉不愿谈及自己在狱中的经历，也不愿谈及狱中生活如何改变了他的生活态度。1992 年 3 月，记者从他那里了解了许多他从不想提起的往事。他说，在犯人中有“许多堕落分子”，包括“一些追求性快乐的人”，但他从不详细地讲述这些事。然而，他也曾对人讲了一件事。1988 年，他刚在开普敦的一家医院治好肺结核，这时有人出 50 万兰特（大约 18 万美元）要拍一张他的照片。他说他拒绝了，因为他担心这会影响他与政府间进行的秘密谈判。

一次，一群记者成功地让他回忆起自己在狱中的生活，当然，程度也有限。当时他获释仅四天，在索韦托的家中接受美国记者的采访。他告诉他们，被捕后两年中的绝大部分时间他都在过着一种隔离拘禁的生活，这种生活一直到他被定罪以后才结束。对他来说，罗本岛的生活起初是一段残酷的经历，他和其他六名“利沃尼亚受审者”就被监禁在那里。他把这个远离开普敦，处于惊涛骇浪之中的小岛上的条件描述成“非常的残酷和野蛮”。虽然他自己从没受到身体的虐待，但他回忆说：“这种事在我身边每天都有发生。”曼德拉在罗本岛上干了许多年的重体力劳动：砸石头、挖采石场、沿着海岸采集海藻。只是到了 70 年代中期，条件才有所改善，这也是他与其他政治犯们多年斗争，反对伙食低劣，运动器材奇缺，以及阅读材料接受检查的结果。

在后来的一次采访中，曼德拉还告诉记者，他正是在罗本岛上学到了与阿非利卡人打交道时的不妥协精神。他讲了一件事：为反对每天装 15 车石灰石的工作标准，他和狱中的同志们举行了怠工行动。他说，他们成功地使工作限额降低到每天装 1 车，而且在他和另外四名非国大高级领导人 1982 年 4 月被转移到开普敦城外的波尔斯摩尔监狱之前，他们要求改善条件的大部分要求都取得了成功。当曼德拉和他的同志们在与政府谈判中承受让步的压力时，他们不会忘记在这里学到的经验。曼德拉说，监狱生活中唯一的好处是他能和一些看守结成朋友。他发现这些人是取得非官方支持和改善监狱条件的最大的希望。他告诉我们："看守中有许多人是我们的朋友，他们试图尽可能地改善我们的条件，让我们尽可能过得舒服。"他在铁窗后过了 27 个春秋，是这些看守的态度"抹去了一个人由此产生的任何痛苦"。而且，正是他这种毫无痛苦的感觉令人震动，这是曼德拉身上最突出的品格。

监狱还让曼德拉在非国大确立了永远的权威和领导地位。一些诋毁曼德拉声誉的人说，曼德拉成为非国大的最高领导人纯属历史的巧合——他们说，别的犯人也同样可以轻易地担当这一角色，到国外宣传被遗忘在罗本岛上的反种族隔离政策的活动家们的悲惨遭遇。他们说，像沃尔特·西苏鲁这样的人也一样可以胜任这个工作，并可以取代曼德拉在国际上出尽风头。

但是如果我们看看曼德拉的经历，那么选他作为反种族隔离政策的活动家的总体遭遇的代表人物就更像是历史的必然了。没有人，连他的好友西苏鲁也无法胜任这一角色。在 1962 年被捕之前，他已成为非国大领导层的一员了，虽然时间很短，却也光采照人。他参与创建了青年联盟，于 1950 年成为它的主席，并且在两年之后还代理过整个非国大的全国主席。只是因为连续的禁令使他无法出席政治会议，这才迫使他在第二年辞去了这一职务。但是，禁令并没有让他停止政治活动，在 1961 年和 1962 年，非国大的好战分子中间甚至展开了讨论，想废除卢图利的主席职务，而让曼德拉取而代之。

最后，叛国罪审判为曼德拉提供了一个讲台。让他充分展示了自己的口才。1964 年 4 月在利沃尼亚审判中，他为非国大放弃武力的决策而辩护，他的演讲使他确立了自己作为国民解放事业的雄辩而有说服力的发言人地位。监狱的生活更加肯定了他公开的领导人地位。他的狱友们都把他说成是罗本岛上的一个超凡的人物。一浪高过一浪的城市暴动使上百名年轻的黑人活动家被关进罗本岛监狱，曼德拉却把这里变成了他们的政治教育中心。在非国大成员与反对派成员之间有许多政治分歧，可曼德拉却成了公认的裁判。他扮演了政治学教授的角色，向人们讲授世界政治反抗运动的历史。他试图让1976年索韦托学生暴动的年轻的组织者们相信（他们大多数人都是黑人权力的鼓吹者），历史地说，黑人受到压迫的主要原因不是肤色，而是从殖民时代就已开始形成的压迫体系。

许多相信“黑人觉醒运动”的人（他们领导了70年代中期的学生叛乱），在离开罗本岛时都转而相信了非国大，他们这种转变只是因为曼德拉的影响。实际上，在他被监禁之前以及监禁期间，各种迹象都表明他终有一天会成为主席。

曼德拉从罗本岛出来时，身心健康，毫无痛苦，这真是个奇迹。虽然谁也不能确定他内心的力量是否来自于宗教信仰，但他的精神力量中有宗教的成分。曼德拉从小就接受卫理会的教育。后来又上了教会小学，但人们从未听说他出狱后曾去过教堂。当然，如果他真去过也不会让外界知道。开普敦大学的宗教学教授查理斯·维拉—维林西尔后来就宗教信仰问题采访了曼德拉，他说，这位非国大领导人受宗教的影响很深，但这仅是一般意义上的信仰，而不是那种为某一特殊信仰而勇于献身的精神。曼德拉告诉维拉—维森西尔，在狱中他“从未错过一次礼拜仪式”并“经常阅读《圣经》”。他热情地谈到了在罗本岛上遇见的各种各样的军中传教士，他可以从他们那里定期领到圣餐。曼德拉回忆说：“这种圣餐仪式让我内心平静并得到安慰。”但他羞于把自己看成是宗教信徒。他说：“我不是特别地信仰宗教或寻求内心的解脱。我只是一个普通人，希望能让生活中的谜一样的事情更有意义。”曼德拉说，他感觉宗教的体验是“无法言表”的，但是他认为，体会它的价值比空谈要好得多。

能在罗本岛上那种无言的寂寞、孤独和奴隶式的劳动中生存下来，并且像曼德拉这样精神正常，这一定需要有许多精神的信仰。1992年1月末，南非监狱当局带几名记者登上了罗本岛，参观了曼德拉狭小的牢房。这是一次严酷的经历，他生动地向我们展示了强加给曼德拉及其同志们的巨大的不公正，而他们受到这种待遇是因为他们曾英勇地反抗了世界上最具迫害性的种族歧视制度。曼德拉生活了28年的地方，是一间由石头和水泥垒成的阴湿的牢房，长宽各7尺——仅够放一张床、一张桌子和一把椅子。牢房的铁窗正对着犯人活动的院子。在这些狭窄的棺材一样的牢房中，曼德拉竟然种植了一些菠菜，它们长得很茂盛。这引起了监狱长的注意，他向曼德拉询问种植的诀窍，以便让他的菠菜也能长得茂盛。曼德拉的牢房位于监狱的特殊位置——“B区”，在这个区中共有32个这样的牢房，用于关押非国大高级领导人和其他黑人活动家。审视着这个狭小的空间，我不禁怀疑，经过这么多年之后，竟然还有人的精神能够完好无损。在他那张老床之上的墙上，现在的犯人挂了一个条幅，上面织着耶稣死前的最后一句话：“上帝啊上帝，你为什么抛弃了我？”我不禁怀疑，在这里的漫长岁月中，曼德拉是否也曾经常说出这种绝望的话语。

## 三、马拉松谈判

1993年6月，一位资深记者写道：经过三年可恶的暴力和僵持的谈判之后，德克勒克与曼德拉有如两位精疲力竭的重量级拳击手，漫长的头衔争霸赛使他们鲜血淋漓、遍体鳞伤。两位英勇的领导人争执不下，公开互相指责，这使得他们共同引导他们的国家从长期分离走向充满希望的种族合作的前景变得扑朔迷离了。他们极力想证明对方无力控制，德克勒克改革所造成的离心力量和一系列事件，这不仅致命地削弱了他们的高大形象，也不断磨损了他们的权威和领袖地位。

曼德拉在非国大的作用有了引人注目的变化。他被推举到一个崇高的新地位，不再处理执委会的日常行政事务和内部争端。他现在是民族运动中一位杰出的资深政治家，接见外国的政府首脑和重要来访人物，并且率代表团出席各种正式的会议。非国大的同事们喜欢满怀敬意地称他为“老人家”或玛迪巴，这是他在家族中的名字。他的健康出现了衰弱的迹象，而且还要花费大量心血关注1992年年末变得日益频繁的令人疲倦的谈判。然而，曼德拉在非国大内部的组织结构中仍然有力地支持温和派。9月初，非国大和共产党中的激进分子在比斯霍设置障碍，怀疑他们自己的莱比锡决定和“滚动式群众运动”，这时，曼德拉突然重新宣布了自己的主张，力图恢复谈判，恢复非国大温和派的声望。他结束了对德克勒克的个人攻击，并成功地在全部非国大的运动中降低了不信任他的调门。当非国大终于在9月26日重新开始与德克勒克会谈时，曼德拉作为代表团主席非常自信地代表非国大进行谈判。但是，一些与会者称，在漫长的谈判的末期，他的体力明显地衰弱了。尽管权威和体力都有所削弱，曼德拉仍然成功地使和平进程恢复了正常，并于2月12日发表协议，决定恢复公开谈判。

如果说曼德拉在非国大中的日常领导地位有所跌落的话，那么他在国内和国际上作为这场运动“伟大的老人”的形象仍然是无法破坏的。另一方面，德克勒克起初作为世界最伟大的改革家之一的形象却受到了巨大的破坏。曼德拉获释三年来，人们越来越清楚地看到，德克勒克正在犯着与伊凡·史密斯（前津巴布韦总理）和米哈伊尔·戈尔巴乔夫（已下台的苏联领导人）同样的错误。尤其是他与史密斯的极端相似更具讽刺意味，因为在1990年他开始改革计划的时候，德克勒克特别批评了史密斯缺乏远见，没能抓住有利的历史机遇与他的黑人对手进行最可能成功的交易。德克勒克说过，他不打算让有利于自己的事情走到绝路上去，也不会等着让政治和军事上的软弱逼迫自己交出权力。这就是他为什么在阿非利卡人的权力仍然完整无损的时候，决定率先解除对非国大的禁令并与之谈判的原因。然而，德克勒克与史密斯的结局是一样的，他把谈判延长达三年之久，远远超过了必需的时间。同时，他的谋士们正在紧张地设计各种修改宪法的提案以便永远保持白人的权力，各种特工人员极力地想削弱非国大的力量。他已经向世人表明，他和史密斯一样，不愿将权力交给黑人，认为时间能够向有利于白人的方向发展。

随着时间的流逝，德克勒克与戈尔巴乔夫之间显而易见的相似之处却发生了变化。最初，德克勒克敢为天下先的精神，富有想象力的统治风格和洞察一切的政治魄力受到了普遍的赞誉。然而，在1991年年末戈尔巴乔夫在政治上灰溜溜地下台之后，他们之间的相似之处变得意义不大了：这位犹豫不决的领导人被自己精心发动的巨大变革击败了，而且最后被赶出了政治舞台。在1992年8月接受采访时，他坚称自己不打算成为这样一个“戈尔巴乔夫第二”。他说，戈尔巴乔夫的最主要的错误在于，他试图改革一个不可接受的、不可行的意识形态——共产主义，而不是完全地、彻底地与之决裂。他显然已经对戈尔巴乔夫失败的原因有所考虑，并非常相信，通过与旧秩序彻底决裂，他正在避免苏联领导人那种犹豫不决的错误：“旧的政策——种族分离政策，各自发展政策——无论你怎么称呼它，我已经在各个方面最终与它彻底决裂了，……我已准备用尽全部时间完成这一任务。我打算把它进行到底。”

他是这样说的。但是，在做了三年的改良主义者之后，德克勒克愈发表现得像戈尔巴乔夫一样不愿“进行到底”了，他也像史密斯一样在放弃权力问题上犹豫不决。头两年，德克勒克堂而皇之地保持着政治创新和道德高尚的地位，得到了国际社会和少数南非人的赞扬。他实现了自己在1990年2月2日作出的主要承诺，解除了紧急状态，开始与非国大谈判，并开始废除种族分离政策全部的基本法律支柱。然而在此之后，他突然丧失了改革的兴趣。在黑人权力日益接近实现的时候，他不是如起初那样积极推动其发展而是开始反对了。他发动的改革没了动静，而且他经常纵容自己的部长们使用各种反击手段损坏改革精神，甚至反对他们自己的话。例如，他们已经正式取消了医院中的分离政策，但是病房中大多仍保留分离的做法，在大城市之外的医院尤为严重。“医院把病人集中起来还是分开有它的道理。也许纯粹是因为医疗原因，也许是出于宗教和文化的考虑。”这就是卫生部长里娜·凡特在试图解释政府于1990年宣布在医院取消种族分离的做法时作出的狡辩。

德克勒克的改革措施看起来完全达到了使美国和欧洲取消制裁的要

求，但仅此而已。种族分离的立法制度中最令人诅咒的部分的确已经取消了，但德克勒克从未要求通过法律以补偿、取消或制裁继续存在的种族分离的做法。德克勒克的改良主义中从未考虑过“肯定的行动”，事实上，他曾公开攻击这种请求，无论这请求是针对他的政府还是别的白人社会。

他这种可以说是没有变化的改良主义所带来的后果是完全可以预料到的——各种形式的种族分离丝毫没有减少。正如德克勒克在经济上推行“私有化”一样，他也允许一种看似“种族分离制度私有化”的东西存在。对于绝大多数人（无论黑人还是白人）而言，改革前后根本没有什么实际的变化，至少在他任总统的头三年中是这样的。各种以前被分离开的社区仍旧各自独立着，没有官方的鼓励要求他们联合。一些富裕的黑人搬进了约翰内斯堡北部的白人市郊，非国大的高级黑人官员、工会领导人、知识分子和企业家们有如一股细流，慢慢地流入了附近的白人中产阶级居住区内。但是，绝大多数黑人依旧住在肮脏、破败而且服务极差的黑人城区之中，而白人市郊的街道仍然每周由身穿黄色制服的黑人清洁工们清扫得干干净净。在韦弗利北部的市郊，即使从人行道的石缝中发芽的小草也要用除草剂除去，以便不影响少数白人行走。为了将下等黑人移近白人郊区而进行的第一次小的尝试，也受到了强烈的抵制。德兰士瓦省的行政当局起草了一个计划，要在约翰内斯堡周围建设新城区，有几个甚至已经开始动工了，但是这些城区是离市区最远的，当然，也远离白人郊区。看来，旧的种族分离的都市和他的建筑师们仍然阴魂不散。

白人的偏见也是如此。开明者与保守派一起设置障碍，阻止黑人在靠近他们的地方定居。这些白人反对者有个绰号“尼姆比”，是“别住在我的后院”的英文字首缩略语。“尼姆比反叛”中最著名的案件发生在1992年初。当时，省政府当局打算把几千名擅自居住在约翰内斯堡最北部的赞万方丹农场的黑人移入靠近白人郊区的定居点。迪普斯洛特和尼特盖达的白人们先是在布娄波斯兰设置路障，使用暴力阻止移入，然后又得到法庭的支持，公布强制令停止任何新的定居活动。在1993年1月，赞万方丹的黑人们得到迁移的通知已经接近一年时间了，可他们仍然居住在农场里，等待再次搬迁的通知。

白人社会看来已决心不理会黑人大众的住房紧张、教育和福利等社会危机了。他们严重脱离现实的行为引人注目。资本过剩的大公司对充满风险的社会投资不感兴趣，却在约翰内斯堡看似无限发展的白人郊区花费巨额的剩余资本修建美国式的购物中心和写字楼，或在别处修建海滨乐园和狩猎场。其中最著名的是开普敦的“迷人海滨开发计划”。它耗资几亿美元模仿巴尔的摩和洛杉矶港口的风格，建有水族馆、旅馆、临海餐厅、爵士乐俱乐部、啤酒屋和快餐连锁店，并且人们还可以看到海狮在水中的表演。这些似乎确定了开普敦作为“安乐之乡”的地位，在德班的海滨黑人越来越多之后，白人也似乎越来越偏爱这里了。

在旧南非最后的岁月中，德克勒克政府正处于另一种狂乱的阶段。他们不为解决黑人在住房、教育和福利上存在的巨大危机进行大量投资，却花费大量财富进行各种先进的军事和技术项目——为欧洲和亚洲雇主发射低轨道运行卫星；建设一座超现代的、激光反应核电站；为空军购买60架瑞士飞机。奇怪的是，德克勒克政府在发展军事和太空工业上的过度支出却没有受到什么来自黑人的批评。非国大和其他任何一个政党都没有讨论过这个问题，他们似乎完全不知道或不关心政府在这些项目上的巨大投资。而且，在1990年初到1993年初之间，政府轻而易举地把超过100亿兰特的钱挪用到它的“特别防卫账户”上。如果政府改变它支出的顺序，这些钱可以建千万所学校、房屋和诊所，可以在住房和城区重建计划中提供无数就业机会。

同时，这个由阿非利卡人统治的庞大的行政机构在性质和目标上也没有什么变化。高级公职岗位仍然基本上是阿非利卡人的领地，至少是白人的领地。1992年初，在中央和地方政府中的2885个最高级职位中，黑人只占14个。德克勒克似乎根本不打算在公职部门中开创一个黑人与白人合作的时代。公职部门没有任何实质性的改革，甚至都没有当时清除 P.W. 博塔时代最冷酷的种族分离政策的执行者。像麦格纽斯·马兰和阿德里安·渥克这样臭名昭著的部长也只是在德克勒克无力抵挡强大的政治反对的时候才被轮换到较低的内阁地位。那些退出政府的部长（巴兰德·都普莱西斯、盖利特·维略安和斯托费乐·凡·德莫维）都是由于疲劳、身体不佳或出于个人的考虑。南非防卫部队和南非警察的高级领导人也没有变动，直到 1992 年 11 月，许多丑闻才最终迫使德克勒克清除了 23 名军官和谍报部门的官员。

然而，总的形势是清楚的：德克勒克没有积极行动，想以此尽可能多地创建阿非利卡人的权力，并在与旧的阿非利卡人统治完全相同的制度下维持这种权力。然而，这个没有改革的制度恰恰是他最初提出应该彻底改变的。发生在苏联戈尔巴乔夫政府时代的斯大林体制的彻底解体从未在南非德克勒克政府出现过，对这一点已没有人会怀疑了。德克勒克最终证明，他并不像他宣布的那样准备“彻底地最终”与旧的种族分离体系分裂，也没有采取可能削弱阿非利卡人所掌握的政府力量和安全工具的措施。在经过三年改革之后，他距离自己的改革所具有的含意——这也正是他曾指责戈尔巴乔夫失败的地方——还有很长的路要走。

德克勒克对改革的矛盾情绪在他处理土地问题时得到了最好的体现。他遵守诺言，取消了为白人保留 87% 的土地的 1913 年和 1936 年的《土地法》；但他没有采取进一步的行动，把充公的土地还给以前的南非所有者。在此问题上德克勒克本可以采取肯定的行动表明自己执行社会主义的立场的，他至少可以作出一些象征性的表示，并开始把一些国有土地进行重新分配。然而，政府却老调重谈，组建了一个“土地分配咨询委员会”调查土地争端，关于黑人对从前的部落或祖先的土地所有权要求只能对总统本人提出建议。同样，德克勒克也没有采取行动把十个黑人家园联合起来，尽管他早在 1990 年 2 月 2 日的讲话中就提出，必须把他们联合起来建立一个统一的南非。比这更糟的是，政府实际上巩固了这些黑人家园的地位，在1992年间把超过100万亩的土地转移给四个这种人为分割的带有种族色彩的小州。毫不奇怪，作为政府的政治同盟者，66万亩土地归入了布特莱齐领导的夸祖鲁。有时候，在刚刚“私有化”的土地交易中似乎存在种族分离的做法，因为在白人官僚和白人农场主之间的秘密交易仍然没有改变。与此相似，各种中央与地方机构在1991和1992年间继续与白人农场主进行国有土地的买卖，却忘记了几百万没有土地、无家可归的黑人对土地的强烈要求。

德克勒克对1991年和1992年发生的许多动摇了他的统治的丑闻的反应是克制的，这也同样暴露出他对于改革非常谨慎的态度。他并不比他的前任们更热衷于提高标准净化政府，虽然他表面上说，在非国大接管政府之前将全力以赴这样做。在1992年11月的一个月中，政府的统治就受到了动摇，这不仅仅是因为“金石委员会”的几次调查表明，军队仍然在资助各种秘密行动诋毁非国大的声誉，还因为莱伯瓦、夸恩德贝勒和西斯凯的黑人家园中出现了普遍腐败和领导失误的丑闻。关于这三个黑人家园的报告中有两个表明：80年代中末期，莱伯瓦和夸恩德贝勒中，政府基金因管理不善、浪费和盗用而蒙受了巨大的损失。盖利特·维略安和斯托费尔·凡·德莫维这两个德克勒克在头三年谈判中的主要谋士也受到了牵连，却没有任何针对他们的行动。然而，这两个人已经完全退出政治了。

11月份的大曝光让人们更难以相信，在高级军官和部长们从事的勾当中，德克勒克是“没有牵连”的，尤其是像他与非国大进行的谈判这样敏感的问题，内阁长官大卫·斯泰沃德试图改变由此造成的国内外的批评，他把德克勒克描绘成一个在微妙的政治钢丝上行走的领导人。不削弱南非防卫部队这一主要的权力基础，他就无法彻底清除和改革自己的安全机构。德克勒克不打算犯戈尔巴乔夫的错误，让自己的军队无法控制，最终发动政变反对自己。但斯泰沃特也承认，德克勒克必须运用更有力的领导，否则，他将面临军队的不检点行为给他带来的各种指责。

前国民党总书记凡·德莫维更多地证明了德克勒克对于非国大的双轨战略。1992 年 11 月 9 日他宣布自己退出政界，一周后他在一次采访中承认国民党故意执行了这样一种战略：一方面要通过谈判解决问题，政府要寻求与非国大进行必要的合作；另一方面要为即将到来的制宪会议和议会选举做好准备，在选举中国民党与非国大必然要成为水火不容的对手。他举了这样的例子作比喻：各种橄榄球队、足球队、板球队和棒球队聚到一起决定他们共同参加什么样的比赛，遵循什么样的规则。起初他们必须合作以建立“这个比赛及其规则”，而一旦这些都解决了，每个“队”都必然会尽全力赢得比赛，凡·德莫维说，国民党与非国大不仅在为这场“比赛”进行谈判，还正在为赢得比赛做着准备。

尽管所有的民意调查都显示出非国大的领先地位，凡·德莫维仍然强调：国民党在大选中获胜并不是乌托邦式的梦想。他进行了如下计算：国民党将获得有色人种 65% 的选票、印度人 75% 的选票，还有大约 85% 的白人选票。最终，黑人选票是最重要的问题。凡·德莫维计算得出，国民党至少可以得到其中的 10%，他认为，这个数字最多可以达到 40%。他说，他的政党对黑人社区进行了许多“彻底的科学研究”，这些研究表明，国民党有潜力赢得黑人选票中的大多数。这一切都要取决于国民党大选运动的效果，而对于这种运动国民党颇有心得。

凡·德莫维的这些数字和乐观的态度很大程度上是建立在加利福尼亚大学教授安德鲁·S·瑞诺尔德的研究基础上的，后者在开普敦大学度过了 1992 学年，详细审查了选举数字，对于白人、黑人、有色人种和印度人中可能出现的投票方式做了周密的考虑。他写了一份报告，其标题是“成功之路的冲击：国民党（及其盟党）在南非全民选举中赢得大选的潜力”。瑞诺尔茨的结论是，“这个设计并执行了种族分离政策的政党”将最终在南非组建第一个民主选举的政府，他将与布特莱齐酋长的因卡塔自由党一起形成一个联合政府。

他这一预言的关键在于他假定，虽然在这个国家达到选举年龄的黑人有1440万，但只有1080万人有可能是合格的选民，因为许多人不能证明自己的年龄和公民身份，因此将被取消选举资格。这样一来，黑人在选举名册上的比重就由68.5%降为62%，而白人的比重由18.8%上升到23%，如果国民党能获得80%的印度人选票，65%的有色人选票和10%的黑人选票，则这个在南非第一次举行的自由的，无所不包的选举将会产生如下结果：非国大占40.6%的选票，国民党占30.2%，“因卡塔”占11.4%，而白人右翼组织占6.5%。换句话说，如果这些选票在各个议会选举区内的分配是有利的，国民党联合“因卡塔”及白人右翼政党将可以组成一个占多数的联合政府。国民党不必在乎无休止的民意测验，虽然他们表明非国大将赢得完全多数的选票，大约在55%—65%之间。而且另一位美国大学教授，阿兰德·里帕特第一次提出了他的权力分享计划，这成为阿非利卡人幻想保留住权力的基础。毕竟，在黑人参加选举之后，白人仍然有希望继续掌权。

几乎在曼德拉走出牢门的那一天开始，德克勒克和他的国民党就已经为选举胜利做准备了。他们要组建一个包括各种温和的多种族力量的“基督民主联盟”，要取得生活在黑人家园，农村及白人农场的黑人的支持，民族主义者们相信，这些地区的大部分人从内心讲是保守的，并且对非国大持怀疑态度。他们的主要争取对象是传统的酋长和教会领导人，因为他们相信这些人仍控制着大量的选民，可以把大批的选票拉到国民党一方。

1991年5月初在索韦托城外的祖尔贝肯举行了一次规模盛大的向国际圣灵节教会捐赠圣物的活动，德克勒克在这次活动上第一次向“沉默的多数黑人”（民族主义者喜欢这样认为）提出了个人呼吁。他向2万名信徒发表了一次政治讲话，要求他们不要被一群“热衷于权力”的人迷惑，他认为这些人制造了全部的暴力。他还出席了1992年4月在德兰士瓦省北部靠近彼特马里茨堡的莫依拉举行的齐昂基督教堂的复活节年会，向超过50万的人民发表了演说。他的意思是一样的：注意那些“渴望得到权力并准备不顾一切得到权力的人”。

即将成立的基督民主同盟的另一个选票集中地是300万有色人，他们以阿非利卡语为母语，300多年的异族通婚使他们成了阿非利卡人的“继子”。与阿非利卡人一样，有色人也是非常保守的，大多数人加入了荷兰新教。许多有色人把非国大看成是黑人的组织、不信上帝，而且有共产主义因素，他们对非国大的掌权怀有与白人保守派一样的恐惧和担心。在将近100万的南非印度人中，有相当多数的人持有与此相同的观点。因此，像凡·德莫维这样的民族主义者相信，这些不同的集团结合起来——传统的黑人家园的酋长、教会领袖、有色人和印度人——能够得到足够的选票让瑞诺尔茨的预言实现。凡·德莫维说：“我真的相信，国民党获得多数选票是可能的，我不想说这种可能只是也许。”

凡·德莫维的想法有助于澄清德克勒克对于非国大的态度：盟军与敌人，和平伙伴与选举对手。如果国民党真怀有这种伟大的幻想，认为他自己或联合别人可以获得多数票，那么他诋毁非国大的运动明显就是为这一战略服务的。莫林将军攻击乌姆肯托，军事情报机构秘密的“回声计划”以及《新闻联系报》的反非国大宣传，这些都是一个完整的政治战略的组成部分。正如我们大家见到的，还有别的证据表明国民党要夺取大选的胜利：例如，政府决定把100万亩土地移交给黑人家园，曲意逢迎这些可能成为盟友的酋长们。而且，德克勒克还向“沉默的多数”黑人们求取选票的支持。

凡·德莫维还展示了国民党选举思想的另一个基本方面，即时间会对他们有利。他说，政治暴力也许会损坏国民党在黑人眼中的形象，但它却更大地损坏了非国大的形象。在它的温和的支持者中间，尤其是在白人自由人士中，已有许多人觉醒了。许多人半途而废是因为政治暴力，非国大与共产党的密切联合，或是因为非国大组织无序，对他们漠不关心。因此，非国大不会取得民意测验表明的成绩，也不会像罗伯特·穆加贝领导的津巴布韦非洲民族联盟在1980年独立大选中那样获得压倒多数的胜利。他说：“这样理解，时间将不会偏向非国大。”实际上，时间正在逐渐削弱非国大的战斗力，降低其极端势力的威信。凡·德莫维在展望总的趋势时认为，非国大的政策一直都没有挽回的余地，他正在“从极端转向温和”。

在1992年年末出现的两份重要文件中国民党战略家们为自己找到了证据，以支持他们认为非国大越来越温和化的主题思想。第一份文件是乔·斯洛沃在9月10日递交给国民执委会的“战略前景”政策。经过种族主义者和革命者一番吵闹的反对之后，这份文件在11月18日被采纳了，这表明非国大领导层在谈判中正在向右转，反对“革命性地夺取权力”，赞同与德克勒克的国民党分享权力。在早些时候，这样的文件可能会被视为失败主义和反革命宣传。在过去，曼德拉对权力分享是深恶痛绝的，他认为这是个罪恶的阴谋，会使大多数人得不到权力，但是现在他的思想也发生了转变。凡·德莫维半开玩笑地说：“如果这一转变过程足够长，我们就能期待出现一个合理的政府了。”

另一份让国民党看到非国大的新“现实主义”（他们喜欢这么说）曙光的文件是“蒙特福莱尔方案”，它勾画了新南非经济的未来。虽然这不是非国大的官方政策方案，却是非国大经济部和许多高级领导人认可的，这些人于1991年9月在靠近斯特兰玻斯克的蒙特福莱尔召开过一个会议。蒙特福莱尔集团草拟了四个政治经济方案，其中三个以鸟类命名；另一个称为“伊卡洛斯”，这是古希腊神话中的人物。每个方案假设了一种不同的政治谈判结果，并预测了这些结果会带来的非常不同的后果。

“驼鸟”方案假设谈判破裂并且德克勒克政府试图独自与温和派黑人联盟。可能出现的结果是政治上极端不稳定，实际上是南非的“黎巴嫩化”，以及经济上的灾难。“跛鸭”方案假设谈判将导致一个延长的过渡时期，在此期间，一个联合政府将维持到2000年。这样的政府将无法做出连续的决策或在处理国家问题上没有连续性。因此，无法让投资者充满信心。在“伊卡洛斯”（“先飞后坠”）方案中，一个真正由人民选出的民主政府将掌握政权，并开始为克服种族分离政策的遗毒而“大量挥霍社会财富”。这种短期行为将导致拉丁美洲式的经济恶化——负债累累、通胀严重和经济崩溃——就像桑地诺政府统治下的尼加拉瓜曾经出现的那样。最后，还有一个“红鹤”方案。在这个方案中，政治的解决导致了一个真正通过民主选举产生的政府，它能使经济缓慢但稳健地起飞，让人联想到红鹤起飞时的姿态。

非国大的经济学家们向国际货币基金组织和世界银行保证，他们意图避免“伊卡洛斯”方案中的危险，而选择“红鹤方案”。在非国大内是否有足够的现实主义力量使这一战略得以采纳还不得而知，但是非国大的领导人将会面临极大的政治压力，逼迫他们采纳“红鹤方案”。真正的讽刺出现在谈判过程中：政府和非国大都同意组建一个为期五年的过渡政府，权力由二者分享，根据蒙特福莱尔方案的说法，这正是构成一个“跛鸭”政府的完美文件。

阿非利卡人梦想的大选胜利和非国大的温和是否只是他们纯粹的政治幻想？德克勒克不断推迟行动，空想黑人民族主义者的反对会在激进性上逐渐分散、枯萎或软弱下来，他是否与津巴布韦的史密斯犯了一样严重的错误？民主党中一位很有见地的领袖，扎克·德比尔在他的“聚集”理论中认为，非国大和国民党最终将不得不共同统治温和的中间力量，因为在他看来最终将“没有别的办法可以管理南非”，他的这种理论又是否正确呢？

德克勒克和曼德拉费尽心血想谋求南非白人和黑人之间的伟大的历史性和解，但当他们快要成功的时候，两位疲惫的和平缔造者却面临着一个可怕的困境：他们领导的政党都无法单独统治这个国家，而且，在他们之间建立成功的伙伴关系的前景也同样暗淡。在权力分享上达成一致只适用于在“国民联合政府”的幌子下发生的习惯性冲突。对于像肯定的行动，重组和清洗安全部队、重新分配白人土地、银行和金矿国有化以及外国盟友这样的争论，这两个既是敌人又是伙伴的政党如何达到一致，通过一个共同计划呢？而且，无论非国大和国民党中的任何一方被排除在政府之外，都一定会引起巨大的政治混乱，因为任何一方都有足够的独立力量，可以单方面使南非无法控制。看来，这两个政党注定要连在一起了，至少在他们建立新南非之前的这段漫长而艰苦的过程中是这样的。曼德拉与德克勒克之间形成的这种若即若离的关系也传到了整个非国大与国民党之间的关系上来了。

如果非国大与国民党在政府中成了伙伴，那么非国大与共产党之间的同盟关系的走向也成了一个重大问题。南非共产党愿意加入这样一个妥协的联合政府，还是会退出同盟秘密地反对它呢？共产党领导人已经承认，他们在非国大之外还有一个社会主义议程，二者在含义上是有区别的。这是否意味着这两个老盟友最终将分道扬镳？斯洛沃、哈尼等党的领导人回避了这一问题，只说这完全取决于非国大掌权后是否采纳社会主义政策。而只要非国大与国民党还保持伙伴关系，这种事情就不可能发生。但是南非共产党意识到，留在非国大对它更有利，因为这样它可以更多地影响其决策的方式和政策；它也可能有机会最终掌握政权。南非共理论家杰里米·克罗宁曾写到，南非共产党夺取政权最实用的模式是卡斯特罗的古巴革命。古巴共产党融入了卡斯特罗“非共产主义”的“七·二六运动”之中，并且最终将古巴变成了一个共产主义国家。克罗宁说：“这种观念依然存在，同样的事情也可能在这里发生。非国大领导的是民族民主革命，而我们要领导第二阶段的革命即社会主义革命。”如果共产党真的执行这一战略，那将意味着南非将出现一个三方联盟的政府，包括国民党、非国大和南非共产党——这不可能出现政治的稳定。

毫不奇怪，几乎没有人预测旧南非会平稳地过渡到一个新南非。布特莱齐，泛非主义者和顽固派白人至上主义者都在加快自己的战斗步伐，破坏正在进行的和解进程。共产党、非国大和工会中的好战分子也不安静，他们害怕非国大会牺牲他们的社会主义目标以获得权力。尤戈尼·恩雅提是这个国家少数几个有思想的黑人风险分析家之一，他预测 1994 年达成的解决办法最多持续三到四年时间。公众的觉醒和生活质量的停滞不前将激起人们对它的反对。国内混乱和工人的骚动将继续存在并再次使这个国家无法管理。他认为，面对来自选民的并未减弱的压力，非国大将不可避免地向左派转化，并将接受泛非大会和阿扎尼亚人民组织的黑人权力哲学观念。按恩雅提的说法，曼德拉面临的最大危险是成为另一个阿贝尔·穆佐雷瓦大主教，在历史上走下坡路。后者是黑人卫理公会教徒、从主教变成政客，于1979年被选为“总理”，在“津巴布韦——罗德西亚”历史上他的政府是短命的，是白人控制的过渡政府。

在约翰内斯堡的高地阿非利卡人大学工作的迪昂·盖尔丹海斯教授提出了相似的悲观方案。他使用汤姆·巴纳德的笔名写了一本《南非：1994—2004》的书，声称他勾画了正在形成的新南非的“流行史”。在1991年休假期间，本书在白人北部市郊风靡一时，因为紧张不安的公民们正在考虑是否应该离开这个国家。盖尔丹海斯和恩雅提一样，预测政府与非国大达成的任何和解都将失败。他用182页的篇幅描绘了这个新的“南非联邦共和国”如何在短期内引起了一场国内战争，导致国家分裂，白人创建了自己的国家。

就连总统的哥哥威廉·德克勒克也预测这个国家的前景“乌云密布”，因为他的民主传统极为薄弱，而且暴力和革命仍然“随时有可能暴发”。与此同时，共产党担心南非会成为另一个智利，而曼德拉是阿连德[1]第二，白人控制的军队和安全部队支持白人右翼分子会发动反革命暴乱，推翻南非阿连德的统治。

当两位主角在决定他们政治“游戏”的规则问题上越走越近的时候，布特莱齐却愈发变得富于狂想、反动和可恶了。德克勒克与曼德拉的关系每向前发展一步总会导致他们与布特莱齐的关系退后一步。在他们签署9月协议的第二天，这位夸祖鲁的酋长就提出了反对，取消了与德克勒克的双边谈判，并警告说他反对非国大与政府达成的任何一项双边协议。他警告双方，没有他只会导致国内战争。他公布了因卡塔自己的计划，要建立

[1] 智利总统，社会党人，在1973年右派军事政变中被杀害，他领导的左派政府也被推翻。

一个松散联盟的、有很大自治权的夸祖鲁——纳塔尔州。虽然他向人们保证他并不是暗示要退出联邦，但他说出这些话就已经是威胁了。然而，德克勒克和曼德拉拒绝了这种敲诈，不允许他们的双边会谈受到布特莱齐在乌伦迪敲响的战鼓的威胁。但是他们都与之进行了双边会谈，希望这样能把布特莱齐拉回到和平进程上来。

尽管存在无法预测的“布特莱齐的因素”，非国大和德克勒克政府仍然不断缩小他们之间在制宪方面的差别，甚至在某种意义上，他们的高级官员之间变得“非常亲密”了，他们在设计双边决议时，希望能说服无法参加他们私人谈判的党内其他成员。但是他们已决定在这场决逐中领先，无论独行者、泛非组织和阿扎尼亚解放军的极端民族主义者是否加入他们的行列。同样，德克勒克也不准备因白人右翼主义者的反对而改变方向。当南非民主大会终于在 1993 年 4 月初重新召开的时候，泛非大会和保守党都首次参加大会，这又让非国大和政府看到了希望：白人右翼分子和黑人好战分子的威胁终于可以受到控制了，至少也可以受到牵制。

他们决定走在决逐前列的原因非常简单：他们联合起来大概可以在首次大选中赢得 70% 到 80% 的选票，这个可靠的多数可以让他们组建过渡政府，只要他们双边关系仍保持正常运动。但是，他们能否成功地构造一个政治体系，足以让他们经受各种小党派联合起来对他们筹划的协议的攻击，这还不清楚。唯一可以确定的是，这两个关键政党的面前将有许多混乱的事情，甚至在他们处理彼此在联合政府中的关系问题上也有许多麻烦。

德克勒克与曼德拉将会遇到什么命运仍然是最引人注目的问题。如果曼德拉能活到 1994 年 4 月的大选，他将注定会以南非第一位黑人总统的面目出现在世人面前。尽管他经常说自己不会在过渡政府中供职，而只能接受总统的职位（如果人民选举他当总统），但是，五年的过渡政府的提案却使这种可能有一定风险了。毕竟，曼德拉在 1993 年 7 月 18 日已年满 75

岁了，而且，对于由他来主持作为民族和解象征的第一届临时政府的提法，各方面的压力都很大。

那么，德克勒克的前途又如何呢？1993年初，对于他是否愿意在曼德拉手下当一名部长甚至总理，存在许多臆测。旧的阿非利卡人统治精英的领导人能否服从新的黑人权力精英的领导人的指挥呢？德克勒克也许起初会以民族和解和政治稳定的名义同意这样做，但这只是短期的安排。三年的时间使他们彼此都不再抱有幻想，在他们之间有太多的敌意。使他们无法在一起有效地工作很长时间。南非当代历史上最可悲的事实是，两位享有世界声誉的和平缔造者在寻求一种和平的解决办法的同时，他们之间的距离越来越远，而不是越来越近了。正如革命会吞食自己的孩子一样，南非的和平进程毁掉了它的领导人。

无论是因为他再也无法与德克勒克和睦相处，还是因为他精力的下降，曼德拉已经逐渐地把他以前在非国大与白人政府交涉中所处的关键地位让给了西里尔·拉马弗萨。自从1991年12月他们在第一次南非民主大会上公开争吵后，曼德拉很少与德克勒克进行私人会晤，以讨论如何克服最近在谈判中出现的障碍，或者如何解决暴力危机（他们六个月以来的第一次私人会晤是1993年3月22日在约翰内斯堡附近举行的，随后又举行了几次会议，以打破关于大选日期的僵持局面）。他们之间的电话联系也同样少有。与此相反，拉马弗萨却发展了自己与政府之间的私人联系，而且他和他身边的一小群人接过了设计非国大谈判战略的责任。拉马弗萨还开始与罗埃洛夫·梅耶尔建立了特殊的关系。后者是德克勒克丑闻不断的内阁中最出色的人物，并于1992年中期取代盖利特·维略安而成为制宪事务部长。

梅耶尔与拉马弗萨之间的伙伴关系在许多方面实现了德克勒克和曼德拉曾经希望建立的那种关系。这种新的政治友谊是政治骚乱的副产品，而正是这种政治骚乱摧毁了德克勒克与曼德拉之间的关系。随着时间的推移，这种友谊似乎不断巩固了自己得以建立的基础。这或许是因为梅耶尔与拉马弗萨设法让他们的关系保持了低调发展并且不含有政治上的虚伪，而无论德克勒克还是曼德拉都觉得，作为各自政治事业和选民的发言人，他们必须采取这种政治上的虚伪做法。

甚至有传闻说拉马弗萨和梅耶尔在1992年9日曾秘密会晤，他们在东德兰士瓦一处私人别墅里进行了一次面对面的交心，而德克勒克与曼德拉从未拥有过这种非正式的亲密关系。早些时候，这两个少壮派人物重新恢复了政府与非国大被1992年6月的“博伊帕通惨案”中止的各种接触。早在8月21日他们就开始举行了一系列秘而不宣的会议，在这些会议上他们讨论了恢复双边谈判的各种方法。即使是比斯霍惨案也不能中止这些会议。实际上，这进一步促使谈判双方回到和平的谈判桌上来。显然，拉马弗萨和梅耶尔正肩负着在他们双方政党及社区之间架起沟通的桥梁的重任。

## 四、问鼎南非

早在1989年12月12日，当仍在狱中的曼德拉会见新任总统德克勒克之时，他就将一份其宗旨为“创造互相理解气氛”的信件交给了德克勒克。德克勒克在就职演说中曾表示：“对所有人来说，通往和平、正义之路只有一条，那就是和解之路，那就是一同寻求双方都可接受的解决办法，那就是一同讨论新南非的前景，那就是以持久谅解的目光进行制宪谈判。”曼德拉对此表示赞赏，并再次呼吁非国大与南非政府进行分为两个阶段的谈判，即首先就一些先决条件进行谈判，一当时机成熟，便开始正式制宪谈判。

1990年5月2日至4日，由曼德拉率领的非国大代表团与由德克勒克率领的南非政府代表团在开普敦举行了第一次谈判。这是非国大成立78年以来第一次与白人政权平等地坐在同一张谈判桌前。30年前，白人政权取缔了被逼迫得只剩下用枪口说话的非国大，30 年后，同一个白人政权不得不与被自己取缔了的组织进行平等的政治谈判。曼德拉在记者招待会上希望南非白人对非国大不要有任何恐惧心理。他指着非国大代表团内的一位白人说，这位是贝耶德·诺德先生，他曾是南非政府的一名部长，这证明非国大愿意与南非所有公民合作。每一个南非人都程度不同地体味出了其中的意义：尽管 28 年前入狱时的曼德拉没有选举权，28 年后他仍然没有选举权，但黑人与白人的政治代表毕竟是 300 多年来第一次坐在一起为国家前途共商国事，两个种族间水火不相容的历史正在被平等的对话所代替。这是一个多么大的历史变化呀！每一个南非人都对此深有感触。非国大外事书记、南非大选后出任第一副总统的姆贝基动情地说：“当双方坐到谈判桌前时，我们才都醒悟到，我们今天才做早在几十年前就该做的事情。这是多么愚蠢啊！”

这次谈判的主要目的是为正式制宪谈判扫清障碍，舆论界称之为“关于谈判的谈判”。曼德拉说这次会谈是在“和解与理解的精神下”进行的。德克勒克形容这次会谈取得了“重大突破”，是和平解决南非问题的一个重大步骤，他“对南非的前途有信心”。这次会谈确实取得了很大成果：成立一个联合工作组负责处理有关政治犯的工作；对过去宣布为政治犯的非国大全国执委会成员等暂时免于起诉，让他们回到南非参加政治运动；政府将重新审查现有的安全法规，使其适应南非当前新的政治形势，确保正常的、自由的政治活动；政府准备取消紧急状态法；双方将建立有效的联络渠道，以便有效地制止来自任何方面的暴力和恐吓行为。

1990 年 8 月 6 日，双方在比勒陀利亚举行了第二次“关于谈判的谈判”，并就一系列重大的问题达成了协议：非国大宣布立即暂停武装斗争；政府则同意释放非国大的政治犯和分期分批赦免流亡国外人员、立即考虑废除国内安全法的所有条款、继续审议安全法以保障政治活动自由、考虑尽快结束纳塔尔省的紧急状态。双方都认为上述协议是南非“走向和平与繁荣道路上的一个里程碑”，“继续谈判制定一部新宪法的道路已经打通”。

经过一整天的谈判之后，曼德拉于8月7日凌晨举行了记者招待会，已经极为疲劳的曼德拉向记者们解释说，非国大宣布中止一切武装斗争。非国大将不会再向南非进行人员和武器渗透，群众性的行动是不会停止的。

1991年2月1日，又到了一年一度由南非总统在议会开幕之时发表重大政策声明的时候。又是经过了圣诞节假期的一番深思熟虑后，德克勒克又很自信地走上议会的讲坛。他情绪激昂地宣读了一篇《新南非宣言》，说新南非的基本原则是“公正、民主、自由”，“在法律面前人人平等”，南非是“一个国家，一个民族”。这些在世界其他地方看似陈词滥调的语言在南非人听来却是另有一番滋味。最令新闻界和整个国际社会兴奋的是，德克勒克宣布将取消尚存的几项作为种族隔离制度支柱的法律：《土地法》、《集团住区法》、《黑人社会发展法》和《人口登记法》。有人说，这分明是敲响了种族隔离制度的丧钟；有人说，这分明是50年代非国大等制定的《自由宪章》的历史回声。难怪德克勒克此语一出，极右的白人保守党议员们在大骂德克勒克是“叛徒”的同时，全体退出议会大厅以示抗议。

1991年6月5日，南非三院制议会批准废除了《土地法》和《集团住区法》。6月17日，南非议会又以270票对38票通过一项动议，正式废除被称为“所有种族主义法令之母”、从一个婴儿一出生便根据其肤色划分为不同种族集团的《人口登记法》。至此，支撑南非种族隔离缺席的所有法律和法令全部被废除。

暴力冲突的原因既复杂又简单。主要发生在两个黑人组织间的暴力冲突既是政见不合的畸形和极端表现形式，又带有不同部族间仇杀的色彩，因为非国大组织的成员和支持者多为科萨族黑人，因卡塔自由党则更多地代表着第一大黑人部族祖鲁族的地方利益。多年来种族隔离制度造就了一代受教育程度很低、动辄诉诸暴力的青年，他们极易成为暴力中狂热和残忍的打手。这一代青年在非国大和因卡塔自由党的支持者中都大有人在。在南非发生的暴力冲突事件中，双方的支持者都曾以不同形式主动挑起暴力事端。白人极右势力挑动、教唆、收买乃至直接出面大打出手，更使暴力冲突不断加剧风借火势、火助风威般地恶性循环。但看似常常令人无法理喻的暴力冲突，在新形势下之所以格外猖獗的原因要说起来也很简单，那就是“利益”二字。争来斗去，打来打去无非反映了这两大黑人政治组织在未来制宪谈判中的地位和利益差异。这就是为什么每当制宪谈判进入一个关键阶段之时，南非社会的暴力冲突升级便很有规律地尾随而至。

五十年代的曼德拉就已经懂得，在同种族主义制度进行的艰苦斗争中，最有力的武器莫过于被压迫人民之间的团结。还在狱中的曼德拉曾数次向狱外的黑人解放运动强调团结的重要性。在南非进入政治改革的斗争新阶段后，黑人解放组织的分歧势必削弱根除种族隔离制度、进而走向新南非的斗争努力；黑人组织间的不团结势必无法使他们在制宪谈判中立于有利地位。因此，曼德拉更是不断呼吁：“团结依然十分重要。加强团结必须是我们组织自下而上的一项重要工作。”在这一战略思想的指导下，非国大加快了弥合泛非大等组织间存在的分歧。1991 年 4 月，非国大和泛非大在津巴布韦首都哈拉雷举行了 30 年前泛非大从非国大中分裂出来后的首次高级会晤，讨论了有关消除分歧、实现团结之事。非国大于同年 7 月召开的第 487 次全国代表大会从战略上确立了成立反种族隔离斗争爱国阵线的目标。10 月下旬，非国大和泛非大共同发起的有 90 多个政党和组织、5000 名代表参加的爱国阵线会议在德班举行。在此之前，曼德拉参加在哈拉雷举行的第 28 届英联邦首脑会议期间回答中国《人民日报》记者提问时说：“南非爱国阵线的意义就在于把所有反对种族隔离的解放组织团结起来，南非人民要用一个声音讲话。非国大已经同其他反对种族隔离组织讨论了过渡政府和制宪等问题，并努力同其他解放组织一道采取共同立场。”

爱国阵线会议的举行协调了非国大与其他组织间的立场，在一些重大问题上取得了共识。在黑人青年中有广泛影响的泛非大和“黑人觉醒运动”组织在南非当局取消党禁后仍拒绝与当局谈判，认为时机尚不成熟。他们曾一度坚持在南非当局将政权交给黑人之前，拒绝与其进行直接对话。因此，他们对非国大与南非政府间的“关于谈判的谈判”始终抱有猜忌。爱国阵线会议后，泛非大首次同意与非国大等组织一道参加与南非政权的直接谈判。参加爱国阵线会议的组织还对制宪谈判的原则立场达成了一致：现有宪法是不能代表人民意愿的种族主义宪法，必须通过一人一票的选举产生制宪会议，起草和通过新宪法。在制宪谈判由过渡政府，而不是由现政府管理国家，过渡政府还负责监督选举，保证公正地向民主制度过渡。

西斯凯惨案发生后，人们一般认为这无异于使已经搁浅的南非制宪谈判雪上加霜，在和平民主进程上又投下一层阴影。但事实的发展往往并不总是循着这种似乎符合逻辑的分析。雪上加霜使处于僵持对立状态中的南非政府和非国大进一步感到了和解和紧迫，阴影的加重使人们更加向往光明。血的事实再度昭告，对抗终究没有出路。不重新回到谈判桌前只能意味着更多的惨案。非国大的一位领导人中肯地说，西斯凯惨案似乎让每一个人都清醒了。

9 月 9 日，德克勒克呼吁同非国大尽快举行高级会晤。第二天，非国大做出了积极响应，但提出了释放政治犯、禁止携带危险武器、拆除设在暴力活动策源地的祖鲁族流动工人临时集体宿舍等先决条件。南非政府反过来提出在举行最高级会晤之前，应讨论非国大同南非共产党分手的问题，因为政府认为是共产党在发动群众运动中导致了动乱。曼德拉 9 月 14 日表示，为把南非从灾难中拯救出来，恢复谈判是紧迫和至关重要的。此后，非国大总书记拉马弗萨和南非政府宪法发展部长迈耶举行了多轮紧张谈判，以便为双方最高级会谈铺平道路。

9 月 26 日上午，曼德拉和德克勒克在约翰内斯堡郊外的世界贸易中心举行了会谈。这是自 6 月 23 日非国大宣布中止同南非政府的制宪谈判并退出“民主南非大会”之后双方的首次会谈。两位南非政坛的巨星在会谈中就通过民主选举产生制宪议会、恢复制宪谈判、释放政治犯和采取安全措施阻止暴力冲突等问题达成了一项《谅解协议》。两位领导人重新回到谈判桌前表明陷入僵局达 4 个月的南非制宪谈判重新回到了轨道上来。

人们还来不及好好地为这个很长时间没有的好消息高兴一下，就听到因卡塔自由党领导人布特莱齐于曼德拉与德克勒克会晤后第二天便宣布决定退出制宪谈判，停止同南非政府的进一步接触，以抗议非国大与政府在没有他参加的情况下达成的协议。10 月 6 日，西斯凯、博普塔茨瓦纳和夸祖鲁三个“黑人家园”的领导人聚在一起，要求成立新的政治论坛以取代“民主南非大会”，他们声称如果德克勒克和曼德拉坚持按他们已达成的协议行事，“黑人家园”的领导人将不参加今后的制宪谈判。

在此情形下，南非政府加紧了与“黑人家园”、泛非大和非国大之间的双边谈判：同三个“黑人家园”领导人就尽快举行多党谈判达成了协议；同泛非大讨论了参加制宪谈判和结束冲突的问题；同非国大继续讨论促进恢复制宪谈判的问题。12 月 4 日，非国大总书记拉马弗萨和政府谈判代表迈耶举行了三天秘密会谈后发表声明说，双方要共同承担责任加速多党谈判，以实现国家由白人统治到民主政体的过渡，“为此目的，必须尽一切努力恢复民主南非大会，并使之更具代表性”。在此之前，德克勒克曾于 11 月 26 日提出了一份制宪进程时间表，提议于 1994 年 4 月举行选举临时政府和制宪议会的全民大选，这是德克勒克第一次就结束少数白人统治提出具体时间。但非国大拒绝接受这一时间表，要求在 1993 年年底前进行大选。在双方的秘密会谈中，他们达成了一项协议，同意尽力缩短这一过渡阶段。

哈尼被暗杀后，曼德拉也收到了恐吓信。这种爆炸性的局势是对曼德拉胆识、洞察力、应变能力的又一次考验。曼德拉表现得格外冷静。他称赞哈尼是“南非历史上使人民对将来抱有希望和勇气的最伟大的革命者之一”，他多次谴责极右势力这种卑鄙的暗杀行为，他批评南非政府对极右势力的打击不力。但他同时也强调，南非制宪谈判的步伐不应就此停滞下来，反而应从此事件中看到制宪谈判应加速进行，否则出现的局面正是极右势力所希望看到的。他重申应立即将南非的武装力量置于多党控制之下，要求尽快建立过渡的行政委员会和宣布大选日期。曼德拉呼吁人民要保持克制，不要进行种族报复。在塞博肯黑人城镇内，面对着要求发给他们枪支“进行战斗”的数千名黑人青年，曼德拉说：“当你们说要为自由而战的时候，我理解满腔怒火。当你们说要斗争到底的时候，我也能够理解这种心情。然而，只有靠一支有纪律的军队，我们才能战之能胜。”青年中有人对曼德拉的讲话发出了“嘘”声，但他仍反复用英语和黑人部族科萨语向群情激奋的黑人青年说，如果青年们自己武装起来进行报复性进攻，那将“招致灾难”。在那种情况下，无辜的人将遭杀害。他劝青年们不要急于加入“民族之矛”，而是先要进入学校读书，只有努力学习，才能赢得和捍卫南非的民主。

在一些人预计哈尼的遇害会导致爆发种族战争的日子里，曼德拉曾两次在南非国家电视台的黄金时间向全国人民发表讲话，他呼吁人民保持镇静和克制，他反复申明在南非需要的种族和解而不是种族报复。曼德拉的表现给许多人留下了深刻的印象。路透社在一篇报道中说：曼德拉的表现给许多人留下了深刻的印象。报道还说：“在南非，黑人仍然没有选举权，不过，在哈尼被暗杀后发生的骚乱中，曼德拉‘总统’似乎已经上台了。……在这场多年来全国最严重的危机中，德克勒克总统保持低姿态。人们普遍说，他实际上把道义上的权力交给了由于同白人统治作斗争而蹲了28年监狱之后被释放的人。”《商业日报》的一篇社论说，德克勒克变成守势，口口声声说，一个黑人死了而使白人受到威胁。总统部署2.3万部队保护白人，而非国大主席曼德拉发表的言论更有“政治家的风度”。新闻分析家雷蒙德·洛说：“过去，当出现危机需要一位全国性人物露面时，总是总理或总统，而这一次自始至终都是曼德拉呼吁保持镇静的声音。”

曼德拉所领导的非国大在哈尼遇害后所采取的得体政策使得偏执狂们的企图落了空。南非制宪谈判没有被阻止住，反而使更多的人认识到尽快向民主过渡的紧迫，制宪谈判以更加坚定的快速的步伐向前迈进了。4 月 26 日，多党谈判委员会的 26 个代表团共 104 名代表齐集一堂，继续就确定大选日期、制宪时间、过渡政府的组成及权力等实质性问题进行谈判。

尽管仍有分歧、仍有争吵、仍有辩论、仍有障碍；但多了一份诚意、多了一份迫切、多了一份求实、多了一份协商。多党制宪谈判会议于 5 月 7 日正式通过一项决议，决定南非将不迟于 1994 年 4 月底举行第一次由所有种族参加的全民大选。会议决定成立的 7 个小组委员会分别就制宪原则、结束暴力冲突等问题进行具体磋商并起草有关文件。6 月 3 日，谈判委员会经过辩论，暂定 1994 年 4 月 27 日为南非大选日期。7 月 2 日，非国大总书记拉马弗萨在多党制宪谈判会议上首先提出动议，要求最终批准南非大选日期。经过一个多小时的辩论之后，主持会议的纳塔尔省和德兰士瓦省黑人大会谈判代表帕拉文宣布进行大会表决。26 个与会党派代表团中 19 个对这一决议表示赞同，因卡塔自由党、保守党、博普塔茨瓦纳“黑人家园”等持反对态度。帕拉文宣布说，这一决议“已获得足够多数赞成而予以通过”。参加多党谈判的代表们起立对此报以热烈掌声。

谁都能掂量出这个决议的分量，它是那样沉重，又是那样令人激动。经过三个多世纪的种族压迫和反抗，南非的黑人、印度人、混血人、华人等人种集团的公民们有史以来将第一次挺直腰板走到投票箱前行使自己那一份早就应得到的政治权利。这份政治权利的获得是多么不容易啊！这是向旧南非永远告别的宣言书，这是一个即将出现的新南非的璀璨曙光！

公元 1994 年，是南非改天换地的一年。这一年在南非发生的事情注定要在世界历史上占有浓墨重彩的显要一章。

1994 年 1 月 25 日，南非过渡时期行政委员会宣布，鉴于原定 4 月

27 日举行的选举对于 2000 多万从未在大选中投过票的黑人来说是远远不够的，因此决定将大选日期定为 4 月 27 日至 29 日。2 月 2 日，南非总统德克勒克发表文告，宣布南非首次多种族大选日期最终定为 4 月 26 日至 28 日。4 月 26 日为特殊投票即邮寄的选票和残疾人投票，一般投票为 4 月 27 日至 28 日。根据选举法，只有进行过登记的政党才能参加选举。凡愿意参加竞选的政党必须在选举日期公布后的 10 天内进行登记。就在同一天，以德克勒克为首的执政国民党发表了题为“和平与繁荣”的竞选宣言。

1994 年 1 月 29 日上午 9 时 45 分，曼德拉出现在约翰内斯堡火车站，等候多时的各国记者一拥而上，将曼德拉团团围住，连珠炮般地提着各种问题。从这一天开始，曼德拉领导的非国大正式开始了竞选活动。列车从约翰内斯堡缓缓开出，沿途挤满了载歌载舞的人们，他们不断高喊着“非国大必胜！”的口号。人们唱着、跳着，不停地挥动着手臂。30 分钟之后，火车停在了约堡市西南郊的国家展览中心站。曼德拉满面笑容地步出车站，霎时间，人声鼎沸，欢歌狂舞。数百只涂有标明非国大组织旗帜的黑、黄、绿三色汽球冲向晴空，黑人们跳着传统的部浇舞，黑人妇女们打起了表示欢乐的“哟！哟！”的唿哨声。曼德拉乘坐着一辆白色敞篷汽车，从车站来到展览中心会场。会场到处贴着非国大的纲领性竞选口号“为所有人的生活更美好”。在近 3000 人的热烈掌声和欢呼声中，曼德拉代表非国大发表了竞选宣言书。非国大强调通过优先解决失业、住房、医疗和教育等社会问题逐步“提高人民生活质量”。曼德拉高声地说：“4 月 27 日将是南非历史上第一次，我们国家的所有人民作为平等的公民的自豪地站在一起”。非国大倡导的是“为所有人的生活更美好”，在这个纲领下，“我坚信，在未来几年中，我们将共同创建一个没有种族歧视、没有性别歧视的民主国家”。群情激昂中，已过 75 周岁的曼德拉也在主席台上同人们一起随着激起的拍节扭着舞着。

各党派也纷纷通过发表竞选宣言和举行各种形式的活动进入竞选状

态。国民党竞选的基调是，南非“只有建立自由而强大的市场经济，才能创造一个和平繁荣的未来”，只有国民党能担当此重任；泛非大则宣布要“将土地归还给人民”，重申如土地问题不解决，它将恢复武装斗争；民主党则在主张经济私有化的同时，强调反对执政党滥用权力。

1994 年 2 月 10 日，即曼德拉被从狱中释放整整 4 年之后，这位当年的囚徒代表非国大组织在约翰内斯堡独立的选举委员会办公处办理了参加大选的登记注册。南非历史上首次全民大选的准备工作越来越紧锣密鼓地加紧进行。在有资格走向投票箱的 2271 万选民中，其中绝大多数都是有生以来第一次行使自己的政治权利，这些人中有近 400 万人是文盲。为了使他们正确地行使权利，独立的选举委员会通过报刊、电视、宣传手册以及模拟选票等各种传播媒介和手段向人们讲授行使民主权利时需要懂得的常识。选举委员会把全国划为 334 个选区，确定了 9000 个投票站地点；准备了 10.8 万个投票亭、12.6 万只投票箱、2.7 万个用以检验选票的 UV 灯光检测系统以及其他投票必需品。8000 万张印制好的选票在严格的措施下被分别运往各地的投票站。选举委员会培训的一万多名在选监督员被纷纷派往全国 9 个地区执行使命。来自联合国、英联邦、欧洲联盟、非洲统一组织和其他国家的约 5000 名国际观察员陆续抵达南非。他们负有在大选后向有关国际机构并向整个国际社会报告南非大选是否公正有效的使命。负责监督南非警察在投票活动的 80 名国际警察也踏上南非土地。约 3000 名来自世界各地的新闻记者风尘仆仆地聚集在这个黑色大陆最南端的国度。随即，无数篇文章、照片、电视镜头雪崩似地从南非散射到世界各地。

最初对大选持拒绝参加态度的“自由联盟”在形势逼迫下出现了分化。对南非政局发展握有绝对支配权的非国大和南非政府早已取得共识，即使“自由联盟”不参加大选，大选仍将如期举行。大选势在必行，因卡塔自由党顺势于 3 月 4 日登记参加大选，“自由联盟”出现裂痕，但与此同时，因卡塔自由党仍宣称抵制大选，其实是在玩脚踏两只船以便进退有据的把戏：它既想通过大选登记以防被排斥出南非民主进程之外，又要抵制大选要挟非国大和南非政府在“自治”问题上做出更大让步。“自由联盟”内的白人极右势力阿非利卡人民阵线领导人维尔容于3月中旬退出联盟，另组“自由阵线”参加大选登记，保守党的部分领导成员也参加了这一新的政治组织。博普塔茨瓦纳“黑人家园”政府3月7日正式宣布不参加大选后，立即触发了一场大规模的抗议浪潮，局势急剧动荡起来，这个“黑人家园”最终被多党过渡行政委员会接管了权力。西斯凯“黑人家园”的局势此时也如多米诺骨牌似地濒临失控。3月22日，过渡行政委员会又接管了这个“黑人家园”，曾在南非黑人解放斗争中扮演了不光彩角色的黑人地方保守势力这一大障碍就此被彻底清除。

至此，南非各大政治派别中只有因卡塔自由党仍在宣称抵制大选。非国大与因卡塔自由党此时的最大分歧在于是否在新南非的政治版图上建立“独立的祖鲁王国”。双方支持者之间暴力冲突的再度升级使人们都感到立即制止暴力冲突的蔓延，以保证大选顺利举行的急迫。4月8日，南非总统德克勒克、非国大主席曼德拉、因卡塔自由党主席布特莱齐和祖鲁族大酋长祖韦利蒂尼举行了长达7个小时的秘密会谈，但会谈未能在说服因卡塔自由党参加大选问题上取得成果。4月12日，由美国前国务卿基辛格和英国前外交大臣卡林顿等7人组成的国际调解小组来到南非，但布特莱齐要把推迟全国大选作为调解内容之一，而非国大和南非政府认为此问题根本不在讨论之列。曾在国际舞台上以谋略著称而风云一时的基辛格此时也没了主意，只好于4月14日宣布说“国际调解尚未开始便告失败”。南非政府和非国大当即宣布，大选将如期举行。因卡塔自由党则宣布该党的数万支持者将于4月18日至20日举行要求推迟大选的游行示威。

在经过一系列幕后磋商和审时度势后，因卡塔自由党宣布推迟原定的游行示威行动。4月18日至19日，德克勒克、曼德拉和布特莱齐举行了紧急会晤。会谈后，与会者于19日早上签署了《和解与和平备忘录》。因卡塔自由党宣布参加即将举行的全国大选。非国大和南非政府为此做出了进一步的让步：承认祖鲁族大酋长祖韦利蒂尼在纳塔尔地区的传统君主地位，并立即为此修改临时宪法以便为因卡塔自由党参加竞选铺平道路，三方还承诺实现和平与和解，反对暴力。

政治谈判是实现种族和解的唯一途径。在一味依靠请愿、上诉、非暴力反抗等全然无效后，非国大于50年代走向了武装斗争的道路。但数百起爆炸等破坏活动并没有迫使白人政权下台。白人当局的取缔非国大、不断升级的武力镇压和恐怖措施乃至将反抗者终身投入铁窗也没有扑灭黑人的愤怒之火。武力永远征服不了一个被压迫的民族。赤手空拳的被压迫民族也无法依靠武力推翻统治者。走向政治谈判，这是在无数尸骨之上堆积而成的历史选择。在狱中的曼德拉和在白人统治层内的德克勒克都对此做了审时度势的深思熟虑，并都得出了同样的结论。早在1988年，仍在狱中的曼德拉在同前总统博塔会谈时就明确提出：“当前整个形势的关键是谈判解决问题”，“为了国家的利益，非国大和政府就有效的政治解决办法进行紧急会谈是必要的”。他曾一度坚持不公开声明放弃武装斗争，但这只是迫使南非当局走向政治谈判的策略手段，一旦时机成熟，他便适时地宣布停止武装斗争，为制宪谈判的举行扫清障碍。制宪谈判陷入危机后，他领导的非国大也曾发动“大规模群众运动”，但其目的仍在于向政府施加压力，迫使其在谈判中做出让步，最终回到谈判桌上来。而对哈尼遇害后的爆炸性局面，曼德拉一方面通过有组织的示威游行和集会让群众有机会发泄愤怒，但同时又强调克制和纪律，因势利导地变坏事为好事，使制宪谈判以更迅猛的势头向前迈进。曼德拉在哈尼遇害后曾这样解释过自己的想法：“我对人民说，我理解你们的愤怒，至于我自己，我不喜欢国民党。但如果你要建设一个新南非，你应该准备同你不喜欢的人们一起工作，同德克勒克一道工作以创造一个新南非。无论他的政府多么非法和没有信誉，德克勒克事实上领导着这个国家的政府。没有他的参与就不会有和平的变革。我们的任务是与他一同工作以促成我们所希望的民主变化。不管我喜欢不喜欢他，现实情况是我不得不与他一同工作。当然，当你谈判的时候，你接受另一个人诚实……但当你认为他的行为可能使和谈出轨时你也必须敲打他。”在社会矛盾发展的一定时期，打也是不可避免的，那是利益矛盾不均衡的极端表现形式。但打累了以后最终还是要谈。有时打是为了谈，那只是一种策略，而谈绝不是为了打，只有谈才能最终解决问题。

曼德拉是一位伟大的理想主义者，同时他也是一位注重实际的人。他善于冷静、客观、勇敢地面对现实，妥善兼顾各方实际利益；制宪谈判的过程也就是南非形形色色的政治力量利用各种手段最大程度地争取和维护其自身利益的讨价还价过程。曼德拉懂得在这个关系重大且十分微妙的过程中既要“守经”，即坚持原则性，又要有必要的“权变”即具有灵活性，且应尽可能精确地把握好二者之间的度，将两者不露痕迹地结合起来，寻找出照顾到各派利益的平衡点，这是促使制宪谈判最终取得成功的最重要因素。曼德拉的政治理想和不懈追求是为黑人的自由和解放而斗争，在南非彻底消除种族隔离制度，建立一个种族平等的新南非。半个多世纪来，无论环境多么险恶，他初衷不改，矢志不移，始终在为自己的理想奋斗着。同时，曼德拉也懂得，种族和解意味着不再是你死我活的斗争，而是你活我也要活，反之亦然。你既不是天生“上帝选民”，我也不是与生俱来的奴隶，区别不过是肤色不同而已。曼德拉和德克勒克多次重申，少数白人的统治应该结束，但并不意味着代之以多数黑人对少数白人的统治和压迫。制宪谈判开始之前，曼德拉就明确表示：“我们准备谈判任何问题，谈判意味着妥协”。德克勒克也说，他“保证对谈判承担义务，并促进这一进程”。在争取黑人的解放和自由这一根本问题上，曼德拉始终坚持着原则。他认为，“黑人决定自己未来的权利”是“核心问题，甚至是最核心的问题”，在这个原则问题上没有让步的可能，否则“就是对所有为此付出牺牲的人的背叛”。但非国大通过两年的制宪谈判，在民主进程、制宪机制、权力分配、国家政体、经济政策等方面都从原有立场做出了许多让步。德克勒克领导的南非政府也做出了一些让步。

在民主进程和权力分配问题上，非国大原来提出的在1993年年底以前进行大选等民主进程时间表显然与事实不符。原主张“实现多数人统治”、在大选中“胜者独揽一切权力”的非国大最终同意自 1994 年大选后产生的民族团结政府成立至 1999 年为 5 年多党分享权力阶段。南非民主进程基本上按德克勒克提出的时间表实施进行，在权力分配问题上也基本上满足了德克勒克关于“分享权力”的构想。

在制宪机制问题上，非国大放弃了原来主张的一院制议会制、反对成立使少数白人拥有政治否决权的参议院的立场。两院制的制宪议会及参院对国民议会的制约基本上符合德克勒克“防止滥用权力”的原则立场。但国民党政府也从原来所主张的总统轮流制议案需经过 3/4 议员赞成方能通过的议事规则上做了让步。

在国家政体问题上，非国大放弃了最初所主张的在南非建设社会主义和建设高度集权的中央政府的立场，同意实行多党民主制度，行政、司法和立法三权分立，同意“在建立一个统一的南非的原则基础上”，实行“联邦制”，将全国划成享有高度自治权的 9 个省，同意承认祖鲁族黑人领袖的传统君主地位，同意考虑少数白人自治要求。

在实施大选问题上，原主张单票制的非国大和南非政府都做出了让步，同意实行全国国民议会和地方立法机构双重选举制。

在经济政策问题上，原主张实行国有化社会主义经济的非国大改为主张对南非经济进行改革和调整，主张在一些经济部门实行“有限或局限的”国有化，建立混合经济体制。在对南非继续实行国际制裁问题上，非国大最初坚持一定等到成立民主政府时制裁才能取消，但随着形势发展其立场不断有所变化。

# 第八章　鸳梦难温

嫁给他并不是真正嫁给了一个男人，
我嫁给了这场斗争。

——温妮·曼德拉

## 一、庞多姑娘

南非黑人中的部族矛盾是错综复杂的。除了像科萨人与祖鲁人这样的两大族群之间有矛盾外，就是在科萨人之间，在特兰斯凯地区，各部落间也有许多历史积怨。除了本书开头时提到的滕布人与姆凡古人的不和以外，特兰斯凯两大科萨人部落——滕布人与庞多人更是很久以来彼此敌对。伪善的白人曾利用这种敌对在这两族之间设立了由他们自己占据的“缓冲地带”——曼德拉家乡附近的特兰斯凯首府乌姆塔塔当初就是作为一个缓冲据点出现的。非国大兴起后，特兰斯凯出身的非国大领袖们表现了博大的族际主义胸怀，两族间出现了许多感人至深的战友与伙伴。滕布人曼德拉与庞多人坦博之间那种共患难的亲密至交就是一例，而曼德拉与庞多姑娘温妮那传奇式的爱情则更为浪漫动人。据说这一温馨的佳话在两族人民之间传为美谈之余，竟使两族之间的传统对立关系化解了许多，两族间的交友与通婚也蔚成风气。然而可惜的是，正如南非部族关系经常有些波折一样，纳尔逊与温妮的婚姻也未能白头偕老。在曼德拉走向他政治生涯的巅峰之际，这一鸳梦难温、劳燕分飞的悲剧，给暮年成功的曼德拉留下了不少遗憾。

1934 年，温妮·马蒂基泽拉出生在庞多兰的一个科萨族家庭。应该说温妮的家庭在当时的环境下还是颇为“有教养的”——她的父亲哥伦布·马蒂基泽拉是当地一所学校的历史教员，在科萨族算是有点文墨的知识分子。然而生活的重担压得他不得不与最穷苦的劳工一样，拿起最原始的农具到田间一身泥一身汗地拼命劳动养活 9 个孩子。温妮的母亲是位家政学教师，但却笃信基督教。小时候，温妮常常和妹妹一起被母亲锁在一个房间里，不情愿地大声祷告，或者去花园的角落里。就这样她每天被迫做着她还不懂的宗教仪式。而她妈妈每次祷告的内容都是为了孩子，尤其是为了能够再生个男孩。这件事对年幼的温妮刺激很大，她从小就立誓要向全世界证明，女孩和男孩一样能干，甚至更强。1941 年，温妮的一个妹妹得了一种不时吐血的急病，很可能是肺癌。尽管温妮的妈妈从早到晚为妹妹祷告，但最终她还是去了上帝那里。妹妹死后，温妮的父亲为她盖上了一条白布单，而妈妈仍然跪在地上哭天抢地地祈求上帝派天使来救这个可怜的孩子。温妮也哭了，但与此同时，上帝的崇高形象也在她心目中崩塌了。

妹妹死后，温妮的妈妈就像变了一个人似的。她每天躺在床上，日见消瘦，神态亦极为痛苦。望着脸上常常挂满泪痕的母亲，温妮对那位无处不在的万能之神竟在此时无动于衷真是有些愤恨了！最终，这位一生生育了 9 个孩子，唯一快乐便是向上帝吐露心曲的母亲仅度过四十几年的时光便撒手人间。这时温妮还只有 8 岁。

母亲死后，温妮的生活陡然变得艰难多了。几位姑姑对孩子们动不动就是一顿呵斥。艰难的家庭生活使温妮不得不休学半年从事庄稼活：挤牛奶、放牧、收割庄稼。艰难的生活反倒练就了温妮的一身健美的肌肉和吃苦耐劳的性格。在繁重的家务负担下，她竟然能同时游刃有余地学习拉丁文、英文、化学、物理和数学等课程，还通过历史课了解了中国和美国，小学毕业时她成绩优秀。

虽然生活的重压逼得哥伦布·马蒂基泽拉也要从农田里刨饭，但他毕竟是有点文化的人。休闲的时候，他常把小温妮叫到身边，对她讲科萨族黑人的历史，特别是为保卫领土而与白人进行的九次战争，小温妮有些困惑了。她问爸爸，历史书本上不是说那是九次“卡菲尔（野蛮人）战争”吗？哥伦布把历史书往旁边一放，对温妮说：“书本上的确是那样讲的，但那是白人写的书。事实是这些白人侵犯了我们的国家，从我们的祖先手中抢走了我们的土地。白人与黑人之间的冲突起因于偷牲畜，白人把牛偷走，黑人就去把它们抢回来。”这位黑人历史教师就这样向自己的女儿解释着历史。

温妮的父亲粗通乐理，他常常教温妮唱一些小曲，这些曲子记录了黑人祖辈们反抗白人统治的痛苦经历。几十年后，温妮仍能哼出这些歌曲。

后来，温妮进入特兰斯凯的萧伯利中学读书，她看到白人的孩子们穿着漂漂亮亮的衣服，坐着专门为他们开的校车。发了校服之后，温妮才第一次穿鞋。年幼的温妮没向父亲问过为什么我们买不起鞋、服装，但慢慢地她懂事了，渐渐明白了白人与黑人之间的不平等。她后来回忆说：“我的父亲与白人教师在一起时，他看上去是那么卑微，这极大地伤害了一个孩子的自尊心。我告诉自己，如果说科萨人在九次土地战争中失败了，而我又是他们中的一员，我会重新开始科萨人留下的未竟事业，夺回我们的土地。”很显然，父亲的历史教育已经有了效果。

温妮的父亲对坚忍不拔的德意志民族及其在工业方面取得的成就钦佩不已。他曾坚持把温妮的名字叫为温妮弗里德（一个很德国化的名字），到了后来才变成温妮。这位严父教育子女时，总是希望他们能像德国人那样吃苦耐劳，这也对温妮日后的性格发展起了潜移默化的作用。

在学校，温妮特别喜欢一位老师。这位老师特别崇拜俾斯麦。上课之前，他在长长的走廊的一头开始高喊：“俾斯麦认为，德国的统一是不可能通过议会发言和辩论解决的，而是必须通过鲜血和铁腕。”当他说到“鲜血”时正好走到温妮那个班的教室门口。然后他走进教室接着说：“在我们国家的斗争也是如此。”他对这句话情有独钟，考试的卷子上都有这句话。学生们因此背得滚瓜烂熟，以至它成为温妮长大后的一个坚定信条：黑人的解放斗争真是要通过鲜血和铁腕才能取得。

升入高中后，温妮通过学生中开展的辩论逐渐接触到了现实政治问题。1952 年，温妮刚刚 18 岁，“蔑视运动”的冲击波也影响到了这所偏僻的学校。（曼德拉是“蔑视运动”全国志愿者协会主席）当时的学生还不太理解“蔑视”的具体含义是什么，所以学校中有不少学生开始“蔑视”学校当局，很少有人参加考试。但正在准备大学入学考试的温妮还是参加了期末考试。

萧伯利中学每天都要组织学生参加宗教仪式，这时温妮总是很积极。她还负责女生纪律，那时她就显露出了出众的个人组织才能。她的学习成绩很好，还喜爱体育运动。她很愿帮助同学，有了一点零花钱，她愿买一点小吃和同学们共享。

19 岁时，温妮来到了约翰内斯堡的简·霍夫梅尔社会福利学校读书，而曼德拉正是那所学校的赞助人之一。学校的校训是“去了解人民”，人们都将他与曼德拉的名字联系在一起。学校不允许学生们公开参加政治活动，但温妮常常去参加一些公共集会。她住的那家小旅馆里几乎全是普通工人，其中大多是非国大成员。温妮就是在那里对非国大有了初步了解。那里也有一些参加了各种工会组织的姑娘们，她们也经常一起讨论政治问题，每当在这个时候，她们常常提到的一个名字就是纳尔逊·曼德拉。

这些姑娘中有一个名叫阿蒂莱蒂的，她后来成了奥立弗·坦博的夫人。当时正处于热恋中的阿蒂莱蒂常常带着温妮去见坦博，坦博则开车拉她们俩四处走动。

1955 年 12 月，温妮从福利学校毕业后，进入巴拉瓜纳医院，成为南非黑人第一位医生。她一工作就表现出了对工作和病人的强烈责任感。曾在巴拉瓜纳医院工作过的莫特拉纳医生回忆说，温妮常常“在半夜中将我叫醒，说有位老妇人需要得到医疗，那时她只有 19 岁啊！她无微不至关心他人的程度远甚于她关心自己”。

那个时候温妮已经表现出其性格中强硬的一面。有一次，莫特拉纳医生诊断一个病人患了病，需要休息一周。但病人的工头拒不给这一周假期。温妮只好去找那个工头说理，她在一张短笺上干脆写道：“你必须听我的，给病人的一周休假决不能改！”最后，她终于如愿以偿。温妮的桌子上常常摆满了有关政治和经济的书籍，她的眼界越来越开阔。有一段时间，城里沸沸扬扬地闹着什么“叛国罪审判”案，里面有不少非国大的领袖人物。有一天，她和几个伙伴约好到法院去一睹他们的风采。对于曼德拉，她回忆时说：“我看到了一个高大、仪表堂堂的男人，他很令人敬畏。当他走进法庭的时候，人们念着他的名字，但他对此一无所知。”

温妮与坦博是老乡，他们都来自庞多兰地区的比扎那村，所以温妮对坦博早有耳闻。有一天，温妮刚刚从巴拉瓜纳医院的班车上下车，就看到坦博和阿蒂莱蒂开车过来。于是，温妮搭上了他们的汽车。阿蒂莱蒂叫着肚子很饿，于是他们就把车停在一家熟食店旁边。选好了一大堆美味食品后，坦博才发现自己的口袋里空空如也。正在窘迫间，他们发现曼德拉也正在这个店中。坦博大声嚷着：“叫他付钱！”曼德拉二话没说便为这位老朋友付了账。当曼德拉与阿蒂莱蒂一起从店里出来时，坦博指着温妮向曼德拉介绍说：“这是来自比扎那村的温妮。”

曼德拉后来回忆说：“在我第一次遇到温妮的时候，我就深深地爱上了她……”可是她比他小了整整 16 岁呀！她是不是也对他有同样的感情呢？她会不会接受他这一份炽热的爱情呢？但他还是大胆地迈出了第一步。

对温妮来说，自从第一次见面后，那个高大的形象便久久萦绕在她的脑海里，挥之不去。但在仰慕之余，她不敢想象曼德拉会如此坦率地表露真情，“他比我大许多，还是我们学校的赞助人。对我们学生来说，他根本是位我们不可能认识的重要人物。与这样的人物约会，我既惊又喜。为了准备赴约，我找出了全部服装。但没有一件看起来顺眼——我们那时几乎所有的衣服都是齐膝的，上面还镶有花边，穿上去看起来很小也很傻。最后，我终于找到了一身庄重的服装，但那根本不是我的衣服。穿上以后，我是那么不自在。”几十年后，温妮对这件事记忆犹新。

后来，当温妮把她要和曼德拉结婚的消息告诉庞多兰的家人时，父亲的反应是震惊，但他同时又为这突如其来的喜讯感到极为自豪和兴奋。不过，他们担心温妮无法与三个孩子相处。而且曼德拉当时毕竟还是“叛国罪审判”的被告，与他结合必然意味着极大的政治风险。对此，温妮回答说，当一个人爱上了像曼德拉这样的人并已经成为他的一部分时，她就会心甘情愿地同他风雨同舟，任何艰难险阻都不在话下。

婚后，年轻的新娘并没能享受卿卿我我的甜蜜生活，因为曼德拉总是忙得团团转。但温妮理解他，在回忆自己的这段生活时，她说：“你简直不可能把纳尔逊与人民和斗争分开，他全副身心奉献给斗争事业，但他仍然很爱我们的家，爱我们，而且爱得很深。他给我们以理解、忠诚和信心，尽管这些都是民族共享的，但他总能让你感到，你在他心中有特殊的地位。与他结婚，我知道自己嫁给了人民的斗争和解放事业。”温妮戏称曼德拉为“家庭的经济灾难”。如果他因为给别人进行辩护而口袋里有几个兰特的话，他就会带着两岁多的女儿泽妮出门为她买一身漂亮的新衣服，或者成箱成箱地买水果和蔬菜。曼德拉是一个很讲究营养的人，除了每天锻炼以外，他很注意补充些新鲜的水果和蔬菜。

对于生活曼德拉索取很少很少。与温妮婚后他们一直住在一间狭窄的小房子里，约翰内斯堡市政当局曾在奥兰多地区修建房屋，工头是曼德拉的朋友。工程结束后，那位朋友让曼德拉挑房子，但曼德拉挑了一套只有一室一厅带一个厨房面积最小的房子，而且还是在角落里。而他完全可以挑选就在旁边的有四间大屋的房子，这就是纳尔逊·曼德拉！

对朋友曼德拉却极为大方。每次从法庭回来，他总会对温妮说：“亲爱的，我的朋友要来这里品尝你的美味烹调。”随后，便会带回十几个人，同曼德拉一家大吃起来。有时，曼德拉把一大群人领回家后发现家中早已一无所有，正在温妮犯难的时候，曼德拉往往哈哈大笑一通后跑到附近的杂货店中买回一大堆罐头来。温妮常常无可奈何地摇着头说："他就是这样，从来没有银行存折，他这样的人也不可能有银行存款。"

"利沃尼亚"审判结束后，在被送往罗本岛监狱之前，温妮与曼德拉见了一面。这次见面充满了生离死别的气氛，显然，年轻的温妮对此还难以接受，她抱着曼德拉开始抽泣起来。曼德拉对悲伤的温妮极力安慰和鼓励，让她勇敢地面对未来的艰难险阻。他告诉温妮："你还很年轻，没有丈夫的日子里你可能会面临各种欺侮，还可能受到诽谤和中伤。他们会告诉你要对狱中的我负责。希望你能够挺住，不要辜负我的期望！"曼德拉反反复复叮嘱温妮，她深深地点了点头。

尽管如此，曼德拉刚刚入狱后的一段时间对温妮来说仍然是度日如年一般难过，孤独和寂寞有时比恐惧还可怕。这时，温妮才如梦初醒地意识到她实际上是那么依恋曼德拉，他是她的精神支柱。但她还清楚地记得曼德拉的叮嘱，她咬着牙尽量平静自己的情绪。在这段极为艰难的日子里，曼德拉的狱中来信给了她莫大的安慰和鼓舞。可狱中的曼德拉只能每六个月写一封信，温妮一遍遍地捧读着曼德拉的第一封来信，快到第六个月时，她又心急如焚地等着第二封信的到来。

她常常一个人出神地凝望着天花板，陷入长长的沉思，她多么想能有那么一天：有一个名符其实的家，能和心爱的人过上美满的家庭生活。她多么希望能和曼德拉再次重温那仅有的昔日美好时光。

曼德拉在家时，总是每天四点钟起床跑步锻炼，温妮则准备好一瓶水果汁等他回来。等满身大汗的曼德拉回家后，先洗一个澡。然后温妮用一些药水为他擦身。那才叫真正的生活，每每想到这里她都不由得叹息起来。

不久以后，温妮被白人政权关进监狱。如果温妮同意与政府合作，呼吁边境上的非国大武装力量停止游击战争，很可能她早就被释放出狱了。

而且政府可能会派一架直升飞机带着她直飞罗本岛，同她的丈夫会面，然后曼德拉也可能会搬出单人牢房，受到好一些的待遇。但政府打错了算盘，低估了温妮的觉悟。事实上，正在遭受他们折磨的这个女人心中在嘲笑他们的这种小伎俩——无数仁人志士把他们一生中最美好、最珍贵的时光奉献给了正义事业，他们还在指望我能同他们做交易。

从温妮动荡的家庭生活中不难得出她厌恶宗教的结论，但狱中的温妮竟然从头到尾把《圣经》读了四遍。

她的确从《圣经》中得到了一些启迪。但她同时也敏感地意识到，白人们也正是打着“上帝”的旗号、自称是“上帝的选民”，干着压迫黑人的事。就拿扔给她《圣经》的看守来说吧，她大概根本不信上帝，否则绝不会那么狠心肠，白人也不会只因思想不同就把人活活折磨死，也不会用机关枪向 7 岁的儿童开火。就是这些人教会了黑人什么是仇恨。望着这些身穿土色制服，整天板着面孔的女看守，温妮心里不禁涌上一种轻蔑的感觉——实际上她们把自己也变成了犯人，甚至还不如犯人。她们怎么会做这种工作？温妮曾试图用英文同她们交谈，但她们马上红了脸——这些阿非利卡白人姑娘不懂英文，连最基本的问候语都不会。可怜！

监狱中的伙食令人作呕。早上，女看守们先把马桶拿走，然后刷也不刷就又送回来，马桶盖翻过来就当餐桌，上面放着玉米粥，然后女看守们用她们白白的腿将马桶踢到牢房门口。玉米粥自然是没煮熟，更过分的是里面净是鸟屎，让人作呕。长期营养不良使温妮面有菜色，经常发低烧，并且时常眩晕。等到法庭开始审判她的案子时，她已经无法上庭，因为她已经住进了监狱医院。

铁窗生涯使温妮变得更加强硬。一位狱友回忆起 1969 年与温妮一同被关入比勒陀利亚中央监狱时的情形时说，有一天，一个狱吏试图粗暴地对待一位 50 开外的女犯人，温妮跳起来喊道：“看你敢碰她，看你敢碰那个女人！”结果那个人跑了，因为温妮就在门口。他边跑边说：“我要狠狠揍你一顿。”这时，温妮的那位狱友也喊道：“你竟然说要狠狠揍温妮一顿，她是我们领袖的妻子，我们不允许你这样对她说话。”那个人果然不敢再说话了。过了一会儿，三个女看守挥动着大棒子威胁温妮说：“你再那样说话，就尝尝这个的厉害！”温妮毫不示弱，她喊道：“尽管来吧，你们这些该死的老母牛！”

在回首狱中生活时，温妮说：“在监狱里我的精神比任何时候都更解放，我的心灵比在任何别的地方都更多地得到了净化。当然，我并不是说没有自由更好。但在目前这种环境下，对于黑人同胞们来说，整个国家都是监狱，问题只是，哪种监狱更好，是监狱外还是监狱内——当你在监狱里面时，你知道自己为什么会在那里，那些把你投入监狱的人也知道。”

由于曼德拉的被捕，孩子们失去了父爱。她自己又常常被迫离家，这使得温妮更加无微不至地照顾她们。但是，由于温妮常常被捕或是遭受禁令，孩子们幼小的心灵蒙上了一块阴影，她们总是有一种不安全的感觉。有一次，小女儿津姬冷不丁问温妮：“你真是我们的妈妈吗？你只是爸爸请来照顾我们的小姑娘吧？”孩子们见过照片上的曼德拉，觉得他像一个真正的父亲。

其实，在两个女儿的记忆中，温妮是世界上最好的妈妈。小女儿津姬曾说，她印象中的童年是美好的。妈妈不在家时，她们的舅舅或叔叔总是赶来和她们待在一起，使她们感到还有一个家。而妈妈和她们在一起时，那种体贴入微的关怀让她们感到自己都被“宠坏了”。姑娘们还记得小时候晚上妈妈常为她们唱起那动听的科萨族催眠曲。对姑娘们来说，温妮还是一个好朋友和好姐姐。“如果有什么事情的话，我们就坐下来一起讨论，她总是善解人意。这也是我说她是一个非常好的社会工作者的原因。”

“妈妈有很多很多优点，我都不知该从哪说起。”津姬说，“她绝不放弃自己的原则，她曾经把所有治心脏病的药扔进下水道，因为她只相信锻炼和健康的饮食。她从不乱吃东西，这就是她为什么总是显得那么年轻。”

“她为传统音乐和服饰感到极为自豪，她衣着传统，但也是分场合的；比如到法庭去时，她穿传统服饰；在家的时候，她常穿T恤衫和牛仔裤。她还喜欢穿军装，她有一身卡基布军服，男式靴子和一顶贝雷帽。我想我会再给她一把玩具手枪和枪套，让她去法庭转一转。”津姬说话挺有幽默感，也许跟曼德拉的遗传有关。

泽妮回忆说：“如果我现在在斯威士兰接到一个电话告诉我们说妈妈又被捕了，我准会说，‘那又怎么样’。但在小时候，那可就糟了。许多小伙伴不敢到我们在奥兰多的家里去玩，因为他们一来就会被警察带走。我现在的丈夫那时对我帮助很大，他敢来我们家。”

津姬说：“和所有黑人儿童一样，我也在受苦。所以我有责任在社会中发挥作用。并不仅仅是因为我是曼德拉的女儿。我不明白为什么许多黑人明明在受苦，也知道谁该为此负责任，但就是不起来反抗，而是坐以待毙。我准备为我应得的权利而斗争。”

她深为自己是曼德拉之女而自豪，有时甚至动用这个名声来救急。她回忆说：“在索韦托，我夜里一个人赶路时，常碰到一些男孩，他们冲我喊：‘嘿，过来呀，姑娘。’当我告诉他们我的身份时，他们立刻肃然起敬，说对不起。有时，我坐出租车钱不够了，当我说出自己的身世时，司机连钱都不要了，还不停地问我，你父亲怎么样了，你母亲还好吗，她还能坚持住吗？”

“我想我妈妈能够应付得了，因为她知道自己并不孤单，她对未来充满希望，我为她感到无比骄傲。”

## 二、铁窗柔情

狱中的曼德拉得知温妮为了读书，曾经独自一人晚上开车去图书馆时，嗔怪她说：“你真把我吓了一大跳，你怎么能冒这种风险呢？这十几年来，政府和一群卑鄙的人总想在夜间对你进行袭击，你怎么能给他们提供这样的机会呢？你和孩子们的安全比教育和文凭更重要！”

狱中的日子一天天过去，从各种渠道听说的温妮在狱外受到的种种苦难，使曼德拉心情极为沉重。他总觉得自己本应像真正的雄鹰一样展开双翅保护温妮，不让她受到伤害。但现在却将她一个人孤零零地丢在那里，面对她的生活是无尽的艰难和当局的迫害。在感谢温妮在他危难之际所给予的大力支持的同时，他感到“良心使我有一种负罪感，这种感觉啮食着我身体的每一部分”。他甚至怀疑事业是否是一个充分的理由，“让人把一位年轻，还不成熟的女人抛弃在无情的荒漠之中”。因为，“那实际上等于把一个处在危难之中、又没有任何支持的女人交到拦路的强盗手中。每当想到此处，爱情和幸福、信任和希望就变成了一种令人肝肠寸断的极度痛苦。”

在 1979 年 9 月 2 日写给温妮的信中，曼德拉说：“你把今年看成妇女年是很有道理的。看起来她们都在要求社会实现性别平等的原则。法国的西蒙威尔女士在经过艰难的奋斗之后当选欧洲议会主席，玛丽亚·皮塔西哥在葡萄牙的政治舞台上大显身手。单从报纸的文章中看不出谁在卡特总统家中说了算，有时可以看到卡特的夫人罗瑟琳。更不用提玛格丽特·撒切尔的大名了！尽管大不列颠帝国在全球势力衰落，二战后已沦为三流国家，但英国在许多方面仍是世界的中心。英国发生的事情吸引着人们广泛的注意。英迪拉·甘地（印度当时的女总理）则提醒我们在这方面亚洲是欧洲人的榜样。在过去 20 年里亚洲至少已经产生了两位女总理。而且我们还可以发现，在过去已经出现了许多女性统治者，如西班牙的伊莎贝拉，英国的伊丽莎白女王一世，沙皇俄国的女皇叶卡德琳娜，还有巴托克姬女王、曼塔苏萨和其他许多人。但这些女人之所以能掌握最高权力，并不是因为她们自己，而是通过世袭。今天，公众注意的中心落到了那些依靠自己的努力攀登顶峰的女人，今年，这样的女人真是层出不穷。

……

“但是关于你，亲爱的妈妈（曼德拉对温妮的称呼），我能对你说什么呢？45岁的你与我们那天晚上第一次单独坐在城外广阔的草原上时相比，变化有多大呀！然而，尽管青春正悄悄地从你的血管中逝去，尽管你曾经如此圆润、光滑的脸庞已显出岁月侵蚀的痕迹，尽管那曾经使你在50年代迷人至深的容颜魅力正在不断消退，你却变得愈发令人敬佩，我也更加渴望将你拥抱在我的怀中。你具有一个妈妈所应具备的一切条件。生日快乐，亲爱的妈妈！我爱你！”

1974年间，由于政府指控她触犯禁令，温妮·曼德拉在克龙斯塔辛监狱度过了半年的监狱时光。她说，这是一次收获颇丰的经历。她觉在那里自己更加解放，肉体上与自己的信仰一致起来，比用言语来表达更令人满意。而且，整个国家就是一个关押黑人的监狱。但对于她家来说，她的囚禁令孩子们不安。津姬听到判决时哭了，她母亲告诉她：“永远不要哭，我哭豺狼笑”。泽妮回忆起学校星期天放假时，她和妹妹津姬在监护人哈瑞大叔（恩塔托·慕特拉纳博士）带领下看望母亲的情形：在半小时的会见时间里，她们隔着一块玻璃板和母亲谈论学校的事情，谈论她们的零花钱，以及她们和谁在一起玩。温妮总是看起来很好。孩子们发现朋友不敢去家里看她们了，因为安全警察会把他们带走去审问。

很长时间以后，曼德拉回想起他那时的感受：“尽管我总是努力做出勇敢的样子，我从来没有习惯你坐牢。”他在写给温妮的信中说：“几乎没有事情能像这种痛苦那样搅乱我的整个生活。这种折磨似乎还要在相当长的时间里困扰我们。我永远不会忘记1969年5月到1970年9月间以及你在克龙斯塔辛度过的6个月中，我们所遭受的极度痛苦。”

温妮·曼德拉不断被捕、受到指控、被判刑、上诉、缓刑和不时的坐牢，这方面的详细情况难以掌握。在她看来，长期的反抗揭露了南非的社会制度，在这种制度下千千万万的男女成为牺牲品。在同警察发生冲突时，她无所畏惧，如果他们对她进行粗暴的侵扰，她就进攻式地进行反击。但是，对于一系列阴险的暗算，诸如对她进行身体上的攻击，往她的房子里扔汽油弹，她毫无办法。得不到任何保护。津姬呼吁联合国敦促南非政府保证她母亲的安全，她说："我们相信这些袭击是出于政治目的的。"

埃莉诺·伯利把泽妮和津姬从修道院不愉快的生活中救了出来。埃莉诺当时住在约翰内斯堡，她的丈夫罗伯特·伯利爵士，过去是伊顿公学的校长，现在是威特沃特斯兰德大学的客座教育学教授。伯利夫人安排她们去沃特福特，斯威士兰的多种族寄宿学校。

孩子们长到十几岁时，得到政府允许，可以见她们的父亲。温妮理解她们精神上所受的创伤，她们会不会抑制不住自己的感情而崩溃呢？还是会因为这种经历而变得坚强起来，以这个囚犯为荣呢？

从曼德拉的照片上泽妮看到他"非常高大，很胖"，但见面时泽妮几乎认不出他了。对她触动最大的是她父亲是多么的幽默，如果当时或在后来的探视中他有过什么忧虑的话，他也掩饰得很好。

津姬也发现他幽默而热情，很让人安心。"事前，我很生气而且有点恐惧，"她对一个记者说，"我发现他很有办法，很有魅力。他设法使我不去想那里的环境，让我想起更舒适的环境。他说，你知道，我能想象在家里你坐在我腿上，全家人一起吃星期天烤肉。尽管不能看他站起来，因为她们被领进小屋时他已经坐在玻璃隔板的那一边了，但她后来设法看到他离开时的样子，他看上去那么健壮、他的步伐是那么年轻、轻捷。"

第二次探视父亲时，两个孩子是单独去的。开车把她们送到开普敦港码头的那位朋友，看着她们同一队身穿橄榄绿制服的狱吏们上了渡船。这种场面真令人伤心——两个年轻的女孩子同那些唱着阿非利卡歌的男人在一起。

在每次半小时的探视时间里，温妮和丈夫两人心有灵犀一点通，他们从对方那里受到鼓舞，获得力量。回到各自的斗争环境中后，曼德拉以其不显山不露水的方式，不分政治派系地帮助同志们解决问题。温妮不顾种种限制，参加索韦托社区斗争。索韦托是一个人口超过 100 万的黑人聚居区，那里的斗争正进入新阶段，标志就是“黑人觉醒”运动的兴起。在温妮看来，它“使人民更充分认识到自身价值，意识到自己的力量；培育了人民的自立精神”。黑人变得为自己的黑色而自豪。

出人意料的是，温妮·曼德拉的禁令到期后没再延长。12年来她第一次可以自由离开约翰内斯堡去参加集会，并在集会上发表讲话。她和人们一起要求释放那77名被拘留的人，她还向人描述了她自己几年前所受的苦难，那都是因为《恐怖主义法》第6部分。她说，第6部分“打算彻底摧毁对南非极权政治的一切形式的反抗，它是一种以毁灭一切个性自由为目的的精神打击方法，一种野蛮的心理学方法，使那些敢于斗争的人丧失人性”。

“我们知道自己要得到什么”，“在一次公众抗议大会上，温妮·曼德拉说，“我们的追求对我们来说很亲切。我们不是在请求实现多数人统治，那是我们的权利，为了得到这些权利我们将不惜一切代价。我们知道我们前面的路还很艰难，但我们将为正义战斗到底。”几周内，包括温妮在内的许多成人、学生都被拘留，这一次是根据改头换面的《镇压共产主义条例》——《国内安全条例》。他们被关在约翰内斯堡福特监狱达5个月。

罗本岛的犯人们之间，可以谈论这些事情，但仍然完全禁止在探视或写信时提及这些。可是，这时候曼德拉在写给妻子的信中说，园子里有一棵番茄，他不小心给碰伤了，现在正在特别地照料着。他描述了它是如何美丽，如何不停地生长，他又是如何喜欢它。而当它死去时，他怎样把它从土里拔出来，用水冲洗干净根部，回想起生命过去是什么样子。温妮明白这是比喻一个儿童在南非这种环境中成长的情形：父母把一切能给的东西全部给了他，把他抚育长大，然后他在少年时被杀害了——曼德拉的感受与那些家长在成百上千的儿童惨遭扫射时的感受一样。温妮解释说：“如果他直说那件事，我就收不到那封信了。”

每天的生活中，很重要的一个部分是回忆友谊和被捕之前发生的事情。

人们缅怀往事，彼此互相提醒。他们分享着各自的来信中的新闻。有时他们哀悼逝去的朋友，有几个40年代以来的老朋友去世了：优素福·达杜和迈克尔·斯科特、布拉姆·费雪和莉莲·恩戈仲。费雪被判无期徒刑，在比勒陀利亚中央监狱服刑第10年时，于1975年5月死于癌症。葬礼之后，政府要求把他的骨灰送回牢房。“泛非主义者大会”领导人罗伯特·索布克韦也因癌症去世，享年仅50岁多一点。在多年的监禁后，与非洲人国民大会意见相左的索布克韦已经同曼德拉和解。从罗本岛获释后，他住在金伯利，一直遭受软禁。

1977年5月16日清早，20多名警察来到温妮在索韦托的家中，命令她收捡一下东西，她将被流放7年。政府害怕她影响学生们。另外，她和曼德拉不知道，政府这次如此强暴、专横地把她从她唯一的家里赶出，离安德鲁·杨（美国驻联合国大使）预计访问索韦托只不到一周。

警察开车带着她和17岁的津姬向西南行驶了300英里，到达位于奥兰治自由邦低湿平地上的布兰德福特村。警察把她们母女两人放在门牌号码为802的房子前，这是政府所能找到的温妮最不熟悉的环境了——这里是阿非利卡人政治、文化精髓所在，当地语言温妮她们一窍不通。

“福尔特雷克”大街被称为“干道”，它把供2000名白人使用的各项生活福利设施连结起来，这些设施包括教堂、两家银行、一家邮局、两个旅馆、一家超级市场、一家卖报纸杂志的商店和一个加油站、一个火车站及一所阿非利卡语学校。一条弯弯曲的小路，路旁就是班图人管理处，通往被人称作“帕特卡勒”的黑人居住区。在阿非利卡语中，“帕特卡勒”是“小心对付”的意思。一名记者说它特别适合于新搬来的人。那里，3000名黑人拥有的全部福利设施只是一家班图人商场和一个啤酒馆。

那三间水泥房子，温妮叫它们“我的平房”——没有天花板，没有水，没有电，屋外一个厕所是放便桶的。她的房子与所有周围的人都一样，除了住的地方外到处是瓦砾。警察让她从家里带来的家具无法搬进那么窄小的门去，只好送回奥兰多。

她只能待在布兰德福特，而且夜里禁止外出，周末和公共假日也是如此。不允许会客，离家外出时，禁止每次和一个人以上在一起。普林斯卢军士，一位面色阴沉的人，一直在外界的汽车里监视温妮，当她外出时就跟踪她。按照一位美国观察家的说法，他是“致力于扰乱她的生活”。

如果政府认为，把温妮流放到那样的环境——白人都对她充满敌意，黑人又没有文化——中去，即使她不会消失也应该屈服了，那么政府的如意算盘就打错了。这位经验丰富、漂亮的黑人妇女大步迈进超级市场、邮政局和银行时，布兰德福特像沸水般闹开来。那些地方是黑人从不敢涉足的禁区。在一家“时装”店外面，黑人们在排着队等候，温妮和津姬不但进了那个“时装”店，而且试了服装，结果发生争吵，店方叫来了警察。在温妮看来，白人的举动表明他们本性是害怕的，过去阿非利卡人曾退缩到他们的防御车队中把自己困在里面，现在也是这样，真是可悲。

镇上她的邻居们曾受到警告，不得与这个“危险的共产党”交往，但渐渐地他们鼓起了勇气，因为他们难以总是拒绝她的热情和慷慨。温妮眼见他们被剥削得一无所有——贫穷、饥饿而且卑躬屈膝——深感震惊，她开始思考，怎么才能帮助他们。

但无处不在的普林斯卢军士不久就把她带上布隆方丹法庭。原因很可笑：温妮曾去一个邻居那里打听去什么地方买煤；她在邻居那里时，有位男子带着一只刚买的鸡经过那里，温妮询问了鸡的价钱。检察官在起诉书中称以上行为构成了“三人集会”，因而违背了对她的禁令。他们还指责她炫耀非洲人国民大会旗帜；因为她穿着一件黑、绿、黄三色的衣服。温妮驳斥道：“在留给我的可怜的自由权利中，我还有选择穿什么衣服的权利。”地方法官认为她有罪，判她缓期服刑。法庭外面，人们向她发出欢呼。

南非报纸禁止引用遭禁令的人发表的言论，但温妮对一位《纽约时报》记者讲出自己的想法。她说：“这个国家的统治者简直是疯了。我是指哪个国家会把鸡的价钱作为证据来用”，上诉后温妮无罪获释。

不久，她又重返法庭，被控接待访客。这期间，曼德拉曾写过一封信，说："我会念着你，尤其是你站在被告席上时。当你听着政府证词中种种意料之中和意料之外的胡言乱语的时候，我坚定地支持你，我深深地知道，你所受的磨难是因为你热爱我和我们的大家庭，并忠诚于它。这种爱与忠诚在不断增加……"

政府为这些案件花费了这么多力气和金钱，让温妮觉得可笑，而人们气量是如此狭窄，反应如此迟钝又使她惊讶不已。但这些事情对津姬的影响使她感到愤怒。普林斯卢在暗中监视她们，逮捕了从索韦托一起来看津姬的朋友，再加上布兰德福特生活压力大，生活水平很差，津姬得了严重的抑郁症。最厉害的时候，她不得不放弃学业去看精神病医生。在曼德拉向最高法庭提出这个问题之后，津姬才有了接见来客的权利。温妮不能提出这种申请，因为根据南非法律，黑人妇女没有这种权利。

令曼德拉高兴的是，津姬有一篇文章发表了，她正在向作家的目标迈进。他赞扬她说："你已经收到了你的第一笔稿费。以你这样年轻的年龄来说，这是不小的成就。"他又忠告她说："作家是受人尊敬的职业，他把人推上世界中心。为了保持在峰巅之上，你就必须真正地努力工作，目标是你的文章主题好而新颖，表达方式通俗易懂，词汇使用要准确。"

津姬曾写信让他放心，说"布兰德福特毕竟是个好地方"，他回信说：

"真难以置信，你母亲几乎失去了全部家产。她在那里再也找不到合适的工作，除非做佣人或农场帮工，或替人洗衣服。她只能生活在贫困状态。她已经告诉我你们现在必须要住那种房子，以及你们不得不使用的那种厕所或自来水设备。……

"尽管如此，亲爱的，我很高兴你使自己适应这种环境，并且设法活得很快活。当我读到'毕竟是个好地方'那句话时，我感觉好极了。只要你有钢铁般的意志，你就能变不幸为有利，正如你所说的那样。假如不是这样，那你妈妈如今早该彻底毁灭了。"

津姬发现写诗是发泄的好办法，在沃特福德上学时她就擅长这个。

她通常把写的诗揉成一团扔进废纸篓。而她母亲却善于把这些诗拾出来。1978 年她出版了一本诗集，里面有他们的老朋友彼得·马库拍的一些照片。津姬把这本诗集献给她的爸爸妈妈，开头一首诗是写她父亲的：

一棵树被砍倒了，
果实落了一地。
我哭泣，
因为我失去家庭。
那树干，是我的父亲，
全部枝桠，都靠他支撑。
那果实，就是妻子和孩子们，
是他珍爱所在。
他们该有多么美味，
多么可爱，
可都落在地上，
有些离他很远。
在土里，
那树根，代表幸福，
被割断了联系。

在首次雅努什·科尔恰克文学比赛中，津姬的诗集获得了 1000 美元奖金，该奖颁给那些描写作为无私与人类尊严典范的儿童书籍。政府拒绝给她发护照，经办人只好由马克巴内在纽约代她接受奖金。该奖项的设立是为了纪念一位波兰犹太人，他是小儿科医生，因拒绝离开华沙犹太人住区的孩子们，最后与孩子们一起死在纳粹的特雷布林卡毒气室。

曼德拉在 1962 年说：“南非人民争取自由民主之斗争，其核心和基石在南非内部。”1977年，游击队员和破坏分子越过边境渗透进来，真正的武装斗争开始了。这些年轻人经历了从索韦托到新布赖顿，到兰加的黑人城镇战火的洗礼，成长起来了。现在，他们跃跃欲试，准备自我牺牲。此举被人们认为是用以表明他们坚定的决心——要彻底推翻他们所称的“那种制度”。

在返回南非后不久，非洲人国民大会的新成员就遭逮捕，按照《恐怖主义法》而被拘禁的人中包括所罗门·马兰古。他从未开枪杀过任何人，却被判处死刑。尽管西方国家政府、东方国家（社会主义国家）政府，甚至牵连到他的那件谋杀案中的白人遗孀都呼吁、抗议南非政府此举，他仍然被绞死。另一名年方二十的新成员莫西马·塞克斯瓦莱与曾在罗本岛上服过刑的一些老成员一道受到审判，被判处18年监禁。他说为自己的理想作出牺牲，他心甘情愿，他丝毫不怀疑那些理想会成为现实。

罗本岛上的政治犯们不可能知道“民族之矛”在同警察和军队交战，他们把零星的信息拼凑在一起，知道斗争正向前发展。1977年间，有95件审判案是根据保安法令进行的，政府的指控包括补充军事训练所需人员，组织行动小组，私运武装、炸药，以及从事破坏活动或游击战争。

津姬出席了对索韦托“学生代表会议”的审判会，该组织被指控筹划了1976年6月暴动以来的抗议活动，那些抗议活动连绵不断。从此，她开始代表她那遭监禁的父亲和被流放的母亲。

此时，泽妮同斯威士兰国王索布查的儿子图姆布穆齐·德兰米尼王子结了婚。他们享有外交特权，可以对曼德拉进行“接触式”探视，这将是他被囚禁以来第一次同自己的亲人进行正常的人类接触。1978年6月，泽妮同王子带着一岁大的孩子从姆巴巴内去了罗本岛。当他们一起进到探视室时，泽妮担心父亲会抑制不住感情。她向父亲跑去时，几乎把孩子扔了，幸亏她丈夫抓住了孩子。泽妮和父亲紧紧拥抱在一起。然后，曼德拉抱过孩子。他们坐下说话时，泽妮发现父亲完全知道该干什么，尽管从她很小的时候起父亲就从未抱过孩子。“他注意到什么时候该给孩子换尿布了，甚至知道让她打嗝，然后他和她玩，哄她入睡。”

曼德拉已经有了五个孙子孙女：马卡基韦有一个女儿，滕比的两个女儿，还有马克加图的两个儿子。他给泽妮的女儿取名“扎基韦”（“希望”的意思），两周后，在布隆方丹的圣公会大教堂给她举行洗礼仪式。政府允许温妮从30英里外的布兰德福特前去，但中午以前必须返回。“扎基韦”的教父是91岁的莫罗卡博士，他曾是“蔑视运动”时期非洲人国民大会主席。教母是海伦·约瑟夫，她是曼德拉一家的密友，全家人都十分喜欢她。温妮提到这位妇女时说，“我们尊重她”，长期以来她成功地反抗了警察的种种迫害，她的经历是“我们的历史的真相”。教父与教母除彼此相视一笑之外什么也不能做，因为禁令不允许。73岁的约瑟夫夫人刚刚坐了两周的牢，因为她拒绝向警察提供她去布兰德福特探望温妮的情况。

1978年7月，曼德拉60岁生日之际，国际社会举行活动进行庆祝。《纽约时报》说这个人很可能将来会领导一个黑人南非政府。伦敦下议院举行集会为他祝寿。由于曼德拉本人不能接收来自世界各地的生日贺卡，所有卡片都寄到布兰德福特镇802号。全家人团聚在那里，为所有的政治犯祷告。

曼德拉后来写信给温妮：“如果没有你的探视，你给我的信和爱，许多年前我就崩溃了。”在早些时候的一封信中，他告诉她，每天早晨他都小心翼翼地拂去她的相片上的灰尘。现在他接着说：“我在这里停下来，喝点咖啡，然后我掸去书架上相片的灰尘。我从最外面泽妮的相片开始，然后是津姬的，最后是你的……”

## 三、劳燕分飞

“女士们，先生们，希望你们能够理解我刚刚遭受的痛苦经历。”

1992年4月13日处于极度痛苦中的曼德拉以此结束了他的讲话，这一天他宣布与妻子温妮分居。对曼德拉一家来说，对非洲人国民大会来说，对全体黑人来说，这都是一个令人伤心欲绝的时刻。两位南非最著名的人物间的婚姻终于破裂了。当初，奥利弗·坦博的妻子阿蒂莱蒂于1957年把曼德拉介绍给温妮。现在坦博以及曼德拉多年的老友，同时也是他最亲密的朋友西苏鲁都支持他做出这一决定。曼德拉的声音极少有颤抖的时候，但那一天，当他在约翰内斯堡城区的非洲人国民大会总部宣读一份早已准备好的声明时，他的声音的确在颤抖。约翰内斯堡各电视台纷纷出动，他们记录了这一期盼已久，具有历史意义的事件。虽然大家早知会有这么一天，但一年多来它一直蒙着面纱。

众所周知，曼德拉和温妮从来没有好好享受过正常的婚姻家庭生活，因为对于他们来说，“斗争”总是第一位的。在宣读声明时，曼德拉提醒记者注意这一情况。他在声明中对温妮大加赞扬，在狱中的漫漫岁月中她始终对他忠贞不渝。在长达30年的岁月中她饱经风霜、历经磨难——该死的种族主义监狱，无休无止的禁令，警察不停地进行骚扰，这一切她都挺了过来。在斗争最黑暗的日子里，她使曼德拉的影响继续存在，使黑人民族主义事业发展下来。“她对事业的执着令我对她更加敬佩，更加爱她，我对她的爱与日俱增，”他说，“我对她的爱始终如初。”但不幸的是，由于在“一系列问题”上存在分歧，他们之间关系变得“紧张”。曼德拉并没有详细解释，但在场的每位记者都知道他指的是什么。他说，他和温妮都认为分居对大家来说是最佳选择。尽管如此，在他所谓的“她生活中最严峻的考验时期”，他仍然会不遗余力地支持她。突然，曼德拉从桌子旁站了起来，说出开头那句话，然后步出大厅，新闻发布会就在这种尴尬而沉寂的气氛中结束了。没有人怀疑他说的是不是真的。

两天后，温妮面对媒体时泪流满面，说话时声音常常颤抖。她说“自从我们结婚以来，我的丈夫一直是我生活的中心，我爱他，今后仍然爱他。我忠于我的组织，我的丈夫和南非遭受压迫和剥削的人民，任何事情都不能让我动摇。”与曼德拉分居立即影响了她的政治声望。温妮宣布她将辞去非洲人国民大会社会福利部部长一职，她称自己已经成为一场“诽谤运动”的牺牲品。她说这番话指的是前一段于涉嫌绑架四名索韦托青年，法庭判她有罪。她坚持说自己是清白的，国内外媒体指责她在政治上和私生活方面有不良行为，那是在冤枉她。尽管如此，她也承认这些指控使非洲人国民大会、她的丈夫和她自己陷于一种“尴尬境地”。

对于他们分居这件事，很少有人同情诺姆扎莫·扎基韦·温妮弗来德·曼德拉。相反，所有人都为不幸的纳尔逊流下泪水。非洲人国民大会内部压倒多数的人以及大部分黑人都持这样的观点：这位长期遭受种族隔离制度折磨的殉道者，现在又沦落为他自己妻子政治和性丑闻的牺牲品。在监狱里他盼望着与她团聚，而正是这个女人一直在欺骗他，在他刚刚获释时甚至把她作为偶像。伟大领袖总是过着悲剧式的个人生活，因为他们已献身于比家庭更伟大的事业中，曼德拉和温妮就是活生生的例子。曼德拉似乎冷静地接受了这种命运安排。1992 年 10 月下旬，在参加女儿津姬的婚礼时他对宾客们说，著名的自由主义战士似乎注定要亲眼看着家庭生活“完全陷入动荡”。他的家庭生活的确如此。

曼德拉和温妮于 1958 年月 6 结婚，那时他正接受第一次判国罪审判。自那以后，他们两个除了作为斗争的神话和象征外几乎没在一起生活过。1961 年 4 月曼德拉转入地下工作，1962 年间被捕坐牢，1964 年 6 月被判终身监禁。因此，在他们俩 34 年的正式婚姻中，他和温妮在一起的时间不超过 4 年，其中两年是在他被监禁前，两年是在他出狱后。这是以反种族隔离斗争为战场、作背景的婚姻，而他终于成为这场斗争的另一牺牲者。如果不是温妮，他几乎不认识自己的女儿泽妮和津姬，她俩也是一样。在津姬的婚礼上，他仔细思考了令人心酸的家庭生活，发表了催人泪下的讲话：“我们眼看着孩子们在没有自己的指导下成长，而当我出狱时，我的孩子们说，我们认为自己有一个父亲，有一天他会回家。我们的父亲回来了，但令我们沮丧的是，他天天离开我们，因为他已经成了民族之父。”曼德拉说他常常考虑这场斗争是否值得付出失去正常家庭生活的代价，但最后他总是得出结论：“它过去是，现在也是我们应做出的正确决择。”

1991 年春季和夏季，曼德拉的权威面临来自两方面的巨大挑战——一是他的妻子在政治上声名狼藉，另一方面是他失去了对非国大的控制。在这一对“孪生兄弟”问题面前，他显得形单影只。只有对事业、使命的信念支撑他挺了过来。德克勒克已经让他大为失望，与南非白人领导建立一种密切、特殊的关系的希望被粉碎了。现在又轮到他妻子和非国大，他们也滑离了他的控制。

重获自由的曼德拉面临各种挑战，但没有哪种挑战比对付自己妻子的挑战更令人劳神费力。温妮不仅是纳尔逊感情上唯一致命的弱点，而且她已经成为曼德拉在非国大内部逐渐失去其精神和政治领袖地位的主要原因之一。在非国大全国执行委员会内部，如何处理温妮的问题已经成为一个主要问题，就像曼德拉释放前在民主联合阵线内部一样。它把曼德拉推向另一种领袖能力的考验，对这种考验他反应迟钝，因为长期把温妮一个人留在家里应付各种危险使他对温妮负有很强的内疚感，这一感觉使他看不到真相。最后，只有纳尔逊能够解决温妮给他和非国大制造的这一“两难问题”，但是他花了近两年的时间才认识到温妮的阴暗面并最终把自己从负疚感中解放出来。

在这一过程中，温妮毫不留情地利用他的负疚感来复活她自己的事业，给他和非国大在政治上造成极大损害。曼德拉不知不觉卷入温妮的阴谋中，她想把自己变成南非的女皇。他甚至对她的性丑闻保持谨慎的沉默，而此时全国人民都在谈论她。直到温妮毫无节制的不良品行令他都难以忍受时，他才屈服于狂怒的非国大官员施加的压力，这些官员担心她正在使整个非国大领导层陷于崩溃边缘，而且她正在毁掉“妇女联盟”。

从曼德拉出狱的那天起，他的婚姻的命运就成为全国人民谈论、猜测的话题。1990 年 2 月 15 日，《约翰内斯堡星报》采访了几位英国心理学家，他们预言曼德拉前面的路还很崎岖。曼德拉与温妮共享的时光太短暂了，无法建立起强有力的感情纽带。夫妇两人分居时间太长了，他们会发现自己同“一个陌生人”住在一起。温妮的爱是那种“尊重型的，而不是激情型或渴望型的”，她这种感情与一个虔诚的教徒对“圣人殉道者”的那种感情类似，这是心理学家大卫·刘易斯的观点。大卫还预计，温妮的国际声望会被曼德拉更高的声望所遮蔽，她会发现自己不得不退到一旁做配角，而这对她来说感情上要经历剧烈调整来适应。时间证明这些预测是对的。温妮对这种“调整”或其他调整表现得完全无能为力。随着她的所做所为越来越偏离正轨，非国大和黑人民众普遍认为她应该为曼德拉的婚姻破裂而受责，尽管对任何女人来说，与一个同样是人的神话般的人生活在一起都不是件容易的事。

温妮并未从自己的错误中学会什么，也没有意识到自己已经差得太远了。即使在曼德拉释放之后，她仍把自己看成是政治上高不可及的人物，不仅凌驾于南非的种族隔离制度法律之上，而且凌驾于自己所在组织的纪律和规章之上。因此，在他们分居前我们一直看到这种丑恶的景象——她操纵、利用纳尔逊来达到自己的政治目标，给纳尔逊造成了巨大的感情痛苦，也在政治上破坏了非国大的形象。她对权力的欲望如此强烈以至于驱使她甚至把曼德拉作为她的计划中的人质。具有讽刺意义的是，如果她更谨慎地实施她的计谋，不那么露骨而无耻，她很可能会得到她想要的一切。温妮拥有成为黑人统治的南非的第一位“第一夫人”的一切必要条件，这个位置将确立她在历史上的地位。曼德拉死后，如能利用公众爆发出的对她的同情这股力量，她甚至有可能成为总统，但她毁了这一切。

温妮控制不了自己的邪恶的冲动，不论是政治上还是在性问题上她都要得到立即满足。她在城镇里的崇拜者称她做起事来就像一头母象。但她更像一头离开母牛的小牛，决心用犄角撞翻挡住去路的任何障碍物。她对权力、地位、在非国大的特权胃口大得惊人，如使自己当选为六个委员会的委员。总的看来，温妮已经形成了一种分离的个性。有时她慷慨大方、彬彬有礼，对政治暴力的受害者关怀备至，她常常是第一个——有时是唯一地——奔赴现场的非国大官员，抚慰那些在最近的事件中失去家庭和亲人的人。她个性中阴暗的一面是脾气极坏，毫无征兆地为一点小事对朋友和敌人大发雷霆。她可能会向所有人发脾气，没有人能幸免。她甚至打过非国大国际事务部部长坦博·姆贝基一个耳光，因为他藐视她。1991 年早些时候对她的审判显露出她已经变得不可思议的顽固，而且显然是津津有味地沉浸在非法的在城镇谋财害命当中。大量证据表明她同意，甚至可能是命令谋杀了不计其数的真实和假想的敌人、对手。在她周围聚集起一帮城镇暴徒、恣意妄为的年轻人和拍马屁的人，而那些品行良好，打算帮助她的人通常会发现自己“近墨者黑”了。

对温妮的不良品行有各种各样的解释：精神分裂症、酗酒、长期遭受迫害或夸大妄想症。国外新闻界已经把她塑造成反种族隔离斗争的化身，在全世界树立起她殉道者的形象。当这些媒介越来越多地报道她在城镇里的所作所为时，她又毁掉了自己塑造的圣人形象。在媒体面前荣耀丧失殆尽会不会对温妮的精神产生影响呢？我相信类似的经历影响了埃及总统安沃·萨达特，在他 1981 年 10 日被伊斯兰狂热分子暗杀前的最后几个月里，我眼见他渐渐地变得歇斯底里。萨达特不明白在自己国家内部严厉打击日益发展壮大的伊斯兰反对派会受到西方舆论的质疑和批评。这种批评是一面镜子，但是由于多年来一直被美国人看做英雄受到推崇的萨达特却不能照一照镜子。像萨达特一样，在享受了多年殉道者般的荣誉之后，温妮也无法应付对她行为的日益高涨的批评。不管是哪种或哪几种原因造成的，到 1990 年年底温妮·曼德拉看起来真的是精神已经不正常了。她受对权力和荣誉的无法控制的欲望之驱使，而且与当局的对抗使她更加强硬，温妮已经决意走上自我毁灭之路。在这一过程中她使自己周围的所有人、所有东西都陷于堕落，但最令人不能宽恕的是，她残忍地利用和羞辱了纳尔逊，这位她声称一直崇拜的男人。

大多数研究“温妮现象”的人似乎都同意：温妮一生中的转折点出现

在 1977 年 5 月。自 1962 年起她不停地受到禁锢，还在单人牢房里度过 17 个月。1977 年 5 月她最终被政府流放到奥兰治自由邦的一个偏僻小村子——布兰德福特，该村位于阿非利卡人农业区的中心。温妮受的折磨激起人们巨大的同情，当她在当地邮局和食品杂货店公然蔑视种族隔离的法律时，这种同情变成了崇拜。她甚至设法在布兰德福特外面的一个黑人城镇里组织了一次农场工人罢工。

如果在布兰德福特的经历强化了她蔑视种族隔离制度的意愿，那里的另外一些东西却在悄悄吞噬着她的神经。八年与世隔绝，孤独的斗争破坏了她的精神平衡。有些记者研究了温妮在去布兰德福特和从那回来后的行为，他们强调指出 1985 年 8 月她回到索韦托时已完完全全变了一个人。那时她开始酗酒，已经有点问题。但是长年与阴谋、警察奸细和周围背叛她的人打交道，她变得满腹怨气，什么都猜疑，已经分不清谁是朋友、谁是敌人。

布兰德福特当地警察局挑唆一伙年轻人洗劫了温妮的两间房子，因此温妮不顾禁令离开了那里。她利用这一事件大胆地搬回在索韦托的奥兰多西区的自己的住处，完全不顾当局的阻挠，她最后侥幸成功。于是她又回到了城镇政治运动中，正是此时反抗种族隔离制度的活动达到了高潮。许多城镇试图建立“解放区”，由一帮年轻人领导各街区委员会，他们随时准备用石块、木棒和燃烧瓶对付警察。南非抵抗运动的斗士们设计出他们自己的恐怖的惩罚措施——用绳子勒死那些告密者。温妮也因她 1986 年 5 月发表的声明而名声不佳，她说：“用我们的火柴和绞索解放全南非。”1986 年 6 月，在泽妮回到索韦托后不到一小时政府宣布全国实行紧急状态。

正是在这种城镇起义和警方大力镇压的环境下，温妮成立了“曼德拉联合足球俱乐部”，这酿成了她的一大罪过。那时在城镇里以著名的反种族主义领袖命名足球俱乐部极为盛行。温妮作为社会工作者和政治活跃分子，收留了许多被政治逼得无家可归的青年人，在她的资助下成立一家俱乐部也就没有什么可奇怪的。但在那个社会动荡不安的年代，社会活动、政治活动和犯罪活动之间有一条清晰的界线。温妮周围这帮暴徒打着“斗争”的旗号，成帮结伙地在邻近社区内索要保护费并制定他们自己的帮规。这样，历史上反对派秘密社团在家长制活动方式下经常出现的蜕化与堕落的悲剧——犹如意大利的烧炭党之蜕变为黑手党、哥伦比亚的“解放军”蜕变为贩毒团伙、我国清代白莲教蜕变为青红帮一样——也在南非黑人中发生了，而温妮不幸成了这一悲剧的主角。

1990 年 9 月 21 日，伦敦《独立》报刊登文章，详细介绍了“曼德拉联合足球俱乐部”是如何成立的以及它如何从踢足球转向“踢”解放运动。俱乐部一位发起人莱多萨迪 · 伊卡能对《独立》报记者说，1980 年温妮试图平息两个对立帮派间的打斗，每伙有大约二十几个“同志”，于是成立了足球俱乐部。两帮青年人都接受了温妮的建议，放下手中的斧头，在她资助下成立了一家足球俱乐部。其中一些人搬进了曼德拉在索韦托尔普克鲁夫的另一处住所的后院。伊卡能说，足球俱乐部在转向政治和犯罪活动前的确踢过几场足球比赛。1987 年 1 月的晚些时候，警察逮捕了住在温妮家后院的那伙人，因为他们涉嫌谋杀。当温妮试图利用俱乐部成员作为“巩固她地位的人”来扩大她在索韦托的政治影响时，俱乐部的情形更加恶化了。在她的资助和“教练”杰里 · 查里森的铁腕下，他们成立一个非正规的“人民法庭”，对受害者进行审判，有时甚至判处他们死刑。《独立》报有证据表明，温妮和俱乐部与 16 名索韦托居民的被杀有关，其中大部分受害者是十几岁的青年人。到 1991 年早些时候温妮出庭受审时为止，足球俱乐部已有 4 名成员进了比勒陀利亚中央监狱的死囚牢房，其中就有“教练”查理森，他与 12 起谋杀案有关。

14 岁的城镇少年抵抗英雄斯通比 · 莫凯恩 · 塞佩被杀，这一事件使问题白热化。反种族隔离群众民主运动的领导人在对待温妮的问题上无能为力，因为她在黑人社会获得“民族之母”的地位。在温妮和足球俱乐部周围人们似乎心照不宣地保持沉默，不论是当地还是国际媒体对她和俱乐部的恣意妄为的举动几乎都不发一言，大家都担心这种批评只会使反种族隔离斗争声名扫地。诺玛泥达·马丝安妮是一位黑人记者，她为之工作的期刊《前线文件》已经停办。她是当地唯一一位对“曼德拉联合足球俱乐部”到底是干什么的进行质疑的记者。《华盛顿邮报》的记者威廉·克莱伯恩是为数不多报道温妮身边人的可疑行为的外国记者之一。1987 年 2 月 26 日，《邮报》刊登了他的文章，他描述了前一天年轻黑人们如何向温妮在奥兰多西区的住宅掷石块。扔石头的这伙学生来自达利翁葛中学，温妮的足球俱乐部占了一块有争议的足球场地，把这帮中学生给赶走了，他们就用掷石块的办法报复。克莱伯恩提醒读者注意，这已经不是大众第一次对温妮表示不满了。前一年的 12 月份，开普敦本地一位极不受欢迎的妇女承认她谋杀了自己的丈夫，而温妮却对她进行祝福，这大大激怒了周围人群，他们向她抛掷软饮料罐、垃圾和沙子。

斯通比被谋杀打破了保护温妮的“沉默之情”。斯通比和另外 3 个男孩在奥兰多西区离温妮住所不远的卫理公会教堂牧师住宅处被绑架。这一次温妮与教会进行较量，而这一教堂恰好在支持反种族隔离制度的斗争方面不遗余力。尽管她自己也是一名卫理会教徒，但她与教堂的牧师保尔·维恩争吵过，而和保尔住在一起的也有一群无家可归的青年人。温妮的朋友科萨莉斯瓦·法拉蒂是牧师住宅的女管家，她向温妮告了保尔的状，温妮错误地、过分严重地对保尔采取了措施，而后来证明法拉蒂疯病很严重。法拉蒂告诉温妮说保尔对许多和他住在一起的男孩进行调戏，还说应该做点什么把他们从保尔的鸡奸中解救出来。

于是温妮告诉法拉蒂和理查森去组织“营救”工作。1988 年 12 月 29 日晚上，他俩动手了，把 4 名吓坏了的青年人带回到温妮在迪普鲁夫住处的后院。在那里，足球俱乐部的成员对他们四人进行了审讯，毫不留情地毒打他们，让他们写字据承认维恩的鸡奸行为。斯通比受到了特殊对待，因为温妮一伙人认为他是警察的人。审讯完毕他已奄奄一息，三天后的一个夜晚“教练”查里森把他带走了，用刀子结束了他的生命。1989 年 1 月

6日，人们在索韦托一块空地里发现了他的尸体。第二天，另一名被绑架的受害者肯尼斯·克卡塞在温妮住宅外进行“警卫”时逃了出来，他马上向卫理会的长老们报告了他和他的3名伙伴的事。人们再也无法忍受了，他们决定制止温妮的荒唐行径。

1989年1月下旬，温妮在群众民主运动的同事们在索韦托对她进行审判。审判绝大多数情况下是在约翰内斯堡和索韦托的秘密会议上进行的，每次都把秘密的备忘录送到卢萨卡的非国大领导人手中。温妮曾在索韦托自己家中进行“人民法庭”审判，而现在她自己也要接受同样的审判。但她拒绝合作或承认她和她的俱乐部做了什么错事。对民主运动和索韦托的领导人来说，很难裁决“民族之母”有罪并应受“惩罚”，并再一次对她进行政治上或肉体上的放逐。很显然温妮事件已成为全国性的丑闻，这正中了白人当局的下怀，他们一直迫切地盼望能有机会使整个反种族隔离运动声名扫地。

对运动的领导人来说，这是考验他们领导能力的严峻时刻。1988年8月另一帮与温妮的足球俱乐部不合的人向温妮在维拉凯兹街的住宅投掷了燃烧弹，为此，非国大专门成立了“曼德拉危机委员会”来解决这一问题。（邻居们没有人帮助灭火，这也反映了人们的情绪。）现在这一委员会作为“法律”来对温妮进行审判，法官们包括运动的许多领导人，如西里尔·拉马弗萨，“全国矿工联盟”秘书长；弗兰查·施坎尼牧师，南非教会理事会总书记；奥布瑞·莫考那，“释放曼德拉运动”领导人；以及其他著名的教会领袖。卫理公会的彼德·斯乌瑞主教并不是“危机委员会”成员，但他后来说，他参加了1月9日至16日的35次会议，大家从各个角度试图解决“温妮危机”。委员会不断地咨询在卢萨卡的非国大领导人，并通过曼德拉的律师伊斯梅尔·阿约布与纳尔逊本人协商。在曼德拉的亲自干预下温妮才终于同意释放加布瑞尔·麦克韦和萨比索·莫诺，另外两名被绑架而且仍被拘禁在温妮那里的青年人。

1989年1月中旬“危机委员会”在送给非国大主席坦博的一份备忘

录表明，随着越来越多的证据证明在温妮的住处确实发生了令人痛心的事，非国大成员极为痛苦。委员会从一名俱乐部成员卡提扎·塞比克胡鲁那里获得了关于绑架的详细的第一手资料。卡提扎说，他确实参与了殴打4名男孩。在人们还没有确定斯通比到底怎么样了时，卡提扎讲述了发生的故事，说4名男孩都受到“毒打”，而且他相信斯通比已经死了。在卡提扎供词的基础上，委员会于1月16日晚召开了由所有索韦托团体的领导人参加的会议，在这之前麦克韦和莫诺已交给斯乌瑞主教监护。两名男孩证实了塞比胡鲁的供词。（1991年审判温妮时，一位医生证实麦克韦至少挨了19鞭子，他的背部、臀部、胸部、脸和眼都挨了皮鞭。这位医生还发现莫诺身上至少有15处鞭伤。）两个男孩还告诉委员会，温妮首先亲自动手，对他们连踢带打。当他们从昏迷中苏醒过来时，他们被逼着擦去审讯室墙上和地板上的他们自己的血迹。然后他们被迫为俱乐部做警卫和清洁工。

这一事件发生两天后，委员会才得出全部情况；而两年之后约翰内斯堡一家法庭才得到同样的证词。就是在这次会议上，第一次有人提出把温妮逐出黑人政坛，委员会做出决议：“所有进步组织都不应再给她提供讲坛，而且命令她立即退出。”最后，委员会要求温妮“不要再给别人造成她是代表人民利益讲话这一印象”，而且委员会建议所有“进步律师”都不要再帮助她。

当有人通知温妮会议决议之后，她的第一反应是拒绝承认其权威性，并要求得到所有出席会议的人员名单。“她看起来认为自己凌驾于社会之上，不论是对‘危机委员会’还是对社会她都表现出极度的蔑视。”有人对奥利弗·坦博这样说。委员会恳请坦博予以指导，怎样对待“正在我们眼前发展的这一令人恐怖的新局势”。并问他是否有什么办法使温妮改过自新。温妮威胁说要召开记者招待会，宣布退出非国大，这一步骤将对整个反种族隔离制度的事业造成毁灭性打击。在曼德拉获释后，温妮不厌其烦地运用这一近似敲诈勒索的手段来对付她在非国大内部的对手们。

但是，运动领导人们得到了卢萨卡非国大总部的支持，并且至少得到纳尔逊的默许，因而没有退缩。2 月 16 日，南非两大主要的合法黑人政治及工会组织——“联合民主阵线”和“南非工会大会”举行记者招待会，宣布正式把温妮开除出运动组织，因为她“滥用了黑人社会对她的信任和信心”。他们说，“曼德拉夫人的举动使她与各阶层被压迫人民以及整个群众民主运动越来越多地发生冲突”。声明实际上指控她绑架并殴打了四名年轻人：“有些人打着与种族隔离制度斗争的旗号违背、侵犯人权，我们不准备对此保持沉默……同此，群众民主运动与曼德拉夫人和她的行动拉开了距离。”“我们号召我们的人民，尤其是索韦托地区的黑人同胞们，用一种尊严的方式拉开这种距离。”温妮保持沉默，但她永远不会忘记也不会原谅“联合民主阵线”中促成她倒台的那些人。1990 年 2 月她的丈夫将获释，她会伺机报复他们的。

正是在这种暴风雨般的背景下，1991 年 2 月 4 日开始对温妮进行正式审判。地点是约翰内斯堡的兰特最高法院，隔壁便是卫理公会教堂的主楼，对其权威她亦不屑一顾。温妮和曼德拉都坚称，只要她能“有一天在法庭上”讲述自己的故事，就能证明对她的所有指控都是假的，她是清白无辜的。她终于有了这一天。审判持续了 14 周，一直到 5 月中旬才结束，对整个非国大以及曼德拉全家来说，简直是一次痛苦的经历。这次审判在非国大全国执委员会成员中划了一条线，把忠于曼德拉一家和忠于更广泛的非国大利益的成员分成两部分。开始，纳尔逊说服他的老战友们支持温妮，并试图使整个执委会支持她的事业。温妮的支持者想把这次审判描绘成另一个纯粹出于政治目的对她进行种族隔离迫害的例子。开始时，非国大执委们站在温妮一边，但不久就改变了立场，宣布不再支持曼德拉夫妇，并在政治上与温妮拉开距离。最后，执委们甚至对白人种族制度法庭来审判非国大主席的妻子都不再表示异议。

温妮组织了一支辩护律师队伍，成员引人注目。辩护队伍的领头人是乔治·比泽斯，他曾为上世纪六十年代对曼德拉的审判进行辩护，在反种族歧视圈子里很受尊敬。乔治是非国大和曼德拉的常务律师，因此选他为温妮辩护毫不奇怪。但温妮还想展示对她的政治支持超出了非国大，于是她聘请迪克冈·莫塞尼克，著名的“泛非洲人大会”领袖（他成为泛非大的副主席）来协助比泽斯。她还坚持请达利·姆波夫加入辩护队，那时他只是一名29岁的律师方面的生手，姆波夫唯一的声望来自他是温妮并不秘密的情人。

审判开始时，温妮的政治崇拜者组织活动对她表示大力支持。“妇女联盟”的成员穿着非国大的黑色、金黄色和绿色服装，出现在法庭土为她喝彩，其中一些人占据了审判大厅的后面几排座拉而且一直待在那里，就像希腊悲剧中的合唱团。在法庭外面，他们唱着：“民族之母，我们与你同在。”“温妮，我们爱你！”“非国大万岁！”温妮还组织了“支持温妮·曼德拉特别委员会”，其中包括她长期的朋友和崇拜者。审判开始时，许多高级非国大官员和共产党领导出席，他们是应曼德拉的要求而来的，但不久她的支持者就减少到几十个人。在举行了一次记者招待会后，她的支持委员会也解散了。除了曼德拉之外的所有非国大高级官员都不再露面了。

非国大官员态度的转折点出现在2月26日，当天她的支持委员会在约翰内斯堡市政厅举行了其唯一的一次记者招待会。尽管人们都盼着温妮和曼德拉出席，但他俩并未露面。相反，非国大最高官员们举行了一次秘密会议，通知曼德拉夫妇，非国大再也不能被温妮利用来满足个人政治目的了。反对温妮的斗争，也是间接地反对纳尔逊本人的斗争已经开始。非国大官员提醒温妮，即使还是白人主持的审判，那也是温妮自己的事，而不是非国大的事。面色严厉，举止很像德国人的法官米盖尔·J·斯坦格曼作为自由党人也毫无名气。根据南非的司法制度，由于温妮被指控犯有谋杀罪，斯坦格曼一个人就可以听证她的案子，进行审判，并进行宣判。然而非国大对斯坦格曼本人和温妮受审的方式未发表一字的批评。

审判一开始，温妮和她在非国大里的朋友看起来似乎完全破坏了整个审判进程。八名同案犯中有四人获得保释，没有露面。然后，起诉方的最重要的证人麦克韦从他当初被绑架的卫理公会教堂的牧师宿舍失踪了，谣言传说他被非国大秘密部队绑架了。（很久以后人们才知道，这一次他是自愿离开牧师宿舍，他躲到了赞比亚。在那里麦克韦声明说温妮贿赂他不要出庭作证，他在非国大特工人员的协助下秘密穿过边境。）麦克韦的神秘失踪吓坏了起诉方的另外两名主要证人克卡塞和莫诺，他们告诉斯坦格曼，他们太害怕了，不能出庭作证。他们最终作了证，但那已经是3月初的事了。

他们的证词听来令人毛骨悚然，对曼德拉来说也是一种折磨，他出席了大部分审判过程。克卡塞和莫诺告诉法庭，俱乐部的人命令他们叫温妮“妈咪”，她亲自主持了对他们的审讯。她试图从他们口里逼出“口供”，证明维恩有同性恋行为。这时温妮不出意料地大喊大叫起来：“你们不配活着。”克卡塞向法庭描述了温妮如何带头对他们四个人拳打脚踢，她用拳头打他的眼睛，并用皮鞭“多次”抽他，莫诺告诉法庭说温妮“用巴掌和拳头打他的脸”。然后俱乐部其他成员加入进来，“用脚踩踏他的身体，把他高高地举起然后扔下来。”这两位证人说，由于斯通比被怀疑是警察秘探因而受到特殊照顾。在遭受毒打以后，他们把他带出审讯室，扔进一个充满水的浴缸里，硬把他的头按进水里，几乎溺死他，他最后“承认”向警察报告了其他积极分子的消息。审讯快结束时斯通比已是伤痕累累，几乎无法行走。后来克卡塞和莫诺经过“改造”被逼加入了足球俱乐部，但没有斯通比。他们最后一次看到他是1月1日晚上，当时“教练”理查森把他从后院带走了。

在法庭审判中，温妮被正式称为“8号被告”，对她的审判无疑是整个审判的高潮所在。4月16日，她终于站在被告席，此后三天诉方和法官对她进行了审讯，想得知事情的真相。按照温妮的说法，事实比小说更令人陌生。比泽斯在温妮受审前对她进行了几天的训练，要她坚决挺住，就像自己既没做也没看见或听见什么不对劲的事。很快事情就变得很明了，法拉蒂被抛出来作为她的替罪羊，尽管法拉蒂的律师事先一无所知。法庭被告知，一切都是法拉蒂一手策划的。是她指控维恩有同性恋行为，是她建议把 4 名年轻人带到温妮的住处。这一切发生在 12 月 29 日下午，就在温妮动身去布兰德福特访问前，几个小时后理查森、法拉蒂、温妮的司机约翰·摩根去把 4 名受害者绑架回来。她甚至不知道 4 个受害者住在她的后院里，更不要说他们被绑架和遭毒打了，直到她读了报纸才知道这一切。她未曾遇到过他们中的任何人，只记得斯通比“像个小孩子在水龙头那里洗手”。至于臭名昭著的“联合足球俱乐部”，在事件发生时已经不复存在，她从没有过任何“保镖”，也从不知道“后院中的男孩”中有人晚上在她的住处外面警卫。这是一个完全令人难以相信的故事，但不论温妮还是比泽斯似乎并不在乎。

比泽斯为温妮进行的辩护很大程度上依赖于绑架案当晚温妮在干什么，但在这方面他面临一个很尴尬的问题。尽管她对媒介报道她涉嫌绑架极为生气，但她从未对任何一个记者讲起过或发表过任何声明说她在那个性命攸关的夜晚访问过布兰德福特。“没有人问起过我这件事。”温妮很随便地说。她对媒体的报道如此之狂怒以致于决定接受一家荷兰电视台的采访，“因为我不能接受对我那些野蛮的指控，我要为自己正名”。但是即使那时她也没提起过任何有关访问布兰德福特的事，她辩解说记者本人没有问那个问题。

实际上，直到事件发生快一年半之后的 1990 年 5 月，当理查森受审时温妮才宣布了她的布兰德福特之行。比泽斯找了两个证人来证明她讲的故事是真的。塔博·莫陶，一个学生，告诉法庭 12 月 29 日黄昏时，他替摩根——温妮的专职司机开车把温妮送到布兰德福特。另一个征人诺拉·莫阿劳里是一位教师，温妮称自己在布兰德福特的当天晚上和第二天晚上和她待在一起，然后于 12 月 31 日返回索韦托。莫阿劳里作为布兰德福特唯一出庭作证的人，向法庭提交了一本日记和一张胡乱涂写的纸，证明温妮12月30号晚上在布兰德福特开会。参加那次会议的其他人都没有出庭作证，而且温妮记不清他们任何人的名字了。莫阿劳里的证词中有好几处漏洞，也使人对温妮不在案发现场的证明大为怀疑。例如，莫阿劳里的日记中关于温妮的布兰德福特之行时间顺序混乱，而且莫阿劳里不知怎么地用三种颜色的钢笔在文件上写字，该文件用于证明温妮出席了一个讨论装备日托中心所需设备的会议。文件最上边的"12月30日"是用一种与文件其他条款不同的墨水写上去的，有力地表明那是后来加上去的，而不是原来就有的。

在她三天的证人经历中，温妮做出了一些值得注意的声明。她说坚持要理查森"说出真相"，一位记者曾于2月19日采访他关于绑架和殴打4个索韦托青年的问题。她在场并要求理查森承认的确有过"殴打"，而不仅是无伤害的"轻轻拍打"，而她开始正是要求理查森那么说的。她告诉斯坦格曼法官，"他至少可以说出事情的真相，高尚的男人说实话，陛下。"没有人抓住这一机会问她是否"高尚的女人"也有义务说实话。

温妮结束了她在法庭上的任务，现在该斯坦格曼法官了。5月13日他宣布了判决，他对温妮的证词品格的判断是毁灭性的。温妮与她的同谋法拉蒂表现得"极度缺乏正直感"，已经脱离正轨，回避事实真相。他说，温妮的证词充满了"精心准备的含糊不清模棱两可"和"不可能的事情"。

当然，关键问题是，斯坦格曼是否像两年前解放运动的法庭那样，判定温妮是绑架4名青年人的背后指使人。斯坦格曼法官最后宣布她一定是这一切行动的背后主谋，因为——法官措辞得体地称——从设想所有这一切都是在没有曼德拉夫人作为精神动力的情况下发生的，就像设想没有哈姆雷特的《王子复仇记》一样。只有当他宣布对温妮在殴打四名青年人中所扮演角色进行宣判时，法官才对她的罪行有所怀疑。起诉人未能证明她去布兰德福特是在撒谎。因此像她所说的那样，仍存在相当大的可能性——她在殴打开始前已经离开。然而，她后来肯定知道了绑架和殴打之事，但即使在索韦托领导的压力下，她仍拒绝释放被绑架青年。斯坦格曼最后说，至少温妮是名从犯。他判温妮和法拉蒂犯有绑架罪，而且温妮还协从殴打了4名青年。

那天出席审判的几乎所有记者都与斯坦格曼法官对温妮的评价一致，认为她是“一个冷静、沉着、从容不迫、毫不脸红的说谎者”。然而，使每个人感到震惊的是法官先生对温妮的品质大加指责，因为在此之前还没有哪位白人或黑人官员如此毫不掩饰地谴责这位前“国母”。在斯坦格曼对案件长达六小时的回顾中。温妮始终毫无表情地听着，但即使是她在听到斯坦格曼对她人格的评价时也大为震动。对斯坦格曼的调查结果，她唯一反应是说她很高兴法官先生没有判她犯有殴打儿童的罪行。她突然脱口而出“那才是我关心的事情”。快走到法庭大门时，温妮又恢复了通常的微笑，而纳尔逊却没有。很明显斯坦格曼对他妻子的判决动摇了他的信心，头一次他无法露出那阳光般灿烂的微笑。

斯坦格曼判决如下：由于犯有绑架罪，从第二天起温妮需坐5年牢；又由于她协同参与了殴打青年事件，另加1年徒刑。他还提到温妮在屈服于巨大的社会压力而释放两名被绑架青年之前，曾把他们拘押了20天，她对受害者“完全没有同情心”。法官先生说：“没有任何迹象表明你们中的哪个人哪怕觉得有一丁点儿难过或者下不为例的意思。”法拉蒂被判6年徒刑；摩根1年。乔治·比泽斯立即宣布他将对斯坦格曼的判决提出上诉，但温妮和曼德拉在政治上和感情上的损害已经不可能弥补了。（1993年6月2日，上诉法庭撤消了斯坦格曼对温妮绑架罪的宣判，而是改为1年徒刑，缓期两年执行，另加罚款约10000美元。法庭还撤回了对温妮犯有协同殴打罪的指控。）

这次审判粉碎了纳尔逊对他那么久以来一直挚爱的女人的最后幻想。在刚刚两年多一点的时间里她已经两次被判犯有不轨行为，第一次是她的同事们进行的非正式的审判；第二次则是法庭的正式审判。斯坦格曼法官和温妮的同事对温妮作出的结论相同，纳尔逊再也无法继续相信她是清白的。但他想得更远，他也无法保护她不被非国大领导人们赶出去了。对于斯坦格曼对他妻子的可靠性和名誉作出的可怕的论断，非国大执委会没人提出异议。法官宣判后的沉寂震耳欲聋；更进一步，曼德拉要求非国大把温妮的审判看做是政治审判，但遭到非国大领导层的拒绝。非国大采取的立场既反对他也反对温妮。曼德拉突然面临这样一种前景：在他周游世界时，陪在他身边的是一位被判犯有绑架罪的女人。她会使他在政治上极为尴尬，而且，被内疚感所折磨的纳尔逊不准备与她离婚或不再保护她。不，他不会的。直到 1991 年秋天他才转过弯来，但事情的发生却与审判毫无关系。

到 1991 年中期时，温妮已不仅是一个犯有殴打儿童之罪的女人，她还变成了一个精于玩弄政治阴谋，能通过变幻无穷的诡计来促进个人政治事业的女人。曼德拉刚被释放时，她有一段很短暂的时间扮演起贤内助的角色，把纳尔逊推向镜头。在讲坛上，她毫不炫耀地站在他的身边或身后，面对那些来聆听他们心目中的麦加圣音、目睹他们心中之神的群众，她几乎一言不发。在适当的时候，她与曼德拉合演“曼德拉一家”——两人肩并肩站着，面带具有感染力的微笑，伸出的拳头紧握着；温妮会大喊：“权力！把权力还给人民！”

这种情形很短暂。起初，纳尔逊被温妮搞得迷迷糊糊，急切地帮她促进她的政治事业。他开始帮助她赢得非国大在奥兰多西区的分支机构和“妇女联盟”的选举，使她有了一个本地权力基础。他挨家挨户地拜访民众，号召他们投温妮的票。她轻松赢得选举，给了她通往地区和全国级的政治活动的跳板。在曼德拉和他在非国大内的老战友们的帮助下，1990 年秋天温妮当选为非国大社会福利部部长。这一提升激起相当的争论，但曼德拉在 1991 年 2 月 8 日举行的一次记者招待会上说，反对她这一任命的人“屈指可数”。

这一职位为温妮提供了她所需的政治舞台：她需要频频在城镇里和棚屋的帐篷里露面，使她能在非国大喜好战斗的成员中赢得支持者。

就像爱娃·庇隆[1]在阿根廷做的那样，温妮把自己塑造成穷人和被压迫、被蹂躏人民的英雄。与此同时，温妮忙于与非国大内部的“激进分子”和“革命分子”建立联盟，尤其是那些属于南非共产党的成员。她和“民族之矛”总参谋长克里斯·哈尼常在一起。哈尼不仅是非国大的高层领导人之一，他还是南非共产党总书记。甚至在1991年官方的曼德拉圣诞卡片上，她还宣扬自己与哈尼的亲密友谊，在卡片的背后有一张她和哈尼的合影。温妮是否秘密加入了共产党只是一种猜测，而没有什么证据。她有时戴一个共产党徽章，但她常穿军装；徽章与她的军装和军帽非常协调。她想表明自己同情南非共产党人和“民族之矛”。

她另一公开的盟友彼得·莫卡巴，前“南非青年大会”主席，该组织后来变成“非国大青年联盟”，莫卡巴仍是主席。在城镇里其成员只沦为非国大的“冲锋队”，以“青年狮子”著称，温妮的好战形象使她在“青年联盟”中大受欢迎。总之，不论是在非国大还是在共产党内，从棚屋住户到最高层领导，她都有强有力的朋友和盟友。

温妮的敌人们也很强大，他们主要是在非国大“妇女联盟”内部，非国大高层和中层官员中也有一部分。这些人的领导是“民主联合阵线”的领袖们，1989年2月他们参与作出把温妮驱逐出群众民主运动的决定。这一伙人由拉马弗萨，南非最强有力的工会领袖领导。在曼德拉获释后不久，温妮成功地把拉马弗萨给压了下来，但他极受群众欢迎，不可能长期被压在下面。考虑到温妮不顾一切的好斗形象和政治上的腐败，特别是在她被判犯有绑架罪之后，其他非国大官员感到对非国大来说，温妮是一笔还不起的政治债务。

与此同时，温妮的推土机战术使越来越多的非国大积极分子疏远了

[1] 即“前庇隆夫人”（1919—1952），与曾任总统的“后庇隆夫人”伊萨贝尔·庇隆同为阿根廷激进民粹主义（庇隆主义）组织正义党的活动家。由帮助其丈夫（胡安·庇隆）搞群众运动而成为庇隆派阵营中最好斗的一翼，当政后曾查封近100家报刊，推行教育宗教化，以行为极端著称。

她。比如说，她觉得胁迫人们投她的票没什么不对，有些情况下她利用纳尔逊的威望来达到目的。有一次，在约翰内斯堡的非国大地区组织的几个分支机构想阻止温妮当选地区执委会委员，他们抱怨她的方法太强硬。就在选举开始前不久，温妮在曼德拉的陪同下步入会场。纳尔逊接着动情地恳请人们选她，然后选举立即开始。她当选约翰内斯堡地区“妇女联盟”主席是另外一个例子。她给每个她认为不会支持她的人写了一张条子，威胁说如果谁不投她的票她就把谁称作是政府的间谍。但其实纳尔逊和他对温妮的亲手提携仍然对温妮不断当选至关重要。

1991 年 4 月下旬，温妮遭受了另一次严重挫折：她未能如愿以偿地当选“妇女联盟”主席。这一次甚至纳尔逊也无能为力，因为导致她失败的那位女人是阿伯蒂娜·西苏鲁，她一直不急不火地同温妮竞争。1990 年之前她所遭受的警察迫害并不比温妮少，而且她的丈夫沃尔特坐牢的时间也和纳尔逊相差无几。但是作为一个平和的祖母般慈祥的人物，她没有什么政治野心，她一直被火焰般燃烧的温妮所掩盖。许多人认为阿伯蒂娜才是配得上“民族之母”称呼的人。在非国大成为合法组织后，“妇女联盟”在金伯利召开了第一次全国大会，在这次大会上她们俩的重要性得以比较和体现。

竞争主席职位的两名人选是温妮和格图德·舒比，后者是非国大执委会的老成员，也是非国大“妇女联盟”在卢萨卡地区的负责人。整个大会的时间都耗在选举上了。温妮用公共汽车拉来她的支持者，而且选举投票时试图舞弊。一位当事人回忆说，现场给每个候选人准备了不同颜色的彩色选票，上面没写候选人的名字。这是为了照顾参加大会的大批不识字的妇女。温妮的支持者们把绿色的选票割成两半，希望能使温妮的得票数加倍，但这一伎俩很快被人发现予以制止。最后看来，真正的决定性因素是阿伯蒂娜。她公开号召她的支持者投舒比的票，他们也的确那么做了。结果对温妮来说是一次彻底的失败，她只得了 96 票而舒比得了 400 票。阿伯蒂娜于是毫无异议地当选为副主席，而温妮不得不就任“候补成员”。不到两周之后，温妮被判犯有绑架罪。

在目睹了妻子在公众面前声名狼藉、在政治上遭受挫败之后，曼德拉下一步要忍受另一种羞辱——他旧时战友联盟的力量逐渐被削弱。1991 年 7 月 2 日到 7 日，非国大在德班召开了盼望已久的全国代表大会，在这次大会上将确定一批候补人选名单。尽管曼德拉当选非国大主席只不过是走个过场，但在选举总书记的问题上斗争具体化了，因为总书记人选将决定他退位之后谁来接班。曼德拉的老战友们倾向于让阿尔弗雷德·恩佐，一位不屈不挠的斗士和尽职尽责的总书记留任。但恩佐决不是一个有力的竞争者，许多人认为他应对非国大内部组织混乱负有责任，他已经变成了为曼德拉跑腿的“小男孩”。相反，坦博·姆贝基和克里斯·哈尼间的竞选斗争日趋明显。他们代表两种截然不同类型的人：姆贝基为人平和谦逊，而哈尼则很激进。然而在最后关头，两人都同意退出竞选，以免发生伤害感情的权力斗争。于是，曼德拉暗中为雅各布·祖马运动，想让他当选总书记，祖马是非国大情报局局长，也是一位祖鲁人。曼德拉解释此举是为了平衡“民族”领导间的权力，特别是挑选一名祖鲁人以反击布特莱齐酋长的指责，他说非国大已被科萨人控制了。

这一次，曼德拉又没能实现自己的想法。相反，前“民主联合阵线”与共产党激进派通力合作，展开了推举深受大众欢迎的西里尔·拉马弗萨作总书记的运动。在接下的选举中参加大会的 2244 名代表投了票。拉马弗萨以 1156 票对 490 票的压倒多数击败祖马，曼德拉没有办法控制这一秘密选举的结果。（祖马后来成为刚刚设立的副总书记）一群崇拜拉马弗萨的代表把他举上肩头，像凯旋的英雄一般把他从大厅后部扛到了主席台，人群对这位 38 岁的新领导发出欢呼。

拉马弗萨的当选体现了权力从老一辈革命家手中传递到了年轻一代的积极分子手里，其中很多人来自“民主联合阵线”的各领导层。在非国大召开全国代表大会后一个月，“民主联合阵线”宣布解散。拉马弗萨的当选也向曼德拉传递了一条私人信息，就像我们已经看到的那样，他决不是曼德拉或温妮的私人朋友。而且，曼德拉不会忘记拉马弗萨唐突的评论，他说曼德拉不应该指望刚走出监狱就接管非国大。这位工会领导人也对曼德拉在政治上的重要性不以为然，他在1989年11月份对《领袖》杂志说，曼德拉的地位与“任何其他非国大成员的地位没什么不同”，并且评论说曼德拉只是“可以考虑作为领导人选之一”。

尽管温妮虽然被判有罪仍当选非国大“全国执行委员会”委员，但这一胜利并不能对她的活动进行有力的支持。在执委员的50个公开议席中她仅列第26位，而现在执委会已扩大到66人，其中绝大多数她的好战的盟友反对她丈夫与政府进行谈判。的确，在温妮加入执委会之后，曼德拉在新的领导层里几乎没有盟友了。奥利弗·坦博和沃尔特·西苏鲁的职务都是名誉性的，前者是全国主席，后者是副主席。另一名老一代的中坚分子托马斯·恩科比，仍然做总司库。但整个趋势在向相反方向发展，“民主联合阵线”、共产党以及工会的积极分子大量涌进执委会，成为很明显的一股正在上升的力量。种种迹象表明，曼德拉前头的路还很崎岖。

很可能这一切来得比他预计得快。显而易见的是发生在非国大内部的拜占庭式的阴谋诡计，其中许多阴谋公开限制曼德拉的权力和行动自由，特别是在与德克勒克进行谈判方面的自由。现在的问题是曼德拉或拉马弗萨能否完全控制住与政府的接触。1991年7月下旬，新的执委会从其各层领导人中选出26人组成“全国工作委员会”来负责非国大的日常工作。8月初，曼德拉还在国外，“全国工作委员会”对非国大官僚机构进行一次大的内部重组，任命温妮为非国大福利部部长（她的原职位由一位年轻的共产党人查瑞尔·卡若勒斯顶替），委员会还把与政府进行谈判的责任统统交给拉马弗萨办公室。总部设在伦敦的《前线文件》杂志把这次重组比作是一次政变，谴责它是一次“共产主义分子的阴谋”，他们强烈反对“曼德拉独断专行的作风”。然而，对于曼德拉出狱以来与政府进行谈判的方式，并不仅仅是共产主义分子们不高兴，大部分执委会成员脑子里都是“民主联合阵线”的那种集体决定风气，他们想从曼德拉手中夺过裁决权。

面对拉马弗萨对其权威的挑战，曼德拉极为愤怒，他开始反击了。他取得了部分胜利，使上面两个决定发生逆转，至少是修改了那两个决议。温妮重新当选福利部部长，负责谈判的委员会也加进了曼德拉、西苏鲁和姆贝基。尽管如此，现在是一个集体而非曼德拉一人在与政府进行谈判。

曼德拉的权力受到削弱，他的耐心也已用尽，再也不能为了温妮的利益干涉非国大做出的决定了。事实上，1991 年 9 月至 11 月间，纳尔逊对他的妻子的态度突然强硬起来。因为两件相关的事使他大受刺激，从而认识到温妮已经变得不能忍受了。这两件事都与越来越公开的她与姆波夫的通奸关系有关，那个浮华的年轻人曾经参加过温妮的辩护律师组。他们俩的暧昧关系可以追溯到曼德拉获释前，那时达利（每个人都那么称呼姆波夫）在曼德拉住处住了一段时间。曼德拉听说这件事后给温妮写了一封信，告诉她让那个“男孩”滚出他家。达利搬走了，但他们的暧昧关系仍然延续着，而且越来越公开。1991 年 6 月，《城市新闻》周刊刊登了两篇关于温妮与姆波夫暧昧关系的文章，双方对此均未予以否认。

也许出于为温妮为他往昔作出的牺牲怀有内疚，开始时曼德拉对她与达利的关系并不是太愤怒，但温妮开始在公众场合炫耀她的情人。在她被重新任命为福利部部长后，她竟然大胆地任命达利为副部长，这一安排可以为他们俩总是在一起找一个冠冕堂皇的借口。然后 10 月的第一周，温妮去了美国，名义上是为“非洲儿童音乐会”筹款和聘请艺术家，该音乐会计划于当年晚些时候在尼日利亚举行。她带着达利乘坐飞机的头等舱，谣传说他俩仅机票就花了 20000 兰特（折合大约 7100 美元，后来非国大官员否认这是党的拨款）。这次旅行纯粹是场闹剧，温妮和达利在狂欢了五天（他们去了西海岸和好莱坞）之后返回南非，既没筹到款也没请到艺术家。当曼德拉听说了他们奢侈的花费时，他爆发了。

大约与此同时，外交圈里开始听到传闻：温妮和达利在非国大约翰内斯堡总部的一间办公室通奸时被曼德拉当场撞见。这种侮辱也许能解释为什么曼德拉勃然大怒，以及他在温妮和姆波夫从美国回来之后采取的行动。曼德拉单方面解除了达利的副部长职务，这一举措引得温妮给非国大执委会写了一封长达 20 页的辞职信，为自己的行为和美国之行辩护。在非国大领导人之间、曼德拉夫妇之间的冲突已是公开的秘密，反温妮的非国大成员高兴地四处散布这一消息。

执委会最终不得不进行干预以解决双方的摩擦。在 11 月 25—26 日举行的会议上，执委会决定——原因从未有人解释——拒绝温妮的辞职，重新任命达利为福利部副部长。显然，执委会仍然希望纳尔逊和温妮私下解决彼此的分歧，避免令人尴尬的分居。然而，所有这一切都对媒体保密，曼德拉和温妮之间不和的唯一迹象是，当月当地报刊报道说纳尔逊和温妮已经不再住在一起了。非国大掩饰说这只是因为他们的性命都受到威胁，分开住有利于采取“保安措施”。但是曼德拉显然在这一系列事件后开始寻找新的伴侣，例如芭芭拉·玛塞克拉，前非国大文艺部部长，也是著名的小号演奏家胡格·玛塞克拉的姐姐。她在公共场合开始出现在曼德拉的身旁。12 月初，陪曼德拉去美国（这是他第二次去）的是芭芭拉，而不是温妮。

曼德拉夫妇直到第二年 4 月才宣布分居，尽管约翰内斯堡的每个人都知道，他们的婚姻已经破裂，而且出于对非国大名声的考虑，非国大领导层也向曼德拉施加了越来越大的压力，要求他疏远温妮。

到这个时候，在曼德拉和拉马弗萨的领导下非国大已经形成一种二元化风格。他们俩不论是否喜欢对方，似乎已经解决了决策规则问题。对于集体领导原则，曼德拉在公共场合竭力称许，私下很不以为然，但它毕竟已成为主流。拉马弗萨已体现出对非国大机构的控制，他甚至从曼德拉手中夺回了去政府进行谈判的权力。总有无休无止的报告说拉马弗萨在“阴谋”使曼德拉退位，但这种阴谋从未发生过。

曼德拉似乎被压住了，仅仅局限于个人问题而不再有权干预政务。从前他通过专线电话与德克勒克两人对话，现在也结束了。他们偶尔能会一次面，就像美苏首脑会议似的：预先谈判讨论议事日程，潜在的协议，最终在高级助手的协助下签订公报。曼德拉仍然很有影响力，因为他是非国大选举产生的主席，在国内外享有崇高的声望。但自从 1990 年 2 月以来，他的权威在逐渐削弱。非国大这一影响广泛的组织以及其越来越多的领导人发现，曼德拉的独断专行倾向和个人外交已经危及了“整体的”利益，这使得曼德拉成为一群平等的领导人中的第一人，他的同事们不停地提醒他，他只是领导集体中的一部分。

曼德拉已经学会了极有风度地服从于这种“集体意志”。当他发现对非国大国内国际政策的变革引起强烈反对时，他就会让步。当他发现自己建议与布特莱齐会面的提议遭受地区组织的强烈反对时，他后退了。他最终甚至让步于同事们的压力而与温妮分居。最后，曼德拉学会了做他曾保证做的那种人：“一个有组织的人。”但他不得不被一遍又一遍地提醒，那在实践中意味着什么。

1994 年，已经正式分居两年多的曼德拉夫妇终于在法律上解除了婚姻关系。这时他们结婚 26 年，纳尔逊已 76 岁，温妮也已五十有八。两位名人的正式离婚并未引起太多的关注，因为他俩从政治到私人生活上全面的分手早已不是新闻了。尽管如此，这次失败的婚姻仍然使他们都付出了极大的代价。这倒不是指道德上的。在婚姻文化观念与中国截然不同、甚至与白人传统也有区别的南非黑人中，并没有多少人指责曼德拉是陈世美式的负心丈夫，如同本来也不会有多少人视温妮为潘金莲式的不忠之妇一样。温妮另有情人，这在曼德拉出狱前人们就知道，但只是后来她在政治上遭人厌恶时这些私生活才被人们拿来大肆炒作。然而南非非毕竟不是中国，私生活的“问题”虽有损于、却不会完全毁掉一个人的声誉，而温妮的政治资源也并不仅仅是曼德拉那圣雄头上光环的映照，她毕竟为非国大事业奋斗了几十年，有自己的独立地位。与曼德拉分手之后，她也未从南非政坛上消失，作为非国大内部“下层呼声”的代表与激进的非主流派的发言人，她此后仍不断指责曼德拉领导的南非新政府保守，没有履行对黑人与穷人的诺言等等。1997年12月在非国大第50次全国代表大会上她还一度参加了非国大副主席的竞选。也许以她那好斗而不宽容的性格，很难说如果掌了权会干出什么事来，但作为新南非多元化政治中的一元，作为官方政策的“左”翼批评者，她的声音与德克勒克那样的右翼批评者一样，仍然会在一种权力制衡机制中发挥应有作用。

纳尔逊与温妮婚姻失败的代价毋宁说主要在于政治方面。纳尔逊与温妮的分手实际上是与她所代表的“激进”帮派决裂。这与其说是降低了他在道德君子们心中的地位，不如说主要是降低了他在穷人、尤其是贫穷黑人心中的地位。传媒的采访表明对两位曼德拉的分手最感失望的正是他们。失去这些人的崇拜，肯定有损于以社会正义为号召的曼德拉的力量。而对温妮来说，与丈夫的分手实际上意味着她已为非国大主流派所拒斥，从此她再不可能像阿根廷的庇隆夫人、孟加拉的齐亚夫人和斯里兰卡的班达拉奈克夫人那样妻承夫志而施展抱负，只能作为非主流的乃至反对派的政治家了。1997年年底的非国大“五十大”上，纳尔逊卸任非国大主席，而温妮竞选副主席告败，两位曼德拉今后将淡出南非政坛，似乎已是公认的前景。

温妮当年在婚后曾有句名言：“嫁给他（曼德拉）并不是真正嫁给了一个男人，我嫁给了这场斗争。”显然，他们俩26年前的结合与26年后的分手，都并不完全是基于一般的男女相悦或相疏，评价这一结合与分手也就不能仅以一般的夫妻忠贞或不忠而论。但这并不意味着他们之间不曾有过真挚的感情，也不意味着离婚没给他们带来感情的创伤。曼德拉此后也有伴侣，1996年他还与莫桑比克已故总统（也是该国的“曼德拉”、一位黑人解放运动英雄）的遗孀一起向两国公众宣布了伴侣关系，但他至今仍未正式结婚，人们不知道在他那饱经风霜的感情生活中还会不会有一位新的“曼德拉夫人”。另一方面，温妮离婚后反常地改了名却未去夫姓，她现在叫玛蒂基泽拉·曼德拉（当然，公众与传媒仍然习惯地叫她温妮），这是不是表现出她仍然怀念着那一段“同志加夫妻”的共同生活呢？无论如何，黑人解放运动给这段姻缘添加的政治色彩既为婚姻增加了浪漫的光环，也构成了婚姻最终失败的重要原因。不管人们怎么评价，这段姻缘不仅载入了南非的历史，它还将成为文学家们倾心的佳话或悲剧。

# 第九章　前路迢迢

非国大的部长们如此热衷于搞自由市场
经济，以致人们往往忘记就在几年前
这个党还一心要把矿山、
企业和银行收归国有。

——英国《经济学家》1997.12.13

## 一、治国之道

1997 年 12 月 20 日，非国大在南非新设立的西北省省会马弗京市召开了它的第 50 次全国代表大会。会址选在这里是别具匠心的：只有万余人的马弗京虽是蕞尔小城，在南非历史上却很有影响：它地处前“黑人家园”博普塔茨瓦纳的版图内，而博普塔茨瓦纳在几年前的政权过渡期内曾是诸“黑人家园”中最保守、最反对非国大的一个。现今以马弗京为首府的西北省（原西北开普地区）又是白人保守派势力很大、过渡时期阿非利卡人右翼要求建立“白人家园”的地方。同时马弗京本身作为一个英语白人建立的城镇，历史上是英国人控制周围黑人族群茨瓦纳人的殖民堡垒，曾长期作为英属贝专纳兰（今独立的博茨瓦纳共和国）的首府。非国大选择这样一个历史背景复杂、多种文化交织的城镇召开其具有“接班”意义的历史性代表大会，是富有象征寓意的：这意味着过渡时期长期困扰南非的族际关系问题已经大体解决，一度危及国家统一的“黑人家园”与“白人家园”

问题已经不复存在，当年的黑、白保守势力堡垒已经不再对非国大构成威胁。过渡时期人们最为担心的政治稳定与国家体制巩固问题已经不再是问题了。

12 月的边城马弗京沐浴在南半球初夏的温暖阳光里，鲜花盛开，生机勃勃。各种肤色各种语言的人们在和平的氛围中忙碌着，街道上川流不息，市场中熙熙攘攘，车站上满载出口商品的一列列货车正通过马弗京海关驶向博茨瓦纳、津巴布韦以及更遥远的非洲腹地。年近八旬、奋斗一生的曼德拉看到这一切，欣慰地笑了。在这次大会上他将要把党权移交给下一代，治国之任也将主要转移到现任副总统、新任非国大主席坦博·姆贝基身上。曼德拉从此将以半退休状态离开第一线，直到 1999 年他总统任期届满正式引退。此时此刻，他感到了长期紧张后的疲倦，同时更多的是完成历史重任后的轻松：如果说他半个世纪的奋斗是“自由之路无坦途”的话，那么他这新南非首任总统的三年多任期则是“建国之路正迢迢”了。

1994 年“剧变”后，南非原来的三个种族议会（白人议会、有色人议会与印度人议会）合而为一，原来白人主宰的 4 个省与 10 个“自治”或“独立”的“黑人家园”被取消并重划为 9 个省。但旧的政治格局并不会一下子消失。尤其是大选前夕还发生过大规模流血冲突的夸祖鲁地区，布特莱齐的势力直到几乎最后一刻才放弃对大选的抵制。大选后因卡塔虽已纳入和解进程，但它的不合作仍是新南非面临的最大问题。这时曼德拉把雅各布·祖马派去担任新设的夸祖鲁—纳塔尔省省长。

祖马是新一代非国大领导层中地位最高的祖鲁族干部，前曾述及，曼德拉在过渡时期曾有意让他任非国大总书记，以与作为科萨人的曼德拉本人一起，形成黑人两大族群在非国大旗下团结一致的形象。由于种种原因（也许是多数科萨干部仍有部族偏见？）曼德拉未能说服人们接受这一安排。但后来的事实却表明祖马作为省长比留在中央似乎更能人尽其用。祖马对非国大的忠诚是久经考验的。作为曼德拉的老朋友，他们曾一起流亡。

曼德拉出狱时，祖马是非国大的情报首脑。这无疑是个铁腕职位，居其位者非“亲信”莫属。但祖马忠诚有余，却并无“铁腕”性格。他性情温厚，不善权术。因此人缘虽好而“官运”却一般。而这样的性格与古朴直爽的祖鲁人打交道是再合适不过了。

祖马上任后，毫不犹豫地脱下了非国大干部的西装，换上祖鲁人传统的兽皮衣服，回到了他的乡亲之中。那时德班市的传媒上经常可以见到酋长打扮的祖马和祖鲁人一起参加各种传统活动的形象。他放手让前纳塔尔省的白人经济专家管理城市经济事务，自己则全力处理部族问题。新省长在简陋的祖鲁乡村首府乌伦迪的时间超过了在省会德班——繁华的南非第三大城——的省长官邸。他的朴实作风赢得了祖鲁百姓的心，他的谦和态度也为布特莱齐和祖鲁王所称道。1996 年，他同非国大中央分管种族和解问题的姆贝基密切合作，与因卡塔自由党举行了一系列秘密会谈，终于使这个充满火药味的省份出现了稳定的和平。而非国大与因卡塔这两个老对手的矛盾也缓解到了这种程度，以致一度纷纷传说因卡塔自由党要与非国大合并。虽然布特莱齐后来否认了这个说法，但不管怎样，他不再那么咄咄逼人。更重要的是他也咄咄不起来了——通过祖马的努力，如今与中央对抗的政策在夸祖鲁已失去人心，聪明的布特莱齐知道这一点。

与棘手的夸祖鲁问题相比，非国大与白人政党的合作比人们预料的更多一些波折。由于对改革方针有分歧，德克勒克辞去了副总统之职，白人的南非国民党成员也退出政府而成了在野党。但是无论在朝者还是在野者如今都按议会政治规则行事。1994 年的多党联合政府如今已变成非国大一党执政——但并非一党专政，这个执政党仍然以黑人为主要社会基础——但并不是“黑人统治”。在过渡时期，南非各主要政党都力图实现跨种族发展，把原来按种族划分的政治阵营，变成按思想、纲领与社会阶层划分的阵营。这一过程在大选前后曾有明显进展：国民党人的阿非利卡色彩有所淡化，除了英语白人在向其靠拢外，它还得到了 46% 的混血人（有色人）与 39% 的印度人的支持。而纳塔尔省则有 30% 的白人支持因卡塔。相形之下，早就在倡导跨种族发展的非国大反而稍显逊色，它得到16%混血人与17%印度人的支持。但是大选以后的三年多里这种政党非种族化的进程放慢了，尤其是黑、白之间的政治界限仍然很明显。民意测验表明：1997年非国大仍然只得到4%的白人的支持，与大选前差不多，而国民党与其他传统上的白人政党在黑人中的支持率一共还不到3%。

尽管支持非国大的白人有限，但坚决反对非国大的白人也不多，加上非国大近年来在祖鲁人中的影响在提高（祖马于此功不可没），因此目前尚无能够挑战非国大的政治力量。非国大的麻烦主要来自内部：1994年以来党外有党、党内有派的局面进一步加快了非国大自身的多元化，改革进程中黑人群体的利益分化与阶层化更加速了这种趋势。在1994年以前，非国大、南非共产党与南非工会大会（黑人工会）是三位一体的强大联盟，在组织上也互相交叉。而如今除了非国大主流派与南非共及工会的距离在拉大以外，非国大内部的分歧也更加发展。以温妮·曼德拉和奥兰治省省长帕特里克·莱科塔为代表的激进派主张强化国家干预、加快对贫穷黑人的资助与削弱白人的经济势力，而更为激进的是班图·霍洛米萨——这个前特兰斯凯黑人家园上层统治者中的非国大支持者在成为非国大全国执委与军队将领之后已经戏剧性地转而变成了下层利益的最强烈要求者，由于他指责非国大领导层搞腐败而不能见容于当道，1996年9月被非国大正式开除，此后他另立了山头。同年温妮的失势与莱科塔被免去省长之职，也是对激进派的沉重打击。然而激进派失之东隅、收之桑榆，莱科塔又在“五十大”上竞选非国大全国主席获得成功，一举成为党内四巨头之一。

曼德拉本人显然不以激进派为然，而倾向于以坦博·姆贝基和祖马为代表的主流派。这一派的主张较为务实，其中坦博·姆贝基是非国大元老、曼德拉战友、特兰斯凯同乡和罗本岛难友戈文·姆贝基之子，与曼德拉谊同叔侄，一直为曼德拉所器重与扶持。老姆贝基在非国大属老一代激进派，是南非共党员，但小姆贝基则是非国大培养的知识分子，长期在国外留学，尤其是在英国苏塞克斯大学学经济学对他影响很大。与乃父不同，小姆贝基温和谦逊，书卷气浓，喜欢在文化圈与上层活动，政治上能容异己，经济上相信市场。在他的主持下，非国大政府不仅放弃了原先受剧变前东欧影响而形成的倾向国有化和计划经济的主张，而且似乎比前白人政府更加“自由主义”，把白人时代属国有的一家航空公司和一些广播电台予以拍卖，出售了电信公共事业公司的部分股权，还计划把其他一些国营公司私有化。他还打算拟订促进竞争的更严格的法律，为企业界增添活力。

为了消除种族主义在经济方面的后果，姆贝基主持的新政府有关部门对白人经济势力有所抑制。然而这种抑制并不是为了发展国营成分而是为了扩大黑人中产阶级与企业家的力量。这一政策已取得明显成效：1997年已有6%的黑人进入“富人”之列，属于南非收入最高的1/5，而在1990年只有2%的黑人属于这个阶层。如今的黑人中产阶级热衷于参加人寿保险和高尔夫球俱乐部，也时兴起移动电话，而他们的子女现在也以学习拉小提琴为时髦，或者像白人同学那样穿着白色网球服出没于运动场。这群“白衣黑帅哥”为今日南非的上流社会增添了一道新景观。

如今南非股市中占市值近10%的股票为黑人企业家所控制，比起黑人在总人口的比例这个数字也许还显低，但是，在1991年黑人根本就不能涉足股市的。

过去的南非虽是个资本主义国家，但为了维护种族特权，保障在政治上居统治地位而在人口上居少数、在文化素质上又不如英语白人的阿非利卡人的既得利益，并维持“布尔人的团结”传统，因此在阿非利卡人中实行一定程度上的“大锅饭”制度，国家兴办了许多国有企业，给阿非利卡工人提供“铁饭碗”，实行高社会福利、保障就业与终生雇佣制。而且在企业管理上吸收了不少纳粹“国民社会主义”的“职团经济”模式（众所周知，由于族源、文化与对种族主义的认同等因素，20世纪30—40年代布尔人中亲纳粹情绪是相当普遍的），强调限制经理权力和提倡业主、工会（种族主义的布尔人工会）、技术专家“三结合”管理。因此那时的南非颇有点“黑人各尽所能，白人按需分配”的“种族社会主义”色彩。非国大执政后根据它的族际主义理念与现实主义和解态度，应该说并没有歧视和排斥白种工人，但“种族社会主义”的那一套是难以为继了。于是随着新政府缩小国营经济、实行私有化与劳动市场自由化、公平竞争的就业体制与以现代企业制度取代“职团经济”，南非出现了一个极富讽刺性的现象：白人们在长期被他们指控为“共产党”的非国大执政后，才真正尝到了资本主义和“自由经济”的滋味！随着白人就业保障制度的消失，布尔人在蓝领方面受到更为吃苦耐劳的黑人的竞争，在白领方面受到教育程度更高的英语白人竞争，于是在约翰内斯堡等大城市的街头出现了过去很少见到的白人行乞者，失业者与“穷白人”的队伍有所扩大，他们构成了白人右翼反对派继续存在的社会土壤。然而另一方面，就业保障制度的取消对白人企业主并无害处，甚至还符合他们的利益，因此白人中产阶级对非国大的排斥淡化了。

事实上，考虑到经济、社会改革的深化可能侵犯白人的既得利益，为了减少刺激，曼德拉政府在稳步推进实质性改革的同时很注意在一些象征性事物方面不触动白人的敏感。在南非没有出现变革后推倒旧象征物的现象，非洲国家独立后常有改地名之风，如津巴布韦首都哈拉雷（原罗得西亚首都索尔兹伯里）、莫桑比克首都马普托（原名洛伦索马贵斯）等等，而南非以殖民者命名的大城市如德班、克鲁格斯多普等均无一更名。城市中过去白人的塑像与浮雕保存完好，一些街道仍然沿用过去种族隔离时代的“坏蛋”名字命名；开普敦仍然有罗得斯大道、劳尔爵士路，约翰内斯堡仍然有史末资广场，过去一些白人的公共假日也保留了下来。但在政治经济各方面白人过去享有的制度性特权则不允许继续存在。除了以就业自由取代过去白人的就业保障外，在需要保留“铁饭碗”的部门，如政府公务员、市政服务系统、大专院校等方面则推行种族比例制，逐步增加黑人比重，使之与各族人口比例趋近，打破白人对“铁饭碗”的垄断。但这也引起了两方面的抗议：一方面激进的黑人平民主义者指责比例任命制只有利于“黑人贵族”，另一方面白人则批评非国大“任人唯亲”。

为了消除过去种族压迫制度造成的社会不公平，非国大上台前就许诺要改善黑人贫民的状况。执政三年来曼德拉政府在这方面做了大量工作，三年来已有120万所住房通了电，170万贫民用上了自来水，燃料供应系统得到改善，妇女们再不必为打柴和取水而远涉辛劳。许多农民因为有了正式的家庭地址而第一次感到做人的尊严。

## 二、“既没有奇迹，也没有灾难”

但这一切离黑人、尤其是下层黑人的期望仍然相距太远。关键还不在于曼德拉没有采取极端的措施来“削富济贫”，而在于南非三年来的宏观经济形势并不理想，人们期待的经济奇迹未能出现。凭心而论，三年来南非经济的年均增长率虽然只有3%，不仅不如“亚洲龙”，也不如近年来已从“休克”中复苏的东欧转轨国家。但考虑到南非经济1993年以前连续多年负增长的长期萧条局面，1993年后的连续5年正增长就不能不说是一种成功，而且是20多年来南非从未取得过的成功。经过治理，南非的通货膨胀1997年已降至8%，兰特贬值的趋势已被止住。人们曾经预期随着国际社会对南非制裁的取消，将会有一个外资涌入的热潮。令人失望的是三年来这个预期并未实现，外国直接投资一直处于低水平。但三年来毕竟有外资流入，而在非国大上台前由于过渡时期的社会动荡与经济危机，资本多年是净外流的。

有道是塞翁失马焉知非福，外资对南非的冷落使南非难享“亚洲虎”的繁荣，但也使南非在“不祥的1997年”没有受到由外资泡沫引发的金融灾难的袭击。当从曼谷、汉城直到东京的人们一片恐慌之际，南非的“步子不快年年走，成绩不大年年有”，是不是会让曼德拉总统感到庆幸呢？

在变革问题上强调渐进与保持连续性；在发展问题上强调谨慎乐观，

不强求奇迹但保证避免灾难；在体制上坚持市场经济方向。这是曼德拉政府三年来经济方针的总特征。根据这个精神，政府没有走以雄心勃勃的国家投资刺激经济增长的凯恩斯主义道路，三年来对预算开支一直坚持从紧，预算赤字在1997年要降到只占国内生产总值的4%，而国际收支经常项目的赤字到1997年第二季度时已只有国内生产总值的0.6%。

三年来的南非经济大体上是健康的，但在曼德拉准备“交班”之际，他也感到了某些严峻的挑战。1997年，南非的经济天空飘来了三片乌云：

第一，1997年的厄尔尼诺现象严重影响了南非的农业，据说在1997—1998年度因大旱，南非主要粮食作物玉米可能要减产一半。

第二，世界金价暴跌。1997年国际市场黄金价格已从年初的每盎司370美元剧跌到年末的280美元，已经跌到不足抵偿南非大部分金矿的生产成本，致使20家主要金矿中就有9家严重亏损，甚至濒临破产。南非是世界最大产金国，黄金业是支柱产业，从业者达35万，出口值占南非总出口的30%，金价下跌对南非经济是沉重的一击。据估计，如果明年金价跌破250美元，则南非经济不仅不能增长，还要下跌1.5个百分点。

第三，全球性股市不景气，使约翰内斯堡交易所指数从1997年夏天到年底下跌了15%，虽说与“东亚灾难”相比这个幅度并不惊人，但毕竟对投资信心是个打击。

在曼德拉准备交班时，马弗京上空一片晴朗。然而我们的黑人总统不能不担忧，这三片乌云会给南非的经济气候带来一场严重的暴风雨吗？

而更深层的问题还在于，在“没有奇迹，也没有灾难”的表象下南非社会仍有三大隐患，它们一旦发作，后果将不仅影响经济而已。

第一是失业问题。南非作为非洲唯一的工业化国家，黑人人口的城市化比率已达70%以上，而失业问题已超过土地问题成为种族隔离制度下黑人苦难的最集中反映。南非的黑白人工资有差距，但相对而言还不是最大问题，导致黑白人收入分配悬殊与黑人贫困现象日趋严重的首要原因是黑人失业率太高。在过渡时期非国大曾声称失业率高达40%。一般认为这是为了指责政府而有所夸大，但实际失业率也达25%—30%，仍是灾难性的水平。解决黑白人同工不同酬或就业制定中的种族歧视可以靠改革，但扩大就业规模则只能靠发展。而自1994年以来年均仅3%的经济增长率远不足以创造大量就业机会，这就给新政府解决失业问题造成了严重障碍。可以说，解决失业是非国大上台时对黑人群众所作的最重要的一项承诺，然而三年后的结果也是最令人失望的。目前南非经济增长所增加的一些就业甚至赶不上劳动人口的自然增长率，失业现象有增无减。在社会压力下，曼德拉政府于1996年制订了名为“增长、就业与再分配计划”的宏观经济发展计划，提出到2000年每年解决40万人就业。其中1996年解决12.6万人，1997年增为25.2万人。然而现实与计划相反：1997年上半年，就业人口非但没有任何增加，反而减少了2.5万，与去年同期相比净减1.5%！失业问题不但没有缓解反而有加剧的趋势，以失业为主要原因的黑人贫困问题也就有恶化的危险，非国大将如何向黑人群众交代？

失业与贫困引发的第二大问题是治安。自过渡时期起，南非在非战争状态下的暴力活动之严重堪称世界之最，那时主要是黑人政治群体间的战斗，1993年南非因此共死亡4406人。曼德拉执政后政局渐趋稳定，武斗规模递减，死亡数至1996年已降至1057人，随着非国大与因卡塔关系的缓和，1997年1—5月死亡数“只有”340人。应当说这是非国大政府在改善治安方面的一大政绩。但是政治性暴力虽减，刑事犯罪却大为增长。贫困与失业的蔓延使治安恶化，而巨变后人们美好预期的落空更使颓废情绪与反社会情绪上升。许多人丧失了为政治理想而冲冲杀杀的兴趣，却走上了为一己之私而杀人越货的犯罪道路，致使南非几乎成为世界犯罪之都，每10万人死于凶杀的人数比率比美国高出7倍，连续两年居世界之首。1997年情况更为严重，连接发生了许多贻笑于世贻羞于国令人发指骇人听闻的大案：先是曼德拉总统在约翰内斯堡的官邸被盗，作案者竟是总统贴身侍从。继而副总统姆贝基90多岁老母亲开的小商店被持枪歹徒洗劫，劫匪打死了赶来的警察，商店被迫停业避祸。司法部长奥马尔发表谈话宣称要对黑社会采取强硬措施，立刻受到匿名电话的威胁，部长居然悄悄搬家而不敢声张。可见黑社会嚣张到什么程度。据南非警方称，近年来世界各地100多个跨国犯罪团伙在南非安营扎寨，全国人口中的吸毒率在过去两年中翻了一番，走私、贩毒、洗钱、雇杀手的犯罪活动已形成一条龙。另一方面，以秘密结社形式活动的非国大在取得天下后，部分人的帮派习气也在向黑社会团伙发展，导致腐败严重，政坛任人唯亲、收贿渎职、结党营私、裙带风与家族政治蔓延，警察、税务、海关等部门尤为严重，经济犯罪急剧发展，仅一年多时间里警方立案的涉及金额就已达31亿美元之多。

另一方面，新政府的刑法又似乎过于宽大。非国大上台后废除了死刑，恶性罪犯可以交保获释，尤其是由于害怕担上种族歧视的恶名，一般黑人犯罪警方往往眼开眼闭，提提放放。曼德拉和他的难友们当年饱受南非狱政恶劣之苦，上台后出于好心改善了监狱的待遇，不料却造成了大批终生监禁的恶性罪犯在狱中享受穷人无法企及的福利这样一种尴尬局面。一方面是就业无门，另一方面是有罪不惩，这就难怪在部分贫困青年中形成了以犯罪为荣、以抢劫致富相夸耀的积弊。

失业与治安的恶化导致了第三大问题，即反对派活动的发展。而反对现实之弊又往往导致反对新政府的方针政策。具有讽刺意味的是：南非的极左、极右两翼反对派对现政府的市场经济方针的不满颇有重合之处，尽管这两翼本身是水火不相容的两极。如果说极右翼是因为自由经济政策砸了白人的“铁饭碗”而不满，那么极左翼则极力争取黑人的“铁饭碗”并同样抨击自由经济政策。极右翼留恋过去的“种族社会主义”，而极左翼则留恋非国大旧时纲领中那些受苏联影响的东西。后者的主要代表是南非工会大会（工大会），该组织过去曾与非国大及南非共结成三位一体联盟，在推翻种族隔离制度方面功不可没。但非国大执政后，工大会即提出了高工资高福利要求，并沿用旧的斗争方式，动辄发动行业或全国性罢工。一些舆论及研究者，包括国际货币基金组织和国际劳工组织都认为，工大会要求的是“第三世界的生产效率、美国工人的工资”。这大大超出了现实可行的范围。按新劳工法规定，如今南非凡雇员15人以上的企业，都须成立工会。工会可就工人的一切要求与资方谈判，谈不拢的即可罢工。仅1997年，此伏彼起的罢工就逼得约1万家中、小企业主关门卖厂。政府的私有化计划也因工会的反对而受阻。许多外国投资者为躲工会而把工厂设在远离大城市的边远地区，更多的投资者则望而却步，不敢轻易踏足南非。而非国大政府既无法满足工会要求，又恼怒于工会打乱自己的计划，对这个自己一手扶植起来的力量越来越难以容忍，双方关系很不乐观。

工会的罢工一方面吓跑了投资者，另一方面提高了劳务成本，迫使现有投资者限制用工规模，从而使失业问题更难解决。而失业与贫困使犯罪增加、治安恶化。这一切更导致人们的不满，反过来加剧了工会抗议运动。同时这些因素也阻碍了经济增长，而经济停滞又是失业、犯罪以及工会抗议等等之源……南非犹如陷入了一个怪圈，怎样才能跳出这种恶性循环？年迈的曼德拉总统在苦苦思索。

“治乱世用重典”，是古今中外许多统治者难以摆脱的逻辑。反抗旧的暴政获得成功，而新的秩序尚未建立，新旧之间的无序状态使社会陷入混乱，成功者不得不用新的暴政来镇压之。这样的逻辑不知使多少民主进程出现反复。曼德拉从事反暴政斗争50年，而执政至今不过三载，不能说是老于治道。曼德拉有顽强的斗争意志与丰富的政治阅历，但并不擅长于思想建树。曼德拉的人格魅力有余而理论素养不足。曼德拉德高望重，有很强的政治动员能力，但毕竟廉颇老矣。面对如此复杂的问题，我们不知道他是否有万全之策；对于南非未来之路，我们不知道他是否已是成竹在胸；曼德拉有“圣雄”之誉，被视为民族之魂，但他是人而不是神，我们不知道他是否会走错棋。……但目前我们知道的是，他不想用“重典”治乱世，不想重蹈历史上那体现了多少遍的逻辑，不想用铁腕来治国，而是要继续民主、宽容的方针。哪怕这样做出不了“奇迹”，但他自信至少不会造成灾难。

坐了28年牢、深受暴政之害的曼德拉一上台便倡议废除了死刑。三年来尽管治安形势恶化，犯罪率直线上升，民意测验表明80%的白人和50%以上的黑人都强烈要求恢复死刑，但曼德拉坚决不同意。曼德拉的这种人道主义精神会最终有助于人性对兽性的斗争吗？人们拭目以待。

面对着新旧交替、乱治相接、百废待举、诸务丛集的复杂局面，曼德拉没有挑一个铁腕人物作自己的接班人（话又说回来，按他主持下南非目前已形成的政治体制，他即使挑了谁也未见得就能为民主程序所通过，前些年他荐祖马为总书记、为温妮打圆场都未成功就是明证），而是推荐了温和的小姆贝基与祖马等人。他在马弗京的代表大会上说，他之所以看中姆贝基是因为姆贝基“亲近有强烈个性的人，而疏远阿谀奉承者”，姆贝基“决不会孤立或惩罚对非国大及其工作进行真诚批评的人”。一句话，他是民主南非“一位真正的领导人”，而不是个铁腕人物。曼德拉慧眼识人，而被识者能否不负所望？人们拭目以待。

无疑，曼德拉在和平结束旧制度方面创造了奇迹。正如《今日美国报》在评论他交班时所说：“这个国家避免了波黑的命运，这主要归功于曼德拉。”

然而此后，曼德拉在建设新国家方面迄今并未创造奇迹。但南非人民仍然相信他是能带来奇迹的。24岁的黑人学生维克托·曼斯在得悉曼德拉将引退之后不无遗憾地说：“如果他在今后20年中继续担任国家的总统，我们也许能够看到某种奇迹。但不幸的是：他不会了。”[1]

他不会了。那么他的接班人会吗？也许，英国《经济学家》杂志的这种估计是对的：“南非的未来也许并不轰轰烈烈——既不会有奇迹，也不会有灾难。而更可能在一连串的试探、摸索中取得一定的成功。如果人们记得种族隔离制度给非国大留下的包袱、记得许多人预言可能发生的动乱

[1]（美）《今日美国报》1997年12月16日，戴维·林奇：《小心谨慎的南非走向后曼德拉时代》。

的话，那么这样的成功也会是不小的业绩了”。[1]

但在笔者看来，对于部落传统浓厚、民主习惯欠缺、历史积怨如山、现实问题成堆的南非来说，放弃那种只靠铁腕人物创造奇迹（实际上往往创造的是灾难）的想法，走上理性、法治的轨道，这本身就是个更大的奇迹。曼德拉不也是这个奇迹的创造者吗？

## 三、“民主不能输出，但正义没有国界”

曼德拉具有广阔的人道主义关怀。他首先是南非人民的儿子和新南非的“国父”，但他从事的事业也使他成为一个国际性的人物。如今大概没有任何人——包括他的敌人——怀疑他对“我的祖国阿非利加”的热爱，他对自己民族的忠诚和他对养育了他的特兰斯凯农村及科萨部落乡亲的深厚赤子之情。但是同时，曼德拉并不是个加尔维式的黑人“族粹”派和“黑色沙文主义”者。相反，青年曼德拉对自己家乡部落的传统陋习与对白人的种族压迫一样是个天生的叛逆者。他早年离开家乡出走的直接原因就是反抗强加于他的部落传统包办婚姻；他拒绝按长辈旨意接班当酋长；他宣称要“反对一切统治——家庭的、部落的和政府的统治”。晚年的曼德拉出于政治家的成熟，对部落传统的尖锐指责已很少见，但他的“反加尔维”立场并没有改变。在某种意义上，曼德拉的“西化”色彩与南非前“黑人家园”许多保守领导人那刻意渲染的传统酋长形象形成了鲜明的对比（实际上，那些领导人的私人生活往往也是极为“西化”的，外表的“传统”姿态只是为既得利益的需要而作的一种表演）。但历史已经使人们看得明白：在阻挠新南非诞生的徒劳努力中，“黑人家园”与“白人家园”的保守势力是携手的。同最顽固的白人种族主义者——阿非利卡人极右翼联手抵制黑人解放运动、损害黑人群众的利益与尊严的，正是这些言必称传统、

[1]（英）《经济学家》1997 年 12 月 13 日，《南非：奇迹结束了吗？》。

在公共场合总是一副土著酋长打扮的人物。而一身西服、英语流利的曼德拉与他的战友们却是黑人解放的旗手与白人压迫制度的死对头。

曼德拉1996年7月9日访英期间曾称："在反对种族压迫的斗争中，英国的民主制度是我们前进的航标，而BBC（英国广播公司）的'世界快递'是我们这些囚徒的救命绳索（暗指打破白人当局新闻封锁而言）。"但另一方面，他对英国保守党某些政客阻挠国际社会制裁南非、并在过渡时期支持布特莱齐势力的做法提出了尖锐的批评。曼德拉在狱中时，曾多次成为全球关注的中心。1981年法国17000签名于致南非驻法使馆的请愿书，要求释放曼德拉。1982年，53个国家的2000名市长又为曼德拉的获释而签名请愿。1983年，英国78名国会议员发表声明，50多个城市的市长在伦敦盛装游行，要求首相向南非施加压力以使他获释。1988年6月11日曼德拉70岁生日时，伦敦温布利体育场7.2万人出席为狱中的他举行的祝寿音乐会，全球60多个国家近10亿人通过卫星电视收看了这一盛况……曼德拉的获释因而不仅是南非黑人的胜利，也是世界人民与人类良知、社会正义的胜利。

在这种背景下的曼德拉也自然成了不仅为南非黑人、而且为人类正义而尽力的圣雄式人物。出狱后他曾说道："在那些漫长而孤独的岁月中，我对自己的人民获得自由的渴望变成了一种对所有的人、白人和黑人，都获得自由的渴望。我也同样明白，压迫者也和被压迫者一样需要获得解放。夺走别人自由的人是仇恨的囚徒，他被偏见和短视的铁槛囚禁着。""出狱之后，我的使命是解放压迫者和被压迫者，缺一不可。"于是，曼德拉也就像当年世界各地的人们关心他的自由一样，关心起世界各地人们的自由来。他不顾年近八旬，从一国之主的繁忙公务中、从南非国内山积海量的待理之机中抽出时间来"多管闲事"，为国际人权事务而奔走呼吁，为各种对立纷争而调解斡旋。

曼德拉首先关注的就是南非的近邻斯威士兰。从地图上看，几乎为南非国土所包围的斯威士兰与另一个类似的内陆小国莱索托，都很像南非国内的那些“黑人家园”。的确，这两国与今南非境内的“黑人家园”原来都是南非联邦管辖下封闭的、农业性的、酋长制的土著人保留地，而且往往同族同语（如南非的“黑人家园”坎瓜尼与斯威士兰同为斯威士人，夸夸、莱伯瓦与莱索托同为索托人聚居区）。60年代两国独立后仍与南非保持密切联系，直到70年代末这两国仍然使用南非货币兰特（后来有了自己的货币，但仍以兰特汇率为基础，与之保持1∶1比价，实际金融业务仍在南非）。与“黑人家园”类似，这两国也有大量黑人劳工在南非各经济中心谋生。事实上，70—80年代南非白人当局策划的黑人家园“独立”，就是企图以斯威士兰的立国模式来实现的。而南非的民主力量对该国保守的王室也抱有类似对“家园”右翼统治者的反感。

因此不难理解，南非人与他们的总统曼德拉对斯威士兰人的民主化进程具有特别的热情。“民主不能输出，但正义没有国界”——南非《星报》一篇文章这样评价斯威士兰局势。

1995年3月，曼德拉亲自牵头，约了博茨瓦纳总统马歇尔与津巴布韦总统穆加贝，一同为斯威士兰的民主进程进行斡旋。当时报纸报道了这个“曼德拉的秘密的斯威士兰计划”。

国王姆斯瓦提三世和纳尔逊·曼德拉的秘密会谈使外交家们在思考他们要实行的政策的具体内容是什么。

在斯威士兰民主进程的游戏中，邻国总统纳尔逊·曼德拉正在打他自己的牌，连外交部长阿尔弗莱德·恩佐和南非的其他外交部官都没有看清他这一战略的具体环节。

在帮助斯威士兰解决其国内危机的问题上，曼德拉个人表现出极大的兴趣。斯威士兰的这场危机是在一月份突然降临的。当时，几乎整个劳动力大军，在斯威士兰工会联盟的领导下，开始了一周的罢工，要求恢复宪法体制。

1995年2月末，曼德拉和来自博茨瓦纳、津巴布韦的两位与他同等级的人士，奎特·马歇尔和罗伯特·穆加贝两总统，在比勒陀利亚会见了斯威士兰年轻的国王姆斯瓦提三世。随后，1995 年 3 月 1 日，曼德拉和姆斯瓦提在斯威士兰举行了会谈。在这两次会议上，只有各国的首脑讲了话，甚至于外交部长恩佐在比勒陀利亚也没有发言。

关于发言内容，恩佐和外交部总秘书长拉什德·埃文斯都没有得到任何汇报，这一点得到了高级外交官的证实。南非的外交家们承认，不了解他们将执行的政策的细节，这在某种程度上构成了对他们的打击，可是唯一的解释是：鉴于国王的绝对保密的要求，曼德拉采取了妥协态度。

驻斯威士兰首都姆巴巴纳的南非高级代办说："关于会谈的内容，我们一无所知。对我们来讲，这确实很成问题，因为我们必须实施这项工作。我们的斯威士兰的同级外交人员也不知道他们谈了些什么。"

但是，他相信曼德拉的策略有一个目标："姆斯瓦提不能在他自己的人民面前丢脸。看起来，他不能屈服于压力。但是，毫无疑问，他将会面临来自于斯威士兰国内、国外和曼德拉总统的压力。"

姆斯瓦提的父亲，老国王索伯胡扎二世在 1973 年，中止了斯威士兰西方式的宪法，禁止政党和自由的政治活动。姆斯瓦提——一位纯粹的君主，进行着统治，他是撒哈拉沙漠以南的最后一位君主。他曾公开地批评"外国人"在他的国土上制造的麻烦。在一个极其传统的社会里，作为至高无上的君主，他不止一次地宣称，他将不会屈服于压力。

人们普遍认为姆斯瓦提从他个人来讲，至少是喜欢有限的改革的，并且南非的外交政策就是建立在这一判断的基础之上的，但是姆斯瓦提被他保守的顾问们和广大的皇室成员所限制，他们肯定是更反对改革的。

1994 年 8 月份左右，姆斯瓦提邀请曼德拉到斯威士兰进行政府级访问。舆论认为他意在用普通外交关系的纱布作掩护，来讨论具体国内的民主化呼声。

虽然那次访问未能成行，但是祖鲁国王古德韦尔·瓦雷斯尼和姆斯瓦提举行了会谈。会谈中明显地提出了民主化和恢复立宪君主制的益处。

于是，曼德拉的代表萨布·姆彼克本打算在 1997 年早些时候的工人动乱时期访问斯威士兰，主要是要讨论斯威士兰与南非的一项长期土地租赁协议的条件。但是，姆斯瓦提中断了这次访问，当时南非的解释是，国王努力避免使这一访问看起来是姆彼克去那里对斯威士兰的内政加以干预。

同时，曼德拉面临着日益增大的压力，要促使斯威士兰朝着民主化方向迈进。一位总统身边的人士说，由于曼德拉个人曾对尼日利亚的军事独裁者萨尼·阿巴查采取了积极的反对立场，所以他被指责为：对一个没有民主体制的邻国没有采取同样严厉的态度。

南非工会大会同样鼓励南非加入斗争，“我们不能再拖延下去了。”发言人说。

曼德拉邀请姆斯瓦提于 1995 年 3 月 1 日访问比勒陀利亚。姆斯瓦提接受了邀请，但要求保密。当总统办公室公布了这一访问——显而易见，当时南非方面把国王的要求误解为：只要保证谈话内容的隐密就可以了，而国王实际上是要把整个访问当做秘密。——姆斯瓦提取消了这次访问，曼德拉提出去斯威士兰访问姆斯瓦提，在那里他们进行了一对一的会谈。

人们相信，曼德拉已经向姆斯瓦提强调了改革的重要性，但是他不想被再次视为“别个国家的政治代理人”，在曼德拉批评阿巴查并且着手加快与其地区伙伴的关系时，这种称呼被强化了。

曼德拉请马歇尔和穆加贝同他一起参加 1995 年 3 月在比勒陀利亚的会议。很显然，这两位人士曾在 1994 年帮助他避免了一场莱斯罗的政变。

总统机构的发言人表示：姆斯瓦提要求他的这次会议保持隐密，但是，当一位斯威士兰的记者获得了有关会议的某些线索后，肯定地说：“既然要设法使四位政府要人聚集在一起，那么使会议内容保持隐密是非常困难的。”

事实上，这次事情从头至尾体现了鲜明的“曼德拉风格”：他非常关心斯威士兰的民主化，但同时也尽力维护该国国王的面子，注意不使他难堪。曼德拉对斯威士兰事态的价值判断是非常明确的：他同情该国的民主派，反感姆斯瓦提国王的专制。但他反对南非工会大会等组织跑到别国去煽风点火的做法，也不赞成南非白人政党以“不干涉”为名放弃道义立场并实际上帮助王室化解压力。曼德拉没有发表支持该国民主派反对国王的言论，但却从四国元首聚会的形式私下做姆斯瓦提的工作，促使其顺应时代潮流，而整个过程都是在尊重国王的形式下进行的。曼德拉没有“输出民主”，但却坚持了鲜明的道义立场。后来的事实表明，这种绝非消极而又不失“中庸”的做法的确为斯威士兰问题的解决起了很大作用。

斯威士兰问题生动地体现了曼德拉作为一个非洲政治家与国际活动家的作用。他的道义资源与政治智慧在这种作用中得到了广泛的称赞。1999年，作为南非领袖的曼德拉正式隐退，但作为国际活动家，人们都希望能继续看到他那忙碌的身影。

* * * * * *

“现在，我们这一代人在做了力所能及的一切之后，把接力棒交给我们的接班人。让我们祝福他吧！”

1997 年 12 月 20 日，马弗京，纳尔逊·曼德拉把一根上面刻着非洲传统图案的木手杖交给了继他之后接任非国大主席的坦博·姆贝基。在传统文化中，这手杖是权力的象征。在 3000 名代表的热情欢呼声中，曼德拉以上面那句话结束了他长达 5 小时之久的非常坦率的讲话。随后非国大新领导层依次同这位老人拥抱，全场代表们热泪盈眶，在欢呼声中向曼德拉挥手告别！

摩西归来——摩西又走了。也许，南非从此已经告别了需要“摩西”引路的历史。今后的南非不会再有也不再需要圣雄式的领袖，这个国家的掌舵人今后只需在竞争中定期赢得选民授权，便可按一定程序自动校正航向。——但曼德拉留下了什么？他留下了这套程序，留下了一条新船。而更重要的是：

他留下了作为民族之魂的曼德拉精神！

【第二部分】

# 南非的启示

# “好望”降临好望角：“曼德拉现象”的历史意义

## 曼德拉与南非奇迹

世界上的事真不好说，1994 年内世界上最残酷的事是卢旺达的大屠杀与也门的内战，然而仅仅半年以前，如果有人举出也门、卢旺达与南非三国，问哪一国最可能发生内乱？也许绝大多数“观察家”会说是南非。的确，与单一民族的也门、优势部族统治的卢旺达当时的相对平静相比，南非那时正弥漫着一片血腥味，自 1990 年开始种族和解进程以来，暴力、残杀愈演愈烈，死难者已达上万之众，博伊帕通惨案、西斯凯惨案、博普塔茨瓦纳冲突、夸祖鲁流血事件，黑人之间的“武斗”不断升级。因卡塔自由党领袖布特莱齐威胁要发动“起义”、白人右翼组织则宣称不惜搞“新的布尔战争”，而黑人激进派阿扎尼亚人民解放军则仍在炸饭店、杀警官。尤其是 1993 年 4 月南非共总书记哈尼遇害后的一段时间，南非局势几乎失控，处在内战的边缘。

的确，比起现今世界上所有热点地区来，南非各个种族、部族、政治派别、利益集团间历史上积累的新仇旧恨之多是无与伦比的，白人对黑人的 340 多年种族主义统治，时间之长，创伤之深，堪称世界之最。南非黑人各部族对白人的反抗，从传统的部族起义到现代的解放斗争，其牺牲之惨重也是世界罕见的。尤其是黑人中的祖鲁人与白人中的布尔人（阿非利卡人）的较量，史称“血河之战”，其惨烈程度已使它成了积淀在黑人文化中的象征符号。现代黑人解放运动的许多事件，包括非国大武装“民族之矛”的建军日，都选在“丁干日”即血河之战纪念日——12 月 16 日（丁干是当时的祖鲁王）。当代白人的南非统治者与黑人解放组织间，也有着从1960年沙佩维尔惨案到1993年的哈尼遇刺的笔笔血债。至于现实生活中黑白之间的贫富悬殊和赤裸裸的不公正，更是随时会给人以强烈刺激。

尤其是南非“黑白冲突”的双方都处于无路可退的境地，这在整个非洲是独一无二的特殊情况。南非白人中占多数的族群荷裔南非人（布尔人）是黑非洲最早的白人移民族群，由于其母国荷兰很快衰落，他们很早就失去了母国的依恃，三百多年来在非洲落地生根，从社会发展、语言直到心理状态都已特性化。在整个非洲大陆的白人中，他们是唯一不自认是欧洲人而自认是非洲人（所谓说“阿非利卡语”的“阿非利卡人”）、不自认为是移民而自认为是土著的族群。他们中几乎没有持母国（如果荷兰还能算是其母国的话）护照的，这与英、法、葡、比等国在非洲的殖民地大不相同。由于“没有退路”，他们在维护既得利益方面显得特别顽固，不仅敌视黑人，而且对那些被他们认为是客居非洲的“盎格鲁撒克逊殖民者”及其宗主国、以致在一定程度上受这些宗主国影响的国际社会，都怀有极大的戒心，并因此而长期发展出一种类似犹太人那样强烈的危机感和集体意识，特别关心政治，势衷于政党活动，这在政治参与高度发达的欧洲也是罕见的。同时，由于布尔人或阿非利卡人在传统上是农民（农场主）[1]，总体文化、技术水平不如英语白人。他们多构成蓝领白人或“穷白人”群体，一旦与黑人展开公平竞争，他们的地位远不如英语白人更有把握。因而他们也特别难以放弃种族隔离制度。

而黑人的根在南非当然更是不可置疑，于是便出现了这样的现象：布尔白人自称阿非利卡人而称黑人为“班图人”，黑人也自称阿非利加人（所谓“非洲人国民大会”之名即由此）而称白人为殖民者。双方都以非洲人自居而否认对方的非洲人资格，这也是“南非特色”之一。

除了“黑白矛盾”之外，南非黑人内部与白人内部的裂痕之多之深，

[1] “布尔”一词即阿非利卡语（南非荷兰语）“农民”之意。

在非洲也是少见的。如果人们不是像观赏大熊猫那样去“观赏”前殖民时代的非洲史，就会看到它的不那么浪漫的一面。在非洲被“凶残的白鬼子”贩卖到大洋彼岸受尽苦难的一亿黑人中，绝大多数并不是直接被白人俘获，而是被他们的酋长或“猎取”了他们的敌对部落卖给白人以换取小刀、玻璃珠之类玩意儿的。南非也不例外，部族冲突与一盘散沙式的局面由来已久，尤其是那慓悍善战的祖鲁人，历史上不仅是抵御白人殖民者的中坚，也是其他黑人部落的克星。就在与白人的“血河之战”前夜，祖鲁王国还刚刚在持续13年的姆菲卡尼战乱中扫荡了南非东部的大批部落，在该地区的94个黑人部落中的50个被毁灭或被兼并，20个逃离家乡远徙他方，还有些逃到开普殖民地成为白人的劳工。以至于布尔人来到时这些地方已人烟稀少，有虚可乘。在被白人征服后的年代里，黑人部族间的矛盾也依然存在，尤其是祖鲁人与科萨人、斯威士人间的纠纷更为突出。白人政权乘机拉此压彼，大收渔翁之利。臭名昭著的“黑人家园”之长期存在并在此次民主进程中还能提出其利益要求，不仅仅是因为白人的阴谋诡计，也是某些黑人部落传统势力积极活动的结果。

除了部族间矛盾外，以民主政治为原则的现代黑人解放组织与以家长制为基础的传统部落势力间也有冲突，这种冲突除了体现黑人社会内部传统与现代化的矛盾外，随着解放组织掌权的前景日益明朗，还逐渐具有了国家政权与部落自治倾向间矛盾的性质。最后，各黑人解放组织之间因意识形态、权力分配问题而产生的党派利益冲突也久已存在。在南非全国性解放组织中，非国大相对温和而具有族际主义色彩，泛非大更为激进而强调黑人民族主义，南非共作为最初从白人中起源的马克思主义政党与前二者各有异同：它既有激进的意识形态，又主张族际主义。此外，比泛非大更激进的还有阿扎尼亚人民组织等。这些组织的群众尤其是青年成员曾多在80年代屡有武斗，甚至各自在其国外基地设立的集中营里关押对方成员，言论上的互相攻击更不在话下。

黑人中的种种冲突集中体现为非国大与因卡塔之争。因卡塔领袖、祖鲁酋长布特莱齐原是非国大著名活动家，因不满非国大的暴力抵抗战略于七十年代退出非国大另起炉灶。作为南非黑人中最大、部落传统也最浓厚的部族，祖鲁人既代表了部落时代黑人抵抗殖民化的光荣历史，又是现代化进程中较为保守的势力。本来在非国大前期历史中，“祖鲁精神”一直是其重要的心理资源。其首任主席杜比牧师和50年代的主席、第一个获诺贝尔和平奖的南非黑人领袖卢图利都是祖鲁酋长出身，非国大选择“丁干日”建军也显示了对这种资源的重视。但作为祖鲁部族与夸祖鲁黑人家园政治组织的因卡塔的出现，加之七十年代以后非国大主要领袖曼德拉、坦博、西苏鲁等均非祖鲁人，便给人以非国大与祖鲁人对立的印象。白人当局利用因卡塔的保守色彩，给予暗中支持，使它成为黑人家园政治组织中唯一具有全国影响的党。因此非国大与因卡塔的对立可以说是集中了“黑白矛盾”、黑人诸部族间矛盾、激进党派与保守党派的矛盾、黑人解放组织中现代潮流与部落传统的矛盾、中央政府与黑人家园自治倾向的矛盾等诸多因素，其中任何一个因素都是难于化解的。早在民主进程开始前的80年代，双方支持者就在祖鲁人聚居的纳塔尔省频起暴力冲突。民主进程开始后，因卡塔改名因卡塔自由党并宣布向全国各种族开放，它与非国大的冲突也很快扩大到纳塔尔以外，尤其是祖鲁族流动劳工集中的约翰内斯堡等南非政治经济中心地区。

南非白人中阿非利卡人与英裔白人也有宿怨。20世纪初的英布战争在所谓“文明的白人”间发生的战争中以野蛮著名，英军大搞“三光”政策，大片地区的布尔平民被关入集中营，村庄夷为焦土，2万多布尔人妇孺在集中营里被虐待而惨死。人们至今犹有余痛。但另一方面，英裔在种族问题上远比阿非利卡人开明，而半个世纪以来南非一直是后者当政，并推行所谓反“英国化”政策，英、布之隙与“黑白矛盾”相交错，使问题更加复杂化。

此外南非还有有色人（混血人）、印度人等问题。在当今民族主义甚嚣尘上的时代，众多积怨极深的种族、民族与部族同处一国，时逢世纪之交的空前剧变，从种族隔离到种族开放，从事实上的一党制（南非虽实行西方政体，但由于英裔的客居心态和布尔人的特殊的集体危机感，自 1948 年以来实际上一直是布尔人的国民党一党独大）到多党民主，不久前的阶下囚如今一举掌权柄。而所有这一切又恰恰发生在南非有史以来时间最长的经济衰退和连续三年国民总产值下降的严峻背景下，这怎能不令人捏一把汗呢？如此危机之中而求返乱为治，似乎只能靠奇迹了。

## 奇迹来源于和解

就在南非大选前 20 天，夸祖鲁地区动乱还在加剧，几天内有 120 人死亡，因卡塔与白人右翼仍抵制大选并发出武力威胁。人们纷纷恐怖地谈论“非洲的波黑”。然而这时南非的政治气候已悄然由阴转晴：在非国大与国民党的努力下，不仅在全国，而且在祖鲁人中拥护大选的人也不断增加，布特莱齐实际上已是嘴硬手软了。这时曼德拉不失时机地向他伸去橄榄枝，在拒绝实质上的分治要求的同时作出了承认祖鲁王地位等让步姿态，布特莱齐也心领神会，在最后时刻作出了参加大选的决定。于是：几年来愈演愈烈的暴力冲突在大选前几乎是戛然而止，全国出现了多年未有的和平，整个大选过程也出人意料地严肃、平静而有秩序，投票率之高，各方对大选结果的一致承认，都超过人们的预想。

在这划时代的南非首次多种族大选中，非国大与国民党这一对老对手都取得了超过预料的成功。非国大得票率达 62.5%，超过事前各种民意测验的 54%—57%，国民党得票率为 23.9%，也超过了事前测验的 15%—20%，而因卡塔得票率则低于事前预计。可以说，大选的结果是：曼德拉赢了，而德克勒克也没有输。

大选之后一个月内，曼德拉总统已就职，新内阁已建立。约翰内斯堡股市行情大涨，国外对南非经济前景看好，投资意愿增加。继 1993 年年底南非经济开始缓慢复苏、通货膨胀率下降之后，当年经济又进一步好转。

总之，作为多种族民主国家的新南非如初生婴儿已经呱呱坠地。尽管她的成长过程可能多灾多病，但她能在如此先天不足的情况下顺利出世，已堪称奇迹。当今世界上的多民族国家在剧变中经受不住震荡而解体、以致出现内战的有原苏联、原南斯拉夫与原捷克斯洛伐克三个“红色联邦”；民族压迫结束后各解放组织或各部族即互相火并、大打出手的有南非的两个近邻莫桑比克与安哥拉以及阿富汗等；固有的部族冲突或地域冲突使国家四分五裂的有非洲的卢旺达、布隆迪、索马里以及亚洲的也门等；由一党制向多党民主过渡中出现权威真空、政治动荡、社会失序的国家也不少。南非何以不然？

国际社会的帮助是一个原因，但这种帮助既不足以使和平降临波黑、卢旺达等国，又怎样保证南非的种族和平？

各方力量相对平衡、“可迫和不可迫降”也是一个原因。但“不可迫降”并不意味着就能握手言和，它更可能意味着无休止的战争，现实生活中这种例子还少吗？

用旧制度的危机、社会发展的客观要求或良心所向来解释这一切更属空洞无力。旧制度的危机可能导致“破旧”，但未必能导致“立新”：社会发展的要求是一种不是解释的解释，因为社会发展所忌讳而却发生了的事太多了。至于说民心所向，那么当时南非社会上各种激愤情绪的民意基础并不亚于理性。可以说，曼德拉与德克勒克的成功并不是因为他们跟着“民心”走，恰恰相反，是因为他们成功地使“民心”跟着自己走。

简单地说，南非“奇迹”的原因就在于：人民相信政治家，而政治家表现了理智。或者说，尽管人民并不那么理智，但他们没有为难他们所信赖的理智者。这乍看起来，似乎平淡无奇，然而“奇迹”之难得正是因为这不易做到。许多观察家都认为，南非得以免于内乱，多亏了曼德拉、德克勒克（公正地说也有布特莱齐一份，尽管较为次要）的个人理智。法国《青年非洲》周刊在大选前夕说：“可能使南非在不可控制的恐怖活动中发生崩溃的唯一假设是：曼德拉遭暗杀。”一个路透社资深记者从波斯尼亚赶到南非采访大选后说：“曼德拉与德克勒克的双人舞虽然跳得很艰难，但他们给南非带来了希望。波斯尼亚没有出现这样的政治家，这就是波斯尼亚悲剧的原因。”

人们可以把曼德拉与德克勒克比之于英属印度的甘地与蒙巴顿。应该说，前两个所表现的理性、妥协与和解精神在某种意义上比后两人所表现的更为难能可贵，当然，这种比较仅限于他们作为政治家的层面。

世人多以新印度归功于甘地，实则蒙巴顿亦有造于印度甚多。然而德克勒克比蒙巴顿更难得的是：蒙巴顿只是把印度交给了甘地们，而德克勒克则不仅把南非交给了曼德拉，而且还要作为曼德拉的副手（当然，同时也是政敌）同他合作建设新南非。蒙巴顿只是代表宗主国为其不光彩的殖民统治史赢得了个光彩的结尾，而德克勒克则作为南非土生白人的代表，在结束不光彩的过去的同时，开创了光彩的未来。

无疑，德克勒克作为“无路可退”的阿非利卡人的代表，在说服自己的选民顺应历史潮流、纠正以往的错误时要比蒙巴顿克服更多的困难。但历史会证明，他的努力除了使他所代表的势力卸除罪恶历史的沉重包袱外，不会失去他们应得到的任何东西。南非种族和解进程开始前夕，国民党与阿非利卡人中的一批开明派曾退党并另组民主党，主张顺应时势，废除种族隔离制度，与黑人分享权力。结果应者纷纷，很快成为当时议会中第二大反对党，对国民党的地位构成了挑战。然而和解进程开始后，由于德克勒克采取主动，不仅接过了民主党的主张而且加以实践与发挥，从而不仅稳定了自己的队伍，而且得到了英裔白人日益明显的认同。民主党却因提不出更新的纲领而失去吸引力，影响趋于下降。

当然，目前的南非政局属于过渡性质，可以设想随着过渡的完成，白人政党的地位也许会再有所下降，甚至成为在野党。但无论如何，她在南非政治生活中的地位仍然将高于（比如说）史密斯白人政权结束后津巴布韦政坛上的白人力量。正如德克勒克在大选后所说：没有非国大的同意，他再也无法统治了。但同样，“没有人民以及我所代表的组织的支持，任何政府都无法进行有效的统治”。而历史也会铭记德克勒克个人在建立这样的体制方面做出的贡献。

与甘地相比，曼德拉受到的迫害要更为严酷，他身陷囹圄 28 年，几乎等于甘地在印度从事政治活动的全部时间。而他在和解进程开始后所处的位置则比甘地更为有利。然而 28 年牢狱之苦和胜利者的位置却没有丝毫损害他的冷静与宽容。甘地自始至终是个非暴力主义者，而曼德拉作为非国大武装斗争战略的提出者和“民族之矛”的首任司令，不是在失败的时候而是在胜利前夜提出反思并改奉非暴力原则，这无疑需要极大的理智与自我审视的勇气。可以说，“见坏不上，见好不收”是一种相当普遍的人性弱点，前者有利于专制，后者导致以暴易暴的可能。人们往往不敢反抗那只准拥护的政府，而同时又不愿拥护那可以反对的政府。这种“该激进时保守，该保守时激进”的毛病是一种跨文化的政治畸形病。而能够有“见坏就上”的勇气，或者有“见好就收”的宽容，都是难得的，同时具有这二种性格的的人，就更不是任何民族都可遇的，而曼德拉最可贵的，正是这种见坏就上、见好就收，既敢反抗一个只准拥护的当局，又能宽容一个可以反对的对手的这样一种精神。今日的南非，能够阻止复仇主义灾难、恢复理性、妥协与和解精神的，可以说只有曼德拉。当然图图、德克勒克等人也为此付出了不懈努力，但是，当哈尼遇害后在电视上出面呼吁人民保持理智与冷静的，不是德克勒克而是曼德拉；谴责自己一派中的恐怖主义者并支持警方予以处置的，是曼德拉；表示尊重反对派并声称“如果非国大领导的政府不能满足人们的物质需要，你们可以推翻她”的，是曼德拉。正是曼德拉，在节节胜利的日子里勇敢地承认自己的组织在过去为反对种族隔离制度的斗争中犯过侵犯人权的过失，并主持非国大成立调查委员会，公布本组织在国外设有集中营侵犯人权的行为的报告。事实证明，这种坦诚的态度不仅无损于、而且大大提高了非国大的声望。

曼德拉作为政治家的高度责任感也是难得的。民主进程的这几年恰逢南非历史上最长的经济不景气，国家在经济困难的谷底徘徊，老百姓怨声载道。作为反对派的非国大完全可以全力攻击政府的经济政策以取得政治效果，更何况非国大传统经济纲领本来就是不以市场经济为然的。但曼德拉在审视了世界经济发展的经验与教训后认定了市场经济是方向，因而除了抨击现存经济制度中与种族隔离制度有关的内容外，对政府的市场经济方针没有作更多的批评，反而一再表示要继续这一基本方针，留用现政府全套经济班子并对其工作予以肯定，同时放弃了非国大经济纲领中不切实际的内容。这种负责的态度，是他高于一般“政客”的可贵之处。

总之，南非的危机期待着“奇迹”，而“奇迹”产生于和解，像曼德拉、德克勒克那样具有理智与和解精神的政治家，有之诚幸莫大焉。

然而问题当然没有到此为止。前面说过，人民相信政治家，政治家表现出理智，是南非得以化险为夷之要。二者缺一不可。否则“君固材矣，奈国人之不信何？”

那么国人凭什么相信他们，而不是相信一些哗众取宠的乱世英雄？像历史上多次出现过的情形一样？可见其中又非仅理智而已。应不应和解是一回事，能不能和解又是另一回事，南非的启示于此值得玩味之处尚多。

## 理智与道义

如前所述，过渡期的南非之所以能转危为安，是因为“人民信赖政治家，而政治家表现出理智，或者说，人民虽然不那么理智，但他们没有为难他们所信赖的理智者。”

那么，政治家为什么能够表现出理智？识者云：因为他相信理智。这自然不错。然而在那样一个社会情绪亢奋的时刻，更重要的不是他相信什么，而是他能做什么。所以更确切的回答是：因为他在那个时候除了表现出理智外，不需要表现出别的——他作为公平正义化身的道德形象，已经通过几十年的奋斗生涯得到了充分表现。他已无需“哗众”就能“取宠”。

而人民又为什么信赖政治家？识者或云：因为人民素质高，所以接受了理性原则。或云：因为人民素质低，所以只能唯领袖马首是瞻。也许二说各有所据。但我认为更确切的说法是，因为他们从政治家身上除了看到理智之外还看到了别的——社会公正与道义。

就曼德拉而言，他在危局中之所以能表现出非凡的政治理智，当然是有其思想基础的。曼德拉所在的非国大在1912年成立（时名土著人国民大会）时本是以温和、改良、合法反对派的形象出现的，并在此后30年间一直保持着这种形象。但是，由于南非白人当局的不理智和残酷镇压，致使合法反对派运动受挫，人们对改良失望。因而从其第二代领袖开始，非国大趋于激进化，开始进行非暴力但却是不合法的反抗。第三代领袖则成为武装斗争的倡导者。曼德拉是这代领袖中的代表，他于50年代初就首先建议组织武装从事暴力反抗。1960年沙佩维尔惨案后南非实行紧急状态法，非国大被迫转入地下并实行“M（曼德拉的第一个字母）计划”，成立以曼德拉为首任司令的“民族之矛”武装。1961年10月，非国大主席、祖鲁酋长卢图利因长期倡导非暴力主义而荣获诺贝尔和平奖，然而仅两月之后，“民族之矛”就打响了武装反抗的第一枪，非国大从此走上了暴力斗争之路。

但由于非国大非暴力主义传统的影响，曼德拉的武装斗争出发点与当时从非国大分裂出来的激进组织泛非大及其武装是不同的。前者以“多种族主义”即种族平等为目标，反对任何形式的种族统治（既反对白人统治，也反对黑人统治），后者则主张“非洲主义”，要求多数人统治（即黑人统治）。由此又带来两者武装斗争方式的区别：非国大主要袭击官方建筑物与军事、经济设施，避免杀伤“软目标”（人），以唤起白人良知、逼迫当局妥协；而泛非大则着重袭击人员，杀伤警察、密探和“黑奸”——为白人当局效力的黑人，其著名口号是“一个殖民者，一颗子弹”。从这一点来说，曼德拉本质上仍然是个非暴力主义者和种族和解主义者，他后来的政治理智与和解政策有其思想基础，并不仅仅是一种实用主义的谋略改变。

然而非国大的激进化仍然引起了其内部“保守主义者”的不满。祖鲁族酋长布特莱齐就是其代表。他于1972年出任夸祖鲁黑人家园首席部长后便退出了非国大，并指责非国大的“革命”与“反部族传统”倾向，甚至视非国大为恐怖组织。同时他也反对白人当局推行的“黑人家园独立计划”，反对剥夺黑人的南非国籍，坚持夸祖鲁是南非的一部分，拒绝“独立”，主张通过温和改良把南非变成一个各部族自治的联邦，同时与白人政府保持合作。1975年他建立了以弘扬部族传统为宗旨的祖鲁人政治组织“因卡塔”（祖鲁语，意为“民族文化解放运动”）并任主席，后来又以因卡塔为主，联合坎瓜内黑人家园“因扬扎民族运动”、有色人工党、印度人改革党等组织组成南非黑人联盟，在全国范围内打出保守主义旗帜，从而把祖鲁人从杜比、卢图利时代的“亲非国大”部族变成了反非国大的部族。

无疑，如果仅从思想渊源而论，把和解、妥协、非暴力之类的概念归于之布特莱齐恐怕要比归之于曼德拉更为合适，更不要说“弘扬传统”了。即使就非国大本身而言，祖鲁贵族出身的杜比、卢图利两代非国大领袖的非暴力合法斗争衣钵传人究竟是其后辈同胞布特莱齐还是出身科萨人的“激进分子”曼德拉，也是不难回答的。然而实际历史进程却不无讽刺意味：从暴力与动乱中拯救了南非并为民主与种族和解作出了最大贡献的是曼德拉。继卢图利之后接过诺贝尔和平奖的也是曼德拉。而布特莱齐在这一进程中的形象却常常咄咄逼人，强硬异常，甚至在南非黑人联盟解体，其成员组织大都参加了和解进程之后，他仍率领因卡塔抵制这一进程，并与白人极右翼结成联盟，以暴力相威胁。当人们从那时的电视新闻中频频看到传统装束的大群祖鲁武士全副武装地在城市里横冲直撞时，很难把布特莱齐看作是和解精神的化身。

为什么会这样呢？关键在于和解进程是理智与道义的统一，“和解”、“妥协”与“非暴力”这些概念不仅具有技术意义，而且具有形而上的意义。他们不仅意味着以柔克刚的斗争技巧，而且意味着社会公正的恢复。而布特莱齐也许可以自诩为“理智”上的先知，却不具备曼德拉所具有的道义凝聚力。因此当一个充满变数的危机时代来临时，他便不由自主地像一般街头政治家那样走上了“哗众取宠”的道路，以戏剧性的言行来增加自己的卡里斯玛魅力。以至于这个一向指责别人有“革命”倾向的“保守主义者”到了多种族大选的前夕却说出了这样的惊人之语：“如果这（武装起义）是我领导的人民通过急流险滩的唯一选择，那么我就选择这条路！”

## 圣雄人格与和解进程

曼德拉与布特莱齐在和解进程的4年中都多次提到他们的前辈艾伯特·卢图利，作为非国大主席，他是曼德拉的前任，作为祖鲁族酋长他是布特莱齐的长辈。而布特莱齐比曼德拉更经常地提到他，这是毫不奇怪的。因为从思想形式看，他与布特莱齐相似之处更多。卢图利与曼德拉从1952年分任非国大主席与副主席之职以来，在斗争策略上始终存有分歧。卢图利终生坚持非暴力主义，直到1967年去世，他一直与“民族之矛”保持距离。祖鲁族之脱离非国大激进化路线正是从这时开始的，而后来布特莱齐与非国大的决裂则是这种趋势的发展。

然而在人格形象上，卢图利却与曼德拉相似，他们都因长期为社会正义呐喊而受到迫害，并因而具有很强的感召力。1952年卢图利支持“蔑视不公正法”运动被当局撤消酋长之职，从那时起，他先后两次被关押共一年半，三次被禁止旅行和参加集会共9年，并被软禁和剥夺言论、行动自由4年，但他始终不屈不挠地反对当局的种族压迫，争取黑人的平等权利。很难说卢图利如果活到70—80年代他会不会与日益发展的黑人武装斗争路线发生冲突，但在他的有生之年，非暴力抗争是黑人运动的主流，因而他与曼德拉虽然思想有分歧，受迫害的程度有别，但他们都具有“圣雄”般的人格形象，具有超越部族的人格魅力。而布特莱齐却具有“一帆风顺”的官方经历：1953年任部落酋长，并辅佐祖鲁王理政；1967年任祖鲁族大酋长；1970 年为祖鲁地方当局行政长官；1972 年起任夸祖鲁首席部长。尽管他并非唯当局之命是从，但至少到 1990 年时当局从未为难过他。他的形象主要是在与非国大的对抗中树立的，这与卢图利自不可同日而语。

从学理上人们也许更重视思想上的分歧，然而在南非过渡时期的政治实践中，人格形象似乎比思想更重要。卢图利的政治理念，不是由与他思想相近的布特莱齐，而是由与他人格相似的曼德拉实现的。在不少转型期的国家中都可以看到这类现象：例如印度的圣雄甘地，如果仅从其思想看，人们不难批评他反对工业化、主张自给自足、禁欲主义……等等，然而不是他的这些思想，而是他的人格力量在现代印度的创建中起了众所周知的作用。捷克总统哈维尔对西方式的议会政治与市场经济都持有极为尖锐的批判态度，然而正是他作为公正象征的人格力量极大地推动了捷克摆脱旧体制，向市场经济与议会政治转轨的进程。

卢图利、曼德拉、甘地、哈维尔他们在思想上五光十色，但都有一些共同的基本点：他们不仅个人道德操守高尚，有“圣者”风，而且都为反抗压迫历经磨难，坚定不移，因而成为维系人心的正义化身。另一方面，他们不仅有深刻的人文关怀，而且有多元化的广阔胸襟，富于理性与妥协精神，能容纳反对派，主要以其道德感召力而不是以权势对社会起到整合作用。“圣雄”（mahatma）这个印度人对甘地的尊称意为“伟大的”，人格伟大而不是权势强大，的确是圣雄的特征。

与此相反，人格伟大而又权势强大的是“圣君”，如伊朗的霍梅尼。他们也在反抗压迫的历程中表现出人格魅力，然而却不具有宽容精神。一旦成功，神化的人格便转化为神化的权力，从而成为新的压迫者。人格不高但权势极大的，即《三国》中曹操煮酒所论的那种纯粹“权力精英”意义上的“英雄”，我们也不陌生。尤其是人们对理想主义与乌托邦厌倦之后，对不带“浪漫主义”色彩的“现实主义镇制力量”更来了兴趣。人们认为，在一个历史积怨很深而人民文化素质又较低的社会里面临转型危机时，需要这样一种理性而保守的“新权威”来防止社会无序化，抵制“革命崇拜”。

这些说法也许在理论上颇令人入胜，然而在南非，我们却看到了一幅不太符合上述设想的图景：一直反对“革命崇拜”的布特莱齐在转型危机到来时大谈“起义”，作为“现实主义镇制力量”的南非当局面对社会失序一筹莫展。而曼德拉这个“激进分子”，正是靠了其在“革命”中形成的人格感召力，成功地以道义呼唤理智，使得他当历史出现理性变革的机遇时，反而比一直反对“革命”的布特莱齐更有能力制止“革命”的发生，达成和解、妥协、分享权力的“大团圆”式结局！

当然，没有德克勒克就没有曼德拉的成功，犹如没有蒙巴顿就没有甘地的成功一样。不过，前者的可贵也恰恰在于他们没有对后者实行“镇制”上。

老实说，在非洲恐怕没有哪个国家像南非那样存在着如此深厚的“革命”土壤（关于这一点，看看南非共产党势力的发展便可知道），存在着如此复杂的历史创伤和利益冲突，结束了白人统治之后的南非如果避免了安哥拉、莫桑比克式的悲剧，如果人们为此应该感谢谁的话，那么他们应该感谢圣雄曼德拉呢，还是应该感谢保守主义者布特莱齐？这该是不难回答的问题吧！

## 圣雄·英雄·枭雄

曾经有人声称现代政治不依靠英雄。的确，作为一种程序化、形式化与理性化操作的民主政治在其成熟时应该是不依靠英雄的。然而缔造这样一种制度的过程需要“英雄”吗？这就看我们怎么定义“英雄”了。如果是像曹操煮酒所论的那种“英雄”，那恐怕是靠不得的。而像曼德拉那样代表了公平、正义的道德感召力的“圣雄”，则有之诚幸莫大焉。

“圣雄”们（无论其意识到与否）所推行的实际上是自由主义的事业。自由主义本是个低调的主义：他承认人人都有“自私”的权利——

当然，这并不等于褒奖自私——以防止专制者“以我之大私为天下之大公”（黄宗羲语），然而，在面对严酷压迫时人们如果各怀私心，一盘散沙，就无法冲破重压去实现自由事业，这就形成了一种悖论：“消极的”自由必须以积极的态度来争取，低调的制度必须用高调的人格来创立，为实现一个承认人人都有“自私”权利的社会必须付出无私的牺牲，为世俗的自由主义而斗争的时代需要一种超越俗世的殉教精神。这就是圣雄的精神。

同时，当一个社会原有的权威整合机制已经失效，而新的民主整合机制又未建立起来时，他靠什么避免无序呢？恐怕很难指靠对“革命崇拜”的谴责（我并不是说这种谴责没有学理上的意义）。从逻辑上看，要解决这个难题无非只有靠社会上原有的非主流组织资源，以及道德凝聚力资源，而在前一种资源缺乏时，后一种资源就尤为重要。如果两种资源都没有，那么无序状态和人们所害怕的“暴民政治”就难以避免。——我们不要忽略一个简单的事实：“暴民政治”并不是只有理想主义的“革命者”才能煽起，他完全可以表现为毫无理想色彩的“乱世英雄起四方，有枪便是草头王”的局面。在非洲的索马里等国，不就是这种状况吗？

当然，笔者并不认为“革命崇拜”是不需要或不值得批判的。但问题在于，在许多情况下“革命”的有无并不是个学理问题而是个情势问题。19世纪的俄国民粹派是真正的“革命狂”，在长达几十年的时间内从“到民间去”到舍身行刺，使出浑身解数要发动“革命”，而“革命”就是不来。到1917年2月，“革命”却在所有政党，包括布尔什维克在内都不曾去“发动”、甚至始料不及的情况下突然来了！（布尔什维克后来一直宣称二月革命也像十月革命一样是他们领导的，这不符合事实，此不详论。）所以，“革命”当然不值得“崇拜”。但如果认为你不“崇拜”他就不会有“革命”，或者像阿Q那样宣布一声“我革命啦”他便从天而降，说句“杀革命党，好看！”他便离地而去，那就未免太天真了。真正的问题在于，如果情势使一场“革命”降临人间，那么他是为华盛顿、甘地、曼德拉那样的人所左右，还是为萨达姆、阿明乃至南非泛非大那样的势力所左右？毫无疑问，在那种情势下能决定这一点的恐怕不是谁在学理上更正确，而是谁拥有更大的道德感召力和正义凝聚力。就南非而言，曼德拉在这方面本不具有先天优势：他所在的部族并不像布特莱齐所在的祖鲁族那样代表了土著南非人当年抵抗殖民化的光荣历史。但是，他以其为黑人解放不怕把牢底坐穿的奋斗经历，以及在奋斗过程中体现的牺牲精神、实干精神和言行一致的精神，使南非人，甚至包括相当多的南非祖鲁人（如同我们在夸祖鲁地区的政治风波中所看到的）把他视为正义的象征，因而也就愿与他一起以理智的、妥协的方式实现南非的和平转折。而如果曼德拉当年不为正义而战，南非并不会因此便没有黑人解放运动，只不过这场运动很可能便由泛非大那样的复仇主义者或“打倒”派唱主角；南非目前的妥协局面也就更难产生而已。因此无论基于价值判断还是基于功效判断，曼德拉投身“革命”如果说无须被“崇拜”的话，那么至少也是不该受诅咒的。

曼德拉不是霍梅尼式的“圣人”或曹操式的“英雄”，更不是绿林式的枭雄，他是集道义与理智、勇气与宽容于一身的圣雄式人物。圣雄不是完人，但他给南非带来了希望。在 1997 年末马弗京代表大会上曼德拉从非国大主席之位上光荣引退之时，新南非经过三年多的治理已经初步崛起，“好望”终于降临在好望角，也许还不仅降临在好望角？

# 从南非看中国：“低人权优势”下的“经济奇迹”

## 一、吾国吾民：背景的比较

### “拉美化”还是“南非化”？

近年来国内外批评者在关于中国发展模式的“反思”中经常提到的负面比较对象是印度与拉美。大致而言，改革前中国人经常把经济落后的印度当作“走资本主义道路的恶果”，那时（上世纪六七十年代）拉美正处在经济高增长时期（所谓“巴西奇迹”、“墨西哥奇迹”），所以中国人不太提及。改革后，尤其在上世纪九十年代以“铁腕”掀起以市场化为目标的新一轮改革后，印度仍然常被用作反面“教训”，但却变成了“尼赫鲁社会主义”、“苏联式计划”的恶果，而被中国的“右派”们用以反证“民粹主义”之害。至于中国的“左派”，则越来越多地以“奇迹”已过、社会陷入危机的拉美为“教训”，用以批判“新自由主义”之恶，从而造出“谨防中国出现拉美化”、“中国落入拉美陷阱”等热门话题。

但中国的一些拉美研究专家并不赞成“拉美化”的说法。[1]而更有趣的是：与“新自由主义”意味着资本对劳动的优势相反，很多“中资企业”（尤其是“大型国企”）一到拉美就感到那里的工农把资本“欺负”得够呛。拉美最大中资企业“首钢秘铁”抵制当地的劳工法，开除罢工工会成员，造就了“秘鲁工人英雄”胡安·坎查理，这个首钢眼中的“捣乱者”

[1] 江时学：《“拉美化”是伪命题》，《拉丁美洲研究》，2005年第1期。

在工人支持下先当选议员，后成为秘鲁劳工部长，他的女儿则民主当选“首钢秘铁”所在的马尔科纳市市长。[1]而“首钢秘铁”则被劳工运动“折腾”得七荤八素，国内传媒因此一片惊呼：“海外投资须防工会陷阱”！[2]我们的国企老爷可算知道了什么叫“咱们工人有力量”！需要指出的是：近年来拉美左派力量增长，这样的事或许不奇怪。可是“首钢秘铁”事件发生在上世纪九十年代藤森政府时期，那可是公认的“右派政府”啊。

拉美之外还有更生动的例子：过去我们的国企在乡村地区建厂开矿，“圈地拆迁”从来不由分说，成千上万的农民说赶走就赶走，哪里有谈判一说！但这些年“中资”在加蓬等国圈地，甚至到自然保护区和国家公园去采采挖挖，却遭到“西方传入的”环保和原住民权益NGO的抗议，中资习惯于通过“搞定”政府来解决问题，而在那里，被搞定了的官员也就袖手旁观而已，靠他们来弹压“刁民”，则嘎嘎乎难哉。当然，在那些法治完备的国家，中资也学会了“循规蹈矩”。如中铝公司在澳大利亚开发奥卢昆铝土矿，虽然早已与澳大利亚政府达成协议并得到了后者的大力促成，但仍不得不花费一年半时间与当地一个只有千余人的土著部落谈判土地租用问题，因为澳洲政府已经把土地所有权归还了土著。[3]中铝的“平等待人”在当地获得好评，可是在国内这个“好榜样”却不能宣传：国外的“工会陷阱”已经够让“中资”头疼了，如果“奥卢昆经验”传入国内，拥有“五千年文明”的中国农民也学会了像澳洲那个小小的“原始部落”那样大模大样地与政府支持的“大鳄”漫天要价，那还了得？！

于是如今人们发现：原来“中国奇迹”的主要奥秘在于铁腕之下减少了中国经济学家所谓的“交易成本”，避免了“民主分家麻烦大，福利国

[1] 朱晓雪、王嘉澂：《首钢：秘鲁的血色黄昏》，《环球企业家》2004年9月总第102期。

[2] 盛立中：《学会同工会打交道　中企海外扩张遭遇工人运动》，《南风窗》2004年10月18日。

[3] http://www.atns.net.au/agreement.asp?EntityID=3980；参见大松、余芳倩：《中铝转型：国际化和多金属》，《国企》2007年11月号。

家包袱多，工会吓跑投资者，农会赶走征地客”这种“民主困境”！

显然，这种情况下在中国扯什么“拉美化”纯属莫名其妙。而一位20年间多次到过南非的菲律宾籍国际NGO活动家却有个发现：当年的南非大城市很像今天的北京，而今天的南非大城市却很像马尼拉了！这个比较很有意思。

他讲的“当年南非”就是上世纪九十年代民主化以前种族隔离制度下的南非。这个南非当然不像拉美，但它与中国很像吗？

今天中国的“左派”喜欢大批“新自由主义”，而“右派”喜欢大批“福利国家”。可是当年的南非，虽然国际上自由主义者与社会主义者都把它骂得厉害，但后者从来没说南非之弊在于“新自由主义”——相反，倒是在种族隔离制度废除后，民主南非执政的非国大被一些极左派抨击为搞“新自由主义”。[1]而前者更没有把南非看成“福利国家之弊”。尽管南非少数白人当时的确享有高福利，但谁都知道，占南非人口大多数的黑人尽管并不享有“自由竞争”，却与“福利”更无缘，他们的福利待遇比任何“新自由主义”国家都低！

## 几个“术语”的比较

那么当时的南非搞的是什么体制？我们可以看看那时学界和南非官方常用的几个术语：

1.“二元体制”（Dualism）：学者常常用这个术语来称呼种族隔离时代南非对黑人与白人的不同待遇。[2]而在中国，人们形容城里人与

[1] 海因·马雷：《南非：变革的局限性——过渡的政治经济学》，社会科学文献出版社2003年，序第5页。

[2] 例如Callisto E. Madavo，Government Policy and Economic Dualism in South Africa. Canadian Journal of African Studies. V1（1971），pp. 19–32. O. P. E. Horwood，Economic Balance，Dualism and Growth，With Applications for the South Africa Economy. The South Africa Journal of Economics. September 1965. etc.

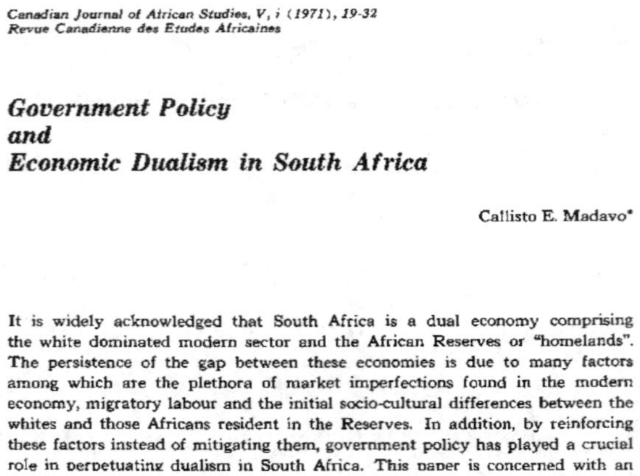

*Canadian Journal of African Studies, V, i (1971), 19-32*
*Revue Canadienne des Etudes Africaines*

***Government Policy and Economic Dualism in South Africa***

Callisto E. Madavo*

It is widely acknowledged that South Africa is a dual economy comprising the white dominated modern sector and the African Reserves or "homelands". The persistence of the gap between these economies is due to many factors among which are the plethora of market imperfections found in the modern economy, migratory labour and the initial socio-cultural differences between the whites and those Africans resident in the Reserves. In addition, by reinforcing these factors instead of mitigating them, government policy has played a crucial role in perpetuating dualism in South Africa. This paper is concerned with an

二元体制

Victimes de la politique d'« urbanisation ordonnée »

**Les « surplus people » en Afrique du Sud**

*EAST-LONDON*
*de notre envoyé spécial*

Le 1er février 1985, M. Gerrit Viljoen, ministre de la coopération et du développement, annonçait que les déplacements forcés de population étaient suspendus. Seize mois plus tard, le 1er juillet 1986, les règles régissant la liberté de mouvement des Noirs, ainsi que le fameux « pass » étaient officiellement supprimés. Le passage à la réalité n'a pas toujours été à la hauteur des espoirs placés dans l'adoption de ces réformes importantes. Ceux que l'on appelle les « *surplus people* » (les gens en trop) sont toujours victimes des diktats des autorités, qui leur imposent leur lieu de résidence, contraignant ces indésirables à quitter leur domicile.

Le 5 mars dernier, M. Chris Heunis, ministre du développement constitutionnel et du plan, reconnaissait que 64 180 personnes avaient été déplacées en 1986, dont 3 000 dans les homelands, et que le même sort attendait sept autres communautés, soit au moins 22 000 Noirs.

A Langa, à proximité de Uitenhage, la place est pratiquement nette. La presque totalité des mille maisons et des six mille taudis ont été rasés. Seuls subsistent quelques récalcitrants éparpillés sur ce terrain vague où l'herbe a reconquis les anciennes rues en terre. La vue de cette colline « nettoyée » au bulldozer a fait dire à un diplomate britannique que cela ressemblait à « *Hiroshima après la bombe* ».

En quelques mois, au second semestre de l'an dernier, trente mille personnes ont été contraintes de quitter le site de Langa, une township devenue célèbre par la fusillade du 21 mars 1985, qui a coûté la vie à vingt Noirs présents à la tête d'un cortège se rendant à des obsèques.

Ce bidonville était trop proche de la ville blanche de Uitenhage. Les quelque six mille familles ont été provisoirement logées dans un village de tentes montées sur les hauteurs de la cité noire de Kwanobuhle, à une dizaine de kilomètres. Aujourd'hui, les tentes ont cédé la place à des baraques édifiées avec des matériaux de fortune, en attendant que se réalise la promesse faite par les autorités de fournir à ces déracinés une maison, mais rares sont ceux qui peuvent payer un loyer. Près de la moitié d'entre eux sont sans travail et essayent de survivre dans cette portion de bush dégagée de ses arbustes.

MICHEL BOLE-RICHARD

*(Lire la suite page 8.)*

有序的城市化

农民不同待遇的流行说法是“二元结构”。这个术语来源于发展经济学中的刘易斯（W. A. Lewis）模型[1]和不发达社会学中的波耶克（J. H. Boeke）模型[2]，曾被广泛用于许多发展中国家。但是，刘易斯等人讲的“二元”仅指城乡发达程度与社会结构的不同，并没有制度性歧视造成身份等级的意思。笔者 10 多年前就指出中国制度性歧视下的城乡差异与刘易斯、波耶克模型是完全不同的。[3]一些有识之士也指出把制度性的“城乡壁垒”称为“城乡二元”有把制度性歧视混同于一般城乡差异之嫌。[4]而南非官方学者同样用这个概念混同种族壁垒（隔离）

[1] 例如：论述中国“二元结构”的最权威著述之一，郭书田、刘纯彬著《失衡的中国》（河北人民出版社 1990 年）就明确地说这个概念来自刘易斯。（见该书 7 页）

[2] 学界早有人指出波耶克对印尼的研究（J. H. Boeke，Economics and Economic Policy of Dual Societies as Exemplified by Indonesia. New York：Institute of Pacific Relations，1953）最早提出这一概念，早于刘易斯。

[3]《中国城乡关系中存在着所谓“二元结构”吗？》，初刊于 1994 年，收入秦晖：《天平集》，新华出版社 1998 年，222—239 页。

[4] 陈文龙：《城乡壁垒抑或城乡二元结构》，《战略与管理》2001 年第一期。

与发展中国家常见的贫富差异，对此，也同样有人指出：种族隔离下的 dualism 并不是刘易斯所讲的那种概念，而是一种制度歧视。[1] 有趣的是，在经济起飞阶段，南非的“白黑二元”与我国的“城乡二元”的人口比例也相当近似，即都在 1∶4 左右。

2. “流动工人”（migrant labors）：南非经济起飞的支柱制造业主要靠黑人劳工，当局要他们在城里只打工不安家，把户口留在“黑人家园”，因此给他们的官方称谓是“流动工人”——不称为“黑人劳工”也有掩盖种族歧视之效。而我国经济起飞的支柱制造业主要靠“农民工”，最近北京大学姚洋教授说这个称呼不好听，郑重建议改称“流动工人”。[2] 我指出这恰恰与南非对黑人劳工的称呼雷同，惹得他大为光火。其实我当然不认为他存心效法南非（他根本不知道南非有此称呼），但他恰恰想出这么个称呼，这是“英雄”所见略同？还是所据现实的相似？ migrant 一词有“移民”和“候鸟”、“往返迁移动物”二义，南非官方正是用的后一含义，即“都市中非移民的打工者”，“候鸟型工人”。按照南非种族隔离理论家 W. W. 埃塞伦的说法：他们进入城区“只是暂时性的，而且是出于经济原因。换言之，他们只是作为找工作的人。而不是作为移居者被允许进入的”。[3] 我们的“农民工”不也正是如此吗？他们不也有“候鸟”、“两栖人”之称吗？

3. “有序的城市化”（ordered urbanization）：这个概念最初是南非一些医学界人士对黑人移居城市带来流行病和性病的问题提出的迁徙管制

---

[1] David L. McKee and William H. Leahy, Urbanization, Dualism and Disparities in Regional Economic Development. Land Economics, Vol. 46, No. 1（Feb., 1970）, pp. 82–85; W. Beinart and S. Dubow（ed.）, Segregation and Apartheid in Twentieth-Century South Africa. London: Routledge, 1995.

[2] 姚洋：《“农民工”的称呼可以休矣！》，《南方周末》2008 年 8 月 7 日。

[3] 夏吉生主编：《南非种族关系探析》，华东师范大学出版社 1996 年，128 页，N. J. Rhoodie & H. J. Venter（ed.）, Apartheid: A Social-Historical Exposition of the Origin and Department of the Apartheid Idea. Capeton 1960, pp. 26。

建议。[1]但后来这个概念被无限引申，把一切“城市化弊病”如贫民窟、脏乱差、治安问题等等都归咎于黑人进城，从而对黑人厉行管制，并且成为种族隔离时期的重要“国策”。为此南非实行了一系列“关键控制措施”，如1951年通过的“防止违法擅占法（PISA）”等，黑人贫民区被视为“违法擅占”（illegal squatting），当局经常以整顿市容、惩治“擅占”为名进行犁庭扫穴。[2]而美国等民主国家允许黑人进城形成贫民窟则被南非官方文人斥责为“失败的、无序的城市化”。在“有序”名义下，经济繁荣时让黑人进城做苦力，遇到萧条就视其为“多余的人”而加以驱逐，黑人成了“‘有序城市化’的牺牲品”。[3]而在中国，类似的概念叫做“有序流动”。南非把打工者住的简陋棚屋叫做“违法擅占”，中国则叫做“违章建筑”，姚洋先生认为贫民区“侵犯产权”，这与南非说的illegal squatting是一个意思。提出“有序流动”就是要禁止所谓“盲目流动”，对此赵树凯先生有个尖锐的批驳：“即便是盲目流动，难道农民就没有‘盲目’的权利吗？流动既属于基本人权，……只要不是违法犯罪，‘盲目流动’又有何不可？”[4]南非进步人士对“有序城市化”也有类似批判。区别只在于：南非排斥“无序城市化”总拿美国的“贫民窟”做靶子，而中国批判“贫民窟”则喜欢拿印度、拉美做靶子。因为美国的贫民窟多黑人，而南非正是要排斥黑人。中国没有“黑白问题”，而且羡慕美国富裕，就拿更穷的印度来说事了。

这些“术语”的比较告诉我们什么？

---

[1] S. L. Kark，The Social Pathology of Syphilis in African，South Africa Medical Journal，1949：23，pp. 77–84.

[2] E. Wickery，Grootboom’s Legacy：Securing the Right to Access to Adequate Housing in South Africa? New York：Center for Human Rights and Global Justice，2004. pp. 8

[3] M. Bole–Richard，Victimes de la Politique d’“Urbanisation Ordonnee”：Les“Surplus People”en Afrique du Sud. Le Monde，1–4–1987.

[4] 赵树凯：《农民流动三十年》，http：//hi. baidu. com/qingsongqing/blog/item/6e4d30f70728d726720eec89. html

## 两个“经济奇迹”

众所周知，中国改革开放后经济增长迅速，创造了“经济奇迹”。而如何解释这一“奇迹”则众说纷纭。对此，看看另一个“奇迹”是很有意思的。

许多中国人对南非的印象似乎只是金矿和布尔山羊，但其实南非早已是个以制造业为主的国家。如今有人说中国已经成为“世界工厂”，而小得多的南非早已有“非洲工厂”之称。该国自第一次世界大战后制造业开始起飞，二战期间超过采矿业成为国家最大经济部门，1965 年制造业产值更超过了采矿业与农业之和。使南非成为非洲唯一的真正工业化国家，以 6% 的人口占有全非洲三分之一以上的经济产值。南非的铁路与电话均占到全非洲的一半，[1] 发电量更占全非洲的 57%，人均用电水平与英国相当。[2] 1991 年南非人均收入据说“相当于匈牙利或丹麦的水平”。[3] 从综合经济指标 GDP 来看，南非 1932 年仅为 4. 66 亿兰特，1940 达到 9. 87 亿兰特，1948 年 20. 05 亿兰特，1956 年 41. 23 亿兰特，1964 年 68. 72 亿兰特，1972 年 150. 52 亿兰特，到 1980 年已达 592. 00 亿兰特。也就是说，南非国内总产值在 1932—1972 年的几十年间可谓持续高增长，平均 7. 3 年翻一番。直到上世纪七十年代末减速，1982 年首次出现负增长。[4] 总之，在相当长的时期“南非堪与当时经济发展速度为世界之最的日本相匹敌”，步入新兴工业化国家行列，被称为“非洲经济巨人”。[5]

南非的经济“奇迹”还有两个堪与中国相比的特点：一是它的外向型

[1] 夏吉生主编：《南非种族关系探析》，华东师范大学出版社 1996 年，196 页。

[2]《简明不列颠百科全书》，中国大百科全书出版社 1986 年，第 6 卷，175 页；葛佶主编：《简明非洲百科全书》，中国社会科学出版社 2000 年，618 页。

[3] South Africa Foundation，Souht Africa 1993. P. 21. 按：原文如此，笔者觉得匈牙利与丹麦似乎不是一个水平，但无论哪一个，在非洲应该都是“奇迹”了。

[4] B. R. 米彻尔主编：《帕尔格雷夫世界历史统计，亚洲、非洲和大洋洲卷（1750—1993）》，经济科学出版社 2002 年，1037、1048 页。按：这是以现价计，如果以不变价格计，1946 年以前无数据，1946—1976 的 30 年间年均增长达 5. 1%，也是相当高了。

[5] 夏吉生主编：《南非种族关系探析》，华东师范大学出版社 1996 年，168—169 页。

特征，由于多数人口（南非的黑人，中国的农民）消费能力低下，南非与中国一样长期“内需”不足，利用外资、开辟“外需”是两国“奇迹”的共同特征。高速增长时期的南非，经常项目与资本项目“双顺差”都领先于GDP而呈“超高速”增长：贸易顺差1950年为1.43亿美元，1980年激增为74.30亿美元，以后才随“南非模式”的危机出现下降，到1992年降为53.48亿美元。资本项目顺差，1965年为2.15亿美元，1982年达23.66亿美元，17年里年均增长达15.2%，但种族隔离制度出现危机后就急剧下滑。1985年后出现了负数（资本外逃）。[1]而此前，南非依靠“经济全球化加低人权优势”曾成为世界投资利润率最高的地方之一，1979年美国在南非投资的平均利润率达18%，而在发达国家投资平均利润率仅13%，在发展中国家也仅14%。1957—1972年间南非经济增长的40%得益于外资。[2]中国也如此，典型的是：美国通用汽车公司在全球都是亏本的，甚至在印度的工厂也盈利不多，只有在中国是利润奇高。而麦当劳在美国的盈利水平也远不如在中国。于是1996年投入亚非拉的外资三分之一以上进了中国，1997年全球FDI只有5%进入中东欧民主转轨国家，但上世纪九十年代进入发展中国家与转轨国家的FDI总量，80%以上集中于20个国家，主要是中国。[3]

二是南非的基础设施建设领先于经济增长。由于“低人权优势”南非国家可以随意圈占黑人的土地，这是绝大多数民主国家做不到的。因此南非得以大量占地修建基础设施。如南非的人均汽车拥有量与发达国家相比并不算高，但其高速公路的建设却领先于多数发达国家，上世纪八十年代

---

[1] B. R. 米彻尔主编：《帕尔格雷夫世界历史统计，亚洲、非洲和大洋洲卷（1750—1993）》，经济科学出版社2002年，1112页。

[2] 夏吉生主编：《南非种族关系探析》，华东师范大学出版社1996年，188页，V. Pillay, Transnational Corporations: Allies or Instrument of Apartheid. In Ground Level, 4: 2（1980）, pp. 61。

[3] 海因·马雷：《南非：变革的局限性——过渡的政治经济学》，社会科学文献出版社2003年，200—201页。

其里程一度仅次于美国、德国而居世界第三。这一点与中国目前的情况也很相似。中国居民有车率也不高，高速公路却已居世界第二。很多中国学者以此自豪地嘲笑印度说：由于印度国家在“征地拆迁”方面太无能，她想修建中国那样的高速公路网几乎绝无可能。

南非经济高速增长的原因何在？在北京天则经济研究所的一次讨论会上，我国南非研究专家杨立华教授批评了笔者关于南非高速原始积累和经济高增长的奥秘在于“全球化加低人权”的观点，坚持认为“低人权”从来都是经济发展的阻力。[1]但是中国南非学的其他学者似乎不这么看。例如有人认为：

“种族主义制度为南非经济在相当长的时间内持续快速增长提供了有利的条件。这主要表现在：种族隔离制度为南非经济发展提供了带有强制性的廉价劳动力，并保证了白人农场主和企业主发展经济所需要的辽阔土地资源。”反过来，“经济的高速发展以及由此获得的经济实力使种族隔离制度得以存在和维持。”

“在一个相当长的历史时期内，种族隔离制度所保证的优裕条件吸引了大量国外资金、技术和移民，促进了对外贸易的发展和繁荣，从而对南非经济起了相当大的促进作用”。

种族隔离制度是“南非经济实力迅速增强的诸多原因”中的“至关重要的因素”。但是经济进一步发展就与种族隔离制度产生矛盾：流动劳工素质不易提高，绝大多数人贫困导致国内市场狭小，内需不足。而更重要的是：“对外经济活动在某种程度上成为一种传播西方人权主义思想的媒介，潜移默化地影响着南非人的种族观念，冲击着种族隔离制度的大堤”。[2]

中国的情况是不是有点类似呢？中国奇迹的产生同样有“诸多原因”，但没有“农民工”（“带有歧视性的廉价劳动力”）和“圈地运动”（以

[1] http：//www. unirule. org. cn/SecondWeb/DWContent. asp?DWID=411

[2] 夏吉生主编：《南非种族关系探析》，华东师范大学出版社 1996 年，166—167 页。

强制手段取得“发展经济所需要的土地资源”）这两个“至关重要的因素”，这种“奇迹”能够存在吗？当然，上述关于“南非模式”的弊病与其最终结果的论述，相信也会使中国人浮想联翩吧！

“南非奇迹”固然主要是富了白人，但南非白人统治者经常以“南非黑人的生活水平高于这个大陆上任何地方（的黑人）”来为自己辩护。[1]这种说法当然掩盖不了白人与黑人之间触目惊心的收入差距和经济不平等，更不能替经济之外当局剥夺黑人政治权利和其他基本公民权利的恶行遮羞。但仅就这句话本身而言，应该说也是事实。持续经济增长使得哪怕是在这种体制下受欺负的黑人，生活也是在提高的：纵向看，他们比以前要好，横向看，他们比周边那些黑人掌权的邻国，大众生活水平也高出一截。一个简单的事实是：南非多年来一直是周边各国，尤其是莫桑比克、马拉维、斯威士兰、莱索托、津巴布韦等国大量黑人劳工的打工地，其数量占这些国家劳动力的很大比重，甚至更远的坦桑尼亚与赞比亚也有在南非的打工者，这就像今天中国中西部贫困地区劳动力大量涌向沿海富裕地区的“民工潮”一样。尽管南非这些外籍黑人的待遇还不如南非本国黑人劳工，但显然他们在南非的收入要高于在本国，否则他们不会来。那么，南非本国黑人劳工的收入高于邻国黑人就更不用说了。这就像中国的“农民工”：纵向看，他们比以前要好，横向看，他们比留在农村的农民收入水平也高出一截。但是这能掩盖他们在城里所受到的不公平待遇吗？

种族隔离时代，南非黑人占人口3/4，个人收入只占1/4。[2]矿业工资中白人与黑人之比：1936年10. 7；1960年17. 5；1970年20. 3；1974年12。横向比较，这个比值在上世纪八十年代采金业中是10—15；加工业10—12；原料工业4；1982年，南非全国白人雇员月均工资1073兰

[1] 南非白人总统博塔就一再这样说，见J. Allen，Rabble-Rouser for Peace：the Authorized Biography of Desmond Tutu. New York：Lynn C. Franklin，2006. pp. 6。

[2] 夏吉生主编：《南非种族关系探析》，华东师范大学出版社1996年，180页。

特，黑人雇员278兰特，两者之比为3.9∶1；1987年白人1959兰特，黑人593兰特，两者之比缩小至3.3∶1，即黑人工资增长了113.31%，白人工资增长了82.57%，但黑白工资的绝对差距却由1982年的795兰特扩大为1987年的1366兰特。[1]另一组数据显示：1980—1988年间，南非黑人劳工年均工资从2688兰特增加到9430兰特，白人工人年均工资则从11472兰特增长到32906兰特。即黑人工资增长了250.82%，白人工资增长186.84%，从相对增长率看黑人工资增长快于白人，9年间白人工资从黑人的4.27倍，缩小到3.50倍。但是从绝对量看，9年前白人年工资比黑人多8784兰特，9年后却多23476兰特，差距其实更大了。[2]所有这些数据给人的总印象是：种族隔离前期，随着歧视的严重，白黑差距无论相对值还是绝对值都在扩大，其中相对值差距在上世纪七十年代初达到最高。此后由于黑人抗争与国际压力的作用，相对差距在逐渐缩小，但由于收入数额变大，绝对差距还在扩大。

而在中国，无论是城乡居民收入还是行业中“农民工”与“市民工”的实际收入差距，最近十多年里也在明显扩大，而且与南非的“黑白差距”相对率缩小、绝对量扩大不同的是：中国的上述两项收入差距无论是相对率还是绝对量都在扩大。也就是类似南非上世纪七十年代前的情况，而且要比南非种族隔离制度晚期的情况更糟。

## “黑人各尽所能，白人按需分配”：身份壁垒下的“社会主义”

南非经济的另一个特征是“国有经济”比重奇高。尽管民主化以前的南非政治上非常反共，经济上却颇为“社会主义”。即使在国有经济已经不太景气的种族隔离时代末期，1986年公营部门仍占全国固定资产的

[1] 夏吉生主编：《南非种族关系探析》，华东师范大学出版社1996年，170页。
[2] 葛佶：《南非——富饶而多难的土地》，世界知识出版社1994年，170页。

58%，产值的26%，出口的一半以上和进口的25%。[1]因此，那时的南非颇有点“黑人各尽所能，白人按需分配”的“种族社会主义”色彩。[2]正如著名左派学者沙米尔·阿明所说：尽管南非处在“资本主义世界体系”中，但“幽默的是：前白人统治者的‘中央政府统制经济’政策，却一直把这个国家置于按习惯包括所谓社会主义国家的‘第二’世界之内”。[3]这与中国是否也很相像？

这种状况是南非白人中居多数的荷裔（现在自称阿非利卡人，过去被称为布尔人）推动的。

殖民时代南非史基本上可以概括为白人征服了占多数的黑人，而英语白人通过“英布战争”在军事上又征服了白人中占多数的布尔人，但政治上却与布尔人达成了妥协，承认后者自治南非。在英布战争后的南非，具有市民传统的英语白人适应工商业竞争，多属于企业家与白领阶层，是南非经济市场化与全球化的动力。而人数更多、政治上也占优势的阿非利卡白人传统上是农牧民（“布尔”就是荷兰语“农民”之意），不善经商，进城后多属于工薪阶层，其中不少人属于“穷白人”。他们论经营不如英语白人，论打工却又不如更为吃苦耐劳的黑人，因此更需要种族特权的保护。他们歧视黑人更厉害——就像中国的许多城市国企工人排斥“农民工”。布尔“穷白人”不仅长期支持种族压迫政策，甚至在南非民主化过渡期内他们也成为顽固抵制黑人权利的白人“极右派”的社会基础。为了维护种族特权，保障既得利益，并维持“布尔人的团结”传统，南非为阿非利卡人实行相当程度的大锅饭制度，兴办了许多国有企业，给阿非利卡工人提供“铁饭碗”，实行高社会福利、保障就业与终生雇佣制。“有组织的白人工人”“采取好斗行动”来维护种

[1] 张象主编：《彩虹之邦新南非》，当代世界出版社1998年，151页。
[2] 参见秦晖编译：《南非之魂曼德拉》，中国对外经济贸易出版社1998年，387页。
[3] 海因·马雷：《南非：变革的局限性——过渡的政治经济学》，社会科学文献出版社2003年，第1页，阿明序。

族隔离，以至于直到上世纪七十年代末，种族问题上一直存在着“资本家与白人工人的政治联盟”。[1] 1922 年，白人工人甚至“把种族沙文主义与军事行动相结合，在社会主义旗帜下反对资本”，发动了抗议资方允许黑人劳工“入侵”该行业的武装起义，提出建立“白人工人共和国”的口号。[2]当时的南非共产党也积极参与了此事。[3]起义本身虽被镇压，但南非的“种族社会主义”却从此打下基础。因此学者们注意到，与中国台湾、韩国非常成功地实现了进城农民市民化相反，南非却对进城黑人实行“积累的排他性”制度。[4]

这种“种族社会主义”当然以对黑人的残酷压迫和奴役为前提。但是这种压迫与奴役自然不是什么“新自由主义”，更不是什么“自由放任”状态下“市场竞争中赢家通吃”的结果。事实上，在这种状态下白人与黑人各自内部的“阶级分化”都很不发达，仅就白人内部看，南非几乎与北欧一样是发达的“社会福利国家”[5]。而南非的黑人企业家阶层是种族隔离废除后才形成的，此前的黑人普遍贫穷。但是“平等的白人”与“平等的黑人”之间却悬殊有如天壤。

这种体制与中国的体制类似。只不过南非的黑白之别对应于我们的“市民—农民之别”。应该指出，中国自上世纪五十年代以后的“农民”既不能以聚落类型定义（很多农民实际上居住在城镇，尤其是我国的县城，改革前往往多数居民都是“城关公社”的“农民”），也不能以职业定义（很

---

[1] 海因・马雷：《南非：变革的局限性——过渡的政治经济学》，社会科学文献出版社 2003 年，第 3 页。

[2] 海因・马雷：《南非：变革的局限性——过渡的政治经济学》，社会科学文献出版社 2003 年，序第 5 页。

[3] 南非共后来在共产国际的指示下改变了政策，消除了种族主义倾向，并转变为支持黑人解放运动。

[4] 海因・马雷：《南非：变革的局限性——过渡的政治经济学》，社会科学文献出版社 2003 年，第 24 页。

[5] 海因・马雷：《南非：变革的局限性——过渡的政治经济学》，社会科学文献出版社 2003 年，第 8 页。

多“农民”并不务农，从而形成“农民工”、“农民企业家”之类概念），甚至不能以阶级定义（不仅有“农民工”与“农民企业家”，而且还有干群的对立），“农民”就是以“户口”为标志的、非经特许改变即为世袭的一个低下身份等级（caste）。极左年代的中国就是个无阶级却有等级、而且等级森严到近乎种姓制的国家，等级内的所谓平均从来就与等级之间的悬殊并存。1978 年我国以货币计量的收入分配吉尼系数，在城市内部只有 0. 164，在农村内部也只有 0. 227，但若计入城乡差别，则全国的吉尼系数却达 0. 331，已经不比发达市场经济国家低多少。[1] 四人帮时代中国的发展就具有以“剥削”农民来实现“社会主义原始积累”的所谓普列奥布拉任斯基模式特征，曾因此导致过数千万农民饿死的悲剧。

改革 30 年来，中国城市与农村中都发生了明显的阶级分化，但应该说相对于“进城打工者”而言，中国的体制对“城市（尤其是北京、上海、深圳这类特殊城市）户口”的穷人还是可以的，正如南非对“穷白人”也还不错。不过严格说来，南非“穷白人”享有的福利水平还是比我们的城市穷人高。因为那时南非至少白人内部还是有民主制度，白人劳工有强大的自治工会，能够有效地捍卫权益，他们手中的选票也对政府具有极大影响力。而中国就缺少这个条件，其城市工人地位虽比中国的“农民工”和南非民主化前的黑人劳工高些，却不如那时的南非白人劳工。相应地，中国市民工人对“农民工”的排斥也不像南非“穷白人”排斥黑人那样强烈。农民工在城里主要还是受到强势者的歧视。

在市场经济与全球化时代，“特权社会主义”也给“竞争”带来“特色”。如前所述，南非布尔人搞工商业不如英语白人，但靠着国家权力的支撑，在金融与房地产领域暴富的很多。所以上世纪七十年代以后，南非逐渐形成了这样的社会结构：英语白人构成主要的私营工商业者阶层和外资管理层，阿非利卡白人除了成为公务员与国家强力部门（军警等）职员外，经

[1] 姚先国：《两极分化：福音还是灾难？》，学苑出版社 1989 年，38—39 页。

济上主要依托国家，一些人成了有国家背景的垄断寡头，更多的“穷白人”则在国有垄断部门当高工资高福利的“特权工人”。而黑人青壮年多在城里为私营部门打工，或者在国有企业中从事白人不愿干的脏、累、险工种，他们的家属则有相当一部分在“户口所在地”即所谓“黑人家园”成为留守一族。

而在改革后的中国也很类似：竞争性领域里私营工商业者迅速成长，金融—房地产领域则崛起了大批有官府背景而“空手套白狼”的寡头，垄断性国企依靠“国家汲取能力”和垄断性暴利不仅管理层暴富，员工中也出现所谓电业公司“抄表工月薪万元”式的贵族工人。（但非垄断性中小国企纷纷解体、“改制”，工人“下岗”后地位沦落的现象在南非种族隔离时代少见，倒是民主化以后，新政府对为布尔人提供大锅饭的国企进行私有化，造成了类似的布尔人“下岗”现象）而两亿“农民工”成为中国制造业的支柱与蓝领阶层的主体。他们的家属则在“社会主义新农村”成为留守儿童、留守妇女与留守老人。

如前所述，“种族社会主义”状态下不可能有什么“新自由主义”，但更不可能是什么“福利国家”。尽管南非与中国发达的国家财政给中国的市民和南非的白人（这两者在两国人口中的初期比重也相当近似，即都只占1/4左右的少数）提供了相当的社会保障。但是，其他绝大多数人口则不但被排斥在“福利”之外，而且“自由”也很少。在“既无自由也无福利”这两个方面，我们的“进城农民”处境也与他们的“进城黑人”有非常大的可比性。不过，那时的南非由于在白人中实行民主，白人内部的福利制度还是相当到位的。而中国由于在市民中缺少民主，即使是市民中的福利制度也带有更多的特权性，具有笔者所说的“负福利”特征。[1]此外，南非黑人民权运动看问题比较清楚，如前所述，他们既为黑人争取

[1] 笔者用“负福利”这一概念表示与民主福利国家相反的一种再分配机制，这种“福利”不是向弱势者、而是向强势者倾斜，不是减少、而是增加不平等，即比“零福利”或“自由放任”更不公平。见《著名学者秦晖：中国离福利国家还差十万八千里》，《南方都市报》2008年4月14日。

自由，也为黑人争取福利。可是中国的许多“改革反思者”就糊涂得多，他们“左派骂新自由主义，右派骂福利国家”，似乎还嫌老百姓的自由、福利都太多！

## “低人权”是为了捍卫“主权”？畸形“民族主义”与“文化自尊”理论

在南非历史上，英语白人与布尔人作为白人无疑都压迫过黑人。但由于英语白人在工商业经营方面竞争力较强，较少依靠特权，并且更崇尚自由竞争，因此他们在种族问题上相对开明，并且与以英语国家为主流的国际社会的人权压力形成呼应之势。

人类各民族都有从野蛮到文明的历史，英美各国也并不是自古以来就尊重人权的，无论对内还是对外，在人权问题上他们都有不光彩的过去，包括在殖民地侵犯人权的行为。但应该说，近代人权的进步的确是在这些国家率先取得突破，首先是在国内人权方面，然后也表现在国际上。联合国两个《人权宣言》就体现了国际社会促进各国人权保障的努力，而英语国家显然是这种努力最重要的推动者，在南非问题上也是如此。当然，英美外交历来有“利益外交”与“道义外交”的两面。从利益上讲，它们作为市场经济国家由于本国资本不肯放弃在南非赚钱的机会，在制裁南非的问题上往往半心半意，使制裁有名无实，客观上放纵了南非。[1]但从“人权外交”的角度看，再有名无实的制裁毕竟也是一种道义上的压力，其对南非的影响不可小视，尤其在南非国内英语白人的呼应下更是如此。

然而另一方面，历史上英国人欺负过布尔人，并通过以强凌弱的英布战争灭掉两个布尔人共和国，使其成为英国殖民地，因此布尔人有“反抗

[1] 当然从另一方面说，保持与南非的经贸投资关系对种族隔离制度的作用也是两重性的，除了放纵之外，也还有潜在的改变作用。正如前引夏吉生先生所言：“对外经济活动在某种程度上成为一种传播西方人权主义思想的媒介”，它在潜移默化瓦解着种族隔离制度的大堤。

“抗英战争”纪念地

英国殖民统治”的民族主义情绪。英布战争中布尔人遭到“屠杀”，在“集中营”里大批死亡，给布尔人留下深刻的创伤。南非各地有关英布战争的纪念碑、博物馆、历史遗迹等等星罗棋布，时刻提醒布尔人——现在的阿非利卡人勿忘过去。在布尔人的抗争下，即便在英布战争后的英属时期，包括“穷白人”在内的阿非利卡人势力仍然主导着南非政治，独立后更是如此。于是他们在压迫黑人时，对英语居民乃至以英美等英语世界为主导的国际社会的规劝、指责与制裁还特别理直气壮，认为你们过去欺负我们，现在有何资格跟我们讲人权？

南非前总统博塔就曾傲慢地宣称：“我的人民同殖民主义作斗争比非洲其他人都早”，而这些殖民者的后裔现在却干涉我们的内政，强迫我们“按我们敌人的方式去理解种族隔离制”，我们绝不屈服，我们要“创造一种新的制度”，但绝不搞他们建议的“一人一票选出的政府”。[1]

[1] J. Allen，Rabble–Rouser for Peace：the Authorized Biography of Desmond Tutu. New York：Lynn C. Franklin，2006. pp. 188.

于是阿非利卡人压迫黑人、坚持自己的种族优越性似乎反而具有了“抵制殖民主义”、“独立自主”和“拒绝他人干涉内政”的“正义性”。这就不难理解南非何以如此顽固坚持种族压迫，而且如此振振有词。为了坚持他们的种族特权，他们可以退出英联邦、蔑视联合国，断绝南非荷兰裔教会与宗主国教会的关系，与国际社会叫板。

早在1834年英国殖民当局宣布在南非废除奴隶制时，布尔人就“视之为奇耻大辱”，并恼怒地斥责此举破坏了白人与黑人间“合乎体统的关系”。[1]由此导致的英布关系紧张，在几十年后最终演变成为英布战争。1910年，原英国殖民地开普和纳塔尔与两个布尔人共和国演变来的殖民地德兰士瓦和奥兰治自由邦合并，成立布尔人主导的南非联邦。当时布尔人通过的宪法剥夺了英治下保有的一些黑人权利（英治下允许黑人购置与拥有土地，黑人区可以选举代表，建立权力有限的议会等，独立后布尔人说这都是“英国殖民主义”的东西，都废除了），于是就有黑人组成代表团到伦敦请愿，要求英国政府阻止这一进程，他们因此被骂为“南非奸”、“英国人的同伙”，帮助英国人干涉南非内政等等。[2]布尔人理论家在论证“有序城市化”等特色理论时，经常把英美狠批一通，如上世纪三十年代南非联邦主管土著经济的霍洛维就声称：美国的黑白一体化政策是不成功的，不能把它强加于南非。[3]

南非宗教中也有这样的问题。南非英语白人建立的英国圣公会是比较反对种族隔离的，他们甚至选出了一个黑人大主教——德斯蒙德·图图。但是南非的荷兰白人教会归正会却顽固支持种族隔离，甚至对荷兰本土归正会的反种族主义态度都不能容忍，遂自立门户，断绝了与后者的关系。

在后来阿非利卡人摆脱英国统治争取独立的过程中，以“反殖民主义”

---

[1] 夏吉生主编：《南非种族关系探析》，华东师范大学出版社1996年，133页。

[2] J. Allen，Rabble–Rouser for Peace：the Authorized Biography of Desmond Tutu. New York：Lynn C. Franklin，2006. pp. 12–13.

[3] H. Lever，South African Society，Johannesburg，1978. pp. 274.

来抗拒人权平等等普世价值压力的做法更是愈演愈烈。1960 年 2 月，英国首相麦克米伦访问南非，在议会发表了著名演讲《变革之风吹遍非洲》，敦促南非政府改变种族隔离制度。结果在阿非利卡人中引起强烈愤怒，认为英国人干涉内政，当年 10 月，阿非利卡人占多数的南非白人投票宣布脱离英联邦，废除英国女王象征性地位，成立南非共和国。同年另一件“外国人干涉内政”的事件是黑人领袖、非国大主席卢图利大酋长获得诺贝尔和平奖，南非当局又一次大发雷霆，认为这是“西方自由主义者对阿非利卡人有偏见”。[1]

相反，当时的黑人解放运动对英语世界怀有好感，曼德拉曾自称“亲英派”，他说：“英语对阿非利卡人来说是一种外来语言，而对我们则是一种求解放的语言。”1941 年罗斯福、丘吉尔这英语世界两大领袖发表《大西洋宪章》强调普遍人权原则，阿非利卡人对此嗤之以鼻，但非国大则深受鼓舞，并根据《大西洋宪章》的文本发表了《非洲宪章》呼吁给予黑人普遍人权。[2]而南非的英国圣公会更成为黑人基督徒的抗争基地，产生了像黑人大主教图图等支持黑人解放的精英。

南非白人“民族主义者”顽固坚持种族隔离制度的又一个理由是“文化差异论”，他们以此否认普世的人权，主张白人的人权标准不能适用于黑人。黑人如果像白人那样要求自由，那就是中了“英国殖民主义”的毒，就是被“西化”了，只有乐于当奴隶，才算保持了他们的“优秀传统”。南非官方学者宣称：“如同保持种族—生物特性一样，保持民族认同、保持各自文化特性的权利是基本的和首要的人权”。按照他们的说法，白人喜欢自由，黑人喜欢被奴役，这是他们各自的“文化特征”，保持这种种族“文化特征”就是最重要的人权。据说黑人也希望保持和保护自己的文化特性，因此种族隔离有利于保持黑人文化。把黑人与白人分开“各自发展”，他们就可以避免外来影响而实现自己文化的“复兴”了。因此

[1] 纳尔逊·曼德拉：《漫漫自由路》，谭振学译，山东大学出版社 2005 年，238 页。
[2] 纳尔逊·曼德拉：《漫漫自由路》，谭振学译，山东大学出版社 2005 年，141、81—82 页。

南非的各个种族都应该有自己的家园发展其文化，黑人的家园就是“班图斯坦”。在班图斯坦实行“自治的部落制度”就可以保持和发展黑人民族的“自然本性”和文化传统，“发展自己的民族自豪”。[1]因此布尔人掌权之后，就废除了英治时期的土著人议会，强制“恢复”了传统的酋长专制为主的“班图制度”。

对此南非黑人领袖给与断然的反驳。纳尔逊·曼德拉指出：人权是所有种族与民族都必不可少的。“人民要民主，……班图管理体制是使民主倒退。”[2]

中国是不是也有类似现象呢？而面对外部世界的批评，一些人也与南非布尔人一样从历史上受外部欺负的经历中获取“正义感”，认为欺负过我们的外国人没资格批评我们。然而南非民主化的过程已经证明，这样的逻辑是无法面对历史潮流的。

[1] H. Lever，South African Society，Johannesburg，1978. pp. 274.

[2] 纳尔逊·曼德拉：《漫漫自由路》，谭振学译，山东大学出版社 2005 年，155 页。

## 二、其人其地：体制的比较

### “流动工人”制度的前世今生：
### 征发劳工——持证“流动”——自由就业与定居

中国与南非有许多耐人寻味的比较点，比方说“矿难”的比较（中国与南非都是“矿难大国”，而且矿难具有身份性：中国的农民工与南非的黑人是矿难的主要蒙难者）等等。但是最本质的比较应该是体制上的，尤其是前引夏吉生先生所言的劳工制度与土地制度。

南非的种族压迫在经济上集中表现为“流动工人”制度。应该说，劳动力流动如果仅仅作为一种现象，未必就与压迫有关。南非民主化十几年之后的如今也还是有流动工人（主要是来自邻近各国的外籍劳工）。但种族隔离时代的“流动工人”却是一种排斥性的制度安排，如前所述，那时南非官方对黑人劳工实行所谓“有序”流动，规定他们进入城区“只是暂时性的，……他们只是作为找工作的人，而不是作为移居者被允许进入的”。这与我国规定“农民工”只有“暂住”权，几乎如出一辙。这样的制度造成大量的“两栖人”，“户口”在农村（我们叫“新农村”，南非叫“黑人家园”），人在外打工；青壮年外出，老人妇孺“留守”乡下；平时在城里，过年蜂拥回乡住几天，号称“候鸟”。

这种制度造成的一种最有名的景观，就是过年前后回乡又返城的“民工潮”。中国新年前后的“民工潮”之“壮观”已是尽人皆知。而堪与相比的就是南非。今天南非黑人劳工最大的聚集地索韦托有个据说是非洲最大的长途巴士总站，圣诞节前这里会出现南非式的“民工回乡潮”。但是南非朋友告诉我：如今这些返乡民工已经多是外籍工人，南非本国黑人劳

21 世纪初索韦托“非洲最大的”巴士站

上世纪九十年代的广州车站

工在民主化以后大都在城里安家（哪怕是在所谓贫民窟里），不再是“候鸟”了。而种族隔离时代的“民工潮”才与中国如今类似，是由本国“流动工人”构成的。

但历史地看，“流动工人”的前身其实是更糟糕的“征发劳工”。中国与南非在这方面有非常类似的发展轨迹，即征发劳工——持证“流动”——自由就业与定居。只是南非在民主化以后已经结束了第二个阶段，黑人取得了自由就业与在城里安家定居的权利，而我国还处于“持证流动”这个南非种族隔离时期的阶段。

在改革前，我国曾以严格的身份壁垒和户籍管制把农民禁锢在乡间。而南非也曾在相当长的时期内实行排斥黑人的“白人城市化”——同样是通过管制实行歧视性的准入制。1921 年时，占南非人口总数 70% 以上的黑人，只占城市人口的 13%。[1] 黑人就该是“乡下人”——这个观念在南非当局那里可谓根深蒂固。

在我国改革前的命令经济时代，农民得到特别恩准改换身份的“招工”机会极少，“民工”这个概念在当时并不意味着打工挣钱，而意味着对农民劳动力几乎是无酬的征发调集，与自古以来百姓对朝廷的劳役负担性质类似。那时只要农闲，青壮农民几乎都要“出民工”，有时连农忙时也要保留部分“民工”连续作业。笔者当年就曾作为民工参与过许多工程建设，亲身体会到这种劳役负担之重并目睹了农民躲避“出民工”的种种现象。[2] 那时农民是没有自愿出去“打工挣钱”之说的。由民工变成“市民”就更不可能了。自行外出打工，那时叫做“盲流”（“文革”时一些地方甚至俗称“流窜犯”），被抓是理所当然。改革后像“孙志刚事件”那样引起舆论哗然的事，当时根本就是名正言顺的正常现象。连打工的权利都没有，

[1]（苏）Г. М. 莫伊谢耶娃：《南非共和国经济地理概述》，河南人民出版社 1976 年，272 页。

[2] 秦晖：《我的“早稻田大学”》，载于张承志等著：《秋华与冬雪》，凤凰出版传媒集团 2008 年，223—236 页。

更别说居住，所以那时是不会有“暂住证”的。农民有事进城，需要以具体事由开具一次性的“证明”，否则就有作为“盲流”被抓之虞。

而在南非，1834年废除奴隶制后也曾长期保留征发手段来利用黑人劳动力，如1894年的格伦格雷法就规定：每个成年黑人每年必须在居住地以外劳动3个月，否则必须交纳10先令的劳动税来代役。在那个白人抓黑人当差而黑人躲避不迭的状态下，对白人来说问题也不在于要“隔离”黑人。所以“种族隔离”（Apartheid）一词也是到1947年后才出现。[1]但应当强调：这绝不意味着此前黑人待遇更好。

于是，改革前我国的“身份社会主义”与南非的“种族社会主义”颇为相似。由于我们的农民与他们的黑人当时都难以为挣钱而打工，也都没有成为都市制造业工人的主体。那时中国的城市制造业工人都是“市民”，被征发的农民“民工”主要从事基础设施建设，如交通、水库、电站、矿山等，其工地大都并不在城里。除了一些危险、重累工种，如矿山和农忙时节的国营农场在改革前就有雇佣农民做“临时工”、“合同工”、“轮换工”的现象外，其他制造业很少雇佣“农民”。而在南非，1911年前被征发的黑人劳工主要在布尔人农场和金矿井下工作，城市制造业工人也仍然以白人为主体。甚至南非共产党在建立之初也曾一度以白人劳工为基础，并为“穷白人”的利益而排斥黑人。

如果没有全球化与经济开放，像这样的“身份社会主义”与“种族社会主义”并没有什么发展“奇迹”可言。改革前中国经济的低效与国民的贫困是众所周知的，尽管这时统计中的经济总量“增长率”似乎不算很低，实际上这主要是革命前21年长期大规模战争（“十年内战”、“八年抗战”和三年更大规模的内战）结束后“和平红利”的结果，就制度绩效而言，

[1] 据考证用该词表述种族政策最早见于1943年，但只是偶尔一见，初时并未引起注意。1947年竞选时，马兰主持南非国民党提出种族政策报告，其中40多次用了apartheid一词，从此这一概念广为人知。参见夏吉生主编：《南非种族关系探析》，华东师范大学出版社1996年，127页。

改革前中国与革命前的和平年月、与印度乃至与苏联相比都没什么可夸耀的。[1] 而在南非，占统治地位的布尔白人比英语白人封闭保守，对工商业兴趣不大，长期依靠“牛车、步枪、圣经三件宝”，以所谓“牛车阵心理”（顽固、保守、排外）抵制世界潮流。因此虽然由于发现金矿而致富，但直到第一次世界大战时，南非的制造业都很不发达，即使在非洲也并不居榜首。

然而在对外开放并融入全球化潮流后，情况就大为改观：中国从1978年开始改革开放，1992年又再次出现开放大潮，直到2001年成功加入WTO。而南非的开放就更早。尽管布尔战争后南非在英属时期英国殖民政府基于殖民利益的考虑与布尔人－阿非利卡人达成妥协，保留了许多布尔人特权，并且出现了英属条件下战败的布尔人仍能主导南非政治的奇特现象，但南非毕竟是作为英国属地（独立后是作为英联邦成员）纳入了当时的世界市场体系，而且尽管布尔人主导政治，英裔白人在经济、尤其是工商业方面实力仍然成长很快。因此总的来讲南非仍然是融入世界市场体系的成功者。

于是，中国农民与南非黑人的“低人权”状态在全球化市场体系中便戏剧性地成为加快资本原始积累的有利条件。在铁腕控制形成的“稳定”局面下，没有工会、缺乏博弈能力、吃苦耐劳而又百依百顺、既低工资也无福利“成本”的廉价劳工——中国的“进城农民”与南非的“进城黑人”与其他的廉价要素一道，构成了“最好的投资环境”。在主要工业化国家早已越过原始积累时代，高税收高福利、强势工会形成的高要素成本导致的产业外移潮流下，南非与中国依靠“低人权优势”都吸引了大量的资本涌入，生产出大量的制造品。使南非成为“非洲工厂”，而中国则成了“世界工厂”。两国都在相当长时间内保持了经济的高增长：改革30年来中国经济的发展在亚洲最快，而南非经济的发展在很长时期内（恰恰也是30年

[1] 参见秦晖：《中国改革前旧体制下经济发展绩效刍议》，云南大学学报2005年第2期，第54—68页。

左右）也是非洲最快。

在两国的“经济奇迹”中，中国“进城农民”与南非“进城黑人”作出了非常重要的贡献。市场经济和工业的发展，使雇佣制普及，而征发“民工”之制衰落。不以人们意志为转移的迁徙动力，使得城市开始越来越多地吸纳中国的“农民”与南非的“黑人”来打工：在南非，1911 年“征发劳工”为“流动劳工”所取代，不是“白人抓黑人当差而黑人躲避”，而是黑人主动进城而白人限制，严格意义上的“种族隔离”（而非一般意义上的种族压迫）的确是这时才成为主要的歧视方式的。到上世纪七十年代，在南非城市人口中黑人已超过半数，上世纪九十年代更超过 70%。[1] 而这些黑色“进城农民”与白色“城市户口”间的冲突也就尖锐起来。而我们中国，在改革 30 年后“民工”也从被征发的不情愿者变成了不可遏制地涌向城市的打工者，2 亿多“进城农民”的规模直追“户籍市民”。

与此同时，两国又一个类似之处是：由于各种行业准入限制和其他给定条件，许多“上流”职业之门对这些贫穷新移民是关闭的，我们的进城农民和他们的进城黑人在两国城市中都是主要从事“上等人”不愿干的低收入、重体力、高危险劳动。在南非，黑人劳工从农场、矿山转向城市，到上世纪七十年代在制造业工人中黑人也成为主体，而工矿业劳动力总数中黑人已占 68.9%。[2] 而在中国，市场经济“规律”使得企业纷纷转向雇佣更为吃苦耐劳、工资更低而且在制度性歧视下维权能力很弱的“农民工”从事蓝领工作。而许多市民、尤其是首都及重要城市中有“身份”的、并且在计划生育制度下基本已经独生子女化的新一代市民则越来越远离蓝领职业，往往宁可“待业”也不愿与“农民工”为伍，从而出现了在经济发展水平还不算高的情况下城市户籍人口“超前白领

[1] 夏吉生主编：《南非种族关系探析》，华东师范大学出版社 1996 年，178 页。
[2] 张象主编：《彩虹之邦新南非》，当代世界出版社 1998 年，10 页。

化”的现象。[1]可以说，今天中国的蓝领工人问题，已经从传统的“市民”工人问题越来越变成了“农民工”问题。脱离农民工的状况来谈论劳工权利，已经越来越显得不知所云，犹如在南非脱离黑人劳工的状况来谈论劳工权利一样。

我国南非研究专家指出：那时“白人是城市的主人，而黑人只是为了找工作而暂时在城市栖身，他们真正的家在‘黑人家园’”。[2]他说这话的1996年南非其实已经发生了根本性的变化，而用这句话反照中国，却是正当其时！

## “暂住证”与“通行证”：孙志刚与沙佩维尔之痛

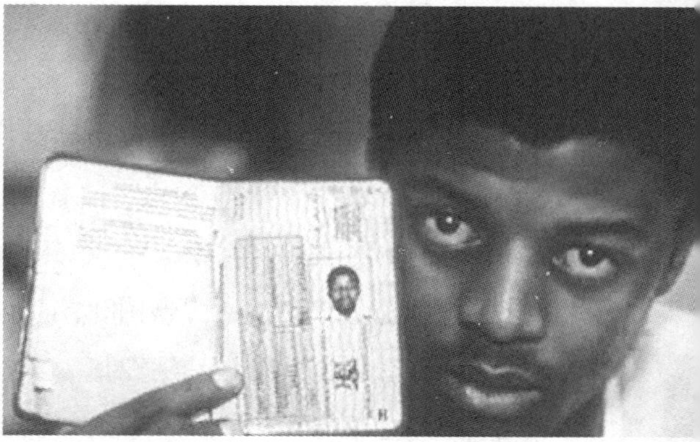

南非通行证

许多国家、包括印度与拉美的贫民主要特征就是贫困。而与此不同的是：南非的“进城黑人”与中国的“进城农民”除了贫困，更严重的问题是公民权利的缺失。他们不仅是穷人，而且是“贱人”。当然，印度民间的种姓制下也有“贱民”，但那里的“贱民”只受民间传统的歧视，国家把这种歧视视为非法。而中国与南非的“贱民”受到的恰恰是来自“合法”的歧视。

贱民的第一个特征就是必须随身携带特殊证件，警方（乃至并非警方而由政府建立的特殊强力组织——中国的所谓“城管”以及更早时期的民兵、治安联防队之类）可以对其进行任意的检查，检查不合格就可以随意

[1] 秦晖：《思无涯，行有制》，天津人民出版社2002年，10页。
[2] 夏吉生主编：《南非种族关系探析》，华东师范大学出版社1996年，125页。

拘留、惩罚他们。这样的制度原来并不是专门针对“流动劳工”或“农民工”的，早在工业化以前它作为禁锢“贱民”以维护“社会稳定”的手段就已经存在。在南非，黑奴时代早在1760年布尔人当局就规定黑奴外出需持“通行证”，1809年开普殖民地的英国当局也有类似规定。但那时黑人主要是被征发去给白人干活，主动进城的“流动劳工”还不存在，由于黑白人外貌易于区分，凡并非有组织征发的黑人在城市一出现就是非法，几乎用不着查证件就可以被拘留遣返，所以那时“通行证”还不重要。

“流动劳工”盛行后非征发的黑人在城市中越来越多了，“通行证”也就重要起来，以至到二战以后它已成为种族隔离制度的最重要标志。南非的这种“通行证”阿非利卡语叫Dom Pas，相当于英语Pass，这个词由动词“通过”而来，演变为名词后我们便习惯译为“通行证”。不过Pass其实可以泛指护照、入场券等很多证件。而黑人所持的这种证件其实是白人当局准予打工的证明。如前所述，既然按官方定义持证流动的黑人“只是暂时性的”被允许留在城市，而且证件上就标注有“暂时寄居者”(Temporary Sojourner)字样，[1]其实按中国的说法译成“暂住证”更准确。以下仍叫“通行证”只是顺从我国既有的译法。

通行证最重要的功能就是所谓“流入控制”（Influx Control），[2]白人当局通过它规定黑人劳工准入的地区与行业。南非官员认为，“‘暂时寄居者’的身份适合于黑人劳工，他们被允许工作，这些工作是国家经济不可或缺的，没有它们经济就会垮掉。但是他们不能被当作市民看待。”一些极端布尔人团体曾要求通行证只发给黑人青壮男性，“黑人妇女与儿童应该被遣返回他们的‘家园’，只有男人可以在我们需要他们的期间留在白人地区。”[3]尽管《通行证法》不敢如此写明，但实际上它要达到的

[1] Migrant Labour and Segregation. In http：//www. anc. org. za/books/triumphs_part1. html

[2] Migrant Labour and Segregation. In http：//www. anc. org. za/books/triumphs_part1. html

[3] Migrant Labour and Segregation. In http：//www. anc. org. za/books/triumphs_part1. html

正是这个目的。

在中国，1958 年“人民公社”建立后就实行了严格的户口禁锢，成为“社会主义原始积累”机制的重要一环。不久后的大饥荒中，这个制度就成为“给社会主义抹黑”的死里求生的逃荒者的夺命克星。[1] 从那时以来这“收容”基本上就成了例行的一项“稳定”措施。如前所述，那时的“民工”都是征发劳工，并没有自由“流动”的问题。在“文革”时期，农民进城办事都需要公社“革命委员会”开具证明，否则旅馆都不能住。由于“农民”与市民不像南非的黑人与白人那样容易从外貌上分辨，所以“查证明”那时就很重要。但是当时农民外出办事都是一次性的，“证明”也是因事而发，没有“暂住证”一说。

改革后搞市场经济了，进城打工的农民大增，中国才出现了类似南非“通行证”的“暂住证”制度。这种证件同样起着“流入控制”作用。没有此证的“盲流”一经查获可以被“收容遣返”。而且被“收容”者必须支付相关费用和罚款。在市场经济的赚钱狂潮中，许多人又发现“收容”还是一桩大有油水的“创收”事业。于是就有靠“收容”发奖金、靠“收容”“盖起了极为气派的宿舍楼”，乃至广为“委托收容”并按名额给回扣的事。再后来腐败严重了，有人又发现“收容”不仅有助于“社会稳定”，而且更有助于自己乌纱帽的“稳定”，于是“非法”告官、“越级”控诉的“上访一族”又成为强制“收容”的重点对象。如此愈演愈烈，于是有了“苏萍”，有了程树良、黄秋香、张正海、朴永根……等等一桩又一桩惨案，有了“604 次列车上跳车逃跑摔死的女民工”和宝安区囚车上“下饺子似的一个个摔下”死伤的“外地人”等不知名的冤魂。“收容”之网越撒越大，从流浪乞讨、卖淫嫖娼而“三无人员”，从农民工而大学生，从“盲流”

---

[1] 我的家乡广西当时发生惨绝人寰的“环江事件”：环江县因“亩产 13 万斤”引发“反瞒产”的人祸，导致饿殍盈野，饥民纷纷“盲流”求活。而县官怕“卫星”露馅，派人四出强行“收容”，他的一句名言后来载诸史册：“抓不回来，打死算了！”可以说，当时就算真有什么自然灾害，国家就算无力救援，以中国之大，丰荒互见，如果不是以“收容”之名抓捕逃荒者不许其寻求活路，何至于饿死这么多人哪！

而“非法上访者”，直到2003年大学毕业、三证俱全而且有工作的孙志刚也死于“收容”之祸，以致酿成群情激愤，上达天听。

上世纪五十年代的南非学者指出：“今天非洲人的法律地位是：警察可以在不论白天黑夜的任何时候逮捕在约翰内斯堡大街上走路的非洲人。”[1]中国的“外地民工”同样处于这种情况。中国学者指出：“通行证法使黑人的行动自由成为不可能，时时受到监视，他们只能在规定的地区就业，实质上是强迫劳动。”[2]但他们却对自己同肤色的同胞“农民工”的类似境遇保持沉默。当然，至少按中国的标准看，说是“强迫劳动”似嫌太过。农民工虽备受歧视，与“劳教”、“劳改”和“古拉格群岛”还是不同，就是比改革前被征发的“民工”而言，今天中国主动进城的农民工也是不同的，就像南非黑人“流动劳工”不同于更早的“征发劳工”一样。

南非统一规定年满16岁的黑人在“白人地区”必须随身携带“通行证”。而中国规定“进城农民”必须随身携带的证件各地可以自行立法，在新世纪初，绝大多数城市都规定农民进城要持有“三证”：暂住证、外出务工证与计划生育证。[3]最搞笑的是B市的暂住证还曾长期分为ABC三等，普通农民工都是每年一办的C等，有地位的“农民企业家”可以办A等，“暂住”年限达5年，俗称“绿卡”，这是完全把“进城农民”看成外籍劳工了。更有意思的是：一些城市的暂住证只在某个社区有效，如2006年G市一位打工者写道：“我在某个村办理了暂住证，但到另一个村就不能用了，对方不承认这个

盘查证件

[1] 约翰·根室：《非洲内幕》，世界知识出版社1959年，599页。

[2] 张象主编：《彩虹之邦新南非》，当代世界出版社1998年，131页。

[3] 有些城市的“三证”是身份证、暂住证、务工证，还有其他叫法。

暂住证，又让重办，各自为政，乱收费现象太严重。”[1]

南非黑人办这种歧视性证件基本不收费，而中国的许多城市在很长时间内进城农民办理这些证件不仅要收费，而且是年年收。如北京市每年每人办齐三证至少要450元；[2]广州市2001年以前外来人口办“三证”需交“四费”每月30—40元/人，即每年360—480元。[3]不少情况下，办一年暂住证的费用相当于农民工一月的工钱。近年来一些地方屡有关于暂住证减费免费的新闻，但实际上收费仍是正常现象：例如广东佛山2007年冬暂住证收费一年为112元，东莞为53元。[4]

两国每年都有大量这种“贱民”在证件盘查中被拘留。如南非1984年因《通行证法》被拘留的黑人达16.3万人次。[5]而中国仅广东省2000年被强制“收容”者就达58万人次。北京同年仅上半年就强制收容18万人次。[6]广东人口比南非多不到一倍，但被拘留者却3.6倍于南非。北京市的人口只有南非全国人口的四分之一，但被拘留者却比南非多一倍多！收容中经常发生恶性虐待事件，如：

“1999年7月26日，结婚证、外出务工证和暂住证俱全的湖南少妇苏萍，在G市火车站被巡警强行收容，送进一家精神病院，结果被多名暴徒强奸。后来，苏萍丈夫来领人，要交2000元才能放人，经过讨价还价，私下塞给有关人员200元红包，放人的费用降为500元。

“1999年10月27日，在604次列车上，一名27岁的女青年因未买车票、未带身份证而被乘警捆绑，后女青年跳车身亡。造成这一恶性案件的直接原因是，乘警与一个收容所有约定，一旦发现无票、无身份证的人员，

[1] http://dzh.mop.com/dwdzh/topic/readSub_1_7767739_0_0.html

[2] http://news.sina.com.cn/z/bjwailai

[3] http://finance.sina.com.cn/x/20020319/182057.html。所谓四费指：城市增容费、劳动力调配费、治安管理费和计划生育管理费。

[4] http://club.chinaren.com/113483346.html

[5] 葛佶：《南非——富饶而多难的土地》，世界知识出版社1994年，99页。

[6]《南方都市报》，2003年5月27日

即送交收容所，每送一人乘警可得到200元的‘工作经费’。显然，收容所这200元不会白出的，还要赚一笔，但最终羊毛还要出在羊身上。

G市某收容站，“每年只有20万元的财政拨款，那里却盖起了一座极为气派的宿舍楼。对此当地的一位领导一语破的：他们是在搞创收。”[1]

一位全国政协委员说：农民工有两怕：一怕不给工资，二怕收容遣送。“没有违法的人走在大街上却会被抓走，关到条件极差的收容遣送站；尽管连《治安管理处罚条例》都规定最长只能拘留15天，但依据各地制定的有关管理办法，被收容者‘留站待遣时间’最长竟可达6个月甚至无限期；被迫关进收容站的人，还要支付自己被收容遣送的食宿费、路费等。”[2]一位打工者回忆：“2001年毕业我就到了G市，那些日子就不是人过的！白天好好走在大街上，会有人跑过来拦住你要查什么‘三证’，如果你没带在身上你就完蛋，你会被带回居委会关在一间房子里，然后叫你给老乡同事打电话，你的手机已经被没收了，你只好用他们的电话，4块钱一分钟，享受国际长途的待遇；到了晚上，半夜里会有人踢你的房门说要查‘三证’，迟点开门，你的门就报销了，还不得讲理。谁叫你是外来人呢！办一个暂住证的费用够你一个月的工资了！……如果你的三证不全，你就惨了！这辈子算毁在这些龟孙子手上了。说是把你收容，其实就是把你放到某地的一个石场义务采石，过着奴隶般的生活，3—5年不一定能回到家。”[3]

南非当局对黑人查通行证，虽是恶法，毕竟还有“法”。出示了通行证的黑人一般不至于被抓。南非并无“严打”、“运动”的传统。而中国却常有这类行动，逢年过节，或有重要会议、重大活动，就会发动对“外地人”的清理，到时即便三证齐全，照样会被“收容”。如1999年国庆期间某地警方见着农民工就“收容”，“有人把三证齐全给他们看，说‘我

[1]《南方都市报》，2003年5月27日

[2] http://www.zuoxuan.com/bbsZX/list-ly.asp?boardID=18&page=98

[3] http://www.zuoxuan.com/bbsZX/list-ly.asp?boardID=18&page=98

有暂住证’，谁知警察抓着一撕，往旁边水沟一扔，慢条斯理的问：‘你现在还有吗？’……”[1]

南非曾有一段时间对黑人妇女不实行通行证法，[2]1957 年当局决定对妇女也要查通行证，曾经引起强烈抗议。[3]即使白人内部对此也有异议。而在中国，对进城农民实行暂住证制度从一开始就是“男女平等”的，苏萍、黄秋香和“604 次列车上跳车身亡的女民工”都是这一制度的著名的女性牺牲品。

如此贱民待遇令人痛心疾首。在南非，《通行证法》一直是黑人抗争的焦点，著名的沙佩维尔惨案就是这样发生的。1960 年 3 月，约翰内斯堡以南 35 英里的沙佩维尔镇，警察向反通行证法的黑人示威者开枪，打死 69 人。举世为之震惊。黑人为反对这一恶法付出了惨重的代价。“非国大”就是因发动反通行证法抗争而被打成非法、被迫转入地下乃至从事武装抗争的。而更激进的黑人组织“阿扎尼亚泛非主义者大会”领导人索布克维等人则因反通行证法抗争而被捕入狱并死在狱中。

而在中国，由于“进城农民”在严厉管束下难以形成组织，不可能发动抗争。但是由于中国的“农民”与市民不像南非的黑人与白人那样容易分辨，“收容”因而会“扩大化”到了“非农民”头上，终于激起公愤。2003 年中国发生轰动一时的孙志刚事件。孙志刚其实并非“农民工”，他是正规大学毕业（按中国的规定已经取得了“非农业”户籍）并且在广州有正式工作的，但仅因其穿着“疑似”外来人并且未随身携带证件，竟被警方强制“收容”，随即在收容所被重殴致死。其实此前真正的“进城农民”遭到类似厄运、并经传媒报道的已有许多。但“农民工”的呼声无人理睬。这次市民也愤怒了，“收容”制度因而遇到了严重危机。

---

[1] http：//dzh. mop. com/dwdzh/topic/readSub_1_7767739_0_0. html

[2] 这本来是因为通行证不发给家属，并非出于优待。但后来南非一些产业需要女工，黑人妇女在无证条件下乘机进城，被认为是“钻了空子”。

[3] 纳尔逊·曼德拉：《漫漫自由路》，谭振学译，山东大学出版社 2005 年，184 页。

于是在南非黑人的抗争和中国市民为“农民工”鸣不平的抗议中，两国都出现了某种缓和的改良。

在南非，1978 年后对黑人的通行证检查“放松”了，黑人可以不当场出示证件，只要能从 5 公里内取来即可。在以后几年里，黑人因通行证法被拘留的人数下降了一半。[1] 在许多情况下，对于不能出示通行证者逐渐改用罚款来代替拘禁。1986 年，南非当局“正式结束了人口流入控制”，废除了通行证，但仍通过住房政策来维持对黑人的管制，[2] 这实际上就是通过清理“违章建筑”来驱逐他们。通行证法的彻底废除还是在南非民主化以后。

在中国，2003 年孙志刚事件引起的抗议声浪终于使声名狼藉的“收容法”被废止。但是“三证”并没有取消，只是除了运动式的“专项治理”活动以外，平时一般不再对无证者实行拘留与强迫劳动，而是改为罚款（与南非后期的“缓和”做法不谋而合！）。“三证”至此主要变成一种经济歧视。以下是 2007 年底一位算是幸运（能够购置商品房的农民工如今可谓凤毛麟角）的打工者的诉说：

“来 F 市三年了，见过无数次设点查的，那叫一个无耻啊！出租屋自不用说了，半夜砸门查证是很正常的，最可恶的就是在上班时间在工业区门口设点查，专门拦走路和骑单车的人，没有证就罚款，实在是无耻到了极点！因为我一直是坐公交车进工业区，可以躲过，但是最近他们发通知给我们公司，说要在公司门口设点查，所有非本地人都要办证，因为我已经在这边买了房子，只是暂时没把户口迁过来，就打电话去问是否需要办，他们答复我说，就算你买了房子，户口不在这里也是流动人口。…… 气死我了！”[3]

[1] 葛佶：《南非——富饶而多难的土地》，世界知识出版社 1994 年，98—99 页。

[2] 海因·马雷：《南非：变革的局限性——过渡的政治经济学》，社会科学文献出版社 2003 年，第 59 页

[3]《佛山市治安人员如此查暂住证？》，http：//club. chinaren. com/13/113483346

## “城里没有贫民窟”的“奇迹”（一）：南非的索韦托

有了“暂住证”，还有一个在哪里“暂住”的问题。一般地讲，工业化、城市化时期出现的大量都市“贫民”常常并不是像一些人讲的：都市原有居民出现“两极分化”、其中一些人“沦落到”贫民窟里。其实，各国城市化中形成的“贫民窟”通常都是由外来的新移民构成。从逻辑上讲，新移民的居住无非有这么几种可能：如果他们足够富裕，可以购买或租用一般商品房。如果他们是贫民，无力这样做，那么在“福利国家”里，他们可以向国家申请廉租公屋。而在“自由放任”国家，得不到住房福利的穷人可以得到“自由”来自己盖简陋的小屋，或者租用“廉租私屋”——这两者都被称为贫民窟。

而所谓“拉美化”，很重要的特征就是都市里有大片贫民窟。这受到广泛的批评。

但是，一般西方人批评贫民窟现象，是出于同情贫民，希望国家提供住房福利来改善他们的居住条件，而绝不是主张把穷人赶走。他们也往往根本想不到还会有把穷人赶走的地方。所以看到某个地方没有“贫民窟”，他们就会认为那里没有“贫民”而啧啧称赞。

当然，南非不会得到这样的称赞，因为黑人与白人一望便知，南非的“白人城市”没有贫民窟，大家都知道是强行“清理”黑人（穷人）的结果。但是中国就没有这样“黑白分明”，于是有人说：中国这些年一方面有两亿农民进城，出现了空前规模的城市化，但却没有出现贫民窟，这是“举世无双的奇迹”！

但这些人却咽下了本应脱口而出的下一句话：那么，中国的进城农民住在哪里？

在回答这个问题之前，让我们先看看南非的“流动工人”住在哪里。

按照当局的本意，“流动工人”应该是把家庭留在“黑人家园”，自己单身进城打工，打到30多岁青春耗尽，就回到“家园”自生自灭。因为南非强制实行黑人土地部落所有制，禁止黑人私有、买卖和处置部落分配给各家庭的“份地”，（下文详说）因此官方假定他们在“家园”是有“退路”的，城市无需操心他们青春榨干之后的归宿，只要禁止他们私搭乱建（illegal squatting）就万事大吉。因此官方在“白人城市”的边缘设立了许多“集体宿舍区（dormitory town）”或“集体宿舍院（dormitory compound）”，并设立了宿舍区与工作地之间的通勤交通。在西方记者笔下，这些单身工人居住在“既像监狱，又像英国寄宿学校的环境中”。[1]而白人城市则保持了“没有贫民窟”的美誉，显得到处是高楼大厦、绿地花园，建筑华丽、规划整齐、市容壮观、治安良好，看不到类似纽约的哈勒姆、芝加哥的罗伯特泰勒豪姆这样的穷人街区。约翰内斯堡、开普敦等大城市都号称“南半球最美丽的城市”。种族隔离的宣传家们对这种“有序的城市化”自鸣得意，经常对规劝他们解除隔离的各国（尤其是黑人众多的美国）大加挖苦，说是由于允许黑人涌进城市，底特律、芝加哥贫民窟很多，治安也不好，这证明美国的“无序城市化”是失败的。

尽管西方记者对白人城市外的这些黑人集体宿舍区评价恶劣，但平心而论，许多这些宿舍的条件不仅并不比我国一些城市的农民工集体“工棚”差，而且比许多南非黑人劳工自建的棚户区，至少建筑外观也好不少。加之棚户区往往通勤不便，集体宿舍区的通勤交通则比较发达。但是，南非黑人却普遍认为能够全家团聚在哪怕是棚户区的黑人劳工，其处境也比单身住集体宿舍的“流动工人”好。在种族隔离时代的末期，这两者甚至成为重要的社会分野：当时黑人劳工中比例较大、进城历史较长的科萨族劳工绝大部分是贫民区的安家住户，而进城历史较短的祖鲁族劳工则大多是集体宿舍区的单身劳工。南非政治过渡期约翰内斯堡等地区曾多次发生黑人劳工之间的惨烈流血冲突，尤其是科萨族与祖鲁族劳工的冲突，当时一

[1] 夏吉生主编：《南非种族关系探析》，华东师范大学出版社1996年，172页。

般都说是“部族冲突”，并有白人挑拨与党派纠纷因素，但许多研究者都发现：其中矛盾更源于社会地位的差异。祖鲁族单身打工者感到科萨族安家户看不起他们。[1]

“通行证破坏家庭”“毁灭儿童”

集体宿舍与贫民区家庭户的区别首先在于前者无法建立家庭生活。南非黑人抗争时最突出的抗议标语就是这种制度“破坏家庭”、“毁灭儿童”非国大的一份出版物指出，他们“几乎是长久地与家庭分离”，而“对于年轻并且性行为活跃的夫妻而言，长期分居将导致家庭破裂”，许多打工者因此“从来没有形成过家庭”。这种制度造成了严重的人伦危机：“它使私生儿、重婚、卖淫、同性恋和酗酒泛滥；它破坏父母（对儿童）的监护，造成营养不良，结核病和性病。”[2]在经济上，家庭分离和“候鸟”般的往返会增加生活费用，降低生活质量。同时，军营式的集体宿舍区不易形成商业，摊贩之类非正规就业机会少，除了在白人企业打工就别无谋生之路，甚至无处安身，这也进一步压低了劳工与企业讨价还价的可能，并使他们的收入比贫民区安家户更低。

这一切都使人们认为“集体宿舍”比“贫民窟”都不如。因此“流动工人”一直努力谋求安家住处。南非当局不会给他们提供廉租公屋，更不允许他们在“白人城市”里形成贫民区而打搅白人的安宁和破坏白人的审美情趣。于是在“清理”与反“清理”的长期较量之后，南非当局转而采取“城外城”的方式安置黑人家庭。其典型就是约翰内斯堡附近的“黑人城镇”索韦托。

[1] 海因·马雷：《南非：变革的局限性——过渡的政治经济学》，社会科学文献出版社2003年，第53页。

[2] Migrant Labour and Segregation. In http：//www. anc. org. za/books/triumphs_part1. html

大约从 1910 年前后起，约翰内斯堡地区的黑人劳工在各处建立的棚户或廉租私屋逐渐增多，与白人当局的“城管”措施也不断发生冲突。为了维护这个“南半球最美丽城市”的“形象”，当局在把约翰内斯堡地区黑人劳工安家的棚户都作为“违章建筑”予以强制清除的同时，于 1930 年在当时的约翰内斯堡西郊划出一个“西部区（Western Areas）”允许黑人搭建棚户。

最初的“西部区”完全是白人当局意志的产物，只要愿意，白人还可以动用 PISA 法，“清理违建”、“废除贫民窟”而把这里的黑人也赶走。随着约翰内斯堡城区面积的迅速扩展，当初划出来的那片“西部区”在十多年后就成为白人城区发展的障碍。为了扩大城市、进入西部区圈地开发房地产，就要把黑人赶到更远的郊区。于是 1945 年，白人当局废除“西部区”，而在更远的西南郊建立“西南城区”来安置黑人劳工。这里离约翰内斯堡市中心约 20 公里，以北京比喻，相当于把黑人从“二环外”赶到了“四环外”。

西南城区即 South Western Township，后来缩写为 Soweto，即索韦托。当时对于 Soweto 这个缩写，许多黑人另有解释：索韦托就是 So Where To，“那么我们去哪儿呢？”显然，白人不准他们到别的地方。[1] 这就是千夫所指的南非特色“种族隔离型贫民区”的由来。显然，这种安排之所以为千夫所指，不在于这里允许黑人安家，而

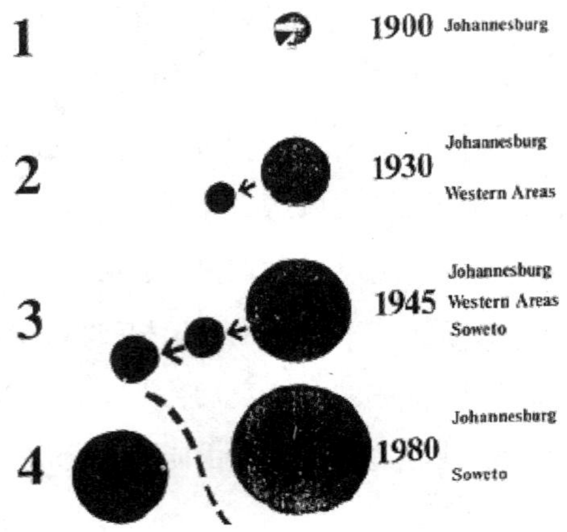

索韦托的演变

[1] http://www.southafricablog.co.za/archives/soweto–johannesburg/

在于其他地方都不许黑人安家。我国有些舆论认为南非的罪恶就在于允许索韦托存在，意谓我们连索韦托这样的地方都不许有，反倒是很伟大。价值颠倒一至于斯！

其实索韦托最初也被当局划为“集体宿舍区”，但由于黑人坚持“私搭乱建”，白人对这块他们不住的地方也就不再“清理”了。后来又有人在这里盖了许多简易房租给黑人，于是索韦托逐渐发展为一个集体宿舍、自建棚户、廉租私屋[1]三种居所混合的庞大贫民区，而且从种族隔离制度前期到后期，这三种居所依次成为索韦托居住类型的主体。即最初以集体宿舍为主，后来以自建棚户为主，最后以廉租私屋为主。

种族隔离时期索韦托的恶劣条件举世闻名。这里陋屋连片，一望无际，聚居人口到上世纪八十年代已达200万，远超过约翰内斯堡主城区。它的公共设施简陋，治安恶劣，社会动荡。不仅犯罪率奇高，而且是各种黑人抗争事件的发生地与黑人解放组织的“革命摇篮”。而与之紧邻的“白人城市”约翰内斯堡却因“没有贫民区”比欧美城市还漂亮，“天堂般的约翰内斯堡与地狱般的索韦托”形成鲜明对比。

种族隔离制度废除后，民主南非时期索韦托的南非本国劳工都得到了安家定居权利，集体宿舍现在基本只有外籍劳工居住。而自建棚户与简陋的廉租私屋逐步被新南非的福利性廉租公屋取代。同时新政府资助、鼓励黑人购房建房，黑人自有的正规住宅越来越多。由于民主化后市场竞争向黑人开放，过去普遍贫穷的黑人出现分化，黑人资产阶级兴起，中产社区与“富黑人”的豪宅也在索韦托出现。同时城市基础设施明显改善，电力、供水、通讯、医疗水平都明显提高，体育场馆与学校也大量出现。正如今天在那里一幅壁画所题：“Soweto Uplifting（索韦托蒸蒸日上）！”今日索韦托已经从一个“隔离”中的纯粹贫民区逐步变成一个贫富混合居住的正常都市区。而“索韦托就是so where to”的

[1] 索韦托的廉租屋许多是政府机构所盖，但并非福利，而是完全按市场原则收租的，因此性质与廉租私屋相同。

家庭居住的贫民区

单身集体宿舍

天堂与地狱：约翰内斯堡与索韦托

说法如今也已有了新意：So, where to? Soweto, of course!“到哪里去呢？当然是索韦托！”[1]

但是另一方面，约翰内斯堡在种族隔离制度废除后这些年却不再是那个“白人的天堂”了。随着黑人大量移居约翰内斯堡，过去针对他们的严厉“城管”取消，这里出现了贫民窟、流浪汉，脏乱差问题明显增加。更严重的是民主化以后这些年约翰内斯堡的治安状况可以说是每况愈下。有人说这里出现了“底特律现象”：由于治安恶化，市中心显出衰败，富人、大公司纷纷搬往郊区，那里出现了一大批豪华社区……

这个城市现在比起种族隔离时期要更像“拉美”（据说拉美大城市的特征就是城里有大片的贫民区），但这并不是我们所讲的拉美化，因为拉美并没有走出种族隔离制度这一背景。它的问题是与发达的民主福利国家相比而言的。“拉美化”再坏，也不会有人羡慕南非过去的“有序城市化”。而南非如今出现的这些问题，应该说是种族隔离制度废除后的“阵痛”。南非在种族隔离时期城市里很干净，治安也很好，但这是以种族隔离为背景的。我提出一个概念，把这种状况叫做“前拉美化”，也就是说它是在没有迁徙自由背景下出现的特权性的“漂亮城市”，这种漂亮的背后是对黑人人权的剥夺，因此它比拉美更落后。而在种族隔离制度废除后的民主化时期南非虽然出现了暂时的城市治理困难，可以叫作“类拉美化”吧，但与“前拉美化”的“漂亮城市”相比还是进步了。今天南非社会的共识是，如今的城市治理困难只是进步过程中的问题，要解决这种问题，但绝不会再倒退回到“前拉美化”状态，尽管南非在那时曾经有非常漂亮而且“有序”的城市，但对于大多数人即黑人而言这并不是他们的城市，也不值得他们自豪。

实际上，早在民主化之前，随着种族隔离制度在南非的兴盛与衰落，当局对“贫民区”的态度已有变化。索韦托的出现与“西部区”一样是种

[1] http：//www1. southafrica. net/Cultures/sv–SE/consumer. southafrica. net/Why+South+Africa/Best+of+SA/Experiences/Soweto. htm

族隔离制度剥夺了黑人迁徙居住自由的结果，因此受世人谴责。但是随着黑人维权运动的日益兴起，如果说50年前当局还可以把黑人从“二环外”驱赶到“四环外”，那么在此后的几十年中当局已经不能把他们再往远处赶了。到上世纪八九十年代之交，尽管约翰内斯堡城区又大为扩展，连同它的几个白人卫星城镇已经几乎把索韦托包围起来，但是黑人在索韦托的居住权已经无法剥夺，当局不能再把他们往“五环外”赶了。其实即使不从“开发房地产”或建设“美丽大都市”出发，仅就索韦托当时已成为黑人反抗组织活动中心这一点而言，那时的白人政权又何尝不想像当年废除“西部区”那样废除索韦托？只是他们做不到而已！

而今天中国还是可以做到的！关于这方面我们下面还要谈到。现在我们来回答：中国的“农民工”住在哪里？

## “城里没有贫民窟”的“奇迹”（二）：中国的“宿舍劳动体制”

穷人买（租）不起通常的商品房。这点大概全世界都一样。

而与南非一样，中国的城市政府是不会给这些“暂住”者提供廉租公屋或其他住房福利的。前些年一些城市以解决“中低收入者”住房的名义从农民那里强行圈地，却盖起大片穷人买不起、富人占便宜的“廉价豪宅”，即所谓“经济适用房”。有人居然还津津乐道说幸亏骗了穷人一把，“天通苑‘歪打正着’没成巨型贫民窟”，他们说：“如果天通苑……真的像一些群众要求的那样建成全部都是80平米以下的小户型，全都卖给低收入的贫困户，建成几十万人的巨型贫民窟的话”就将产生什么什么问题。[1]还有些人连一般商品房标准稍降、价格稍低也反对，说是“警惕中低价房区成为贫民区”！[2]欺骗贫困户居然是“正着”，

[1] 周雪松：《天通苑“歪打正着”没成巨型贫民窟》，《中国经济时报》2005年10月12日。
[2] 周义兴：《警惕中低价房区成为贫民区》，《经济参考报》2005年10月17日。

商品房价格让穷人买得起就值得“警惕”，还谈得到什么专门给穷人盖福利房？当然应该说，这些被骗的“贫困户”并不是农民工，因为政策清楚地讲这些“中低收入者”必须持有北京户口。换言之，“农民工”还没有被骗的资格，有关方面根本不屑于骗他们，因为他们本来就不该奢望什么福利的。[1]

而“暂住”者要“私搭乱建”形成自己的陋屋，在中国和南非都比大多数民主国家更少可能。姚洋先生最近一再说穷人进城搞贫民窟就是侵犯产权。而“贫民窟”通常被说成是“资本主义的罪恶”，我国据说是没有这种罪恶的。那么按姚洋先生的说法，“资本主义”国家倒是放纵穷人“侵犯产权”的，而连《物权法》出台都千难万险最后还弄得含含糊糊的我们，反而在严禁穷人“侵犯产权”方面远远超过“资本主义”？

但应该承认，姚洋先生的说法对于许多民主国家还是有点影子：这些国家虽然也保护产权，但还顾及穷人的选票，没有把“产权的绝对性”置于穷人的生存之上，所以对穷人在“空地”上“私搭乱建”往往睁眼闭眼，就是禁止，也很难使出我们“城管”的那种铁腕。用学者的话说，“在那些国家当地政府对移民聚集和非法占地比较宽容”。[2]而中国与民主化前的南非都不会把他们当“选民”看，所以南非对“进城黑人”与中国对“进城农民”就很不“宽容”了。于是这两国都有所谓“不拒绝‘豪宅’，但禁止‘贫民窟’”的“美丽城市”政策[3]。但是两相比较，南非毕竟还有索韦托这样的地方是允许棚户存在的，而中国连这个“空子”也没有。“我

[1] 最近这种情况开始有改变的迹象，政府开始重视面向穷人的“廉租房”（不是“经济适用房”）建设，但仍然只面向城市户籍人口。2008年建设部官员首次表示廉租房建设“最后”会考虑农民工，但“最后”是什么时候则全无解释，而且他仍然表示坚持清除贫民窟的政策，这就产生一个问题：如果住在贫民窟不是向国家要求福利的理由，而是被“清除”的理由，那么谁来申请廉租房？难道让那些住在豪宅的人来申请吗？

[2] 吴维平、王汉生：《寄居大城市：京沪两地流动人口住房现状分析》，《社会学研究》2002年第3期。

[3] 李坤民、王诚庆、胡跃龙：《中国城市：不拒绝“豪宅”但要避免“贫民窟”》，《中国经济导报》2002年7月6日。

国城镇根本不允许流动人口聚集或自发搭建棚户”，[1]因此“非正式的住所（如棚户）对中国流动人口而言是不可行的，这一情形与许多发展中国家不同”，[2]与南非也略有区别。

福利性廉租公屋与自建简易房均不可能，余下的出路就只有：或者租住廉租私屋，或者放弃家庭生活，在集体宿舍“工棚”栖身。在南非，像索韦托这样的地方廉租私屋数量庞大，而且当局基本不去干预。“白人城市”中也有少量廉租私屋租给黑人，但处于不稳定状态，当局时常要“清理”。两者合计，使廉租私屋成为南非黑人劳工的主要居住方式。加上自建棚户，黑人劳工实际上多数都在城市建立了家庭生活。尽管当局设想他们应该当“候鸟”，实际上到种族隔离制度后期的1990年，大约翰内斯堡地区的黑人只有21%（如前所述，主要是进城未久的祖鲁族劳工）是集体宿舍居民。可以说，黑人在城市安家定居进程的发展，实际上是黑人维权运动取得的渐进成果。

而在中国，由于自建简易房完全不可能，也不存在像索韦托那样尽管被排斥到城郊、但毕竟得到当局承认的打工者聚居区，农民工能使用的廉租私屋，包括出租棚户，只能不稳定地存在于两类地区：一是被都市化了的前农村（所谓“城中村”），二是郊区即所谓“城乡结合部”。但是这两类地区都没有取得索韦托那样的“合法性”，而是如同南非“白人城市”中的黑人租户那样不时面临被“清理”的命运。这就决定了中国农民工能够居住的廉租私屋比例也不可能像南非那样高，而成为“工棚客”的比率则高得多。

根据一些学者的统计：2000年北京57%流动人口是集体户[3]，另一

[1] 蒋耒文、庞丽华、张志明：《中国城镇流动人口的住房状况研究》，《人口研究》29卷第4期（2005年7月）。

[2] 吴维平、王汉生：《寄居大城市：京沪两地流动人口住房现状分析》，《社会学研究》2002年第3期。

[3] 蒋耒文、庞丽华、张志明：《中国城镇流动人口的住房状况研究》，《人口研究》29卷第4期（2005年7月）。

统计是：同年北京 45.34% 的“外来人口”居住于集体宿舍、工作场所与工棚，还有 11.38% 是“其他”（包括居无定所、投亲靠友、作为保姆住主人家乃至身处“收容所”等等），而只有 39.59% 是租房住，有 0.69% 购置了住房（可以想见，主要是外来人口中的“农民企业家”、“山西煤老板”之类），有 3.10% 自建房（主要是在郊区租农民土地自建简易房，如同分散化、非法化的“小索韦托”）。[1]

在中国最大城市上海，2004 年有 53.5% 的外来务工人员住集体宿舍和工棚，其余 46.5% 则主要是租房住，以租郊区农民私房为主。耐人寻味的是：上海规定私屋出租人均面积必须达到 7 平方米才“合法”，而“在本市有合法固定的居住场所”则是申请《上海市暂住证》的必要条件。但在上海市的上述打工租房者中，达不到这个“合法”标准的达 46.8%。也就是说，在只有少部分农民工能够租房住的同时，这些人中的近半数的租房还属于“非法”。[2]换言之，理论上他们都可能因为住得差而被驱逐——而不是因为住得差而获得帮助！

在其他国家，你住得差会引起同情（如果还不能给你福利，至少给你自由，甚至在一定程度上容忍你“侵犯产权”），而在另一个国家与南非，你住得差会惹人讨厌——在南非会把你的家庭赶到索韦托，而在中国干脆连索韦托都“非法”，除了放弃家庭生活、在“集体宿舍”栖身，你还能去哪呢？（so where to?!——but no Soweto.）所谓“没有贫民窟”的“奇迹”就是这样出现的。无怪乎人们疾呼：“对贫民窟的控制不应该以牺牲社会公正为代价”！[3]

于是很自然地，南非大城市“没有贫民窟”，就有了城郊的索韦托，而中国大城市“没有贫民窟”也没有索韦托，就只有“集体宿舍”了。

---

[1] 段成荣、王莹：《流动人口的居住问题》，《北京行政学院学报》2006 年第 6 期。

[2] 上海市房地局、市总工会、市房产科研院和市社科院联合课题组：《上海外来人员居住问题调查报告》，2004 年 9 月。

[3] 蒋耒文、庞丽华、张志明：《中国城镇流动人口的住房状况研究》，《人口研究》29 卷第 4 期（2005 年 7 月）。

2007年6月，对本国贫民窟问题深有所感的一位印度记者问中国C市副市长：C市会不会出现贫民窟？副市长答：我们“永远不会有贫民窟”。其最重要的理由就是：中国的农民习惯做“两栖人”，喜欢单身进城打工而把家庭留在农村，不像你们印度农民喜欢全家进城而且还要住在一起！[1]其实如前所述，南非当局当初也是这样设想。无奈黑人不听话，到了后期除处境最差的少数祖鲁族劳工外，都在都市安家了。而中国的大多数“农民工”仍然像种族隔离后期这些祖鲁族劳工（乃至民主化之后的外籍劳工）一样，仍然处于“集体宿舍”劳工状态。

当然，中国与南非的“宿舍劳工”还是有某种区别，最大的不同是：南非的集体宿舍多数是政府统一建设或政府招商建设的“宿舍镇”与“宿舍院”，标准较为划一，距工作地较远，有专门规划的通勤交通。而中国的集体宿舍与工棚都由各雇主自行分散建立，也无统一标准。有的宿舍相当不错，但条件恶劣的工棚也比比皆是。由于是企业自建，离工作地较近，也无通勤服务。特别是中国打工者有一种糟糕的集体住宿方式，就是干脆无宿舍，在工作地点过夜：很多小企业特别是服务业商店、餐馆晚上打烊后，就让打工者睡在厅堂、工作间，建筑、装修工则睡在施工中的房屋内。这在南非是不许可的，当然主要并非出于人道考虑，而是南非的种族隔离立法规定黑人只能在“白人区”工作，不能在此生活，所以黑人劳工必须另有生活区。而在中国，除了一些乡镇为“引资”建了统一的集体宿舍出租给企业外，大城市中似乎只有打工者特别多的深圳，上世纪九十年代由政府专门招商建立了大规模的跨企业“外来人员安置区”。这种安置区模式很像南非的“宿舍镇”。而进入新世纪后安置区被取缔时曾遭遇居住者的抗议（见下章），足见他们的其他可能出路比这还不如。

中国学者任焰、潘毅曾把中国这种现象称为“宿舍劳动体制”[2]。有

[1]《黄奇帆接受外媒采访：重庆将永远不会出现贫民窟》，《重庆晚报》2007年06月15日。
[2] 任焰、潘毅：《宿舍劳动体制：劳动控制与抗争的另类空间》，《开放时代》2006年第3期。

趣的是该文以英文在国外发表时，“宿舍劳动”一词就是当初南非常用的 Dormitory Labour，只是这种制度如今在南非已经远不如中国那么典型了。[1]在南非，“贫民窟”的恶劣状况经常见于报道，可是集体宿舍由于记者免进，恶劣状况很少为人所知。在中国当然也如此。按潘毅等人的说法，“宿舍劳动体制”把工人置于军营式的管束中，对工人的控制从劳动过程延伸到日常生活，严密的“宿舍管理”纪律置工人于“福柯式的‘全景敞式空间’”，没有任何个人隐私可藏。工棚有人把守，外人免进，内人白天工作自不待言，夜间必须限时归宿，也少有外出可能。应该说，今天中国大城市的“工棚”还是比过去进步了，像上世纪九十年代初深圳等地曾流行“拘禁式工棚”，发生过火灾时因工棚被锁、导致许多女工被烧死的惨剧。如今除了矿山与乡村工业时有“窑奴”新闻外，信息发达的大城市应该没有这种奴工式的工棚了。当然，潘毅等人也指出了“宿舍劳动体制”的另一面：由于工人聚居一处，容易造成集体抗争的条件。南非也同样如此。这大概也就是种族隔离制度后期当局对“流动工人”家居化趋势没有认真阻止的原因之一。

而“工棚现象”给中国“农民工”造成的痛苦，则不亚于南非的“宿舍劳工”。恰恰就在副市长宣称农民喜欢做“两栖人”的 C 市，2007 年的一项调查中有 5% 的男性民工坦承自己找过“小姐”。如果不是问自己，而是一般地问在长期离家状态下打工者会如何，则男性民工中 21% 答“找小姐”、18% 答“整夜睡不着”、18% 答“喝酒麻醉自己”、25% 答“看黄色录像”或“讲黄色笑话”；女性民工中 19% 答“拼命干活发泄”、5% 答“强忍着”。调查还显示，已婚夫妻打工而长期两地分居时，24% 的男性、33% 的女性“整夜睡不着”。39% 的男性、55% 的女性民工通过“给家里打电话”来度过漫漫长夜。调查报告指出“性压抑已经成了民工感情生活

[1] PUN Ngai、C. Smith，Putting Transnational Labour Process in Its Place：the Dormitory Labour Regime in Post-socialist China. Work，Employment and Society，21：1（March 2007）.

的一大痛楚。”[1]许多犯罪都与此有关。

而更严重的是“两栖人”现象在乡村也造成了“留守”人口的灾难和社会伦理危机。2008年4月媒体报道了云南镇雄县某村一无赖竟轻易霸占村里10余名留守妇女，结果被赶回来的打工丈夫们私刑毒打致死的新闻。[2]此人貌丑人穷，无权无势，而竟能如此，遂成新闻。那些更“出色”的人如果这样，还是新闻吗？近年来有关乡村急速“老龄化”、妇女自杀率畸高和家庭危机的资料已经不胜枚举。尤有甚者，中科院北京基因组司法物证鉴定中心2005年共做了3000例左右的亲子鉴定，其中非亲子比率达22.6%，而农村例子中非亲子率更是“有点惊人”，高达将近50%！[3]这虽非一般性抽样，城乡各自的比例也并不反映社会现实，但城乡之间的比较，再联系关于近年来乡村家庭危机的报道，也可见问题之严重。

经济上“宿舍劳工”制度之弊也甚于南非。中国与南非都把“流动工人”视为“有退路”的人，不承认他们有失业问题，把他们视为优化城市经济的调节器和规避经济危机的减压阀：经济繁荣了就招他们来打工，萧条了就打发他们“返乡”，年轻力壮时出卖青春，年长体衰就让他们“归田”终老。国家既没有社会保障“负担”，他们在城里住在严格管束下的“军营”，又不会给上流社会“添乱”。不少人认为这是我们独具的“优势”。但是这种“优势”只有在他们保持“宿舍劳工”状态时才能实现。南非黑人劳工既然已经大部分家居化，这种“优势”自然就只有在中国保持得最典型。

果然在2008年经济危机发生后，中国出现大批“农民工”“返乡”之潮。在预先假定农民工可以把“回乡种田”作为“退路”的情况下，善后工作显得漫不经心：工人没有得到被解雇的事先通知，没有缓冲期，没

[1]《性压抑成民工心头痛 5% 男性民工找过“小姐”》，http：//www. sudabbs. com/simple/index. php?t69204. html。

[2]《男子霸占村里10余名留守妇女被毒打致死》，《生活新报》2008年4月23日。

[3]《新京报》2006年7月17日C07版转《北京晨报》报道：《中科院3000例亲子鉴定查出22. 6% 非亲生》。

有遣散费，甚至有的欠薪都未付。农民工的“社保”也宣告失效，他们如果不“退保”，预扣的工资就没了……在正常情况下，我国的“宿舍劳工”同样比其他条件类似的租房民工处境更差，他们不仅无法有正常的家庭生活，而且也削弱了他们在劳务市场上的讨价还价能力：因为一离开企业就无处安身，他们事实上无法“待价而沽”、“择木而栖”，而只能在接受任何条件留在企业里和离城返乡二者间作出选择。[1]

当然，无论南非还是中国，事实上“流动工人”家居化都是无法遏制的趋势。尤其是这种趋势具有自我强化的特点：只要初步的家居化生产了新一代人，他们就更不能忍受那种都市“贱民”的身份，因而会更加强烈地推动维权。中国在这方面只是比南非晚走一步而已。南非因为像索韦托那样的大型黑人聚居区是被官方承认的，国民教育体系也覆盖了这里。虽然财政投入无法与白人教育相比，而且在很大程度上进行的是白人统治需要的“奴化教育”，但仍然培养出了种族隔离制度的掘墓人。正如南非左派学者海因·马雷指出的：“索韦托的孩子”普遍受过教育，比老人更不能接受种族隔离了，这是这个制度终于维持不下去的重要原因。[2]

而中国公共财政对教育的投入不仅也存在着众所周知的城乡不平等，而且由于官方从不承认都市中的“暂住者”社区，“民工子弟”长期成为国民教育体系的死角。近年来这一情况虽有所改变，但“居住歧视”仍然导致了事实上的教育歧视：由于长期独生子女政策使都市户籍人口结构变化，为他们服务的中小学资源出现大量过剩，目前的政策倾向于利用这些过剩资源接纳“民工子弟”。但是这些学校距离民工居住的“分散索韦托”大都非常远，如果不允许民工就近居住，学校又不搬到“分散索韦托”附近，民工子弟仍然难以上学。更何况中国升学考试的户籍资格仍然森严。

[1] 参见秦晖：《什么是农民工的“退路”？》，《经济观察报》2009年2月23日。

[2] 海因·马雷：《南非：变革的局限性——过渡的政治经济学》，社会科学文献出版社2003年，第66页。

因此中国“民工子弟”受教育的问题如今仍比南非索韦托黑人受教育的问题严重得多，大体上相当于南非外籍劳工子女的受教育状况。

尽管如此，中国的“民工子弟”仍然在成长，而且与南非“索韦托的孩子”一样，将成为冲垮身份壁垒制度的重要因素。

## 南非与中国如何“清除贫民窟”：索菲亚事件与深圳大“梳理”

早在19世纪，蒲鲁东所谓贫民窟是“资本主义的罪恶”的说法就曾遭到恩格斯的驳斥。恩格斯指出：穷人“一般总是住在恶劣的、拥挤的、不卫生的住宅中”，这“不是现代（按指资本主义）特有的现象；它甚至也不是现代无产阶级遭受的一种和以前一切被压迫阶级的痛苦不同的特有的痛苦；相反，它几乎是同等地伤害到一切时代的一切被压迫阶级”。显然，恩格斯并不认为“贫民窟”为“资本主义”所独有。

那么，“现代”即资本主义在住宅问题上真正独有的弊病是什么？那恰恰是为上流社会的需要而强拆“贫民窟”，使得城市主城区穷人“本来就很恶劣的居住条件”也被剥夺！请看恩格斯怎么说：“现代大城市的发展，使某些街区特别是市中心的地皮价值人为地提高起来，往往是大幅度地提高起来。原先建筑在这些地皮上的房屋……就被拆毁而改建别的房屋。首先遭到这种厄运的就是市中心的工人住宅，因为这些住宅的租价，甚至在住宅中挤得极满的时候，也永远不能超出或者最多也只能极缓慢地超出一定的最高限额。于是这些住宅就被拆毁，在原地兴建商店、货栈或公共建筑物。”“结果工人从市中心被排挤到市郊；工人住宅以及一般小住宅都变得稀少和昂贵，而且往往是根本找不到。因为在这种情形下，建造昂贵住宅为建筑业提供了更有利得多的投机场所。”

恩格斯以当时法国奥斯曼伯爵“清理贫民窟”建设“美丽巴黎”的“大拆迁”为例，痛斥说：“波拿巴主义曾以自己的奥斯曼为代表在巴黎大规模地利用这种趋势来欺诈勒索，中饱私囊。”[1]但恩格斯说这种现象不仅在法国、而且在“现代”各国都很通行。这个结论却有点误差：事实上在民主政治下的市场经济中，典型的“奥斯曼现象”很难产生。也正因为此，在许多这类国家中，都市主城区一直存在着穷人社区（也就是南非白人嘲讽的“无序城市化”）。而法国的奥斯曼现象则是第二帝国“波拿巴主义”破坏了共和民主规则的结果。实际上就在法国也是特例。在第二帝国崩溃后，法国仍然在进行以协议拆迁为基础的城市改造，但再也没有出现过这种用铁腕手段对付穷人的“大拆迁”。[2]

显然，这样“清理贫民窟”并不是“资本主义”的通例，而是在铁腕政治下搞“原始积累”的通例。在当代能够这样做的，也就是中国和民主化以前的南非最为典型。

如前所述，“流动工人”争取家居化，在南非和中国都是个难以遏制的潮流。而在没有福利房又买不起商品房的情况下，穷人的家居化无论是自建还是租住，自然都无法追求“高雅”。他们所住的自建棚户与廉租私屋通常都被视为“贫民窟”。近年来我国一些论者认识到在国家不提供住房保障的情况下“清理贫民窟”之不人道，又觉得“贫民窟”之称不好听，建议改称“平民区”、“和谐社区”乃至“待富区”。[3]其实，“贫民窟”之称是不好听，但“贫民窟”（slum）这个词也绝无“侵犯产权”的意思。笔者曾指出：slum 的原意是“背街小巷”，后来引申为贫民区时一般也是指合法的穷人家庭社区。联合国人居署（UN-HABITAT）把那些建筑密度高、没有自用自来水、没有卫生间

[1] 恩格斯：《论住宅问题》，《马克思恩格斯全集》中文第一版，第 18 卷，237、239 页。

[2] 参见秦晖：《城市化与贫民权利》。（待刊）

[3] 最近的例子，见文贯中：《论降低城市化成本以提升内需的紧迫性》，北京大学国家发展研究院《中国土地制度改革研讨会会议资料》，2007 年。他建议叫“平民区”，这个说法恐怕过于浪漫：如果“流动人口”才是平民，难道户籍人口就是权贵？如果两者实现了自由混居，还有“区”分的必要吗？如果没有实现，中国政府能公然划出“权贵区”与“平民区”吗？

的家庭户都算作“贫民窟”，如果按这个标准，2000年中国城镇户籍人口有多达39%属于“贫民窟住户”。而外来人口由于“家庭户”本身比例就小（集体宿舍即dormitory历来不算是贫民窟的），住在“贫民窟”的比例反而更低。[1]而在一般国家，贫民窟这个称呼只能使人同情于贫民，并问责于政府促其施以援手。说是有损于“国家（应该说是官家）形象”容或有之，说是有损于贫民则纯属无稽——难道对他们犁庭扫穴、毁“窟”逐人反倒有利于他们？

而在南非与中国则相反，两国都不承认有什么“贫民窟”。却有所谓“违法擅占”（南非）和“违章建筑”（中国）的说法，其实都是像姚洋先生那样指责这些穷人“侵犯产权”。但是slum这个词如前所述，并无“违法擅占”与“违章建筑”之意。在英语中一般用另一个词称呼那些“非法占地私搭乱建”的棚户，即Squatter。[2]姚洋先生与中国、南非两国当局显然是把那些他们想赶走的穷人贬成squatter，于是就有理由对其采用铁腕“城管”手段了。

但是正如上文所分析的，squatter之说如果在那些对穷人搭建房屋比较“宽容”的民主国家还有点儿来由，在中国与南非这样的国家，“穷人的圈地运动”、“开发商为穷人让路”这种被称为“拉美病”的现象根本不可能存在。事实上，这两国的连片（个别户另当别论）穷人居处，可以说是slum，但基本不可能有squatter。

在南非，索韦托的黑人聚居固然是当局认可的，就是在“白人城市”中那些遭到“清理”的很少几处黑人社区，如下文提到的约翰内斯堡市内的索菲亚镇和开普敦市内的第六区，实际上也是白人开发商建造的。以约翰内斯堡市中心以西约4英里的索菲亚为例，当地原来被安排为白人下层居民的居住区。一家房地产公司在此为“穷白人”盖了成片的低标准住宅。

[1] 蒋耒文、庞丽华、张志明：《中国城镇流动人口的住房状况研究》，《人口研究》29卷第4期（2005年7月）。

[2] 秦晖：《以强凌弱，于国何福？于民何利？》，《中国新闻周刊》2003年06月23日。

但是市政当局说这些住宅“不达标”，不配给白人住，拒绝提供市政服务。穷白人因此被安置到别处。房地产公司不愿受损，便把这些房子贱价卖（租）给了打工的黑人，由此形成了5万多人口的黑人贫民区。[1]这无疑是名副其实的交易，与“擅占”毫不沾边。

而中国连“索韦托”都没有，更不可能出现“农民工”“擅占”的社区。他们如果不住集体宿舍而是自找住处，一般都是租房，从当年北京的“浙江村”、“河南村”到深圳的“安置区”，乃至各地都有的“城中村”，无一例外。中国的大城市实际上也存在着棚户区，尤其在所谓的“城乡结合部”往往还形成一些“棚户地带”，从建筑类型讲毫无疑问就是“贫民窟”。但即便这些棚户一般也是户籍居民盖的，外来打工者只是租用。有时户籍居民干脆只是出租地面，坐地收钱，让打工者自建棚户，那也是租用，而非“擅占”。像印度和拉美那样穷人占用“空地”盖房几年后就被视为“业主”这样的便宜事，哪里能落到南非与中国的这些“弱势群体”头上？

但是只要有权有势者说你“擅占”你就是“擅占”，说你“违章”你就是“违章”。所以在中国与过去的南非，要说“侵犯产权”的现象也多得很，但不是什么“贫民窟侵犯产权”，恰恰相反，是强拆贫民窟侵犯产权。我们可以看看两个案例：

上文所述的索菲亚黑人本来平安无事地住了许多年，1950年南非当局想要开发房地产了，就宣称要“清除贫民窟”。但因非国大的反抗，1953年拆迁计划才开始实施，把该地黑人赶到了距市区13英里的地方重新“安置”。由于黑人抗拒，拆迁阻力很大，时断时续，一直相持了两年之久。直到1955年2月9日，政府出动数千警察实行强拆，非国大以“从我的尸体上跨过去”为口号发动抵制，又经几周的斗争后，政府终于得手。这一事件当时曾轰动国际舆论。人们纷纷谴责这种暴行，还出现了以此为题材的文学作品，如后来著名的南非进步电影《鼓》就是反映这次事件的。南

[1] 纳尔逊·曼德拉：《漫漫自由路》，谭振学译，山东大学出版社2005年，130—140页。

非当局这次行动的理由就是索菲亚是个问题成堆的贫民窟。但是舆论认为，这并不能使政府的行为合法化。正如美国作家哈德尔斯敦指出的："索菲亚镇过去确实是一个贫民窟，在这儿居住过的人谁也不会否认这一点。但是改造贫民窟不能没收整个地区的财产。"而《纽约时报》在当局洋洋自得地宣布"胜利"后发表社论指出，官方的报道"就像是来自一个警察国家的报告，令人读了以后很不舒服。"[1]索菲亚的废墟上后来建起了白人的社区，就名为Triomf（胜利），诺贝尔和平奖获得者图图大主教对此愤然说：这是"给我们伤口上撒一把盐"。

拆迁前的索菲亚镇

1955 年拆迁后的索菲亚镇

除索菲亚镇事件外，这种"清除贫民窟"的举动还有不少，如上世纪六 十年代博塔政府以类似强制手段拆除了开普敦黑人打工者聚居的第六区。[2]这类行为留下了持久的历史创伤，索菲亚旧址如今竖着题为《驱逐》的壁画，而开普敦第六区则立有纪念碑："过往诸君：请记住世代居住在第六区的数千人，他们只因肤色而被驱离家园；请记住圣马可教堂和这个社区，他们曾抵抗了对第六区的毁灭！"

而中国地方政府的"清理贫民窟"更是毫不留情，其清理的规模也是南非绝对无法相比的。上世纪九十年代B市清理"浙江村"、"河南村"和近年来清理"上访村"，乃至很多城市近年来对外来打工者集中的廉租私屋区即所谓"城中村"的清除，都可谓犁庭扫穴。仅S市一地，最近几

[1] J. Allen，Rabble–Rouser for Peace：the Authorized Biography of Desmond Tutu. New York：Lynn C. Franklin，2006. pp. 58.

[2] J. Allen，Rabble–Rouser for Peace：the Authorized Biography of Desmond Tutu. New York：Lynn C. Franklin，2006. pp. 2。

反映索菲亚镇事件的影片《鼓》

索菲亚镇原址处的壁画《驱逐》

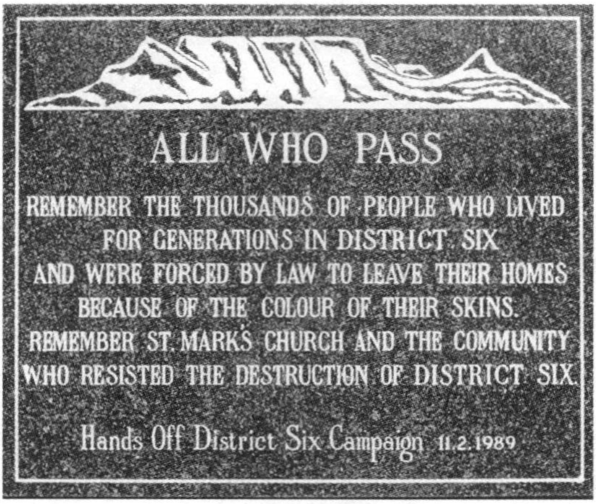

开普敦六区拆迁纪念牌

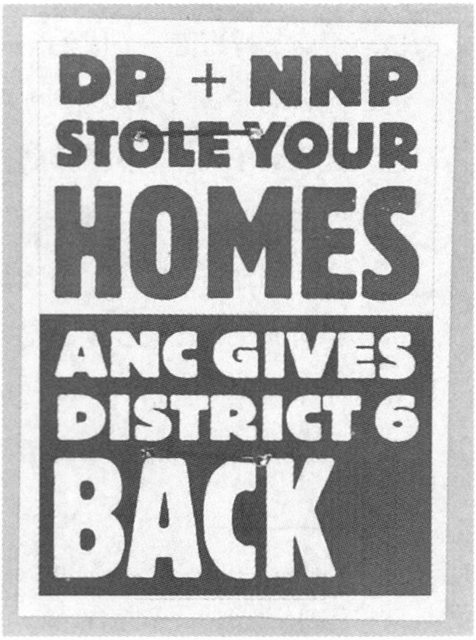

非国大以六区拆迁为由头的竞选广告

年就曾几次“开展规模空前的拆除违建行动”，仅2004年的一次，“官方消息称相当于搬走一座百万人口的中等城市”，号称“百万之众 告别窝棚”。行动最壮观时“拆除量以日均5万余平方米的惊人速度向前推进。梳理所到之处，临时窝棚纷纷夷为平地，隐居其中的外来流动人员不得不四处迁移寻找出路”。市领导宣称：“我们不但要像梳子一样把这个城市的角落梳理一遍，甚至要做到用篦子的程度……”[1]清了“关里”，又清“关外”，拆之不足，还放火焚烧。号称“行政性纵火”！[2]拆了窝棚还不算，严厉的“城管”剥夺了他们赖以为生的板车、秤杆，他们孩子上学的“民工子弟学校”也屡被查禁。

即便这样，市里还是有漏网的“贫民窟”存在。2007年笔者在当地的一处漂亮的商品房小区墙外就看到山坡上龙眼树中隐藏着一片“家无四壁”不蔽风雨的窝棚。一个主人告诉我他来自粤西廉江县，在本市谋生已20年，一家人被赶来赶去，最后来此栖身。这里不仅无电无水，连地址也没有，家乡人有事，得打电话给他在市里的亲戚，亲戚再走来转告。当我要拍摄他的窝棚时他显得有些害怕。我说如果这里的状况被报道，你们会得到帮助的。他说哪里，如果报道出去，我们一家又会被赶走而无家可归了……

当地政府为这种做法找根据：

一说城里的“城中村”是slum，拆除应该有补偿，而城郊的棚户是squatter，拆了就拆了。其实两者都是说不通的。首先国际上一般所谓“擅占”是指未经许可，说市里规划没有的就是“擅占”，这范围未免太宽。其实外来户租建棚户大都是基层政府允许、签过合同并且缴纳租金的。如果说违法也是基层政府违法，为什么不惩罚他们而惩罚穷人租户？正如有学者质疑：棚户“违法”存在有的已达20年，过去不拆（那时要用这些苦力）就是行政不作为，行政不作为造成的后果只让租户承

[1]《南方都市报》2004年4月13日。

[2]顾则徐：《火烧“违建”宣示了什么？》，《南方都市报》2007年9月4日。

受合理吗？而且“城中村”用于出租也未必是市里规划的，它与城郊棚户建筑质量不同，租金迥异，租用手续却大都类似，何以前者是 slum 后者就成了 squatter？其实，“城中村改造”的补偿也是针对房主而言，对“流动工人”租户一样是无条件驱逐的，就他们而言所受待遇又有什么两样？

二说原来允许，现在有新法规了，赶走他们就有根据了。但且不说以“红头文件”式的行政法规驱逐人是否合理，这类立法本来也只应禁止今后，不应追溯既往。

三说这种“梳理”只是打击了“违法出租”的房主，租户只是搬家而已。这更是牵强：前述南非驱逐的索菲亚黑人也绝大部分是租户，因此把他们赶走也就不算驱逐了吗？

四说“梳理”“外来人”得到了本地户籍居民的支持，那南非就更有道理了：“白人城市”驱逐黑人难道不是得到白人市民全力支持的？

“梳理”的理由只有一个是令人同情的：有官员说深圳对外来工实际上在全国是最宽容的，正因为如此才涌进来这么多人。而小小深圳不可能容纳全国的穷人。的确，全国都在驱赶穷人而只要求深圳容忍棚户，确实有失公平。但是，由此得出的结论是其他地方也应当扩大容忍、从而减轻深圳的压力呢，还是连深圳这“唯一容忍地”都取消，全国一致地驱逐他们？

其实当地不仅“梳理”了棚户区，“城中村改造”也赶走了大量“农民工”，甚至市里正式建立的专门安置打工者的“安置区”，也是说驱逐就驱逐。深圳当年大兴土木时大量使用“流动工人”，为了不让城里出现“贫民窟”就在当时的城外设置了几个“安置区”，容纳了大量的外来工，实际上也就是深圳的“索韦托”。它们不仅法律手续齐备，而且曾经被广泛宣传过。如“冬瓜岭安置区”，1992 年“经 FT 区建设局、国土局批准，在 FT 区莲花山冬瓜岭地域新建暂住人员安置区”，官方报道称为成功解决打工者居住问题的“冬瓜岭模式”，号称“外来人的安乐窝”、

"外劳的乐土"。[1]全国各地还来人参观学习。然而，城市建好了，官府顿时翻脸，打工者就成了多余人。政府要在这里给官员盖"福利房"（为了官员的"福利"而把穷人扫地出门，这应该是最典型的"负福利"了）。于是1998年5月27日出台"深府（1998）101号"文件宣布："FT区冬瓜岭安置区，划给市住宅局作为福利房建设用地。"当年8月18日，"五家职能部门在冬瓜岭安置区强制实施联合执法行动"，制服了抗议者后，"拆违"15万平方米，一举驱逐4万人。9月11日《深圳商报》头版头条就宣称：《没有拔不掉的"钉子"》！

与南非的做法相比，我国上述驱逐"流动劳工"的做法有几个特点：

第一，规模更大、手段更严厉。南非的索菲亚镇事件驱逐了几万人就骇人听闻，比起深圳一次"梳理"百万人简直太小家子气了！索菲亚驱逐持续数年才得手，而深圳仅4个月就大功告成；南非也就出动警察拉人，深圳还发明了"行政性纵火"！南非的被驱逐者嚷嚷得举世震惊，又是拍电影，又是纪念碑，而深圳正如评论者所言，毫无组织资源的被驱逐者出现了"百万人的失语"！[2]

第二，驱逐范围没有限制。南非自从取消"西部区"建立索韦托，把黑人从"二环外"赶到"四环外"以后，基本就不再向外赶了。后来驱逐的索菲亚、第六区等地基本上都是在主城区。索韦托这样的"安置区"很少被触动。而深圳是从"城中村"到"安置区"，再到"关外"原来宝安县的农村，只要被开发商看上了，政府"卖地财政"打上它的主意了，立马就"梳理"你没商量。

第三，南非当局拆除索菲亚镇以后还是对这些黑人贫民进行了安置的，在"四环外"的草坪镇给他们新建了住房。而且据说他们在这里交的房租要比原来在索菲亚少。这当然不能掩盖这种驱逐造成的伤害：从"二

---

［1］陈鸿奕：《暂住人员的安乐窝》，《深圳特区报》1993年4月28日。

［2］乐山：《百万人的失语》，http://blog.tianya.cn/blogger/post_show.asp?BlogID=928&PostID=542979

环外”被赶到“四环外”，房租本来就不可能一样。而黑人的交通及生活成本都增加了，生活质量无疑也受影响。但是相比而言，中国的上述“梳理”行动却基本没有重新安置。有人公然表示，梳理行动就是要淘汰那些“不适宜于在深圳居住的人口”。据估计，三分之二的被驱逐者被迫离开了深圳，余下的进入了“游击战”状态。“一些人撤到月亮湾花园附近的山沟中、荔枝林里，以及被拆后的废墟上，又搭起了简易窝棚。”[1]这些人的生存处境比索菲亚的被驱逐者不知悲惨多少！

第四，随意性更大。南非立法虽是恶法，毕竟很少朝令夕改。就像“通行证法”虽坏，持了通行证毕竟就不会抓你。但就像我们有了“三证”逢到“特殊时期”还是会被“收容”一样，在“拆除违建”问题上当局也是随心所欲，今天自己设立“安置区”，明天又说那是“违章建筑”，横竖都是他有理。[2]

从来没有人认为“贫民窟”是令人羡慕的。南非黑人领袖曼德拉曾描述约翰内斯堡的一处黑人贫民区亚历山大：“那里的道路什么也没铺，脏乱不堪，饥饿、营养不良的儿童半裸着身子四处乱跑，空气中混合着浓浓的煤烟，几户人家共用一个水龙头，路边水塘里的死水散发着恶臭，由于根本没有电，亚历山大被认为是一座‘黑暗城镇’。夜间步行回家非常危险，……邪恶暴力经常发生，生命在这里是廉价的，夜里经常发生动刀动枪的暴力事件。”

[1] 金城、陈善哲：《深圳“梳理行动”：急速城市化的中国标本》，《21世纪经济报道》2004年8月9日。

[2] “违章建筑”的概念不是不能使用，但必须在尊重人权的前提下。笔者认为首先这“章”不能只是利益有关一方（例如想给自己的官员找地方盖豪宅的某衙门）下个“红头文件”就算，像扒房赶人、甚至烧房抓人这样事关基本人权的事，怎么能不立法？而且立法过程也应该有各方参与，无论代议制还是听证制，都应该有“流动人口”的声音。其次，这“章”也应该合乎常人情理，至少要回答：如果不违这个“章”，“暂住者”能在哪里安身？最后，这“章”还应该有点严肃性，不能朝令夕改而且改了还追溯既往，不能我想用苦力就让你盖棚子算是“安置”，用完了你这棚子就算“违章”了，或者我没打这地的主意时不管你，我想用这地赚钱了就说你“违章”了。

没有人会对这样的状况表示满意。但是连这样的穷人区也不放过而要驱逐之，难道不是更加残酷吗？因此面对白人当局的“清理贫民窟”，南非的黑人精英都非常强调黑人在贫民窟的居住权利，倡导他们的维权斗争，曼德拉就指出：“尽管亚历山大的生活像地狱，但这里也是个致富之地，作为南非为数不多的地区之一，非洲人可以在这里积累私有财产，经营自己的产业。在这里非洲人不必向白人城管当局磕头。亚历山大是一片希望的沃土，见证了我们的人民冲破约束，成为城市永久居住者的历程。为了让非洲人留在农村或在矿上打工，白人政府坚持认为黑人本质上就是农村人，不适合城市生活。亚历山大尽管存在这样那样的问题，但是它却戳穿了这种无耻的谎言。其居民来自各个非洲部落，完全适应城市的生活和政治意识。城市生活有利于抹掉部落之间、种族之间的隔阂。”[1]

1995 年的约翰内斯堡亚历山大社区

让我们也听听这些话吧！

## 只许官“圈”，不许民卖：南非与中国的“二元土地制度”

经济腾飞的要素一是人力二是土地。而对人的束缚与对土地的束缚通常二位一体。尽管笔者并不认为土地这种特殊资源可以确立所谓“百分之百的绝对私有权”，宪政民主国家在公民授权的基础上为公益目的、作为

[1] 纳尔逊·曼德拉：《漫漫自由路》，谭振学译，山东大学出版社 2005 年，64—65 页。

公共服务行为对土地权利实行一定程度的干预也是正常的。但是那里“群己权界”是明确的，民主体制使“公权”不会被“私用”，而自由体制下界属个人的那些“私权”（其中当然也包括在结社自由基础上形成“集体”以及退出“集体”的权利）也不会被没收。只有“低人权国家”会把管制土地当作“原始积累”的手段，对老百姓实行强制性的“被集体化”以适应“圈地运动”、“卖地财政”和“空手套白狼”的需要。

在这方面，南非土地制度中一直存在英国传统与布尔传统的冲突。17世纪布尔人在南非最初实行的是土地国有名义下的租让农场制，即政府出面任意征用土著人土地后，按种族身份特权“租”给布尔农场主使用。这种制度完全无视黑人的土地权利，特别便于白人国家圈占黑人土地，它与当时的黑奴制并行，成为布尔人原始积累的主要手段。但是它也造成地权不明晰，妨碍自由资本主义的发展。

19世纪英国占领开普殖民地后，在推行废奴改革的同时也试图进行土地私有化改革。1813年就宣布废除任意圈地的混乱制度，国有土地不再按身份批租，而是在市场上公开拍卖，价高者得。拍卖后土地即为私产，可以自由交易。这种“以买卖代替征用”的私有化土改主要有利于拥有资本的英裔，但其只认货币不论身份的私有制逻辑如果延伸下去，则黑人也将有可能购置地产，而白人国家将不便强征。因此这一改革受到布尔人的强烈抵制，一直难以推行。1828年英国殖民当局又颁布“关于改善霍屯督人和开普其他自由有色人处境”的第50号法令，规定黑人可以自由迁徙，有权购买和拥有土地。这一举措更惹恼了布尔人，他们因此大量离开开普地区向北迁徙，并建立摆脱英国统治的两个布尔共和国，最终引发了布尔战争。[1]

但是英国战胜后为安抚布尔人，却不再坚持自由化土改。因此后来南非实行的仍然主要是战前布尔人的制度。如1894年的《格伦格雷法》规定：

---

[1] 李新烽：《南非土地制度研究》，中国社科院研究生院农业经济系博士论文，2000年，7—8页。

黑人实行部落传统下的份地制，在主要的好地都被白人国家圈走的情况下，该法伪善地在余下的黑人地区实行“平均地权”，规定部落必须保证黑人家庭拥有份地，但每份不超过10英亩，一家不能拥有多份，份地不能买卖。禁止白人把土地租给黑人。

1910年南非联邦建立后，英国传统与布尔传统仍然在土地问题上博弈，并在争论中通过1913年、1936年两个土地法，最后形成了一种“二元的土地制度”：在“最终实现南非白人国家所有”的大框架下，一方面，白人社会内部基本上按英国传统建立了适应市场经济发展的实际上的私有地权制度。另一方面对黑人却强化了部落集体下的家庭“份地”平均使用制，不仅取消了1813、1828年英国人土地私有化改革时许诺的黑人购买、拥有土地的权利，严格禁止黑白间的土地交易和租佃。白人农场主可以雇黑人劳工，但不能向黑人出租土地。在工业化与都市化过程中大量放弃了农牧业而转变成市民的白人，其土地可以流转给其他白人农场主，或流转给国家用于项目开发，但决不能流转给黑人。而在黑人内部，当局也只承认部落土地所有制，不承认黑人家庭的私有制，并以法律“限制个人对土地的权利”，“限制个人土著土地拥有量”。

同时，即便是对这些黑人部落区保有的土地，国家也可以随意征用来搞开发。使用份地却没有所有权的黑人家庭也好，白人国家安排的黑人家园自治机构也好，都不能对白人国家的意志说“不”。[1]

这样一种土地制度中的“二元结构”给南非白人当局带来两方面的好处：

一方面当局得以用部落身份束缚黑人，即便黑人长期在城里打工，也得不到市民的权利，同时又以黑人都在其部落内拥有份地为理由，把所谓保障的责任推卸给黑人部落，否认国家对他们的社会保障和公共服务责任。在所谓“有序城市化”的名义下，经济繁荣时让他们进城卖苦力，一旦遇

[1] 李新烽：《南非土地制度研究》，中国社科院研究生院农业经济系博士论文，2000年，28—31页。

到萧条就把他们视为城里“多余的人”，竭力把他们赶回家靠部落份地生活，[1]以此一次次地把危机的打击转嫁到他们身上。

另一方面，白人国家以防止“黑人无地”为由伪善地维持黑人部落集体所有制，但国家却可以凌驾于“集体”之上，利用不承认黑人土地私有权的方便，任意廉价征地，把黑人从一块又一块的故土赶走。因此，南非一方面从来不存在所谓黑人内部“土地私有自由买卖”造成“土地兼并”的问题，但白人国家“兼并”黑人土地的问题却比任何“土地私有制”国家都严重。当1936年南非土地关系最终定型时，占总人口78%的黑人只有南非13%的土地，而不到18%的白人（含白人统治的“国家”）却拥有全国土地的87%[2]。

这样的土地制度如果没有全球化的市场经济背景，也就与中世纪差不多，不会比自由化的土地制度更有优势。但在现代资本主义已经达到的水平下，资本与技术的全球流动却使南非成为当代世界上“圈地运动”的典型地区，除了后来的中国，大概全球没有哪个地方像南非那样，一旦哪个投资项目取得了政府的同意，就可以随意拿到土地、进行低成本征地拆迁、赶走原住民。可以任意划拨的廉价开发土地与任意驱使的黑人劳工成为南非在全球化背景下“招商引资”的两大“优势”。由于既没有“钉子户”，所谓的“交易费用”也很低，南非的城市化用地与基础设施用地都比民主国家阔绰很多。她的大城市美轮美奂，大规模基础设施的建设也令人印象深刻，乃至十分“超前”。如前所述：南非尽管白人普遍有车，但由于多数黑人贫困，全国平均私车拥有率与发达国家相比并不算高。但南非的高速公路建设在上世纪六十年代前后就迅速发展，到上世纪八十年代这个高速公路系统规模仅次于美国和德国居世界

[1] M. Bole-Richard, Victimes de la Politique d' "Urbanisation Ordonnee": Les "Surplus People" en Afrique du Sud. Le Monde, 1-4-1987.

[2] 李新烽：《南非土地制度研究》，中国社科院研究生院农业经济系博士论文，2000年，27页。

第三，比英、法、日等发达国家都多。[1]

民主化以前南非的这种二元结构的土地关系，在今天世界上最为相似的大概就是“经济奇迹”年代的中国了。我国改革前靠“人民公社”这种“被集体化”进行“社会主义原始积累”，改革后农民可以退出土地集体经营，但仍然无法退出地权“集体所有”，这种“被集体化”因而在“资本主义原始积累”中又发挥了更大作用。目前中国土地制度最突出的特点是：“只许官圈，不许民卖”。各地方当局可以任意圈占土地，而农民则不能处置他们的“份地”。尤其在涉及改变用途时更是如此。笔者指出这就导致了土地问题上的“尺蠖效应”：如果“保护耕地”之说得势，上面就会更加严禁农民自愿售地，但各地方当局圈地仍然是想圈就圈；如果“无需保护”之说得势呢？那地方当局就会更加狂圈土地了，但农民却仍然不能自愿售地。[2]南非的土地制度最基本的特征也是这样。只是他们的黑人相当于我们的农民，而他们的强制性“部落所有制”相当于我们的强制性“集体所有制”。

当然有人说，白人南非规定黑人必须保持“部落所有制”而不许私有土地是用心险恶，是要抢黑人的土地。而中国官府规定农民必须保持“集体所有制”而不许土地私有是出于好意，是怕农民不知惜地、胡乱买卖沦为“无地农民”。我曾指出对于这种说法最好的判断就是：假定你真的关心农民竟然胜过农民关心他自己，担心农民鼠目寸光可能会自断退路，我说农民没你想象的那么傻，也说不服你，那么好吧，你可以管制农民卖地，也就是“农民如果想卖，未必就可以卖”。但你能不能至少把地权归农实行一半，同意“农民如果不想卖，就可以不卖”呢？如果做不到这一条，遏制不住“圈地运动”，又何谈什么防止“无地农民”？假定你真的希望农民在涉地事务中增加“集体谈判能力”而害怕他们一盘散沙受人欺负，那更简单：为什么不允许他们自组农会？其实制度的逻辑要比那难以猜测

[1] 徐歌：《独闯非洲》，中国文联出版社2004年，106页。
[2] 秦晖：《什么是农民工的“退路”？》，《经济观察报》2009年2月23日。

的“用心”更重要。一种官员权力不受制约、而百姓权利不被承认的制度安排无论初衷多么良好，结果都是可想而知的。

这一点可以从南非“黑人家园”建设中汤姆林森土地改革的失败看得很清楚。事实上南非当局尽管搞“圈地运动”的铁腕十分了得，但为了维持“流动工人”制度、防止黑人“无序”地进入城市，他们也希望以一小块份地拴住黑人，而防止他们放弃土地，完全脱离“黑人家园”。为此，负责规划“黑人家园”建设的汤姆林森委员会于上世纪五六十年代之交实行进一步强化土地管理的改革。除分流部分黑人在“家园”离土不离乡地就地进入“地方工业”外，务农黑人的土地要重新分配，而且规定用途，农用地不得放牧，牧用地不得种粮，更不得随意改作农牧以外之用。这不是也打着防止黑人“无地”的旗号吗？但是黑人并不领情，他们使用土地的自由被进一步约束，自觉受到损害，纷纷起来抗争，一时南非大有处于“农民起义”之势。[1]终于使这一“改革”流产。

应该说，从黑人只有南非13%的土地这个比例看，南非白人圈占黑人土地的情况要比我国的“圈地运动”更严重。这无疑是300年种族压迫留下的最严重后果之一。南非民主化以后它仍然是个严重的后遗症，民主南非新政府为了解决土地问题仍然面临艰巨的任务。但我国改革后仅30年，实际上“圈地”的狂潮起来还是在1992年以后，至今不过十多年，而“失地农民”已多达7000多万。[2]另据权威估计，这一数字到2020年将达到1亿人。[3]显然其速度要比南非几百年的圈地快得多。南非早年掠夺黑人土地的规模大，主要是因为农业时代南非布尔人大农牧场的发展。中国则

[1] Govan Mbeki，South Africa：The Peasants' Revolt. Harmondsworth，UK：Penguin Books，1964，此书网络版见非国大官方网站。

[2] 中国失地农民的规模一直没有准确的说法，前些年流行的几种说法在3000—6000万之间。最近于建嵘认为早在2002年失地农民的数量已达6630多万人，约占中国公民总数的5%；（于建嵘：《深入到失地农民中去》，《南方周末》，2005年7月14日）如果是这样，如今这个数字不可能低于7000万。

[3]《民进中央：失地农民数量迅速扩大2020年将超1亿》，《中国青年报》，2009年03月14日。

没有“市民农场”，国营农牧场也并非农业的主体，所以农业圈地以往并不发达，“圈地运动”主要以建设用地为主。但是近年来中国以“规模经营”、“现代农业”为名的强制圈地却势头极猛，上千、上万亩甚至十几万亩的中国式“布尔农场”纷纷崛起，多次酿成惊人新闻。如2001年江西的“蒋巷事件”一举圈地5万多亩[1]，而1998年山东沾化“中澳合资金角农牧公司”一次圈地竟达15万亩之多。[2]由于有权力后台，这些事件虽经民众抗议、媒体曝光，却无法解决。[3]

进入工业化时代后南非农业圈地已渐停止，建设用地则由于南非过去圈占的“国有”空地尚多，在实行所谓“班图自治”后已不轻易向黑人部落土地伸手。而如今中国“征用”建设用地更要比南非随意得多，许多恶性事件，如定州事件、汕尾事件等都因此而发生。

我国的“失地农民”很难定义，近年来的“圈地”在很多地方是利用户籍制度宣布“镇改街、村改居，农民变市民，土地变国有”来实现的。农民被宣布为“市民”后即不再是“失地农民”，但实际上他们是否找到别的职业，完全是个未知数。所以农民失地的实际规模完全可能更大。[4]国外有研究认为，考虑到失地农民与未失地农民中土地使用不均、农业内部“二田制”、“公司加农户”等“规模经营”的发展，综合计算，到上世纪九十年代，中国农民实际土地占有的吉尼系数就已达到0.41，明显

[1] 据中央电视台2001年9月21日《今日说法》节目：“如此土地流转”报导。

[2] 《中华工商报》2009年8月10日，《大宗土地流转监管不能缺位》。

[3] 如“蒋巷事件”在农民告状、镇上出动警力“维持秩序”、中央电视台等曝光此事后，11月间《中国民兵》杂志却推出重头通讯《挺进鄱阳湖》称：“广东省共产党员×××跨越千里当农民，率领一支以民兵为主体的青年科技队伍挺进江西省鄱阳湖畔，租种南昌县蒋巷镇土地5万亩，……体现了农业先进生产力发展的方向，引起了江西省各级领导的高度重视”云云。而山东沾化“中澳公司”圈地后外资竟无下文，官府在这种情况下居然又把土地转给另一家公司，并多次抓捕上访人员。事件迁延至今。

[4] 农口有专家告诉笔者：全国失地农民数字是根据全国征地总规模除以农民人均有地规模得出。但是很多农民并非全部土地被征，因此全部失地的农民会少于此数，而部分失地的农民则超过此数。但国际上所谓“无地农民”并非仅指完全无地者。只要余地不足以谋生都算，如果这样，则我国的“无地农民”已经为数惊人。

高于日本与韩国。[1]有人甚至认为1988年中国农地调整前的吉尼系数为0.50，调整后仍达0.47，[2]达到了中国台湾、埃及与埃塞俄比亚的水平。现在的情况当然更严重。

而另一方面，所谓南非白人圈占了“全国土地的87%”其中是包括国有土地的。黑人保有的土地虽经掠夺，占国土比例不大，但其每户持有的份地绝对面积（约8英亩，即49亩）仍远远超过我国农民。而在部落份地制下，务农的“无地黑人”其实并不多，南非农村黑人与我国农民一样，面临的主要是土地不足，狭小份地下的农业比较经济效益极其低下，往往不足以糊口。

有些人认为，印度、拉美乃至菲律宾等第三世界诸国城里出现大规模贫民窟是由于他们实行农民土地私有制，土地自由买卖造成“两极分化”，使大量“无地农民”涌进城市。南非种族隔离时代的理论家，如下文还要提到的汤姆林森，也是以类似理由禁止黑人私有土地的。但南非、中国乃至上述各国的历史与现实并不支持这种说法。印度、拉美确实有土地集中、无地农民众多的问题。但这是历史上的强权掠夺所造成，并非“小农私有，土地买卖，两极分化”的结果。而且近几十年来这些国家虽然没有搞激进土改，但土地集中程度还是不断下降的。过去他们的“无地农民”比现在多得多，但城里贫民窟却远没有现在的规模。显然，只要农业效益比较低下，无论什么“所有制”下农民都会产生进城动力。而城里如果对他们不排斥，他们进入的门槛更低，进入人数也会更多。印度、拉美的问题在于：这时假如经济发展速度跟不上，农民进城后哪怕并不比他们进城前差，但只要其就业水平与收入不能很快提高，国家又无法提供足够的福利保障，贫民窟就会变成一种长期存在甚至日益严重的“城市病”。但是农民进城

[1] Keith Griffin, Azizur Rahman Khan and Amy Ickowitz, Poverty and the Distribution of Land. University of California, Riverside, 2000. pp. 80.

[2] Azizur Rahman Khan and Carl Riskin, “Income and Inequality in China: Composition, Distribution and Growth of Household Income, 1988 and 1995,” in China Quarterly, No. 154, June 1998.

后生活并不能一下子赶上一般市民，因此会暂时栖身于“贫民窟”，这其实是城市化的普遍现象。种族隔离时期南非“白人城市”没有贫民窟，不是因为他们强制黑人搞“土地集体所有”取得成功，而是因为他们只许黑人住在索韦托那样的地方，而另一个国家的城市“没有贫民窟”如果是因为“土地集体所有”，那些严酷不亚于南非的“收容”、“城管”、“暂住证”与“梳理”，难道都是吃素的？

## 中国的“新农村”会重蹈南非“黑人家园”的覆辙吗？

中国与南非有相似的“流动工人”制度、“有序城市化”政策与二元土地制度下的强制圈地拆迁，同样也带来了类似的后果，即在靠“全球化加低人权优势”取得经济高增长的同时，农村危机日益严重。而“流动工人”家居化又威胁到“有序城市化”的未来。于是，中国为了排斥所谓的“西方城市化模式”，南非为了拒绝“无序城市化”，都在国家投资下实行了某种乡村复兴计划、以图继续把农民（黑人）留在农村，或者至少维持那种让他们进城打工但不安家的模式。

南非为此从 1956 年起动了“班图斯坦”发展计划，后来改称“黑人家园”建设，一直持续到上世纪九十年代初。这一计划的提出者弗雷德里克·汤姆林森，是南非著名农民问题专家，比勒陀利亚大学农业经济学教授。上世纪五十年代，马兰政府委派他组织考察团，经过几年调研、出版了多达 17 卷的考察资料后，于 1956 年提出“班图斯坦”

南非“三农专家”汤姆林森翻阅他的调查报告

发展计划的报告，即后来被认为是种族隔离制度最重要理论依据的《汤姆林森报告》。

汤姆林森提出：黑人乡村（所谓的“班图地区”）的现状十分糟糕，使得黑人纷纷进城打工。“如果不采取措施制止黑人涌入城市，至本世纪末城市黑人人口将达 1500 万”。[1] 这将造成美国式的黑白混居和“可怕的贫民窟”。但他认为徒言禁止是无济于事的，为此他说了许多关心黑人发展的话。曼德拉后来评论说：汤姆林森“提倡黑人和白人彼此独立地发展，为此报告建议在非洲人居住区实行工业化，声称不为非洲人提供在自己居住区的发展机会的班图管理体制注定要失败”。[2] 然而，尽管曼德拉也承认汤姆林森报告中关于发展黑人区经济、改善民生的话并非一无是处，但是对这个主旨在于阻止黑人进城定居的计划，他在总体上的谴责十分严厉。他痛斥说：“越来越多的非洲人已经从农村搬到了城市，而政府的政策仍是想把非洲人圈在民族部落里。”

汤姆林森的办法总的来讲一是加强管制，二是增加投资，企图经过一系列措施使“班图斯坦”能够“自立”，不要与白人城市搅在一起。在经济上，他首先强调要改革土地制度。他指出南非要求黑人实行的部落土地所有制有弊端，但他提出的改进不是要把地权给农民，而是相反，他要求国家更严格地管制黑人部落的土地。“汤姆林森报告”承认班图地区的农地只能维持五分之一黑人的正常生活，其余黑人要从非农就业中找出路。但是为了防止黑人“无序地”流入城市，打搅白人的安宁，必须给黑人开辟“独立发展”的道路。办法是：一方面通过招商引资在当地发展非农产业，使一部分黑人能够离土不离乡地在班图区域内的小城镇与“地方工业”（local industries）中谋生，另一方面通过严格的土地管制保证那些仍然务农的黑人每户使用 8 英亩左右的“经济规模的份地”（economic plots），对这些土地实行规定用途、每户一份，禁止流转，把黑人束缚在土地上，防止他

[1] L. E. Neame，The History of Apartheid，London，1962. pp. 119.
[2] 纳尔逊 · 曼德拉：《漫漫自由路》，谭振学译，山东大学出版社 2005 年，160 页。

乡村中的“留守人口”

们中出现自由分化并产生无地流民。[1]

农业以外，汤姆林森建议大力实施“工业分散化”计划。在后来的实践中它包括“边境工业”和“增长点”两项内容。“边境工业”设在“黑人家园”旁边，黑人劳工每天或最多每星期往返一次。上世纪六十年代以来这一安排大体上以每年增加7000—8000个就业机会的速度发展。上世纪七十年代起南非又开始在“黑人家园”内部发展工业“增长点”，以财政资助与各种优惠鼓励内外资企业到“黑人家园”投资设厂，就地利用“离土不离乡”的黑人劳动力。在“资助班图斯坦发展经济”的口号下，南非先后成立了“班图投资公司”和“科萨开发公司”专门为“黑人家园”招商引资，到1974年6月，南非的116家公司和外资11家公司已经在“黑人家园”建立了工厂。这些离土不离乡的黑人劳工工资很低，据说要比他们在“白人地区”打工的工资低64%，因为那时“白人地区”已经有了黑人合法最低工资的规定，

[1] Govan Mbeki，South Africa：The Peasants' Revolt. Harmondsworth，UK：Penguin Books，1964.

可是在“自治”的“黑人家园”这些规定可以不生效。[1]

同时，报告还建议国家大量投资改善班图地区的交通、水电、教育、卫生等公共设施，以便能够留住黑人。汤姆林森指出这需要很大的预算开支，但与让黑人“无序城市化”对白人社会的冲击相比，这些钱应该花。

在政治上，南非政府宣称“黑人家园”应该保留他们的“优秀传统”，维持酋长统治，不要学白人搞什么民主。为此南非不但在过去的布尔人征服区保留土王，还在过去英国人治理的开普地区黑人区废除了议会[2]，恢复了土王，这种“强调部落制和传统领导的重要性和生命力，把这些东西奉若神明的班图管理体制”得到不少黑人传统酋长的支持，却受到以曼德拉为代表的黑人民主力量的坚决反对。曼德拉指出：“人民要民主，政治领袖身份要建立在功绩之上，而不是建立在出身之上，班图管理体制是使民主倒退。”[3]

在文化上，南非在“对土著人的语言、传统、历史和他们与之共同发

夸祖鲁“首都”乌伦迪，白人力图使之“独立”，因祖鲁族领袖布特莱齐等抵制，未遂

[1] 夏吉生主编：《南非种族关系探析》，华东师范大学出版社 1996 年，148—149 页；宁骚：《试论南非班图斯坦制度》，《北京大学学报》1980 年第 1 期，88 页。

[2] 英国人在黑人区设立的议会 1/4 成员是白人，3/4 是黑人，但议会是咨询性的，其决议要白人行政长官审查后才能生效。

[3] 纳尔逊·曼德拉：《漫漫自由路》，谭振学译，山东大学出版社 2005 年，155 页。

展的部落集团的尊重”[1]的旗号下对“黑人家园”实行文化隔离，防止黑人接受所谓“英国殖民者宣传的”人权、民主思想，并大力扶植“因杨扎民族运动”、“祖鲁文化复兴运动”之类的部落“传统复兴”组织作为“家园”“执政党”。这些“党”大都以保持传统特性为号召，极力阻止“西方价值”侵入黑人部落，并与南非白人政权合作，以专制的“黑人家园”和“白人内部民主”相分离的形式维持种族隔离。

南非当局的最终目标是使黑人家园“独立”，因为南非没有中国那样的“农村户口”，要想让黑人在城里为白人打工又不给予定居权和国民待遇，最好的办法莫过于让他们成为“外籍劳工”。为此南非不但于上世纪七八十年代先后炮制了特兰斯凯、西斯凯、博普塔茨瓦纳和文达 4 个黑人家园“国家”，还要求进城打工的黑人保持与“家园”的联系；黑人家园当局则向大城市派驻主管本部族黑人劳工事务的代表机构。[2]白人国家把占黑人半数以上的城镇黑人，即在“白人地区”打工的黑人都划归 10 个黑人家园，这些家园“独立”后他们就成了外籍劳工。1970 年，各黑人家园共有 1503 万人，其中在“白人地区”打工者及其家属为 800.3 万，占法律规定的黑人家园总人口的 53. 6%。黑人劳工占“白人经济”使用的劳动力的 79%。[3]黑人家园制度与流动劳工制度二位一体，使“家园”成了黑人廉价劳动力的供给地和耗尽青春的黑人劳工的最终归宿。

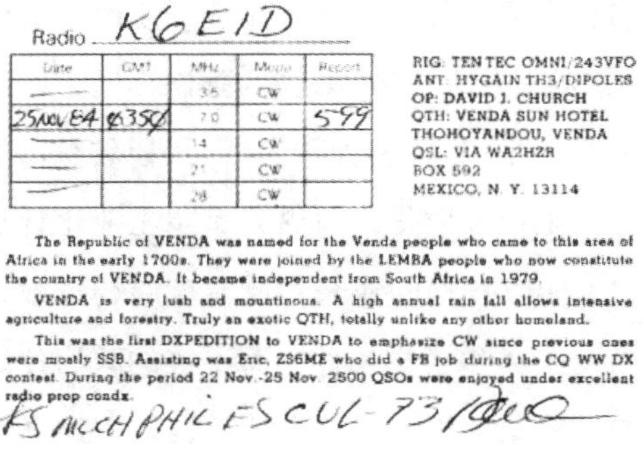

“文达共和国”的“签证”

然而，汤姆林森计划在实行中困难重重。首先是黑人抵制。如前所述，

[1] L. E. Neame，The History of Apartheid，London，1962. pp. 78.

[2] 夏吉生主编：《南非种族关系探析》，华东师范大学出版社 1996 年，145 页。

[3] 夏吉生主编：《南非种族关系探析》，华东师范大学出版社 1996 年，146—148 页。

博普塔茨瓦纳“独立 5 周年”邮封和吹嘘其“发展成就”的邮票

汤姆林森要求强化土地管制的“土改”受到强烈反对，“收地拆房盖新村”式的“重新分配”被视为强制拆迁，多次导致黑人农民的群体性抗争。在工业方面，尽管有种种优惠，可以转移污染，可以利用更廉价的劳动力，但是“工业分散化”与黑人家园工业化计划总体上还是收效甚微。南非在“家园”扶植的酋长专制制度腐朽低效，大量财政支持被他们用来给自己发工资和兴建各种华而不实的政府建筑、公共建筑和“路边村”之类的“形象工程”、“政绩工程”，投资效率很低。同时黑人劳工对这种收入低、待遇差的“离土不离乡”就业方式不感兴趣。特别是在后期，由于城市黑人斗争的成果，在“白人地区”尽管仍受歧视，他们还可以组织工会，有最低工资和一些保障，但在“自己的”酋长统治区他们连这些都没有。因此他们不但仍然愿意进城打工，也仍然希望把家庭迁入城市。他们强烈反对归属于任何“黑人家园”，反对当局把他们遣返回“家园”的任何企图。[1]

南非在建设“黑人家园”方面开支巨大，而且开支的增长十分迅速。1988—1989财政年度南非政府对10个“黑人家园”的财政补贴总额超过69亿兰特，而下一财政年度更达到85.1亿兰特，当时合34亿美元。[2]实际价值相当于2006年的59亿美元。按各“黑人家园”的总人口计，[3]人均达到356美元。与之相对比：2006年中国国家财政为“三农问题”据说投入了3397亿元人民币，“三农”投入的概念要比“新农村建设”投入宽泛，就算两者是一回事，这笔钱合416亿美元，按农村人口计人均46美元。可见南非国家财政对“黑人家园”建设的投入要比中国国家财政对新农村建设的投入大得多。

但是，由于“黑人家园”建设的思路是：“宁可给补贴，绝不给权利；‘家园’虽‘独立’，黑人失人权”，它的主要目的不是为了改善黑人权益、达到种族平等，而是为了借助黑人中的“传统”势力来约束黑人使之留在农村，使城里的打工黑人变成“外籍劳工”而失去在城里安家定居资格，强化“35岁前住单身工棚，35岁后回乡终老”的状态，甚至企图让城居黑人倒流回乡。这样的目标不可能受到黑人欢迎，在“家园”建设中政府倒确实是“主导”，

乌姆塔塔水库

[1] 夏吉生主编：《南非种族关系探析》，华东师范大学出版社1996年，151页。
[2] 葛佶：《南非——富饶而多难的土地》，世界知识出版社1994年，107页。
[3] 1991年共约1685万人，见夏吉生主编：《南非种族关系探析》，华东师范大学出版社1996年，36页。

但黑人不可能成为这种建设的“主体”。“黑人家园”建设前后持续了30多年，尽管也搞了不少工厂，建设了许多基础设施，如道路、机场、水库、政府建筑、医院、中小学，乃至大学，但“黑人家园”经济上仍然不能自立，仍然日益成为“留守人口”构成的衰败社区，黑人仍然涌向城市，并且把家庭也带进来，而“黑人国家”的“独立”在国际社会的抵制下更无人理睬。

正是由于这些“形象工程”花钱多而效果差，被不少白人纳税者视为负担，成为他们改变态度倾向于支持取消种族隔离的原因之一。

中国的“新农村建设”提法有久远的历史，在改革前的“学大寨”运动中就有过这个口号，但是在2005年重新高调地提出“新农村建设”时，其内在动因其实有两个：一是由于此前（尤其在“非典”事件中）暴露出农村教育与医疗危机严重，社会上出现要求国家财政承担责任、为农民建设普惠性公共服务体系的呼声，这个意义上的“新农村建设”，其实是改变过去对农村抽取“原始积累”、只取不予、竭泽而渔的做法，其原则是“多予少取”，其性质是弥补“欠账”而不是建什么“新村”，是实现普世公认的基本社会保障，而不是展现什么“中国独特的发展模式”，其内容主要是以教育、医疗为主的农村公共服务与社会保障建设。这个意义上的“新农村建设”势在必行，笔者过去也一直提倡，近年来在这些方面也取得了不少成就，这是应当肯定的。

但是当时也有很强的另一种声音，那就是把“新农村建设”看成是与所谓“西方式”城市化、市场化、私有化相区别的“中国式道路”。当时一些“三农”专家著文极言“西方城市化模式”带来的“贫民窟”等问题如何如何恐怖，断言这条路我们走不得，并对如今“农民工”大量涌向城市的现象极表忧虑。他们这方面的说法与当年南非的“三农专家”汤姆林森对黑人进城的担忧十分相似，汤姆林森正是因此提出建设“黑人家园”，而他们也因此提出“新农村建设”，并且两者都自命为一种独特的发展模式。一些人甚至走向对此前农村改革给农民“退出权”的质疑，提

特兰斯凯大学（今更名为沃尔特·西苏鲁大学）

特兰斯凯乡村中政府建造的“种族主义新农村”

乌姆塔塔教堂

出所谓“小岗要学南街”和“重新集体化”的命题。对于“圈地、招商、建大城”现象中滥用公权力造成的弊端，他们不是强调维护农民的权利不受权力的侵害，而是像汤姆林森那样，主张进一步强化政府管制，用强大权力来“收地、拆房、盖新村”。他们与汤姆林森一样持有“宁可给补贴，绝不给权利”的思路，希望以国家财政投入来取代人权的改善。在推行“工业分散化”、农民就地消化，改业不进城、离土不离乡、发扬“传统”、抵制“西化”、遏止农民外流，严禁农民私有土地，鼓吹“回乡创业”与“农民工回流工程”等方面，他们与汤姆林森的设想也很相似。而这些措施与城里的“梳理行动”相呼应，其实还是要维护那种排斥性体制。

唯一重要的不同，就是他们不像南非那样追求“黑人家园独立”。他们当然不可能也不必要求“新农村”“独立”，因为通过那些在南非已逐渐失效、而在中国仍然行之有效的排斥性政策，中国的“农民工”本来就难以得到“国民待遇”，用不着在形式上把他们贬为“外籍劳工”。

按照这样的思路，“新农村建设”就会在“政府主导，但农民非主体”的状态下变成大手笔的“形象工程”、“政绩工程”。当然，如果财政投入足够大，在追求“形象”之余也能够做一些有用的事——南非在“黑人家园”也做得不少。但如前所述，尽管南非在这方面的投入比我们更大，“黑人家园”计划总的来说还是彻底失败了。我们的“新农村建设”难道能不引以为戒吗？南非“黑人家园”那些设施不管是不是黑人所需要，基本还是国家投资建的，而我们的一些“波将金村庄”却是官家决定、农民掏钱，财政补贴比例只有10%甚至更少，官家掏农民的钱制造“形象”，漂亮的房子却大部分时间都空着，农民照样在城里打工——就像“黑人家园”的最终结果一样，这种做法能持续吗？

显然，问题不在于乡村该不该复兴，也不在于所谓“西方式的城市化”能不能超越——什么叫“西方城市化”？西方这么多国家难道有什么统一的“城市化模式”？哪怕是同一个国家，纽约与拉斯维加斯的“城市化”难道是一回事？关键在于农民（黑人）的命运由谁决定？农民选择进城，付出劳动就应该得到尊重，不能因“上等人”看不顺眼就赶走他们。农民选择在村，他们的地权就应该得到维护，不能因“上等人”看上了眼就一把抢来，无论“圈地招商建大城”还是“收地拆房盖新村”，都得以尊重农民的权利为基础。这些道理难道只是在“西方”成立吗？也不能说想左右农民命运的人就居心不良。其实连曼德拉都对汤姆林森关心“黑人发展”表示某种程度的肯定：汤姆林森至少懂得一味驱逐黑人是不行的。但是他以主人的姿态说：我多给你点钱，打发你回乡呆着，不许来这里给我添乱！有自尊心的人能就范吗？

## 三、何去何从：前景的比较

### “低人权优势”的可比性：中国与南非都“不是”什么？

中国与民主化前南非的很多做法如此相似，这当然不是主观上谁向谁学的结果。民主化前的南非政治上很反共，与中国没有建交。中国很少有人知道南非。而上世纪四十年代的南非人当然更不可能知道中国在改革后才出现的“暂住证”之类东西。

但是，两者不但静态比较相似，一些动态过程（如“流动劳工”家居化、如征发劳工——持证“流动”——自由就业与定居的演变等）也如出一辙。这只能说是制度逻辑的结果。两国都是在全球化背景下依靠“低人权优势”发挥“竞争力”创造高增长“奇迹”，都是在一种制度性歧视形成的身份壁垒中人为地取消或压抑某些阶层的讨价还价权利，从而降低了中国一些经济学家所说的“交易成本”（不是西方经济学中讨论的那种在保障各方交易权利前提下的交易成本），尤其是降低了劳动（不仅体现于工资）、土地、以及建立稳定秩序等方面的成本，从而实现了快速的“原始积累”。这两个国家都既不是强调限制统治权力的“自由竞争”体制，也不是强调问责于统治者的“福利国家”模式，所以很难在宪政民主国家通常的“左右派”语境中予以讨论。

应该指出，这两个国家的上述“优势”都不同于17世纪那种一般意义上的“原始积累”，因为那时还没有近代人权观念，当时那些“海盗国家”也并不是在与“高人权国家”相比的意义上具备“优势”的。从历史的、而不是纯道德的眼光看，最值得人们研究的并非是这些“海盗”

何以如此野蛮（并不是不该谴责这种野蛮），而是在前近代那个丛林世界上同样野蛮甚至更加野蛮的另一些人——如古代的亚述人或蒙古人，没有“西方偏见”的话还可以加上西班牙人，乃至这些人的祖先北欧海盗维京人——为什么没能像他们那样创造了一个新世界。如果以“他们也曾野蛮过”为理由拒绝近代人权标准，那与前述那些以“他们的祖先过去欺负过我们，现在有何资格对我们谈人权”自诩的南非种族主义者有什么区别呢？

所谓“低人权优势”也不同于一般的专制国家或“不民主”国家。“专制”的本意主要是政治不民主，未必就是经济不自由。一些专制政权，如东亚的台湾地区与韩国在高增长时代也都没有民主化，但是他们在经济上还是讲自由的，并没有实行中国大陆与南非式的体制性歧视。他们也以铁腕来维持政治稳定，但并不用铁腕来造就社会分野（如人为划定身份等级、人为限制居住类型、驱逐贫民，建设“贵族城市”等等），他们对投资也实行宏观政策上的国家引导，但很少以禁止利益相关群体讨价还价的方式“招商引资”、人为地减少所谓“交易成本”、加速资本积累。另一方面，专制体制不可能产生福利国家[1]，但完全可能在“皇恩”下实行某些福利政策，像苏联东欧的福利就很不少，当然皇上如无此心也可以不搞。然而像南非与中国这样长期搞“负福利”的国家还是很少见的。总之，“低人权”国家就是既低自由也低福利的国家。而政治上的专制国家并不都是这样的。一些极权国家如北朝鲜，同样是“低人权”，但并不搞全球化，也就没有什么“优势”。但是搞全球化就势必要接受市场经济的一些规则，其中包括给一部分人自由，或者某些领域自由（例如准许打工），而其他人或其他领域仍然处于“超经济强制”状态。这就出现了所谓的“二元”体制（如前所述，不是刘易斯意义上

[1] 所谓福利国家，其福利并非“皇恩浩荡”，而是民众责成政府履行的一种服务。有之民众无需感恩，无之民众可以问责，显然这样的国家只能是民主国家。

的“二元结构”）。朝鲜不是这样，民主条件下转轨的中东欧国家也不是这样。

“低人权优势”也不等于低工资优势。尽管低人权状态下的劳工工资都不会高，但低人权与低工资还是两回事。通俗地讲，劳工不许罢工意味着低人权，但是劳工可以罢工是否就能争取到高工资，则是另一回事。农民土地可以被随意圈走意味着低人权，但让农民自愿卖地是否就能卖出个天价也是另一回事。低工资的劳工可能住在贫民窟，但低人权的劳工连住贫民窟的权利也没有。要讲低工资，印度大概比中国还低，南部非洲多数国家的劳工工资也比南非黑人劳工低，但是南非比她的邻国、中国比印度都更能“招商引资”，这是为什么？

更为明显的是：这种“优势”也不同于“前福利国家”时代“自由竞争的残酷性”。19 世纪的欧洲已经不是原始积累时代，但“自由雇佣劳动者”缺乏保障，贫民窟条件恶劣，今天的批判者也谓之“野蛮的资本主义”。不能说这种批判没有道理，但是那时落后的主要是社会保障，贫民还不至于连盖个“窟”都“违法”，以致要像曼德拉那样为“穷人的贫民窟不被摧毁的权利”而呐喊。显然，“低人权优势”是指自由、福利都低，它与自由资本主义绝不是一回事。

总之，中国与过去的南非都搞了“原始积累”，但不同于 17 世纪的原始积累。中国与过去的南非都缺少民主，但其身份制有别于一般的专制国家。中国与南非（黑人）工资都低，但其最突出的特点是不能讨价还价，而不像多数低工资国家是还不上价。中国与南非都是低福利乃至负福利国家，但是这种低福利、负福利与自由放任或所谓“野蛮资本主义”无关。中国与南非都搞了大比重的“计划经济”与“国有制”，但两者都既不同于非身份制的前“东欧”，也不同于封闭下的朝鲜。中国与南非都以身份壁垒闻名，但两者都植根于国家体制，而与印度种姓制那种不合法的“民间积习”不同。应该说，在这些意义上能够与中国和当年南非归为同类的国家确实不多，其可比性是毋庸置疑的。

还要指出：所谓的“优势”主要是从因果的意义上探讨它与经济高增长间的联系，本不具有价值上的褒贬。而且这种联系也是在全球化背景下存在的。“低人权经济”本身缺乏创新精神，如果不是在全球化中通过要素交换吸收“高人权经济”的创新成果，它不可能有高增长，但“高人权经济”却不可能反过来学它那套原始积累的铁腕，所以在全球化体系中，如果市场全球化了，而人权标准却没有全球化，那确实会出现“低人权经济”更能创造高增长“奇迹”的现象。当然，这种高增长是否意味着居民福利的同步提升、因此是否值得肯定，则是另一个问题。如果闭关锁国不加入全球化，低人权经济就像北朝鲜，不会有什么奇迹。但加入全球化却没有“低人权优势”，那就像中东欧国家，虽然如今经济发展也很快，但也并非“奇迹”速度（但他们的居民福利提升是否不如中国，也是另一个问题）。

其次，“低人权优势”主要是横向比较而言，而且是假定在有秩序的情况下，像兵荒马乱的索马里那样的低人权，当然不可能有什么经济增长。而且这种“优势”也与纵向比较人权仍有进步并不矛盾。中国改革30年来，甚至在1989年以后的20年来，无论自由还是福利两个方面，人权无疑都是有进步的。从笔者前面的分析中也可以看到，改革前中国的人权状况肯定比现在差，正因为如此，笔者对中国改革的进步性还是肯定的，而对于那种认为改革后不如改革前的“左派”理论，笔者是不赞成的。但这并不排斥对如今我们的人权水平持批判态度。

其实就是南非，也何尝不是如此？种族隔离时代比更早的黑奴制时代，乃至种族隔离时代的晚期比之前期，人权状况都是有改进的。明显的如1978年博塔政府上台后的几年间，南非放松了某些公共场所的“隔离”措施，废止了《禁止杂婚法》，修改了《通行证法》，允许城市黑人长期租房甚至鼓励购房，承认相当一部分黑人劳工为城市固定居民；放宽对技术工种的准入限制和黑人晋级限制，提高黑人工资，通过新的《工业调节法修正案》承认黑人组织工会的权利，1985年还提出恢复“黑人家园”中黑人的南非公民权，废除职业准入歧视，[1]等等。再往前追溯也可以建立类似逻辑：我们批判“流动工人”制度，但我们也知道《格伦格雷法》时代的征发劳工制更糟糕。我们批判“宿舍劳工”制度，但我们也知道到种族隔离晚期黑人劳工家居化程度已经很高，至少比今天的中国高。就经济高增长而言，在指出黑白悬殊的严重不平等的同时，也不能说黑人从增长中丝毫没有受益。南非黑人的收入纵向比以前增加、横向比南部非洲周边各国黑人更高，也都是明摆着的。其实南非1994年民主化，也不是一个早上的突如其来，它也是个积“量变”为“质变”的过程。而且这也是此前黑人民权运动和国际压力渐进推动的结果。但是所有这一切，并不排斥人们对整个这一时期的南非人权状况持批判态度。

## 全球化背景下“低人权优势”的改变：“福格尔影响”与“沙利文影响”

而所谓横向比较意义上的“低人权优势”，也并不是要否认纵向人权进步对经济增长率的正面作用（对经济增长质量或增长分享性的正面作用几乎无争议，这里就不谈了）。中国改革时代相对于改革前的人权进步对经济增长当然有正面作用，正如我们说“流动工人”这种低人权劳动方式对南非经济增长有作用，但从“流动工人”比起黑奴制和征发劳工制而言仍算进步这个角度讲，也可以说是人权进步对经济增长起了作用。

问题在于：这种说法不能解释为什么在横向比较中人权进步明显更大的那些国家，增长率反而（至少在相当一个时期）相对较低？例如，为什么民主化了的中东欧国家经济增长率没有中国高（尽管其老百姓的生活未必没有中国好）？为什么非洲一些民主国家经济增长率也没有南非高？为

[1] 夏吉生主编：《南非种族关系探析》，华东师范大学出版社1996年，162页。

什么国际资本不是争相投入中东欧，而是争相投入中国？为什么巨量廉价商品不是从中东欧而是从中国涌向世界？其实在全球化的背景下这并不是个太深奥的问题：如果说“招商引资”方面的“竞争力”在全球化市场经济背景下对增长率至关重要的话，那么一个没有工会、可以任意圈地的国家比工会发达、圈地困难的国家（如中东欧国家）哪个更能“招商引资”，这不是明摆着的吗？

这样的“低人权优势”的确存在着“劣币驱逐良币”的逻辑。笔者前曾征引过诺贝尔经济学奖获得者、美国经济学家福格尔对美国南北战争前南方奴隶制经济“效率”问题的研究。[1]福格尔证明全美经济一体化条件下南方奴隶制经济比北方更有“效率”，但他不是要赞扬奴隶制。相反，按照他的逻辑，如果南方真独立了（也就是没有了与北方的经济一体化），那是不可能有效率的。但如果南北方经济仍然一体化，北方恐怕不可能靠“经济效率优势”改造南方（这是他真正的创见和引起争议之处）。如果按照他的“反事实推论”继续延伸的话，我们说北方反而会被南方所改造也说不定——如果北方资本大量南下（南方的奴隶受束缚，是无法大量北上的），而南方奴工制下廉价商品涌入北方，从而在北方引起大失业与混乱，那首先垮掉的可能倒是北方（如果不想垮掉就不得不向南方学习“低人权”，否则没法赢得这种条件下的“竞争”）。当然，如果北方真的垮掉，南方的“效率”也要完蛋，因为自由经济真正的优势是它的创新优势，没有了创新也就没有了经济进步，包括南方奴工制可能引进北方技术创新导致的“效率”也就完蛋了。所以这样的“竞争”可能是双输之局。显然，福格尔认为是公正，而非效率，成为改造南方的动力。他实际上是以此证明南北战争的必要：只有北方通过战争强行改造了南方，解除了经济一体化下“低人权优势”造成“劣币驱逐

[1] R. W. Fogel and S. Engerman，*Time on the Cross*：*the Economics of American Negro Slavery*. Little Brown，1974；R. W. Fogel，Without Contract or Consent. Norton，1989.

良币”的危险，北方的创新优势普及到全美，南北方的效率（当然还有公正）就都上去了。

当然福格尔当年的研究根本不考虑什么全球化问题（他讲的只是“全美化”问题），但是如果这个故事导出的逻辑可以外推，那么今天全球化下的“低人权地区”假如不能自己完成改造，是不是也会终将导致一场全球化的“南北战争”呢?

然而反过来说，全球化条件下“高人权”地区的资本与其他要素输入“低人权”地区，也会对“低人权”状况的改变起到促进作用。这就是前引夏吉生先生说的：“对外经济活动在某种程度上成为一种传播西方人权主义思想的媒介，潜移默化地影响着南非人的种族观念，冲击着种族隔离制度的大堤。”一方面，国际制裁对南非影响很大。尤其是1985年南非在部分地区实行紧急状态镇压黑人激起公愤，西方国家的“道义外交”压倒了“利益外交”，使制裁强硬起来，这对南非后来被迫改弦易辙无疑是起作用的。而这，也就是此前西方制裁的“软弱”一直受到批评的理由。

但从另一方面讲，如果很早就以强硬的制裁切断了南非的对外经济联系，是否就对改造南非有利，也确实难说。历史上外部压力使布尔人的“牛车阵心态”更加顽固，相对开明的英语白人处境尴尬，而黑人境遇更糟的情况也不是没有过。反之，即使在国际制裁“软弱”时期，经济开放也确实“潜移默化”地增进着人权意识。在南非，许多外资公司人权观念明显强于南非本土公司，尤其是阿非利卡白人公司。1977年，美国通用汽车公司董事、黑人牧师沙利文提出美国在南非公司应遵守的6大原则，号称“沙利文原则”，即：公司公共场所无种族隔离；支持黑人组织工会；所有雇员同工同酬，工资须高于当地最低生活水平；培训黑人从事管理与技术工作的能力；提拔黑人进入管理岗位；改善雇员住房、交通、医疗、教育等福利。到1980年，137家美资厂商签字实行沙利文原则。欧共体也为其商家在南非企业规定了类似原则，尤其强调黑人参加工会的权利。外资公司这些做法对南非本土公司也形成了很大的压力。[1] 这对于种族隔离制度在上世纪八十年代越来越难以为继，也起了很大作用。

其实，即便外资公司并不有意识地推广“沙利文原则”，资本大量输入后也会改变那里的劳资博弈形势：资本趋向于过剩（至少减少了稀缺），谈判地位下降；而劳动趋向于稀缺（至少减少了过剩），谈判地位上升。尽管专制体制人为的政治压迫会延缓这种上升，但随着趋势的发展它最终还是会表现出来。

然而反过来讲，对于资本流出地的“高人权”地区而言，这个作用却是相反：资本对于本国工会“惹不起，躲得起”，资本“外逃”低人权地区并将廉价商品反向输入，将导致高人权地区资本趋向于稀缺，劳动趋向于过剩，“工会蔫了，福利黄了，劳资平衡打破了，‘野蛮资本主义’回来了”的后果就很难避免。

所以发达国家的左派反对市场全球化，其实是很自然的。这也就是“福格尔影响”的体现。但资本输入地的低人权地区也跟着反，则是莫名其妙。其实南非的非国大，甚至南非共产党，其在上世纪八十年代后的实力上升都受益于全球化背景下的这种有意和无意的“沙利文影响”，他们的任务也不是抵制市场全球化，而是推进“人权全球化”。

应该指出：如果市场全球化之后又没有“人权全球化”——至少是最基本的人权原则的共同遵守，上述“反向影响”是难以忽视的。事实上，跨国经济交往不仅有“沙利文影响”一种可能。外资进入“低人权”地区就入乡随俗，学会了“潜规则”，学会了“搞定”官员，学会了借助官府弹压劳工、圈占土地、赶走讨厌的环保人士和NGO……这种事南非有，中国有没有？我想不必再说了吧。而一些外资乐不思蜀之后，回到本国反倒不适应了，他们又把这种反向影响带回本国。

总之，全球化使世界各国的互相影响明显增强，即便是纯粹经济意义

[1] 夏吉生主编：《南非种族关系探析》，华东师范大学出版社1996年，201—208页。

上的联系，事实上也不可能不在经济以外的领域产生影响。但是过去人们似乎只从正面来考虑这种影响，即“高人权”地区影响“低人权”地区，使其提升人权。区别似乎只是有些人欢迎这种影响，有些人则害怕这种影响（如南非的一些布尔人谓之“英国殖民主义”的阴谋）。

但事实上影响总是双向的：“高人权”地区影响“低人权”地区使其提升人权，我们可以以上述“沙利文原则”为例，谓之“沙利文影响”。而“低人权优势”影响“高人权”地区使其不得不降低人权，则可以以上述福格尔的研究外推，谓之“福格尔影响”（不能理解为福格尔赞成这种影响，但他无疑提示了这种影响）。笔者当然希望“沙利文影响”胜过“福格尔影响”，但事实是否总是如此，恐怕有待观察。[1]在这方面，应该指出中国与南非有很大的不同：中国经济规模之大，非南非可比。国际社会改变中国也要比改变南非困难得多。相反，小小南非几乎不可能“改变世界”，而中国“改变世界”的可能性却无疑比南非改变世界的可能性为大。

## “自然发生的或政治性”超经济强制：中国与南非问题的同质性

这就涉及到中国与南非的不同了。笔者曾在一些会议上提出中国与南非比较的话题后，引起了不小反响，同意的就不说了，反驳的意见中有一种很有意思：开始激烈地斥责我这样比较大逆不道，强调中国与南非如何不同，但说着说着就不由自主地对号入座，以白人的姿态同情起种族隔离制度来，并激烈抨击我的“黑人立场”：“秦晖此文太烂！明显选择性失明。南非黑人当政后，治理得一塌糊涂。无论是经济还是治安。”“南非黑人处在蒙昧的部落社会，根本缺乏管理现代国家的能力。对他们给予普选权，事实上是在制造社会灾难。正确的办法是让南非黑

[1] 参见秦晖：《全球化中的“中国因素”与世界未来》，《领导者》总20期，2008年2月。

人精英与白人一起共治，而非普选。”甚至还有人像1994年南非大选时的白人极右翼那样，主张白人“自我隔离”，建立摆脱黑人的“白人家园”！[1]正如另一些网友所说：这些反驳恰恰反过来证明了中国与过去的南非在某些地方很相似。

我不想简单地谴责这种公然支持种族隔离的说法“不正确”。因为民主化以后的南非确实面临严重的治理困难。尽管并非像这位网友说的那么“一塌糊涂”，在这方面我还是很同意杨立华先生的意见：1994年后民主南非总的趋势是向好的，而且有许多经验可以启示我们。但是无疑，1994年后的南非的确也有黑人民粹主义蔓延的问题，尤其祖马总统当选后更是如此，对此不光白人，前总统和非国大领袖姆贝基等许多黑人有识之士也表示忧虑，非国大事实上已经为此分裂。从目前情况看，南非变成“第二个津巴布韦”的可能性并不大，但时势难料，谁也无法完全排除这种可能。

把这些问题都归咎于“种族隔离后遗症”未免太简单化。而且就算是后遗症，有时一种坏东西一旦形成经济学上所谓的“路径依赖”，强行摆脱反而会导致更大的问题。我前面也提到南非民主化以后，约翰内斯堡出现了从种族隔离时代“前拉美化”的“美丽城市”到“类拉美化”治理危机的演变。很多华商对此深有所感。南非民主化以后与中国建交，大批国人到那里经商创业，他们看到的是一个民主化以后像拉美、更确切地说比拉美还严重的“治安不良”城市，而过去的“前拉美化”城市在他们眼里就像北京，因此产生上述这位网友的说法毫不奇怪。他们并

[1] 以上跟贴见凯迪网络“猫眼看人”http://club2.cat898.com/newbbs/dispbbs.asp?boardid=1&id=2825877。在60多个跟贴中有“丁小平特别局”、“灰色空间”、“duket”、“阿田”等几个网友都发表了类似意见。另外，正式为文批评笔者的法国华人宋鲁郑先生也有类似观点，他在提到本人指出南非民主化后的问题时就对南非变革极表不屑，认为“这样的民主”不如不要。见宋鲁郑：《中国经济奇迹的根源是“低人权成本”吗？——谈秦晖先生〈南非：中国的前车之鉴〉》，http://www.tianya.cn/publicforum/content/no01/1/395167.shtml

没有在“前拉美化”时代当黑人的体验，如同没有在《城管执法操作实务》[1]下的北京当外地小贩的体验一样。

但研究者不能只讲“立场正确”。如果确实以前的体制已经形成了牢不可破的“路径依赖”，强要摆脱反会陷入更大困境，那么我们是不是只能接受现实，不要再发表“无用的”甚至“反而坏事的”批判了？

当然不是这样。

南非的情况并不那么悲观。但这涉及对1994年后民主南非改革经验教训的全面考察，这只能以后再谈。

至于说到中国，上面这位网友事实上是提出了两个问题：第一，南非与中国的问题有没有同质性？可不可比？第二，如果可比，那么假如未来中国民主化了，会不会也陷入如同南非1994年后的那种困境？如果不会，那么中国与南非有什么不同？

这里先回答第一个问题：南非与中国的问题有同质性吗？当然是有的。一个最直观的证据是：这两个国家都在法律上明确规定了“下等人”的权利缺失。种族隔离时期的南非法律规定只有白人有选举权，黑人是没有选举权的。而中国2004年通过的《中华人民共和国选举法》第十六条也白纸黑字地规定：人大代表名额“按照农村每一代表所代表的人口数四倍于城市每一代表所代表的人口数的原则分配”，这就是所谓的“四分之一选举权原则”。换句话说，每个农村人等于四分之一人！有人提到这一点时曾经指出：美国法律在南北战争前规定黑奴有“五分之三选举权”。[2]当然，不能简单地由此说美国黑奴地位就比南非黑人和我国农民更高，但后两者地位很低是显而易见的。

尽管南非黑人与白人生理特征区别明显，而中国的城市“户籍居民”

[1] 课题研发组：《城管执法操作实务》，国家行政学院出版社2006年。这本培训教材关于“城管”抓小贩时出手要狠，“不能轻易放过”，要干得“干净利落”，“将所有力量全部使用上”，做到“脸上不见血，身上不见伤，周围不见人”的说法在网上披露后引起舆情哗然。

[2] http：//www. china-review. com/gao. asp?id=20942。

与“进城农民”就难以从生理特征上区别，因此南非压迫黑人是一种赤裸裸的种族歧视，容易为世人注视，现代文明对这种歧视也比较敏感。而中国歧视“农民”则往往被认为只是一般意义上的“不平等”，即所谓“阶级”的问题，“贫富”的问题，或者就像本文前面提到的那种误解：刘易斯模型中“二元结构”的问题。许多人认为这种问题到处都有，甚至一些左派朋友认为这本身就是“市场化改革造成两极分化”的结果。然而，对于南非的“黑白”问题无论国际社会有什么样的“左右”分歧，却不会有人说南非黑人的境遇是市场经济中黑人与白人“自由竞争”造成的，更不会把南非的问题归结为“新自由主义”或“福利国家病”。

但这两种歧视当然是有同质性的。我们可以从梅因所谓“从身份到契约”理论[1]的角度看，这两种歧视显然都是典型的“身份”歧视。当然历史上的身份制有很多类型，如印度及不少民族传统上都有的种姓（caste）制。与印度的caste制不同的是：中国的身份制在很大程度上是上世纪五十年代以来国家政策规定的结果。时至今日户籍歧视仍然明目张胆地明载于各种官方文件中。而且一经官府“特赦”，其原有身份特征就会消失。如农民出身的人一旦成为高官，普通人包括市民对其的敬畏与对市民出身的高官并无不同。而印度的种姓制是一种几千年来的传统习惯，尽管今天印度官方立法与政策一直是反种姓的（印度法律不会规定“贱民”只有“婆罗门”四分之一选举权），但民间的种姓歧视仍然“不合法”地存在。在这一点上，中国的身份制也更相似于南非的制度，因为后者也是国家正式立法的产物。

而理解这种同质性的最明晰的说法恰恰来自被国人奉为理论祖师的马克思。众所周知，马克思非常强调市场经济中“形式平等掩盖下实质的不平等”与非资本主义条件下“超经济强制”导致的不平等的区别。在马克思看来，超经济强制意味着身份性的“统治与服从关系（自然发生的或政

[1] H. 梅因：《古代法》，沈景一译，商务印书馆 1984 年，97 页。

治性的）”。[1]所谓“自然发生的统治与服从”指各种与身俱来的等级，包括种族压迫，而“政治性的统治与服从”则是一种后天的、体制的安排，对“农民”的歧视显然就是这样。马克思认为这两者是同质的——它们都既异质于“私人交换”的社会（即今人所谓资本主义），也异质于“自由人联合体”社会（马克思理想中的未来社会）。

南非的阿非利卡白人思想界为种族隔离与歧视黑人的制度辩护时自有一套理论，从白人归正教会关于他们是“上帝选民”的神学解释，“白人比班图人更早来到南非”的史学观点，直到从文化多元论出发得出“白人的人权标准不适用于黑人”、白人与黑人只能“各自发展有各自特点的民主”的理论，可以说是振振有词。而中国那种对待农民的二元体制当初在苏联也曾得到列宁所谓农民是“半反动阶级”、“60个农民必须无条件服从10个工人的决定”[2]的阶级优劣论的促成，受到普列奥布拉任斯基关于以农村为“殖民地”、靠“剥削”农民进行“社会主义原始积累”的理论支持。当然在靠“农民革命”建立的新中国，毛泽东对农民的看法与苏联人相比要积极得多。但他心目中的“好农民”从一开始就指所谓“绝了发财之望”的那些人，他们很多其实是游民；而所谓“对赵公元帅礼拜最勤”的那些上进农民，他是非常厌恶的。[3]由此产生所谓“严重的问题是教育农民”，所谓小农“落后”、“自私”、“保守”的阶级歧视理论和敌视农民“自发势力”的观点。即使“文革”时理论上最“左”、“贫下中农”形象最高大的时候，那些不服服帖帖“为革命种田”而要进城打工挣钱的人也不被当作“贫下中农”，而被谓之“盲流”，那时就备受歧视，改革后对“农民工”的歧视其实就是来源于此。

现实中中国的农民歧视与过去南非的黑人歧视的确同样是“非竞争”的、制度性的、强制性或身份性的，两者都截然不同于自由竞争条件下

[1]《马克思恩格斯全集》，46卷上册，人民出版社1979年，105页。

[2]《列宁全集》，中文第二版，第36卷，350页。

[3]见《毛泽东选集》一卷本，人民出版社1968年，5—8页。

的“阶级分化”，而属于更为落后的基本人权不平等。而且笔者前文已经列举的大量事例都证明：这种歧视的力度在中国往往比南非更大。如：中国民工办暂住证要交很多钱，南非黑人办通行证不要；黑人出示了通行证就不会被抓，而民工在特殊时期出示了暂住证仍然会被抓；中国民工的“无证被抓率”总体上也比南非高；中国的“流入控制”比南非更严格；中国“农民工”的家居率比南非黑人劳工低，而“两栖”率比南非黑人劳工高；中国“梳理”打工者的陋居比南非更铁腕，而且南非毕竟还有“安置”，中国则往往是纯粹驱逐；而为了把“暂住者”留在乡下，两国搞的乡村建设中，中国的财政投入也远不及南非；等等。同时，也有一些方面南非对待黑人比中国对待农民更恶劣，如上文所述的土地方面，300 年来南非白人圈黑人的地，就规模（而非速度）来讲比我国目前的圈地运动要更严重。

当然，在世界潮流中这两个国家都在进步，中国改革中的进步是明显的，南非即使在 1994 年民主化之前也已经有不小的变化。在弱化歧视、提高人权的过程中，中国总的趋势与南非是相似的，但进度则比南非晚许多年。例如，中国由征发劳工制转向“流动劳工”是在上世纪八十年代，而南非是在上世纪一〇年代；现在南非已经由“流动工人”变成了自由就业与定居，中国还远未做到这一步；在对“流动者”的盘查中从“无证抓人”为主改为以“无证罚款”为主的“软歧视”，南非发生在上世纪八十年代，而我国发生在 2003 年后；南非的“通行证”于 1986 年废除，我国至今尚未废止，只是一些城市最近出台了改“暂住证”为“居住证”的试点，尽管只限于特定的“人才”，毕竟也可能是“暂住证”制度衰亡的开始；……当然也应该指出，中国这些变化虽然发生得晚，但在一些方面进展还是不慢的。

总之，中国与过去的南非都存在着严重的体制性的身份歧视即“低人权”现象，因此需要基本人权平等（即马克思讲的“形式平等”）的改革，而且中国甚至更需要。

## 中国与南非的不同：
## 中国能避免民主化以后的“类拉美化”危机吗？

现在我要回答第二个问题：如果中国与南非可比，那么“中国的明天”会发生“南非今天”的事吗？今天南非那些好事，如身份平等政治民主等等，乃至曼德拉与德克勒克倡导和解、图图主持的“真相与和解委员会”对待历史问题的化解，等等，当然已成为佳话。但是新南非的“类拉美化”治理困境的确比较严重。我们在南非的华商作为治安不良的重要受害者，感受固然比当地黑人强烈，但当地舆论也是非常不满的。各国历史上民主化以后有一段“转型混乱”不止南非为然，例如不少中东欧国家也有过这个阶段。但是1990年前后发生变革的中东欧除了极少数发生战乱者外，绝大多数国家都早已结束“阵痛”转入复兴和繁荣，一些国家已经通过“考试”加入欧盟成为“准发达国家”。而南非民主化比他们只是略晚，却至今还没有走出适应期。应该说，要讲“民主化的代价”，南非付出的这种代价要比大多数中东欧国家都更大。

但是南非现在即使是白人，也绝少有人讲不该民主化的。这固然说明了民主、人权是大势所趋、人心所向，但另一方面，我国有些人总喜欢拿一些东欧国家转型之后的“乱象”来证明转型搞不得。南非既然转型之后“更乱”，应当更好拿来说事。无奈反对种族隔离的“政治正确”似乎比反对“斯大林体制”还明显，它已成为从自由主义者到南非共产党人都坚守的“共同底线”。所以我们上述网友的那些话也就是在网上说说，恐怕上不了正式媒体。

然而既然有人这么想，我们也应该回答：假如未来中国推进了社会转型，会不会也陷入如同南非1994年后的那种困境？

严肃的学者不会以算命先生自居，但我至少可以说，中国如果推进了社会转型，出现南非式困局的可能性也是极小的。

南非如今并非一切问题都是“路径依赖”所造成，1994年后南非是有些教训要汲取，这里无法详述。这里要说的是：中国与过去南非的问题除了上面提到的同质性的一面外，当然也还有一些重要区别。其中主要有二：

第一，南非的“黑白之别”要比中国的“城乡之别”更为刚性化。

所谓刚性化，就是歧视者与被歧视者之间区别的不可改变性。前面说过，有的国家的体制性歧视力度在很多方面比南非还大，“低人权”比南非还严重。但是歧视力度大，并不意味着歧视者与被歧视者之间区别的“不可改变性”也大。由于南非的肤色差别直观而且固定，“黑转白”是不可能的。而中国农民即便在身份壁垒最严格的时代，也有一些人获得恩准“农转非”。南非亲白人政权的黑人保守派酋长再受宠，充其量也只能在白人政权支持下统治“黑人家园”，不可能进入白人国家的权力层。然而中国的“农民”则不同，尽管在公务员录用上同样有身份壁垒，但“政务官”却实行“特恩制”。即便在当年农村中饿殍盈野、农民一般状况比南非黑人糟得多的“三年人祸”时期，中国的官员中出身农民的也很多（其比例甚至比今天多）；而且在中国特别典型的“官本位”下，农民出身者一旦当了大官，老百姓哪怕是“市民”在他面前也得俯首帖耳。显然，在中国，“农民”之所以弱势并不是因为他种田，而是因为他处在权力金字塔的最下层。所谓中国的“城乡二元结构”，本质上其实是有权有势者和无权无势者之别。

不仅现在如此，中国历史上历来有“布衣卿相”，有人认为这就是“平等”，其实，这只是有权者与无权者之别的“刚性”小，但这并不意味着有权者欺负起无权者来就更温和，也不意味着“官民矛盾”就更小。道理很简单：“布衣卿相”并不是“代表布衣的卿相”，皇恩之下的“布衣卿相”只是政治暴发户，他的暴发并不意味着“布衣”阶层有了“代议士”。相反，他虐待“布衣”甚至可能甚于贵族虐待自己的属民。因为“受宠的奴才对待不受宠的奴才，往往比主人对奴才更厉害”。中国历史上“官逼民反”的现象多于一般贵族制社会中贵族逼反附庸的现象，是毫不奇怪的。而反过来，历史上的“农民起义”却基本上都是由非农民人士、甚至是由贵族领导的。

今天推进社会转型当然绝不同于历史上的“农民起义”，但是体制的这个特点却使得人们更有可能把改革看成是体制间的斗争，而不是一拨人（比如黑人）与另一拨人（比如白人）的斗争。一方面，现体制下农民出身的官员未必会为农民说话，然而农民能够成为官员（不像南非黑人不可能在白人政府中当大官）这一点却吸纳了农民中最有政治活动力的少数精英，使得中国农民中难以产生南非黑人中那种曼德拉式的人物。从这一点讲，中国的农民问题似乎比南非的黑人问题更难解决。

但另一方面，这样的人物在“非农民”当中出现却是非常可能，就像历史上的农民抗争往往都是非农民人士发起一样。南非白人中再开明的人物也很难成为黑人领袖，中国显然就不是这样。从这一点讲，中国的农民问题又比南非黑人问题要“容易”解决。

而这又涉及到第二个重要区别：在南非黑人固然是“低人权”，但在白人中早就实行宪政民主；而中国即便在市民、甚至是“素质最高的”市民即大学生和知识分子群中民主也有待推进。因此中国城市居民中的利益一致性明显不及南非白人。前面说过，中国的制度性歧视在许多方面比南非力度更大，但是中国“城乡鸿沟”确实不如南非的“黑白鸿沟”那么深，为什么？在很大程度上，不是因为中国农民的人权水平比南非黑人更高，而是因为中国“市民”的人权水平比南非更低，尤其是我们的“穷市民”与他们的“穷白人”相比更是如此。在南非，低人权只是对黑人而言，而在中国，“市民”中也存在着这种问题。

前面提到，过去南非白人有选举权而黑人没有，中国则是农民的选举权只为“市民”的四分之一。看起来好像中国农民毕竟还有四分之一，比南非黑人完全没有要强。但其实谁都明白中国的选举有待进一步落实，所以在选举权问题上与其说中国农民强于南非黑人，不如说中国市民明显弱于南非白人。谁都知道，农民的弱势其实主要并不在于这个“选举权差异”。

在南非，1994 年的民主化只是黑人获得了民主权利，白人早就有了这些权利，他们在 1994 年基本是一无所得。而中国未来民主的推进却是市民与农民都受益的。南非“穷白人”的维权早在上世纪二〇年代就获得决定性进展，当代他们基本上不存在维权问题，如果要“维权”那就是针对黑人维护他们的特权了。而中国城市弱势者被侵权问题十分严重，并非只农民有维权问题。尽管他们也有利益冲突，但城市弱势者的维权主要并不是冲着农民来的。南非“穷白人”歧视黑人甚至比富白人更甚，中国城市尽管也有下岗工人抱怨农民工“抢了自己的饭碗”之说，但这种声音并不强大，他们更多还是抱怨“官商勾结”，而外来打工者受到的排斥也主要不是来自他们。

南非白人社会实行欧洲式的福利制度，“穷白人”得到高水平的保障；而中国即便在城市居民中也是“负福利”，尤其在市场化改革后市民分化明显，可以说在很多方面中国城市贫民如今的社会保障水平不如种族隔离制度下南非的“穷白人”，而当年南非白人社会内部比今天的中国城市居民内部更加“社会主义”。这使得南非白人、尤其是阿非利卡穷白人更难适应种族特权废除后的环境，而在一部分黑人中蔓延的民粹主义又带有敌视一切白人、乃至一切“非黑人”的“逆向种族主义”色彩。

因此中国的城市社会比南非白人社会更复杂。在中国，计划经济时代可以说贫富分化只是隐性，官民对立无从体现，而城乡差异最为突出。但现今官民对立之凸显，不仅超过贫富差异，而且有超过城乡差异之势。中国城市知识界为农民鸣不平、呼吁提升农民权益的声音要远远超过农民自己的声音，而农民出身的官员为农民说话的反倒更少。这与南非基本上是曼德拉这样的黑人精英在为黑人说话，形成鲜明对比。

南非对黑人的歧视之所以没有“特恩制”，除了黑白肤色不可变外，更重要的是白人社会的民主制不可能允许皇上把（白人的）特权随意赏赐给他所宠幸的（黑）人，当然，他也不能剥夺他不喜爱的人（如白人中的反对派）的公民权（种族主义下的公民权也就是白人特权）。而我国的市民中也缺少民主制，官府就可以随意把市民贬为“农民”（如当年的“上山下乡”和剥夺贱民城市户籍），也可以把他欣赏的人提拔成权贵。正因为如此，所以南非会产生让“黑人家园”“独立”的计划，因为在民主制度下公民权是不能侵犯的，要坚持歧视黑人，最终你就只能把他当成外国“偷渡客”。而在中国根本就没有这种必要，某些地方政府拘留或驱逐老百姓并不是什么大不了的事，假如是“外国人”反倒麻烦了。

正因为如此，有的国家的体制性歧视严酷性虽不亚于南非，但“随意性”则更为突出。那里的“户籍制度之弊”并不是户籍本身的问题，也不可能仅仅通过取消“农业户口”来解决。事实上，近年来随着官商结合搞“圈地运动”之风大盛，许多地方已经出现了“反向的”户籍政策，即强迫农民“农转非”、“（行政）村改居（委会）、镇改街（道办事处）”。一旦“村改居”了就可以把农民的土地没收——因为官家规定你已经不是农民了，而“非农土地”铁定就是“国有”的！显然，在缺少民主和权力制衡机制的情况下，取消“农业户口”和设立“农业户口”一样都可能造成歧视。

但这反过来也会增加改革的灵活性。实际上，只要地权归还农民，官员权力受限，不能随意圈地，城里不再搞“梳理”，“农民工”能自组工会，失业农民工不被视为“有退路的返乡者”，乡村普及社会保障，教育考试取消地区歧视……一句话，把农民当成公民，把农民的土地当成公民财产，把“农民工”当成工人（而非“流动工人”），把“返乡农民工”当成（需要保障的）失业工人，“城乡对立”也就化解掉了。这些事情当然也很难，也有各种冲突与风险，但要说会在农民与市民之间形成像南非那样“黑白分明”的族群对立，几乎是不可能的。

因此，在中国瓦解身份壁垒的动力主要在国内，而不是像南非那样很大程度上来自国际社会；主要靠民主、人权、法制观念在城市居民中的传布，而不是像南非那样靠黑人自己的抗争。在这方面，改革时期的中国也确实取得了不少进步。从“征发民工”制到对“主动民工”设限，从查证拘捕到查证罚款，从废除强制“收容”到开始简化暂住证制度，从放松打工限制到教育与居住限制也开始松动，中国的“低人权优势”确实正在弱化，而它的经济也在减速。当然这种弱化的进度即便与南非种族隔离制度末期的水平相比也远不能如人意。但与南非相比，有的国家的制度性歧视问题更是一个纯粹的民主问题（更确切的说是个“共和”——通过民主制度建立利益群体的理性博弈机制——问题）。而南非的剧变虽然也叫“民主化”，但看来仅仅民主还是远不能一下消除种族鸿沟的。中国的转型进程也伴随着利益的冲突，也会有种种风险，其中也包括民粹主义风险——但是中国的一般民粹主义与那种带有深刻种族烙印的“黑人民粹主义”不同，不会造成族群撕裂与国族认同的危机。

总之，至少在目前条件下，中国体制的路径依赖程度要比南非小。中国如果推进社会转型，放弃“低人权优势”确实可能会使中国经济增长的“奇迹速度”放慢（其实不放弃也会放慢），但经济增长的质量及其与居民福祉的关联会改善。这种转型的确也有风险，像人们在中东欧国家看到的那样。但发生严重治理危机的可能性，至少要比南非小得多。今天的中国确实很像当年的南非，但是由于上述差异，加上南非先行的民主化中一些教训如果能够被吸取，今天民主南非面临的一些问题，明天的中国社会转型进程是能够避免的。像宋鲁郑先生那样以南非的“乱象”来吓阻中国社会转型，不会比当年极右翼白人以东欧的“乱象”来吓阻南非民主化更有效。

不过，所有这一切都有赖于国人在经济“奇迹”中保持清醒的头脑，一方面要防止陶醉于“奇迹”而漠视“低人权优势”积累起来的社会危机，防止社会不公正从“权家通赢”恶化成“赢家通吃”，另一方面要利用高增长提供的物质条件，抓紧利益缓冲余地较大的这个时机推进社会转型提高人权，增进自由与福利，转变经济增长模式。南非的前车之鉴表明“低人权优势”造就的奇迹并非永久可恃，而到了不可恃之时再思易辙，就积重难返了。中国倒是不会有南非式的黑人民粹主义，但由于我上面讲的原因，其实中国不分城乡发生弥漫性民粹主义的可能性会比南非更大（南非现在基本上不会有白人民粹主义的爆发）。如果真的陷入了那种寡头主义与民粹主义的恶性循环，也是很难收拾的。中国如果在“奇迹”时期启动转型，不会有南非今天的困境，但是如果到了“奇迹”不再，像 1997 年经济滑坡中的印尼那样“不得不民主”的话，那就可能不是什么南非困境的问题，而是更严重的、类似 1917 年的“俄国困境”的问题了。

# 附　录

## 另一个奇迹：南非经济发展中的低人权优势

（2008 年 11 月 21 日北京天则经济研究所演讲及答问）

**盛洪：**非常感谢秦晖教授终于赶到了。可能花太多精力在做学问上了，在找路上就稍微欠缺点，稍微晚了一点，也感谢大家比较有耐心。秦晖教授今天演讲的题目是《另一个奇迹：南非经济发展中的低人权优势》。我认为这是个非常好的题目。因为我们在中国改革开放三十年的纪念活动和讨论中，我们也在讨论一个很重要的问题：经济发展我们很有成就，但是在经济发展获得成就的过程中，有可能是以侵犯人权，以不平等为代价的。当然这是有争论的。有些人说这样的一种状况是不能令人满意的，因为我们追求的是大家在权利上平等、共同富裕的目标。当然也有人说这是必不可少的代价。所以这是一个很引起争论的话题。秦晖教授的题目主要是讲南非。南非从这个题目上来看就是所谓的低人权优势，暗含的含义就是南非有一段时间的经济发展，所产生的经济奇迹，在人权上是有问题的，是以这个为代价的。现在我们就请秦晖教授来讲。来晚了，就要讲的更压缩一点，在一个小时之内。

**秦晖：**关于中国奇迹，大家议论很多了。姚洋先生在这个问题上对我有很多批评。可是在事实判断上，其实我跟姚洋先生有很多说法是很类似的。例如他说造成中国奇迹的原因有两个，即“华盛顿共识”加“中性政府”。而我认为造成中国奇迹的两大原因是是全球化加“低人权优势”。这里我讲的全球化是指全球市场，就相当于他讲的华盛顿共识，而我讲的低人权优势在某种意义上跟他的所谓“中性政府”是很有关系的。因为没有这样的政府，中国可能就没有这样的“优势”。区别只在于价值判断上，我对“低人权优势”的评价是负面的，而他则对“中性政府”大加赞赏。这个问题的确很有意思。

其实在我看来，中国如果只有低人权而不搞市场经济、不搞全球化，那么中国就像北朝鲜，没什么奇迹可言。但是如果中国只搞市场经济而没有“低人权优势”，那么中国就像东欧。当然东欧转轨后的经济发展成就也是非常大的，但是无法跟中国相比。中国的经济，至少在目前要比东欧发展得快。我曾经写过关于中国与东欧对比的文章，我说东欧的吃亏根本不是吃亏在休克疗法上，与中国相比它真正的“吃亏”就在于我所说的那四句话：民主分家麻烦大，福利国家包袱多，工会吓跑投资者，农会赶走圈地客。那么这四点中国都刚好相反，这就成了中国的四个“长项”，反过来就是东欧的短项。如果中国没有“低人权优势”，这四个长项也就不会有。

但是既搞了市场经济全球化又具有“低人权优势”，两者俱备的，除了我们还有谁呢？现在有很多批评中国的人，把中国和印度、拉美作比较。但是我们的中资机构一到这两个地方就会发现它们都跟中国天差地别。老实说，只要是去过这两个地方的人就知道它们和中国有很大不同。首先，一个人不需要太多的学问，他到拉美和印度都会看到大片的贫民窟。这是批评这两个地方的人经常提到的。但是如果他去到南非，当然现在不行了，因为现在种族隔离制度已经废除了。

但在上世纪九十年代以前，如果他去到南非，会有一个感觉，南非的城市跟中国一样，比欧美还要漂亮。城市里没有贫民区，到处都是非常华丽的建筑。为什么？因为那时南非的城市就是白人的城市，黑人的简陋房子就是“违章建筑”，早给清除掉了。其次，印度、拉美都不能搞“圈地运动”，但南非搞圈地，当然是圈黑人的地，把基础设施搞得非常漂亮，与中国有得一比。再次，咱们的人曾经批评印度、拉美，说中资一进入拉美，就陷入“工会陷阱”，而印度的工会农会更是厉害。但是南非，当然不是现在，在上世纪七十年代以前就没有这种“麻烦”，可惜了中资那时无法进入南非。最后，在拉美、印度谁见过警察查“三证”、抓“盲流”、“城管”砸小摊？所以咱们的上等人到了那里就抱怨社会乱糟糟。但是30年前这种事在南非可是司空见惯。

讨论中国问题的时候，人们常陷入一种所谓的左右之争。左派大骂“新自由主义”的罪过，右派大骂“福利国家”的弊病。这种讨论问题的方式是从西方人议论印度、拉美的方式学来的。可是1990年以前他们从来没有这样议论南非。那时左派在大骂南非，但他们从来不说南非搞的是新自由主义，没有一个左派把南非的毛病归结于竞争过分、自由放任。因为大家知道那时南非的国家管制很厉害（倒是到了现在，南非一些左派抨击非国大搞的是“新自由主义”）。但是右派也在骂南非，我这里的讲的右派是自由主义者。当然在南非有南非语境下的右派，就是鼓吹白人至上、大国家主义的右派。右派在南非的语境和中国不一样。我们通常讲经济学意义上的右派就是主张自由放任的，他们批评的就是国家搞的福利太多，福利国家福利病。自由主义者也强烈批评南非，但是他们从来没说南非是一个福利国家。南非其实真的是一个福利国家，但是仅仅是针对白人而言。对于南非人口的大多数来说，南非不仅不是福利国家，还是个负福利国家。所谓负福利，我在一篇文章中曾经提到，就是用二次分配来加剧不平等、而不是减少不平等的国家。

这就是说，人们知道创造了经济“奇迹”的南非其实既不是自由放任，也不是福利国家，而是比这二者都更糟的一种东西。而现在很多人发现中国好像也是如此——只是这些人往往反过来用称赞的语气说。就是我提到过的：左派称赞中国低自由，右派称赞中国低福利。而在印度、拉美，你见不到南非那样的“左右共骂”，也见不到中国那样的“左右共赞”。

我们提到中国奇迹，其实不需要太多的学问，很重要的就是两个因素：“圈地运动”和“农民工”。中国没有圈地运动，就不可能有基础设施大跃进，也不可能有我们招商引资的奇迹。而如果没有农民工，一不会有“世界工厂”，二不会有“美丽城市化”。我这里讲的“农民工”不是一般意义上的农民进城，这个现象在世界各国都有，我这里指的是农民进城以后受到制度性歧视，他们只能在城市打工，不能在城市安家的状态。这种状态使得中国的城市和南非的城市里都没有“贫民窟”。请注意：不是没有“贫民”，而是贫民不许有“窟”。道理很简单：如果你国家不能给他们福利房，他们要安家，就免不了会有一些“不达标的”简陋住所。在其他国家，一般来说，你不能给他们提供福利已经该骂了，还能把他们自己盖的“窟”也摧毁吗？但是有两个国家就是能做到这一点：一个是南非，一个是中国，苦力们（黑人或“农民工”）年轻时在城里住单身工棚卖青春，青春卖完就请你回你的乡下“家园”。于是这里就有了世界最漂亮的城市。我们有个朋友自豪地说：中国有一亿八千万农民工进城，但是城里却没有贫民窟，这是举世唯一的奇迹。其实我说并不是唯一的，南非也是一个，应该说是“举世唯二”的奇迹。

南非奇迹从经济上讲，的确是很醒目。GDP 在 1932—1972 年间平均 7.4 年翻一番。70 年代末开始减速，这是由于“低人权优势”难以为继。在高速增长了 40 年以后，南非的经济随着黑人的觉醒和国际社会的抵制陷入困境，到了 1982 年首次出现负增长。这是 GDP。就产业构成而言，很多人都认为南非是靠金矿发财的，其实这是一个很大的误解。南非本来的确是靠金矿和农业。大家都知道南非大多数白人都是布尔人，“布尔人”在荷兰语就是“农民”的意思。这些白人都是搞农场的，再加上又有金矿，很多人都认为这两样东西是南非的看家本领。但是南非从一战以后制造业开始起飞，二战期间超过采矿业成为最大经济部门，1965 年超过采矿业与农业之和，成为非洲唯一的真正工业化国家。南非以 6% 的人口占有全非洲三分之一以上的经济产值。1991 年南非人均收入（不是 GDP，而是纯收入）2290 美元，这是黑白平均的，当然白人要比黑人高出很多。据说南非的经济“相当于匈牙利或丹麦的水平”。这个说法有点问题，因为匈牙利和丹麦其实不是一个水平。但是我看到的材料就是这么说的。

南非的经济发展伴随着黑白的非常大的不平等，我在后面还要提到这一点。但即使是南非黑人，在经济高增长阶段他们的收入也有明显增长。而且据南非官方提供的数字，在1979到1989年的十年时间，黑人工资的增长速度高于白人，两者的相对倍数差距在缩小。但是正如我们一本写南非的书在引用以上数据后指出的：黑白人工资的绝对数的差距还是在不断拉大。道理很简单，因为白人的工资原来远远高于黑人，虽然后者增长速度比白人高，但是因为基数低，绝对值还是在拉开。如果以南非的黑白来比较我们的城乡，那么改革时期我国在“经济奇迹”的背景下城乡收入也都在增长，但中国农民收入还是比市民增长慢，相对倍数差距也一直在加大，至于绝对量差距的扩大就更不用说了。这与南非相对差距缩小绝对差距扩大的情况还有所不同。

这两个国家的“经济奇迹”还有一个共同的特点，就是外向型很明显。有人说中国是世界工厂，而南非就是非洲工厂。南非的贸易顺差在1950年到1980年间，从1.43亿美元发展到74.3亿美元。但是以后就不行了，出现了下降，在1999年后大概是50多亿美元。就资本项目顺差而言：南非也是一个国际投资的天堂，因为土地来得容易，南非可以圈地，印度、拉美都不行。黑人劳工也好使唤。一个是土地，一个是劳工，“招商引资”优势就很强。于是南非也出现大规模的“资本输入、商品输出”，拉动了经济高速增长。南非资本项目顺差从1965年的2.15亿美元暴增到1982年的23.66亿美元，但是以后急剧下降，到了1985年以后，连年为负数。因为这个时候黑人劳工抗争越来越厉害，导致出现资本外逃现象，资本项目就成了逆差。

种族隔离时期，南非的又一个特点就是白人城市的华丽超过欧美。以前有一些骂中国的人说中国的农村像非洲，城市像欧美。其实这样说不对。应该说中国的农村千差万别，有些农村非常漂亮，并不“像非洲”，但中国的城市要比欧美更漂亮，因为欧美的城市多多少少还是有些不太雅观的低收入阶层街区，但中国的城市里似乎到处都是华丽大厦，农民工住在哪里？一般人都看不到。南非其实也一样，南非在种族隔离时期，城市照我看要超过欧美，非常漂亮。而且南非的基础设施很发达，这一点是很多欧美国家都赶不上的，因为他们不可能像南非那样赶人圈地。中国在这一点上就跟南非差不多，赶人和圈地本事都很大。因此南非 80 年代高速公路仅次于美、德居世界第三，超过英、法，超过很多发达国家，尽管它的汽车拥有量并没有英、法那么高，但是它的高速公路很超前。

南非经济有一个明显的特点，白人和黑人完全是两种不同的制度。我们中国有一个说法就是“城乡二元结构”，其实我觉得“二元结构”这个词用在这个地方是很不对的。我曾经专门写过文章，指出无论是刘易斯、托达罗、宇泽弘文等经济学家提到的“二元结构”还是波耶克、弗尼沃尔等社会学家讲的“二元社会”，都不是指制度性歧视。它们一个指的是经济发展水平不一样，另一个据说指的是价值观不一样，按照他们的说法所谓“二元”是指城里的人相信自由经济、市场竞争，农村里的人相信道德和谐、农村公社等。但是他们并没有提到制度性歧视的作用。我觉得制度性歧视和这种所谓“二元结构”是完全不一样的。比如印度的种姓制就从来没有被称为几元结构。但种姓制在印度是几千年留下来的民间习俗，国家制度并不承认它（印度国家制度中有所谓“表列种姓”，是作为扶助对象，而不是歧视对象。因此一些部落会因未被“表列”得不到扶助而抱怨），只是未能消灭它。但中国与南非是有国家安排的制度歧视的。有趣的是，南非也有人把黑白间的制度性歧视叫做“二元结构”。假如中国称之为“城乡二元”，那么南非就是“黑白二元”。而且“黑白二元”与中国的“城乡二元”在比重上也相当近似。在改革开放刚刚开始的时候，强势的一元都只占 1/4 左右。这是第一点。

第二点是南非白人给他们对黑人的人权歧视制造了两种“合法性”依据，其一是“反殖民”：南非白人的主体阿非利卡人，就是我们以前讲的荷裔布尔人，现在他们自称是阿非利卡人。所谓阿非利卡，这个词的词义指的就是“非洲人”。南非荷兰裔白人很早就跟宗主国闹掰了。这一点有点像美国人，大家也都知道，美国白人刚开始都是英裔的，但是他们说自己不是British，而是American，是美洲人而不是英国人。而南非的这些荷兰裔的白人很早就跟荷兰祖国分道扬镳了，他们说我们不是荷兰人，是African，是非洲人。而他们认为南非最早的黑人（科伊桑人等）已经灭绝，现在的黑人部族（科萨人、祖鲁人等）是后来从非洲中部南下的，荷裔把他们叫做班图人，说他们也是移民而不是土著。并且荷裔的一些学者坚持说自己先人到南非不晚于“班图人”（实际上当然不是这么回事，现在公正的学者都认为被指为班图人的那些黑人部族移居南非要比荷裔白人更早。不过也应该承认，所谓班图人的确不是南非最早的居民，而就欧洲白人而言，荷裔移民南非的确比英法等国移民非洲其他地区更早，除北非的阿拉伯人外他们应该是到非洲最早的白人了）。因此英语白人和荷裔对南非种族的叫法是不同的：英语居民称黑人为非洲人，而荷裔白人是殖民者；荷裔却自称非洲人，而叫黑人为班图人，那么谁是殖民者？荷裔认为那就是英语白人，荷裔布尔人自认为深受英裔的“殖民主义”压迫，其最大的情结就是布尔战争悲情。20世纪初英国发动布尔战争，灭掉了两个布尔人国家，从此荷裔就认为自己陷入了殖民主义的水深火热之中。布尔战争的确很惨，死了很多布尔人，为了消灭他们的游击队，切断布尔群众对游击队的支持，英军把很多布尔居民关到集中营里，搞得现在南非到处都是布尔人受难的纪念碑。英语白人对不起布尔人是大部分南非白人根深蒂固的观念。

而英语白人又偏偏在黑白关系上比布尔人要开明得多。这主要也并非因为英语白人在道德上多么善良，而是因为英语白人的素质相对比较高。他们普遍是从事工商业的，而且居住在城市，基本上主张自由主义。大家都知道老板一般是喜欢自由雇佣制的，喜欢用吃苦耐劳的人，就像我们的老板喜欢用农民工。而布尔人传统上是搞农牧的，他们比较保守，重农轻商，有一种说法是布尔人三件宝：牛车、步枪和圣经。工业化以后他们基本上成了穷白人，属于打工族，经商他们不如英语白人，但打工又不如黑人吃苦耐劳，所以特别依赖身份壁垒和种族特权保护，特别排斥黑人劳工，就像我们城市一些“正式工人”特别排斥农民工一样。反而是英语白人主张黑白劳工应当一视同仁，以英语世界为主流的国际社会也施压要南非放弃种族压迫。于是布尔人就说：你们讲英语的过去搞殖民主义，欺负我们，现在有什么资格对我们讲人权？于是欺负黑人便成了布尔人“反殖民主义”、捍卫“独立”和“主权高于人权”的表现。1834 年英国当局废除黑奴制，布尔人觉得受了“奇耻大辱”，1960 年英国首相访问南非，大讲“变革之风吹遍非洲”，博得黑人一片喝彩，曼德拉就说他“亲英”，还说阿非利卡语（即“南非荷兰语”，当时南非强制黑人学习这种语言）是殖民者的语言，而英语是黑人解放的语言。但布尔人却群情激愤，认为英国人干涉内政，而且记起了当年的历史积怨，于是全民（当然只是白人的“全民”）公决退出英联邦。上世纪九十年代以前，阿非利卡白人一直就是以他们“受过殖民主义的苦”作为资本来对抗国际社会要求其改善人权的压力。

阿非利卡白人维护种族隔离的第二个理由是“文化特殊论”，简单地说就是否认人权的普世性，因此白人的人权标准不能适用于黑人。他们的理论家宣称“保持民族认同、保持各自文化特性的权利是基本的和首要的人权”。英治时期黑人区有民选议会，尽管仍受英国殖民当局控制，但布尔人害怕黑人学会了民主，在其主导南非独立后，特别是退出英联邦后，这些议会也被取消。当局规定“黑人家园”实行“传统的”酋长专制，离开“家园”打工的黑人更不能在城里拥有公民权。信不信由你：据说如果黑人也和白人一样拥有民主权利，那就是被白人同化了，就失去了“自尊”；只有在种族隔离状态下做奴隶，黑人才能保持和发展其“自然本性”和文化传统，“发展自己的民族自豪”。

南非虽然曾是英国的殖民地，但是布尔人在政治上却居于统治地位。南非在布尔战争以后出现了一个很有意思的现象，虽然在战争上英国人打胜了，但是英国人为了取得布尔人的谅解和支持，在很多方面对布尔人让步。因此南非后来的国家结构，包括南非的公务员体系，南非的整个政治结构，都是布尔人占绝对优势，英语居民则像我们的“民营企业家”满足于赚钱。布尔人为了自己的利益，就在南非搞了一大套“社会主义”的东西，因为布尔人搞工商业不太行，竞争力比较差，需要特权地位的保护，因此南非经济的另一个特点就是国有经济比重相当大，占到资本总量的58%。这个国有经济其实主要是为了给布尔人提供就业机会和福利。因为在自由竞争的背景下，他们竞争不过那些“农民工”式的黑人劳工，所以国家专门有一块领域来安排他们。现在南非大致就是这样：黑人当然都是“农民工”式的蓝领打工者，从事最差的工作；讲英语的白人只占白人的少数，在白人中只占1/6到1/5，这些人主要是工商业者；而布尔白人主要的身份第一是政府公务员、军人、警察，第二在垄断行业，主要是国有企业从事待遇比较高、福利保障好的工作，第三还有一些仍干老本行，经营农牧场。大致是这样。由于这些特点，国际上知名的左派学者萨米尔·阿明曾提到南非是三个世界的综合：说南非的白人生活在第一世界，黑人生活在第三世界，这是大家都知道的。但是他还说南非的经济结构很像第二世界。所谓的第二世界就是苏联式计划经济国家，国家垄断很厉害，国有的色彩相当浓。

像这样的一种经济造成了南非制度安排的很多特点。

首先是南非的劳工制度。南非的劳工在1911年以前主要是在《格伦格雷法》前提下的征发式劳工制度。那时候市场经济不发达，城市居民基本上是纯白人，少量制造业主要也是白人工人。黑人劳工主要不是因为自己要挣钱，而是白人强加给黑人的一种义务，带有差役的色彩，讲的简单点就像中国古代的服徭役，修长城、修阿房宫，以及中国改革前的征发民工。南非在19世纪末有《格伦格雷法》，这个法律规定黑人每年必须出去做民工。大家都知道中国在改革以前，民工的概念就是指一种徭役。本人在1978年前作为插队知青，曾经一到农闲季节就和老乡们一起被征发到公路、电站等建设工地做无偿的民工。那时候的民工是一种差役，而不是一种赚钱的手段，那时候并没有为了赚钱而进城打工的说法。南非在早期，布尔人比较保守的时候也是这样的。

但是南非在英联邦时期，工业有了很大的发展。从 1911 年开始，南非所谓的征发式劳工就逐渐被“流动劳工”所取代。流动劳工这个名词也很有意思。我最近看到，姚洋先生写过一篇文章，提出要废除农民工这一称呼，改为流动工人。其实流动工人这个称呼就是南非对打工黑人的一个官方称呼。南非官方规定“流动劳工”在城市里是不能居住的，但是可以打工。

**姚洋：**我讲的流动工人可不是这个意思。

**秦晖：**在南非是这个意思。我只是说姚洋用了这个名词。所谓只准打工不能安家是指南非的流动劳工的定义。南非的流动劳工有两种形式，一种是住在工棚，也就是集体宿舍里头的、不带家属的单身劳工。这一类劳工在豪登省工业区主要是祖鲁族劳工。另一类劳工则带有家属，当局把他们从市区的“违章建筑”区赶出来，在郊区划了片特定的地方，像索韦托那样的黑人区，形成一大片简陋的、贫民窟式的家庭住宅。这里其实是很糟糕的，条件很差，是不折不扣的贫民窟。但是在南非黑人的观念中，他们始终认为住在集体宿舍的劳工的地位普遍要比在索韦托有家庭（哪怕是贫民窟社区）的劳工的地位要低得多。这也是南非在种族隔离制度末期一直到今天，城市里黑人发生内部部族斗争的很重要的原因之一。大家都知道，1992 年前后，在南非的很多地方出现了黑人部族冲突，造成了大量的流血事件。这些流血事件从表面上看是部族矛盾，实际上有经济矛盾在里头。住在情况更糟糕的集体宿舍的劳工——大部分是祖鲁人，和在索韦托有家庭住宅的劳工——大部分是科萨人，这两种人在利益上有微妙差别，后来就表现为黑人之间的部族矛盾。

这里要说的是：我们现在的农民工不也是这样两种居住方式吗？一部

分带家属的住在棚户区、“城中村”和“城乡结合部”的“角落”里。另一部分单身的住在集体工棚。共同之处是他们都既没有国家保障的福利性廉租房，又没有搭建或租住简易房的自由。而这两种方式恰恰是其他国家，包括发达的欧美与相对不发达的拉美、印度穷人进城的基本形式。南非与中国都没有这两种形式，而两国的区别在于：第一，南非给黑人劳工在郊区划了一块地方让他们安家，这块地方很糟糕，但毕竟是比较稳定的。而中国连这样的地方也没有，打工者安家的地方不是作为“清理”对象的“城中村”就是干脆被叫做“违章建筑”，经常面临驱赶。这也就造成了第二个区别：南非黑人劳工约 70% 是在索韦托这类黑人社区安家的，只有更不幸的 30% 是单身住集体工棚。中国恰恰相反，有幸带家属住在城乡角落的（相当于南非科萨式劳工）只有约 40%，其余大多数都是集体居住的单身劳工（相当于南非祖鲁式劳工）。然而这种在贫民窟安家的人较少的状况比南非更值得炫耀吗？

这样一种居住制度有什么好处？第一，它可以极大地降低劳工的成本。这是大家可以简单想象得到的。第二点，很重要的一点是它可以降低国家的社会保障费用和市政费用。也就是说国家可以安排一个很漂亮的白人城市，但是对于黑人可以不提供公共服务，这样就可以大大地降低这一部分的费用。第三还可以保持一个良好的投资环境，包括社会环境。在种族隔离时期，南非的白人城市市容很漂亮，治安也很良好。因此可以吸引大量的投资，当时的约翰内斯堡市内是很繁华的，现在当然就完全是另外一个样子了。像纽约和芝加哥的贫民窟，在白人城市中都是不存在的。这个现象应该说很有利于投资环境的改善。

还有一点，在这个时期南非出现了所谓的通行证制度。南非黑人外出需要特殊证件的制度其实在流动劳工盛行以前就已经存在，甚至有人说在开普殖民地时代就已经出现了。但是在流动劳工广泛发展以前，通行证的必须并不是很突出的。道理很简单，因为当时的黑人劳工都是征调式的劳工，就像我们在改革以前，劳工都是被组织起来，像修长城，修阿房宫，是有组织的，本身就不存在盲流的问题。再加上黑人比较容易认，那时在城市里一见到黑人就可以抓。因为征调的劳工不可能到处乱跑。到处乱跑的那就是“盲流”。就像中国改革前也没有暂住证这个制度。因为我们当年去当民工，都是在政府的组织下，住在军营式的地方。那时一般农民自己有事要进城，必须因事开证明。包括安徽等地农民外出乞讨，也是“大队”开证明的。没有证明随时就可以把你抓起来。但那时这个证明是一事一开，并没有在城市待很久寻找工作的可能。所以那时中国也没有暂住证。南非在黑奴制与征发劳工时黑人证件的重要性也不大。但是进入到市场经济条件下的流动劳工时期，证件的需要就大大增加了。因为劳工不再是政府组织的，也不是住在军营式的管制场所，这时就需要随时检查证件作为对那些下等的“流动人口”的管制和控制措施。在这种情况下，中国出台了暂住证制度。南非的通行证制度也开始空前强化。

通行证制度被认为是南非种族隔离体制中对黑人的人格侮辱和权利损害最甚的一种恶行。在这种制度下，不带通行证的黑人会随意就被警察拘留处罚。中国和南非在时间上有差别，但是发展的阶段性是类似的。在《格伦格雷法》时期，基本上不是你去打工，而是白人抓你去做工，这种状态之下也不需要什么通行证。其实连种族隔离这个词都是在流动劳工的背景下才出现的。这个词最早是在1946—1948年期间在南非出现的。在此以前，并不见得黑人就不受到歧视，但是在那个时期特别强调隔离的必要性不是特别大。因为南非在1834年之前，根本就是黑奴制度，没什么隔离不隔离的，黑人就是奴隶。奴隶制废除以后，也仍然对黑人进城持有很严格的限制，基本上是不能进城，除非是按照《格伦格雷法》的规定把你征调进城。如果不是政府征调，是进不了城的。这个背景下不需要到处查证件。但是到了流动劳工时期，暂住证就变得非常重要。当然我们和南非同样性质制度维持的时间是不一样的。他们是从第一次世界大战到80年代，而我们是从80年代一直到现在。但是我在这里要讲，在后期都出现了软化的趋势。实际上在南非，见到没有通行证就扣起来送去做苦役，这种现象在80年代后期就开始明显地减少了，后来越来越多地变成了以罚款为主。我们中国从孙志刚事件以后也是这样。现在很多地方查暂住证，已经不像以前没有暂住证就送到昌平去筛沙子，而主要也变成了罚款的方式。

这里还要提到，南非的土地制度也很有特色。南非建国以后，一直是布尔人、英国人、黑人各有各的土地管理。因此一直没有统一的土地制度，到了30年代，南非出现了一场土地制度的大论战，主要是布尔人，或者称阿非利卡人，与英语白人之间的论战。英语白人是比较主张自由竞争的，因此他们主张实行统一的土地私有制，土地可以自由买卖。布尔人坚决反对这种制度，他们认为这样一来，黑人也可以拥有土地，拥有住房，那就麻烦了，种族隔离制度就没法实行了，班图斯坦制度也就没法实行了。而且各种建设也就很难展开了。因此，30年代的土地制度大辩论以后，南非出现了很有意思的多元土地制度。讲得简单点，白人用地基本上是准私有制，政府是给予保护的，不会被侵犯的。而黑人的土地是实行农村公社制度，按照南非的官方说法，这是黑人的传统。黑人据说自古以来就是土地公有的，是部落的土地公有制度。而在所有的土地之上，有国家对土地的征调权，实际上就是所谓的征地权。在这个制度之下，南非工商业和基础设施的用地变得比任何一个国家都容易解决。这个道理很简单，政府对黑人的土地基本上是任意圈占的。而且这个制度还为后来的班图斯坦制度提供了伏笔。南非当时提出班图斯坦制度和黑人家园制度的一个出发点就是南非黑人理论上讲在土著地区都是有土地的，因为南非官方说黑人是没有土地私有制的，所以他们的部落有责任保证他们的份地。由于有这个理由，南非的劳工就不应该在城里安家。他们完全可以在城里打工，直到30几岁，然后回到农村去，部落保证他们有一块地，可以养老。

由于这一点，南非的城市就出现了非常明显的二元化。我们知道，原来的南非大城市里是有黑人居住区的，如约翰内斯堡的菲利普顿、亚历山大区。到了四五十年代，南非开始不断地清除违建，把大片大片居住的黑人从主城区赶走。这里我要说，南非打工的黑人在城市里的居住区，其实都是正儿八经租下来的，并不存在侵犯产权的问题。拉丁美洲的穷人是比较厉害，我写过几篇文章，有所谓的“开发商给穷人让路”，“穷人圈了国家的地”，在城市里，他们占了很多地。但是南非的黑人和中国的农民远远没有这些身份。因此说南非的黑人和中国的农民跑到城市里来侵犯所有权，这几乎是绝无可能的。不管是中国的打工者在城中村租房子，还是南非的黑人在约翰内斯堡租房，都是这样的。菲利普顿形成的历史很有意思，它原来是南非的一家开发商为白人打工者建立的低标准住宅区，但是这个低标准住宅区在白人当局认为标准太低了，不达标，没有给它颁发许可证，也没有给它提供市政设施，然后白人政府另外拨了一块地给穷白人建立廉租房。那么房地产公司已经建了那么多的房子，既然白人不住，就把它们租给黑人。在这里就形成了大约四五万人黑人打工者的居住区。但是到了50年代初，约翰内斯堡政府要开发这片地方，认为这些地方被黑人占着，又影响市容，房地产又不能升值，于是决定圈地，把黑人都撵走了。菲利普顿事件延续了三年，当时弄得在全世界都非常有名。经过这些年的驱赶，大概在亚历山大区还有一些黑人的居住区，其他地方都没有了。南非政府就在城外圈了一块地，就是索韦托，来安置黑人。于是就形成了我们后来看到的索韦托现象。索韦托有两百万人口，比约翰内斯堡主城区的人口还要多。这个地区就是一片黑人打工者，或者说流动劳工的住宅区。这个住宅区，我曾经讲过，其实现在也非常多样化了，现在也出现了一些黑人中产阶级的住宅，包括图图、曼德拉在那里都有住宅。但是大量都是政府统一盖的低标准廉租房，火柴盒式的住房。还有一些外籍劳工和刚进城不久的祖鲁人劳工，他们连流动劳工身份都没有的，这些人就住在集体工棚。集体工棚其实也是半永久式建筑。这些地方就成了南非负面因素的大本营。这些地方的治安很坏，条件很差，黑人内部的矛盾也相当多，到现在都是一个很有名的地方。而且这个地方还有一个特点，每到圣诞节前后就会出现民工潮，大量的民工回家过节，据说那里有一个非洲最大的公共汽车站，每到圣诞节前后就有大量的黑人拿着大包小包回家过节。但是有一个南非朋友告诉我，他说这个民工潮跟中国的民工潮有点不一样。索韦托回家过年的人现在主要是外籍劳工，也就是没有南非国籍的南部非洲其他国家的劳工，如津巴布韦、莫桑比克、坦桑尼亚、博茨瓦纳等。这些国家大概有两百万的劳工。这些人肯定是不可能在南非安家的，因此一到圣诞节就回家了。他们告诉我南非的具有南非国籍的劳工绝大部分在索韦托是有家的，因此不存在回家过节的问题。

但是种族隔离制度废除以后，这就在南非产生了很严重的问题。索韦托不再是地狱，但是约翰内斯堡也不再是天堂了。大量的黑人拥进约翰内斯堡，现在约翰内斯堡市内的治安变得非常差。市内的一些五星级宾馆都关张了，关张以后里面住的都是没有房子住的黑人。杨老师是不是这样？至少是相当一部分。

南非的约翰内斯堡现在出现跟美国类似的现象，现在它最好的街区开始逐渐向郊外发展，白人大量迁出市中心，市中心越来越底特律化。就是类似美国底特律的状态，越来越萧条。在约翰内斯堡的周边地区开始兴起一大片比较高档的住宅，包括很多大公司的总部也从约翰内斯堡的主城区迁到了郊外。在种族隔离制度废除的这些年，索韦托的设施和一般面貌有了很大的改观。我们在索韦托可以看到这样的标语“Soweto Uplifting”，就是“索韦托在腾飞”。当然这是有代价的。约翰内斯堡市内的情况就变得很糟糕。对这种现象反映最强烈的就是中国人。老实说南非也有它的政治正确。黑人当然认为现在要比以前好得多，白人也不是太敢抱怨。但是在中南建交以后，大量的中国人跑到了南非，最大的一个感觉就是南非的治安很混乱，黑人犯罪比比皆是。所以现在南非华人对南非的状况反映是最强烈的，但是南非的大部分人当然认为这还是一种进步，认为种族隔离制度的废除，迁徙自由的形成是一种进步。至少他们不会整天在街上被警察抓住检查证件，不会被赶来赶去，不会有这种事情了。

而南非在这个黑人劳工制度实行一段时间以后就发现了一个问题，这些人在城市打工久了，他们就想在城市中住下来。南非白人当局希望他们在城里打工，但是要回到老家去养老，那么就需要有一个新的制度安排。这个制度安排就是所谓的黑人家园制度，或者叫做班图斯坦制度。这个班图斯坦制度是在50年代的一个专家小组，由一个教授叫做汤姆林森搞的汤姆林森报告中提出来的设想。如果你看看汤姆林森的原文，你会觉得它好像是一个很好心的报告。在这个报告里头，前面强调了很多，说黑人土著地区一定要发展工业，一定要实现工业化。如果土著地区没有发展机会，不能实现工业化，公共设施还是那么糟糕的话，就不可能留住黑人。在曼德拉的《自由之路无坦途》中对汤姆林森报告有一个评价：汤姆林森报告的这些提法还是不错的。这是曼德拉本人的一个说法。但是谁都知道，曼德拉当然接下来也说：这只是一个幌子。这个报告最根本的出发点就是要通过对黑人家园的投资，逐渐实现黑人家园独立。黑人家园一旦独立，这些流动劳工就失去了南非国籍，他们就成了外籍劳工。南非名义上是没有中国所谓的户口制度的，不可能因为你是外地人，就把你给赶走。但是如果你是外国人就可以把你赶走。因此他们就想通过黑人家园制度，一方面在黑人家园发展起一些就业机会，改变现在黑人家园都是留守人口的状态。黑人家园现在基本上都是留守人口，留下一些老人妇女在家里种田，男人基本上都在城里打工。南非当局就想让这些地区独立，独立以后这些流动劳工都成了外国人。一旦成了外籍劳工，廉租房就不用说了，就是自己盖的一些窝棚，也是可以赶走的。因为你是打黑工的，是外国人。南非从70年代以后，投了很多钱，在黑人家园搞一大堆的复兴计划。理由都是说要在那里创造增长点，使黑人留在那里。但是所谓的增长点是很次要的，实际上主要的目的还是汤姆林森报告讲的，说黑人如果涌进城市会导致城市的市容、治安、乃至投资环境恶化，因此要解决这个问题。

南非其实在种族隔离制度的后期，对黑人家园的投资可以说是增长得相当快的。因为黑人家园本身是实行酋长制，实行专制制度的，黑人家园大部分的投资都变成了形象工程，变成了政绩工程。在黑人家园搞了一些比较漂亮的政府建筑，像夸祖鲁家园的行政中心；修了一些大学，像特兰斯凯大学，就是现在的沃尔特·西苏鲁大学；搞了一些基础设施；还搞了一些水库；还在特兰斯凯投资搞了种族主义新农村——这是我称的。后来南非让它独立了，叫做特兰斯凯共和国，实际上就是为了让黑人不能在城里定居。这些的高潮是在80年代。但是后来投资越来越大，成了一个无底洞。黑人家园的成效不佳，这一点是使得很多白人改变态度的原因。黑人家园后期的投资越来越大，我这里有一个数字，时间有限我就不讲了。南非的财政到了80年代后期对黑人家园的投资是相当大的，我曾经做过我们的新农村建设跟他们的比较，他们要比我们大得多了。但是投资的效果很不好，南非的白人就很有意见，认为是浪费了纳税人的钱，认为与其这样隔离还不如不搞了，废除种族隔离可以省下这笔钱。这使得一部分白人纳税者对黑人家园计划开始持批评态度。当然国际政治和黑人运动本身的压力也是使这个政策维持不下去的一个最根本的原因。

种族主义新农村跟其他国家，如韩国的“新村运动”有一个最根本的区别就是，他们的出发点不一样。南非是为了防止黑人留在城市，这是它最初的出发点，也是它后来搞成这样子的根本原因。在这点上，它跟拉美的贫民窟形成了鲜明的对比。拉美和印度的贫民窟都在独立以后发展起来的，尤其是在左派执政的时期，贫民窟的发展是最快的。很简单，右派可以对穷人很坏，而左派做不出来派出一大堆城管打穷人的事情。虽然左派批评贫民窟也批评得很厉害，但是他们批评贫民窟只是说政府应该给他们盖福利房，绝对不是说要把他们给赶走。而政府的财力又有限，盖的福利房又赶不上进来的贫民。因此出现了很有趣的现象：我曾经去过拉美的厄瓜多尔，写过一篇文章《开发商给穷人让路》，厄瓜多尔的城市平的地方基本上给穷人占了。开发商只能在很陡峻的，开发条件很差的地方盖房子。开发商在一片50度的陡坡上开发商品房，陡坡上是一片非常平坦的地方，这片平坦的地方全是贫民窟。一同参观的中国人就大呼小叫：这样太浪费了，如果是在中国，早就把他们赶走了。这么好的地方被穷人占了，那还得了吗！（出示另一张照片），这是基多的一片铁丝网，在圈地。这是谁圈的呢？

就是进城的农民圈的。他们圈地当然是违章占地，但是舆论都支持他们，为他们呼吁，后来也就不了了之了，政府最后也就承认了。这种做法在种族隔离时期是绝不可能有的，但是现在在南非就有很多了。

讲到这里，我也就结束了。从中可以得出什么结论，我也不用多讲。当然我们在谈南非时，还应该提出南非的奇迹跟中国还是有很大的不同。由于时间关系我就不多讲了，我在文章中曾经提到过这些不同。

**盛洪：**谢谢秦晖，这是非常精彩的演讲，而且给我们带来了很多的图片。上次在论坛的时候还没有看到这许多图片。我们也理解秦晖教授的意思了。他是拿南非跟中国对比，其中某某主义新农村的说法我们也能理解他的意思。那么下面我们请了几位评议人：姚洋教授、杨立华教授、黄裕生教授、李保平教授和刘海波博士。我们还是请杨老师先讲，因为杨老师是南非专家。

**杨立华：**谢谢秦教授的发言。我是第一次听人这么解读南非的种族隔离制度，我觉得很新鲜。首先我前两天听一个老师讲低人权优势，我就不明白，我本来今天就想来听你的概念是什么概念，依据是什么。我倒觉得说来说去低人权无非是劳动力成本低。

**秦晖：**还有经济学家经常讲的，但我觉得是误用的，就是交易费用低。它不能叫交易费用，但是现在很多人那么解释。

**杨立华：**我觉得这些概念套用到现在发展上还是应该再慎重一点，科学一点，它的内涵到底指的是什么。

另外，秦教授对南非的种族隔离制度与中国改革开放以后的制度进行了所谓的类比。至少我个人觉得是不恰当的。因为南非的种族隔离制度是一个从政治上、社会上进行的彻底的种族间隔离的一套法律体系。它不仅限制占人口多数的非洲人的迁徙自由。最重要的是要剥夺非洲人的南非国籍，彻头彻尾地剥夺非洲人在南非生存的权利。南非这块地方是一百二十万平方公里。最后到1913年的土地法留给黑人的地只占南非国土的13%，而其他的地都被布尔人、英裔资本家占领了。所以到1913年的土地法是个分水岭。为什么呢？因为1994年新政府成立以后要清算1913年以后非法占用的地，有一个土地申诉法庭处理这个问题。所以它是一个欧洲移民要在这块土地上剥夺非洲人生存权利的制度。我觉得中国的城乡二元制，限制农村人口迁徙，其实城市人口也不能随便迁徙，是一个户籍管理制度。我觉得无论从出发点还是实行过程，都不能同日而语。

种族隔离制度从根本上是违背社会发展规律的，所以到最后是走向失败，走向灭亡，最后就废除了。为什么是一个必然要灭亡的制度，因为它是以少数人统治绝大多数人这样的制度，而且绝大多数人又是当地的原住居民。为什么白人叫自己阿非利卡人呢？他们从内心深处觉得是有愧的，是站不住脚的，不是African，所以才叫自己阿非利卡人。实际上你可以看南非的一系列法律，关于种族隔离的法律解释，开始都有一个辩护，为什么我们是非洲人？我们是哪年来的？我们刚来的时候，开普敦角上没有人。他们刚开始从开普敦上岸，定居以后，慢慢向东北部扩张，才占到了现在所谓黑人的地。话越说越长了。南非的种族隔离制度是一个三百年的制度。刚开始是占地，后来要利用劳动力，所以他才对非洲人实施间接统治，让非洲人的地越来越少被迫不得不去打工。一直到“二战”以后，非殖民化运动和非洲独立以后，南非白人觉得是非常受威胁了，总是处在黑人包围的恐惧中。他们的制度有这样的一个心理基础。所以从“二战”以后，开始实行更严酷的从地域上分割南非的制度。所谓班图斯坦、黑人家园都是这样的一个制度设计。但是最后它失败了，它做不到。为什么呢？因为南非的经济发展从最初矿业，甚至从最初开普敦的农场开始，都是白人资本和黑人劳工结合的结果。它不可能离开广大黑人的劳动来发展。南非的矿业尤其是这样。南非的种族制度是让资本家的成本越来越低的制度。它是既排斥黑人，想剥夺黑人的政治权利，同时又离不开黑人劳动的一个自相矛盾的制度。到了 70 年代以后，南非周边的莫桑比克、安哥拉都独立了以后，它的范围越来越小。所以那时的黑人运动，特别是黑人工人运动也越来越强烈。黑人工会从 70 年代末期到 80 年代中期形成了非常强大的力量，是驱动南非变革的根本力量。为什么呢？因为黑人不是光提着劳动力就来打零工的，它是南非工业发展当中，已经融入到南非经济发展中的劳动大军。而且这部分人中，技术工人的成分越来越多，就是在南非技术工人的队伍当中，白人的比重越来越少。经济发展离不开黑人劳工的队伍。所以最后这个制度实际上根本运行不下去。最初强烈反对种族隔离制度的是白人资本家。它的矿业主要是英裔白人，而国有工业，像钢铁、通讯、交通等都是阿非利卡人，就是所谓的布尔人。他们掌握了政权以后，发展公共部门，主要是为了解决阿非利卡人的就业问题。所以到了 80 年代中期以后，一些白人资本家集团就到国外跟非国大总部进行谈判。到底应该怎么办？出路在哪里？那个是后来的政治谈判的前奏了。经济制度不能维持，政治制度根本也不能维持。刚刚秦老师讲到了流动劳工制度。南非的歧视性的劳工制度是一个非常缜密的东西，就是为了让经济发展，又让它的劳工不至于威胁到白人社会的安全。他们就在计算这个。劳工是分得很细的。比如说流动劳工，英文叫做 migrant labour，是从黑人家园中雇佣到白人的工业或者矿业中，合同期内可以留在白人区。还有 commuter，就是往返劳工，是完全针对黑人家园的劳工的，就是一天都不能在白人区呆。从几百里以外，3 点多钟坐长途车去打工，晚上必须得回去。所以种族隔离的成本是非常高的。刚才说压低工人工资，流动劳工制度可以减少资本家的劳动力成本，实际上南非这个制度之所以不能维持，就是因为成本太高。还有南非维护种族隔离的国家机器的成本也是非常高的。南非拥有全非洲最强大的军队，另外它的国家机器，监狱，警察，包括防暴武器，如刀片式的铁丝网，后来被我国台湾、以色列进口，还有对游行队伍喷洒染色剂都是非常先进的。大家如果有兴趣，再读点种族隔离时期非人道的制度的话，就能知道它的细节。没有人认为它有可取之处。我都没听人说过，说种族隔离制度之下的发展模式可以被现在的发展中国家来吸取它的长处。

我觉得我们可以对比的倒是1994年以后南非黑人掌权以后，不要说黑人掌权了，就是南非实行多民族民主制度以后，它怎么解决发展和分配问题？这倒是我们目前可以跟南非比较的，也可以交流的。因为姆贝基政府实行的是一种促进发展，同时兼顾就业和分配的政策。我今天带了一些数据，但是因为时间太紧，我也就不念了。实际上现在南非人均收入超过5000美元，比我们高得多。而且它的政府——非国大执政，基本上是社会民主主义的理论指导。所以它的财政支出中，50%以上都是投入到社会服务中的。它的社会救济人口占到了总人口的1/4。这是以各种方式实现的，比如孕妇、孤儿、老年人、残疾人等等，政府都给一定数量的补贴。它的老年的pension是700—800兰特，跟我们的700—800块钱是一样的。所以它新政府成立以后，一方面发展经济，当然现在也有很多不满意，大家这些天如果看南非新闻的话，非国大本身也发生分裂了，认为政府提供的太慢、太少，解决就业不够有力，还有很多贫困的状况。但是我觉得中国可以跟南非类比的就是南非1994年以后，经济比起种族隔离时期有了长足的发展，它不是继续延续过去那种压低非洲工人工资的做法。过去种族隔离制度的工资之所以那么低，其中一个很大的原因就是大量吸收了莫桑比克等周围国家的劳工。我们也到过南非的金矿去参观，40%、50%以上都是邻国的劳工，这些劳工的条件比本国要低得多，而且不能组织工会。虽然南非的本身黑人工资已经很低，他们的工资相当于白人的1/10了，而且一切的社会保障和社会福利都不涵盖。合同期满以后，你就要回黑人家园。所以黑人家园到了80年代后期人口密度非常得高，它根本不足以养活在南非占有3/4的人口。各种各样的情况都说明它的制度不能存活下去。南非从90年代到现在，1994年的时候人均GDP是两千多美元，到现在15年里涨到了五千多美元。当然这几年的发展有很多因素：第一，国际社会对它解除了制裁，它突然面对一个非常庞大的国际市场，而且非常友善。所以白人工矿业跟国际市场的联系其实面对着空前的好条件。另外一个是外国投资，不像种族隔离时期那样都撤走了，现在也都回来了。还有一个因素就是非洲大陆向它敞开了市场，刚才秦晖教授说，南非的工业发展因为它有非洲市场，但是在种族隔离时期，除了马拉维以外，没有一个非洲国家跟南非有建交关系。所以非洲不是它的主要市场，南部非洲的邻国会是它的主要市场的一部分。但是现在南非是以整个非洲作为它发展的大平台，作为一个基础。所以南非 1994 年以后的发展面临着空前的好的国际环境。当然也有像 1997 年的金融危机，后来的一系列世界经济的起伏对它是有影响的，因为它跟国际社会接轨的程度比我们要密切得多。它的矿业一直是西方经济的一部分，制造业也是非常发达的，造纸业前些年收购了很多德国等欧洲国家的大公司，啤酒酿造业在中国也收购了不少，它的发展的国际环境是空前得好。而且南非的劳动力目前来讲不存在低人权优势问题，实际上南非的工会在 80 年代跟资方的讨价还价能力是非常强的，所以才造成了秦老师刚才说的那样，80 年代黑人工资的增长幅度高于白人工资的增长幅度。当然差距的倍数还摆在那，可能从 10 倍缩小到 6、7 倍了。它是这么一个状况。

另外讲到所谓住房问题。种族隔离是一个实实在在的隔离，不是观念的隔离。它把白人区和黑人区绝对地分开了。像约翰内斯堡它是需要黑人劳工的，索韦托和约翰内斯堡几乎同时建起来。约翰内斯堡开始有金矿，它的劳工住在大概 50 多公里之外。好多南非白人都没有去过黑人城镇，因为有立法：白人不可以到黑人区去，黑人也不可以到白人区来。它有严格的身份证制度（对黑人是通行证）。通行证制度在 20 世纪之前在矿业地区就有。20 世纪初非常严格，这个通行证制度是对黑人的最大的限制。他随时随刻得揣着一本通行证，写他近期的雇主是谁，为什么停留在城市，做了多少小时，犯罪记录等等。所以每年都有 20 万到 30 万黑人因为违反所谓《通行证法》的某一个条款被投进监狱。所以南非是一个政治上剥夺和压制黑人的制度。住房问题就是每一个白人城市周围都有黑人城镇，不光是索韦托。我们到东开普去，格雷厄姆斯敦是很小的一个大学城，它有一条铁路、公路与那边的黑人城镇隔开，这边是英裔白人最早从伊丽莎白港到那去定居的地方。种族隔离之前，你可以看到任何一个城市都是这种格局。白人城市旁边有几个黑人城镇为它随时提供服务，是这样的格局。我刚才说中国可以跟南非借鉴的包括解决穷人的住房问题。我们过去去参观过它的金矿，在种族隔离时期，金矿是不能带家属的，是单身宿舍。后来在80年代后期以后，由于矿业的发展，他们建了几个非洲人的茅草房式的圆的住宅，可以允许有的家属来探亲。种族隔离废除之后，新政府的一个目标就是取消这种单身宿舍，因为它觉得不人道。同时改善黑人城镇的基础设施。我每次去南非都去索韦托看一看。以前最好的建筑就是警察局，然后有一个大探照灯，黑人城镇几乎是不通电的，一到晚上探照灯就打到整个城镇，可以看到你黑人在哪，每条街怎么走，警察很容易封锁的布局。这15年以来，索韦托变化很大了，通电通水。包括一些“违章建筑”也是这样。临时搬来城镇，在城市边沿搭了小房子，政府都有责任给它通电和通水。离黑人城镇很远的地方也有几个零零星星的木板房，也有灯，也有电。就包括解决低收入人口的住房问题，中国可以跟南非借鉴。我们有些公司也帮助南非建所谓的低价住房，也参与了。当然这都是很技术性的问题。但是我觉得中国和南非的发展现在都面临着增长和分配的难题，就是怎么在经济增长的同时保证公平，保证共享。明年4、5月南非就要大选了，这是现在政策辩论的热点。我觉得这些方面和中国是可以借鉴的。

所以我觉得我们国家的学者做这种比较分析当然很重要，但是至少应该把基本的史实和事实弄得再准确一些。否则这种比较容易更多是想象的成分。它实际的情况，包括南非的劳工制度是怎么实行的，对它的经济到底有什么影响。60—70年代的发展，不是因为种族隔离的劳工制度的优势造成了它的发展，因为那段时间英美资本大量投入南非，南非的矿业和制造业始终是在英美资本、欧洲资本的扶持下发展起来的。因为西方需要南非的矿物，所以他们虽然口头上批评种族隔离制度，但是在联合国安理会投票的时候，美国、英国、法国是轮流玩弄否决权。所以对于本文的命题认为南非种族隔离时期的经济腾飞是因为低人权优势，这个结论至少我自己是不能接受的。

**姚洋：**其实我们在报上也评论这个问题。还好杨老师刚才把南非的情况也介绍了一下。我想从几个方面来说：

首先是我理解秦晖想说的东西，在这个问题上我们没什么分歧。中国在计划经济时代也好，过去30年也好，我们这种城乡隔离政策肯定是不对的。如果大家看过一点东西，永远都说这样搞农村是搞不出名堂的。我们必须让这些已经进城的人，秦晖仍然叫他们农民工，我不愿意用这个词，最好用新工人，如果不行，用移动工人，migrant worker 也好一些，反正就是不要用农民工，因为秦晖也说了农民工是个侮辱性的词，像服徭役。民工就是服徭役的。所以最好不要用这个词，自己也避免不用。从这个角度来说，我和秦晖也没有多少分歧，大家都是为了一个目标，就是为了取消我们的城乡二元结构。

但是一个好的目标，你怎么去说服众人？这是一个很重要的问题，而且牵扯到学术的态度问题。我们不能因为我们的目的是好的，就可以以一种非常极端的方式来说明我们的目的。在说的过程中，要让人更多地接受。我想说四点：

第一，低人权是不是有利于高速增长，刚才杨老师也说了，其实南非60、70年代的高增长并不一定是低人权产生的，而是因为英美资本的大量进入。其实看看中国就知道了，如果我们说过去30年的增长是低人权产生的，那么按理说我们前30年应该有更好的增长，我们前30年基本没有人权，不光是农民没有人权，城里人也没多少人权。大家都不能移动，干什么都不行，要听国家的安排。但是我们那个时候的增长无论怎么比较，前30年的增长肯定要比后30年糟糕得多，何况我们还经历了一次大的灾难性的饥荒，两三千万人就死掉了。非得说低人权就促进高速增长，这种命题没有理论的基础，也没有实证经验的基础。这种命题提出来好像非常的慷慨激昂，会引起老百姓的共鸣：政府很坏，政府没有把我们对待好，所以我们应该如何如何。但是我觉得这样一种类比可能不是一种好的做法，何况我们说即使是说低人权带来了高速增长，它也是非道德的。就像美国的南部奴隶制，福格尔做过研究说南方奴隶的生存状况比北方工人的生存状况还要好，但是这并不是说低人权状态就是好的东西。这是第一点。

第二点，中国的二元结构和南非的黑白隔离是不是一样的？当然杨老师给了很多历史方面的知识，告诉我们其实不是一样的。一个是南非的黑白人种的差异至少在南非例子上，像杨老师所说的，它是在历史上就形成的。白人就是想把黑人赶走。这个跟我们所知道的二元结构显然是不一样的。因为我们在计划经济时代制造二元结构，在某种意义上是为整个国家的战略服务的，我们是服务于工业发展的战略。当然这是个很不怎么样的政策，最后其实也是个失败的政策。但是我们的出发点是不一样的。这种类比会给人家很多没有必要的，超乎常理的想象。

第三个问题是关于贫民窟和身份证问题。我们实行的身份证和南非实行的身份证是不一样的。倒也还好，刚刚杨老师也解释了一下，南非的身份证是怎么回事。身份证主要是管理黑人。其实我们的身份证是有非常大的积极意义的。从 1986 年开始推动身份证制度，实际上是身份证有利于农民的流动。身份证在哪个国家都需要。在美国，你可以随便流动，但是还是需要出示你的 driver’s license。你走到哪，总要拿出一个证明。在美国，驾照就是证明。但在中国并不是每个人都有驾照，所以有身份证其实是方便了农民进城。以前的话，没有身份证就可以查你。而且暂住证也并不是中国才有的，到日本去一样要办暂住证。到美国其实也是要办暂住证的。只不过他们只是一个登记制度，并不是限制你的制度。从我们国家的历史来看，身份证制度是有利于农民流动的。这是历史背景的问题。关于贫民窟的问题，我没有明白秦晖到底想要说明什么问题，是说除了中国和南非，人家都可以有贫民窟，他们老百姓权利都比较大？我就在想多数像拉美和印度，至少我看过印度的贫民窟，我知道印度的贫民窟是怎么产生的，主要是乱占别人的土地，要么是公家的土地，要么就是私人的土地，他们是乱建起来的。建起来以后，人实在太多了，只好允许它。像孟买的亚洲最大的贫民窟，把马路都算上了，人均只有 1.8 平米。情况已经糟糕到不能再糟糕了。那种情况好？还是说我们应该保护某种形式的产权？你如果说那种形式好，那么谁想搭建谁就去搭建，乱搭乱建地把这个城市都给搭满了，那么我们土地的产权又何来呢？中国的贫民窟也不是没有，秦晖也给了图片看。我们也知道我们有城中村，我本人也是反对清除这种城中村的。因为它已经成为城市必要的组成部分。相比其他国家，我们能够比较好的解决贫民窟问题跟我们的房改很有关系。我们城里人多数都以很便宜的价格得到了公房，但是多数人都没有在公房里头住，而是把公房给出租了。北京最新的统计是 1600 万人口，四分之一是外来人口。另外多数外来人口主要就是租房。而租房主要租的是公房，包括我自己，把北大分给我的公房给租出去了。这解决了很多的住房问题。所以没有出现很多的贫民窟。我不是说为现在的移民政策在辩护，我也认为现在的移民政策要改，特别是子女就学问题要大改。但是我们要明白一个是非问题，贫民窟是给老百姓的权利没错，老百姓是有了权利，但是不是所有权利我们都应该尊重，当你给了老百姓建贫民窟的权利的同时，你必定是损害了别人的权利。这个国家如何来选择？从长远来看，还是保护产权更重要吧。

最后一个是关于土地制度和种族主义新农村的问题。我觉得这种类比也是让人家非得想起社会主义新农村。这个类比也是让人家产生了超乎常理的想象和联想。对于社会主义新农村，可能秦晖去阅读了胡锦涛、温家宝的想法，然后说他们可能是想把农民框在农村。但我觉得这种阅读是一种主观的阅读。而且我们看到农村的情况那么差，难道就不应该改善吗？难道就只是为了把他们圈在农村吗？我们两亿人在农村里喝不到洁净的饮水，难道我们就不应该给他们提供洁净的饮水吗？农村里污水横流，难道我们就不应该给他们提供下水设施吗？农村的这种投资实际上是补我们过去三十年的欠账。而且我们的土地制度，很多人说我们的集体所有制是为了把农民框到土地上，其实我觉得土地制度起的作用是非常小的。大家老说因为没法把土地卖掉，所以你就没办法移动。土地值几个钱？城郊这些农民是绝对不会卖掉土地的，他等着有一天土地几十倍地涨。现在一亩地三万块钱，一旦变成非农地了，就变成三四十万。他当然等。再到中西部的土地，值多少钱？我大概粗略地计算过，一万块钱到两万块钱一亩，也就这水平。政府给你补多点就三万块钱，那是征地。真的自己去卖的话，能卖到两万块钱就应该烧高香了。两万块钱在北京能干什么？厕所都买不起。哪能指望说这点钱妨碍你移民？根本是不可能。其实最大的阻碍不在于农村，而在城市。城市的政府不让你留下来。这才是最重要的。所以黑人家园非得叫种族主义新农村，让人家联想到社会主义新农村，这也会引起大家没有必要的，超乎常理的联想。

我还想回到开头，从想解决的问题来看，我赞同秦晖的想法，就是这种制度，二元结构我们需要打破，尽管说比如我们收入的差距可能不完全是二元结构产生的。总体上说，打破二元结构我们应该还要做很多事情。我们有更多更好的理由来为我们的建议进行辩护，而用不着采用这种类比的方式来为我们的结论辩护。

**刘海波：**今天秦老师讲的低人权与经济发展的关系，可能有一些人听了以后，会认为很有道理，甚至有人会总结中国经济发展的这种比较优势。但我认为，这种见解是不正确的，经济发展是什么意思？是一部分人短期致富，还是某个时期的GDP统计？不应该是这个意思。我有个观点，理论上是可以慢慢阐明的，就是：国民财富的实质就是国民之间的关系在正当规则的规范之下。我追随我们中国传统圣人的说法。朱子有句著名的话是“义也，未尝不利”；朱子几句原话是“利是那义里面生出来底，凡事处制得合宜，利便随之。所以云‘利者，义之和’，盖是义便兼得利”。

还有“循天理，则不求利而自无不利；殉人欲，则求利未得而害已随之”。这个意思讲的是什么？不说道德评判，但是作为一个经济发展模式而言，还是朱子说得对。

朱子说的这些话可以有现代的深刻抽象理论的支持。为什么？他说的是关于单元和整体之间的关系。对于社会科学而言，区域性地对任何一个分析单元都是真的这一事实，不能得出它可能世界性地对全部单元都是真的这一结论，对于每个个体都是真的，但对总体却是假的。我们可以找一些很直观的例子：无人否认澳门和拉斯维加斯是富裕的地方，但是绝不可能有全局性的澳门或拉斯维加斯经济发展模式，这不过是死亡游戏；一家公司的流动资金被卷跑了，公司将陷入困难甚至破产，可是对一个超大范围的经济体而言，无论是流失了大量纸币还是黄金，却并不总是如此。中国当然是一个超大范围的国家，对她来说，经常更合适的假设不是一个单元而是唯一经济体或天下，1949 年在中国发生了大规模的资本外逃，比如有消息称国民政府运走了大量黄金，但未必中国大陆因此就损失了财富。甚至，尽管对于每个老板来说，压低自己员工的工资可以使得自己发财，但是如果所有的老板都压低所有员工的工资，实际上意味着什么？对于每个老板来说，我的客户也被消灭了。老板虽然希望自己员工的工资低，但是希望自己的客户富。房地产老板希望大家都有个百万千万，不会希望想买我房的人也是穷得当当的。

我们似乎很有理地进行个体之间收入的加总，并且首先会在经验中观察发现，在某个局部系统中，对争执权利的不同安排，仅仅是进行了收入的转移，总收入不变，资源的使用情况不变。但是，我们是否可以扩大范围，乃至此系统包括越来越多的个体？也就是，在一个全局性的系统内，任意两个个体发生权利的冲突，那么权利的安排不影响系统的总收入和资源的使用情况？我们可以有意义地谈论整个系统的收入吗？如果，通过不同的权利安排，使得局部收入极大化了，这意味着什么？意味着整个系统的收入也极大化了，从而意味着效率或经济发展？——因此这样的权利安排要成为规范性标准、成为政策和法律？

什么是收入？我们好像太熟悉什么叫收入了，而且也习惯加总几个不同的收入。但是，收入的意义不过是表示一个个体同所有其他个体的关系罢了。问题在于，会计意义上每个单位都有一笔收入，但所有收入的加总，却没有原来的会计数据同样的意义，统计上的总收入本身不具有单个会计收入之可能同样的条件。我们将一组关系进行了加总，究竟得到了什么东西？确实我们可以谈论某个人、某个家庭、某个公司、某个地区的收入，收入水平作为评价的标准之一，但是谈论国家或社会（假定这是世界上唯一的一个国家）的收入，个别和总体收入的含义是不同的，我们不能象认知个别收入那样认识国家的收入，国家的收入甚至是不可理解的概念。不可能做到设想一种在客观意义上的社会总收入作为效率的标准。统计意义上的社会总收入是一系列过程的自然结果，只要这一系列过程符合正义，这个结果就是正确的。对中国这样的国家，唯一经济体是合理的假设。对每一局部为真的事实，但对整体而言则可能是假的。对唯一经济体来说，总收入是不可理解的概念，甚至唯一经济体基本上也不可能像个体那样储存财富——唯一经济体的国民财富主要是流量、是正在进行的活动。经济过程必须经过在个案中正义判断的检验，而不是以局部收入最大化为借口代替这种检验，否则不可能是理性的。没有个案正义判断这样一个过程的过滤，不可能有理性的经济发展。

把对单元有利的局部效率认为是经济整体发展的效率，这个说法是说不通的。因为不管你怎么比较，都只是局部效率。而为了局部效率损害个体的人权，以个案正义为代价，大面积不断地累积个案不正义，后果从来都是深渊，而不会是发展。如果说为了局部的效率，在个案上有累积不公正，所有的不公正累积起来，大家是一块玩完的结局，所以不会有发展。就经济发展模式而言，像中国那样的大经济体，不考虑国际贸易的格局，我觉得实际上说要富裕，就只能是共同富裕；要发展，只能是共同发展。

我和秦老师之间涉及这样一个问题，评价中国改革三十年特别是后十几年是虽然有问题但还是很发展呢？还是像我感到的那样：中国自国有企业改革和住房改革——房地产发展以来，经济增长速度是令人瞩目的，但有太多的个案不公正、太多的上访诉怨。对此，通常论者进行的二分法——巨大成就与发展中的问题，我则是一元论断——可能经济也未必真的发展了。

我感到中国最近十来年这个模式本身很难称得上发展。简单来说，有三个问题，都是局部效率与整体问题的解决没有在比较好的理论指导下的政策导致的。大家最看得见的是不公正的私有化问题，财产转移问题，就是财产不公平跑到了私人的腰包里。我觉得这个还不是最严重的，这个最容易看得见，群众最容易感知得到。还有比较隐蔽的两个，一个是所谓的地租经济，土地上的所谓极差地租与个人努力无关，土地涨价归公不是一个社会主义的办法，是要搞市场经济，搞资本主义的前提。否则所有人的努力是去追求地租，社会就会陷入一个锁死的陷阱。这又是一个局部与整体的悖论。还有一个问题，有待于争议，是说利用外资和出口创汇政策。针对中国这样一个超大范围的拥有14亿人口的经济体，土地960万平方公里，从黑龙江到海南岛，从青藏高原到崇明岛这样的一个地方，实际上财富不要说不能看成美元，连黄金都不必要。因为什么？黄金其实也是纯粹的信用货币，当年希特勒要搞易货贸易，废了黄金作为货币的功能，那就意味着战争了。黄金除了作为奢侈品以外，它也没什么作用。它作为货币，也是信用。中国这么大的民族国家，这么强有力的政权，这么高度的整合，就可以认为黄金不是财富，你只要有一张政府盖章的纸就可以了，就可以充当货币的功能了。整个利用外资的政策和出口创汇的政策很可能是更大更隐蔽的一个局部与整体的悖论，是用小公司财务的观点来看待大国金融的观点。对每个企业、每个地区而言资本短缺是正确的，但大国不存在这个问题，大国金融与企业财务不是一回事。既然中国在地域和人口上是个超大范围的国家，并且存在一个稳固有效统治的政府，那么就绝对不存在资本短缺的问题。中国经济发展的资本可以来自主权信贷，而不需要利用外资，两种模式下分配的格局完全不同。这三个问题——不公正的财富转移和私有化、地租经济、出口创汇和利用外资政策，有了这三个，再加上今年最终无疾而终的土地政策，地方政府又要救房市，还有最近可能高达18万亿的基础投资大跃进。所以我现在说一句话，这些问题不反思，这个教条浅薄的经济学调调不改变，黑暗还在后面，穷的日子还在后头。我说这个，立此存照。我的说法有理论社会科学的基础，理论的意义不仅是对既往问题的解释，而是创造一种模式能看到眼睛直观所看不到的东西，能够做出一定的预言，更重要的是能够提出新的政策导向。

**杨立华：**我在这里加一句，所谓的低人权、低成本的优势是不可持续的，最根本的祸害因为它限制了内需的扩张。目前中国的状况是这样，南非也是这样。只有提高劳动力的成本，提高收入，内需才能支持它的发展。所以我觉得不成立就在这，它不能成为优势。它只能是一段时间牟取暴利的一种方式而已。

**李保平：**杨立华老师一直在做南非问题的研究。我也对南非问题也有所关注，去过南非。但是我研究肯定没有杨老师研究得那么精到和全面，也没有秦晖教授这样的一个独特视角。南非是非洲最发达的国家，它的经济实力，它的高楼大厦，它的高速公路，非洲其他国家是难以与之相比的。还有一个很突出的地方，它的自来水质量很好，可以像欧美国家一样直接饮用。有一位外交官第一次去南非，对南非的城市面貌印象很深，那是在上个世纪90年代曼德拉出任总统之后，他告诉我一个感受：可惜了。暗含的意思是，这么好的国家，这么好的城市，会在黑人的手中败落。的确，废除种族隔离制度后的新南非出现了不少负面的东西。杨立华老师的看法跟这个外交官的看法是有很大的不同的。杨老师更多的从积极的角度看待新南非，对长期受压迫的黑人大众持同情态度，对南非的前途是乐观的。

如何看南非见仁见智。我想说秦晖教授搞的研究至少提供了一个有启发的思路。中国也正在进行着深刻的社会转型，从一个人权保障不那么充分的情况，过渡到更好更有效地保障公民权利和自由的情况，从而保证经济和社会能够健康、可持续地发展。如何平稳有序地、以软着陆的形式完成这个过渡，是一个重大的历史性课题。从这个角度看，秦晖教授的研究是有重要价值的。

南非发展的经验教训值得借鉴，中国和南非确实在一些方面是可以做一些比较的，都是发展中国家，都在进行社会转型。在保障人权问题上，法律、法治的作用应该得到足够的重视。南非的法律体系很独特。即使在种族隔离时期，南非在白人社会实行的是民主政治，而且是一种有法治的民主政治。它通过定期选举赋予政府合法性，选举的结果在白人社会是被接受的，政党轮替是和平完成的。立法、司法、行政互相制约，彼此独立。即使是推行种族隔离制度，也是通过立法来完成的，虽然这个法是恶法。肯定有很多因素促成了 1994 年在种族隔离制度的终结、政治体制的变革和政治权力的和平移交。因素之一，我认为是白人社会中较为完备的法律系统，以及人们普遍遵从宪政和法律的传统。

新南非颁布了许多法律，保障种族平等，保障公民的政治权利和自由，并注意保护和照顾白人权益。同时，南非法律体系中也有一些值得注意的负面的现象。1994 年以曼德拉为代表的南非黑人精英执政不久，南非颁布了废除死刑的法律。凶犯杀人害命，即使十几条人命，也不会判处死刑。另外，像美国一样，南非的法律允许居民合法持有枪支。我认为，这是在人权问题上过渡保护的事例、超前立法的事例，其消极后果是国家机器对铤而走险之徒无法形成有效震慑，肆虐南非的持枪抢劫、行凶杀人等暴力活动难以遏制，到头来反而有害于人权的保护。

另外从社会结构上看，中国不是一个严格的等级社会。种族隔离时期的南非是等级森严的，白人和黑人之间有不可逾越的界线，有一系列的法律来确保这种等级制度。在中国，社会分层没有那么明显。历史上就是如此，现在仍然是如此。以前的科举制度，现在的高考制度，都提供了改变身份和地位的重要途径。北大新任校长就是出身于农民家庭。在做比较研究时，要充分注意到中国同南非在很多方面存在着极大差异的事实。

**韩朝华：**我原来没准备发言，只想来听一听。现在简单讲点感受。

我觉得，秦晖教授在衡量南非的经济增长时，试图提出一个非经济学的标准。他实际上对南非的增长做出了一个道德评判，即这样一种以社会不平等为基础的经济增长是不可取的。他的这个批评是非常强烈的。我觉得这是他核心论点。对此我不作讨论，因为我对南非的问题不了解，只是觉得这个问题有意思，想来听一听。现在，听下来以后，从学术研究的角度，我觉得有几个问题值得提出，以便秦晖教授能在研究中做得更严谨一点。

比如，南非经济增长中的低人权优势。但南非的种族隔离（即所谓“低人权”的状况）在90年代里就结束了。从那时起到现在已有十几年了，这个时间足够长。那么，因此就能以种族隔离结束的时点为分界线，将前后两段时间里南非的经济增长绩效进行比较，到底低人权条件下的经济增长和无低人权条件下的经济增长有什么区别。这是可以做严格的数量化比较的。对此，秦晖教授在报告里没有给出很清晰的印象，只是讲到，种族隔离政策结束之后南非的治安变坏。治安当然是一个指标，但它跟经济增长绩效还是有所不同。当然秦晖教授是个历史学家，要他按经济学的研究方法来做可能不合适。但是，所讨论的是经济发展问题，就很难避免经济分析。从经济学的研究方法来讲，如果要作这方面的判断，就要以种族隔离制度的结束为分界点，具体比较结束前后两个时段的经济增长绩效，看看到底种族隔离的结束对经济增长产生了怎样的影响。其实，一个国家的经济增长和不增长都很复杂，很难用一个因素去概括。像刚刚杨教授所说的，种族隔离制度消除以后，国际市场对南非产业全部开放了。

这应该是一个很强的促进增长的因素。总之，对于“低人权”促进经济增长这样一个判断，需要更深入、严谨的证明。这一点，秦晖教授的报告里没有给出很清晰的说明。因此，对于他的这个判断到底成立不成立，我还是心存怀疑的。

第二，讲到中国的情况。中国的确存在着城乡分割，农民工的用工成本也确有被压低的情况。这是事实。但是，中国近三十年来的高增长是否就是因为得益于“低人权优势”，这还有待斟酌。因为，最近的三十年和再之前的三十年（1949 年到 1978 年也是近三十年）相比，中国的人权状况是得到显著改善的，中国的老百姓比改革开放之前有了更多的自由。正是因为有了这些变化，中国才有了近三十年来的经济高增长。这也是不能否认的。所以，把中国近三十年里存在的城乡分隔问题简单地与南非的种族隔离划等号，还是要慎重。这两者之间到底有没有一些本质上的差别？我不是说，中国近三十年来的经济发展中没有问题，是有问题的，也确实还存在着不平等的问题，但是比改革开放前的那三十年来，改革开放后的中国在人权状况和民众的自由方面是有明显改善的。而且，正是这些改善成为中国近三十年里实现高速增长的重要促进因素。这应该是毫无疑义的。所以，研究这个问题的时候要考虑得更全面一些。

**茅于轼：**我来说几句。秦晖教授很善于从历史的事实总结一些发展的规律。低人权优势我觉得是存在的，不光是中国大陆存在，还有很多别的地方也存在。比如说中国台湾，它经济增长最高的时候也就是 60 到 70 年代，那个时候它也是一个很独裁的地区，正好是戒严的时候。那个时候国民党杀共产党的人是毫不含糊的。再比如说香港，香港那时候是没有人权的，有人权的是英国的殖民政府。再比如说新加坡，表面上是民主政治，实际上人权状况很差。他们都得到了很高的发展。还有中国大陆，中国大陆的人权状况在国际上都是受批评的，但是我们的经济增长全世界都承认的。这些事实加起来，再加上南非的例子，我们没有理由说这个事不存在。姚洋和韩朝华说了，改革以前也没人权，但是为什么经济没增长。现在没有人权的国家多了，北朝鲜也没有。所以我觉得要区分什么叫没人权？有特权就是没人权，这是我一贯的说法。特权可能是坏的独裁，也可能是好的独裁，这两者是非常不一样的。邓小平开辟了一条路，是以发展经济为目的。你看毛泽东那个时候，最后的二十年，根本就不讲人民的福利，讲的就是权，赫鲁晓夫式的人物在我们旁边睡着，要红色江山永不变色。讲的都是这一套。老百姓生活怎么样，苦不苦？全都没有。而现在的三十年，当然无产阶级专政还坚持着，主要的不在这上面，还是在建设国家，创造财富。确实见效了。台湾也是一样的，后来慢慢地独裁的色彩越来越减少，把建设放在第一位。所以不能把这两个没有人权当作一回事，非常不一样的。

我最后一点感觉就是南非的低人权跟中国在很多地方不太好比，但是有一些地方是可以比的。比如说有特权，中国就是这样的，有很多人在法律之外，根本不能接近他的。这些问题加起来，我感觉有一个最根本的问题就是秦晖反复提到的贫民窟问题。我们看住在贫民窟里面的人，非常同情他们，很遭罪。但是他到这里来还是自愿的，可能比他原来的状态还是要好一点。这样的问题怎么解决呢？这些问题我想了很长时间。我觉得贫富的问题就是造成一切罪恶、一切丑恶的原因。要解决这些问题只有一个办法，那就是让穷人富起来，没有第二条路。经济适用房也好，廉租房也好，通通解决不了。廉租房搞到最后就是贫民窟。贫民窟有各种毛病，脏、乱、差，犯罪率高，教育低。所以一切的问题最后的解决只能是让穷人有钱。怎么让穷人有钱？一个是财富的创造，一个是财富的分配。这两条搞不好，问题是没有解决的希望，尤其是财富的创造。财富创造不好，光讲分配，穷人互相打架，越打越穷。所以效率还是最重要的，这是没办法的事情。

这就是我对秦晖教授的一些感想。

**盛洪**：我稍微讲两句。最后秦晖再来回应大家。

我比较支持这样的判断，就是在所谓低人权的状态下可以有比较高的经济发展。其实经济学可以严格证明经济发展不等同于人的福利最大化。一个非常著名的例子就是1993年获诺贝尔经济学奖的福格尔。其实讲到低人权，最低人权的就是奴隶制。福格尔最具挑战性的结论就是奴隶制比自由人的农场效率要高。当时在1994年，我在芝加哥的时候，我就去拜访他，我带着这个问题问他：美国能不能不打这一仗就可以取消奴隶制。他说不行，因为南方奴隶制的农场效率高，改变成自由人的农场效率低，所以就有利益上的问题，他不愿意放弃奴隶制。这是非常有挑战性的。福格尔的话是很遭忌讳的，只是福格尔有个特别大的优势，他娶了一个黑人老婆，所以他不怕别人攻击他是种族主义者。这是很有意思的。但是确实如此。我问他为什么会高？是不是奴隶干活的时间长？他说不是，是干活强度高。因为干活时间长，总要有人监督他们干活，奴隶主不愿意干活时间长。所以在单位时间内让你干活多。这是他的基本逻辑。这是什么意思呢？我们能够看得到的经济发展或者经济效率，实际上是成形的，甚至是已经货币化的经济效益，比如像棉花，卖出棉花的价格和收入。我们现在讲的经济增长一般是以GDP来衡量的，大家知道GDP是可以货币化的，可以物质化的，而且可以集中起来看得见的。而我们所说的福利概念包括心理感觉。这是很容易理解的。比如说我们为了建一条高速公路，把农民赶出去了，把地给夺了，高速公路会非常快地建立起来。大家都看到，会说这条高速公路真棒，这是很直观的。但是农民的痛苦，你是看不到的。按照经济学来讲，所谓的效用是心理的。你怎么知道痛苦不大于高速公路呢？可能是大于的。我们在讲经济增长的时候，未必是经济学上所讲的福利最大化的境界。这是没有问题的。近代以来，为什么要经济增长？为什么要经济发展？我说这是不得不的。为什么？因为这种所谓看得见的，可以货币化的财富可以集中起来变成国家实力。这个国家实力用来对外扩张、殖民、征服、掠夺。这是很清楚的一件事。刚刚海波讲，大家也讲，我觉得大家都说得特别对。其实最持久的发展是所有人的福利最大化，才稳定，才持续。但是关键在于那个不持久的能够持久多长。它能持久很长。我给你举个例子，就说美国。美国的财富是建立在印第安人的种族灭绝上，建立在黑人的眼泪上。当然它后来纠正了这个错误，但是别忘了，它积累了美国强大的国力。这个国力可以向外扩张，可以发展技术，可以发展最高级最领先的武器。这给了它巨大的优势，但是这个东西绝对不是持久的，按照朱子讲的。但是关键在于它在永久之前能够持久多长？这还是个问题。所以我们现在所看到的所谓成功，其实也不是持久的。这个逻辑非常简单。经济发展和福利最大化不划等号，这是完全能成立的。这是一点。我其实是支持秦晖的观点的。

另外我非常同意刚才朝华所讲的，包括茅老师所讲的，其实改革开放以来，人权的状况虽然不好，但是在不断改善，而且是非常迅速的改进，这是推动我国经济三十年奇迹的非常重要的因素。再一点我就想呼应一下秦晖。刚刚有人说，中国的城乡隔离、歧视和南非的种族隔离不一样，和美国的奴隶制不一样。我想从动机上肯定是不一样的。但是我给大家提供一个事实。美国在 1787 年的宪法规定都有选举权：各州人口数，按自由人总数加上所有其他人口的五分之三予以确定。什么叫“其他人口”？其实就是黑人奴隶，但是它不便于说明。为什么是五分之三？因为他们不是完整的人，他们是奴隶。但是为什么又要有他们？是因为南方要争取他们的人口数量作为他们的投票基础。这是政治考虑。所以他们五分之三。这是他们 1787 年的宪法。这个条款被 1870 年的美国宪法第十五修正案推翻了，就是所有的人都有完整的选举权。再看一个 2004 年全国人民代表大会通过的《中华人民共和国选举法》第十六条规定，省、自治区、直辖市应选全国人民代表大会代表的名额，由全国人民代表大会常务委员会按照农村每一代表所代表的人口数四倍于城市每一代表所代表的人口数的原则分配。换句话说，每一个农村人等于四分之一人，这是 2004 年白纸黑字写在《中华人民共和国选举法》中的。什么意思我就不说了。我再提一下一个经济学老前辈董辅礽说过的话，我最近看文贯中的一个回忆。他讲八十年代初他带了一个美国代表团去访问董辅礽，当时他是一个翻译。董辅礽当时说人民公社制度就是农奴制。他特别惊讶，说是这个意思吗？他又问了一下董辅礽。董辅礽说你就照这个翻。那几个美国人也都听呆了，说是这个意思吗？董辅礽说就是这个意思。

我的发言完了。下面有请秦教授。

**秦晖：**非常感谢大家，尤其是感谢杨老师。

杨老师，在回答之前，我想问一个问题：南非的这些黑人进城打工办通行证要掏钱吗？这个我查过很多资料都没查到。

**杨立华：**这我倒没有注意，好像没听说收钱。

**秦晖：**可是中国的农民要办暂住证是要掏很多钱的。这是中国的暂住证和南非的通行证不同的一点。如果杨老师能够查到，我倒是很想请教一下。现在暂住证的费用是降低了，而且好几种费用合在一起。原来是一大堆费用，而且是每年都有这个费用。有些地方把它合并了。像东莞，每年大概是53块钱。北京前几年是三百四十多块钱，办证的费用相当于农民工一个月的收入。

好了，我现在来回答一下。有一个问题是不存在争议的，就是我对低人权优势下的经济增长是一种强烈的批判态度。我觉得没有什么必要用低人权增长如何如何不道德来反驳我。在这一点上没有争议。李实在上一次会的时候有一个评价就很好，他说我的意思就是中国现在的模式还不如拉美，是一种比拉美还要低一档的模式。我觉得这就是我的意思。至于它是不是低一档，这当然是可以讨论了。但是显然我没有肯定的意思。但这只是价值判断。

如果回到事实判断：低人权是不是对南非和中国的经济奇迹产生作用了呢？我觉得肯定不是唯一的作用。我一开始就说了，如果中国只有低人权，那就是北朝鲜，根本不可能有高增长的。我一再强调南非也好，中国也好，都是全球化加低人权。由于低人权，在全球化的过程中就特别有出口商品，吸引资本的优势。这一点是确凿无疑的。任何国家都不可能像中国或南非用这样的条件来招揽资本家，推出血汗工厂的商品。这一点是毫无疑问的。我刚才已经讲了，我再重复一遍：没有全球化，中国就是北朝鲜；没有低人权，中国就是东欧。大家知道东欧是不可能像中国一样推出血汗工厂的商品。尤其是东欧要加入欧盟。加入欧盟的成本有多大？欧盟的福利门槛要比自由门槛高得多了。

其实我对长远的发展还是跟杨老师一样的。改善人权最终来说并不会影响经济发展，而且会为经济发展提供更好的背景。包括现在的东欧，经济增长就非常快。而且应该说除了打仗的那些国家，经济发展普遍都比俄罗斯快。俄罗斯现在民主倒退，所以我们特别喜欢谈俄罗斯。而那些没有倒退的国家，包括前苏联境内的比较民主的国家，波罗的海三国，普京时代这三国的增长率都比俄罗斯高。但是因为他们没有出现民主倒退，所以我们的官媒都不讲，只在那里讲俄罗斯的经济如何腾飞。我觉得这显然就是刻意回避民主化对经济发展的好处，我当然对此是不以为然的。

但是，我认为在一个时期，低人权能够起到一定的作用。这是什么作用呢？其实就是加速资本原始积累的作用。我觉得这个应该是没有任何问题的。刚才杨老师提出南非经济高增长的一个很重要的原因就是英美大量投资。其实我觉得当然是这样的。我也提到这个问题。它和中国也是一样的，吸引外资，天下第一，或者说仅次于美国。但是为什么会这样？为什么英美就不投资到别的国家？杨老师刚才说是西方需要南非的矿，其实我想您也知道，西方在南非投资制造业比投资矿业更多，老实说，不也就是因为南非那种欺负黑人劳工的方式别的国家做不到吗？这个道理是非常简单的。所以我觉得英美投资当然是个重要因素。如果没有全球化，根本就不可能有这样的增长。在这一点上，我倒是觉得现在西方左派骂全球化骂得很厉害，其实是与全球化下中国、南非这种低人权的奇迹对高人权体制构成压力有一定的关联的，这就是我提到的一种可能（当然只是可能）："血汗工厂打败福利国家"。但是我提出的解决方案跟他们是完全不一样的。比如他们说经济全球化造成了这种状态，因此他们说不要经济全球化，要重新设立关税壁垒，把外资堵出去。我觉得恰恰相反，经济全球化我们要保留，但是我们现在要推进人权的全球化。不能一直靠低人权优势来搞原始积累。这是第一点。

至于低人权，刚才有人说让我提出具体低在哪个方面。其实我之所以说是低人权，而不是低工资，就是考虑到人们的人权观是多样的。上次姚洋就说，我用人权这个概念是不合理的，因为人们对人权的理解有很大的偏差，有很大的不同。我说恰恰是因为大家对人权的理解是各种各样的。但是无论从哪样来讲，中国和南非都是低人权。所以我才用这个名词。我们通常讲的人权无非是三层意义：

一个是左派在经济上讲的人权，实际上就是社会保障，公共福利，平等意义上的人权。福利国家就是高人权，自由放任国家他们认为就是低人权。但是南非和中国都是负福利国家，就是在福利问题上比零福利还要低的。负福利国家就是用国家权力，用非经济力量增加不平等，而不是减少不平等。我们讲的福利就是在二次分配中，用政府的力量降低不平等。从数值化的角度来讲，就是降低基尼系数。南非也好，中国也好，恰恰是一次分配的基尼系数还不是太高，二次分配以后就高起来了。这两个国家都有这样的特点，因此我说他们是负福利国家。

第二右派经济上讲的人权，我这里讲的右派主要是经济学意义上的右派了，就是自由放任论者。自由放任论者讲的人权是契约自由权，就是对产权的保护，承认自由竞争。我刚才已经讲了，南非和中国都是垄断很厉害的，都是国有经济占有的比重很大。实际上也没有人说他们是自由放任国家，包括南非的共产党也没有说旧南非是自由放任国家。

第三，左右两派都共同公认的人权，就是政治自由和公民权：言论自由、结社、杨老师提到的成立工会等等。这是左右两派都公认的。不管是保守党还是工党，都不会主张要取消言论自由等。这一点至少对于南非黑人来说，和中国一样也是低人权的。所以我说在这三个方面都是低人权，因此仅仅讲低工资，这样的国家很多，比如说印度也是低工资国家，南部非洲很多国家也是低工资国家。但是比如说集体谈判能力，它就没有像南非一样剥夺得那么厉害。正如杨老师所讲的那样，到了70年代黑人工会开始崛起，南非也在改善。刚才也有好几位说中国改革也有人权进步的一面，的确是这样。我觉得中国改革的进步，要讲进步就是体现在人权的进步，也是体现在这三个方面：我们的自由虽然还很低，但是比以前多；我们的福利虽然也很低，但是比以前多；我们的政治自由虽然也很低，但也比以前多。

但是我讲当下的低人权是什么意思呢？是指全球化过程中比其他国家低，比如资本家到你这里投资，不到别的地方投资，就是因为你没有工会，不是为了别的，就是看中你这一点：可以圈地，没有工会，这一点就吸引了大量的资本。至于说是不是毛泽东时代的人权比现在好？当然不是，但是毛泽东时代根本不让外资进来，根本不搞全球化。那当然是另外一个问题了。所以我觉得低人权优势的确是客观存在的。讲得简单点，就是低人权会加速原始积累。

有人说它的长远会怎样？其实刚才盛洪也讲到，如果我们没有对民主、自由的追求的话，仅仅从经济本身来看，我觉得在全球化过程中，如果闭关锁国，肯定不能长久，像北朝鲜一样根本就搞不下去，但是如果你打开国门，低人权国家就有一个特点，我觉得自由经济国家和民主国家最重要的一点就是有创新激励。这一点是低人权国家不能相提并论的，包括美国南方在这一点上是不能跟美国北方叫板的。所以关起门来肯定竞争不过别人，包括美国南方如果关起门来不和北方搞经济一体化，南方不可能有什么效率。但是问题就在于市场经济的全球化，资本可以广泛流通，那么自由经济民主制度下的创新优势就会被低人权国家接过去。接过去以后，他搞的血汗工厂的所谓优势你又学不到，那么最终结果的确很可能出现劣币驱逐良币的现象。

其实国际社会对南非的制裁除了道义上的以外，还有一部分是经济上的考虑。比如说很多人就认为南非这样搞的话，英美就不会跑到南部非洲其他国家去投资。道理很简单，南非的投资环境最好，天下第一：土地可以随便圈，劳工可以随便役使，南部非洲哪一个国家有这样的条件？如果你真的没有民主运动、自由运动、人权运动经济以外的追求，那么的确是很难讲。我觉得最重要的问题是市场经济要求的是全要素的自由流动。但是目前在民族国家的背景下是不可能有全要素的自由流动的。劳工就不可能自由流动。所以的确可能会出现劣币驱逐良币的现象。要解决这个问题我觉得只有要求低人权国家放弃低人权优势。如果用终止市场全球化的办法，首先损害的就是南非人和中国人。南非虽然千不好，万不好，但是南非即使是黑人还是要比其他南部非洲国家的要富。这一点是肯定的。否则就不能理解南部非洲的黑人为什么都争先恐后地跑到南非来打工？南部非洲的黑人要到南非去打工，就像我们现在西部的人要到东部去打工。这是同样的道理，用外来工是个很普遍的现象。

还有一个我要回答的问题就是所谓的动机的不同。有人说南非的低人权是基于邪恶的动机，我们的低人权是基于善良的动机，因为中国要发展，要付出一些代价。其实老实说这个邪恶不邪恶真是很难说的。曼德拉的《自由之路无坦途》就讲汤姆林森报告就有很多话说得也是很好的，讲非洲黑人要求发展的机会，这非常重要。如果没有发展机会就不可能保障白人社会的安全。所以他讲了很多建设黑人家园要搞工业分散化，搞经济增长点，专门投资区，政府有优惠政策改善黑人就业等等。但是实际上做得很差。我觉得主要是制度的原因。制度安排如果是糟糕的，你讲一些冠冕堂皇的动机管什么用？

关于新农村建设，我从来没有完全否定过，而且新农村建设中的很多内容是我一直在提倡的，其中主要是改善教育和卫生这两项公共服务。我一直觉得新农村建设主要就是应该在这两个方面进行大力度的投资。但是你能否认有很多人把新农村建设理解为中国解决城市化问题的一种替代么？我可以举出很多例子。很多人就专门写过文章，说农民进城会导致严重的问题，什么拉美病、印度病。总而言之一句话，你看看汤姆林森报告，我觉得我们应该把这个报告翻译出来。他们是怎么讲城市化和黑人进城以后的问题的？他们讲黑人进城导致的问题跟我们今天一些人讲新农村建设的必要性几乎完全一样，说这些人进城会找不到工作，会导致犯罪，所以一定要把他们留在农村。留在农村就要改善生活条件，国家就要给他们投资。而且我说了，中国给他们的投资还没有达到旧南非给黑人家园的水平。要说在这点上，我们还不如他们呢，讲得简单点就是这样。这是有数据的。当然我这里讲的是人均。就财政投入来讲，中国那么大的国家绝对量肯定比他们多，但人均投入就是不如。

还要讲贫民窟问题。贫民窟问题最近我曾经闹出一场风波来，大家可能知道。其实我的主张很简单，就是他们进了城，除了打工以外总是要安家的，你总不能把这些人卖完了青春就赶回去，把这个作为你的政策的出发点。道理很简单，要么就给他们提供廉租房。廉租房有什么缺点，刚才茅老师提到了。其实廉租房的缺点对于中国来说还是一个未来的问题，尤其是对于农民工来讲，更是未来的未来的未来的问题。现在还根本看不到这种影子。无非就是两个办法：一个就是通过福利来解决——政府给他们盖房子；一个是通过自由来解决——你让他们自己解决简陋的。我的意见归根结底就是一句话：如果你不能给他们提供福利，至少你不应该剥夺他们的自由。你不能搞到他们自由也没有，福利也没有。既是低自由，又是低福利。我觉得这就太糟糕了。关于这一点，刚才姚洋说，房改以后我们的房子就可以租给农民工住了。我不知道姚洋教授的住房是不是租给农民工住的，的确是有一些人租了我们的房子，蓝旗营的住房现在如果出租的话，月租金可以达到八千块。农民工能租吗？关于这一点，姚洋反对贫民窟和一些左派攻击贫民窟，他们对贫民窟都持一种非常反感的态度，但是他们的理由截然相反。左派批评贫民窟是说你对穷人不够好，没有给穷人盖好房子。而姚洋对贫民窟的那个观点是极右的观点，说穷人没有房地产跑到城市里来就是侵犯产权。这个逻辑老实说在西方很少有人敢讲的，哪怕心里那么想都不敢讲的。西方的右派反对福利房，但是他们怎么说呢？我们不要给他们盖房子了，他们进去了就出不来了，以后他们富了房子也收不回来。而且很难分得公平。最好的办法是给他钱，用货币补贴。第二个说法就是穷人都集中在一起会产生很多的问题。最好是采取混合收入社区，福利房要分散地盖。这在西方就属于右派言论了。像姚洋讲的穷人闯进城里侵犯产权，我们就把他赶走。这个说法老实说哪个右派敢这样讲？所以我说姚洋讲的很多事实我都赞成，但是我就非常奇怪，他很善于把极左的观点和极右的观点结合在一起。老实说姚洋上次讲过中国最好的就是有一个中性政府。中性政府是怎么建立的？就是通过打土豪，分田地建立的。就是由于其他国家没有打土豪，分田地，所以没有中性政府。我就要问了，这种现象不侵犯产权吗？你要利用穷人为你火中取栗的时候，你就鼓励穷人侵犯产权。现在你当了富人了，你要驱赶穷人的时候，你就要维护产权了，你就要把穷人都赶走了。老实说我刚才已经讲了，拉美和印度的确是有这种现象，就是所谓的穷人的圈地运动，开发商要给穷人让路。南非和中国根本没有这种事，哪有什么穷人侵犯产权，只有国家侵犯穷人的产权。讲得简单点，他们公平合理地、完全自愿地、合理合法地租了房子，政府动不动就把他们给推平，动不动就把他们给赶走。这根本就谈不上穷人侵犯产权，要说侵犯产权也是政府侵犯产权，就是破坏契约自由。中国的农民哪有这个胆量？中国政府对待穷人的态度全世界罕见，最右的国家都不可能这样做的。你还要去占地，还要去圈国家的地，这个我就不说了。中国在流动劳工这个问题上就是最右的。

那么最后我要讲杨老师的话我很赞成，低人权并不是经济发展一定要有的东西。当然可能要跟杨老师商量的是，的确是在过渡时期人权的提高和经济发展是有矛盾的。在80年代以后，乃至过渡时期的头几年，南非经济出现了严重的问题，包括东欧转轨以后也出现了这样的问题。而且老实说南非转轨代价我觉得要比东欧高。我们现在整天讲东欧一转轨就不行了，就不说南非转轨怎么样。但是从长远观点看，南非迈过这个坎以后，我相信它会走向一个正常的发展道路。实际上最近这些年南非的经济增长率也在提高，对外资的吸引力也在增强。但是这里我要跟杨老师商量的是这个转轨其实真是不太容易，南非现在的问题也的确是很严重，包括我讲的治安问题，甚至包括外资。尽管杨老师说，我也看到这样的数字，说南非对外资的吸引力提高了，但是那只是跟前几年相比而言，这个对外资的吸引力实际上还是没有回复到历史上最好的时侯。我们最近不是讲竞争力排名，竞争力排名跟经济增长的速度可能不是一回事。竞争力排名南非在过渡的后期一直是掉得很厉害。最近实际上也还是没有恢复到以前的那种状态。一个表现就是南非白人移居国外的情况还是越来越严重，实际上还是有一些白人不愿意在那里待。南非现在正在好起来，这一点我跟杨老师是没有任何分歧的。

低人权不仅仅是低工资。周边国家的工资可能比南非低，用温铁军先生的话讲，就是你刚才说用的不当的词，政府和企业与工农打交道的“交易费用比较低”，讲得简单点就是人家的工人讨价还价的能力更低。虽然他们的工资总体水平低，但是没有像南非一样动不动就拿警察去对付黑人，讲得简单点就是讨价还价的能力。这一点我同意，我也写过文章，这个不应该叫做交易费用，但是我们就姑妄这么说吧。包括张五常也是这样讲，社会主义如果说有点优势，那就是可以降低交易费用。并不是因为它公平。关于这一点，的确是这样。

我觉得，中国也好，南非也好，都应该把提升人权，改变二元结构，改变制度性的歧视作为一个未来发展方向。南非过渡时期的困难我们可以提出一些教训，能不能尽量减少这种过渡时期的困难。但是我觉得即使有这些困难，相比起人权提高的进步而言，它们也是次要的。这些困难是可以克服的。克服以后，不管是南非还是中国，都会有一个康庄大道。

这就是我要讲的。谢谢。

**盛洪：**谢谢秦晖教授带来一个非常有争议性的题目，也带来了非常精彩的演讲。也谢谢评议人。谢谢所有参会的人。今天的会就到这里。谢谢大家。

# “彩虹”的启示：新南非十九年评述

## 一、2008 年排外骚乱说明了什么？

### 后事之师，他山之石

与世界其他地区相比，中国人对于南非曾经是十分陌生的。尤其大陆中国人更是如此。上世纪九十年代前南非与台湾关系密切，与大陆几无交往。那时台湾华人华侨就开始有规模地移民或旅居南非。他们经历了种族隔离时期“低人权下的经济奇迹”，既感受到白人统治者对非白人的歧视，又因种族隔离制度下亚裔和印度人、“有色人”类似，虽居白人之下，对占南非人口绝大多数的黑人而言仍然是高一等的，因而很难体会这一制度下黑人的处境，而当时的经济繁荣和商业机会却给他们很深的印象。所以那时中国大陆除了少量白人压迫、黑人反抗的政治新闻外，对南非几乎没有什么报道，而台湾关于南非的大量报道则主要是“上帝的后花园”的优美环境和旖旎的自然风光、繁荣的工商业、漂亮的城市、发达的基础设施以及（白人社会的）良好秩序。

上世纪九十年代后，尤其是 1998 年中国与南非建交后，两国关系发展迅速，国人居留南非不仅规模更大，而且大陆华人占了绝大多数。这时华人已经没有受到白人欺负的问题，却对新南非的转型期危机、经济困难和“黑人掌权”后犯罪率上升及城市治理问题印象深刻。加上老华人回忆“当年繁荣”的影响，我国来自民间的南非报道就有了很多负面的成分。这与上世纪九十年代我国对转型期东欧的报道有点类似。不同的是：当时对东欧的负面报道主要来自我国官方的“主旋律”，对南非的负面报道则主要来自民间——由于国家关系趋热，我国官方对南非的报道应当说还是很正面的。

但是南非与东欧的转型都是当时全球“第三波民主化”的产物，转型的成就与危机也有很多可比性。当然南非走出种族隔离与东欧走出斯大林体制又有很大的不同。所以对这些负面消息怎么看，这是我们首先要考虑的一个方面。

## “排外骚乱埋没‘彩虹之光’”？

就负面消息而言，2008 年应当是国际上对新南非预期相对最悲观的一年。我们对南非转型期问题的观察就从这一年开始吧。

2008 年 5 月中下旬以来，南非最大城市约翰内斯堡等地发生了本国籍

排外骚乱中的难民安置点

贫民以暴力手段驱逐外籍劳工的大规模排外骚乱。从5月12日在约堡的亚历山大镇贫民区开始，然后蔓延到德班、开普敦等地，西开普省南部和姆普马兰加省、西北省和自由邦省的部分地区也受到波及。事后统计，这次事件共造成62人死亡，几乎等于新世纪以来此前8年多（2000年至2008年3月）“排外暴力”案件遇难者（67人）的总和。死者中虽有21人是南非公民，但据认为他们是混乱中被“误伤”的，攻击显然还是针对外籍劳工，主要是来自马拉维、津巴布韦和莫桑比克的贫困黑人，而且相当部分还是在南非境内有同胞的祖鲁、坎瓜尼、恩德贝莱等跨境部族的外劳。南非时任总统姆贝基于5月21日下令出动军队平息暴力，这是1994年南非民主化、废除种族隔离制度后第一次为国内治安事件动用军队。当时拘捕了1400多人，绝大部分事态平息后获释，有137人被定罪。

南非治安问题虽然一向很严重，但是种族隔离废除后十多年还发生如此规模的暴力仍然令人震惊。国际社会对此高度关注。南非国内主流舆论在谴责排外暴行的同时，主要是批评非国大政府处置不当，没有及时制止暴力，没有尽到保障外籍劳工人权的责任。同时，这次事件也被与“后种族隔离时代”的南非政治形势相联系。姆贝基政府的一些官员和反对党民主联盟的议员都提到，很多排外暴徒声称是非国大青年联盟（祖马曾长期领导该联盟，并以此为其在非国大内的权力基础）的人，有人在施暴时高唱时任非国大主席雅各布·祖马（当时已与姆贝基总统闹翻，后来取而代之成为南非总统，并迫使姆贝基一派离开非国大另组反对党）的竞选歌曲《温希尼·瓦米》，有人还提到暴徒唱的是祖马另一首更激烈的竞选歌《把我的机枪给我》。这些报道意指祖马的“黑人南非民粹主义”倾向要为排外情绪的蔓延和排外暴力的发生负责。而祖马则强烈反驳，并反指政府处置危机不力。不过祖马也承认他的竞选歌曲被暴徒使用，并表示遗憾。

但是尽管互相指责，南非各政治力量对排外暴力本身还是与国外舆论一样一致谴责的。事态中与事态平息后南非政府也采取了很多措施来制止暴力，惩治凶徒，救济和安置受害者，处理善后事宜。此后几年南非迄未

政府救助排外骚乱受害者

再发生如此规模的排外事件。即便此后不久南非就发生政府更替，被认为是更加“民粹主义”的祖马通过竞选把据说更倾向“自由主义”的姆贝基赶下了台，使人们担心南非的排外倾向会更加抬头。但是祖马执政这几年确实没有再出现5·12式的暴力事件。尽管由于下文述及的种种原因，外籍劳工在南非的存在空间日益狭小，人们对南非人的“排外心理”之担忧也始终挥之不去。

恰恰在不久前，因笔者的一次报告引起的关于“贫民区”问题的讨论中，南非案例也被提到。而在种族隔离制度废除15年、南非本国黑人取得了迁徙自由与大城市居住权后的今天，对这次由民间（请注意不是政府）爆发的驱逐外国（请注意不是本国黑人或农民）打工者的事件，我国传媒也像世界传媒一样再次注目于南非，诸如“排外骚乱埋没‘彩虹之光’”[1]的惊呼不绝于耳。

这次骚乱中最令人感到可悲的是：今天南非对外籍劳工施暴的那些暴徒基本都是本国黑人贫民，种族隔离时代他们只能待在城外的索韦托，“白人的约翰内斯堡”是不许他们安家的。15年前，他们由于民主化的胜利刚刚取得了不被驱逐的权利，如今却要驱逐比自己更弱势的外籍黑人劳工。这次成为骚乱中心的约翰内斯堡市亚历山大地区，几十年前就曾经发生过南非本国黑人贫民的“违章建筑”被白人当局捣毁导致举世震惊的大事件。换言之，那些如今野蛮地驱逐别人的人当年自己也

[1]《南非排外骚乱埋没“彩虹之光”》，《新京报》2008/6/1，4—5版。

正是被白人驱逐的对象！这说明了“完全平等”说来容易做来难。许多人抱怨强者对自己的不平等，却往往把不平等施加于更弱者。

其实南非当年的“穷白人”不也是这样吗？当年的“穷白人”向白人资本家要平等，但是他们恼怒“进城黑人”抢了自己的饭碗，对黑人的排斥却比中产白人更厉害。正是他们构成极端种族隔离势力的社会基础——这很容易理解：乐于雇佣廉价劳动力的白人资本家对黑人劳工的歧视倒不像面临黑人劳工竞争的白人劳工那么强烈。事实上，当年南非白人两大族群——英裔白人与荷裔白人（即布尔人或阿非利卡人）中，在种族问题上前者较开明而后者更顽固，其原因也正在于当时英裔白人中多为中产阶层与企业家，而传统上从事农牧业的布尔人进城后多从事蓝领工作，直接面临与黑人劳工的竞争。由此不难理解：甚至连以“全世界无产者联合起来”为旗号的南非共产党，成立之初也因其社会基础为白人劳工而一度陷于“白人沙文主义”不能自拔。只是在当时共产国际基于“世界革命”需要而严加训斥后，该党才转向了依托黑人解放运动求发展的正确道路。

## 不是阶级冲突，不是种族/部落冲突，而是……

如今历史似乎又在重演。这次暴力驱赶外来打工者的事件名为“排外”，实际上外国白人乃至包括中国人在内的其他外籍人士几乎没有受到波及，骚乱所伤害的主要就是南部非洲各国在南非的黑人外籍劳工。而施暴的一方既不是南非白人，也不是中上阶层的南非黑人，他们同样是以打工为生的黑人贫民，不同的只是他们拥有南非“户口”。而这对于外籍劳工来说就是难以逾越的身份壁垒。尽管这些外籍劳工同样是几乎清一色的黑人。

同样是穷人，他们之间的冲突当然不是“阶级矛盾”。同样是黑人（甚至往往是同一族群，南部非洲黑人跨境族群很多，南非黑人中的恩德贝莱人、茨瓦纳人、索托人、坎瓜尼人和祖鲁人等都是），他们之间的冲突当然也不是“种族冲突”，甚至与1990—1994年新旧南非过渡期一度非常激烈的黑人内部党派（非国大与因卡塔自由党）、部落（主要是科萨族与祖鲁族）间冲突也不同，这次的“排外”并没有部落背景，而并非南非公民的外籍劳工当然更谈不上党派。那么，这究竟是什么性质的冲突呢？

其实就是“基本公民权利不平等的不同群体”间的冲突。这些黑人外籍劳工之所以遭到“排外”驱赶，说穿了就是因为他们没有南非公民权，因而也就没有受保护的，即不可剥夺的合法居留权。当然，这并不是说他们就不可能在南非居留，只是可能与否不取决于他们。南非如果需要他们来打工，他们就可以来，假如由于某种原因（例如经济萧条了，或者本国公民需要这些工作岗位了）不需要他们了，他们就没法待下去，甚至在政府还没有做这样的决定时，某些南非公民就可以以他们威胁自己的饭碗为由，对他们采取排斥行动。而实际上，即便在南非需要他们来打工之时，他们的一系列基本权利也是低于南非本国籍黑人劳工的，因为南非只需要这些“外劳”，不需要这些外国移民，只需要他们个人来打工，并不需要他们全家来定居，来南非安家。所以南非并不会，也没有承诺给予他们移民、安家所需要的一系列权利。

我在以前的著述中曾提到，种族隔离时期南非白人当局曾经就是这样对待本国黑人的。那时黑人进城打工需要申请“暂住证”，无证进城就要被“强制收容”。白人当局希望黑人保持“流动劳工”身份，年轻力壮时纯粹作为劳动力在城里住集体宿舍，而把家庭留在农村地区的“黑人家园”，青春耗尽后就回去自生自灭。为了达到这一目的，也为了白人当局圈地方便，种族主义政府强制规定“黑人家园”的土地实行部落集体所有制，黑人家庭没有土地所有权，不得处置自己的“份地”。这样当局就可以假定黑人劳工保留了所谓的“退路”，不必考虑他们在城里的安家需求和社会保障需求。由此造成大量的家庭离散现象，当时每逢圣诞节前后，索韦托等黑人劳工集散地都会出现“候鸟”式的返乡——回城“民工潮”，而不是像今天这样只有外籍劳工才保留这种“候鸟”传统。

南非本国黑人为改变这种制度性排斥，在曼德拉等杰出领袖的领导下，进行了长期艰苦卓绝的斗争，终于在上世纪九十年代前期结束了臭名昭著的种族隔离制度。今天南非黑人已经可以挺直腰板，扬眉吐气地自由生活在自己的祖国。南非黑人仍然有贫困问题，甚至由于一方面失业率居高不下，另一方面种族隔离废除后黑人企业家和黑人中产白领的崛起，相对于黑人普遍贫困的旧南非而言，今天南非黑人中的两极分化和贫富差异都大多了。但是，不仅南非的“富黑人”认为现在比过去好，就是“穷黑人”也这么认为，因为他们至少已经没有基本公民权利被剥夺的问题。在居住权问题上，他们首先争得了“消极自由”，即根据自己的意志在城里（哪怕最初是在棚户区）家庭团聚的权利，没有谁能够不经商量而驱逐他们，接着在他们就在“消极自由”的基础上争取“积极自由”，要求国家提供更好的福利保障，改善他们的居住条件，以便自由地摆脱“贫民窟”——而不是像在白人政权时期那样被犁庭扫穴，从“违章建筑”里赶走。

但是，外籍劳工仍然不可能做到这一切。尽管这次暴力色彩的“排外骚乱”受到包括民主南非政府和南非黑人主流社会在内的各方舆论一致谴责，但是在民主化后南非的经济转型过程中，随着制造业比重的下降和第三产业比重上升，南非本国黑人就业压力增加，对外籍劳工的需求减少，他们并非情愿地离开南非的可能性在明显增加，这恐怕是一个难以改变的趋势。

而说到底，基本公民权利的不平等在“国籍”问题上很难解决，这是当代世界仍然无法克服的缺陷。今天的世界仍然由主权国家所构成，“英特那雄纳尔”并没有实现。所谓公民权仍然与你属于某个国家的公民相联系。在一个国家内本国公民与外籍人士完全享有同样权利，无论在哪里也没能做到——如果真做到了，所谓国籍就失去意义，国家也就消亡了。欧洲的申根诸国之间和美国与加拿大之间最接近于做到，但那通常就被认为是国家淡化和走向跨国家“欧洲联邦”的开始了。至于其他国家都还远谈不上这些。在某些本国人权纪录恶劣的国家，统治者往往让“外宾”享有本国百姓难以企及的特权（所谓“超国民待遇”）。而在民主国家，本国公民的权利通常都比外籍人士更充分。尽管今天的《国际法》和《通行规则》也要求保护非本国籍人士的基本人权，但那通常是指人身/财产不受侵犯以及司法平等之类，其他诸如入境、居留、就业、福利等等权利，更不用说选举权、被选举权和参政权等政治权利，都是不能与本国公民相比的。应该说国际社会也理解这种情况。今天在西方各国移民维权是个潮流，那也主要是获得了移入国国籍者的维权。像南非这种“排外”如果不涉及暴力因素，例如，如果只是因为经济原因减少“外劳”输入，国际社会其实没法说什么。

正因为如此，当年南非种族隔离政权在面对本国黑人维权运动和国际社会的谴责压力时，想到的办法就是千方百计鼓动和策划南非境内的各个“黑人家园”“独立建国”。如果这种阴谋得逞，在城里打工而“户口”留在“家园”的广大南非黑人就会成为“外籍劳工”，他们的“入境”、居留、就业、福利等权利将取决于白人南非“国家”的意愿，选举权、被选举权等政治权利更无从谈起，种族隔离制度将披上“本国公民与外籍人士区别对待”的合法外衣。这种企图理所当然地受到黑人解放运动的强烈反抗和国际社会的抵制。如果没有这种反抗和抵制，或者这种反抗和抵制如果失败，今天南非的黑人解放将成为不可能。

## 人类权利平等的“三阶段”和中国与南非的可比性

实际上，权利平等是人类社会进步的主要标志之一。无论中外东西，基本公民权利的不平等在历史上都曾经是残酷的事实。西方各国经历过主人和附庸身份壁垒森严的野蛮中世纪，中国古代也曾经是“人有十等，下所以事上”[1]。在绝大多数情况下，权利平等的实现是一种近（现）代化现象。而追求权利平等的过程一般都是三步走：

[1]《左传》，昭公七年。

在第一阶段，权利平等首先是从某个民族（族群）内部开始的。人们首先废除了族群内部的身份壁垒和等级压迫，走出了中世纪，在西方这表现为人权宣言、自由平等、民主共和。接着在第二阶段，人们又实现了国家内部的族群间平等，在欧洲这表现为从近代直至“二战”结束，通过清算纳粹最终消除了对犹太人、吉普赛人和穆斯林各族群的制度性歧视和排斥，在美国则表现为从南北战争解放黑奴到上世纪六十年代民权运动，最终消除了制度性种族歧视在某些地区和领域的残留痕迹。

而在南非，上世纪一〇年代南非联邦成立，英语白人与布尔人关系正常化，白人内部就基本实现了公民权利平等。但是黑白之间却全无平等可言，从 17 世纪以来，开始是黑奴制，后来是黑人劳役制和种族隔离制，黑人的地位从类似奴隶、农奴到类似“外籍劳工”，共同的特点都是没有公民权利。而且，由于南非黑人是人口中的多数，不同于占人口少数的欧洲犹太人、吉普赛人，以及美国的印第安人与黑人，南非工业化和原始积累依赖于剥夺和牺牲这一多数群体的压迫性制度安排的程度，是远远高于欧美国家的——要强调的是：这并非马克思所谓自由交换下的“剥削”，所谓“形式平等掩盖的实质不平等”，而是连形式平等也没有的赤裸裸的身份壁垒和强制奴役，是包括自由主义者和社会主义者在内的近代文明人类都要谴责的不公正。为了摆脱这种突破近代文明底线的不公正，南非又经历了 80 年的黑人解放运动，到上世纪九十年代建立民主新南非，终于实现了南非公民中的种族平等。南非的这一进步使其跟上了历史前进的步伐，意义极为重大。

但是超越国籍的权利平等，在至今为止的人类历史上仍然还是有待争取的理想，尽管社会主义者“英特耐雄纳尔一定要实现”的歌曲已经回荡了一个多世纪，自由主义在欧洲联盟尤其是申根国家的实践也取得了一定进展，但是总体上看，人类离这一理想还有很长的路要走。而且可以断言，正如在民族内部没有权利平等可言的中世纪，不可能有什么民族之间的平等那样，超越国籍的权利平等也只有在各国都实现了国内权利平等的前提下才有可能争取。无论申根国家之间还是美国与加拿大之间，雏形的跨国公民权，即“超越国籍的权利平等”都是在国内人权标准很高的民主国家之间首先实现的。非洲南部的现状距离这种条件还很远。而人类权利平等的“三阶段”虽然不是什么“历史规律”，却有一定的逻辑依据（即前一阶段平等是后一阶段平等的前提）。因此南非外籍劳工的人身、财产权利和司法公正诉求当然还有待改善，也完全可能改善，但是他们的入境、居留、就业、福利乃至政治参与等权利要与南非公民（哪怕是南非黑人乃至黑人贫民）平等，显然是不太现实的。

不过，我国的一些媒体要说到“南非排外骚乱埋没‘彩虹之光’”，却有点让人啼笑皆非。毕竟在今天南非这些受到制度性排斥的人是外国穷人，不是本国黑人。南非过去的白人政权要把本国黑人当成外籍劳工来歧视，这个企图已经失败，并且永远不可能再现了。然而“工业化和原始积累依赖于剥夺和牺牲多数群体的压迫性制度安排的程度远远高于欧美国家”这种南非过去的大弊，在我国现阶段的“经济奇迹”中不是依然存在（尽管也有改善）吗？这个“多数群体”在南非是本国黑人，在我国则是“农民”——其实大量的是“城居农民”即与当年南非黑人一样的“流动劳工”。不同的是，当年南非歧视黑人属于种族歧视，即前述“人类权利平等三阶段”中的第二阶段所针对的问题。而第一阶段的问题即白人内部的基本公民权利不平等他们早在上世纪一〇年代“南非联邦”成立时就解决了。

可是我们国家过去的户籍身份壁垒和制度性歧视，却恰恰是在中华民族、主要是汉族内部的“基本公民权利不平等”，亦即在第一阶段就应该解决的问题！有人因此反对把中国和南非相提并论，认为这两种歧视“性质不同，是不可比的”。从某种意义上我也同意这个说法：中国歧视“没有本地户口的外来人”确实不应该与南非当年歧视持通行证居留城市的黑人“可比”，而应该与同一种族的南非白人内部歧视“可比”——比如英语白人对“布尔人”的歧视或者“富白人”对“穷白人”的歧视。

问题是这样的歧视在南非有吗？不要说英裔与布尔人虽同为白人其实也是两个民族，而且曾经是英布战争中的征服与被征服关系，和我国的身份壁垒完全属于同一民族不同，而且早在1910年后这种歧视就已不存在，就是“穷白人”，在上世纪二〇年代的“白人社会主义”运动后也早已在白人内部民主制度下“当家作主”，在“白人福利社会”中成了既得利益者，甚至成了种族隔离体制最坚定的维护者！

所以，中国的“农民工”其实最“应该”与南非的“穷白人”构成“可比”——可是这样的比较难道会使我们更舒服？会让我们的农民工兄弟更心安理得？会让我们的“模式”更加好看？旧南非的种族隔离是上述“第二阶段”人类平等的大障碍，而我们的“族内隔离”连“第一阶段”的平等都谈不上，几乎可以说是中世纪的东西。中国“农民工”的权利如果说比旧南非的黑人劳工都不如，还能与过去南非的白人劳工和“穷白人”相比？这不是更令人不平吗？

# 二、在什么意义上“南非仍是中国的前车之鉴”？

## 关于“渐进 or 激进”的思考

前年我的《从南非看中国》一文被南非的三家华文媒体转载，而且被改了个更吸引人的标题叫《南非——中国的前车之鉴》，据说曾引发一些南非华人的讨论。后来国内发表了侨居南非的青年作家王晓鹏和国内新生代作家王千马两位先生就这篇拙文的对话《南非仍是中国的前车之鉴》，其中既提到南非民主化之后一些值得我们学习的做法，例如严格的环境保护措施，例如为解决前“流动工人”在城市安家的问题而大量兴建的免费住房（对低收入者只收水电费的真正“福利房”）等等，也提到了一些结果十分负面、他们认为不足为法的教训。其中主要是“从低人权到高人权需要过程”。他们认为：南非 1994 年民主化以后经济是没有崩溃，但“发展速度相比较白人统治时期已明显放缓，这与突然间完全放开的‘人权’有着很大的关系。1994 年之后，白人无法像 1994 年之前通过奴役的方式强迫黑人工作，而同时黑人又不断要求各种福利，在达不到要求时就通过罢工等方式来加以威胁。目前南非是世界上罢工最频繁的国家，在目前南非高人权的状态下，黑人动不动就要求加薪、不加薪就搞大罢工，这在很大程度上制约了经济的发展。南非也从之前经济上被划分为‘第一世界国家’，很快沦为现在很彻底的‘第三世界国家’。因此，说‘人权状况与经济增长成反比’，虽然不完全正确，但也是有一定道理的”。“以低人权换取经济高速发展是不对的，但从低人权到高人权，也应该是一个逐渐开放的过程，不能像南非这样，一夜之间就从一个低人权国家转变成完全民主的高人权国家，这样也会严重影响经济发展，南非就是一个很好的教训”。[1]

这个说法本身就有些矛盾，例如既批评民主化后“黑人不断要求各种（过分的）福利”，又赞扬民主化后南非给贫困黑人大规模兴建免费住房。但是免费住房这种即便欧洲高福利国家都很少见（那里给低收入人群提供的也是廉租房，还不是“只收水电费”的免费住房）的福利如果都不过分，还有什么福利是过分的？

不过总体上看，王晓鹏先生对新南非的经济困难事实讲得很到位，这与我前年和我国南非研究专家杨立华教授对话时，杨教授基于对黑人解放的高度评价而对民主新南非经济发展的乐观判断在事实描述上完全不同。[2]另一方面，这一事实叙述却与以大骂民主化著称的宋鲁郑先生（据说恰恰是个久居民主国家法国而乐不思蜀的华侨或华人）强调的事实有点类似。宋先生曾正式为文批评笔者，他强调南非废除种族隔离后经济一塌糊涂，连电都不能保证供应，因而很不屑地说南非“这样的民主”还不如不要。[3]但是在价值判断上，两位王先生都和宋先生相反，而和杨教授一样肯定黑人解放，尽管在事实判断上王先生不像杨教授那样乐观，并认为目前新南非的经济景气尚不如旧南非，但他明确指出“以低人权换取经济高速发展是不对的”，只是他们认为最好提高人权能与经济发展兼顾，因此南非“一夜之间就从一个低人权国家转变成完全民主”未免太快了，应该引以为教训。

我认为王晓鹏先生的看法是有见地的。南非的黑人解放和民主化成就斐然值得大力赞扬，对我们也很有启示。而新南非的经济社会问题也确实严峻——不是说没有亮点，但至少比我国官媒上曾经大力渲染的中东欧民

[1] http：//wqmaer.blog.163.com/blog/static/131248902201121761021976/

[2] 参见本书所收《另一个“奇迹”：关于上世纪九十年代前南非经济发展的对话》。

[3] 宋鲁郑：《中国经济奇迹的根源是“低人权成本”吗？——谈秦晖先生〈南非：中国的前车之鉴〉》，http：//www.tianya.cn/publicforum/content/no01/1/395167.shtml。

主化国家一度出现的经济困难更严峻。这些国家转轨之初也有或长或短的“阵痛”，但是除了一些政治上迈不过坎而发生战乱的国家外，基本上都不仅经济先后恢复了正常增长乃至高增长，社会治理也上了轨道。相比新南非1994年实现民主化，至今也已19年了，成就固然巨大，问题也比大多数中东欧民主化国家多，不仅表现在经济发展相对缓慢，更表现为社会治理的困难，如惊人的犯罪率、城市治理困境、人均寿命，包括黑人人均寿命的明显下降等等。从这方面讲，2008年的“排外骚乱”其实是个“转型危机”的标志性事件。前已述及，外籍劳工的权利难以与本国公民平等，这是一个令人遗憾但却难以改变的现实，但如果仅仅如此还不会导致这么严重的暴力。这次事件无疑和两个因素有关：一是经济相对停滞、本国失业率高导致的不满被发泄到这些权利更为有限的弱势者身上，二是经济放缓的南非也不再需要，或者说难以容纳这些“外劳”，这些情况加上南非治安控制力的薄弱和某些人的民粹主义煽动，就酿成了这一大悲剧。

在这一过程中，新南非固然有不少教训值得我们吸取，但是把这些教训归结为“一夜之间就从一个低人权国家转变成完全民主”太快了，显然过于简单化。两位王先生在这方面的说法是值得商榷的。

首先南非的民主化过渡其实相当平缓，并非一夜之间“变成完全民主”。且不说南非原来在白人内部已有比较完善的宪政民主、权力制衡和法治秩序，上世纪九十年代的民主化只是去除种族隔离成分，把原来只在白人中实行已久的那些合理规则加以推广，平等地用于包括黑人在内的全体国民，这并非像前东欧国家或台湾等地区那样从原来的极权或威权体制一下就变成民主，更不是像南非周边的津巴布韦、莫桑比克等国那样完全推翻白人那一套，实行“黑人革命”。今天南非从行政、立法、司法彻底分立的全球唯一“三首都”制，到不含种族主义内容的那部分旧法律、法规和制度的沿用，“继承”的程度可以说相当高，至少比东欧国家对旧体制的继承程度高。就说在时间上，南非从1990年无条件释放曼德拉，非国大合法化，以曼德拉为首的反对派与白人政权开始进行漫长的、以取消种族隔离为方向的平等谈判，直到达成协议后于1994年通过不分种族的民主大选完成政权更替，期间经历了4年的过渡期，这个过渡也比几乎所有前东欧国家的政治过渡来得长。

尤其要指出的是，南非这么长的过渡期在变革上可谓渐进，但流血却并不少，至少比除发生了内战的前南斯拉夫地区之外的绝大部分前东欧国家都更血腥。由于过渡迟迟不到位导致的“旧秩序失灵而新秩序未立”，原来南非社会潜伏着的种种复杂矛盾都爆发出来，南非许多地区出现无序状态和“非战争的暴力冲突”，主要是黑人之间频繁发生严重而惨烈的暴力冲突。南非这几年的年均暴力死亡人数远高于此前的“黑人武装斗争”时期，也远高于此后新南非所谓的治安恶化时期（包括发生此次排外暴力惨案的2008年），对南非经济造成的损害更是可想而知。所以南非的过渡期恐怕也有不能再长之势，无论黑人还是白人，都经不起这种“无序而暴力的渐进”一直拖下去。

笔者最近曾指出：就变革速度与深刻性而言的渐进与激进，不能等同于过程中的有序与无序、和平与流血。历史上尽管确实有和平改良与暴力革命之例，在这两者间我肯定是赞成和平改良，不赞成暴力革命。但是历史上并不是只有这两种现象，事实上流血很多的改良（乃至根本没什么制度改进但却流血成河的改朝换代）和和平而有序的“剧变”或“天鹅绒革命”也并不罕见。我们应该追求和平而有序的变革，避免流血和无序。但对于激进与渐进、“革命”与“改良”，我们关心的应该是“进”的方向，至于渐进还是激进，应该就事论事。只要方向是对的，能快则快，当慢则慢，无论“革命”还是“改良”，抽象地讲都是不必崇拜、也不必害怕的。南非的过渡其实也证明了这一点。

## 艾滋病问题上的失误：新南非的两大负面之一

的确，新南非19年如两位王先生所言存在的问题不少，吸取教训也很重要。但是很多教训其实是具体的决策失误，与“人权提高过快”未见得有什么关系。

第一个例子是非国大政府的艾滋病决策。曼德拉和姆贝基这两届非国大政府，相对于后来更为“民粹主义”的祖马政府而言，无论政治上还是经济上总的来说是很温和的，在这两方面也取得了相当的成功。但是在艾滋病问题上他们都非常敏感。因为白人统治时期经常宣扬黑人的艾滋病发病率高，而白人很少得这种病。对于这种被认为是贬损黑人的说法他们很反感。曼德拉执政时间短，而且因为主要解决政治转型、民族和解与新南非认同等立国基础问题，没有具体管这件事。实际上，姆贝基在曼德拉时期就经常替年迈的曼德拉主持政府工作，后来又任南非总统近十年，他的艾滋病政策事关重大。但是姆贝基在这个问题上却过于感情用事。例如在 2001 年他曾对一批大学生说，有人喜欢渲染我们这里的艾滋病，这是一种西方式的种族主义偏见：“（西方人）深信，我们只不过是天生喜欢乱交的、世界上独一无二的病菌载体，他们宣称，我们的大陆注定要不可避免的垂死和灭亡，因为我们不可抑制地把自己奉献于罪恶的情欲。”姆贝基表示要抵制这类说法。[1]

于是姆贝基对艾滋病的原因完全从“社会正义”角度去解释，认为黑人的所谓艾滋病高发是过去的种族压迫和黑人贫困化的结果，解决艾滋病问题主要也应该从上述社会正义层面入手。平心而论，这种说法也并非没有一点根据。特别是在种族隔离时期白人当局长期推行“流动劳工”政策、阻止黑人劳工在城里安家，形成大量“两栖”人口和离散家庭，城里的单身劳工和乡村中大量“留守妇女”、“留守老人”和“留守儿童”造成高比例的单身生活，这对于南非黑人高比例的家庭不稳定和性关系紊乱确实有明显影响。而且如果这种状况长期持续，确实有可能形成一种难以改变

[1] Schneider，Helen；Fassin，Didier(2002). “Denial and defiance：a socio-political analysis of AIDS in South Africa” . AIDS，Supplement 16(Supplement 4)：S45 - S51. doi：10.1097/00002030-200216004-00007. Retrieved 2006-11-23.

的“亚文化”，即便流动劳工作为一种制度被废除，家庭不稳定和性关系紊乱的“传统”也不可能很快消除。南非新政府以此归罪于过去的白人统治，并不是一点道理都没有。因为非洲虽然总的来说是艾滋病高发区，但其他国家并没有高发到南非这种程度，南非的发病率高居首位，应该说的确是与长期的流动劳工制有关。这一点中国也是应该引以为戒的。

但是，艾滋病的流行病学和防治对策本身毕竟首先是个科学问题，过分将其政治化是错误的。尤其是姆贝基和新政府的一些官员（典型的是姆贝基任命的卫生部长曼托·查巴拉拉－姆西曼博士）后来在这方面越走越远，从忌讳谈论黑人艾滋病高发率，发展到声称艾滋病是一种“西方人带来的种族主义祸害”，从强调艾滋病高发的社会背景，发展到拒绝承认HIV病毒是艾滋病的病原，从主张以反贫困来消除艾滋病流行的社会因素，发展到忽视乃至否认现代科学防治手段的重要性，从抱怨唯利是图的西方生产商提供的ARV(抗逆转录病毒药物)太昂贵，发展到说这种药“有毒而且无效”，并提倡用“非洲人创造的”神奇土方来对付艾滋病。这就导致了灾难性的后果。

新南非刚刚建立的1995年，HIV病毒和艾滋病问题国际会议在南非举行，当时宣布，南非大约85万人，即总人口的2.1％被认为是艾滋病毒呈阳性。新政府也承诺要与国际社会合作认真对付艾滋病。但是姆贝基就任总统后，却改变原来的反艾滋病方针，并附和一些“非主流科学家”的说法，声称艾滋病并非由HIV病毒引起。在2000年7月德班举行的国际艾滋病会议上，姆贝基总统的演讲几乎通篇都在大讲反贫困，却避而不谈防止HIV病毒传染的问题。[1]原定的抗艾滋病国家计划也未能实施。当时国际医疗界推荐新研制的ARV，这类抗逆转录病毒药物不仅有一定疗效，而且重要的是可以防止HIV阳性孕妇感染胎儿，对控制母婴传染这一

[1] Thabo Mbeki，“Speech at the Opening Session of the 13th International AIDS Conference，” Durban， South Africa(9 July 2000)，http：//www.anc.org.za/ancdocs/history/mbeki/2000/tm0709.html.

艾滋病流行渠道意义重大。但是一些南非官员先是抱怨药太贵，后来一些西方国家同意提供技术在南非就地进行廉价生产，南非政府却迟迟不批准。2004 年美国总统小布什提出 5 亿美元援助计划以帮助非洲抵抗艾滋病，包括提供美国药监局 1997 年批准使用的 ARV 新药奈韦拉平和其他医疗手段，但是姆贝基却以抗逆转录病毒药物的疗效与其副作用不相称为理由，指责美国想用非洲人做试验新药的“小白鼠”。[1] 南非卫生部长查巴拉拉－姆西曼大力宣传“我们的秘方”——一种用橄榄油、大蒜、甜菜根和其他一些东西配制的东西——的抗艾神效，声称胜过 ARV。而时任副总统的祖马甚至现身说法，说他曾与某位感染艾滋病毒的女性幽会，但事后洗了淋浴，就不会被传染。

这些不明智的说法和做法导致南非丧失了控制艾滋病的关键时间。2006 年，联合国特使斯蒂芬·刘易斯在多伦多举行的国际艾滋病会议上批评南非政府应对艾滋病的“迟钝与疏忽”。有研究认为，姆贝基时代由于对艾滋病讳疾忌医和对科学共识的“不承认主义”，增加了本可避免的 36 万人死亡。[2] 到了 2009 年，南非艾滋病毒的成人感染率已经高达 17.8 %（有的估计达 21.5%）；军队中感染 HIV 病毒或艾滋病患者人数比例更高达 23%。2009 年南非生存的艾滋病患者与感染者达 560 万，该年死于

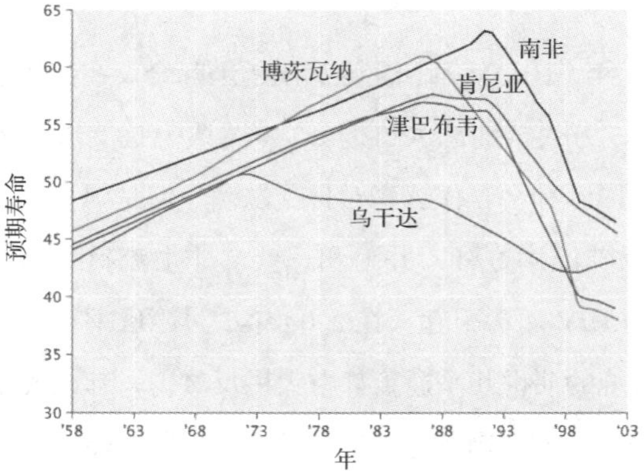

南部非洲诸国因艾滋病导致的平均寿命下降

[1] Andrew，Meldrum，“ANC attacks US over Aids drug”. The Guardian. Retrieved 15 January 2013.

[2] Dugger，Celia W.，“Study Cites Toll of AIDS Policy in South Africa”. The New York Times. 25 November 2008.

艾滋病者31万，两者均高居世界第一。[1]与1995年相比，艾滋病毒感染率增加7.5倍，感染者增加5.6倍。目前南非有120万孤儿，绝大多数是艾滋病造成。由于艾滋病，南非在1995—1998年间预期寿命从64.1岁下降到53.2岁，艾滋病人有时占据了40%的公立医院病床。[2]据南非种族关系研究所估计，2009年南非白人的预期寿命是71岁，黑人48岁，差距比种族隔离时代还大，[3]但在这期间南非黑白收入的差距是缩小的。黑人寿命下降的主因就是艾滋病。

艾滋病泛滥不仅造成大量人口损失，而且对南非整个社会、经济与国力都是沉重打击。南非的福利开支之高世界罕见，而且民主化以后福利明显向黑人倾斜，消除了旧南非福利是白人专享特权的“负福利”之弊。但是如今巨额的福利开支都用在了对付艾滋病，以及与艾滋病有关的超常医疗负担、母婴、孤儿、非老非残而丧失劳动能力者等等上面，“福利国家”的一般福利（养老、残障、常规卫生、教育、住房、失业救济等）水平却受到影响，以至于就南非的经济发展水平和福利开支率而言，南非人的常规福利并不算高。另一方面，就市场竞争而言，南非一方面失业率高企，劳动力极度“过剩”，另一方面由于艾滋病患病率太高，国民整体体质和寿命下降，劳动力素质不高，合格劳动力不足。这也是造成失业率很高的南非同时还在大量使用“外劳”的原因之一。更不用说由于艾滋病和犯罪率两大原因，南非被不少人视为畏途，旅游、服务业的发展也受影响，南非废除种族隔离后国际制裁取消带来的开放与全球化红利也因此打了折扣。总之，不论是搞“福利国家”还是搞“自由竞争”，艾滋病都成了南非发展的一大障碍。姆贝基当初说艾滋病是贫困造成的，但现在人们说的更多的是反向的因果：艾滋病在很大程度上造成了南非今天的贫困问题。

---

[1] 据美国CIA各国概况网站。

[2] Tom Lodge，“The RDP：Delivery and Performance” in“Politics in South Africa：From Mandela to Mbeki”. Cape Town & Oxford： David Philip，2003.

[3] http：//en.wikipedia.org/wiki/South_Africa

人们知道防艾抗艾是世界难题，南非政府再重视对策再正确，艾滋病问题也很难完全解决。但是新南非十多年间艾滋病问题如此恶化，显然与人谋不臧有关。南非政府已经意识到问题严重。以“粗犷、传统、民粹主义”形象闻名的祖马总统在很多方面与他的前任，“文雅、西化、自由主义”的姆贝基相比更不被国际社会看好，但在艾滋病问题上祖马政府却比姆贝基政府更“与国际接轨”。他更换了卫生部长，停止宣传“土方神药”，与国际社会合作大规模推广 ARV 防治，并制定了新的国家抗艾计划，以图亡羊补牢，舆论对此是赞赏和期待的。

## 犯罪率与警察暴力：新南非的两大负面之二

新南非第二个失误由于符合“世界潮流”，人们都很少说。但如果独立思考，我认为这很重要：那就是法律过宽、尤其是过早废除死刑导致恶性犯罪率失控。

1994 年南非废除臭名昭著的种族隔离制度，实现了民主化后，曼德拉政府最初的几个行动之一，就是宣布废除死刑。当时这是个感人的行为，因为非国大政府此举的第一个著名受益者就是自己的敌人。1993 年 4 月非国大声望仅次于曼德拉的领导人、南非共总书记和“民族之矛”前参谋长克里斯·哈尼在自己家门前被白人极端分子刺杀身亡，当时激起的愤怒几乎使局势失控。曼德拉发表著名的“理智之声”后平息了事态。凶手于次年被一审判处死刑，但是终审时由于死刑刚好被废除，凶手免于一死，改判了终身监禁。这个判决对于当时的黑白和解有重要影响，受到广泛的好评。

但是不久，由于南非犯罪率，尤其是杀人犯罪率激升，人们对当时条件下完全废除死刑是否合适就产生了分歧。其实在国际上死刑存废问题一直有争议。我认为不能一概而论。贺卫方先生有个观点，他说人们常讲法治国家才能废除死刑，中国法治水平太低，所以还不能废除死刑，其实恰恰相反，法治越差的国家由于冤假错案的可能性、包括死刑案出现冤假错案的可能性更大，而其他冤假错案可以平反，人死了却没法挽回，因此在这类国家更应该要求废除死刑——无论统治者听不听。

我认同这个说法，在专制国家、不讲法治的国家，包括像旧南非那样在白人中讲法治，但对黑人很野蛮不太讲理的地方，要求废除死刑是完全正确的。当然统治者接受与否是另一回事。

然而，一般意义上的死刑、特别是民主法治国家的死刑究竟该不该完全废除呢？

我认为慎用死刑、减少死刑无疑是文明的方向，但是绝对“废死”，不管已经有多少国家实行，至少在理论上我还没有见到逻辑严谨、毋庸置疑的证明。仅从价值观上讲生命如何神圣，同态复仇（所谓杀人偿命）如何不够文明，不足以构成这样的证明。因为从现代文明的立场看，不仅死刑，别的刑罚也一样，其立意并不是（至少主要不是）报复恶人，而是保护良善，以刑罚的震慑来防止（减少）新的犯罪，即所谓以儆效尤。如果废除死刑能够减少、至少不会增加杀人罪行发生率，废除死刑才是有理由的。如果相反，废除死刑会造成震慑不足致使杀人犯罪率上升，那从生命神圣的价值观讲恰恰就应该得出有必要保留死刑的结论。那么，“废死”究竟对杀人犯罪率有何影响？这才是问题的关键。而这不能只讲道理，必须有实证的统计依据。

的确，国外有人做过研究说“废死”之后杀人犯罪率并未上升，甚或还有下降，我以为这是社会能够接受“废死”的最重要根据。但是相反的材料也不是没有，例如美国前些年伊利诺伊和俄克拉荷马两州就恢复死刑进行的辩论中，俄州就提出了相反的说法。不过从全球角度看，更明显的反例还是南非。新南非建立后随即废除了死刑。但南非此后杀人犯罪率明显地、大幅度地增高，成为南非变革中后来引起争议的话题之一。当然，社会现象间的因果联系并不像物理过程中的因果关系那样能够通过控制实验条件来清楚地证明。一个封闭器皿中给氧和绝氧对燃烧的不同效果是清楚的，可是社会并不是这样的器皿，许多社会因素都会对杀人犯罪率造成影响，比如教育水平提高、贫富差异的缓和等等，如果这期间发生了“废死”，杀人犯罪率也下降了，但它是因“废死”而下降，还是因其他因素而下降？恐怕还是很难说。反过来，如果“废死”后杀人犯罪率上升，它是不是就是因为“废死”同样也可以质疑。

不过在南非，由于“废死”前后杀人犯罪率的变化明显，而其他可能导致杀人罪增加的因素却不明显，所以很少有人否认这种因果关系。例如面对质疑之声，曼德拉的回应是：如果恢复死刑，那么它将只会落在黑人头上，我不能允许这样，请理解我。显然，即使是坚持“废死”的曼德拉，也并没有对废除死刑导致杀人罪增加这一因果关系作出否定。他只是从为黑人历史上受到的迫害寻求“补偿正义”的角度，不忍心对黑人动用死刑。

但是在逻辑上讲，我认为恰恰相反，种族隔离时代白人统治者的司法对黑人不公，滥用暴力，那时的死刑，尤其是被滥用的死刑的确有较大可能“只会落在黑人头上”。所以那时黑人解放运动要求废除死刑，是完全有理由的。但是现在南非已经是黑人掌权的民主法治社会，应该说是不会让死刑不合理地“只会落在黑人头上”了。而如果的确有人犯了刑事上的死罪，那么一个法治社会是不应该考虑他是黑人还是白人的。如果确实犯了死罪，仅仅因为他是黑人，黑人执政的政府就对他免死，那不和白人政府专整黑人一样了吗？

曼德拉有一句感人的名言：“我反对白人统治，也反对黑人统治，只接受不分种族的民主政治。”他当然不会对黑人免死而只保留对白人的死刑——杀害哈尼的白人凶手免死就是证明。但是众所周知，南非无论种族隔离时期还是民主化时期，黑人犯罪率，包括杀人犯罪率都远高于白人。所以即便是公平地保留死刑，它未必“只会”、但的确有很大的机率会“落在黑人头上”。不过，南非杀人罪的受害者同样也以黑人为主，如果废除死刑导致杀人罪增加这一因果关系成立，那么“废死”难道就真的有利于黑人吗？

南非黑人犯罪率高，和包括中国在内的很多国家穷人犯罪率高一样有社会原因，我们可以同情黑人与穷人，努力改变这些社会原因，但这与法治下的惩治罪犯并不矛盾。我理解南非黑人犯罪率、包括杀人犯罪率较高与种族隔离制度后遗症即黑人贫困 / 失业率高而受教育程度低等社会因素有关，因而理解曼德拉的心情。但是犯罪就是犯罪。正如黑人艾滋病高发有社会原因，但治疗艾滋病本身仍是医学问题一样。把废除死刑当做反对种族隔离的“政治正确”来处理，不考虑它对现实犯罪率的影响，而且不仅仅是废除死刑，新南非最初十年间法律和执法部门对犯罪的打击都有过于宽松（即由于罪犯多属黑人而投鼠忌器）的问题。这对于新南非治安问题的恶化、犯罪率尤其是杀人犯罪率居高不下，是明显相关的。这些年来大量增加的南非华人华侨由于饱受高犯罪率之害，几乎都有这样的看法。华人华侨多数来非不久，看问题有自己的角度，并不是都对，但在这一点上应该是对的。

而近年来又出现了新的问题。由于治安糟糕的影响实在太坏，祖马政府开始强化警力、加大打击犯罪的力度。可是南非的罪犯常常有枪并敢于顽抗，杀了警察后即便被捕，也不可能判他死刑。于是警察为了自身安全，往往干脆在执法时就将其击毙，而警察本身良莠不齐更增加了暴力的滥用。于是近年来在没有死刑的南非，没上法庭就死于警察暴力的人却很不少，据说仅 2010—2011 年间就有近 800 人，[1] 2011—2012 年更升至 932 人。[2] 特别是 2013 年出租车司机马西亚被警察枪杀和 2012 年马里卡纳矿山惨案中警察枪杀许多“暴徒”的事件，引起了从自由主义反对党民主联盟到执政联盟左翼的南非共在内的全国抗议。废除了死刑的南非由于杀人犯罪率和警察暴力的增加损失了更多的生命，这恐怕是好心的曼德拉始料不及的。

---

[1] http：//mg.co.za/article/2013-03-06-mr-president-arrest-this-descent-into-police-state-depravity

[2] http：//mg.co.za/article/2013-03-04-over-900-deaths-in-police-custody

## 无关“渐进激进”的教训

今天提到新南非的负面，艾滋病与犯罪率无疑是最重要的两点。没这两点，“彩虹之国”的形象会亮丽得多。至于王晓鹏先生提到的工会太强、罢工太多、经济疲软等等，不仅成因复杂，而且说实在的，工会太强、罢工太多至少在欧洲人眼里并不是很负面的形象。并且如果没有艾滋病与犯罪率这两个因素，仅仅工会太强、罢工太多也不至于造成这种程度的经济疲软。例如，有 30% 的被调查企业认为高犯罪率是约束南非经济和投资成长的最重要因素之一，却没什么人提到罢工。[1]

但是恰恰这两个因素，虽然我认为可以说是非国大政府的失误，甚至是严重失误，但却与变革“太激进”、“一夜之间就变成完全民主的高人权国家”没有明显的联系。远的不说，南非周边的莫桑比克和津巴布韦，“激进革命”、“黑人民粹”都比南非厉害得多，造成的大弊、招致的诟病也严重得多，但两国的艾滋病问题却没有南非那么严重。就南非而言，几乎没有人说姆贝基总统是个“激进”的人，但他的艾滋病政策最被人诟病。而祖马总统从各方面看都是比姆贝基更“激进”的人物，人们对他总的非议也更多，但是在艾滋病问题上他却被认为是能矫姆贝基之失。再就废除死刑而言，美国这样的国家好多州都没有废除死刑，欧洲那些国家废除死刑也是在宪政民主发达后很久的事，尽管如前所言这并不意味着非宪政国家就不该提废死，但反过来也不能说民主国家就一定会废死。为什么南非“转变成完全民主的高人权国家”就一定会导致废除死刑？所以在这两个问题上，我们还是就事论事的好。

至于工会太强、罢工太多等等，倒确实是与南非“转变成完全民主的高人权国家”明显相关。这不是说“完全民主的高人权国家”都会有

[1] Stone，Christopher(2006–08). “Crime，Justice，and Growth in South Africa： Toward a Plausible Contribution from Criminal Justice to Economic Growth” . Center for International Development at Harvard University. p.2.Archived from the original on 6 March 2012.

这样的现象。但是我下面会谈到，在南非的条件下搞民主，这大概是难以避免的。那么搞民主是不是就算过于“激进”？这就涉及语境问题。有人批评我“从南非看中国”，说是两者不可比。其实可比不可比看你要谈什么问题，你的比较是否有事实依据，是否合乎推理逻辑。旧南非与中国在“二元”制度性歧视的各种表现上可以比歧视的强弱，比歧视的变化趋势，比歧视与所谓经济奇迹的发生学联系，这有什么不可以？但我从没有忽视南非的“二元”是种族间二元制，而我国的“二元”是同种族内的二元等级制这个不同，而且在“从南非看中国”的那篇文字中做了充分的论证。其实我同批评者真正的分歧也不在于“可比”不“可比”，而在于我认为“同种族内的二元等级制”比“种族间二元”实质上更落后、更不正义、更没有道理，但却由于没有肤色上的明显外观，显得更隐蔽、更能规避批评。而很多批评我的人实际上就是以这种隐蔽性为理由来开脱其不正义性，如此而已。说实在的，无论是就社会主义、自由主义还是“新儒家”的立场，论证“同种族内二元等级制”的正义性都是不可能的，所以那种含糊其辞的“不可比”之说就成了一种没理找理的遁词。

但是也的确因为上述的不同，在“走出不正义”的过程中南非与中国会有语境的区别，也就是“主义可拿来，问题须土产”的问题之别。在以前的文章中我已讨论过：南非人由于肤色的区别没法改变，旧制度下“亲白黑人”也只能成为白人支持下的“黑人家园”酋长，不能被白人政权吸纳；黑人解放运动是由黑人精英领导的。于是就有了“白人统治”还是“黑人统治”的问题。而且当时白人中已经有了民主与法治，改变种族隔离的进步无论是“渐进”的还是“激进”的，其方向都只能是把民主制推广于黑人，而不可能是把“黑人家园”的酋长制推广于白人。又由于黑人占人口的绝对多数，民主如果只有“多数决定”一条规则而没有保护少数、乃至于保护个人权利的自由主义原则，那就成了“黑人统治”——如津巴布韦和莫桑比克那样了。而事实上，没有自由的民主或曰“民主专政”由于缺乏“群己权界”和个人权利的约束，最终都会变成领袖专政。所以曼德拉那句名言“我反对白人统治，也反对黑人统治，只接受不分种族的民主政治”是非常经典的。

因此对于像南部非洲那样的地方，如果保守旧制，那就是“白人统治”（少数人统治，但也不能说是专制，因为白人中是有民主的），如果激进的变革，那就是“黑人统治”（如津巴布韦和莫桑比克，实际往往是“民主专政”，即民主为名专政其实），而“中庸之道”、中间道路或“渐进”模式，就是曼德拉所谓的“不是白人统治，不是黑人统治，只是不分种族的民主政治”。

中国则不同，由于中国没有无法改变的肤色区别，“农民”精英可能被统治层吸纳（这种吸纳并非由农民授权也并不代表农民，被吸纳者未必更善待农民，犹如古代的“布衣卿相”对一般“布衣”未必比贵族更好），“农民工”制度的变革动力来自更广泛的公民运动，通常也并非由农民工精英领导。因此中国并没有“市民统治”还是“农民工统治”的问题。而且中国虽然身份特权也很鲜明，城市体制却并非民主体制，体制变革的方向并非把“城市的民主”推广于农村，而是打破城乡壁垒的“去身份化”和民主化并行。在这一方向上，维护旧体制就是“保守”，而一步到位的民主化大概算是“激进”，两者之间的“部分民主”、“渐进民主”就属于“中庸之道”了。

而南非逻辑上不可能有这种“中国式中庸”的空间。“部分民主”即原来的白人民主，在南非那里根本就属于旧制度，何来渐进可言？而“激进变革”就是津巴布韦、莫桑比克式的“黑人统治”，南非不是没有人主张这个，过去激进黑人暴力革命组织“阿扎尼亚泛非主义大会”（泛非大）就是这种主张，非国大内部，像非国大青年联盟现领导人朱利叶斯·马勒马也想搞这个，现任总统祖马过去也曾被怀疑有这种倾向。但是非国大的主流，从曼德拉到姆贝基都是主张南非式的中庸之道，即“不是白人统治，不是黑人统治，只是不分种族的民主政治”的，就任总统后的祖马看来也不想实质上改变这条道路。王晓鹏先生所谓的“转变成完全民主的高人权国家”实际就是这种中庸之道，从南非的条件而言，也很难设想有更好更可行的道路——当然即使如此，具体的政策也还是可以有正面经验与负面教训之分的，如前述的艾滋病防治和废除死刑等问题那样。

## 三、民主政治的“中庸之道”

### 真相与和解委员会

南非之所以能够坚持“中庸之道”，有其多种原因。本来，南非黑白积怨之深不亚于津巴布韦和莫桑比克，除了激进的阿扎尼亚泛非大，非国大本身也搞过长期的武装斗争。激进的南非共产党对非国大有重要影响，“自由主义总统”姆贝基的父亲、非国大元老戈文·姆贝基就是个“坚定的共产党人”，位居南非共的领导层。同时非国大与津巴布韦和莫桑比克这两个今天“黑人统治”国家的黑人解放运动也有过很深的历史渊源，这一切都使“黑人统治”的激进思想在南非很有市场。但是，南非的关键性变革恰逢“第三波民主化”的世界浪潮，曼德拉和德克勒克这黑白双星、两位诺贝尔和平奖得主又深明大义，审时度势，对黑白和解发挥了非常重要的个人影响。

另外，先行实现了“黑人统治”的两个邻国津巴布韦和莫桑比克由于弊病充分暴露，也成了新南非的前车之鉴。尤其是津巴布韦的执政者过去与非国大是铁哥们儿。当年两国的白人统治者曾经联手对付两国黑人，包括互相允许跨境追捕。津巴布韦先获得“解放”后同样接受非国大在其境内建立基地，对白人南非搞跨境袭击，那时的津巴布韦对非国大而言，几乎有如1949年以前的“苏联老大哥”之于中共。但是，后来津巴布韦的穆加贝政府不仅以“社会主义”的一套把经济搞得一塌糊涂，而且政治上越来越独裁，严厉镇压反对派（主要是黑人反对派），很多津巴布韦人逃到南非，给南非舆论以恶劣印象。虽然新南非的经济成长不尽如人意，社会问题也很多，可是与津巴布韦的经济—社会灾难和政治危机相比，南非不啻天堂。加上后来曼德拉与新南非的声望在非盟中崛起，俨然非洲领袖的地位和非盟的普世价值倾向也使南非人很关注津巴布韦的民主化，调节冲突、监督选举、施加压力等“干涉内政”的事没少做。尽管曼德拉、姆贝基这些老一代非国大领袖感念当年情谊，不轻易对穆加贝搞“喇叭外交”（公开抨击），而是尽量搞“悄悄外交”给穆加贝留面子，但是南非主流舆论经常批评他们对穆加贝太软，他们其实对穆加贝也很恼火。而今天南非的舆论尽管左、中、右非常多元化，像马勒马那样公然称赞津巴布韦的声音却是很孤立的，以至于通常被认为更加“反西方”的祖马总统上台后，对津巴布韦的批评反比姆贝基更加严厉，反对独裁、支持津巴布韦民主化的态度也更明确。在这样的背景下，让南非人学习津巴布韦是很难想象的。

曼德拉与德克勒克

还要指出的是：对南非，尤其对非国大有重要影响的南非共产党虽然是“极左派”，其意识形态有“专政”和暴力革命的传统，但那是基于“阶级政治”而不是“种族政治”。南非共历史上初期曾经以布尔穷白人为主要基础，犯过“白种工人沙文主义”的错误，后来又曾一度支持过“黑人统治”的时髦主张，但这两种倾向最终在南非共中都受到了严厉批判。后来的南非共强调超越种族的“劳动阶级团结”，支持黑人解放但不支持“黑人统治”。而且南非历史上布尔人，包括布尔穷白人比英语白人更压迫黑人，今天的“黑人统治”思想也主要针对他们。而今天的南非共固然已经以黑人成员为主而且在黑人解放斗争中赢得了尊敬，但由于历史原因，南非共在白人中的影响仍主要在阿非利卡人（即布尔人），而不在英语白人中。这种特点也赋予了南非共在化解种族矛盾、培养族际精神、促进黑白和解

黑人大主教图图

方面以独特的能力。

凡此种种，都使得南非能够走上这条“中庸之道”，而且一直走到今天，取得了非凡的成就。

南非1994年的种族和解与民主化的成功是举世公认的。而1994年后最著名的成功是南非圣公会黑人大主教、又一个诺贝尔和平奖获得者德斯蒙德·图图主持的“真相与和解委员会”。该委员会依据1995年《促进民族团结与和解法案》成立，通过当事各方提供证言，就1960—1994年期间的人权状况还原历史真相，既揭露了种族主义政权虐待黑人的多年罪恶，也不回避非国大等黑人解放组织在武装斗争中曾经有过的迫害反对派、侵犯人权等问题。从1996年起该委员会进行了大量的听证和调查，并接受反证和辩护。

真相与和解委员会通过下属三个委员会来开展工作：“侵犯人权委员会”负责调查侵犯人权的行为。“赔偿和康复委员会”就受害者恢复尊严和康复提出方案，供政府参考采纳。“大赦委员会”则处理被证实的施害者按《和解法案》的规定在认错道歉前提下提出的赦免申请，但申请者限于个人，对组织、法人和体制不存在赦免问题。

委员会属于非政府机构，没有强制性权力，完全靠以德服人，以理服人，以事实服人。尽管仍有若干顽固者藐视它的工作，但是包括绝大多数前施害者在内的人们都认可了它所做结论的权威性，并因此卸除了历史包袱。其中有些著名案例：

和解与民主谈判期间暗杀非国大领导人克里斯·哈尼的白人凶手雅努什·瓦鲁因废除死刑改判无期徒刑后，向真相与和解委员会提出忏悔并要求赦免释放。委员会取证后认为当时已是和平时期，杀人不能被认为是“政治斗争”，而且当时的调查也认定是个人犯罪，与包括凶手之一所属的白人顽固派政党在内的任何政治团体无关，因此忏悔可以接受，但以“政治动机”为理由要求释放不行，应该维持原判。

1993 年遇刺身亡的南非共总书记克里斯·哈尼

“民族之矛”在 1986 年爆炸了德班市“为什么不”餐厅和马古酒吧，导致 3 人身亡，69 人受伤，指挥袭击的南非共白人党员、“民族之矛”当地负责人罗伯特·麦克布莱德被抓获并被白人政府判处死刑，不久进入种族和解时期，1992 年他的事被列为“政治斗争”而获释。但是当时非国大否认这件导致平民伤亡的爆炸是自己组织干的。于是真相与和解委员会重审了这个案件。在取证后，非国大不得不承认是组织安排了这次爆炸并向无辜遇难者道歉。委员会谴责这次爆炸是“严重侵犯人权的行为”，但认可当时非国大受到白人政府镇压处于武装斗争状态，袭击目标有南非白人警方成员，政治斗争性质成立，麦克布莱德本身就是白人，可见他也不是因为种族偏见和个人境遇去袭击的。而且非国大组织承担了责任，麦克布莱德道歉后可以赦免，无罪释放成立。

这些案例都得到舆论的广泛肯定。图图大主教和他的同事在“迫害者忏悔和道歉，受害者宽恕和原谅”的原则下实现和解并解决历史遗留问题。在“恢复历史公正、实现转型正义”和“避免冤冤相报，携手面向未来”这一对似乎矛盾的老大难问题上，南非为世界作出了榜样。

南非“真相与和解委员会”的工作很快传播到世界各地。从 1995 年起，“仿效南非的做法”，在很多国家也出现了“TRC（‘真相与和解委

全球各地的“真相与和解”

员会’英文缩写）模式”的类似机构，诸如阿根廷“被强制失踪者全国委员会”；巴西“非法惩罚调查全国委员会”；加拿大“印度寄宿学校真相与和解委员会”；哥伦比亚“国家赔偿与和解委员会”；智利“全国真相与和解委员会”；捷克“档案文件与历史罪行调查委员会”；萨尔瓦多“联合国萨尔瓦多真相委员会”；斐济“和解和团结委员会”；加纳“全国和解委员会”；危地马拉“历史澄清委员会”；肯尼亚“瓦基委员会”、“真相、正义与和解委员会”；利比里亚“真相与和解委员会”；摩洛哥“公正与和解委员会”；巴拿马“真相调查委员会”；秘鲁“真相与和解委员会”；波兰“民族纪念研究所”；菲律宾“真相调查委员会”；塞拉利昂“真相与和解委员会”；所罗门群岛“真相与和解委员会”；韩国“真相与和解委员会”；斯里兰卡“经验与和解委员会”；东帝汶“接待、真相与和解委员会”；乌干达“侵犯人权调查委员会”；乌克兰“国家纪念研究所”；美国“格林斯伯勒真相与和解委员会”，等等。

但是在笔者看来，新南非最大的成功，还是在十多年政党政治的实践中排除了种种阻力，初步实现了从“族群多党制”到“左右多党制”的转变，从而在宪政民主体制下建立了稳定的国家认同。这是像南非这样一个种族民族文化高度多元的国家能够有长远发展前途的根本条件。

## 从“黑白两党制”到“左右两党制”：南非政党政治的进步

1994 年以后近 20 年来，新南非的宪政民主制度经历了风风雨雨，南非的政治格局也发生了很大的改观。

德克勒克辞职以后，原来的白人政党一方面离开联合政府成为在野党，另一方面在分化组合后完成了成员的种族多元化。原来以英语白人为主的民主党，种族隔离时代因为种族关系上的观点比较开明而成为白人中的反对党，与长期执政的顽固派阿非利卡人为主的国民党竞争。民主化初期，由于德克勒克率领国民党改弦更张与非国大合作，民主党的开明一度失去特性而在政治舞台上被边缘化。但是不久，由于德克勒克下野，国民党的后续党派逐渐衰落，民主党作为反对派又重新崛起，并且吸引了大批不满非国大的黑人，合并一些小党派改组为民主联盟（DA），成为南非最大的反对党。2009 年大选中，该党不但成功削弱了非国大原来的压倒优势，而且在南非重要的西开普省（立法首都开普敦所在地）胜选执政，从而开创了 1994 年后前白人政党成功转型为跨种族反对党并掌握省级政权的先例。

民主联盟竞选集会

南非阿非利卡人在种族隔离制度取消后很多人（通常是比较保守、难以适应黑人政府的那些人）

姆贝基

祖　马

移民国外，在南非人口乃至白人人口中的比例下降。国民党衰落后，留在南非的一些阿非利卡人转入了民主联盟，另一些人则加入了原来就在布尔穷人中拥有历史影响的南非共，并且通过南非共进入了非国大，余下的组成小党“新国民党”与非国大结盟。这同样促进了南非政党的跨种族演变。

南非黑人内部原来存在着历史遗留的复杂部族矛盾，1990—1994 年过渡期曾导致严重的流血冲突，尤其以科萨人（曼德拉、姆贝基、坦博、西苏鲁等上世纪九十年代非国大主要领导人多数都属于这一部族）和祖鲁人（南非最大、通常认为也最保守的黑人部族）的矛盾最突出。1994 年大选时，布特莱齐领导的祖鲁人政党因卡塔自由党成为黑人中最大的反对党。在南非各党派关系中，因卡塔自由党与非国大不但对立，而且这种对立一直具有相对浓厚的暴力色彩，成为南非宪政的一大隐患。但是随着民主之风吹进夸祖鲁，布特莱齐的“酋长作风”在党内引起以加文·伍兹为首的革新派不满并最终分裂。加上非国大推出了祖鲁人祖马出任新领袖并于 2009 年当选南非总统，非国大在祖鲁人中的影响因而大增，因卡塔自由党也就更显衰落，其国会席位从 1994 年的 43 席逐次跌落为 2009 年的 18 席，作为一个部族党即便在本部族（祖鲁）中也失去了大部分影响力。

左派民众抗议法庭审理祖马案件

南非黑人解放运动的主要政党——非洲人国民大会（非国大）自1994年新南非诞生至今一直是“一党独大”，但其本身却发生了复杂的裂变。

在反种族隔离斗争时期，非国大就是黑人解放运动中最具族际主义色彩的组织，由于有白人成员（主要是南非共成员）参加，曾引起一些黑人民族主义者不满并分裂出去成立了泛非大。1994—2004年间，由于原来以族群为基础的两大反对党：阿非利卡人的国民党和祖鲁人的因卡塔自由党衰落，非国大的势力又有所扩大。但是此后则出现了一系列问题。以姆贝基为代表的“自由主义”倾向与祖马为代表的“民粹主义”倾向之间斗争加剧，党内冲突与丑闻不断。2005年，祖马先是身陷巨额军购贿赂丑闻，他的财务顾问被捕，他自己也被控罪；姆贝基以此罢免了他的副总统之职。接着他又受到强奸罪的指控，非国大副主席之职也被“暂停”。但是，不满姆贝基“自由主义政策”的党内强大左翼，以非国大青年联盟、南非工会大会和南非共为主，认为这些指控都是政治陷阱，仍然全力支持祖马，并使其摆脱了指控，反过来对姆贝基一派发动攻势。2007年在波罗克瓦尼召开的非国大全国代表大会上，祖马依靠左翼的支持，竟然一举击败姆贝基，当选非国大主席。次年，祖马领导下的非国大以“召回”本党当选总统的方式，迫使姆贝基辞去总统之职，其时离他的第二任

人民大会党领导人莱科塔

期结束仅 9 个月。南非宪法规定总统只能连任一次，姆贝基两任就算功德圆满，却在这一刻的前夕被赶下了台。这自然引起了姆贝基一派的愤怒。

这次事件导致非国大出现 1994 年以来最严重的分裂。姆贝基的一大批追随者，包括前副总统姆兰博·努卡、前国防部长莱科塔、前豪登省省长西洛瓦等纷纷退出非国大，他们于 2008 年成立人民大会党，宣布奉行多元文化、自由主义原则，并“否认自己与马克思主义有任何联系”。该党表示愿意与民主联盟结盟，并且“乐于见到民主联盟进入政府”。

丑闻缠身的祖马能够在党内斗争中战胜名望远高于他的姆贝基是很耐人寻味的。姆贝基不仅比祖马资深，与曼德拉和南非共的渊源也胜于祖马：他既是曼德拉亲选的接班人，父亲又是曼德拉的密友和同族（科萨人）同时还是南非共的高干。但南非共还是支持祖马，因为祖马更“左”。曼德拉曾对姆贝基表示同情，但在非国大与人民大会党竞选时还是宣布自己支持祖马领导的非国大，因为他更热爱这个自己为之奉献了一生的党。甚至姆贝基自己虽然已经与祖马决裂，并且在投票时号召选民行使民主权利时“不要害怕（掌权者），不要拘泥于历史的愚忠，而要面向未来”，其属意于新党之心呼之欲出，但他却并未明确宣布自己投了人民大会党的票，也没有公开宣布加入这个由自己的拥护者建立、并且已经与非国大对立的新党。

尽管德高望重的曼德拉表态支持，使非国大渡过了危机，但还是伤了元气。虽然以祖马作为党魁使非国大增加了来自祖鲁人的选票，但在夸祖鲁－纳塔尔以外的其他 8 省得票都明显下降，升降相抵，全国得票率也从 2004 年大选时的 69.7% 下降到 2009 年的 65.9%，2011 年市政（地方）选

马勒马

举时再降为62%，失去了修改宪法所需的2/3多数。而民主联盟则缓慢上升：从2004年12.37%，2009年16.66%，升到2011年的24%，连同人民大会党等自由主义反对派，已经形成了不小的势力。

此后非国大继续发生党内斗争。先是南非共指责祖马政府中的副总统莫特兰蒂太“右”，是“老姆贝基一类人”而把他排挤出非国大执委会，接着原先铁杆拥护祖马、声称“为了祖马可以去杀人”的非国大青年联盟首领朱利叶斯·马勒马又因为发表支持津巴布韦的“革命专政”、主张武力没收白人土地并实行矿山国有化等“极左言论”而于2012年被开除出党。连南非共和南非工会大会都表示不能容忍马勒马。这样，在几年内“自由主义”的姆贝基、“暴力革命”的马勒马先后离开，非国大于2004年正式宣布自己属于“社会民主党”并加入了社会党国际。

在与“右边”和“左边”都划清界限的同时，种族、部族的界限却越来越模糊。大批祖鲁人离开了部族党因卡塔而追随祖马的非国大，姆贝基派的人民大会党在自由主义的基础上与白人起源的民主联盟在互相靠近，而“穷白人”较多的“新国民党”又与非国大靠近。新南非的政党政治从1994年时的两大党——黑人的非国大和白人的国民党，经过一段小党林立、大党内斗的分化组合，正在逐渐形成新的两大党——社会民主主义的非国大和自由主义的民主联盟。当然，这一过程如今还是“正在进行时”而非“现在完成时”，种族政党的色彩并没有完全消退，但“左右”的区别的确是越来越明显了。

## 从种族社会到阶级社会：宪政民主与南非多民族国家认同

这种从“黑白两党制”到“左右两党制”的变化对于南非这类种族矛盾复杂、仇恨根深蒂固、国家整合十分困难的社会而言是十分重要的。

笔者以往曾经以南斯拉夫和印度这两个联邦国家作比较：这两国历史上都是缺乏统一传统，种族、民族、宗教、文化间积怨很深，族际国家认同缺少根基。但是印度一独立就实行了宪政民主下的“左右多元”政治，贫富各阶级选民通过代议制形成左右派各党进行博弈。而无论左派中派还是右派都是跨族群的，博弈目的是在全国实现各自的“主义”，而不是闹独立，结果是越博弈国家认同越增进。而南斯拉夫实行“列宁式联邦”，不允许左右多元，却提倡所谓“民族平等”，结果每个民族都实行一党专政镇压异己，造成个个民族都有怨气，同时却允许每个民族的“共产党”突出个性、发展本民族认同。于是一有机会，各民族的“南共分支”便把本族的怨气引向他族，出现“族群多党制”，各党民意基础不是跨民族的“阶级”，而是各自“跨阶级的民族”，每个党都不以“主义”为诉求，只以“族权”为能事，小族争独立，大族谋压制。造成国家四分五裂。这时又有米洛舍维奇之类的民族（种族）主义者废除“民族平等”，想建立以民族压迫求统一的体制，结果不但没能阻止国家分裂，反而使分裂变得流血成河。

印度和南斯拉夫的例子，以及种族隔离旧南非的例子都说明，多民族国家的认同既不能建立在民族压迫的基础上，也不能建立在“专政”体制下虚幻的“民族平等”基础上。

我们过去在“阶级斗争”名义下出现了太多的悲剧，造成如今谈“阶级”色变的后果。其实认真想来，多民族国家里如果能以“阶级认同”来淡化“民族认同”，那绝不是坏事。而真正的“阶级斗争”，即同一“生产关系”中不同生产要素（劳动、资本、土地、知识等）持有者为争取各自要素报酬最大化而进行的博弈，诸如劳资博弈、主佃博弈、债务人债权人的博弈等等。这种斗争通常都不可能是“你死我活”、“谁战胜谁”的斗争。恰恰相反，由于真正的“阶级”是一种相对可变的、流动性的经济地位，不像民族尤其是种族那样固化，真正的“阶级斗争”是基于经济利益的博弈，尤其是同一生产关系中各方的“要素竞价”。在人类社会的各种矛盾中，这应该算是最可能进行理性计算、讨价还价、折中妥协、共存合作的一类矛盾了。

而其他诸如民族、种族、宗教崇拜方面的矛盾不但对立双方身份固化，而且不是同一生产关系中的共存关系，加之这几种斗争主要是情感、信仰性的，往往没理可讲，无价可还，也难以妥协，变成“你死我活”、“谁战胜谁”的可能性要大得多。我们都知道劳资谈判、主佃谈判达成妥协的可能性是非常大的，而阿拉伯人和犹太人、俄罗斯人和车臣人、穆斯林与基督徒的冲突，要达成妥协就困难得多；就算破裂，历史上真正的“工人起义”、“佃户暴动”不但极少见，其暴力规模也无法与民族征服、宗教“圣战”相比。

同时我们也知道，“阶级斗争”只有在代议政治体制下才能真正上升到国家政治层面，而不是仅限于基层社会的纠纷。尽管“代议士”代表的不一定是“阶级”，但“阶级代表”却一定是接受了“阶级”选民委托的代议士。道理很简单：没有委托就构不成代理，而只有在代议制下，穷人与富人才可能自由结社形成工会、商会与政党，从而组织（不是“被组织”）起来，通过选举授权，委托其政治代理人“代表某某阶级”真正进行大范围的集体博弈，在国家政治层面争取利益。

在代议制政治舞台上，这些阶级"代议士"的斗争常常是激烈的，唇枪舌剑、嬉笑怒骂，甚至在镜头前推推搡搡，无处不在的争吵、斗争各方的互相"扒粪"、"抹黑"，让某些习惯于一片歌功颂德的人嗤之以鼻——但是实际上，这种斗争却极少可能是"你死我活"的。而产生"阶级代表"的过程更不可能充满暴力。相反，只有那些根本没有"阶级"授权、却拉"阶级"的大旗作虎皮的权力争夺，才与历史上"天无二日，民无二主"的皇权争夺那样动辄尸山血海。而这种争夺中据说是同一"阶级"中产生"代表"的过程，则往往比"阶级斗争"本身更血腥：谁不承认我是"代表"，我杀掉他就是了。正如德国左派作家布莱希特讽刺"民主德国"时所说："如果人民不喜欢政府，最简单的办法就是解散人民，另外选举一个人民。"[1]既然无需工人授权，"工人阶级代表"就像皇帝的宝座，斯大林杀了托洛茨基，他就是"工人阶级领袖"，而托洛茨基就成了"阶级敌人"。如果托洛茨基杀了斯大林，那就反过来，托洛茨基"代表"了工人阶级，斯大林就该是"阶级敌人"了。无怪乎那么多白俄贵族流亡海外斯大林可以不管，却对托洛茨基追杀到天涯海角，历时十年，终于在地球那一面把他用冰镐砍死——然而这样的斗争能是真正的"阶级斗争"吗？

所以从某种意义上讲，真正的"阶级斗争"并不可怕。而在多民族国家"左右"/"阶级"矛盾如果能够淡化民族、种族矛盾，这并不是坏事，甚至可以说是很好的事。这正是因为"阶级矛盾"要远比民族矛盾容易化解。比起民族矛盾、种族矛盾和宗教矛盾来，"阶级矛盾"更不需要以"你死我活、谁战胜谁"的方式来解决，更不会损害、而只会巩固国族认同。"列宁主义民族问题理论"的失败，并不在于它主张用阶级矛盾来替换民族矛盾，而恰恰在于它不承认"左右多元"，而用所谓的"阶级专政"把本来

[1] 弗尔布鲁克：《德国史 1918—2008》，上海人民出版社 2011 年，257 页。

容易化解的“阶级矛盾”人为地弄成了“你死我活、谁战胜谁”的局面。这种理论在利益关系上把劳资对立人为激化成“阿拉伯以色列对立”的程度，在观念问题上像旧时宗教战争中“基督徒战胜穆斯林”那样去镇压“资产阶级思想”。同时在“阶级”内部争夺“代表”资格的斗争也变得如同争夺皇位般的血腥。于是造成严重的社会损害，而各民族都受害的结果最终还是导致建立国家认同的失败。

但是“左右多元”的民主体制下，“阶级社会”却可以避免这种灾难。由于民族、种族、宗教矛盾的非理性和难于妥协（南非实践的伟大恰在于实现了这种艰难的妥协），民主政治处理这类矛盾并不总是成功的（当然，不能说专制政治在这方面更成功）。但是民主政治处理“阶级矛盾”却容易成功。在一个多民族国家搞民主制，尽量搞成“左右多党制”而避免出现“族群多党制”具有很重要的意义，甚至往往决定这类国家民主实验的成败。

在这方面南斯拉夫是个反面的教训，而印度（其实美国、瑞士等等也是这样）是个成功的例子，我们看到南非正在成为又一个成功的例子，而且不仅在非洲可以说是最突出的例子，在世界上也可以成为一个范例。因为与印度、美国、瑞士都不同，新南非的民主化本来出自反对种族隔离制度的黑人解放运动，“黑白两党”是一个没法回避的起点。可是新南非的政党政治如果一直是这样的模式，国族认同将很难建立。道理很简单：选民的“左右”是易变的。这次大选我投左派的票，下次可能我就改变主意，成为右派选民了。因此如果一个党对自己的“主义”有信心，即使现在是少数党，它也会相信通过努力自己会变成多数党，而且信念越坚定，它越是希望争取多数，在全国实现自己的“主义”，而不可能希望离开这个国家。但是选民的族属却要固化得多，一个少数族再有信心，也不可能变成多数族，因此自我定位代表少数族的党易于产生离心力，而且信念越坚定，就越会走向分离主义。

新南非 20 年来政党政治到目前为止一直是成功地向“左右多党制”转

型，从而成功地强化了多民族国家认同。新南非的成功有力地反驳了那种所谓民族矛盾严重的国家不能搞民主、一搞就会分裂的谬说，它证明恰恰相反："左右多元"的民主体制有利于多民族国家巩固国家认同，代议制条件下真正的"阶级斗争"不但是温和的，而且恰恰有利于淡化民族矛盾，消除民族隔阂。

尽管南非治安不良，暴力犯罪频发，但南非的民主政治可以说是相当守规矩。南非政治博弈具有浓厚的"阶级斗争"背景，但并不"你死我活"。姆贝基一派在党内斗争中失败，但离开党照样可以搞政治。马勒马经常叫嚣暴力斗争，但他被"请出"非国大的过程却是完全和平的。运作正常的代议制民主一般都有个政治斗争从"实质化"到"形式化"的过程。初期的政治博弈一般都反映实在的社会矛盾和"主义"之争，各方背后可以看到社会分层明显不同的选民基础。但是，由于民主政治都要多数票支持才能胜出，而什么主张能够赢得多数，其实选择范围并不大，因此在一定时期过去、若干回合以后，竞争各方、尤其是最有竞争力的两大党立场往往会趋同，选民的"阶级背景"会趋于模糊，左派、右派都会趋于"中左"、"中右"乃至"中中"。这时竞选就会更多地流于形式化，更多地成为竞选者个人形象、竞选技巧上的竞争，从而给人以无聊的"政治秀"印象。其实，这正是民主政治运作稳定、成功，能解决的问题都已获得尽可能解决的体现。

## 代议制下的阶级斗争：<br>新南非的社会结构与民主政治

南非的民主目前还没有走到那一步。因此，南非议会、非国大党内的各种民主场合的交锋具有明显的社会背景。纯粹比赛偶像魅力的"民主秀"成分较少。换言之，除了民主政治的程序优点外，南非民主政治的实质内容还是非常突出的。相对形象不佳的祖马能够胜过温文尔雅风度翩翩的姆贝基，就是因为祖马的社会基础比姆贝基雄厚。而王晓鹏先生提到的工会太强、罢工太多等等，也是目前南非“阶级社会”的写照。

种族隔离时代留给新南非一个贫富悬殊的社会。贫富首先存在于“黑白”之间。种族隔离时代最严重的1970年，黑人的平均收入只有白人的6.8%；种族隔离末期的1987年这个比值提高到8.5%；过渡期的1993年为10.9%；新南非初年的1995年为13.5%，2000年提高到15.9%；但2008年由于经济危机，黑人失业率升高，这个比值又跌到13.0%。[1]当年发生的“排外骚乱”就与此有关。

而另一方面，新南非黑人内部的贫富分化又比白人内部更高。2004年收入分配的基尼系数，白人中仅0.36，并不高于欧美，而黑人中却达0.51，不仅高于白人，也高于有色人和亚裔，加上黑白差异，导致南非全国的基尼系数就达到了0.59。民主化以来，南非的黑白收入差距下降了。特别是由于姆贝基政府出台了著名的《黑人经济赋权法》（缩写为BEE，被戏称为“蜜蜂法案”），鼓励黑人企业家成长，用中国人的说法，就是“让一部分黑人先富起来”。十多年来“富黑人”（又称“蜜蜂富豪”）持续崛起，对缩小这种差异很有影响。

“蜜蜂富豪”的快速崛起不仅由于种族隔离的废除，与新南非的经济改革也很有关系。我以前曾指出，旧南非经济具有“种族社会主义”的特点，在白人私有经济发达的同时，为了“布尔人的团结”，给“穷白人”提供铁饭碗，并且强化白人国家的经济控制能力，旧南非建立了庞大的国有经济。种族隔离末期南非出现经济危机，“种族社会主义”难乎为继，变革国有经济就成为趋势。非国大政府废除种族隔离后实行种族和解政策，并没有像“黑人统治”的津巴布韦等国那样打击、没收白人私有经济，但对于原来白人国家的国有经济则明显加大了

[1] Economy of South Africa，From Wikipedia， the free encyclopedia.

改革力度。一方面让黑人进入国企，改变员工和管理层的种族结构，另一方面从长远讲为了推行强调市场竞争的“新自由主义”经济思想，从眼前讲为了解决转型期国家的财政困境需要拍卖国有资产，于是非国大掌权后的南非也出现了一轮国有资产私有化浪潮。在初期，这种改革只是使一些“穷白人”丢了铁饭碗，黑人并没有多少异议，无论从喜欢私有化的“新自由主义”右派的角度，还是从充实国家财政增加黑人福利的左派角度也都能得到支持。但很快，一些“有来头”的暴富者就引起了非议。如2004年10月媒体披露，南非公共投资委员会将出资购买国有南非电信公司（TELKOM）15.1%的股份（市值约60亿兰特，约合5亿多美元），并很快转卖给一个名为“大象”的黑人财团，而这一财团恰是政府通信部前总司长和非国大主席办公室主任牵头组建的。这条新闻令舆论一片哗然，南非工会首先质疑此项交易的公平性，称其为蜜蜂法的“最佳反面典型”。图图大主教也对此提出公开批评。舆论压力迫使姆贝基总统亲自发表长文为蜜蜂法辩护，声称黑人富豪中没有一个是依靠政府资助或扶植发家的，他们的致富完全是靠自己的努力。同时对TELKOM股份交易做了解释，有关的非国大官员也

黑人首富莫泽佩

莫泽佩、恩加塔尼、恩金曼德、哈尼夫人等在哈尼墓前

纷纷表示没有从此案中以权谋私。[1]

民主社会对政府的舆论监督原则是“有错推定”，民间有质疑政府的权利，政府有举证释疑的责任，你不能证明无错，那你就是有错。非国大政府还是有足够的公信力的，姆贝基亲自出面释疑，风波便告平息。不过当时此类猜疑甚多，无论如何，当时的确有大量资源从国家控制下释放出来转入私人手中，而在“蜜蜂法案”给定的条件下则主要是转入黑人私人手中。

这就催生了一大批“富蜜蜂”。例如号称南非五大富豪之一、在世界500富豪中名列第447的帕特里斯·莫泽佩，他在2011年拥有私人资产净值27亿美元（221亿兰特）。莫泽佩原来是个黑人律师，对法律变化有特殊的敏感，《黑人经济赋权法》刚通过，他就从中捕捉到机会，筹资盘下多处矿山，包括金矿、铂矿、有色金属和铁矿，成为南非首个黑人持有的巨型企业“非洲彩虹矿业”集团（ARM）的老板。耐人寻味的是，这位黑人首富还是一位共产党员，不时可以看到他与南非共领导人一起出现在党的集会上。

而他的姐夫西里尔·拉马弗萨的崛起更是传奇：他是老资格的非国大活动家，而且是非国大中的“左派”、南非最强大的工会组织全国矿工工会（NUM，作为工大会成员的21个行业工会中最大的一个）的领袖。过渡时期他是与白人政府谈判的非国大代表团团长，又是制宪会议主席，新南非建立后他成为非国大副主席，是新政府中的核心人物之一。“蜜蜂法”通过后，他立即华丽转身，辞去政府职务（但仍保留非国大的要职）下海“采蜜”，成为“新非洲投资有限公司”的董事，后又创办Shanduka集团，广泛投资于矿山、能源、房地产、银行、保险和电信等业，从矿工领袖一变而为矿业大亨，成为与其内弟齐名的大富豪，据说其个人财产在“非洲

[1] 戴旭：《南非执政“三方联盟”为何“斗而不破”》，《当代世界》2005年第11期，33页。

拉马弗萨与祖马

大陆前40位富豪”中排第21位。

但是另一方面，更多的黑人得到的好处并不那么明显。尽管强大的工会使黑人正式工人的工资明显增长，但由于经济增速不够和结构调整，黑人失业率一直很高，导致贫困率也居高不下。结果就是：与种族隔离时代黑人普遍贫困相比，新南非的黑人贫富分化十分迅速。一百年前南非是：白人分贫富，黑人全都穷。而新南非在短短十几年间就使黑人从普遍穷困的“平均主义”状态很快变得远比白人更加贫富悬殊——这使人联想到：中国这些年不也是从所谓“平均主义”时代很快变成远甚于西方的、基尼系数高达0.5—0.6的高度社会了吗？

由于黑人中贫富分化的发展抵消了黑白分化的缩小，南非今天全国总的贫富分化程度反而比种族隔离时代更高。有统计认为，2009年南非的基尼系数达到0.631，位居全球第二，[1] 更有甚者，有的研究甚至算出南非

［1］“Gini Index”. World Bank. Retrieved 2 March 2011.

基尼系数高达 0.70[1]，乃至 0.75[2]等。还有一种说法是南非位居全球十个基尼系数最高的国家之列。[3]就变化趋势而言，有研究认为在曼德拉和姆贝基时代的 1993—2008 年的十五年间，南非基尼系数上升了四个百分点，从 0.66 升为 0.70[4]，还有数据说从 1994 到 2005 年间，南非基尼系数从 0.593 升至 0.631。[5]总之，新南非的黑人与白人之间要比过去平等。但是黑人内部的分化却很剧烈，而黑人又是南非人口的绝大多数——南非黑人原来占总人口的不到四分之三，由于种族隔离废除后部分白人迁走，现在已经占到五分之四，黑人中的分化实际上决定着整个南非的分化状况。这就使得旧南非已经很严重的贫富分化在新南非总体上不仅没有缓解，而且更加严重，从绝对值而言南非的贫富差距已列世界前茅，从趋势来讲还有愈演愈烈之势。这无疑对南非新生的跨种族民主制度构成了严重挑战。

当然事情也有另外一面。对南非的贫富分化不能只看数值（基尼系数），还应考察分化的机制和性质。种族隔离时代身份性特权造成的“等级分化”在性质上不同于新南非，新南非比重更大的是市场机制下形成的“阶级分化”。这正如我国改革前同一身份人群中（例如工人中或者农民中）的“平均主义”与不同身份等级间的“待遇”悬殊伴行，到了改革后的市场经济下也变成了显性的贫富分化一样。应当说，一定程度的非特权性的竞争型分化是发展市场经济所必有的现象。但是它不能悬

[1] “A profile of the Western Cape province：Demographics，poverty，inequality and unemployment” . Elsenburg. August 2005. Retrieved 30 January 2012 .

[2] A Profile of the Gauteng Province：Demographics，Poverty，Income，Inequality and Unemployment from 2000 till 2007. Elsenburg February 2009 http：//www.elsenburg.com/provide/reports/backgroundp/BP2009_1_7_GTDemographics.pdf

[3] “Inequality in income or expenditure/Gini index，Human Development Report 2007/08” . Hdrstats.undp.org. 2010-11-04. Retrieved 2013-06-26.

[4] Trends in South African Income Distribution and Poverty since the Fall of Apartheid.(Papers，OECD iLibrary)

[5] https：//www.cia.gov/library/publications/the-world-factbook/geos/sf.html

殊得离谱，不能“赢家通吃”。特别是如果分化的悬殊又和旧体制留下的“起点不平等”有关，那就更让人难以接受。

不过在这方面，新南非的民主制也起了一定的“镇痛”作用。民主南非与市场经济相关的法治比较完善，《黑人经济赋权法》和经济改革的其他法律尽管一直有争议，但却是在各阶层的“代议士”充分博弈后由议会多数通过的。这个突出“黑人赋权”的法律未必是“机会均等”的，但由于过去的种族隔离制度剥夺黑人机会的严重不公正，在不搞经济清算的情况下对黑人进行“机会补偿”，也是一种“矫正的正义”——连诺齐克这样极端强调自由竞争的思想家也是承认这一原则的。当然，即便在黑人中，成为“蜜蜂富豪”的机会也远谈不上平等，尤其对于拉马弗萨这类从高官变成大亨的人是否弄权致富更是争议很多。不过暴露在相当自由的南非舆论下的拉马弗萨似乎比较自信，因为他恰恰得到了代表穷人（不是自称代表，而是确实在自由竞选中得到大量穷人选票）的南非共产党和南非工会的支持——既然穷人都不“仇富”，你们不那么穷的人还吵吵什么呢？

## 民主政治中的温和土改政策

新南非“阶级斗争”的另一个重要话题是土地改革。在非洲，由于历史上白人殖民过程主要是在农业时代完成的，“霸占土地、奴役人民”是最重要的历史罪恶。“奴役人民”的问题在黑人解放后解决了，收回被“霸占”土地就成了下一个“政治正确”之所在。尤其是绝大多数非洲国家只是受到过宗主国的殖民统治，宗主国的影响主要在城市，很多乡村还保留着非洲传统的部族、部落状态。而南非和津巴布韦等极少数国家在黑人解放前受到的却主要是在所谓“独立”（白人自立建国）形式下本土白人的统治，这些本土白人绝大多数原是农业殖民者（如所周知，所谓“布尔人”即“农夫”之意），他们对传统黑人部落生存空间的挤压，要比“宗主国的殖民统治”严重得多。黑人解放后的土改问题也就更突出。应该说，殖民者用强权“霸占土地”要比类似我国自古以来土地私有制下民间买卖、继承形成的土地关系更不公平，土地改革的号召力也更大。

如果说“白人霸占黑人土地”是历史问题，那么南非现代化农业中的劳资矛盾就是现实问题。马克思在《资本论》中曾认为资本主义的兼并过程会消灭家庭农业，在农业中普及使用雇佣劳动的大农场，从而发展出农业资本家（农场主）和农业工人的阶级冲突。但欧美并没有出现这种场景，使用业主家庭劳动和辅助性季节工的家庭农场至今仍在现代农业中长盛不衰，倒是南非在“白人霸占”的土地上出现了马克思设想的那种场景：使用全职性雇工（以及更多的季节工）的大农场成为现代农业的主体。于是南非农场主与农业工人间的阶级斗争就比欧美明显得多。土地改革主要就是这些黑人农业工人的要求。

但南非更多的乡村黑人还是生活在类似过去“黑人家园”那样的传统部落地区，部落“集体所有”的土地分成小块份地由家庭耕作，类似我们的“责任田”，但在南非它完全是赤贫状态下糊口型的自给农业，并没有我国“责任田”那种把农民从人民公社桎梏下解放出来的积极作用。旧南非只是以此作为城市黑人“流动工人”的所谓退路，把他们的“户籍”留在农村，形成“三留守（留守妇女、儿童、老人）”人群。由于靠这种糊口农业维持黑人劳工家庭的“两栖”性显然不可持续，当年设计这种“种族主义新农村”体制的汤姆林森就曾提出要给“黑人家园”补充土地，使那里的农业能有吸引力。但因白人农场主不肯而未实现。白人政权转而希望靠唆使黑人酋长“独立建国”来实现流动劳工的“外籍化”。但黑人解放粉碎了这一邪恶的梦想。新南非废除黑人家园制度后，这里的两栖家庭主要去向是进城团聚，愿意留居部落的，则希望政府提升公共服务，更新基础设施以便就地脱贫。真正想既不进城又脱离部落，移居到原白人农场地区去通过土地改革“当家作主”的人并不多。

所以，在南非要求激进土改的主要是黑人农业工人。尽管在前“黑人家园”与白人农场区接壤地带很多“家园”居民就在附近白人农场做工，并因而兼有农业工人身份，但是南非农业工人总数仍比前“黑人家园”人口少得多，当然比总数约 4 万余人的白人农场主还是多得多。在南非今天基本没有我国那种农民（peasants）概念，原“家园”人口被视为传统部落居民，所谓“农民”（farmers）是指农场主。新南非尽管黑人中出现很多“蜜蜂富豪”，但农业并不吸引他们，所以农场主基本仍是白人。于是在南非，你常常会看到“工人”（黑人农工）要求土改，而“农民”（白人务农者）反对土改这种中国人不易理解的说法。

尽管“夺回白人霸占的土地”诉求很正义，但是另一方面，不仅纠正三百年来的不公正要受到现实状态的“时效”制约，毕竟“霸占”并非这一代人的事，如果不想搞一场“打土豪分田地”的暴力革命，要为几代人以前的“霸占”而清算现在的业主，显然是不现实的。更重要的是，当代南非白人经营的现代化农场农业与黑人传统的部落农业之间有巨大的生产力差距，这是我国过去那种地主主要出租土地，而佃农与自耕农搞的都是传统农业，所完全无法相比的。所以我国的土改尽管至少从现代产权观念看公正性存在争论，但对生产力尚无很大负面影响（后来的集体化另当别论）。但在南非、津巴布韦这两个南部非洲国家，激进土改至少在许多黑人看来无疑是公正的——对白人农民而言让他们为百年前祖先的罪过而吃苦头是否公平就是另一回事。然而生产力方面的巨大损失就很惨重，更不用说这种做法完全不考虑黑白和解，在政治上也有负面影响。

更何况，现实中的变革动力主要不是来自抽象的正义观念而是来自现实的利益博弈，民主政治下尤其如此。而南非的黑人农工和白人农民在黑白两大种族中各自都是很小的群体。南非黑人如今高度城市化，乡居者少，乡居者中部落民也更多，农工更少，4 万农场主在白人中是少数就更不用说。而且相对来说他们在各自种族中也都比较弱势：“老布尔”今天即使在阿

自由邦省大农场的筒仓

东开普省菠萝种植园

非利卡语中也成了保守、颟顸的代名词，早已不是白人的主流社会，而在今天高度组织化的南非工人阶级中，农工的组织程度又比较低，在工大会中基本说不上话。绝大多数黑人和绝大多数白人对于他们的诉求很难有切肤之感。

不过，南非农业中的阶级斗争却比城里要更与“黑白斗争”相重叠。城里如今黑白种族分化都很明显，黑富豪与穷白人都不罕见。但是农场主中并没有黑富豪，农工中也没有“老布尔”，农业中“工人”与“农民”的斗争几乎就等于黑白斗争。而黑白问题在南非当然非常重要而且事关“政治正确”，土改问题在民主政治中经常炒得很热就容易理解。但由于不是绝大多数人的切肤之痛，它实际上一直只是其他斗争借用的筹码，本身在国内政治中并不真正受重视。

在经常被拿来与南非做比较的津巴布韦，“黑人统治”后穆加贝政府本来土地政策也并不十分极端，但他的专制统治遇到危机、经济衰退引起不满后，就越来越需要寻找“敌人”，用激进土改来调动民粹情绪，以把愤怒引向白人农民的办法来回避政治改革。结果对该国农业造成严重破坏，把当年号称“非洲面包篮”的农业先进地区弄成了一个依靠国际社会救济的饥馑之乡。对南非来说这是个前车之鉴。加上新南非一直实行民主政治，民众的不满可以在政党斗争和政治家的轮替中释放，阶级斗争更可以充分地表现为代议制下的讨价还价，无需人为制造你死我活的气氛。因此走了一条完全不同于津巴布韦的土改之路。

新南非政府 1994 年执政后就承诺通过法治、和平的手段，经过一定时间，渐进地消除土地问题上的不公平。该年的《重建与发展计划》也列入了土改内容。当时宣布经过 20 年，到 2014 年将有 30% 的土地重新分配给黑人。

但直到最近，祖马总统在纪念 1913 年种族主义《土地法》100 周年之际发表文告，承认土改“一直进展缓慢，2014 年再分配的目标将无法实现。迄今只有670万公顷的土地被转移、再分配和归还。”缓慢的原因在于非国大政府在公平问题上一直坚持赎买而不是剥夺、在效率问题上则坚持发展商业性黑人农场，而不是用传统部落农业取代白人农场农业这两大原则。上述670万公顷土地中有400多万公顷是政府收购的，这些土地上共有4813个农场已转移给黑人。通过各种再分配方案，这400多万公顷土地惠及了23万多黑人，包括5万多妇女，32563个年轻人和674名伤残军人。2010年以来，南非政府又以资本重组的方式改造了696个大农场，即以政府参股和黑人入股的方式把原来完全由白人独资的农场改制为股份化的农业企业，这696个资本重组农场中有332个种植场，364个畜禽养殖场，共为4982名全职工人解决了就业，并投资18亿兰特建设基础设施。这些农场全部盈利，到2013年1月底已经收入1.26亿兰特。[1]

南非黑人农工

土改缓慢引起了像马勒马那样的激进人物的强烈抨击，他甚至主张学津巴布韦搞暴力土改。南非民主政治中也有不少团体要求加速土改。但是即便在“更左”的祖马取代“自由主义的”姆贝基后，非国大政府的土地政策仍然一以贯之。原因有二：

一是种族隔离制度废除后黑人加速进入城市，尤其是原来“流动工人”在“黑人家园”的家属，即留守儿童、留守老人、留守妇女之类大都进城团聚，南非本国籍“农民工候鸟现象”基本消除，2009年南非

[1] 祖马：《1913年“土地法”百周年纪念》文告，见非国大官网 http：//www.anc.org.za/。

5000 万人口中只有 1200 万生活在农村，农业劳动力与产值占全国总量的比重更只有几个百分点，土地问题的压力相对而言不是很大。

二是如同在非农业领域一样，非国大政府实行“以福利代替清算”，以二次分配代替产权剥夺的社会民主主义政策，尽管土地改革步伐缓慢，但农村公共服务进步明显。祖马政府宣布：“生活在农村的人们也应该有水，电，卫生，优质的医疗保健和教育，有道路和赚钱机会。”因此决定把土地改革工作从农业部剥离，另设专门土改机构。而让农业部专注于国家的农村发展计划。南非政府仍然强调农村优先，但值得注意的是已经不怎么提土改优先了。

尽管如此，土地问题在南非还并未解决，它仍将继续成为民主政治中的一个话题。尤其是南非自种族隔离制度末期和过渡时期以来一直失业率、犯罪率高企，生活在警方治安力量薄弱的农村地区、而又相对富裕的白人农民—农场主便成为犯罪分子重要的作案对象。袭击白人农场，尤其是造成命案的袭击事件频发，成为南非治安问题的一个突出方面。据说 4 万余农场主中近二十年来累计已有 3000 人遭到谋杀，命案发生率四倍于城里——而众所周知，南非城里的暴力犯罪已经够严重的了。于是，正如在土改问题上非国大政府受到两方面的抨击——“工人”嫌土改太温和，“农民”却说土改太激进——一样，在农场主遇袭问题上也是“右派”指责政府惩办不力，“左派”指责政府小题大做。

如果按过去的意识形态史观我们会说这是针对白人富户的农村“起义”，正如过去我们把中国古书上所有关于“贼”、“寇”的记载都编入“农民起义资料集”一样。但是今天在南非，“白人农场主遇袭”问题反而使激进土改更难进行：

一是现今南非民众和政府都对犯罪率高企深恶痛绝，对犯罪都要谴责和惩办。结果常常使政府面临尴尬。如 1997 年曼德拉总统在此类报道的压力下亲自批准建立了保护农场的专职警察部队，结果到

2003 年发现这支部队成了当年白人极右翼民兵的变身，不得不予以解散。2010 年白人极右翼分子欧仁·特列布兰奇在自己农场被两名黑人农工谋杀，他本人原来搞过极右翼恐怖活动并曾因此被判刑，是个声名狼藉的人，但他的被杀却使他变成偶像，数千人参加葬礼，白人右翼舆论强烈反弹，把这类事件称为（针对白人的）“种族主义暴行”，而政府除了呼吁“冷静”外却无法反击，还宣布禁唱马勒马派的一首激进歌曲（其中有“杀死布尔人”的歌词）。这类报道的众多已经在某种程度上把白人农场主塑造成了“弱势群体”，对他们的激烈措施反而更难出台了。

二是袭击使许多农场主弃耕和逃离也影响了农业生产，并在国内外引发了对南非“津巴布韦化”的担忧。

三是与袭击罪案频发的同时，农业工人有组织的博弈却不发达，而且有所行动也往往得不到城里工会的支持。在强工会、多罢工的新南非，这一现象耐人寻味。2012 年 8 月在马里卡纳矿山工潮的影响下，西开普省一些葡萄园农工发动“有组织但没有政党、工会和 NGO 支持的罢工”，被视为“沉寂几十年后”出现的农场工人运动，但工大会的当地组织却反对这一罢工，使这次罕见的农业工潮无果而终。[1] 加之十多年来，南非农业中的全职农工不断减少，农场主更倾向于雇用季节工和外籍劳工，也使得农业工人难以形成足够的压力集团。

因此一般认为目前的温和土改政策还会继续，尽管争论仍然存在。

[1] Leaderless farm strike is “organic”. http：//m.mg.co.za/index.php?view=article&urlid=2012-11-16-00-leaderless-farm-strike-is-organic&views=1&mobi=true&KEY=5ru87n3igl0a9hlae4fo546491

# 四、“非洲的瑞典”：民主南非的工会与福利制度

## 马里卡纳矿山事件：如何缓和阶级斗争

尽管如此，严重的贫富分化仍然制约着新南非的发展并导致明显的“阶级斗争”，这就可以理解，为什么“工会太强、罢工太多”并不是“完全民主的高人权国家”都会有的现象。但是在南非的条件下搞民主，这确实是很难避免的。

由于贫富差别，尤其是黑人中的两极分化严重，社会上的不满情绪是很明显的。而另一方面，南非在长期反对种族隔离斗争时期社会动员程度已经发展到相当的高度。南非的工会会员就有310万，占正规劳动大军的25%。而且与美国小工会林立的情况不同，南非工会的集中程度也高，最大的南非工会大会（COSATU，简称工大会）是世界上三大工会之一，下属21个行业工会，共有会员180多万，占全国工会的近60%。虽然她是与非国大结盟的执政“三方联盟”中的一方，但在民主南非的体制下她并不是“官办工会”，这个工会不是强制加入的，也不能禁止其他工会与之竞争，要想维持自己的影响，就必须在工人维权上做出成绩，而不是只搞些“发发戏票，唱唱跳跳”。因此工大会不仅有自己的集体诉求，而且常与政府意见相左。例如在艾滋病问题上，工大会就反对姆贝基政府“土法抗艾”的政策，要求向公众全面提供抗逆转录病毒药物。

工大会会徽

马里卡纳事件

当然比抗艾更实质的是劳资关系。政府如果介入，就还会发生“劳政关系”。如前所述，这种民主社会的“阶级斗争”通常不会“你死我活”，但是也有激化到流血的。典型的就是 2012 年的马里卡纳矿山惨案。

2012 年，南非最大铂金生产商隆明公司马里卡纳矿山的数千工人发生“野猫罢工”（没有工会组织的自发罢工）。从 8 月 10 日起全国矿工工会（NUM）决定支持，矿工们声称：“民主已经 18 年了，我们不能老拿 3000 兰特。”他们要求把月工资一下提高三倍，达到 12500 兰特。但是另一工会“矿山与建筑工人联合会”（AMCU）认为这样高的提薪率会“搞死”矿山，反对发动这次罢工，两边遂形成对立。南非黑人劳工从“流动劳工”时代就有不少人保留部落时代的带刀习惯，发生纠纷时动武也不是新闻，但这次就闹大了。12—14 日该矿发生冲突，导致 10 人死亡。16 日警察大规模介入，与罢工矿工发生激烈对抗，34 名矿工被枪杀，警察与公司保安各有 2 人死亡。消息震惊全国，其他矿山工人纷纷罢工声援，高峰时全南非有 7.5 万名矿工卷入工潮。南非各政治力量纷纷表态，政府也展开调查。警方说罢工者先开枪，罢工者的说法却相反。从新闻照片看一些罢工者的确持有刀枪等简单武器，这在南非也不稀奇，但媒体报道很多死者是背后中枪，而且不少人远离警方警戒线，是死于远距射杀。于是舆论渐对警方不利。但是矿方则表示增薪三倍的要求无法承受。在政府和社会各方介入调解后，平均加薪 22%，另外一次性发给 2000 兰特的妥协方案逐渐被各方接受。被捕矿工 370 人也由政府下令分批释放。至 9 月 20 日，工潮平息。而 22% 的加薪成为全国矿山的普遍措施，也算是 44 名矿工鲜血换来的成果了。

马里卡纳事件引起了很大震动，祖马总统为此宣布全国下半旗哀悼一周，有媒体甚至比之于种族隔离时期的沙佩维尔惨案。这次事件深刻地揭示了经济利益或曰“阶级利益”造成的分野：事件发生后，依靠工人选票的南非共与工大会都出来指责作为盟友的非国大政府，而非国大方面，拉马弗萨这样的矿工工会前领袖因为此时自己也成了矿主，却出来指责罢工的“暴徒”，而他不久前还在反对姆贝基“自由主义”的斗争中作为“左派”冲锋在前！作为另一极，前非国大青年联盟首领马勒马不久前因“极左”刚被非国大开除，此时便再次鼓动矿工要求“矿山国有化”。可是绝大多数矿工只求加薪，并不认为“国有”官僚比民营老板更好对付，连南非共也反对他的主张。

马里卡纳事件最终还是以妥协解决。事实上在代议制民主条件下这也是“阶级斗争”的通常结局，马里卡纳流了那么多的血，应该是个例外。但是人们总是有平等诉求的。南非的贫富悬殊起源于种族隔离时代，谈不上起点平等，后来的“蜜蜂法”也有掌勺者私占大饭锅之嫌，规则不尽公平。那怎么办呢？

人为“拉平”等于搞普遍清算，不仅大动荡的代价社会难以承受，而且从津巴布韦“革命”的实际效果看，南非人民对此也不敢恭维。那么通过税收—福利的“二次分配”来进行平等化的调节，就是民主社会里并不“你死我活”的阶级斗争理所当然的结局了。

姆贝基时期的非国大政府，由于在鼓励投资、开放市场、维护产权和财政—货币政策方面的谨慎政策（不搞凯恩斯主义的财政扩张），被南非共等左派攻击为“新自由主义”。但如果从分配方面看，这届政府其实还是非常左的。正是在姆贝基时期，南非出现了由“负高福利”向“正高福利”的急剧转型。

南非宗教人士就马里卡纳惨案发出呼吁

我以前曾提到阿非利卡白人统治的南非有“黑人各尽所能，白人按需分配”的“种族社会主义”特征，单就白人而言那是个几乎类同北欧的高福利体制，尤其是“穷白人”受到很好的照顾。但是黑人则处于“既无自由又无福利”的境地。由于初始分配就是黑贫白富，二次分配又是白人锦上添花，黑人“有雪无炭”，这种“福利”在宏观上就成了一种扩大而不是缩小不平等的反向调解，我称之为“负福利”。民主国家只有高福利和低福利之分，是不可能有“负福利”的。但是旧南非和我国这样的“负福利”就是个严重问题。

改变负福利的方式有渐进和激进之别。渐进方式是通过逐渐增加最下层的福利而控制上层的福利，减少反向调节的力度，或者说是从“负高”变成“负低”，逐渐变成“零福利”（不一定是无福利，但福利分配与初始分配同比例给予，不平等既未增加也未减少，调节效果近于零），再进一步变成正福利，这时才有西方意义上的高福利和低福利之别了。我国这些年的福利改革正处于零福利前的渐变过程。我曾以某省的医疗改革为例：过去最底层的农民完全自费看病，一般国家职工比农民初始收入就高，却还有基本水平的公费医疗，而高官初始收入更高，又享有无限制全额公费医疗，这就是“负高福利”，现在农民有了“新农合”，仍比职工医疗保险水平低，比高官的医疗待遇更低，但总是有胜于无，与过去相比，就是从“负高福利”变成“负低福利”，仍然是“负”，但负得少了，离零福利的临界点近了，这还是进步，也可以说是渐进吧。

这种状况也相当于旧南非在种族隔离末期的情况。当时由于黑人的抗争、国际的压力和白人开明力量的推动，南非的福利也由白人专享变成在覆盖白人的基础上也向黑人渗透。到上世纪八十年代中期，南非社会总支出（即国家财政的福利和公共服务支出）的约40%被用于占人口百分之十几的白人，而43%用于占人口绝大多数的黑人，白人还是占很大便宜，不过黑人也多少有了点，也是从“负高福利”变成“负低福利”了。

但是1994年以后，南非的政治格局发生了根本变化。曼德拉－姆贝基时代虽然没有像津巴布韦那样从产权和初始分配上剥夺白人，但二次分配的变化却很激进。南非的福利体制一下子就由向白人倾斜变成明显向黑人倾斜。到上世纪九十年代后期，社会支出用于黑人的比重从43%上升到80%，而用于白人的则从40%急降为不到10%。[1]这等于把原来白人中实行的那套福利移用到黑人上，原先白人锦上添花，黑人“有雪无炭”，现在黑人得到雪中送炭，白人却“有锦无花”了，南非从“负福利”不经临界点直接进入了正福利，而且相对于经济发展水平而言应该说是高福利。这个变化不可谓不剧烈。而这个变化，事实上在姆贝基时代已经完成，所谓“民粹主义”的祖马上台后也没有再做多少。

## “非洲的瑞典”，还是“非洲的苏联”

问题是姆贝基不这样做行吗？

与我们中国不一样，旧南非的特点是无论政治民主还是经济公平，在白人内部都已经有了很先进的安排，但由于种族歧视，这种安排只供白人专享

[1] Haroon Bhorat； Ravi Kanbur. “Poverty and Well-being in Post-Apartheid South Africa：An Overview of Data，Outcomes and Policy” . University of Cape Town；Cornell University.2005.p.6.see：http：//www.arts.cornell.edu/poverty/kanbur/BhoratKanbur.pdf

而不实行于黑人。因此改变这种状况的方向就是让黑人也享有那些原来只供白人专享的东西。正如政治上的变革只能是使黑人也拥有原先白人才有的民主权利、而不是把“黑人家园”的“传统酋长制”搬到白人那里一样，经济上的变革方向，当然也只能是让黑人享有原先白人中的那种社会保障，而不是反过来把原先黑人那种“既无福利也无自由”的悲惨状态推广到白人那里。我们这里有些人会把所谓“西方的人权标准不能用于中国”看成是“反西化”的“爱国”口号而不是公然歧视中国人的汉奸口号，但是在南非，鼓吹“白人的人权标准不能用于黑人”的只可能是歧视黑人的白人顽固派以及类似“黑奸”的“黑人家园”亲白酋长，而黑人解放运动无论渐进还是激进，都是要求“黑人的人权标准必须等同于白人”的。

中国将来可能不需要在农民中推行高福利制度，因为过去中国在城市里搞的也不是高福利，与南非白人中原来的民主福利制度主要照顾“穷白人”不同，中国城里的福利也是先官后民、按权分配的负福利，不存在把城里的福利制度复制到农村的问题，只能在城乡都走出负福利的基础上建立城乡平等的正福利体制，至于由负转正后的福利是低还是高就不一定了。但是南非不同，要想既避免贫富对立导致马里卡纳那样的悲剧，又不搞津巴布韦那种“打土豪分田地”的一套，相当高的二次分配力度恐怕是难以避免的。

发达国家经济中有“福利国家”和“自由放任”两大传统，那么新南非废除了种族隔离制度后为什么就不能更多地偏向“自由放任”呢？

其实姆贝基政府不是不想这样。但是他们只能在保护产权、承认初始分配之类的领域有点这种所谓的“新自由主义”色彩，而在二次分配领域他们基本上不能这样。因为我们且不论从左派立场对“自由放任”思想的批评，就是从诺齐克式的“右派”立场看，自由放任的正当性在逻辑上也是以“起点平等”、“规则平等”为前提的。而在实际上如果起点平等做不到，那就只有在四种状态下人们才能接受“自由放任”：一是起点虽不平等但差别不致太悬殊，二是虽悬殊但这起点本身有正当理由（比如合法继承了清白的财产，或者挖到个大金块），三是是否正当已无法考究只能承认现实，四是虽可考究但起点占了便宜的人在掌权，别人事实上只能承认。然而南非的现实与这四条都刚好相反：第一，种族隔离制度留下的“起点”就太悬殊了；第二，种族隔离已被公认为不正当；第三，种族隔离刚刚废除，不像发达国家的“原始积累”已经过了两百年没法追究了；第四，新南非已经发生政权更迭，起点得益者不再掌权而是受损者掌权了。这种情况下要想回避二次分配，那就只能在初始分配问题上或者产权上搞“打土豪分田地”，像津巴布韦那样了。

所以，无条件实行“自由放任”，在新南非是没有这种可能的。真要“自由放任”大概也只能先像津巴布韦那样用强权人为搞出一个平等“起点”，不过有这样的强权恐怕也就不容你自由放任了。所以可供选择的其实只有津巴布韦式的办法或者姆贝基的办法。津巴布韦式的办法是剥夺白人土地，搞工矿业国有化，走“社会主义”之路。而姆贝基的办法就是以大力度的二次分配，换得初始分配可以相对自由，产权无需大取大予。从某种意义上讲，穆加贝在津巴布韦搞的那一套就像“非洲的苏联”，曼德拉－姆贝基在南非搞的一套就像“非洲的瑞典”。而自由放任的“非洲美国”将来随着两极分化的缓和、中等收入阶层的壮大、二次分配必要性的降低或许会成为一个选项，但在新南非初期是不可能在民主条件下得到多数人支持的。津巴布韦的做法之危害现在已经是有目共睹。不少人抱怨曼德拉与姆贝基没有搞“非洲的美国”，这其实是强人所难、不切实际的。而“非洲的瑞典”当然无法与欧洲的瑞典相比，但与“非洲的苏联”相比，新南非这个“非洲的瑞典”已经是很不错的了。

有人分析过，今天南非领取社会福利者人数大约是所得税纳税人的三倍之多，按照国际标准这是极高的比例。[1] 这意味着在南非平均每个狭义的纳税人（不包括企业法人在内的自然人纳税者）要负担 3 个弱者的社会

[1] “OECD Economic Surveys－South Africa”. OECD. 2010–07.p.38.

保障，这种再分配的力度的确相当高。国际经济学界注意到：南非尽管失业率高企，收入不平等在世界名列前茅，但是南非不像大多数世界上发展中的高度分化国家的一点是：南非没有蓬勃发展的“灰色经济”（非正式经济）；根据经济合作与发展组织估算，南非的劳动力只有15%是工作在非正规部门。而这个比例在巴西和印度都达到一半左右，有的国家如印尼，甚至高达近四分之三。研究者认为，出现这种差异的原因是南非的普遍福利体制。[1]换句话说，很多失业的南非人并不像一些国家那样靠捡破烂、摆小摊等“非正规”方式度日，福利安排解决了他们的基本生存。而南非初始分配中惊人的不平等，经过二次分配的调节后也会明显缓和。

因此看来，那种根据初始分配基尼系数的升高而断言新南非比旧南非更不平等的说法是就初始分配而言，落实到社会现实就需要商榷。旧南非基尼系数虽比新南非略低（其实也非常高了），但不仅如前所述，身份性的不平等性质上就比竞争性的不平等糟糕。而且由于旧南非的二次分配就整体（即就黑白关系）而言是典型的“负福利”，若计入二次分配则基尼系数肯定会更高。另一方面，新南非初始分配的基尼系数确实很高，但由于有很强的“正福利”，二次分配后基尼系数肯定会明显降低。就二次分配后的情况而言，虽然我们没有找到确切数字，但新南非的基尼系数应该是低于旧南非、而且低得不少。不过，旧南非由于实行种族隔离，白人社会与黑人社会分开，那贫富悬殊的直观性不强。而新南非黑人有了迁徙自由，尤其是最穷的人大都进了城市，而索韦托那样的地方却出现了富黑人的豪宅，贫富近距离共处，那差异就显得非常抢眼了。

## 免费住房政策：消除“流动工人”制度后遗症

南非的社会福利有自己的特点。除了前述关于艾滋病导致的医疗问题外，另一个特点就是住房福利比较突出。这是因为种族隔离时代造成

[1] “South Africa's economy：How it could do even better.”. The Economist. 22 July 2010.

的大量“流动劳工”、“两栖人口”，在民主化以后都有了在城里安家的权利，他们可以理直气壮地住在过去被白人当局视为“违章建筑”的“贫民窟”里，然后同样理直气壮地要求国家给他们提供更好的住房以摆脱贫民窟。换句话说，他们不再像过去那样没有自由，更谈不上福利，而是先有了自由，再以此自由市民的身份要求福利。这就造成了南非“福利房”的巨大需求。

关于这方面，旅居南非的王晓鹏先生写道：

“南非政府在解决‘有序城市化’（遗留问题）的过程中，有一样做得要比中国政府好得多，那就是大量修建黑人免费住房，这远远好过中国的经济适用房。不幸的是，在中国国内，因官商勾结太严重，几乎每座城市修建的经济适用房，到最后都变成了商品房出售；普通百姓如果想租到77元每月的廉租房，恐怕都是在天方夜谭。

“南非政府在照顾低收入人群住房方面要比中国好得多。如果你是南非公民，并能证明全家无收入或总收入每月低于1400兰特，那你就可以申请这种免费住房，成功入住后只需要交水电费。虽然南非出现过政府官员冒充低收入者骗取黑人免费住房的丑闻，还有黑人抱怨说等了八年才分到免费住房，但总体来说，南非政府至今已经成功解决了近400万户家庭的住房问题。要知道，南非的总人口还不足5000万，经济实力与中国相距甚远，能修建400多万户免费住房是多么不容易的事情！

免费住房

“因为长期的种族隔离政策，黑人劳工的聚集区，多集中在城市商业区的近郊，例如黑人最大聚集区索韦托距离约堡主城区 25 公里，另外很多聚集区也均距离商业中心不是很远。整个南非的格局就是中间是商业区，周边是一块一块的住宅区，呈卫星状散落在商业区附近，但这些住宅区基本是黑白分明，白人区基本很少看到黑人，黑人区也基本见不到白人。你不能单纯地把黑人聚集区当‘农村’，因为这些劳动力多数不是农民，他们白天进城打工，晚上往往又回到聚集区居住。这不像中国那样，农民工从一个西部省份坐火车到沿海发达省份打工，然后年底返回老家过年。

“而南非的农村基本是指白人农场区，黑人劳工也是居住在农场附近地区的黑人聚集区，白天到农场打工，基本上没有中国那种农民工‘候鸟大军’。这个是与中国类似但又不同的格局。

“现在南非政府正在各地的黑人聚集区大量修建免费住房，为的就是维持社会稳定，让收入较低的黑人劳工能在居住地附近安心工作，不管结果如何，至少南非政府的想法和做法是正确的。而在中国，不用说免费住房，就连经济适用房、廉租房都很少见，这又怎么能让农民工安心种地呢？农村收入太少，导致出现了大批飞往城市的‘候鸟’，作为根本的农业自然会出现问题，大量农民工进城后若出现饱和，找不到活干的无业者又会引发各类社会问题，这就是问题症结所在。”[1]

王晓鹏先生的比较是基本正确的。但有几点需要斟酌：

第一，南非的“流动劳工”原来也并非不是“候鸟”，事实上，当年南非白人政权设计的办法就是让他们单身进城打工住集体宿舍，家属留在“黑人家园”。看看地图就知道“黑人家园”离大城市有多远，所以那时他们就是“候鸟”。后来他们在索韦托这样的“城乡结合部”安家定居，其实并非白人所愿，只是他们没有办法把黑人再赶走了。种族隔离制度废除后当然就完全没有这个问题，现在南非只有外籍劳工还是

[1] http：//wqmaer.blog.163.com/blog/static/131248902201121761021976/

“候鸟”了。中国就趋势而言其实也一样，随着越来越多的“农民工”搬出工棚（集体宿舍），把“留守”农村的家属接来，在“城中村”或“城乡结合部”租房安家，“农民工”中的“候鸟”率也在逐年下降。只不过我们的这个过程比南非要缓慢得多，至今我们的“索韦托”还是不合法的，各地政府只要想赶就可以赶走他们，还要宣称“不补偿，不安置，否则后患无穷”！

第二，中国目前的“保障性住房”制度，尽管也是从“福利国家”学来的，并非我们原来那种按特权按身份等级分配的所谓“福利房”。但是由于基本条件的差异，学来的这一套在我们这里也严重变味。其根本原因其实还不是“因官商勾结太严重，经济适用房到最后都变成了商品房出售”，而是很多所谓经适房仍然是变相的“特权房”，连商品房都不是。而是一开始就盖成“廉价豪宅”，以“安居房”、“集资房”、“团购房”等名义按官位分配，形成所谓的“公务员经适房小区”。另一方面，真正的廉租房申请者逻辑上应该是有当地居住权但住得很差的贫民，可是我国的合法贫民窟（正式说法叫棚户区）户主（未必是实住户）是有户籍的老市民，对他们另有一套“棚户区改造”安置补偿政策，并不需要申请廉租房。任何国家城市化时期的城市贫民主体都是进城打工的移民而不是老市民，区别只在于其他国家把他们看成城市贫民，也就是廉租房的供应对象，我国和旧南非则把他们看成“外来打工者”，类似于新南非的外籍劳工，虽然在城里居住着（通常也是租住棚户区、城中村、城乡结合部），却没有“居住权”可言，“住得差”往往是赶走他们的理由，而不是他们申请更好住房的理由。正是这种“经适房优先公务员，廉租房不给农民工”的制度，使得我国的“保障性住房”完全变味，成了一种典型的“负福利”现象。即便没有“官商勾结”问题，它也没法正常发挥福利功能。“廉租房”如果标准高了，就可能成为以权谋私的目标，如果标准低了权力不屑于染指，则它又会成为无味的鸡肋，因为真正需要它的人是没法申请它的。

当然，南非的免费住房也不是没有弊病的。除了王晓鹏先生提到的那些，一般廉租房社区的弊病它恐怕也难免。诸如穷人集中区治安往往较差、实物分房难以收回，分房者如脱贫致富搬走后仍会占有原房出租牟利，造成新的不公平等等。西方实行廉租房制度的地方都有这些问题，南非也不会例外。但是这些比起原来“流动劳工”制度的大弊，就不可同日而语了。

新南非的民主制度还造成一个现象，即各党派在住房问题上的“福利竞争”。开普敦的代尔夫特事件就是一个典型事例：1994年4月新南非曼德拉政府成立后，非国大执委、南非共前总书记乔·斯洛沃出任住房部长。他在开普敦的代尔夫特地区筹建一片免费住房以安置当地的前流动劳工。但9个月后斯洛沃逝世，项目并未完成，前流动劳工便搭建棚户等待政府的安置，在该地形成了一个拥有两万居民的棚户区，据说是新南非最大的“非正式定居点”之一，这个社区就得名为乔·斯洛沃，非国大控制的南非中央政府住房部继续在这里修建正规的免费住房以安置他们。

然而，后来反对党民主联盟提出要在这里建立一个“2号门”免费住房小区以安置周边一带的贫民——也是前流动劳工，只是到得早些。不同之处在于他们大都是民主联盟的选民，而乔·斯洛沃的居民则多是非国大的选民。恰巧此前乔·斯洛沃棚户区发生火灾，有一千多户灾民被临时安置到附近的救灾点，于是在2007年12月19日，“2号门”贫民进入小区“占领”了这片地方（种族隔离废除之初，南非多处发生黑人贫民进城“占领”所谓空地空房的情况，在西方的意大利、土耳其等国也有这类穷人“占领”现象），形成了新南非建立后最大的一场贫民“占领”事件。乔·斯洛沃贫民不甘示弱，要求政府出面，当时在开普敦执政的非国大—新国民党联合政府便要出动警察驱赶“占领”者。“2号门”贫民上告法院，司法独立的开普敦地方法院判决警察驱赶行动是非法的并予以制止。非国大与民主联盟为此互相抨击对方“延续种族主义”，迫害穷人。直到2008年2月，高等法院又判决驱逐合法。于是“2号门”贫民又被赶走，当局许诺另外择地给他们建免费住房，但很多人仍然抗拒不搬。2009年，民主联盟在开普

代尔夫特的非正式定居点

代尔夫特事件，乔・斯洛沃居民集会

敦所在的西开普省胜选上台执政，他们又提出异议……而在这漫长的争论期间，政府的福利住房也在同时陆续兴建。一般认为，这事的最终结果要到双方的贫民都得到安置，才算了结。

代尔夫特事件在一些人看来应该算是民主制度下的“乱象”，但是整个过程双方都诉诸法律、依靠政党，最后双方的问题政府还都得设法解决，这真是一种坏办法吗?

## 成也萧何，败也萧何：“强工会，高福利”的负面

南非的福利在其他方面也令人印象深刻。其特点是“强制储蓄”性质的缴费福利不多，主要的福利都是国家财政纯转移支付的，资金来自一般税收，“缴纳和回报之间没有任何联系”。例如养老金，世界上有些国家是完全强制储蓄式的，老前缴费，老后支取。大多数国家则是多方统筹，例如国家—企业—个人三方统筹，个人强制储蓄至少也是养老金的来源之一。而南非则是完全转移支付：个人老前无需缴费，老了国家赡养，这种养老金覆盖了80%以上够年龄的老人，支付金额也不低：据说超过全国黑人每人收入中位数的两倍。由于南非失业率很高，很多黑人家庭成为“啃老族”，据说全国三分之一的黑人家庭以长辈的养老金为一种“较重要”收入来源。如果不是由于艾滋病流行压低了黑人平均寿命，这个比例恐怕会更高。对于参加过二战和朝鲜战争的老人，还另有“参战退伍军人补助”可领，最高可达每月1190兰特。据说白人政权时代参加过“边境战争”（上世纪七十年代前后种族隔离政权与南部非洲“前线国家”及其支持的黑人解放武装的战争）的退伍老兵也有这种待遇，非国大政府把当年自己“敌人”的这种待遇取消了，但当年参加“联合国军”的仍然可以享受。

还有儿童抚养补助金，对每个15岁以下的孩子每月给270兰特，据2009年4月统计，有910万儿童受益。所以在南非，“上有老下有小”的

家庭可以过得不错，单身年轻人如果失业就比较惨了，失业救济很低，而失业保险是南非很少几种强制储蓄式福利之一，缴费和受益都取决于在业时收入多少。低收入者如果失业，就几乎不能指望它。不过，由于住房福利等等按低收入标准给予的保障还是有，自己弄点吃饭钱在通常情况下还不是很困难。

其他福利林林总总不一而足。如此高福利自然要求高税收。南非的个人所得税累进税率最高为40%，企业所得税税率28%。还有增值税与资本收益税等，总体税负达到国内总收入的23.4%。负担很重，但相比高福利而言又不是最重的。南非在姆贝基时代实行所谓“新自由主义”的财政政策，比较注意控制赤字。那么，税率不是最重，赤字相对也不多，搞福利的钱哪里来呢？

第一是从削减军费中挤出来。旧南非因为维护种族隔离制度而与世界为敌，尤其是与南部非洲各“前线国家”和黑人解放运动（不仅仅是南非的黑人解放运动）为敌，为此拥有强大的军队，装备精良，实力非洲第一，还暗中发展核武器，这些都要大量烧钱。新南非国际环境大改善，用不着这些了，因此一直在裁军，军费开支大幅下降，能够腾出一些钱。第二，旧南非国有经济比较强，能够提供利润。尽管种族隔离末期国企已经不景气，但是一部分国企还是盈利的，另一部分国企不盈利，但也可以通过私有化变现资金，用以支持财政。民主国家的委托—代理关系明确，这样做争议不大。但是更重要的，还是南非的福利有所侧重。原来，南非政府主要把钱花在老人，小孩，病人，住房等方面，至于工人的福利，强大的工会自然会压企业出钱。

所以南非企业的负担，其实不只是税收，对付工会也是个重要因素。而仅就企业税率来说，南非也有特点，那就是企业税主要按公司利润，而不是按营业额来征收。这特别打击了那些有效率的盈利企业，而保护了亏损企业。这种税法饱受诟病，被认为是损害效率的。南非之所以如此，据说是为了减少破产，保护就业。可见南非整个二次分配体系主要着眼于平等，是不怎么考虑效率的，而二次分配力度又很大，对效率当然会有影响。

通过种种办法，新南非的十多年间在经济总体上比较疲软的条件下，一方面大幅改善了穷人、主要是黑人的福利，另一方面国家财政总体稳定，没有出现一些欧洲福利国家那样大的债务窟窿。这应该是说非常了不起的。尤其在非洲，尽管几乎没人说新南非的经济有什么“奇迹”式的成就，但是至少在南部非洲她仍然是“一枝独秀”，不仅经济总量自旧南非以来一向如此，就发展趋势而言也比其他国家强。

尤其是南非与津巴布韦的对比更为鲜明。这两国最有可比性不仅因为它们是邻国，而且津巴布韦过去与南非同样经历过种族主义的本土白人统治——只有“白人殖民者欺负黑人”模糊概念的一般中国人往往不明白，“殖民主义”与“种族主义”在非洲政治中是不同的概念，前者主要指白人宗主国的统治，后者指“独立”后本土白人的统治。绝大部分非洲国家只是殖民地时期被白人宗主国统治过，独立后无论民主还是独裁就是黑人的事了。在非洲，黑人被本土白人统治过的，主要就是津巴布韦与南非两国。其可比性自然很强。

而且在白人统治时期，两国经济上同样相对发达，领先于南部非洲其他国家。政治上两国的白人统治者与黑人解放运动各自都曾跨国联手，关系非比寻常。加上两国黑人主要都是班图族系，一些部族（恩德贝莱人、文达人等）干脆就是跨境而居，可以说基本上是“同种同文”。因此两国的境况被人们互相参照的程度几乎仅次于南北朝鲜、东西德国。但是两国黑人解放后的发展模式对照却如此强烈，以至于有人说：大批津巴布韦难民涌入南非，是对非国大统治合法性的最大支持。哪怕你对非国大再不满，看到这些可怜的津巴布韦人，也会觉得不但曼德拉伟大，姆贝基乃至祖马也很了不起。

而问题重重的南非人只要谈到津巴布韦，也是第一我们比他们民主自由，第二我们比他们繁荣富裕，自豪之情溢于言表。甚至就连那些南非境内的津巴布韦籍贫苦劳工，尽管对南非人排斥外籍劳工很不满，但也不会称赞穆加贝——因为他们就是受不了穆加贝才逃到南非来的。

当然，这一切并不能掩盖新南非面临的严峻挑战。

尽管“非洲的瑞典”要比“非洲的苏联”好得多，但是非洲毕竟不是欧洲。正如津巴布韦不可能通过斯大林式的手段搞成“强国”，在南非那样的经济条件下让一个纳税人保障三个福利受益者，“非洲的瑞典”确实比欧洲的瑞典更不堪重负。南非的强工会、高福利体制虽然避免了阶级斗争失控，避免了津巴布韦式的“非洲苏联”选择，而且也不是南非目前的所有经济困局都可以归咎于它——例如前述艾滋病问题，工大会的主张其实比姆贝基政府的对策更合理——但是这种体制确实有明显的弊病，这也是无可讳言的。

“非洲的瑞典”政策首先对投资和就业都有不小的抑制。2010 年，巴西全国工业联合会对全球 14 个新兴市场经济体进行调查，认为南非的金融市场成熟程度可排第二，存取资金的方便和融资成本都比较有利（第 4 名），交通基础设施可排第 6，因为“奇迹”时代搞了很多“铁、公、机”，南非的基础设施被认为优于中国、印度、墨西哥、巴西和波兰，但落后于韩国和智利。不过这些设施已逐渐老旧，需要更新，否则将来可能成为经济发展的“瓶颈”。南非吸引外资能力平平，外国直接投资只占 GDP 的 3%，在 14 国中排第 7 位，恰好居中。旧南非饱受国际制裁，却长期是以“血汗工厂”吸引投资输出廉价商品的“乐园”；如今新南非在国际上声誉日隆，资本却不怎么看好。当然比起旧南非末期危机时的资本外逃状况还是恢复了不少。

但是南非的税法（尤其是按企业盈利征税这一点）对企业效率损害大，被认为是倒数第二的糟糕因素。而最糟糕的项目是“体力劳动可用性”，南非是 14 国中倒数第一。首先由于艾滋病等原因，南非是 14 国中唯一的劳动力减少国家，2008 年其劳动力就减少了 3% 以上，相反，印度该年劳动力增长了近 3%。其次南非劳动力已经不便宜，蓝领劳务成本排第 5 位，与韩国不相上下，比巴西、印度和中国都更贵。按照这份调查，南非工厂工人实际工资高于巴西、中国、印度、波兰和墨西哥。而就工作效率而言，调查认为南非工人比俄罗斯、哥伦比亚、巴西、中国和印度的工人生产效率高，但比韩国、智利和墨西哥的工人低。南非教育投入多但效益差，教育支出占 GDP 比重高居第四，但高等教育录取率仅为倒数第二。教育系统的缺陷导致技术人才严重短缺。以至于在使用技术和创新方面，14 个国家中南非仅排名第 11 位，落后于韩国和其他金砖国家。[1]

所谓“体力劳动可用性”的短板，无疑和“强工会，高福利”有关。南非的失业率高得令人乍舌，劳动力价格却不便宜；因艾滋病造成劳动力减少，失业者却还是那么多；正式工人工资不低，社会上尤其是黑人中的贫困现象依然严重；之所以造成这些怪现象，工会为维持会员高工资而限制廉价劳动力进入劳务市场显然是主要原因。工会对“正式”劳务市场的垄断，有利于提高会员工资，却人为阻碍了就业，同时还在会员与非会员间制造了过大的工资差距。失业者与非工会会员的低收入成为南非贫困问题难以解决的重要原因。而在工会控制不了的“非正式”劳务市场上，却充斥着廉价劳工尤其是外籍劳工这种最缺乏讨价还价能力的弱势者，从而造成失业率很高的南非同时又有很多外籍劳工的怪现象，以及本书前述的“排外骚乱”的产生土壤。

很多人都指出，今天南非问题千头万绪，艾滋病问题等等都很严重。但“南非病”最明显的特征还是失业率太高。失业者——无收入群体的增加导致初始收入更不平等，而这就更有赖于福利制度和二次分配来解决社会问题。但是福利化本身又压抑投资，使失业率更难下降。从而形成了恶性循环。

因此，在新南非社会经济发展问题上“强工会，高福利”模式就成为一柄“双刃剑”，一方面它以“非洲瑞典”道路的可行性，防止南非走上

[1] SA fares well in emerging markets study. http：//www.southafrica.info/business/economy/cnisurvey-141210.htm

津巴布韦式的“非洲苏联”之路，今天南非与津巴布韦相比堪称乐土，它的确功不可没。但另一方面，它又使南非经济发展在“金砖国家”和“新兴市场”国家中都显得相对乏力。如果说在旧南非正如曼德拉自传题目所云《自由之路无坦途》，而在新南非，可以说是繁荣之路无坦途。“强工会，高福利”模式，实在是成也萧何，败也萧何。

# 五、繁荣之路无坦途：南非的经济结构调整与发展前景

## “稳健”的政策与低速增长的经济

如果要用一个词来形容新南非19年的经济发展，恐怕就是“稳健”了。围绕这个“关键词”，我们可以把这19年的南非经济大致分成四个阶段：

（一）1994—2001年的“稳健”和低增长时期。新南非1994年建立后便实施第一个经济战略“重建与发展计划”，一方面解决黑人民众急需的社会福利问题，另一方面通过维持或降低税收，减少政府债务和贸易自由化来稳定宏观经济。前者反映左派主张，后者却是市场导向的，两者存在相当的矛盾。这一时期南非扭转了种族隔离制度末期到过渡时期的经济停滞与衰退，转入恢复性的缓慢增长。1994—1997年经济逐年分别增长2.3%、3.4%、3.1%、1.7%，1998年经济还出现小幅下降。[1]这种低迷状况一直延续到2001年。如果考虑人口增长和过渡时期的衰退，南非1990—2001年间的人均GDP年增长率（0.2%）几乎可以略去不计——而处于“增长奇迹”中的中国，同期这个数字却达到8.8%。[2]

但有趣的是，南非这一时期的经济政策在国内和国际上、当时和以后得到的评价都还是不错的。因为这种政策被认为有长远眼光。为了对付种族隔离末期已经出现、过渡时期愈演愈烈的经济危机和通货膨胀，曼德拉－姆贝基政府实行了稳健的经济政策。不过分追求短期增长，而

[1] 葛佶主编：《简明非洲百科全书（撒哈拉以南）》，中国社会科学出版社2000年，616—617页。

[2] 联合国开发计划署：《2003年人类发展报告》，中国财政经济出版社2003年，284页。

把重点放在控制开支、遏制通胀、稳定货币、保护产权、鼓励投资方面，努力为市场经济的发展奠定较好的宏观基础。民主南非之所以能够采用这种着眼于长期的政策，也是由于新南非建立初期众望所归，曼德拉（以及得到曼德拉支持的姆贝基）总统更具有非常高的支持率，非国大信心十足，不用跟别人争夺短期民意。但是，这种战略虽然在国际上被普遍看好，当时在南非国内也得到高度支持，而且时间越长越得到肯定，甚至祖马扳倒姆贝基上台后也仍然在总体上维持了这一战略，然而它在非国大党内却面临挑战。因为这种被南非共等左派批评为“新自由主义”的政策在初期并没有对经济增长起到立竿见影的刺激效果。而且由于经济低迷，失业率没能降低，迫于经济形势严峻，福利投入也无法满足需要，社会矛盾仍很严重。

（二）2002—2007 年第一景气时期。2002 年以后，上述政策的长期效果显现，而且这几年国际经济景气也比较正常，因此南非经济增长得以明显加速。2002—2007 连续 6 年国内生产总值增长率都在 4% 以上，其中 2007 年达到 5.6%，创下新南非第一个经济繁荣期。但是关于经济增长成果的分享问题却导致了更多的争议。非国大内部矛盾也加剧了，以至于发生 2007 年波罗克瓦尼党代会上的左右摊牌。另外，此期间南非经济也显示出更多的“内向性”，经济加速开始与消费、与外贸逆差关联，而不是像旧南非和我国现在那种“奇迹”时代那样与出口、与外贸顺差关联。如南非储备银行行长斯塔尔兹所说：每当经济增长高于 3%，就会出现高额国际收支逆差。

（三）2008—2009 年危机时期。好景不长，2008 年全球金融危机爆发，南非经济也被拖下水，2008、2009 年连续两年出现负增长，其中 2009 年经济下降 1.7%，失业人数在本来就很高的水平上又增加 87 万。尤其与出口关联度大的矿业与制造业更明显：矿业在 2008 年下降 5.6%，2009 年再降 6.6%；而制造业在 2009 年更大幅下降了 12.9%。但是内向型的服务业则几乎没怎么萎缩。与经济危机来临同时，南非在政治上也迎来民主化后最动荡的一年，流血的“排外骚乱”、非国大的分裂、姆贝基总统被“召回”，莫特兰蒂取代姆贝基而祖马又取代莫特兰蒂，都发生在这两年危机期间。新南非一时处于前所未有的经济政治困境。

但是，这期间南非经济政策方面却没有太大的争论，或者说也没有太多的选择。从姆贝基、莫特兰蒂到祖马，基本都援用西方市场经济国家对付危机的传统手段，即以凯恩斯主义的方式实行宽松的货币政策和扩张的财政政策，以刺激经济，保障就业。而且由于此前姆贝基的经济政策长期稳健，银根较紧，赤字较少，转向宽松、扩张的余地就比较大。因此南非改行凯恩斯主义以应付危机效果也比较好。正如杨立华教授指出的：“由于南非（过去的）稳健的财政政策和货币政策，使得政府在这次国际金融危机和世界经济衰退当中，能够继续采取扩大社会开支和扩大公共投资的政策。南非经济在经历短暂的衰退后，很快复苏并蓄势待发，谋求更高的增长和可持续发展。”“南非内外经济分析家公认，南非政府审慎的财政政策和货币政策，成为保护南非经济免受全球金融危机冲击的重要因素之一，使得金融危机对南非经济的影响总体比较温和。”[1]

（四）2010年至今，正常增长时期。由于上述原因，南非经济的衰退不到两年，于2009年年末开始触底反弹，2010年经济恢复了2.7%的正增长，其中，矿业增长了6.5%，制造业4.9%。但是矿业是个出口产业，制造业的增长该年也主要限于汽车及零部件、钢铁等若干出口率高的领域，其他领域并没有明显变化。这就体现了新南非经济如今的一个特点：占比较小的外向型部门（矿业与部分制造业）对国际景气敏感，危机时领跌，复苏时领涨。但是占经济总量三分之二以上的服务业与制造业中的内需部门，则一副“不管风吹浪打，胜似闲庭信步”的样子，好也好不到哪里去，坏也坏不到哪里去。对新南非经济一向比较乐观的杨立华教授当时认为南

[1] 杨立华：《南非应对世界经济衰退，谋求长期可持续发展》，《中国战略观察》2011年第4期，64—72页。

非已经找到了一条路子，既不会“大跃进”，又力求“长期可持续发展”。她认为“南非经济2011年的发展势头看好。未来2—3年，有条件使经济增长超过4%”[1]。似乎要出现新南非的第二景气时期了。现在看来她稍微乐观了一点。根据后来的报告，2011年南非GDP实际只增长3.1%，2012年也只有2.6%，[2]而今年（2013）头几个月的情况似乎还略逊于去年（第一季度同比增长仅1.9%，[3]南非官方已调低今年的预期）。其实根据种种迹象，很多人都相信南非经济将会有下一个景气，如世界银行估计在南非目前的政策环境下经济保持长期增长的潜力应当是3.5%。[4]我也相信这一点，只是其实现似乎会晚一些。

## 繁荣之路无坦途

无论如何，近20年来南非经济中长期的增长远不能说是快的。这与种族隔离最残酷年代的所谓“经济奇迹”简直不可同日而语——一般认为旧南非经济增长的高峰是1981年，该年按购买力平价计的人均GDP达13510美元，[5]此后再没达到这个水平。可以提到的是：正处在“增长奇迹”中的我国至今离这个水平也还甚远。当然这是就绝对值而言，就增长率来说旧南非的高峰是在1981年以前的几十年，我在本书第三部分中提到过，兹不赘。

很多中长期的数据可以证明南非今天的经济增长到底处于一种什么状态。从纵向而言，非洲发展银行1999年报告说：南非1980—1990年（种

[1] 杨立华：《南非应对世界经济衰退，谋求长期可持续发展》，《中国战略观察》2011年第4期，64—72页。

[2] http：//en.wikipedia.org/wiki/Economy_of_South_Africa，又见 https：//www.cia.gov/library/publications/the-world-factbook/fields/2003.html#sf

[3] http：//beta2.statssa.gov.za/

[4] “South Africa Economic Update，Focus on Savings，Investment，and Inclusive Growth”. World Bank.2011.p.10. http：//www.webcitation.org/65xzM0yji

[5] 联合国开发计划署：《2003年人类发展报告》，中国财政经济出版社2003年，284页。

族隔离后期）GDP 的年均增长率为 4.2%，1991—1998（过渡期与新南非初期）年降为 1.4%。[1] 而经合组织报告说：新南非人均 GDP 增长在 1994—2009 的 16 年中每年只有 1.6%，而最近十年（2000—2009）稍微改善，达到 2.2%，但仍低于同一时期世界经济的增长率（每年 3.1%），更不用说低于其他金砖国家了。[2]

从横向而言，南非一直是非洲第一经济强国，但优势似乎在缓慢减弱：种族隔离时代通行的说法是：南非以 6% 的人口占有全非洲三分之一以上的经济产值。[3] 新南非建立之初的上世纪九十年代，流行说法变成南非占全非洲 GDP 的 25%，占南部非洲的 80%。[4] 而最近的说法是：2009 年南非 GDP 占整个非洲的 19%，占撒哈拉以南非洲的 30%。[5]

就经济总量的全球排名而论，旧南非经济繁荣时期是相当靠前的。1990 年处在过渡期混乱中的南非在全世界还能排第 26 名，[6] 1996 年就变成第 28，[7] 而最近在美国中情局《世界概况》网站的排名中又成了 29 位。[8] 南非过去 30 年来一直被国际机构列为“高中等收入国家”，但近来已经有一些排列把她算作“低中等收入国家”了。[9] 最常被人提到的是瑞士 IMD 世界竞争力中心的“竞争力”排名，南非这些年来位次不断后移，2013 年

[1] 葛佶主编：《简明非洲百科全书（撒哈拉以南）》，中国社会科学出版社 2000 年，616—617 页。

[2] “OECD Economic Surveys - South Africa”. OECD. 2010–07.p.36.

[3] 夏吉生主编：《南非种族关系探析》，华东师范大学出版社 1996 年，196 页。

[4] 葛佶主编：《简明非洲百科全书（撒哈拉以南）》，中国社会科学出版社 2000 年，615 页。

[5] 杨立华：《南非应对世界经济衰退，谋求长期可持续发展》，《中国战略观察》2011 年第 4 期，64 页。

[6] Britannica Book of the Year 1994. Chicago：EB Inc.，1994，pp.792–7.

[7] 世界银行：《1998 世界发展指标》，中国财政经济出版社 1999 年，26 页。

[8] http：//zh.wikipedia.org/wiki/%E5%90%84%E5%9B%BD%E5%9B%BD%E5%86%85%E7%94%9F%E4%BA%A7%E6%80%BB%E5%80%BC%E5%88%97%E8%A1%A8_(%E5%9B%BD%E9%99%85%E6%B1%87%E7%8E%87)

[9] http：//www.globalsmes.org/news/index.php?func=detail&detailid=453&catalog=32&lan=gb&search_keywords=

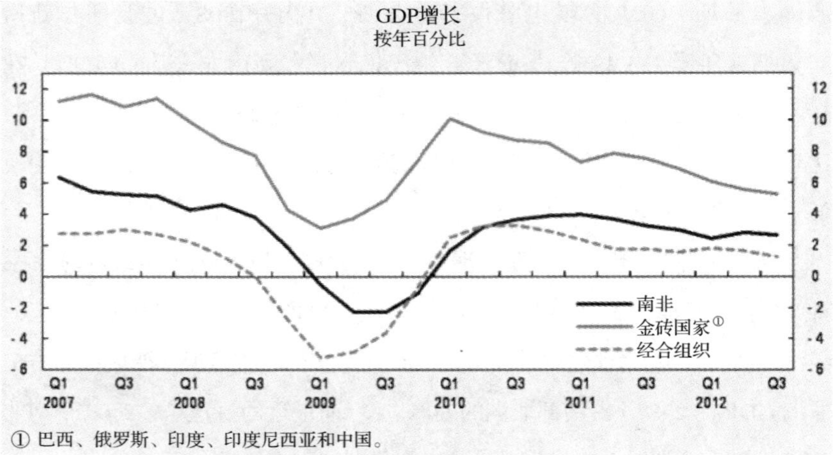


南非与金砖国家及经合组织国家 GDP 增长之比

5 月最近一次南非就后移了三位，前所未有地跌落到第 53。

其实南非的名次也并非总是后移，就在 2010 年，南非还因为她在世界经济危机中表现出不错的抗衰退能力而排名上升到第 44 位的历来最高点，没想到其后的三年里她的复苏却表现很差，于是又连跌了 9 位掉到最低点。可见新南非的经济的确是够“稳健”的——别人糟糕时她不那么糟，别人好起来她却还那样！

可见人们也不能只拿负面的眼光看南非，南非虽然在“新星”中比较暗淡，在“老星”中还是有光芒。不少观察家都注意到：南非的经济增长比发达国家快一点，但是在金砖国家中，在“新兴市场”或“新兴工业化”经济体中她却是最慢的一个。[1] 有人还以南非的经济增长与美国相比较：旧南非在 1980 年“经济奇迹”最高峰时，人均国民收入曾达到当时美国水平的 22.6%。但 1985 年种族隔离末期出现危机时，就跌到了 9.8%。新南非建立后，到 2000 年经济仍然不振，而美国仍然在发展，这个比值因而更进一步跌到只有 8.5%。此后新南非进入到第一个经济景气时期，经

[1] http：//www.oecd.org/eco/surveys/southafrica2013.htm

济加速，2005 年人均收入达到了美国的 12.4%。再后来虽然经历了 2008 年经济危机的冲击，但由于美国受冲击更大，到 2010 年这个比值再达到 15.5%。

根据这份研究的预测，到 2015 年南非的人均国民收入据说会达到美国的 18.0%。[1] 尽管与美国的比值仍然低于旧南非的最高值，但要知道，这 25 年间美国经济在社会平稳状态下有相当增长（在经合组织国家中属于高的），南非却经历了黑白交替的历史性大变革，与美国的差距拉开不多，也应该说是相当的成功了。

的确，最近这些年来美国经济增长在经合组织这个“发达国家俱乐部”中算是领先的，不仅高于欧盟，也高于日本。南非如果照如今的趋势走下去，能够缩短与美国的距离，缩短与欧、日的距离就更不用说了。但是那得多长时间呢？由于其他新兴国家都比南非快，如果情况不变，南非在这场追赶发达国家的比赛中还会向目标前进，但肯定是会比其他新兴国家后到的。

如前所述，南非在过去十多年的发展中，一直不是把短期内尽快提高经济增速作为首要考虑的。这种思路其实包括两个思想来源，一是“右派”或曰“新自由主义”的，它强调谨慎的财政货币政策，主张长期的自然增长，反对用凯恩斯式的国家财政投入来刺激经济，“人为”拉高增长率。二是“左派”或福利主义的，它强调国家财政主要用作二次分配手段，维护社会平等，满足穷人的生活需求，而不是用来投资拉动 GDP。用我们现在流行的“愿景”说，这就叫“以人为本，不以鸡的屁（GDP）为本”吧。也正是因为这样的思路兼顾了左右派的部分想法，所以虽然南非国内和非国大党内斗争风云多变，但这种“稳健”的政策一直延续下来，即便在 2008 年衰退期间为了反危机而临时有所改变，但危机缓解后便宣布要削减赤字回复常态。

[1] http：//en.wikipedia.org/wiki/Economy_of_South_Africa

但是近年来，经济长期的低速度似乎使南非人感到着急了。他们的着急应当说是有理由的，再以人为本不以鸡的屁为本，相当幅度的增长还是需要的。经济长期低迷，一方面使失业迟迟得不到改善，贫困问题也无法真正解决。另一方面使国民储蓄率长期低下，更要依赖财政投入来维持经济成长，也就更难维持财政平衡，这样一来，无论左派还是右派的诉求都难以实现。

国际社会也越来越认为南非经济增长乏力已经成为迫切需要解决的问题。经合组织在其2013年南非报告中就称：南非经济中的第一个缺陷，就是“人均收入增长一直比大多数其他主要新兴经济体慢”。因此，“南非需要实现快速，包容性的经济增长”。[1]世界银行等也有类似看法。

因此，近来南非领导人已经越来越强调增长的重要。祖马总统在2011年国情咨文中指出，南非“正在建设发展型的国家，而不是福利型国家”，表示了不能为福利牺牲发展的态度。[2]这在新南非实属罕见，尤其祖马通常还被认为比姆贝基更左，而姆贝基都没有这么讲过的。而另一方面，原定要把预算赤字从反危机时占GDP的8%，到2012/13年度降回到4%。但这个目标看来也放松了（实际仍在5%左右），而国际上一些经济学家，主要是斯蒂格利茨等偏向凯恩斯主张的学者，也一再呼吁南非不应该把控制赤字、而应该把促进增长作为主要目标。

但是，就在南非朝着这个方向转的这两年，她的经济增长仍在不断减速。显然，南非经济中一些深层次的问题，远不是政府宏观经济政策作调整就可以解决的。这些年来，南非经济宏观的基本面其实一直不错，政府的政策一般认为也还合理，为什么经济增速就是上不去呢？

如前所述，其实南非经济的问题主要不在基本面上，而在深层结构上。南非经济中对国际景气变化和国内宏观政策调整较敏感的外向型制造业和

---

[1] http：//www.oecd.org/eco/surveys/southafrica2013.htm

[2] 转引自杨立华：《南非应对世界经济衰退，谋求长期可持续发展》，《中国战略观察》2011年第4期，71页。

矿业部门如今在经济总量中所占的份额越来越小。而在经济总量中占主要部分的服务业，或曰第三产业，却存在着严重的惰性和“自给自足”、自我服务状态，对外界刺激不敏感，所谓好也好不到哪里去，坏也坏不到哪里去。危机来了受损不严重，危机过后却也复苏乏力。而南非现在已不是种族隔离时代，在民主制度下已经不存在靠“低人权优势”的血汗工厂发展外向型制造业创造“奇迹”的可能。同时南非在种族隔离时代已经完成工业化，虽然因为社会制度畸形，贫富之别悬殊，号称“白人第一世界，黑人第三世界”，黑人中的贫困仍很严重，但是人均GDP水平已经很高——尽管南非经济陷入低速已近30年，而中国“奇迹”般的高速已经30多年，但南非现在仍然比中国高出一截。在这样高的基数下，面对各种相当高的要素成本，南非再想靠只占GDP百分之十几的制造业去拉动整个GDP的增长速度，恐怕也是做不到的。因此，南非经济要有明显的提速，多半还得在第三产业上下功夫，使第三产业高端化，增加创新性，提高附加值，进入全球市场。

而这，就不是基本面上的经济政策调整能够解决的，它甚至也不光是个经济问题。

## 民主制度、全球化与经济结构调整

说起来，这也不是南非一国的问题。民主、全球化与发展转型诸因素对经济结构与社会政策的影响是很多转型国家面临的问题。我们不妨看看几个国家的例子：

南非曾经在几十年间成为全球化经济中靠“低人权优势”发展外向型制造业而实现了工业化的国家。但是民主化以后这条路走不下去了。一方面制造业相对衰落——福利分配力度加大——制造业进一步相对衰落的循环难以扭转，另一方面黑人解放后的各种条件使服务业出现相对高速发展，民主化以后十多年来，南非已经成为服务业为主的国家。

印度由于一开始就是民主国家，当年学苏联搞“马哈拉诺比斯式工业化”[1]就没有成功，市场化改革后以压低人权来招商引资的“中国式发展”曾令印度一些地方政府向往并企图学习，然而民主制下他们也学不成这一套。但是，民主制下的印度却成功地创造了软件业的奇迹，并走出了一条在总体发展水平不高的条件下靠服务业赢得高速增长、然后才补上制造业这一课的独特发展模式。

前东德的例子尤其有趣：东德在剧变前是制造业高度发达的典型斯大林主义国家，其特点是：1. 政治上一党专政，有柏林墙与斯塔西。2. 经济上与西德相比是低工资，而且没有自主工会和劳工维权机制；国家无福利责任，但“皇恩”式福利为“大家庭”国家中最高。3. 全球化程度低，对西德也有壁垒，但在经互会内实行计划经济下的开放和一体化政策，被“专业化分工”确定为专搞高端制造业。民主化以后这三者都“剧变”了：政治上实行了民主宪政和人权保障，经济上实现了工资、工会、福利与西德的拉平，经互会的“专业化分工”消失，而实现了与西德、同时也是与欧盟、西方与全球的经济一体化。在此过程中，各“新联邦州”（前东德地区）的经济结构也发生剧变，由于经互会解体“外需”消失，民众收入剧增后转而追求西方高品质工业品，对东部原来产品的“内需”也剧降。同时由于工资等要素价格与西德拉平，工会福利制度也与西德看齐，对西方资本缺乏吸引力，统一后政府虽积极向西方“招商引资”以图更新、重振制造业，但效果并不理想。西部商家却乘东部民众收入大增（尤其在东西马克一比一兑换政策下）推销自己的产品，进一步挤垮了东部原有的制造业，却不肯过来“剥削”东德劳动者，建立新的制造基地，而是宁肯到中国来输出资本主义。

于是前东德地区虽然是整个“新欧洲”剧变后“阵痛”最轻、民众获益最大的地区，GDP 恢复增长最快，居民实际收入只增不减（而在其他剧

[1] 尼赫鲁时代的印度工业部长马哈拉诺比斯想靠“剪刀差”搞苏联式的工业化，但由于民主制下没法强制统购统销而失败。

变国家，GDP 与居民收入都有一个长短不等的滑坡期），但是这里剧变后的新经济主要靠金融、旅游、房地产和服务业等第三产业，而制造业一直未能重新发达起来。“新联邦州”出现了明显的“去工业化”现象，过去林立的烟囱纷纷消失，而哥特式尖顶（发展旅游而重建的教堂等古建筑）纷纷树立。当年污染、嘈杂的工业城市今天变成了环境优雅的景点、住宅区和新造“古城”。但是今天“新联邦州”的人们如果不是与过去、而是与如今同为一国的西部比，他们的牢骚仍然很大。因为新兴的高端产业尽管可以支撑 GDP 和国民收入，却无法替代原先制造业的就业机会。今天德东地区失业率一直居高不下，由于年轻人和有竞争力者纷纷到西部就业，导致东部人口数量减少，人口结构更趋于老龄化。尽管高福利体制使他们生活无忧，但由于福利收入毕竟不能等同于就业收入，福利供养人口比重大的东部人均收入与西部也一直存在尽管不大、但足以引起不满的差距。更何况“吃福利”即便过得不错，毕竟有损自尊呢？

总之前东德、印度与南非尽管各自的国情很不同，但都有个共同特点，即在全球化竞争与分工发达的背景下，高人权民主国家，尤其是强工会高福利体制下，尽管在其他经济领域有其优势，但制造业的竞争力往往会成问题，劣币驱逐良币、“血汗工厂打败福利国家”尽管并非必然，但的确有相当的可能。在经济不那么一体化时没有这种问题，因为自由民主体制的长处在于创新激励强大，但让人“干得更多挣得更少”则并非所长。没有经济一体化，创新传导慢，“低人权国家”再怎么让人吃苦耐劳也不可能有优势。但是在经济一体化后，民主国家的创新很快会通过贸易、投资等传导到低人权国家，却不可能，或不再可能像低人权国家那样让人“吃苦耐劳”，于是资本从高人权国家投奔低人权国家、廉价商品从低人权国家覆盖高人权国家的现象就可能出现。传统制造业的优势就不再属于他们，他们必须通过（未必总会出现的）再创新寻求新的优势，而经济结构就会发生变化。但变化是有代价的。东德民主化前原有制造业比西德并无优势但可依靠柏林墙维持，与西德经济一体化后就不行了，而新制造业却因民主化并无优势。印度则一直是民主国家，所以她从“马哈拉诺比斯工业化”未果后就走上了另一条经济发展道路。

至于南非，种族隔离时代一方面利用黑人的低人权发挥血汗工厂的“竞争力”，另一方面白人中的自由民主也使其具有相当强的创新能力。当年南非以煤制油的技术、无焦炼铁的技术都是独步全球的。几个重要的科学和技术的发展也起源于南非：人类第一次心脏移植手术由南非医生克里斯蒂安·巴纳德完成，第一台 X 射线计算机断层扫描仪（所谓 CT）也是南非专家研制的。南非人的创新还有晶体电子显微镜技术等。在种族隔离时代，利用黑人劳力、土地资源的血汗工厂使其出现了出口型制造业“奇迹”，而它的创新能力则有助于其抗拒国际制裁：当时南非的以煤制油、无焦炼铁很大程度都是为对付国际上的石油、焦煤禁运而来。

种族隔离制度废除后，民主南非在制造业、尤其是劳动密集型制造业上的竞争力明显不如以前。例如纺织业，过去南非是纺织大国，可以说是“衣被非洲”。可是新南非十几年来，一方面由于劳动成本明显上升，另一方面由于来自中国等地的廉价纺织品占领了南非、乃至过去依靠南非供应的非洲市场，现在南非的纺织业已经完全衰落。

新南非政府由于非国大有一批当年苏联培养的专家，对传统工业化其实是有点偏爱的。非国大政府也一心想提升南非的制造业竞争力，上台之初曾规划、批准、实施了不少大工业项目。例如 1996 年开工建设大型合资冶金联合企业“哥伦布不锈钢工程”，当时是世界最大的不锈钢生产项目，建成后南非将成为世界第六大不锈钢生产国。非国大政府对此十分重视，曼德拉总统还亲自出席开工典礼。同时南非又在纳塔尔省理查德湾兴建世界最大的炼铝厂——阿鲁萨夫铝冶炼工程，计划投资 65 亿兰特，由国际矿冶巨头必和必拓负责开发。

可是后来证明这些大制造业项目很少达到预期经济效益。尤其在没有资源优势时更是如此。如必和必拓的阿鲁萨夫铝厂由于要进口原料，投产后一直亏损，必和必拓回天无力，近期已表示要逐步下马。[1] 有资源优势的制造业（如钢铁业以及下游的汽车制造等）仍然被看好，但是南非经济仅靠这个也是不行的。更重要的是，民主南非的强势工会和高福利制度确实对“招商引资”造成一定的影响，而艾滋病、犯罪率等负面因素也不利于经济发展。另外，南非过去的一些产业“强项”在新的历史时期也变得没有用武之地。例如旧南非强大的军火工业和世界独一无二的煤制油气及其下游化工产业，都是在种族隔离时代的国际环境中发展的，如今它们已经不再有发展前景。

此外，南非过去在“低人权经济奇迹”时期一直是个资本和经常项目巨额“双顺差”国家，和中国目前的情况是类似的。但是种族隔离末期这种模式已经不可持续，资本出现明显外流趋势（这也是迫使白人改弦更张的动力之一），民主化以后，一方面过渡时期混乱的结束以及新南非政府的经济自由化政策重新对外资产生吸引力，重新出现资本流入，但是由于上述种种原因，南非对外资的吸引力不可能回复到过去那种为“招商引资”可以压制黑人一切讨价还价的时代。更重要的是新南非虽然制造业出口的竞争力有所回复，出口额比过去增加，但是由于黑人民众消费能力的提高和福利制度的影响，也由于结构调整导致的投资品进口，进口增长总的来说却比出口快得多。种族隔离末期南非的外贸顺差就不断缩小，1994 年新南非建立后已经基本处于贸易平衡状态。2000—2003 年曾经出现短期的顺差回潮，但是从 2004 年起就急转直下，南非不但出现长期未有的贸易逆差，而且逆差额不断增长，2004 到 2008 年间已经从 100 多亿兰特猛增至近 1400 亿兰特，而此期间恰恰是新南非经济第一个增长高峰。[2] 换言之，今天的南非经济已经在很大程度上从“出口拉动型”变成了“进口拉动型”。

---

[1] http：//www.miningweekly.com/article/south-africas-primary-aluminium-smelters-showing-successive-losses-2013-01-18

[2] https：//en.wikipedia.org/wiki/Economy_of_South_Africa

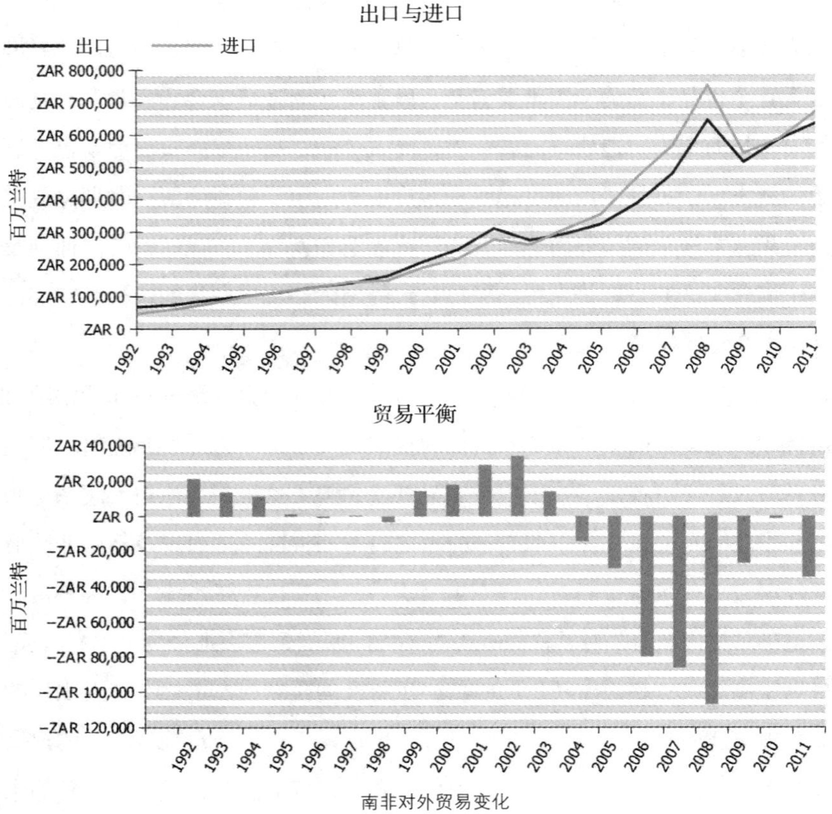


南非对外贸易变化

因此，南非未来的经济发展面临着结构转型的艰巨任务。

## 重焕青春的开普敦：
## 经济结构转型中的南非“双城记”

新南非这些年来农业、矿业与制造业有一定程度的发展，但在国民经济中的比重都在下降。采矿对全国 GDP 的贡献已经从 1970 年的 21% 下降至 2011 年的 6%。农业部门占正式就业的 10% 左右，而产值只占国内生产总值的 2.6%。制造业则提供 13.3% 的就业和 GDP 的 15%。

而第三产业无论就业还是产值的比重都占到了65%左右。[1]但值得注意的是出口的构成却相反，作为初级产品的矿业出口值占到总出口的近60%，制造业的出口，尤其是汽车和钢铁仍然保持一定的规模，而服务业的出口份额却不大。这一方面体现如今南非的经济已经主要是内需拉动，不再像过去那种“大进大出”的外向型经济高度依赖外需，并且经济增长也更多地与民众消费及成果分享相联系。但是另一方面也体现了南非在全球经济中的竞争力有所下降，因为南非在服务业产值比重上升的同时并没有像印度那样发展出高额的软件和服务出口。同时南非又不像中国、印度乃至巴西都是人口上亿乃至十几亿而且版图广袤的大国，消除外需依赖是对这种大国而言的。南非在世界200多个国家中大概不能算是小国（否则也进不了“金砖”），但比这几个国家无疑要小一个数量级，国内市场容量有限，就像中国的一个省，不能要求一个省只靠省里的“内需”吧？

这些年来新南非的服务业是有一些亮点的。例如旅游业，南非作为“上帝的后花园”景色瑰丽，环境优美，自然与人文景观丰富多彩，旅游资源有优势，国际制裁废除后南非与世界消除了隔阂，加入“金砖国”，举办“世界杯”，天时地利人和都推动了南非旅游业的发展。如果不是艾滋病与犯罪率在一定程度上拖了后腿，旅游业出现“奇迹”式的发展是完全可能的，即便有这两个负面因素，旅游业的成就也还不小。

沙特尔沃思

[1] http://en.wikipedia.org/wiki/Economy_of_South_Africa

开普敦市中心

南非也出现了一些有世界影响的创新型企业家和重要知识产权持有人。如著名的软件开发者和高新企业家马克·沙特尔沃思 1995 年开发 Thawte 安全认证软件，卖出 5 亿多美元，后成立 HBD 公司，从事企业孵化器和风险投资。2004 年又成立典型公司，开发 Ubuntu 操作系统，都取得很大成功。沙特尔沃思不仅科研、经营都很出色，而且他主张开放源代码，反对微软垄断，在公共议题上也很有号召力，其影响已远超南非各界而成为一个国际知名的 IT 企业家兼思想家。

类似今天印度擅长的那种业务流程外包，在南非也取得了不小的成绩。主要是在西部的开普敦地区，已经发展成为一个具有国际影响的成功的跨境呼叫中心和业务流程外包中心。凭借高素质的专业化劳动和开普敦地区英语普及程度高的条件，许多国际著名的跨国公司，如汉莎航空、达美航空、亚马逊、连锁巨头 ASDA、国际手机联销商 Carphone Warehouse 等

公司都在开普敦建立入站呼叫中心，作为发展业务的手段。除流程外包外，时尚设计、广告及电视制作等新兴第三产业也在开普敦迅速发展并且显示出竞争力。

但是开普敦能够如此，与开普敦及所在的西开普省是民主联盟的势力范围、经济政策更为自由、灵活有关。恰恰也是西开普—开普敦地区，不仅服务业，尤其是有竞争力的出口型高科技服务业蓬勃发展，制造业向高科技升级的趋势也更明显。这里有全非洲最多也最成功的IT企业群，堪称整个非洲大陆信息高科技产业的中心。位于开普敦市郊梅森堡的摩羯座科学和工业园区成为吸引国际高科技投资的热点。2010年，开普敦IT产业产值约770亿美元，年增长率8.5%，在今日南非属于很高的增幅，它使这个产业不但对该市，而且对南非全国的经济增长而言都日益重要。除信息技术产业外，电信、医疗设备、科研设备和其他新兴制造业也发展起来。

不少人认为："开普敦具有比全国其他任何地方水平高得多的知识，创新和机会。"[1]通过集中设计界的企业、人才和提供政策支持，开普敦如今正在发展成为一个全球设计和创新中心。这里拥有非洲最好的设计和广告行业，高科技创业公司和拥有知识产权的初创公司。2008 年，开普敦被商界评为南非"最具创业精神的城市"，一项调查表明，在 18—64 岁的经济活动年龄群中，开普敦居民寻求新商机的比率比全国平均水平高出近三倍。而在以往号称"南非经济首都"的约翰内斯堡，这个比率也只比全国平均水平高 60%。也是因为它的创新精神，国际工业设计协会理事会最近把开普敦评选为 2014 年"世界设计之都"。[2]

开普敦所在的西开普省也是新南非全国九省中经济增长最快的。2004—2007 年新南非第一个经济繁荣期，该省经济平均年增长率超过 6%，比全国高出 1 个多百分点，2009 年前后南非陷入全球经济危机，经济出现负增长，而该省经济负增长时间最短，跌幅最小，复苏也最早。2009 年该省失业率 19.7%，听来高得可怕，但比南非当时 23.2%的平均失业率好看很多，在各省中也最低。与全国一样，西开普省也有明显的贫富分化，有一个调查认为西开普省基尼系数为 0.63，而南非全国达 0.7，西开普省也算是全国各省中不平等程度相对最轻的。另一方面，与基尼系数这个越高越坏的负面指标相反，根据人均寿命、教育、卫生等福利指标统计的人类发展指数（HDI）是个越高越好的正面指标，而西开普省的 HDI 达 0.7708，全国平均为 0.6675，西开普省是各省中最高的。

这些成就耐人寻味。我们知道开普敦虽为南非开发最早的地区，但是后来它就"落伍"了。自从 19 世纪末以约翰内斯堡为中心的威特沃特斯兰德地区（今豪登省）先因"淘金热"、后因制造业而发达，上世纪

[1] Mike Herrington，"Cape Town outshines rest of SA in entrepreneurship". University of Cape Town . http：//www.gsb.uct.ac.za/s.asp?p=408

[2] http：//en.wikipedia.org/wiki/Cape_Town

开普敦科学工业园区

开普敦

七十年代以德班为中心的印度洋东海岸大港工业区接踵而兴，开普地区就相形见绌，显得衰老了。种族隔离后期，这里的工业主要是轻纺工业，虽然曾是非洲最重要的纺织工业中心，纺织、服装业雇员多达 17 万。但是新南非这些年来由于中国等地廉价纺织品的竞争，这一原来的支柱产业也一蹶不振。

就在这种情况下，西开普省能够及时实现经济结构转型升级，重新在新的产业基础上焕发活力，势头反超上述的后两个地区，这确实令人刮目相看。

有种族偏见的人说因为开普敦白人相对比较多，所以才有这样的成绩（我知道一些华人华侨也有这类说法）。但是在种族隔离时期，约翰内斯堡、德班的主城区与开普敦同样是白人的世界，而那时在“流动劳工”制度下约翰内斯堡、德班的劳工阶层以黑人为主，开普敦劳工阶层则有更多的有色人成分。然而，那时经济更繁荣的恰恰是黑人更多的约翰内斯堡和德班，并不是开普敦。今天两地白人所占人口比重也还是差不多：约堡所在的豪登省，白人占 15.6%，而西开普省白人也不过占 15.7%。如果仅计市区，则约堡市白人占 22.9%，反而比开普敦的 20.2% 更高。[1] 当然如果就趋势而言，今天因为约翰内斯堡和德班经济相对不景气，导致白人外流较多；开普敦的经济相对更繁荣，吸引了一些白人移居；但我们不能倒因为果，说成约堡由于白人走了经济就不景气了，开普敦由于白人来了就景气了。事实上，近年来开普敦市和西开普省的经济复兴靠的是政策提供的发展环境，而不是种族成分。

开普敦在南非历来是个比较奉行自由主义的地方。在旧南非它是英语白人为主的民主党的根据地，在当时“白人内部民主”的体制下该党是保守的阿非利卡白人执政党国民党的“自由主义反对派”，新南非时期由民主党演变而来的跨种族政党民主联盟同样是逐渐淡化种族色彩的社会民主

[1] 据维基百科“豪登省”、“西开普省”、“约翰内斯堡”、“开普敦”词条所录南非统计数据。

主义执政党非国大的“自由主义反对派”，在西开普省由非国大—新国民党联合政府执政时期，这个以“同一个国族，同一个未来”（One nation, one future）为党徽的自由主义反对党在西开普就很有影响——当然不是只在15%的白人中有影响。后来她在西开普省成为执政党——当然不是只靠15%的白人选票——就更不用说了。所以，今天民主联盟与非国大的区别不能说是白人与黑人的区别，而基本上是自由主义（尤其是经济自由主义）与社会民主主义的区别。

我们前面指出，社会民主主义在种族隔离制度废除后的新南非成为政党政治的主流是有其逻辑根据的。在贫富分化如此严重的条件下又不搞劫富济贫的津巴布韦式激进“革命”，二次分配的力度就难免较大，强工会高福利的“非洲瑞典”就势不可少，而且民主左派政治以代议制下温和的阶级斗争（伴以阶级合作及阶级妥协）淡化种族对立，也是多民族南非建立国族认同的需要。以非国大乃至南非共为代表的新南非左派对此的贡献是应当肯定的。但是如果从发展经济、提高效率的角度而言，欧洲瑞典如果因为一些特定条件还不是大问题，“非洲瑞典”的问题就多了，尤其在南非当前面临的经济结构转型方面，偏重社会民主主义的政策不如偏重自由主义的政策有效，应当是个事实。种族隔离时代约翰内斯堡可以靠更典型的“低人权优势”凸显血汗工厂的“竞争力”，因而比开普敦更繁荣。但是到了民主时代“低人权优势”不复存在时，自由主义色彩更多的开普敦就比“非洲瑞典”体制更典型的约翰内斯堡有优势了。

## “孔雀”西南飞，人才盼“海归”
## 新南非的人才外流问题与经济发展

然而南非全国并不都像西开普省，总体来讲南非的经济结构转型是不顺利的。其重要原因之一，就是相当严重的人才外流。所谓白人的去留导致经济的兴衰，这种“种族解释”如前所述是不可信的。但是人才的流向与经济兴衰有关，则是可以成立的。由于种族隔离时期的白人特权和黑人受压，“后种族隔离时代”南非各种高级人才中白人比例远高于白人在总人口中的比例，也是明显的现实。尽管在新旧南非的变化中豪登省与西开普省白人比例的对照变化不大，但其构成或许有某种变化：西开普省更能吸引白人在其中比例较高的各类人才，而较多倾向于南非共的“穷白人”则相对更愿意住在豪登省，这种现象应该是存在的。南非未必需要出台纯粹种族性的“留住白人”政策，但是“留住人才”的问题不仅事关南非内部的省际比较，而且更事关新南非的国运，这已经越来越引起有识之士的关注。

现代服务业不同于传统时代的“引车卖浆者流”，由工业社会的制造业向“后工业社会”的服务业转型，本质上是由资本密集型产业转向知识密集型产业，“人力资本”的状况非常关键。新南非不仅出现了人才从东北部的前“经济首都”区域向西开普地区流动的“孔雀西南飞”现象，更严重的，则是从种族隔离制度出现危机时起，南非就出现严重的人力资本流失国外的现象。过渡时期的社会动荡使这种外流加剧，新南非建立后也未能扭转这一趋势。这就使得经济振兴乏力，结构转型困难重重。

西方媒体曾报道，1995—2009 年间，大约 20% 的南非专业人士出走他国；[1] 而据南非统计局估计，自 1994 年以来，有 100—160 万的熟练技工、专业人士和管理人才移民海外，这对于一个 5000 万人口的国家是个严重的数字。由于这些人在经济活动中至关重要的作用，每流失一个这样的移民，就有 10 个非熟练劳力会失去他们的工作。[2] 高失业

[1] http：//edition.cnn.com/2010/WORLD/africa/11/18/south.africa.migration/index.html?_s=PM：WORLD

[2] Benno J. Ndulu，Human Capital Flight： Stratification，Globalization， and the Challenges to Tertiary Education in Africa. JHEA/RESA Vol. 2，No. 1，2004，pp. 57 - 91.

率这种“南非病”的病因，至少有一部分就在于此，而南非经济结构转型的困难也与此有关。

导致人才流失的原因比较复杂。1998 年中期有一项南部非洲移民计划（SAMP）研究，分析了熟练职业人士的移民倾向：调查涉及的熟练职业人士中，超过三分之二的人有“简单的移民想法”，而 38％的人表示“非常想”移民。希望离开该国的原因主要是对生活质量下降和高犯罪率不满。而对于白人熟练职业人士而言，对“蜜蜂法”之类特别优惠黑人的官方政策强烈反感，认为他们在南非面临机会的不公则是一个强烈的动机，他们希望到一个公平的劳务市场去实现自己的价值。另一方面，在世纪之交的经济景气中不少发达国家也需要这些人才，如英国、美国、加拿大、新西兰、澳大利亚当时都在南非招徕技术移民，包括熟练技工。它们吸纳了南非外流熟练职业人士的 75％，其中仅英国在 1990—1996 年间就吸纳了南非外流技术移民总数的大约一半，在这些国家甚至出现了颇具规模的南非白人技术移民社区。以至于一些学者认为与这种招徕的吸引力相比，所谓白人对国内政治变革的担心几乎可以忽略不计。[1]

大量熟练职业人士的离去对某些部门的打击特别严重。例如 1994 年南非各大城市平均每 10 万人口有市政工程师 20 人，到 2009 年由于人才流失加上自由迁徙后城市人口增加，这一数字剧降到只剩下 2.8 人，以至于一些城市连供水系统的维护都成了问题。[2] 南非的医疗行业，由于大量医生移民而去，相当于损失了培养他们的投资 14.1 亿美元，而吸纳人才的国家则获得了巨大的利益，仅英国因南非等撒哈拉以南非洲医生移入而得到的获

[1] Skilled Labour Migration from Developing Countries：Study on South and Southern Africa. http：//www.queensu.ca/samp/migrationresources/braindrain/documents/bhorat.pdf

[2] Marius van Aardt，A South African story：Silulumanzi's perspective，in：Transforming the World of Water，Global Water Summit 2010，Global Water Intelligence and International Desalination Association，pp.156–157.

益，据估算就达27亿美元。[1]医生如此，熟练护工的流失也很严重。有人揭示：1994全年在索韦托地区有95万人次患者就诊，为他们服务的护士有800多人，到2000年，就诊患者已达200万人次，护士却减少到仅500余人。[2]这期间南非实行“非洲瑞典”式的政策，公立医疗系统有了很大发展，但是“庙多和尚少”，导致效果大打折扣。

人才流失的严重后果已经引起了对非国大政府的许多指责。不仅白人比较多的反对党如民主联盟一直批评政府的“反向种族歧视”使很多白人人才报国无门，许多著名黑人活动家也开始反思诸如“黑人经济赋权法”这类“优惠黑人”的措施效果如何，所谓恢复公平的做法是否实际上在破坏公平原则。如因卡塔自由党领导人布特莱齐就强烈指责“政府鲁莽地实施优待自己人的政策，迫使许多白人离开这个国家寻找工作，结果造成了我国技术能力短缺的危机”。[3] 2004年，德高望重的德斯蒙德·图图大主教更严厉地警告说，所谓“黑人经济授权”只有利于非国大的少数黑人精英，却使南非坐在了“火药桶”上，使数百万失业者生活在“非人的贫困”里。[4]还有人批评非国大的人才任用不透明，任人唯亲，把“忠于执政党非洲人国民大会”当做首要标准，造成人人想当官却鄙视专业训练和业务能力。[5]

而非国大政府也已经意识到问题的严重性。近年来开始出台各种政策遏制人才外流之风，尤其是对符合南非经济发展方向的高科技制造业、高水平服务业所需人才和熟练技工予以扶持。加上像开普敦这样更为“自由

[1] E.J.Mills et coll.：The financial cost of doctors emigrating from sub-Saharan Africa：human capital analysis. British Medical Journal 2011.343.

[2] Tom Lodge，“The RDP：Delivery and Performance”in“Politics in South Africa：From Mandela to Mbeki”. Cape Town & Oxford： David Philip，2003.

[3] “Buthelezi slams affirmative action”. Mail & Guardian. 1 February 2007.

[4] http：//news.bbc.co.uk/2/hi/africa/4035809.stm

[5] http：//www.news24.com/SouthAfrica/Politics/Cadre-deployment-Loyalty-ahead-of-competence-20120712

化”的地方政府也努力以公平竞争的人力资本市场吸引人才，使情况开始好转。

特别是2008年以后西方发达国家发生经济危机与衰退，对人才的需求也随经济不景气而出现低迷。更由于当前西方对一般移民熟练职业人士的雇用通行合同制，而且大部分是有期限合同。上世纪九十年代移民人才的合同期限在近几年已面临到期续聘高峰，其中相当部分人不愿或不能续聘，希望回到前景看好的南非继续自己的事业。因此近年来南非出现了人才外流减少而“回流”增加的趋势。2010年的一个调查发现英国的南非移民中有多达10万人正在考虑回到南非。[1]而著名金融服务公司PPS的一份报告称：2009年一年就有3.9万名前南非移民成为“海归”，随着国外工作合同到期，这个数字不久将上升到12万。[2]另一方面，许多准备移民的南非人，尤其是南非白人改变了注意，尤其是2010年南非世界杯赛后，放弃移民申请者明显增加。2011年PPS公司调查了4000多名南非毕业研究生的就业趋向，表示要留在南非求发展的比例创下84%的历来新高，而且尤以会计、工程、医药、法律等过去人才外流最严重的专业为甚。[3]“南非人才‘外流的一代’正在回家”，“南非扭转了人才外流”，“毕业生对南非充满信心”等乐观的标题不断出现在近几年的南非和西方报刊上。

当然，对于这种“扭转”是否具有根本性质，仍然争论很大。有人认为这不过是西方经济危机期间的现象，西方经济恢复景气后这种“海归”潮未必还会持续。有人认为这不过是大量外流20年后出现的“人才饥荒期市场调整”，正是因为那些领域人走得太多了，仍然不走的或者想回来的才成了物以稀为贵的香饽饽，这并不表明南非对人才的吸引力

[1] http：//edition.cnn.com/2010/WORLD/africa/11/18/south.africa.migration/index.html?_s=PM：WORLD

[2] http：//www.timeslive.co.za/business/article535687.ece/South-Africas-brain-drain-reversing

[3] http：//www.timeslive.co.za/local/article1041111.ece/Graduates-confident-about-SA

恢复了正常，更不表明南非真正具有了“新兴经济体”对人才的魅力。还有人提到大批“海归”者看中的地方仍然主要是前述的开普敦等几个经济热点地区，更多的地方仍然被人才冷落。而就是在前述的那个PPS调查报告中，尽管表示要留在南非或者回到南非的人空前增加，但是具体问到他们对未来五年内南非能否解决或改善下列问题时，信心仍然不怎么样——表示对“未来五年内犯罪率将下降”有信心的只有45%，有信心失业将改善的为46%，而对未来的医疗保健系统和教育标准提高有信心的都是50%。

不过对于我们中国人来说，听听我们旅居南非同胞的感觉可能更有意思。前面提到的王晓鹏先生在访谈中说：

“既爱又恨、爱恨交织”不仅是我对南非的感觉，这也是在南非的50万华人对它的总体感觉。很多华人，在南非做生意发了财，有的因遭遇抢劫后选择移民澳洲、新西兰等其他英联邦国家，但最终恐怕生活得不如在南非自在。

我有两名朋友有类似经历。一名台湾朋友在2000年来南非做生意，发了财并在遭遇入室抢劫后带着全家移民澳大利亚，两年后却又偷偷地溜回南非重操旧业。说起这段经历，这名朋友说，澳大利亚、新西兰等国家的社会体系制度非常健全严格，根本不像南非这样有做生意发财的机会。另一名朋友是四川人，她在南非拿到硕士学位后先工作了两年，在白人公司上班，每月薪水约2万人民币，然后去美国待了一年，随后又跑回南非工作。她告诉我，在美国连博士都找不到工作，有的到餐厅当Waiter，她去美国后一直在餐厅打工，想着在南非的高薪工作，虽然治安比较差，但最后还是决定回来南非发展。

“不到南非怕南非，到了南非爱南非，遇到抢劫恨南非，离开南非想南非”。这四句顺口溜曾在华人中非常流行，也就是你说的“爱恨交织”。但是，单从南非华人总数来看，相对恶劣的社会治安来说，多数人恐怕还是更看重南非的商业机会：南非的华人总数从2005年左右的30万左右，增加到现在已超过 50 万人。[1]

在南非的华人基本都不是多数南非黑人那样的贫民，他们基本上属于上面所说的“熟练职业人士”，他们对南非尚且有这种感觉，除了“熟练职业人士”还有国家认同的那些南非人才应该更是如此了。

[1] http：//wqmaer.blog.163.com/blog/static/1312489022011121761021976/

## 六、“约翰内斯堡变成了索韦托加桑顿”：新南非的城市治理困局与“美国式城市化”趋势

### “汽车普及导致郊区化”，还是“穷人驱逐富人”？

在国内讲到西方城市规划和城市发展史理论，有一种流行的说法是“汽车普及导致了郊区化”，或者叫“后城市化”理论。据说由于汽车的普及改变了人们的空间观念，住在郊区豪宅开着汽车一样可以享受现代生活和城市的经济、社会功能，还能享受市区没有的优美环境。所以人们争相进城已经是落伍的“老土”了，世界的新潮是穷人、没出息的人住城内，富人和前卫的人住城外。我们有些理论家还据此引申说，既然如此就不要让我们的农民进大城市了，就让他们住“小城镇”或者干脆“离土不离乡”吧，这样就可以避免西方“城市化的弯路”，而一步到位地进入“后城市化”时代了。而一些价值观与他们差异极大的另一派人士，同样是根据“郊区化”、“后城市化”理论，引申出来的却是强调普及私家汽车、大修高速公路的重要，在他们看来没有汽车哪怕你住在城里也是“老土”。

这种“汽车普及导致了郊区化”的“后城市化”之说其实是以美国的现实为依据的。在美国确实有明显的“穷人住市区，乃至市中心附近，富人住郊区乃至卫星城”的现象。一些大城市如纽约和华盛顿尽管市中心很小一块地方还是富人乐住之地，主城区的大部分却住的是社会下层，大量的富人还是住在如长岛、银泉这样的郊区，而更多的城市，尤其是洛杉矶那样后期发展起来的城市干脆没有富人愿住的中心城区，“当躺”（downtown）尽是穷人，富人都住在贝弗利山、

硅谷那样的地方。

但是如果你看看欧洲，这种所谓的“郊区化”模式就极少见，例如至今巴黎的富人几乎都住在主城区，尤其是像拉丁区那样古老的市中心，而穷人绝大部分住城外，过去是一个环绕市区的“棚户带”，现在棚户变成了“福利国家”提供的高层公寓楼，外观非常符合国人想象中的“现代化”，但富人极少住在其中。倒是在160年前（巴黎史上的“奥斯曼改造”以前）并非如此，那时巴黎城里曾经充满了穷人的陋屋窄巷，而富豪都住在城外的园林豪宅中，包括像凡尔赛、枫丹白露这样的皇宫。

而且如果细考美国城市发展史，你会发现其实美国很多地方“市中心衰落”和富人迁往郊区的趋势早在汽车普及前的19世纪末已经开始。南北战争解放黑奴后，美国工业化、城市化进程加快，乡村穷人，尤其原来绝大部分是庄园苦力的黑人获得自由和公民权后纷纷进城，几十年内黑人就从过去基本属于乡村族群变成了几乎是纯粹的都市化族群，城居率比白人高出很多。于是美国城市出现所谓的“穷人驱逐富人”现象。当然穷人其实不可能强制“驱逐”富人，可是穷人入住的地方，富人自己就纷纷搬走了，这和汽车普及并无很大关系。尤其是罗斯福新政后城里出现了很多政府盖的福利楼，附近的富人乃至中产阶层就纷纷迁出。纽约最著名的哈勒姆贫民区就是这种“穷人驱逐富人”过程的产物。而芝加哥、底特律、费城等城市主城区的没落（以及郊区的兴起）也都是类似的过程。

这种“穷人驱逐富人”现象与美国式自由民主及黑人解放有很大关系。而在19世纪民主化以前的欧洲那些王国就截然相反，那里发生的城市化是“富豪驱逐穷人”，而且是名符其实的驱逐即强制拆迁，不是美国富人那样的自愿搬走。1852—1870年间巴黎的“奥斯曼改造”就是个典型，当时法兰西第二帝国的铁腕市长奥斯曼伯爵在17年内强行拆掉半个巴黎，把多数穷人（多是法国大革命后获得自由、初期工业化时进城打工的农民后代）赶出城外，巴黎于是被改造成“世界最壮丽的城市”，这个“巴洛克式（意为豪华）城市化”的样板自然是充满“香榭丽舍”的金粉世家，而少有穷人立足之地的。

由于美国的穷人很多也是黑人，所以种族隔离时期的南非白人政权是很喜欢拿美国黑人进城导致主城区衰落来说事的。他们倒没有说那叫“汽车普及导致的郊区化或后城市化”并表示羡慕，而是称之为失败的“无序城市化”并以之为前车之鉴。而他们极力实践的，则是类似“奥斯曼改造巴黎”式的“有序城市化”。按照奥斯曼的方式他们在种族隔离时期的确在南非打造了一大批美轮美奂的现代“巴洛克式城市”——白人的城市，而把黑人圈在城外的索韦托式的地方。民主化以后这种情况完全改变了。如果不涉及价值判断而是只论客观因果，现在我们不能不说白人当初的看法并非毫无根据。因为新南非这十几年，很多城市在废除种族隔离、黑人可以自由进城后的确发生了所谓的“芝加哥化”、“底特律化”，即美国式的、当年被白人当局贬称为“无序城市化”的过程。

## 黑人解放和“城市底特律化”：索韦托与约翰内斯堡旧城区的变迁

这其中，当年的南非“经济首都”、最大城市约翰内斯堡尤为典型。在《从南非看中国》中我详述了当时白人的约翰内斯堡与黑人的索韦托的各自特征。种族隔离制度废除后，两边的特征都显著地改变了。

原来在城外（用我们的说法应该叫“城乡结合部”）的索韦托在上世纪70—80年代基本上就是一大片贫民窟，只有两家电影院，两间酒店，只有83%的房子有电，高达93%的居民没有入户自来水。新南非政府在这里投资建了大量水、电、路、房等基础设施，为黑人贫民盖的正规免费住房逐步取代原来的陋屋和棚户。如今索韦托的水电通讯公交基本普及，中产黑人的雅居和富黑人的豪宅也开始出现。大型公共设施陆续崛起，这里的克里斯·哈尼医院从原来400多张病床的普通医院扩建为占地0.7平方公里、3200张病床、6760名雇员、号称“世界最大（一说为非洲最大、南半球最大、世界第三）的医院”，并成为著名学府威特沃特斯兰德大学附属的“教学与学术医院”。索韦托的FNB体育场被扩建成座位近十万个的“足球城”、南非最大的综合性体育中心和2010年世界杯主赛场。世杯赛盛会在这个过去“农民工私搭乱建的棚户区”举行，是以往绝难想象的石破天惊之事。交通方面，除原有1号高速公路通过索韦托外，新南非时期又修通了12号、17号国家高速公路，70号都市高速干道（通称“索韦托高速公路”）和黄金高速路等穿过索韦托的交通干线。

索韦托的人口过去长期以来众说纷纭，作为白人城市约翰内斯堡“城外”的一个“自治”黑人城市，这里过去没有很确切的人口调查，一般认为最多时它有180万人，超过当时的约翰内斯堡市辖区。种族隔离制度废除之初“黑白壁垒”破除，大量黑人从这里迁入过去他们不能居住的约翰内斯堡主城区和其他他们想去的地方，一时导致索韦托人口大减，2001年调查它只有85.9万人。但不久，由于其他地方黑人迁入，以及约翰内斯堡进入萧条状态等原因造成回迁，索韦托人口又在增加。2002年索韦托正式并入约翰内斯堡市，成为该市的第6、第10两区（2006年进一步合并为D区，即大索韦托区），种族隔离制度在行政上的痕迹至此消除。当时说这两个区大约占翰内斯堡人口的40%，但2010年人口普查确认它实有人口130万，大约占翰内斯堡总人口的三分之一。索韦托人口变化剧烈，一方面说明黑人确实得到了迁徙自由，另一方面也说明这里在很大程度上仍然是个预期不稳定的“临时聚居地”。人口变少一方面使索韦托显得有点“萧条”，另一方面减轻了当地基础设施不足的压力，无论对迁走的还是留下的人而言都意味着生活的改善。

但是，尽管今天约翰内斯堡已经不是白人的天下，但索韦托人口仍然几乎纯是黑人（99.3%），显然，尽管种族隔离废除近20年，仍几乎没有白人、有色人和亚裔迁入这里。

黑人富豪的豪宅

大部分还是贫民

黑人中产者的雅居

公共设施

索韦托“足球城”，2010 年世界杯赛场

n1 高速公路通过索韦托

另一方面，在索韦托状况改善的同时，原来的约翰内斯堡主城区却出现明显的“底特律化”衰落趋势。从种族隔离末期、过渡时期直到新南非初期，这里经历了十余年的“自发移民”，基本是“黑进白出”，很多地区住民结构发生根本性改变。如主城区人口最密集的住宅区希尔布罗夫，种族隔离时期被宣布为“纯白人”区，不仅严禁黑人“盲流”进入，连有色人、亚裔也在排斥之列。当时这里被视为“黄金居住地”，拥有希尔布罗夫塔、彭特城市公寓等著名地标建筑，租金昂贵。但是在上世纪八十年代这里已变成“灰区”（即黑白混合区），过渡时期这里秩序混乱，白人基本走光，到2001年其居民中黑人已达95.6%，白人仅1.5%，[1]完成了从“纯白”变成“纯黑”的过程。

类似情况在主城区相当普遍。大量黑人贫民迁入后治安严重恶化，富人和大公司纷纷迁出，星级酒店等豪华场所陆续停业，原来的中央商务区几乎瘫痪。昔日的约翰内斯堡曾经集中了全非洲大陆三分之二以上的高层建筑，号称“非洲曼哈顿”。但在过渡期和新南非初期的混乱中，不仅黑人贫民“占领”“空房空地”的情况屡见不鲜，就连该市最著名的一些摩天大楼也在被废弃后一度成为三教九流乃至犯罪团伙的居所。原来寸土寸金价值连城的地产变成“白菜价”，乃至一钱不值。例如：

223米高、50层的卡尔顿中心大厦在1973年启用后至今，不仅是全城第一、而且是全非洲第一高楼，里面开设的五星级卡尔顿酒店也是非洲最高档的豪华酒店之一，曾接待过美国国务卿基辛格、法国总统密特朗、英国首相撒切尔夫人等贵客。由于周边人文环境恶化，酒店于1997年最终关闭，大楼多次转手，越卖越贱，如今基本空置，最后业主Transnet集团曾打算融资改造用作出租写字楼，2008年经济危机后也告搁置。

彭特城市公寓，1975年建成的173米高54层圆筒形塔楼，是全城第二高楼和非洲最高的住宅楼，在世界上也是住宅楼中最高的之一，曾被视为

[1] http：//en.wikipedia.org/wiki/Hillbrow

约翰内斯堡旧城区全景

建筑美学的杰作，号称“美丽的巴别塔”，作为选景多次出现在影视剧中。但早在种族隔离末期周边治安已恶化，犯罪率飙升，新南非建立时公寓已无人承租，成为流民帮派藏污纳垢之地，后来政府清出流民，曾几度企图利用，甚至有建议将其建成一个高层监狱，但都不了了之。再后来有公司试图改造装修，供2010年世界杯赛使用，但2008年金融危机后融资失败，这个计划也放弃了。

40层楼的“托尔曼塔”是全城第四大厦，原归五星级“约堡太阳”酒店经营，混乱期间酒店迁往桑顿，经两次转手后变成“黄金城埃戈利酒店”，2001年开业后曾接待“可持续发展问题世界首脑会议”，风采如昙花一现，但会后很快也无法经营，目前该建筑被“封存”。

IBM 大厦，楼高 25 层，原是 IBM 公司的南非总部，混乱出现后 IBM 总部搬到桑顿，大厦只有一小部分用作商店，但也陆续关张，全楼于 2005 年完全废弃。

31 层 140 米高的信托银行大厦，楼高为全城第五，曾属于南非最大的银行，混乱时期银行迁走，2003 年大楼以 64 万美元贱卖。目前也空置。

123 米高的凯恩中心大厦，原是写字楼并设有大型购物中心、电影院等，废弃后于 2003 年以 91 万美元贱卖。

希尔布罗夫塔与海森太克塔，分别是约翰内斯堡的电信—广播塔和电视塔，前者 1971 年建成，高 269 米；后者 1962 建成，高 237 米，时隔仅仅 9 年，便使南非两次刷新了整个非洲最高人造结构的纪录，而且一直保

今日希尔布罗夫

从卡尔顿中心看约翰内斯堡 CBD

卡尔顿中心

今日彭特城市公寓

托尔曼塔

约堡第五高楼信托银行大厦

持至今，当时成为白人政权炫耀其“经济奇迹”的重要“形象工程”，现在也还是约翰内斯堡的两个城市地标。这两座高塔上原来都有旅游用的观景台，尤其前者更曾经是约堡旅游的第一景点。但由于“担心有人在上面向下开枪”，两塔从过渡时期就先后被关闭而停止使用了。

……

新世纪初的约翰内斯堡原中央商务区确实有点像今天美国的底特律，“鬼楼”林立，一片萧条。而且与底特律一样经历了类似的过程：“先是大量穷人进城，富人纷纷离开，离开后出现萧条，就业剧减，穷人谋生困难，最后也不得不离开，几乎成为空城”。在上世纪九十年代末，尽管这里的高档场所纷纷歇业，豪华大楼里尽是无房可住的“占领”者，但是穷人仍是熙熙攘攘，先前的豪华商圈，如今地摊密布，约翰内斯堡中央商务区成了“高楼林立的索韦托”，后来这里因没法就业，黑人重又纷纷离去，这里陷入彻底的萧条。

作为旁观者，我们国人如何看待这样的变化，耐人寻味。据说我们有位官员曾前来旅游，看到这种情况连连叹息：“可惜了，可惜了。”如果他得知当年的白人种族隔离思想家早就提醒过，取消了种族隔离制度的“优越性”就会造成这种“美国病”，他会怎么想？

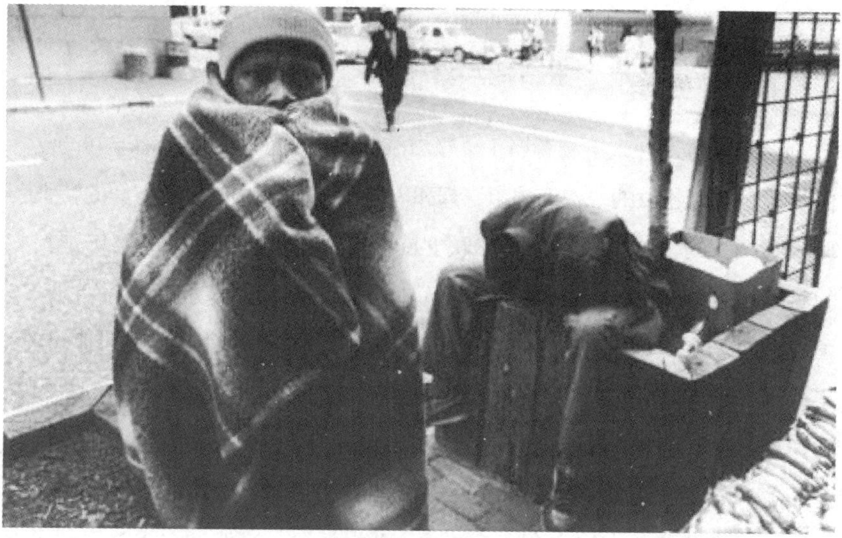

街头露宿的小贩

世纪之交约堡旧市中心市容

## 富人“郊区”的兴起：“约翰内斯堡变成了索韦托加桑顿”

当年的白人种族主义者属于“极右派”，敌视苏联，镇压南非共产党，但是那时他们建设的“宏伟城市”却和一些共产党国家有非常类似的特征。而如今掌权的非国大，当年受苏联支持，今天也是左派，南非共仍是其中的重要成分，他们常常批评美国。但是今天正是他们推动了这种所谓“美国式的‘无序城市化’”，把约翰内斯堡中心城区从“南非的深圳”变成了“南非的底特律”。当初穷人的“占领”蔓延时，非国大内部也有制止的声音，但以非国大青年联盟和南非共为代表的非国大左翼是反对制止的，有的“占领”还就是他们所领导的，以至于前述开普敦那个占领者的“非正式”社区还以南非共总书记来命名为“乔·斯洛沃”。当然，左派并不赞成无政府状态，但当时不制止就意味着这种状态。作为政府住房部长的乔·斯洛沃也不是想任他们“私搭乱建”，而是想先给自由再给福利，在那里建立规范的公屋社区，也不能说这种想法不合理。因为从逻辑上讲，的确，如果居住本身就是“非法”的，还怎么谈得上要求住得更好？但是“先给自由再给福利”必然有时间差，这期间“贫民窟”的扩大和“穷人驱逐富人”效应至少暂时是难免的。

现在想来当时的确可以做的更好，以尽量避免这种“底特律病”，我们下面要讨论这个话题。但是首先我们要知道，尽管底特律的严重问题一直困扰美国人，但是美国不论左派还是右派，没有人会认为像南非当年那种种族隔离制度下“有序的城市化”是更好的选择。而南非人尽管也为今天约翰内斯堡的萧条而苦恼，但他们原来就不顾白人种族主义者的告诫而坚持废除了种族隔离的“优越性”，现在也不会为这种废除带来的结果而后悔。事实上，无论美国人还是南非人，无论左派还是右派，都认为以目前这种代价来废除种族隔离制度是值得的，尽管现在人们也应该研究如何减少这类代价。

为什么？除了重视人权这种价值观的考虑外，还有一个原因就是：尽管旧市区衰落了，但“郊区化”却被认为是正面的现象。富人在民主制度下对穷人“惹不起，躲得起”，但绝大多数富人并没有真正远离，而是移居郊区或卫星城，在那里形成了新的富人区和大公司基地，新的豪华场所和新的经济活动中心。美国历史上类似今天底特律的现象其实并不罕见（当然底特律的规模是最大的），但在一些城市变成被废弃的“鬼城”的同时总有更多新兴城市崛起，城市中旧市中心衰败的“鬼楼”和新兴郊区、卫星城的繁荣也往往并存，所以他们虽然苦恼，却并不认为这是要命的问题，更不会主张以降低人权标准、取消迁徙自由、禁止穷人迁入来避免这类问题。

正如底特律主城区衰败的同时，像迪尔本那样的新兴郊区和安娜堡那样的邻近城市却繁荣起来一样，在约翰内斯堡原中心区衰败的同时，约堡周边的一些郊区和卫星城却繁荣兴旺，成为主城区富人、大公司和高档场所的新聚集地。这样的“新城区”在大约翰内斯堡地区有不少，桑顿就是最著名的一个。

这个地方原是约翰内斯堡北郊的一片田野，由桑当和布莱恩斯顿两个村镇合名“桑顿”，民主化以前这里只有一些小农场和个别富人的田园别墅。种族隔离制度废除后，不再能驱逐黑人的富裕白人“惹不起躲得起”，纷纷北迁此地，大量的“新钱”投入桑顿，使这里迅速热闹起来。在 2001 年这里已经有人口 12.6 万人，人不算多但聚集了惊人的财富，据说这里按单位面积计是非洲富豪最密集的地方，号称“非洲首富的平方英里”。富人的豪宅、别墅、高档写字楼、豪华酒店、会展中心等纷纷出现。交易市值占非洲首位、全球第 15 位的约翰内斯堡证券交易所和南非四大银行之一的莱利银行都从旧中央商务区迁到这里，其他三大银行虽然在城里保留象征性的总部，实际业务也大都移到了桑顿，南非著名的国有运输大鳄 Tsansnet 公司、石化大鳄萨索公司、最大超市集团 Massmart、电影公司 STER-Kinekor，以及 IBM、惠普等一大批跨国公司也都搬到这里。

桑顿金融区

桑顿已经完全取代旧CBD，成为最大的商务中心和新的金融区。而南非最大的桑顿会议中心刚落成就举办了著名的2002年“里约+10”世界首脑会议，后来非国大2004年赢得大选的盛大庆典、2008年世界小姐决赛也在这座豪华会议中心举行。

号称“郊区”的桑顿地域广达133.84平方公里，形成对比的是相距不远的著名贫民区亚历山大镇（就是2008年“排外骚乱”发生地）人口与之相仿，地域却仅8平方公里。桑顿全域平均人口密度每平方公里仅940人，比我国的不少县域还低，因此绿地广阔，曲水流觞，环境优雅，是名符其实的富人“郊区”，很多国内外名人，如阿尔巴尼亚旧王朝王储雷卡、最近爆出杀妻案的“刀锋战士”皮斯托瑞斯等都在此置业定居。但是桑顿的金融区却已经高楼林立，寸土寸金，米开朗基罗塔、达芬奇大厦、商业宫一号等大楼预示了“非洲曼哈顿”的再造，大约堡地区A级办公空间已经高度集中在桑顿，最近又在兴建一座60层的新写字楼兼豪华酒店，这座高楼将超过已经“沦陷”于贫民的卡尔顿中心，成为新的非洲最高建筑。业主公司的CEO塞缪尔·奥格布放言：“非洲人不是碌碌庸人，我们有雄心，要在桑顿看到自己的华尔街。”于是桑顿又有了“南非的华尔街”之号。

类似桑顿这样“郊区化”的富人新城在大约翰内斯堡以北已经有好几个，如霍顿、耶奥维尔、米德兰等。这些富人区的特点一是向东北发展，与穷人的“西南城”索韦托方向相反，二是种族构成以白为主，如桑顿的黑人只有32.6%，白人却达60.6%。而如前所述，索韦托今天依然是黑人聚居。

于是，在种族隔离制度废除近20年后我们看到了这样讽刺的图景：穷人“占领”约堡主城区的结果是把富人赶得更远，而相当部分的穷人在主城区衰败后也回迁了。结果形成的是南边黑人的索韦托和北边白人的桑顿，中间隔着个“鬼城”般的旧市区，不仅黑白似乎仍旧分明，而且空间上隔得更远了。无怪乎有理想主义者概叹：“约翰内斯堡变成了索韦托加桑顿”，种族界限依然分明，令人怀疑“新型种族隔离城市正在形成”，[1]这黑人解放不是白搞了吗？

## 城市治理的反思与改进

当然不是白搞。过去白人或富豪强制驱逐黑人或贫民，今天黑人穷人昂然进入，而白人富豪“惹不起躲得起”，这能是一样的“隔离”吗？就如中世纪贵族富而农奴穷，后来的近代自由社会老板和工人同样有贫富之别，但我们能说中世纪与近代是一样的吗？应该承认，今天“白人的桑顿”与“黑人的索韦托”尽管空间距离更远，但基本公民权利的鸿沟已经消除，两者的关系已经完全不同于当年“白人约翰内斯堡”与“黑人索韦托”的关系。过去黑人“无证进入”约堡是要被“强制收容”的，而现在妨碍黑人移居桑顿的因素仅仅是钱，富黑人在桑顿并不罕见，甚至黑人国父曼德拉，也在附近同属“北郊富人区”的霍顿购置了新居并移住这个白人居多的新城——他在索韦托的旧居已经捐出做了博物馆。桑顿本城虽然无缘迎来这位伟人住户，其中心广场也得名“纳尔逊·曼德拉广场”并竖着这位黑人领袖的铜像，而且欢迎非国大在这里的会议中心举行活动。尽管绝大多数贫困黑人对这样的礼遇只能望洋兴叹，但可以肯定的是他们并不认为曼德拉从索韦托移居霍顿就是“背叛黑人而亲近白人”，相反，他们为“我们的曼德拉”能够让白人众星捧月般尊敬而自豪，就像美国绝大多数黑人虽然自己无缘做总统，但仍为他们的奥巴马总统能够赢得多数白人的选票

---

[1] Beavon “Nearer my Mall to Thee: The Decline of the Johannesburg Central Business District and the Emergence of the Neo-Apartheid City,” Seminar Paper, University of The Witwatersrand, Institute For Advanced Social Research(5 October 1998).

桑顿曼德拉广场

而深感自豪一样。

笔者过去在一篇文章中曾指出，制度性的排斥、歧视与单纯观念上的偏见不能混为一谈。尽管制度性歧视会强化观念上的偏见，但是人们能够完全纠正的只能是制度性的歧视，对于纯粹观念上的偏见人们其实只能改变不公正制度对其的强化，以及通过舆论来促使其弱化，却很难完全消除这类偏见。甚至如果不对他人构成侵权，个人保有某种“偏见”（比如信此教还是信彼教，以黑为美还是以白为美）还是多元社会中一种正常权利。例如：如果一个白人姑娘不愿选择黑人小伙，即便就是出于偏见，你也很难指责她。但是如果她愿意而制度不允许，或者她愿意却受到他人干涉，而制度促成或至少不能阻止这种干涉，那就是严重的问题，应该而且能够纠正的了。

因此即便制度性歧视彻底废除，观念上的偏见也还会存在。看看美国的例子就会知道，贫富、黑白之间完全交融是不容易的。而且由于前已述及的原因，基于感性的黑白比基于经济的贫富更难完全交融。“美国式城市病”之所以与欧洲有很大不同，除了历史上美国没有欧洲那种富豪驱逐穷人的奥斯曼式传统，迁徙自由更为发达外，也与美国的城市问题有更多的“黑白”色彩有关，穷人“驱逐”富人，在美国确实在一定程度上表现为黑人“驱逐”白人。而南非同样有黑白问题（应该说比美国更突出），又经过黑人解放运动的胜利，彻底铲除了白人驱逐黑人的奥斯曼式铁腕，保障了黑人的自由民主权利。于是，尽管非国大（更不用说南非共）在意识形态和政治传统上并不“亲美”，但是他们执政下却合乎逻辑地出现了“美国式城市化”，那是一点也不奇怪的。

对于这样的现象，如果我们只看“鬼城”是不可能有全面的认识的。但是今天到南非的不少中国人，不仅旅游者，甚至一些旅居南非多年的同胞由于不难理解的原因，过去从未去过索韦托，今天也极少去桑顿。但如果不看索韦托的改善，也不看桑顿的繁华，只看沦为“鬼城”的约翰内斯堡旧商业—金融区的破败，怎么能真正认识新南非呢？

尽管如此，这种旧城的破败与商业—金融中心的大搬家的成本仍然是巨大的。不仅白人、富人付出了代价，黑人穷人也损失了就业机会。事实上由于最先撤离到桑顿去的白人富人后来在桑顿崛起时房地产价格的急升中还发了财，黑人穷人就没有这种机会，他们的损失未必更小。因此在肯定黑人解放成就的同时，如何避免与减少这种代价是值得人们研究的课题。

新南非时期约翰内斯堡的经济复兴成就比开普敦逊色，上述城市治理危机是个重要原因。开普敦在南非新旧交替时期也曾面临城市治理问题，但并没有经历约翰内斯堡那样严重的旧城衰败，这是为什么？

首先，当然是因为开普敦过去就没有“约翰内斯堡与索韦托”那么紧张而鲜明的对立。开普敦在旧南非也实行种族隔离，也出现过“开普敦第六区事件”那样摧毁黑人贫民窟的野蛮事件。但与约翰内斯堡相比，开普敦的白人中比较开明的英语白人较多而阿非利卡白人较少，由于旧

远眺桑顿（2001 年）

南非时期开普敦的经济没有约翰内斯堡那么“奇迹”般地繁荣，“流动劳工”也没有那么多，非白人中有色人较多而黑人相对较少，他们的定居点分布较多，条件也没有索韦托那么恶劣。因此在民主化过程中虽然也有“占领”现象，但没有出现“索韦托人占领约翰内斯堡旧城”那样严重的冲击。

换言之，旧南非对黑人越坏的地区，后来遭到的冲击越大；不那么坏的地区受冲击就相对小。所以第一个应该记取的教训是旧体制下的统治者开明些是有好处的，顽固者则会受到报应。

其次，开普敦地区在新南非也是自由主义影响较大、民粹思潮影响较小的地方。旧南非时期的反对党民主党和新南非的反对党民主联盟在这里都更有基础，而马勒马那样的“煽动者”则很少在这里活动，因此民主化在这里也就更为温和、有序。如前所述，开普敦的这些特点使其在进入新南非后更能吸引资本，留住人才，经济更有竞争力，就业问题也相对缓和，这又反过来安定了人心，进一步消除了民粹浪潮的发生土壤。这是个良性的因果循环，它不仅对南非其他地区，对我们也是有启示的。

连接桑顿与旧城区的 Gautrain 捷运系统

最后也应该指出：种族隔离堤防的崩溃实际上在这一制度的末期已经开始，约堡旧城区一些地方由“白”变“灰”、秩序发生混乱、甚至如希尔布罗夫塔的关闭都在上世纪八十年代已经发生，[1]那时曼德拉还在罗本岛狱中未获自由，过渡时期都未开始，更不用说新南非的建立了。所以，那种认为民主化“过快”导致了无序、毁掉了城市的说法是不对的。事实上，正是种族隔离制度的不可持续导致旧秩序的危机，而秩序失控又迫使白人统治者不得不寻求出路，与曼德拉合作启动民主变革。而不是民主“太快”造成了无序。当然，民主变革后建立的新南非未能很快恢复秩序是应当反思的，这与民粹浪潮确实有关。但未能恢复秩序并不等于破坏秩序，这就是曼德拉的新南非与穆加贝的津巴布韦的根本区别。

事实上，非国大政权也在约翰内斯堡新旧交替时期的治理危机中学到了不少东西，不断调整政策，力图在顺应桑顿等新兴地区发展势头的同时摆脱旧城区的治理困局，实现旧城区的复兴。

在治安方面，2007 年约翰内斯堡可谓陷于谷底，这年全市谋杀案达到 1697 起的骇人高峰，平均每 2326 名居民就有一起。[2]而旧城区尤其严重。2008 年后，非国大政府下决心解决旧城区的治安问题，强化警力，到处安装摄像头，从各处“鬼楼”中清出非法进入者，依法打击犯罪活动。2008 年底据警方称，约堡市中心每个街角都已安装“电子眼”，警察对暴

[1] Alan Morris， Bleakness and Light：Inner-City Transition in Hillbrow，Johannesburg . Johannesburg：University of Witwatersrand Press，1999

[2] http：//www.mrc.ac.za/crime/nimmsreport2007.pdf

力案件的反应时间缩短到 60 秒。犯罪率“显著下降”。

在财政方面，约翰内斯堡于 1999 年实行美国式的“城市经理”制，重组濒临破产的城市财政，通过出售政府的“非核心资产”，筹集资金用于市政建设，到 2002 年实现 1.53 亿兰特的小额盈余。通过两次重划市辖区，把 11 区合并为 7 个区，尽量使财政盈余的富裕市镇和财政困难的穷市镇并在一区（如桑顿与亚历山大镇便被同划入 E 区）[1] 以调剂余缺，使市政得以展开运作。

在社会方面，早期的“占领”风潮很大程度上是自发的，为建立秩序，政府在新居民中促进了社区建设，近年来还实行了政府、企业、社区和 NGO 签订公约方式，共同维持公共规则。

在经济方面，把旧中央商务区的“鬼楼”清出流民后确定业主，原业主愿意恢复经营的予以支持，无心经营的安排拍卖，另寻经营者。力图盘活地产，尽快使这片昔日的繁华之地重现生机。过去的“白人城市”居民富裕，交通主要靠私家汽车，面积广大的约翰内斯堡市区高速公路纵横交错，公共交通却不发达。如今旧城区很大程度上已变成贫民区，没有公交，城区不可能起死回生。为更新和改善基础设施，政府以财政参股并吸引投资方式建设非洲最大的公私合营项目 Gautrain 都市捷运系统，把旧中央商务区与新富人区桑顿、与南非最大的奥利弗·坦博国际机场及南非行政首都比勒陀利亚都用 80 公里高速铁路联系起来，2012 年全线运营。它将有效推动旧城区的复兴。

通过种种努力，目前旧城区已经出现复兴趋势，一些出走的居民与公司开始返回。但是全面的复兴恐怕还要假以时日。

新南非在城市治理方面的一个重要教训是：对于旧体制下受歧视的弱势民众，在变革时期既要维护他们的合法权利，实现他们的合理诉求，又要防止民粹浪潮。“民主”与“民粹”的区别不在于是否反映平民诉求，

[1] http：//www.joburg.org.za/index.php?option=com_content&view=article&id=177：region-e&catid=50&Itemid=120

而在于是否遵守“群己权界”。以“人民”的名义赶走一个无害于人的小贩，和以“人民”的名义占据一座守法富人的豪宅，同样都是民粹，而不是民主。这其中的一个关键就是迁徙自由与产权和公共秩序维护的关系。种族隔离时期把黑人禁锢在索韦托那样的地方是不合理的，城市中确有“空地”（其实现代城市一般都不可能有真正无主的“空地”，所谓空地实际上就是公共储备土地）也应该考虑他们的居住需求，如果租房，他们的租户权也应该得到保护。但是即便在美国那种被南非前白人当局讥称的“无序城市化”中，也不是任何地方都可以“私搭乱建”的。迁徙自由肯定有法律限制，私有民房民地不能随意“占领”，维持公共秩序公共利益所需的禁入区域也必须设定，但在设定时应该有新移民的代表参与听证和决策，关于“违章建筑”、“违章摆摊”的禁令只有在穷人有可能不“违章”地在城里生存时才是合理的。当然，即使在像美国那样尊重产权的情况下，穷人合法进入多了，富人也会有搬走的趋势。因这种所谓的穷人“驱逐”富人造成一些城区衰落、另一些新兴城区出现，也是正常现象，而且未必不是经济发展的机会。但是民粹浪潮侵犯产权造成恐慌就是另一回事，民主化无论快些慢些，都必须防止这种情况发生。在这方面，开普敦有正面的经验，而约翰内斯堡有负面的教训，它们都值得我们记取。

## 七、“民主社会主义”的南非共产党

### 非国大与南非共：南非版的“国共合作”

“三方联盟”：非国大、南非共、工大会的党徽、会徽

南非除了多党制以外，在非国大内部还有个独特的“多派制”，正式的说法叫“非国大—南非共—南非工会大会（简称工大会）三方联盟”，也可以叫做“大党中的多党制”。多党中主要的就是南非共产党。三方联盟其实是个议会民主政治中的执政联盟。作为执政联盟中重要成分的南非共，我们国内一些报道称之为“参政党”，其实南非共当然不是我国口径中那种“民主党派”式的“参政党”，她其实是联合执政的南非执政党之一。而且需要强调的是，三方联盟的这种联合执政也与议会民主体制下由于一党在选举后优势不足、只能与其他党联合组阁的情况完全不同——那种联合组阁的各党在竞选时是各自独立的，政见可以差异很大甚至是对手，联合只是为避免相持不下而达成的妥协。三方联盟则完全不同，它是在政治上立场相近、历史上合作密切的情况下，竞选时就以一个党的形式出场，只是在内部存在着“三方”，从这点上看它又有点像一党内的不同派系。南非共作为这样的“执政党之一”与现代史上其他国家出现过的共产党参加联合政府还是很不一样的。

在世界历史上，由于当年共产国际信奉暴力革命，排斥议会民主，绝

南非共创始人威廉·安德鲁斯
(1921–1925 年任总书记)

大多数共产党政权是通过革命夺权或外来"解放"建立的。除了只有两万多人口的"袖珍国家"圣马力诺、从前苏联独立出来的摩尔多瓦以及尚在暴力革命与议会民主之间徘徊的尼泊尔三个小国在比较特殊的条件下有过宪政民主制下的共产党政府外，坚持"共产国际话语"的政党在多党制下通过民主选举完全执政的情况还没有过。最接近于此的，是宪政民主体制下共产党部分执政，印度共产党（马克思主义）和南非共就是这方面的两大典型。其中印共（马）有在国内三个省（邦）长期执政的经历，而南非共则在全国成为联合执政者之一。

与中共同龄的南非共成立于 1921 年，最初是白人南非工党中的激进左派接受共产国际指导改组而来，当时主要靠白种工人支持，曾在"全世界工人团结起来，为白色南非而战"的口号下发动过 1922 年"兰德暴动"。这次武装起义因脱离黑人多数群众而失败。此后共产国际指导南非共又转向"黑人统治"，在 1924 年党代表大会上提出建立"土著共和国"的主张，强调南非应该是个属于土著，亦即黑人的国家，并为此对党自身实行"非洲化"改造，到 1928 年，1750 名党员中已有 1600 人是黑人。但是共产国际后来再次改变主张。1929 年，南非共提出新的"战略路线"，要求"通过争取多数人统治的群众斗争走上通往社会主义的捷径"。所谓"多数人统治"被区别于多数种族的统治，而明确定义为民主制，即不分种族的劳动者多数统治。

上世纪三十年代斯大林搞大清洗，南非共也跟着搞党内整肃，开展打击所谓"本廷主义"（S. 本廷为当时的政治局常委）等几次运动，弄得元气大伤，党员一度只剩不到百人，有几年连党的领导人是谁都成了谜。

1939 年后，摩西·科塔尼任总书记，党的情况开始稳定。科塔尼领导南非共直到 1978 年，期间南非共一度获得合法地位，并于 1948 年正式声明放弃“土著共和国”目标，从而导致与泛非大式的黑人民族主义者的决裂，但与非国大为代表的“非种族主义”的黑人解放运动的联盟却巩固下来。

民族之矛参谋长、南非共总书记（1991—1993 年）克里斯·哈尼

1950 年白人当局取缔南非共，党一度被迫解散，1953 年恢复地下党，并且帮助非国大中曼德拉等激进派从苏联取得支持，于 1961 年 12 月 16 日（“丁干日”）成立“民族之矛”，开始武装斗争。经过几十年奋斗，凭借该党为黑人解放运动做出的贡献，以及和族际主义的黑人领袖在非国大中的亲密合作，南非共不仅崛起为非洲最强大的共产党，而且作为非国大的一部分实际上也是南非的执政党之一。在 1994、1999、2004 年三次大选中，南非共产党分别获得议席 50 多、80 和 70 个，三届政府各有 5 名、7 名和 12 名党员担任正、副部长。[1] 2002 年非国大“五十一大”上当选的全国执委会中，南非共成员约占三分之一。[2] 南非共提出的旧南非属“特殊殖民地”，当前任务是“民族民主革命”等说法都成为非国大的官方理论。新南非还出现了不少以南非共历任领导人命名的设施和地名，如“克里斯·哈尼医院”、“乔·斯洛沃公园”、“摩西·马布海达体育馆”等，其影响可见一斑。

不过，尽管南非共事实上是南非政治中举足轻重的力量，但她并不单

[1] 史国辉：《南非共九大散记》，《当代世界》1995 年第 7 期，18 页；张登文：《夜半啼血唤东风：对南非共产党推进和建设社会主义的再认识》，《中国科学社会主义学会当代世界社会主义专业委员会年会暨“新世纪初的世界社会主义理论与实践”学术研讨会文集》，2006 年，226 页。

[2] 戴旭：《南非执政“三方联盟”为何“斗而不破”》，《当代世界》2005 年第 11 期，31 页。

独参加竞选，而是加入非国大，把非国大作为一个竞选联盟（用共产党的语言说就是“统一战线”——只是这个统一战线是用于选举，而非用于武装夺权的）来参加宪政民主博弈。这样的合作方式令人想起我国当年的“第一次国共合作”，那也是采取共产党人加入国民党的“党内有党”方式。区别在于：今天的南非共是合法注册的左派政党，她的51,874名党员（2007年数字）身份完全公开，并不是“地下党”，其中加入非国大的党员都履行过非国大的手续，要遵守非国大的章程，在非国大代表大会中有公开的南非共党团，如同非国大中的其他派别——非国大本身就是承认“党外有党，党内有派”的。

同时南非共也没有自己的“党卫军”。当年非国大搞武装斗争时，相信暴力革命的南非共党员曾积极参与组建非国大武装“民族之矛”。由于非国大本是卢图利时代的温和、非暴力组织，尽管被白人当局逼上梁山，到曼德拉一代走上了武装斗争之路，但温和的传统并未消失；而南非共却一开始就是激进派，当年为“白种工人解放”就搞过武装起义，30年代不少党员参加过西班牙战争，转为黑人解放后也是驾轻就熟，加上当时“民族之矛”的军事政治培训又主要靠苏联、古巴等共产党国家，所以南非共在“民族之矛”中的影响比在整个非国大中更突出。党的主要领导人多担任过民族之矛的高级指挥员（如民主化前两任南非共总书记斯洛沃与哈尼，都先后担任民族之矛的参谋长），民族之矛的高层也多是南非共党员。但南非共从一开始就把自己的前途寄托于“工人和劳动者”的支持，而不是枪杆子的支持，也没有把民族之矛当成“党军”，她始终是非国大的武装，而不是南非共的武装。

## 南非共产党与军队国家化

南非民主化后，参加民主进程的各方都接受军队国家化原则。南非境内原有的各支武装，包括泛非大的“阿扎尼亚解放军”、各黑人家园军队及因卡塔自由党等组织的民兵，当然主要还是非国大的民族之矛和前白人政权的国防军（SADF），也合编为新南非的国家军队——新国防军（SANDF，直译为“南非国民防卫力量”）。它完全按宪政民主国家的方式建军。不专属于某个党派的民选总统是宪法规定的军队统帅，文职国防部长与政党内阁共进退，而现役将领都是无党派职业军人，军中不能有党派活动。军人不干政，军队服从政府，而政府无论总统制下对民选总统负责，还是议会制下对民选议会负责，实质都是服从选民多数。根据这些原则，原民族之矛中的南非共成员都退出了军界，除了南非共总书记查尔斯·恩卡库拉在姆贝基与祖马之间的莫特兰蒂看守政府（2008—2009年）中当过不到一年的国防部长（也是以非国大而不是南非共的名义）外，南非共与军队已无职务联系。

南非共总书记恩卡库拉（1993—1998年）

而新国防军的军职是稳定的。除文职国防部长因为与内阁共进退而在新旧南非交替时同步更换外，军中四大要职：全军总参谋长和陆、海、空三军司令当时都仍由来自旧国防军的白人将领留任，来自民族之矛的黑人军官被任命为副手，昔日不共戴天的仇敌如今共同效力于民主国家，在新军队中的合作基本顺利。1998年总参谋长由黑人将军尼安达接任，陆军司令由拉玛诺将军接任；2005年海军司令由来自民族之矛的穆迪姆接任，而技术最复杂的空军，不仅新旧交替时原司令里克尔留任

新南非海军司令穆迪姆将军

了，而且新南非的前四任空帅都是出身旧国防军的白人，直到2012年10月，曾在苏联伏龙芝军校学飞行的前民族之矛军官费边·姆西曼中将接任空军司令，四大军职才终于完成了从来自旧国防军的白人将领向来自民族之矛的黑人将领交棒的过程，这已经是新南非建立18年后了。

但是不管军官的出身如何，高度职业化、国家化的新南非军队始终听命于民选政府，近20年来南非政局时有变化，但军队从不干政。不少发展中国家的民主转型都因军事政变、军阀混战、军人干政、武将专权而夭折，南非得以幸免于此祸，这在南非这么一个矛盾重重、传统上社会一直有暴戾之气的国度是十分可贵的。都说南非治安不好，但是相比许多发展中国家尤其是非洲国家的政变频繁、内战绵延，南非算是幸运的，流血也算很少的了。之所以能够如此，其一是由于过去南非白人内部的民主法治比较完善，白人军队虽然有镇压黑人、维护种族隔离之罪，但对白人国家而言还是有遵守宪政的传统，新南非把民主扩大到不分种族的全体国民，那种传统在全民宪政中也就延续下来。但更重要的还是其二，也是由于包括南非共在内的新南非各党派严守军队国家化的规则。党派通过竞选全力谋政，但不通过渗透谋军。尤其是南非共，民族之矛这支原来虽非共产党的军队，但很大程度上确是以共产党员为骨干的军队能够顺利融入新国防军，转型为宪政民主制度下的国家军队，南非共毅然退出军队确实是个很重要的条件。

也正是由于政党公开化、军队国家化，南非版的“国共合作”——非国大—南非共—工大会“三方联盟”拥有很强的生命力。他们既不担心秘密渗透的问题，也没有争夺枪杆子领导权的问题。而且非国大与南非共都从这种合作中受益匪浅。南非共虽然退出了军队，但对非国大、并且通过非国大对包括军队在内的全国仍然有很大影响。南非共的意志对非国大的内部斗争（如2007年姆贝基与祖马在波罗克瓦尼代表大会上的较量）往往很起作用。南非共虽然并不直接参加竞选，但作为胜选的执政党非国大的一部分，她在新南非五届政府中都有多位部长。正如曼德拉对指责联盟政策的人回答的：“不断有人说共产党在利用我们，当然是的。但他们怎么就不问，我们没利用共产党吗？”当然联盟内的斗争也很公开而且坦率。南非共并不讳言自己参与执政的这个国家属于“资产阶级国家”，而三方联盟内的斗争既是“兄弟般的互相影响与被影响”，也属于“阶级斗争”。[1]既然非国大内姆贝基与祖马都分裂了，非国大与南非共未来能否维持联盟谁也不敢说，不过可以断言，只要是在宪政民主体制下，即便决裂也不会以“四一二”的方式闹得“你死我活”。

## 南非工人阶级与贫苦民众的“代议士”

虽然不赞成“阶级专政”而且主张多党制民主，但这并不影响南非共“代表工人阶级”进行“阶级斗争”，甚至不影响这一“代表”相当激进。这并不是南非共自称，而是南非穷人和劳工阶层用选票体现的事实。南非共虽然并不直接竞选，但南非国会和地方议会中共产党议员并不少。尽管他们是以非国大候选人而非南非共候选人名义参选，但议会政治中每个议员都有“竞选个性”，不是光念官方文件就能赢得选民的。而南非共议员的个性就是特别注意争取工人和穷人的选票，他们也以此取得了“阶级”的授权，并且要取信于这些“阶级”选民。

尽人皆知，在南非执政的“三方联盟”中，南非共与南非工会大会又是个更为紧密的两方联盟。双方常常协调一致，对非国大中的“自由主义”开展斗争。只有数万党员的南非共与会员多达近200万的工大会互为表里，赢得众多支持。推出“蜜蜂法”、把黑人中的贫富差距拉得如此之大的非国大还能一直赢得多数选票，与这两方的影响是分不开的。当然受了委托，就要代理人家的利益，为了对劳工选民负责，南非共与

[1] 南非共理论刊物《非洲共产党人》2013年第一季度号以专刊对此作了最新的论述，参加其中马松多：《1994年后南非国家的资本主义性质》以及论三方联盟的三篇文章。African Communist，1st quarter 2013，Issue n.185.

工会也常常为劳资矛盾与非国大及政府相左。特别是在2012年马里卡纳矿山惨案后，当时被认为是“民粹主义”的祖马政府都指责罢工矿工“暴徒”首先袭警开衅，就连身为矿工工会和工大会前领袖的非国大大佬拉马弗萨，在已经变身为大亨后也指责罢工“暴徒”要为事件负责，致使工大会的态度也暧昧起来。这时只有南非共明确支持罢工者，要求追究开枪警方的责任。

但也正因为这“工人阶级的代表”首先是基于代议制下的“阶级”委托，而非基于宣称的意识形态，南非共有时捍卫的工人诉求并不一定吻合于她的理论体系。祖马政府时期，“激进”的非国大青年联盟一度很活跃，大肆鼓吹津巴布韦式的“国有化”。然而南非穷人，尤其是黑人穷人从“种族社会主义”的白人政府时期就对“国有制”并不喜欢，他们对“蜜蜂法”的意见在于要求把“黑人经济赋权”推广到包括个体户在内的下层，而不是只施惠于一些黑人寡头，但他们并不赞成津巴布韦式的“社会主义”。因此南非共也坚决反对马勒马等人的“国有化”主张，在这一点上，南非共倒是与姆贝基乃至民主联盟等自由主义党派一致的。

南非共纲领中最有“非洲特色”的部分，是宣布要与“种族主义，部族主义，性别歧视，地区主义，大国沙文主义，仇外心理和所有形式的狭隘的民族主义”进行坚决斗争——而在“白人统治”结束后，上述“主义”主要指“黑人统治”中的狭隘民族主义问题。这的确是不少非洲国家面临的现实。正是基于这一点，同样声称相信马克思主义的津巴布韦穆加贝政府，一直受到南非共的强烈批评，在这方面他们甚至比非国大还直率得多。这种批评包括两个方面，一是从南非共“不分种族的劳动者

南非共现任总书记恩金曼德（1998—　）谴责马里卡纳屠杀

团结”立场抨击穆加贝政府排斥白人的“黑人统治”主张，二是从南非共的“民主社会主义”立场抨击穆加贝的反民主和独裁。2005年津巴布韦选举前，南非共支持南非工大会派团调查津巴布韦镇压工会、侵犯人权的情况，结果遭到津巴布韦穆加贝政府的驱逐。倾向于对津巴布韦搞“悄悄外交”的非国大及姆贝基政府对工大会此举很不高兴，指责调查团没有通过三方联盟批准，而工大会坚称自己作为独立工会有权声援津巴布韦工人和民主运动，无需政府和三方联盟批准。南非共赞成工大会的立场，高调谴责津巴布韦当局践踏人权。[1]穆加贝把所有反对他的人都说成是“西方的帮凶”，把许多他认为碍手碍脚的非政府组织都骂为“帝国主义走狗”而予以取缔，甚至攻击南非工大会派去调查津巴布韦民主化问题的代表团是“美国中情局的特务”。对这些论调南非共都一一加以驳斥。南非共尤其强调非政府组织（NGO）在民主社会中的作用，对穆加贝敌视NGO表示不满。

2008年，南非共副总书记、党的主要理论家杰里米·克罗宁发表《为什么南非永远不会像津巴布韦》的著名演讲，[2]认为非国大与津民盟“作为解放运动和作为执政党”都有很大不同，作为南非共的盟友，非国大会以津民盟为戒，“永远不会”走穆加贝之路。不过，南非共的津巴布韦政策也有一个短板，那就是他们属意的津巴布韦盟友是该国老资格的左派：津巴布韦非洲人民联盟（津人盟），该党在抵抗运动时期与南非共同受苏联支持，意识形态相近。“黑人统治”后一度与穆加贝的津民盟竞争，后来被穆加贝吞并。穆加贝统治出现危机后，津人盟又重新拉出队伍。但是现在该党影响不大，不可能取代穆加贝。而目前津巴布韦最有人气、也最可能取代穆加贝的主要反对派茨万吉拉伊等人，南非共也不喜欢，认为他们自由主义，亲西方。但南非共表示如果公正的选举选出的是他们，那也应当接受。

[1] 戴旭：《南非执政“三方联盟”为何“斗而不破”》，《当代世界》2005年第11期，33页。

[2] http：//pambazuka.org/en/category/features/47873

## 真正的自信：南非共产党如何总结“苏东剧变”

从某种意义上讲，南非共是个非常传统的共产党，在2012年7月“十三大”上通过的最新一版党纲中仍然充满了奉行“马克思列宁主义”，代表“工人阶级”，争取“结束资本主义”和“人剥削人”，建设“社会主义”并进而走向“共产主义”，从“按劳分配”走向“按需分配”，乃至“各国无产阶级的国际主义团结”等等共产国际时代的传统词汇，而没有一句关于“市场经济”和改革开放的说法。就连今天的俄罗斯共产党也没有传统到这个份上（今天的俄共是很突出民族主义的）。

但是从另一种意义上讲，南非共又非常“自由化”，就在这个党纲的核心“目标”一章中，与“工人阶级利益”、“社会主义”、“共产主义”并列的居然还有“多党制”和“个人权利”：南非共声明，民主不是手段而是“目标”，不仅在当前这个历史阶段，而且“在所有阶段，南非共产党都致力于一种社会秩序，它将完全尊重我们社会的所有部分的文化、语言和宗教的权利，以及个人的民主权利。南非共产党将承认所有社会组织和政党的独立性，承认它们在南非宪法范围内的功能和权利。这意味着多党制的政治框架，在其中会有定期的、开放的和自由的选举。在这样一个框架中，南非共产党将主要致力于推进工人阶级及其盟友的利益，在生活的各个领域与其他政治力量进行民主的竞争。”“南非共产党应在与其他政党的意识形态竞争中作为民主的先锋而赢得承认。”[1]

除了党纲关于“目标”的上述宣示，南非共还在其他场合反复表示：“那些往往被误认为是‘资产阶级政治民主’的一人一票制、定期多党竞选制度、公民基本权利法案、司法独立等成果不是资产阶级赐予的，而是南非人民通过长期的、艰苦的斗争得到的，社会主义必须捍卫，不能以追求更高的社会主义民主‘模式’为名而将其抛弃。”[2]2007年，

[1] http：//www.sacp.org.za/main.php?ID=3840

[2] 史国辉：《南非共产党成就的背后》，《当代世界》2001年第9期，17—19页。

南非共副总书记克罗宁发表《民主与社会主义》一文，指出“所谓‘资产阶级民主’并不是资产阶级的胜利，而是工人阶级的胜利”。“我们通常所说的‘自由民主人权’是工人阶级和人民力量不断推进的成就”，由于劳动者的奋斗，它们在资本主义社会内“局部地、不均匀地得到实现”，但实际上“这一系列价值观和制度安排——包括一以贯之地和原则性地尊重人权、三权分立、多党选举”对社会主义有着更大的重要性。而在前苏联，“所有这些原则被侵蚀的结果就是集中导致了‘社会主义’的停滞和崩溃。”

在“苏东剧变”的1990年，南非共以总书记乔·斯洛沃的名义发表了《社会主义失败了吗？》的长篇声明，我国曾经介绍过这个声明，说它指出苏联模式的失败不等于社会主义的失败，表达了坚持社会主义的信念。的确，这篇声明是有这些内容。可是我国官方媒体没有提到，该文的主要篇幅是批判“斯大林主义和毛式马克思主义”，并肯定“戈尔巴乔夫的政治勇气”。该文尖锐地提出：面对现实社会主义的危机，“我们要警惕的是：A. 为斯大林主义寻找借口。B. 把危机归咎于改革的步伐。C. 如果我们宣布暂停对资本主义和帝国主义作社会主义的批判，那么最糟糕的替代是：D. 得出结论认为，社会主义理论的扭曲不可避免。”

斯洛沃说：有人指责戈尔巴乔夫改革“在诸如波兰、匈牙利、东德和捷克斯洛伐克等国直接或间接导致了共产主义政治霸权的‘崩溃’”，但是，“在上述国家，尽管有超过40年的教育，媒体等各方面垄断的优势，执政党却找不到他们声称代表的阶级的一个有意义的部分的支持——实际上甚至找不到自己大部分党员的支持，以捍卫他们或他们的社会主义版本。指责为克服社会主义弊病进行的改革和公开性，就像是指责为疾病而进行的诊断和处方。事实上，挽救社会主义

乔·斯洛沃（1984—1991 年任南非共总书记）

前途的唯一办法，就是以戈尔巴乔夫的政治勇气来当机立断。”对于那种惋惜上述国家脱离社会主义的言论，斯洛沃尖锐地反问：“斯大林主义和毛泽东式马克思主义的什么教条，给了共产党或任何别的党以道德权利或政治权利来强加其霸权，或者面对大众的拒绝时还要维护它？”[1]

南非共的这篇声明指出：斯大林主义的最大弊病，就是以“无产阶级专政”的名义搞“官僚独裁”。这种“没有民主的社会主义”败坏了社会主义的名声。为此斯洛沃不仅批判了斯大林，还对列宁的“专政”之说进行了反思。他认为，“无产阶级专政”这一概念在马克思那里作为一种通向无阶级社会的过渡是偶尔提到的，马克思“没有给出更多的定义”。恩格斯提到巴黎公社就是马克思所说的“无产阶级专政”。但是在斯洛沃看来，巴黎公社只是个“例外的社会经验，它导致一个短暂的工人城邦，而这个城邦也并非是社会主义导向的。”后来列宁强调了这一概念并用以解释当时俄国极端状态下的革命暴力，虽然有其情势原因，但也导致了不良的影响。斯洛沃为此引述当年卢森堡批评列宁的话：“只给政府的支持者和一党的成员（无论他们如何人多势众）以自由，那根本就不是自由。自由始终是、完全是持不同政见者的自由。……当‘自由’成为一种专享的特权时，这个词的意义就消失了。”斯洛沃就此评论道：“卢森堡的自由概念肯定是不容置疑的。”斯洛沃认为，真正的民主有赖于反对党的存在，“从社会主义的角度讲，我们忘记了，一党国家的概念在马克思主义经典理论里是无处可寻的。世界各地的各种一党统治有足够的经验表明，一党制下推动真正的民主不仅是困难的，长远来看甚至是不可能的。”“在任何情况下，实行一党制并且甚至没有党内民主和问责制，就直接变成了凌驾于整个社会之上的政治暴政——这就是不同时期在大多数社会主义国家发生的事。”

在南非共的官方网站中，1990 年的这篇文献至今被置于重要位置。

---

[1] http：//www.sacp.org.za/docs/history/failed.html

当然，其中有的话他们后来不再讲了，如苏联解体后，他们已不再称赞“戈尔巴乔夫的政治勇气”。但是批判一党制、肯定多党制、主张“民主社会主义”，反对斯大林或穆加贝式的“社会主义”等基本观点，直到最近这份党纲中还是一以贯之的。2013 年 1 月 6 日，南非共在纪念斯洛沃逝世 18 周年的文章中仍然高度评价了这篇文献，并严厉批评了“国际上那些继续相信苏联（的体制）没有什么严重错误的‘不承认主义’者”，指出他们把苏联解体等等“这一切都只归咎于一个人——戈尔巴乔夫的背叛”是多么荒谬。[1]

的确，“苏东剧变”后，南非共是世界各国共产党中极少的几个坚持不改旗易帜、而且力量还明显增长的佼佼者。南非共大概可以说是当代世界最“自信”的共产党之一——她的自信就表现在不害怕在民主政治舞台上与别人公平竞争，自信可以靠讲理、靠做事，而不是靠“专政”，靠强权封别人的嘴来取胜。南非共从来不是“甘地主义”者，在别人武力镇压她时她会武力抗争，不会任人宰割束手待毙。但她也不相信枪杆子里面出政权，早在武装斗争时期她就已经在自己的纲领中放弃了“专政”的说法，更不会用武力去摧毁宪政民主。

## “民主社会主义”还是“社会民主主义”

南非社会现在仍然处于变革之中，南非共在这一过程中也会“与时俱进”，我们当然无法预测她会“进”向何方。不过从逻辑上讲，当打着普世理想旗号实行专制的苏联模式破产后，原共产国际衍生下来的政治力量，包括俄国人在内，其实面临的主要就是两种选择：或者为维护专制而放弃普世理想，或者为坚持普世理想而放弃专制、接受民主。前一选择即从“为理想而专政”变为“为既得利益而专制”，乃至走向“家天下”，

[1] http：//www.sacp.org.za/docs/sp/2013/sp0106.html

同时转而从“民族传统”而不是从“英特耐雄纳尔”中寻找专制资源，把伊凡雷帝、秦始皇而不是马克思作为自己的鼻祖，从而演变为“本民族至上”的、甚至种族主义性质的专制者。而后一选择则要求坚持19世纪欧洲社会主义的国际主义传统和普世平等理想，但改变19世纪欧洲专制制度和“有财产资格的民主”制度下激进左派形成的暴力革命与“专政”主张，在普选制民主条件下通过代议制真正取得自己声称代表的劳动者阶级的授权，通过宪政民主推进普世平等，从而演变为民主社会主义—社会民主主义者。

南非共迄今的公开宣示都符合第二种选择，但问题并不仅仅在于宣示。在南非的条件下，南非共要演变成穆加贝、马勒马式的“黑人至上专制主义”事实上面临难以逾越的障碍。作为一个历史上由白人理想主义者创建的党，南非共在那些极端的“黑人统治”论者眼里永远是有“原罪”的。虽然她后来融入了黑人解放运动并且成为这一运动的功臣，但是在这一运动中她始终与过去的泛非大、现在的穆加贝、马勒马这类“黑人统治”

南非共建党周年纪念会

派格格不入并且一直突显自己的族际主义立场，直到如今南非共在“党庆”纪念活动中还会挂出创党领袖安德鲁斯、带领党创建新南非的前总书记、主席斯洛沃这些白人先贤的大照片，并在最近的党纲中高调重申反对“部族主义，仇外心理，狭隘民族主义”。可以说，在抵制南非“津巴布韦化”的问题上，南非共与马勒马这类“极左派”的距离，甚至与非国大主流派的距离都比与民主联盟这类自由主义者的距离还大，以至于在马勒马倡导“国有化”的情况下，传统上被认为喜欢“国有”的南非共却明确抵制这种主张。当然，未来不排除南非共中会有一些黑人成员希望“与时俱进”地迎合“黑人统治”潮流，但是这一潮流的潮头早就有别人占据，南非共如果不想泯灭自己的特性，变成别人的尾巴，是不可能走这条自我消亡之路的。

而社会民主主义的潮头虽然非国大有要占之势，但“黑白两党制变成左右两党制”在南非毕竟尚处于“正在进行时”。非国大尽管加入了社会党国际，毕竟名称就叫“非洲人”（英语中这个词在南非就是指黑人，与荷兰语源的“阿非利卡”指荷裔白人恰恰相反）国民大会，而不是社会主义者大会，给人第一印象还是代表黑人，而不是代表工人或者代表社会主义者的。而除了非国大，南非也没有社会民主党、工党或社会党，因此南非共占这个潮头还是很靠谱的。

因此“民主社会主义”之路不仅在南非共1990年以来的宣示中逐渐明晰，实践上也从初期主要强调政治上的多党制民主，发展到经济和对外关系等方面的一些特点。与非国大宣称自己主张社会民主主义不同，南非共大讲“民主社会主义”，却从不肯定“社会民主主义”，而且拒绝改名易帜，把她所谓的“民主社会主义”归入共产主义范畴，而从不与社会民主党相联系。南非共的“阶级立场”鲜明，在工会、福利再分配等问题上的主张十分高调，话语体系也很传统。但另一方面，南非共却把莫泽佩这样的黑人首富、矿业大亨都吸收入党。莫泽佩本人在接受采访时就南非当前的国有化争论表现洒脱，说是“如果国有化对南非是个好的选择”，他愿意把自己的矿山国有化，但他“相信我国人民会作出正确判断”。[1]其实意思明摆着就是国有化对南非并非好选择。这实际上也是南非共的观点。

不过需要指出的是：南非共不赞成马勒马的国有化主张，并不表明她向“右转”，因为她的二次分配主张仍很激进。事实上不仅“非洲瑞典”如此，当初上世纪二〇年代欧洲瑞典社会民主党胜选上台之时也是想搞国有化的。后来之所以放弃国有化的“生产社会主义”，而改为保留私有企业，实行“生产上的资本主义，分配上的社会主义”，通过二次分配来实现平等，主要也并不是因为资本家的抵制导致左派屈服，更不是因为“背叛工人阶级”变成了“资产阶级政党”。其实民主制下的国有化一般都是赎买，资本家固然不愿意被没收，但税率太高变成为他人赚钱，赎买对他就未必更不利了，所以资本家抵制高税收未必就轻于抵制国家赎买。然而真正的问题是：在这些民主国家搞国营企业，如果其他条件相当，实践下来往往是既不如民主国家的私营企业，也不如专制国家的国营企业。道理很简单：私营企业家有积累激励，专制国家的国营企业虽然没有这种激励，但“升迁激励”还是让干部认真管理“红色血汗工厂”的动力。而民主制下工会发达，升迁又受民意影响，“红色血汗工厂”难办，厂长讨好工人、大家一起吃国家的大锅饭就成了常见病。很多苏东国家剧变后之所以急于把国企私有化，其实未必是“新自由主义”理论有多大影响，实在是民主化以后国企“预算软约束”更严重，财务状况恶化，不得不急于脱手。瑞典、南非也有这种因素，这种情况下让企业家来经营工厂，国家通过再分配政策保护劳工权益就成了劳动者自身也赞成的事。因此南非共对国有化不热心，其社会主义价值观与代议制下对工人阶级选民的责任主要都通过再分配来体现，就是自然的事了。

政治上主张多党制民主，经济上不搞国有化而搞福利国家，加上又

[1] http：//www.timeslive.co.za/business/2010/02/22/motsepe–nationalise–mines–––if–it–s–best–for–sa

反对“津巴布韦化”，对邻国也搞“人权外交”，南非共除了话语体系比较陈旧外，与一般社会民主党到底有多少区别，确实不好说了。不过笔者觉得这并不影响其为“工人阶级政党”——她与南非工会的表里关系、她得到的劳工选票都是明摆着的。如果主张官营经济却毫无工人授权的人才算“工人阶级代表”，那我国古代的王莽、桑弘羊辈早就当仁不让了！而南非共之所以能在“世界共运低潮”时期成了那么大气候，除了她自身的努力外，南非是非洲唯一工业化国家，有最发达的工运传统，而南非共又确实体现了这一传统，成为工人民众的“代议士”，这应该是最重要的原因。

图书在版编目(CIP)数据

南非的启示 / 秦晖编著 . —南京：江苏文艺出版社，2013.8（2021.2重印）
ISBN 978-7-5399-6446-1

Ⅰ. ①南… Ⅱ. ①秦… Ⅲ. ①曼德拉，N.R. – 生平事迹
②现代化研究 – 南非 Ⅳ. ① K834.787=5 ② D747

中国版本图书馆 CIP 数据核字（2013）第 180297 号

| | |
|---|---|
| 书　　名 | 南非的启示 |
| 编　　著 | 秦　晖 |
| 责任编辑 | 黄孝阳 |
| 出版发行 | 凤凰出版传媒集团<br>凤凰出版传媒股份有限公司<br>江苏文艺出版社 |
| 集团地址 | 南京市湖南路 1 号 A 楼，邮编：210009 |
| 集团网址 | http：//www.ppm.cn |
| 出版社地址 | 南京市中央路 165 号，邮编：210009 |
| 出版社网址 | http：//www.jswenyi.com |
| 经　　销 | 凤凰出版传媒股份有限公司 |
| 印　　刷 | 唐山玺诚印务有限公司 |
| 开　　本 | 655 毫米 ×965 毫米　1/16 |
| 印　　张 | 44.75 |
| 字　　数 | 615 千字 |
| 版　　次 | 2013 年 8 月第 1 版 |
| 印　　次 | 2021 年 2 月第 2 次印刷 |
| 标准书号 | ISBN 978-7-5399-6446-1 |
| 定　　价 | 98.00 元 |

江苏凤凰文艺版图书凡印刷、装订错误，可向出版社调换，联系电话025-83280257